주역의 정화(精華) 중용
청고 이응문 지음

초판 발행	2020년 05월 20일
펴낸이	서경원
편집&디자인	나진연
펴낸곳	도서출판 담디
등록일	2002년 9월 16일
등록번호	제9-00102호
주소	01083 서울특별시 강북구 삼각산로 88 2층
전화	02-900-0652
팩스	02-900-0657
이메일	damdi_book@naver.com
홈페이지	www.damdi.co.kr

—
2020 ⓒ 이응문
지은이와 출판사의 허락 없이 책 내용 및 사진, 드로잉 등의 무단 복제와 전재를 금합니다.

—
Printed in Korea
ISBN 978-89-6801-099-6 (04150)
ISBN 978-89-6801-044-6 (세트) (04150)

—
이 도서의 국립중앙도서관 출판예정도서목록(CIP)은 서지정보유통지원시스템
홈페이지(http://seoji.nl.go.kr)와 국가자료공동목록시스템(http://www.nl.go.kr/kolisnet)
에서 이용하실 수 있습니다. (CIP제어번호 : CIP2020014618)

주역의 정화 精華

中庸

목차

- 010 · 머릿말
- 014 · 일러두기

022 서설(序說)

024 인문유학의 출현
- 024 유학을 집대성한 공자
- 025 소왕(素王) 공자와 서수획린(西狩獲麟)
- 026 칠서(七書)의 공부순서

028 유학의 양 날개, 대학과 중용
- 028 중용의 저자인 자사(子思)
- 029 대동·중정(주역)과 대학·중용(예기)
- 031 대학과 중용의 서명(書名)
- 033 성(誠)과 신독(愼獨)
- 034 중용의 경전체계

036 중용의 본의(本義)
- 036 정자(程子)와 주자(朱子)의 풀이
- 037 중(中)과 용(庸)의 파자해(破字解)
- 038 얼굴에 담긴 중(中)의 의미
- 038 시중(時中) 처중(處中) 오중(五中)

040 유학의 태극사상
- 040 역유태극(易有太極)
- 042 태극(太極)과 팔괘(八卦)
- 045 하도와 팔괘
- 046 유학의 도통연원(道統淵源)과 공문전수(孔門傳受)
- 047 태극(太極)의 중심도리인 중용(中庸)
- 049 수(數)와 중(中)

052 중용역해(中庸易解)

054 1장 천명(天命)
- 054 天命之謂性
- 057 率性之謂道
- 061 修道之謂教
- 063 대학중용의 삼재삼위(三在三謂)
- 067 천도의 주기(周期)와 달의 역수(曆數)
- 069 하늘의 자강불식(自彊不息)
- 073 신독(愼獨)
- 076 절(節)과 중부(中孚)
- 077 달(達)과 화(和)
- 080 주역의 이간덕업(易簡德業)
- 083 주역의 소과대과(小過大過)
- 084 주역의 기제미제(既濟未濟)
- 085 역수의 중화(中和)
  - → 혁괘(革卦)의 치역명시(治歷明時)

090 2장 군자중용(君子中庸)
- 092 군자와 소인
- 092 군자와 소인에 대한 경전의 문구 사례

094 3장 선능(鮮能)
- 094 민선능(民鮮能)

096 4장 아지(我知)
- 098 서합(噬嗑)의 음미(吟味)

101	**5장 도불행(道不行)**	134	중부(中孚)의 신급돈어(信及豚魚)
102	하도에 나타난 삼재오행의 도		
103	주역의 도	135	**13장 도불원인(道不遠人)**
		137	대학의 효제자(孝弟慈)
106	**6장 대지(大知)**	138	충서(忠恕)의 혈구지도(絜矩之道)
108	대인(大人)과 지(知)	139	왕용삼구(王用三驅)
109	중(中) 지(知) 혁(革)	140	육합(六合)과 충서(忠恕)
110	**7장 여지(予知)**	145	**14장 소기위(素其位)**
		145	사불출기위(思不出其位)와 소리(素履)
112	**8장 복응(服膺)**	147	존비(尊卑)와 귀천(貴賤)
112	복성공(復聖公) 안자(顔子)의 부활(復活)	149	궁이통(窮而通)과 치명수지(致命遂志)
114	**9장 불가능(不可能)**	152	**15장 자이(自邇)**
115	지인용(智仁勇)과 3남괘	152	인사(人易)의 흐름질서 → 선후본말 내외생성
116	둔(屯)과 정(鼎)		
		156	**16장 귀신(鬼神)**
119	**10장 문강(問强)**	156	귀신(鬼神)과 혼백(魂魄)
122	화이부동(和而不同)과 동이이(同而異)	160	공자의 신묘문(神妙文)
		163	보본(報本)의 제례(祭禮) → 예(豫)
124	**11장 색은(索隱)**		
126	군자의 은둔(隱遯)	165	**17장 대효(大孝)**
		167	孝(효)와 부모자녀
128	**12장 비이은(費而隱)**	169	德(큰 덕)
128	비이은(費而隱)과 칭이은(稱而隱)	173	自天祐之(자천우지)
132	관아생(觀我生) 관기생(觀其生)		

176	18장 무우(無憂)	246	23장 치곡(致曲)
183	19장 달효(達孝)	249	24장 지성전지(至誠前知)
		251	화복(禍福)
191	20장 문정(問政)	252	수신위본(修身爲本)과 이상견빙(履霜堅氷)
193	무왕의 정치대법과 홍범(洪範)		
200	원형이정(元亨利貞)과 인예의지(仁禮義智)	254	25장 자성자도(自成自道)
202	인의(仁義)의 정치	256	신외무물(身外旡物)
209	학이각(學而覺)	258	중앙 무기(戊己) 토 → 성기(成己) 성물(成物)
210	궁이통(窮而通)		
219	고요(皐陶)의 구덕(九德)	259	26장 지성무식(至誠無息)
220	주역의 구덕삼진(九德三陳)과 중용의 구경삼술(九經三述)	262	땅의 삼무강(三無彊)과 하늘의 자강불식(自彊不息)
223	書經(서경)의 홍범구주(洪範九疇)	271	사문(斯文)의 文(문)
224	예(豫)의 파자해	272	대축(大畜, 26)의 황우(黃牛)와 정(鼎, 50)의 현우(玄牛)
225	예측(豫測)과 지기(知幾)		
229	무망지성(旡妄之性)	274	27장 대재성인(大哉聖人)
234	十十之百(십십지백) 百百之萬(백백지만)	275	신언어(愼言語) 절음식(節飮食)
235	노겸(勞謙)의 군자유종(君子有終)	278	정위응명(正位凝命)
		281	6단계의 치지(致知)
239	21장 성명(誠明)	284	종일건건(終日乾乾)
242	22장 지성진성(至誠盡性)	285	28장 반고지도(反古之道)
244	성인(聖人)과 대인(大人)	288	풍(豐)과 예(禮)
		291	역법의 혁신

294	29장 왕천하(王天下)
301	30장 조술(祖述)
306	31장 지성(至聖)
307	함림(咸臨)
312	32장 지성경륜(至誠經綸)
316	33장 의금상경(衣錦尙絅)
319	용회이명(用晦而明)과 자소명덕(自昭明德)

334	달과 중용(中庸)
336	**해와 달의 운행주기**
336	中庸(중용) 33장에 실은 하늘의 달(達)
337	태음태양력(달력)
340	달의 삭망주기 → 삭망월(29일 $\frac{499}{940}$)
342	주역괘서와 달
345	삭망윤일(朔望閏日)과 연대월(連大月)
347	윤달과 무중치윤(無中置閏)
348	역수의 중문(中門)
348	하늘의 원형이정(元亨利貞)
350	건(乾)에 담긴 하늘세계
352	**周易(주역) 원리에 기초한 달력**
352	일월주기(日月周期)와 기영삭허(氣盈朔虛)
353	삼천양지(參天兩地)
355	주천상수(周天常數) 360과 60간지(干支)
355	천간(天干)을 나타내는 하도(河圖)와 행신문(行神文)
358	간지(干支)와 간지(幹枝)
360	간지(干支)에 담긴 뜻(數와 手)
360	하늘이 베푸는 십간(十干)
363	땅이 펼치는 십이지(十二支)
365	천간(天干, 10干)의 파자해(破字解)
368	지지(地支, 12地支)의 파자해(破字解)

374	**고대동양의 윤법(閏法)을 찾아서**	417	천도변화 → 선천(남녀) 중천(부부) 후천(자녀)
374	재윤(再閏)과 삼윤(三閏)	418	오행의 상생(相生)과 상극(相克)
377	3윤법에 의한 달의 진공삭허(眞空朔虛) → 주천상수의 $\frac{1}{64}$		
		422	**건구오(乾九五)**
378	칠윤(七閏)의 장법(章法)	422	비룡재천(飛龍在天) 이견대인(利見大人)
379	손입(巽入)과 건책(乾策)	423	야산선생의 건구오도설(乾九五圖說)
381	간배(艮背) → 황건유극(皇建有極)	427	동성문(同聲文) 45자와 합덕문(合德文) 55자
388	**50대연(大衍)의 역수법도**		
388	만물의 책수인 11,520(360x32)	432	• **부록**
389	1600년을 주기로 한 황건유극(皇建有極)	434	**독중용법(讀中庸法)**
394	황상원길(黃裳元吉)과 황중통리(黃中通理)		
395	역수의 함장(含章)	439	**주자의 중용장구서(中庸章句序)**
397	치역명시(治歷明時)에 의한 섭천대과(涉川大過)	448	**중용장구대전(中庸章句大全)**
		449	제 1장
399	현비(顯比)의 왕용삼구(王用三驅)	455	제 2장
401	128년 주기의 윤일공제	457	제 3장
		458	제 4장
404	**정전(井田)의 교역원리와 후천변혁**	459	제 5장
404	팔괘방위도의 기틀인 정(井)	460	제 6장
405	〈선천팔괘방위도〉의 사상오행	461	제 7장
409	고조선의 신지비사(神誌祕詞) → 정전도(井田圖)	462	제 8장
		463	제 9장
412	정전(井田) 오덕지, 삼한(三韓)	464	제 10장
413	훈민정음(訓民正音)과 간지(干支)		

468	제 11장	**550** • 색인
470	제 12장		
473	제 13장		
478	제 14장		
480	제 15장		
481	제 16장		
485	제 17장		
487	제 18장		
490	제 19장		
494	제 20장		
514	제 21장		
515	제 22장		
516	제 23장		
517	제 24장		
519	제 25장		
521	제 26장		
526	제 27장		
530	제 28장		
533	제 29장		
536	제 30장		
538	제 31장		
540	제 32장		
543	제 33장		

머릿말

  대동중정(大同中正)의 사상과 정신에 기초한 유학(儒學)은 인류의 공동 목표인 '선(善)의 구현'을 이상으로 한다. 이를 대표하는 경전이 周易(주역)이며 그 좌우 두 날개가 大學(대학)과 中庸(중용)이다.
  주역경전은 삼라만상을 이끄는 태극(太極)의 진리를 밝힌 유학의 최고봉이자 만학(萬學)의 제왕으로서 수천여년 동안 숭상되어 왔다. 무궁(無窮)한 양동음정(陽動陰靜)의 생성변화로 일관(無窮一貫)되게 나아가는 태극과 같이, 대학과 중용은 서로 내외표리(內外表裏)를 이루며 주역과 합일하여 유학경전의 중추적인 역할을 한다.
  아득한 선사시대 복희(伏羲)로부터 문왕(文王)과 주공(周公)을 거쳐 공자에 이르기까지 네 분 성인에 의해 완성된 고대동양학의 최대 보고(寶庫)인 주역은 제자백가뿐만 아니라 선불(仙佛)의 가르침까지도 두루 포괄한다.

  유학은 궁리정심(窮理正心)과 수기치인(修己治人)의 근본도리를 가르치는 인문(人文) 철학의 정화(精華)이다. 이를 일찍이 통찰하여 書經(서경) 홍범(洪範)의 오행과 周易(주역)의 음양을 하나로 묶은 홍역학(洪易學)을 제창한 철인(哲人)이 근현대사의 대유학자 야산(也山, 1889~1957) 선생이다. 선생은 역경(易經)에 비장(祕藏)된 가르침과 소자(邵子)의 황극경세도(皇極經世圖)와 경세연표(經世年表) 등에서 선천에서 후천으로 바뀌는 변화의 시기를 정확히 예단하여 周易(주역) 책력인 경원력(庚元歷, 1944)을 창제함으로써 인류의 등불을 밝혔다. 또한 大學(대학)의 어긋난 글 순서를 바로잡은 대학착간고

정(大學錯簡考正, 1957)을 지어 공자 이후로 전함이 끊어질 것 같았던 유학의 근원을 재정립하였다.

주역(周易) 경전은 본래 주(周)나라 때 완성된 글로서 대동(大同)의 사상과 중용(中庸)의 도리를 요체로 삼는다. 천도(天道)의 운행변화를 근본기틀로 인사(人事)의 제반 도리를 두루 밝혔으므로 '일월(日月)의 주기(周期) 변화'라는 뜻도 함축한다. 문왕과 주공의 괘사와 효사를 비롯한 경문(經文) 및 이를 해설한 공자의 십익(十翼)은 50대연(大衍)의 역수(曆數) 법도에 의한 태극의 삼팔목도(三八木道)를 기본바탕으로 하고 있다.

필자는 大學(대학)이 '주역의 관문'이며 中庸(중용)이 '작은 주역'임을 지적한 야산선생의 가르침에 따라 유학에 입문한 이래 주역경전에 담긴 천도의 운행과 경원력(庚元曆)의 역법에 대해 평소 마음을 두고 궁리하여왔다. 이를 토대로 '주역의 관문(關門) 대학'과 '해와 달을 머금은 주역'의 출간에 뒤이어 이번에 '주역의 정화(精華) 중용'을 내놓는다. 그동안 틈틈이 연구하고 강의하면서 정리한 소박한 책들이다. 부족한 재주이지만 홍역학(洪易學)의 푯대를 세움에 있어서 미력이나마 도움이 되었으면 하는 바램에서이다.

이 책들은 모두 공통적으로 주역경전에 담긴 천도변화와 일월운행의 달력주기 등을 밑바탕에 깔고 있다. 특히 중용은 천도에 합한 성인의 지극한 가르침을 밝힌 글로서 천인합일(天人合一)의 길을 제시한다.

필자의 역량과 재질이 따르지 못하고 글 솜씨마저 없는데다 역수(曆數)에 대한 번거로운 설명까지 뒤따른다. 더구나 주역의 도서(圖書)와 팔괘(八卦)에 이르기까지 일반 독자들이 가볍게 읽기엔 결코 쉽지 않은 책이다. 중용을 해설한 많은 선현들과 학자들의 훌륭한 글에 감히 비견할 바 못되기에 두려운 마음이 앞서지만 심원하고 무궁한 유학의 근본 철리(哲理)를 회복함에 있어서 나름대로 조명하는 바가 있으리라 생각한다.

자사(子思)가 전한 중용의 가르침은 광대(廣大)하고 정미(精微)하기 그지없다. 사물의 진리에 담긴 양 극단(極端)의 중심(中心)을 잡아주므로 삶의 올바른 길을 극진하게 밝혀준다. 공자는 마루에 올라 방문을 연 뒤에 성인을 만나뵙는 '승당입실(升堂入室)'을 말씀하였는데, 옛 성인과 지극히 감통하는 중심 통로가 바로 이 중용경전일 것이다.

서경(書經) 서문(序文)에 "글이 비록 시대에 따라 다르나(文以時異) 가르치는 원리는 같다(治以道同)."는 대목이 나온다. '사문(斯文)의 도(道)'로 일컫는 유학은 천문(天文)과 인문(人文)을 포괄하므로 객관적인 자연현상과 주관적인 내면심성을 내외로 일관(一貫)하는 실증(實證) 철학의 극치라 할 수 있다. 본서 '주역의 정화(精華) 중용'은 이를 염두에 두고 쓴 글이다.

수년에 걸쳐 그동안 내놓은 글들은 '태극사상과 한국문화'를 알리려는 대구시 공적 지원사업의 일환으로 이루어졌다. 대구시와 시민들의 도움에 진심으로 감사드리며 이를 위해서 서울과 대구를 수없이 오가며 수고를 아끼지 않은 서형(徐亨) 강영관 학우와 출판에 애쓴 도서출판 담디의 가일(加一) 서경원 대표와 나진연 간사 등 편집진에 큰 고마움을 표한다.

원고편집에는 사단법인 동방문화진흥회의 학우들과 대연학당의 여러분들이 수고가 많았다. 특히 편집체계를 두루 조언하고 색인까지 맡아주신 부상(扶桑) 김신환 선생, 책자내용을 세밀하게 살펴주신 황리(黃離) 권상장 선생께도 본 지면을 통해서 감사의 인사를 드린다.

　대구동방문화진흥회를 이끌며 교정에 불철주야 애쓴 존형 경연당(庚衍堂) 송준영님, 그리고 대복(大輹) 김유석, 이복(而復) 김은경, 중길(中吉) 이철수, 유연(儒衍) 피재우, 태윤(泰允) 장재균, 원부(元缶) 이나겸 학우님과 예성(豫誠) 이용규, 명강(明疆) 남중근 간사 등을 비롯하여 중용에 대해 꼭 필요한 조언을 해주신 송전(松田) 신명희 학형께도 고마움을 표한다.

　끝으로 홍역학(洪易學)의 진리를 변함없이 탐구하며 초고작성과 원고교정에 애를 많이 쓴 덕천(德泉) 오금지님께도 감사와 사랑의 마음을 전한다.

진실무망의 참 세상이 도래하기를 간절히 기원하며
2020(庚子年) 3월 8일, 대장기망(大壯幾望)에 관생재(觀生齋)에서
청고(靑皐) 이응문 쓰다.

일러두기

이글의 편성체계
- 〈서설〉
  초학자들을 위한 유학의 입문편
- 〈중용역해〉
  중용경문을 풀이하되 필요할 경우 주역 관점에서 비교하여 분석
  글 내용에 따라 33장을 별도 제목을 달아 붙이고 제목 앞에 주역 괘의 순서대로 괘상(1~33)을 첨가
- 〈달과 중용〉
  태음태양력(달력)의 고대역법에 비장된 중용의 도(필자의 학설)
- 〈부록〉
  〈독중용법〉과 주자가 쓴 〈중용장구서〉와 〈중용장구〉 해설
- 〈색인〉

이글의 핵심요지

 본서의 글 제목은 유학의 근본철리를 대표하는 '주역의 정화(精華) 중용'이다. 대자연을 주재하고 통어하는 천도는 중정(中正)의 떳떳함을 본체로 한다. 작은 周易(주역)으로 일컫는 中庸(중용)의 핵심사상은 과불급(過不及)이 없는 떳떳한 '중도의 화합' 즉 중화(中和)이다. 야산(也山)선생은 '중어선후(中於先后) 정기종시(正其終始)'를 특별히 강조하였다. 선천과 후천의 중간시기에 때맞추어 '종즉유시(終則有始)'함으로써 천도의 중정(中正)을 회복한다는 가르침이다. 한 해의 역수(曆數)로는 '6주(周) 360역(易)'이 이 중정(中正)에 해당한다. 그 결실인 정화(精華)가 야산선생이 창제한 경원력(庚元曆)이다.

천도의 중정은 천지의 음양배합인 60간지(干支)의 절용(節用)에서 본체가 세워진다. 역수(曆數)의 중정은 과불급이 없는 부동의 '상수(常數)'를 이른다. 낮과 밤이 순환하는 주기는 12시(時)로 구성된 1일(日)을 기본상수로 한다. 해와 달의 운행으로 하루가 생성되므로 일(日)을 역(易)으로도 표명한다.

1월(月)의 상수는 30일(30易), 1주(周)의 상수는 60일(60易)이다. 천체의 순환주기를 주천(周天)이라고 하는데, 1년(年)의 주천상수(周天常數)는 6주(周)의 360일(360易)이고 1년(年)의 주천도수(周天度數)는 지구의 공전주기인 365일(365易)이다.

달력에서는 60간지(干支)의 운행주기를 중간문턱으로 하여 나타나는 일월주기의 과불급(過不及)을 기영(氣盈)과 삭허(朔虛)의 도수로 표명한다. 태음태양력(달력)에서는 태양(日)의 일양(日陽)에 의한 넘치는 '기영도수(+)'와 태음(月)의 월음(月陰)에 의한 부족한 '삭허도수(-)'가 생성된다. 기영도수와 삭허도수를 합한 '기삭(氣朔)'의 상호 배합이 윤월(閏月)이다. 평월(平月)을 이어주는 가교역할을 하며 역수(曆數)의 중간틈새를 이어주는 윤(閏)은 계절과 책력의 조화(調和)와 합일(合一)을 위한 방편이다. 중용에서 일컫는 '중화(中和)의 대본달도(大本達道)'를 펼치는 은미한 중심이라 할 수 있다.

공자는 주역(周易)의 혁괘(革卦)를 두고 선천에서 후천으로 바뀌는 대과(大過) 시기에 역수(曆數)를 다스려 때를 밝히는 '치역명시(治歷明時)'가 있어야 함을 말씀하였다. 천도의 중정을 벗어난 과도한 기영(氣盈)의 윤(閏)을 중천도수로 비워내어 천도의 중정을 회복할 때가 필연적으로 도래한다는 뜻이다. 한 해로 설명하면 주천상수 360일을 벗어난 5일이 곧 중천과도의 역수(曆數)이다. 경원력(庚元歷)에서는 주천도수에서 비운다는 뜻에서 이를 천공(天空)이라 표명하였다. 중어선후(中於先後)와 정기종시(正其終始) 즉 선과 후의 중간에 때맞추어 그 마침과 시작을 바로함을 일컫는다.

　中庸(중용) 머릿장의 '치중화(致中和)면 천지위언(天地位焉)하여 만물(萬物)이 육언(育焉)이니라.'가 이를 의미한다. 3부 '달과 중용'에 상세하게 소개하였다.

　소자(邵子)의 경세연표를 참조하면 오늘날은 오회(午會) 중천에 이르기 직전 중천 대과(大過)의 과섭멸정(過涉滅頂)에 해당하는 험난한 운(運)이다. 천도의 대주기 1원(129,600년) 가운데 만물이 생멸(生滅)하는 전체기틀이 개물기(開物期, 86,400년)이다. 하루 12시로는 인시(寅時) 중반에서 술시(戌時) 중반까지 만물이 일어나고 잠드는 시간이다.

　천지의 도인 건곤(乾坤)은 억(易)의 문(門)이다. 개물기(開物期)에 해당하는 86,400년 전체를 역수(曆數)의 기틀로 하여 천지건곤(天地乾坤)의 도를 담은 글이 주역경전이다.

　주역의 대과(大過)는 양(陽)의 과도(過度)함을 나타내므로 기영도수를 뜻하기도 한다. 개물기인 86,400년에서 기영도수를 계산하면 주천상수 360일을 벗어난 5와 1/4의 기영도수가 21甲(1,260년, 21×60)이 쌓인다. 건(乾)과 곤(坤), 몽(蒙)과 혁(革)을 비롯한 '열릴 개(開)' 등은 이러한 역수(曆數)의 기영을 상징하는 주역문자이다.

　기영에 해당하는 대과(大過)한 1,260년(21甲의 주천상수)은 주천도수로는 1,242년이고 이를 순태음 역수로 환산하면 1,278년이다. 정확히 36년(432월)이 늘어난다. 이를 주역경전에서는 음(陰)이 과도한 소과(小過)로써 설명한다. 도수가 갑(甲)이 경(庚)으로 바뀌는 이른바 '경갑변도(庚甲變度)'를 설명한 주역경전의 고괘(蠱卦) 괘사와 손괘(巽卦) 효사가 그것이다.

　→ 중용(中庸)의 도에 의한 천도의 중화(中和) = 주역(周易)의 혁(革)

본서에서는 재윤법(5년)과 삼윤법(8년), 칠윤법(19년, 章法) 외에 손입법(巽入法)과 건책법(乾策法), 간배법(艮背法)과 '윤달의 극(極)'에 해당하는 유극(有極) 등의 명칭이 나온다. 50대연(大衍)의 고대역법을 밝히기 위한 방편으로 필자가 주역의 원리에 따라 나름대로 명명(命名)하였음을 밝힌다.

주역경전에서 공자는 50대연(大衍)의 태극원리에 의해 일월의 윤(閏)이 생성되고 이를 바탕으로 64괘(384효)의 이른바 태극의 삼팔목도(三八木道)가 전개됨을 가르쳤다. 이는 書經(서경) 홍범(洪範)에 나오는 황극(皇極)의 대중지정(大中至正)한 도(道)인 동시에 대학과 중용의 경전체계를 구성하는 밑바탕이다.

주역은 천도의 운행변화를 설명한 건괘(乾卦)에서 시작한다. 33장(章)으로 구성된 중용의 글도 '천명지위성(天命之謂性)'으로부터 시작하여 '소리도 없고 냄새도 없다'는 '무성무취(無聲無臭)'한 하늘의 지극한 해설로 글을 끝맺는다.

선천(천도)과 후천(인사)으로 상호 대비되는 하늘은 순수자연의 이천(理天)과 현상세계의 상천(象天)으로 나뉜다. 선천의 음양(체)과 후천의 오행(용)을 표상하는 것이 복희의 선천팔괘와 문왕의 후천팔괘이다. 이를 토대로 주역의 괘효(卦爻)와 경문(經文)은 선후 인과(因果)의 도리와 작용을 밝힌다.

태극의 작용은 도서(圖書)의 수리법도와 팔괘(八卦)의 선후변화에서 나타난다. 중용의 성도교(性道敎) 및 중용(中庸)과 중화(中和) 등의 의미도 이를 통하여 지극히 조명된다. 유학의 보고(寶庫)인 중용에 감춰진 심원하고 광대한 가르침을 여는 핵심열쇠를 주역의 철리(哲理)에서 얻을 수 있는 것이다.

이에 대해서는 필자생각을 담아 그린 아래 도표로써 설명을 대신한다.

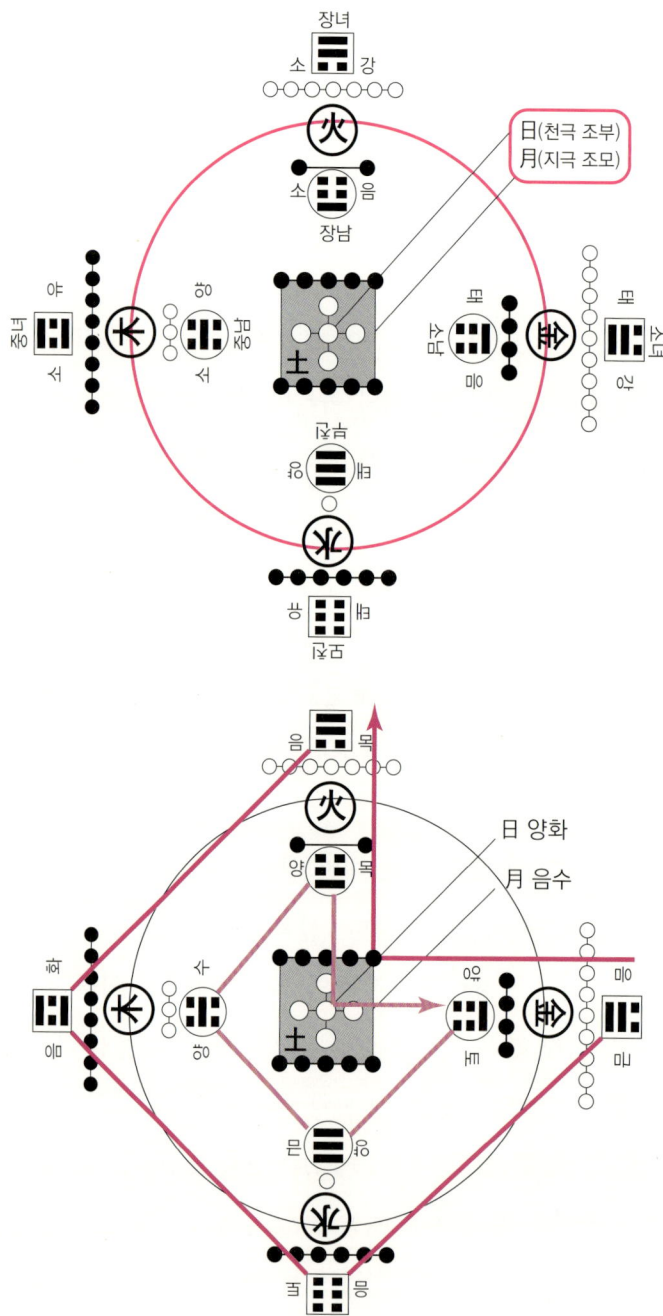

천도(음양 생수)와 지도(강유 성수)와 인도(오행) → 하도배괘(사상배합과 오행생성)

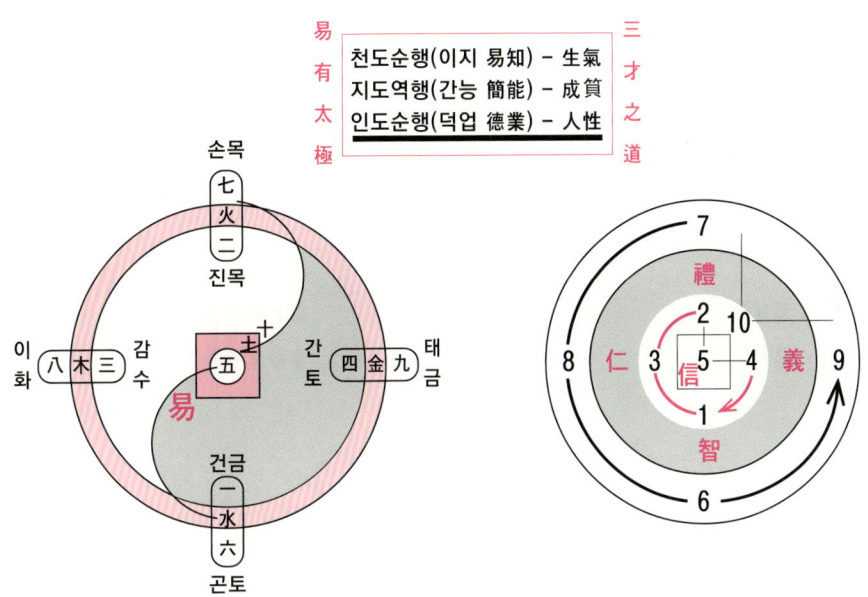

오행상생의 흐름(수생목→ 목생화→ 화생토→ 토생금→ 금생수)

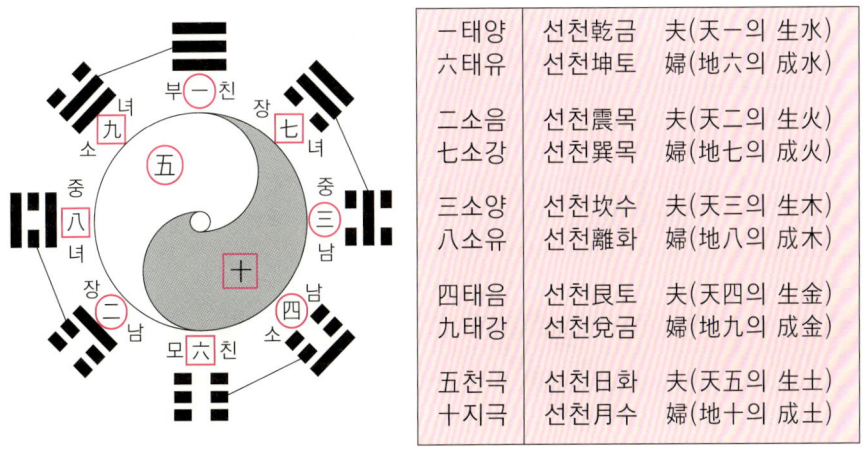

선천팔괘 방위도에 내포된 하도의 사상배합과 오행생성

금화교역(克生반전)

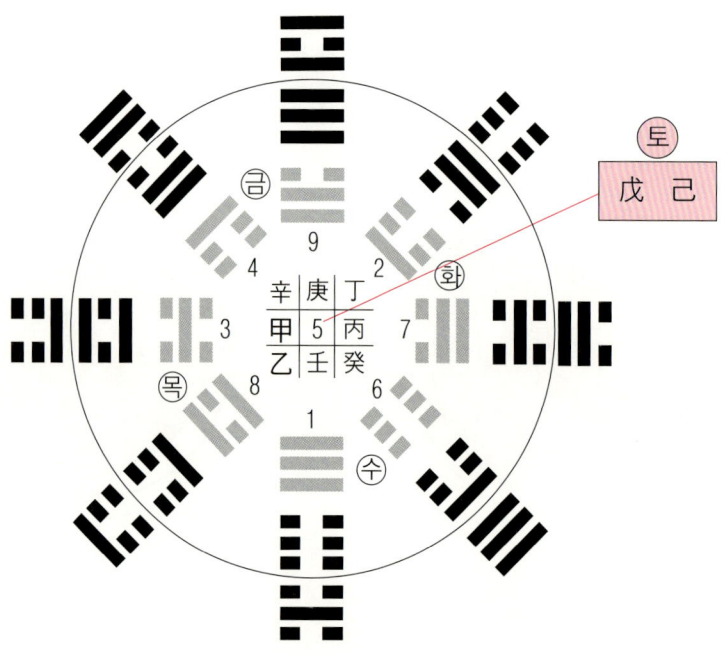

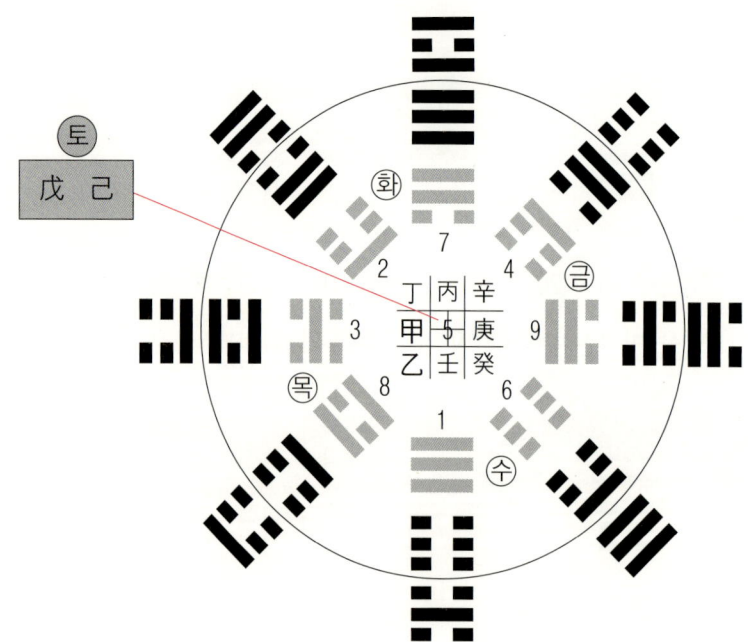

선천팔괘와 후천팔괘의 중천교역을 행하는 낙서 구궁수 및 금화교역(金火交易)

도설 및 참고문헌

역경을 비롯한 경전원문

소강절 선생의 황극경세도(皇極經世圖)

야산선생 문집 중

    태극도(太極圖)

    경원력(庚元歷)

    선후천고정설(先後天考定說)

    정전곤의도(井田困義圖)

대산주역강의(1권~3권, 한길사. 김석진)

대산중용강의(한길사. 김석진, 신성수)

아산중용강의록

난세의 사상가 야산 이달(2017, 한길사. 이응국)

필자가 쓴

  태극사상과 동방문화(2015, 동방문화진흥회 간행)

  주역을 담은 천자문(2016, 도서출판 담디)

  세상을 담은 천자문 자해(2017, 도서출판 담디)

  주역의 관문 대학(2018, 도서출판 담디)

  해와 달을 머금은 주역(2019, 도서출판 담디)

서설(序說)

인문(人文) 유학의 출현

유학(儒學)을 집대성한 공자

'선비(儒)의 학문(學)'으로 일컫는 유학(儒學)은 동양의 인문철학을 대표하며, 사람(亻)의 삶에 있어서 필수(必需)적인 도덕과 윤리를 중시한다.

'선비 유(儒)'에 들어있는 수(需)는 易經(역경) 64괘 가운데 하나이다. 비구름(☵)이 하늘(☰)을 덮고 있으나 아직은 비를 내리지 못하는 형상이므로 비가 내리길 구하며 때를 기다린다는 데에서 '구할 수, 기다릴 수'로 쓰인다. 생명수처럼 삶에 반드시 요구되는 물품이 음식이므로 '음식 수'라고도 한다.

사람이 살아가려면 음식만이 아니라 정신적인 양식인 인륜도덕과 예의규범도 반드시 갖추어야 한다. 이것들을 익히고 닦는 이가 선비이다.

공자(孔子: BC. 551 ~ BC. 479)는 요(堯), 순(舜), 우(禹), 탕(湯), 문(文), 무(武), 주공(周公)의 도를 일관(一貫)되게 계승하여 유학을 집대성한 분이다. 예악(禮樂)의 실천을 밑바탕으로 한 도덕과 경륜을 세상에 펴고자 고국인 노(魯)나라를 떠나 14년에 걸쳐 주유천하(周遊天下)를 하였지만 끝내 뜻을 펼치지 못한 채 귀국한 다음, 공자는 예악사어서수(禮樂射御書數)의 육예(六藝)에 통달한 문하제자 72인과 3천문도를 배출하였다.

천추만세에 찬연히 빛나는 공자의 위대한 업적은 산시서(刪詩書), 정예악(定禮樂), 수춘추(修春秋), 찬역(贊易)[1]의 이른바 육경(六經)의 산정찬수(刪定贊修)이다. 이 가운데 유실되어 전해지지 않는 樂記(악기)를 뺀 詩經(시

---

1. 산시서(刪詩書): 詩經(시경)과 書經(서경)의 불필요한 부분을 깎아내어 정리함.
   정예악(定禮樂): 禮樂(예악)을 바로잡아 정함.
   수춘추(修春秋): 춘추시대 노(魯) 은공(隱公) 원년(元年, BC. 722년)부터 애공(哀公) 14년(BC. 722년)까지의 역사를 수찬(修撰)함.

경), 書經(서경), 易經(역경), 禮記(예기), 春秋(춘추)의 5경(五經)이 현전하는 유학의 기본경전이다.

대개 공자가 직접 편술한 詩經(시경), 書經(서경), 易經(역경) 3경과 이후 문인제자들이 전한 大學(대학), 中庸(중용), 論語(논어), 孟子(맹자)의 4서를 유학경전을 대표하는 사서삼경(四書三經)이라 일컫는다. 이 외에도 13경[2], 5경[3], 9경[4]으로도 유학의 경전을 분류하기도 한다.

소왕(素王) 공자와 서수획린(西狩獲麟)

공자의 부친은 동이(東夷)족이 세운 은나라 후예인 송나라의 왕족 후손인 숙량흘(叔梁紇)이고 모친은 안징재(顔徵在)이다. 공자의 자(字)는 중니(仲尼)이고 명(名)은 구(丘)이다 서형(庶兄)인 맹피(孟皮)에 뒤이어 둘째로 태어났으며 모친이 회임하기 위해 노(魯)나라 곡부(曲阜) 니구산(尼丘山)에서 정성을 다해 기도를 드려 태어났기 때문이다.

72봉우리의 니구산 정기를 받은 공자는 만 72세의 수를 누렸고 육예에 통달한 72제자를 배출하였으며 두상의 정수리가 니구산 정상과도 흡사한 움푹 파인 모습이었다. 모친 태몽에 기린(麒麟)이 옥적(玉笛)을 토하였는데, 세속의 제왕이 아닌 학문의 제왕을 뜻하는 '소왕(素王)'이라는 글귀가 적혀 있었다고 전한다.

일설에는 탄생할 당시 기린이 곡부(曲阜)에 출현하여 '소왕소왕(素王素王)'하고 울었다고도 하는데, 기린은 털 달린 모충(毛蟲)으로 동방의 인(仁)

---

2. 13경(十三經)은 송나라 때에 확정됐다. 大學(대학), 中庸(중용), 論語(논어), 孟子(맹자), 詩經(시경), 書經(서경), 易經(역경), 周禮(주례), 儀禮(의례), 禮記(예기), 春秋左氏傳(춘추좌씨전), 春秋公羊傳(춘추공양전), 春秋穀梁傳(춘추곡량전).

3. 5경은 詩經(시경), 書經(서경), 易經(역경), 禮記(예기), 春秋(춘추)를 말한다. 한(漢)무제가 동중서(董仲舒) 건의에 의해 오경박사 제도를 두어 제자백가사상을 물리치고 유학을 장려했다. 이후 오경은 2천년 이상 오랜 세월동안 중국인의 정통사상으로 자리매김하고 있다.

4. 9경은 詩經(시경), 書經(서경), 易經(역경), 周禮(주례), 儀禮(의례), 禮記(예기), 春秋左氏傳(춘추좌씨전), 春秋公羊傳(춘추공양전), 春秋穀梁傳(춘추곡량전). 다른 설도 있음.

을 대표하는 신성한 영물이다. 공자는 노(魯)나라 대부들이 서쪽으로 사냥을 나가 기린을 잡았다는 소식을 듣고 자신의 명이 다했음을 알고 탄식하면서, 노나라 역사서인 春秋(춘추) 마지막 문구를 '서수획린(西狩獲麟)'으로 끝맺은 다음, 3년 뒤에 삶을 마쳤다. 공자의 삶 자체가 기린과 더불어 한 몸이었음을 보여준다.

칠서(七書)의 공부순서

대학과 중용은 학문(學問)에, 맹자와 논어는 언행(言行)에, 시경과 서경, 역경은 문사철(文史哲)에 관계된 내용을 주로 가르치는 교과목이다. '학문언행문사철(學問言行文史哲)'로 요약되는 이른바 칠서(七書)를 순차적으로 익히면 품성수양과 인격완성의 길이 자연 열린다.

각 경전의 핵심을 한 글자로 요약하면 대학은 선(善), 중용은 성(誠), 맹자는 의(義), 논어는 인(仁), 시경은 정(正), 서경은 경(敬), 역경은 신(神)이다[5]. 이에 대해 간략히 정리하면 다음과 같다.

   (1) 大學(대학)을 읽어 착하게 살아감을 배움의 큰 목적으로 세운다.
   (2) 中庸(중용)을 읽어 본연의 떳떳한 성품을 회복하고자 정성을 다한다.
   (3) 孟子(맹자)를 읽어 웅변수사를 익히고 호연지기(浩然之氣)를 기르며 대의명분을 세운다.
   (4) 論語(논어)를 읽어 어진 덕을 실천하고 예의 자연한 회복에 힘쓴다.
   (5) 詩經(시경)을 읽어 희로애락의 감정을 진솔하고 담백하게 노래한다.
   (6) 書經(서경)을 읽어 옛 성군현신들의 훌륭한 발자취를 거울로 삼는다.
   (7) 易經(역경)을 읽어 대자연의 원리를 통한 천인합일의 조화를 꾀한다.

이러한 공부 방법은 대학을 통해 배움을 확대해 나아가고(陽) 중용으로 정신을 집중하며(陰), 맹자를 통해 외향을 넓히고(陽) 논어로 내실을 기하며(陰),

---

[5]. 대산대학강의(한길사간 2000년도) pp.22~28에 상세히 설명되어 있다.

시경을 통해 흥기하고(陽) 서경의 역사를 고찰하며(陰), 역경으로 변통해 나아가는 동정변화(動靜變化)의 자연스런 흐름에 따른 것이다.

특히 마지막 7번째의 역경 공부는 일월오성의 배합으로 칠요(七曜)[6]가 완성되는 것에 비견된다. 역경의 복(復)괘에도 이레 만에 되돌아와 본래 모습을 회복하는 '칠일래복(七日來復)'을 말씀하였다.

칠서(七書)의 단계절차로 공부과정을 성실히 하여 실행해 나가면 태극의 밝은 본성인 '천부지성(天賦之性)'을 완전히 회복하여 인격완성이 이루어진다.

사서삼경

대학〈善〉 -- 학(學) 양
중용〈誠〉 -- 문(問) 음
맹자〈義〉 -- 언(言) 양
논어〈仁〉 -- 행(行) 음
시경〈正〉 -- 문(文) 양
서경〈敬〉 -- 사(史) 음
역경〈神〉 -- 철(哲) 극

책 읽는 순서

음양불측지위신(陰陽不測之謂神)

易經은 모든 경전의 태극역할을 하며,
그 글의 핵심요지는 '神'이다.

태극(太極)의 양동음정(陽動陰靜)과 칠서(七書)의 공부순서

---

6. 해와 달, 금성, 수성, 화성, 목성, 토성

유학의 양 날개, 대학과 중용

중용의 저자인 자사(子思)

청(淸)나라 때 고증학(考證學)이 발전하면서 中庸(중용)의 저작연대에 대한 여러 설이 있지만 전국시대 공자의 손자인 자사(子思: BC. 483 ~ BC. 402)[1]에 의해 지어졌다고 보는 것이 통설(通說)이다. 孔子世家(공자세가)에 "백어(伯魚)가 급(伋)을 낳으니 자사(子思)이다. 62세 때 송(宋)에서 곤액(困厄)을 당하면서 중용을 지었다."는 기록을 그 근거로 한다.

주자 또한 中庸章句序(중용장구서)에서 "중용은 어찌하여 지어졌는가? 자사 선생께서 도학의 전함을 잃을까 근심하여 지으신 것이다." 뒤이어 "자사께서 점점 오래될수록 더욱더 그 진의를 잃을까 두려워하시어 요순이래로 서로 전한 뜻을 미루어 근본으로 삼고 평일에 전해들은 할아버지와 스승의 말씀을 바탕으로 다시 서로 연역(演繹)해서 이 책을 지으셨다."고 하였다.

中庸章句大全(중용장구대전)에도 "이 책은 공문(孔門)에서 전수한 심법(心法)이다. 자사께서 그 오래됨에 차이가 날까 두려워하셨으므로 글로 써서 맹자에게 전해주신 것이다."라고 밝히고 있다.[2]

중용은 대학보다는 일찍이 한(漢)나라 때부터 철학적 가치가 주목되어 주

---

[1]. 중국 노(魯)나라 사람이다. 성은 공(孔), 이름은 급(伋), 자사(子思)는 자(字)이다. 공자의 아들 백어(伯魚)가 낳았다. 3살 때 아버지, 5살 때 할아버지였던 공자가 돌아가셨다. 이후 공자의 제자인 증자문하로 들어가 그의 제자가 되었다. 공자와 맹자, 안자, 증자와 더불어 오대성인(五大聖人)으로 일컫는다.

[2]. 中庸章句序(중용장구서): 中庸은 何爲而作也오 子思子憂道學之失其傳而作也시니라.
子思 懼夫愈久而愈失其眞也하샤 於是에 推本堯舜以來相傳之意하시고 質以平日所聞父師之言하야 更互演繹하야 作爲此書하샤……
中庸章句大全(중용장구대전): 此篇은 乃孔門傳授心法이니 子思 恐其久而差也라 故로 筆之於書하야 以授孟子하시니……
후한(後漢) 정현(鄭玄)의 주(註)와 당(唐)의 공영달(孔穎達)의 禮記正儀(예기정의)에서도 자사가 저자임을 밝혔다.

해서(註解書)[3]가 나왔는데 본래 33장이었다. 후한시대 정현(鄭玄)의 주(註), 당대(唐代) 공영달(孔穎達)의 소(疏), 송대(宋代) 정이천(程伊川)의 中庸解(중용해) 등이 대표적이다. 본격적으로 중용이 연구된 시기는 송(宋)나라 때부터이다. 주자(朱子)는 여러 학설을 모아 절충해서 37장이었던 정이천의 중용을 원래대로 33장의 中庸章句(중용장구)로 간행하고, 이천의 문하 중 석돈(石墩)이 지은 中庸輯解(중용집해)의 번거로운 부분을 깎아낸 中庸輯略(중용집략)에 中庸或問(중용혹문)을 말미에 붙여 그 의미를 더욱 간명히 밝혔다.

대동·중정(주역)과 대학·중용(예기)

周易(주역)이라는 경전은 공자가 옛 성인들의 경륜도덕이 시방세계(十方世界)에 나래를 펼치도록 易經(역경)에 '십익(十翼)'을 붙임으로써 집대성되었다. 핵심사상은 '대동중정(大同中正)'이며 그 학문정신은 수제자인 증자(曾子)를 거쳐 공자의 손자이자 증자의 제자인 자사(子思)에게로 전승된다.

후대의 정자(程子)[4]와 주자(朱子)를 비롯한 송대선유(宋代先儒)들은 증자와 자사에 의해 전해진 공문유서(孔門遺書)가 고본(古本) 禮記(예기) 속의 대학과 중용 편이라고 여겨 이를 별도 경전으로 분리 독립시켰다.

본래 대학과 중용이란 명칭도 주역의 대동중정(大同中正) 사상에 기본을 둔 것이다. 공자문인의 도(道)와 유학의 기본철리가 주역과 대학, 중용으로 집약되어 삼위일체(三位一體)를 이루므로 詩書易(시서역) 대신 이들을 삼경(三經)으로 넣기도 한다.

대동중정의 도리를 표방하는 주역은 음양을 거느리는 '태극(太極)의 문(門)'으로 천체인 하늘을 대표한다. 즉 대학은 양(陽)의 문으로 낮을 밝히는 해라면 중용은 음(陰)의 문으로 밤을 비추는 달과도 같다.

---

[3]. 경문(經文)의 의미를 밝혀 풀이한 글
[4]. 정자(程子): 중국 송(宋)나라의 정명도(程明道, 1032~1085)와 정이천(程伊川, 1033~1107) 두 형제를 말한다.

대학과 중용은 학문(學問)의 기본바탕을 닦는 글이다. 외적인 박학(博學)과 내적인 심문(審問)의 공부과정이 자연히 연계되므로 선후체용의 본말관계가 성립된다. 대학을 통해서 사물의 본말선후에 대한 이치를 밖으로 조리정연하게 확대(擴大)해 나아가고, 중용을 통해서 정성을 다해 정신을 집중(集中)함으로써 안으로 심성을 다스린다. 예(禮)는 사물이 전개되는 자연한 흐름과 진행 절차에서 비롯된다. 고본 예기에 대학과 중용을 편목(篇目)에 넣은 까닭도 유학공부의 필수절차로 보았기 때문이다.

　　태극의 음양오행을 중시하여 오행의 정치학설인 書經(서경)의 洪範(홍범)과 음양의 인문철학인 周易(주역)을 기본바탕으로 유학의 핵심요체를 '홍역학(洪易學)'으로 정리하고 제창한 분이 야산(也山: 1889~1958) 선생[5]이다.

　　선생은 학용(學庸)[6]에 대해 "대학은 역을 배우는 관문(學易之關)이요, 중용은 작은 주역(小周易)이라."고 정의하였다. 야산선생은 태극의 도에 기초하여 대학의 어긋난 글들의 순서를 바로잡은 大學錯簡考正(대학착간고정, 1957)

---

5. 서기 1889년 9월 16일(음), 경북 금릉군 구성면 상원리(金陵郡 龜城面 上院里. 현재의 김천시)의 마들(馬杜)에서 태어났다. 관향(貫鄕)은 연안(延安)이고 초휘(初諱)는 순영(恂永), 휘(諱)는 달(達), 자(字)는 여회(汝會)이다.
출생할 당시 모친의 태몽에 봉(鳳)이 대나무 위에 앉아 있었다 해서 아명(兒名)을 봉(鳳)이라 불렀으며, 평생 스승 없이 홀로 학문과 수도에 정진하여 일찍이 사서삼경을 비롯한 제가의 학문에 두루 막힘이 없었던 선생은 특히 동양학문의 본바탕이 되는 周易(주역)에 온 힘을 기울여 그 심오한 뜻을 다 통하였으므로 훗날 이주역(李周易)이라는 별호를 얻기까지 하였다.
야산(也山)은 자호(自號)로서 젊은 시절 삼도봉(三道峯)에서 도를 깨친 후에 지었다고 한다. 광복 이듬해 1946년부터 대둔산(大屯山) 석정암(石井庵)에서 오행 정치학설을 담은 書經(서경) 홍범(洪範)과 음양 우주철학인 周易(주역)에 토대를 둔 洪易學(홍역학)을 제창하여 108명의 제자를 양성하였다.
6.25 사변이 일어날 것을 예견하고 1949년 300여 호의 제자 식솔을 충남 안면도(安眠島)로 이주하여 난을 피한 뒤, 1951년 충남 은산(恩山) 옥가실로 이주하여 삼일(三一)학원을 개설하여 단군사상을 고취시켰으며, 최종 정착지인 부여(扶餘)에서 64명의 제자와 여성 6인을 가르치고 1958년 8월 3일(음)에 유종(有終) 하였다.
역설(易說)로는 공자 이래로 아무도 밝히지 못한 선후천의 교역이치를 밝힌 '건구오도설(乾九五圖說)' 및 '선후천고정설(先後天考定說)', '황역기시략초(皇易紀時略草)', '정전곤의(井田困義)' 등 다수가 전해진다. 이 외 周易(주역)의 원리를 바탕으로 동서양의 양력과 음력의 장점을 수렴한 庚元歷(경원력, 1944년), 유학계의 오랜 숙원이었던 大學(대학)의 착간을 완전하게 바로잡은 大學錯簡攷正(대학찬간고정, 1957년) 등은 후세에 빛날 선생의 불후의 업적이다. 也山先生文集(야산선생문집)이 있다.

6. 배운 다음 깨닫는 '학이각(學而覺)'의 입장에선 대학과 중용을 선후로 묶은 '학용(學庸)', 가르치고 배우는 '교학(敎學)'의 입장에선 중용과 대학을 선후로 묶은 '용학(庸學)'이라 일컫는다.

도 편찬하였다.[7]

본서를 읽는데 도움이 되리라 여겨 대학착간교정 원문을 토대로 3강령 8조목 및 대학의 경전체계에 대해 도본으로 간략히 정리해보았다.

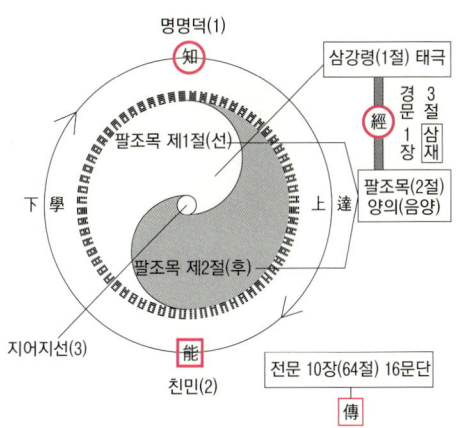

大學 錯簡攷正 〈經文〉

大學之道
在明明德 在親民 在止於至善
(右 三綱領 一節)
古之欲明明德於天下者 先治其國
欲治其國者 先齊其家 欲齊其家者 先修其身
欲修其身者 先正其心 欲正其心者 先誠其意
欲誠其意者 先致其知 致知 在格物
物格而后 知至 知至而后 意誠
意誠而后 心正 心正而后 身修
身修而后 家齊 家齊而后 國治
國治而后 天下平
(右 八條目 二節)
(右 經一章)

대학의 강목(綱目)과 경전(經傳) 체계

대학과 중용의 서명(書名)

증자와 자사가 글의 제목을 大學(대학)과 中庸(중용)으로 지은 것에서 공자의 도가 이들에게로 전승되는 근거를 찾을 수 있다. 대학과 중용의 명칭은 본래 周易(주역)의 乾文言傳(건문언전)에서 비롯된 것으로 추정된다. 건괘 구이(九二) 효사에 나오는 '현룡재전(見龍在田)과 이견대인(利見大人)'에 대해 공자는 다음과 같이 말씀하였다.

---

[7]. 필자가 쓴 「주역의 관문 대학. 2018 도서출판 담디」에 상세히 소개하였다.

"龍德而正中者也니 庸言之信하며 庸行之謹하야 閑邪存其誠하며 善世而不伐하며 德博而化니 … 君子 學以聚之하고 問以辨之하며 寬以居之하고 仁以行之하나니 … "

'용의 덕이 바르게 가운데(中) 하였으니, 평상시(庸) 그 말을 미덥게 하며 평상시(庸) 그 행실을 삼가 함으로써, 간사함을 막아 정성(誠)을 보존하며, 세상을 착하게(善) 하여도 자랑하지 않으며, 덕을 넓게 펼쳐 교화한다.…
군자가 배워서 모으고 물어서 분별하며, 너그러움으로써 거처하고 어짊으로써 행한다. - '

대학은 이견대인(利見大人)의 '대(大)'와 학이취지(學以聚之)의 '학(學)'에서, 중용은 용덕이정중자야(龍德而正中者也)의 '중(中)'과 용언지신(庸言之信)과 용행지근(庸行之謹)의 '용(庸)'에서 따온 명칭이다,
중용은 '한사존기성(閑邪存其誠)'의 '정성 성(誠)', 대학은 '선세이불벌(善世而不伐)'의 '착할 선(善)'이란 한 글자로 전체핵심이 압축 표현된다.
'대인의 학문(大人之學)'으로 일컫는 대학은 하늘의 큰 가르침을 밑바탕으로 한다. 경전 체계가 하늘의 '천간 간(干)'에 상응하는 경문 1장과 전문 10장으로 이루어진 천서(天書)라 할 수 있다. 중용에서도 하늘의 말씀(言) 그대로를 이루는(成) 천도의 '정성 성(誠)'을 가르친다. 중용 33장도 상하 ☰(三) ☰(三)을 이룬 중천건(重天乾) 괘의 형상에 합한다.
건괘에 대한 다음의 그림은 건괘(乾卦)의 5효와 2효가 함께 교역하고 변통하여 대동지선의 후천세계를 구현하는 것에 대한 설명이다. 하늘의 중심을 얻은 5효와 2효는 비룡(飛龍)과 현룡(見龍)의 덕을 얻은 대인이라고 보아 두 효사에 '이견대인(利見大人)'을 언급하였다.
임금 자리의 5효가 변동하면 대유(大有), 선비 자리인 2효가 변동하면 동인(同人)으로 바뀐다. 상하의 두 대인이 지극한 정성(精誠)으로 합심 동력하여

대동지선(大同至善)의 세상을 구현함을 말씀한 것이다.

건괘(乾卦) 九二·九五 대인에 의한 대동지선(大同至善)의 세계

성(誠)과 신독(愼獨)

중용과 대학은 내외표리(內外表裏)를 이룬다. 두 경전에서 다 함께 중시한 내용이 성(誠)과 신독(愼獨)이다.

대학 성의장 제 1, 2, 4절에 모두 '반드시 필(必)'자를 넣어 성의(誠意)의 중요성을 거듭 강조한 까닭은 대학공부의 절차단계인 팔조목(八條目)에서 가장 중요한 곳임을 보여준다.

성의장의 제 1절과 제 2절에서 말한 '신독(愼獨)'은 중용 제 1장에서도 거듭 언급된다. 자사가 중용을 지어 증자(曾子)의 학맥을 이었다는 근거로 삼는 것이 성(誠)에 관련된 이 '신독(愼獨)' 구절이다.

대학전문 성의장
○ 所謂誠其意者는 毋自欺也니 如惡惡臭하며 如好好色이
此之謂自謙이니 故로 君子는 必愼其獨也니라(제 1절).

○ 小人이 閒居에 爲不善하되 無所不至하다가 見君子而后에 厭然揜其不善하고 而著其善하나니 人之視己ㅣ 如見其肺肝이니 然則何益矣리오 此謂誠於中이면 形於外니 故로 君子는 必愼其獨也니라(제 2절).

○ 康誥에 曰如保赤子라 하니 心誠求之면 雖不中이나 不遠矣니 未有學養子而后에 嫁者也니라(제 3절).

○ 富潤屋이오 德潤身이라 心廣體胖하나니 故로 君子는 必誠其意니라(제 4절).

- 야산선생의 대학착간고정(大學錯簡考正)에서

중용 1장 중

道也者는 不可須臾離也니 可離면 非道也라
是故로 君子는 戒愼乎其所不睹하며 恐懼乎其所不聞이니라.
莫見乎隱이며 莫顯乎微니 故로 君子는 愼其獨也니라.

중용의 경전체계

주자는 전체 내용을 크게 6절로 나누었다[8]. 크게 두 부분으로 나눈다면, 제 1장부터 제 19장까지는 중용중화(中庸中和)의 철학적 의미와 제 20장부터 제 33장까지는 중용의 도를 실천하고 이행하기 위한 '정성 성(誠)'에 대한 내용이다.

제 1절은 제 1장 중화(中和)

제 2절은 제 2장~제 11장 중용(中庸)

---

[8] 讀中庸法(독중용법): 中庸 當作六大節看 首章 是一節 說中和 自君子中庸以下十章 是一節 說中庸 君子之道費而隱以下八章 是一節 說費隱 哀公問政以下七章 是一節 說誠 大哉聖人之道以下六章 是一節 說大德小德 末章 是一節 復申首章之意.

제 3절은 제 12장~제 19장 비이은(費而隱)

　　제 4절은 제 20장~제 26장 성(誠)

　　제 5절은 제 27자~제 32장 대덕소덕(大德小德)

　　제 6절은 제 33장 제 1장의 뜻을 다시 폄

　공자(孔子)가 하늘의 도를 육위시성(六位時成)으로 풀이한 것과 상응하는 분류체계라 하겠다.

중용의 본의(本義)

정자(程子)와 주자(朱子)의 풀이

주자는 中庸章句大全(중용장구대전)에서 다음과 같이 밝히고 있다.

"子程子ㅣ曰 不偏之謂中이오 不易之謂庸이니 中者는 天下之正道오 庸者는 天下之定理라.", "中者는 不偏不倚 無過不及之名이오 庸은 平常也라."

'스승이신 정자께서 이르시길 치우치지 않는 것을 중(中), 바뀜이 없는 것을 용(庸)이라 하니 중(中)은 천하의 정도(正道)이고 용(庸)은 천하의 정리(定理)라 하였다. 중(中)은 치우치고 기대지 않는 과불급(過不及)이 없음을 이르고 용(庸)은 평상(平常, 늘 변함없음)함이다.'

중(中)은 '가운데 중, 맞출 중'이며 용(庸)은 '떳떳할 용, 쓸 용'이다. 그대로 풀이하면 평상시 중을 써야 떳떳하다는 뜻이다. 치우치지 않고 기댐이 없는 불편불의(不偏不倚)에 의해 지나치게 과도하거나 부족함이 없이 수평을 유지하고 적절히 조화를 이룬 상태이다. 편(偏)은 중심에서 벗어나 한쪽으로 쏠리고 기울어져 '치우치다', 의(倚)는 중심이 허약하여 외부의 힘에 '기대고 의지하다'는 뜻이다.

중용공부는 사물에 대한 통찰(洞察)과 달관(達觀)의 조화로운 세계를 연다. 편견(偏見)과 편향(偏向)으로부터 벗어나 떳떳한 중도(中道)로 나아가려면 먼저 좋아하고 싫어하는 호오(好惡)의 감정에서 자유로워야 한다. 大學(대학)의 정심수신(正心修身)과 수신제가(修身齊家), 제가치국(齊家治國) 장에도 치우치기 쉬운 호오(好惡)의 올바른 다스림을 강조하였다.

중(中)과 용(庸)의 파자해(破字解)

中(가운데 중, 맞출 중) : 口(입 구) + ㅣ(뚫을 곤)

① 공간적으로는 좌우 한복판 중심을 직선으로 가르는 '가운데'를 뜻함.

② 시간적으로는 적절히 때의 '맞춤'을 의미함.

구(口)는 과녁을 나타내고, '뚫을 곤(ㅣ)'은 화살이다. 화살이 과녁의 중심을 꿰뚫는 모습이므로 '가운데를 맞추다'는 뜻이 자연스럽게 나온다. → 혁(革)

庸(떳떳할 용, 쓸 용) : 庚(고칠 경, 일곱째 천간 경) + 用(쓸 용)

① 곡식을 수확하여 먹을 수 있게 절구질한다는 데서 '쓰다'

② 자기 허물을 고쳐 바꿈에(庚) 힘을 써야(用) '떳떳하다'

경(庚)은 천간(天干) 가운데 일곱째이다. 방위로는 서방(西方), 계절로는 가을에 속하고 오행으로는 단단한 양금(강금)이다. 경(庚)은 곳간(广)에서 절굿공이를 들고 곡식을 찧는 모습이다. 껍질인 겨가 떨어지고 알곡만 남으므로 '고칠 경, 바꿀 경'이라고 한다. 경(庚)은 '다시 갱(更)'과 통한다.

얼굴 중앙의 코와 입처럼 중심푯대를 세우되 평상시 언행(言行)에 과불급(過不及)이 없는 겸손한 처신이 곧 '중용(中庸)의 삶'이다. 중(中)의 '뚫을 곤(ㅣ)'은 위로부터 아래로 내려오고 아래로부터 위로 올라가는 것으로 즉, 하나로 통하는 모양이다. 상하천지가 뚫린 상태이므로 '상통천문(上通天文)하고 하달지리(下達地理)라.' 즉 천지자연의 모든 이치를 하나로 꿰어 통달함을 나타내기도 한다.

천지중간의 '사람 인(人)'과 통하는 '점 복(卜)'은 '뚫을 곤(ㅣ)'과 '점 주(丶)'를 합쳐, 천지상하의 이치를 하나로 꿰어 그 '중(中)을 점찍다'이다. 성인이 사물의 길흉판단에 대해 말씀으로 전한 가르침이 점(占)의 본뜻이다.

점을 치는 근본목적은 시기에 대처하는 시중(時中)과 처중(處中)의 올바른 길을 선택하는데 있다. 卜에 中을 더한 글자가 '쓸 용(用)'이다. 사물의 중심(中)을 바르게 점찍어(卜) 쓴다는 뜻이다.

얼굴에 담긴 중(中)의 의미

사람의 신체 중 정신혼백을 담은 얼굴(얼이 깃든 구멍처소)은 일곱 개의 구멍인 칠규(七竅) 즉 눈과 귀, 코, 입의 '구멍 구(口)'로 구성된다. 중(中)은 구멍의 중심을 곧게 뚫고 있는 형태이다.

눈과 귀에 연계하면, 두 눈으로 좌우 양쪽을 밝게 살피고 두 귀로 양쪽 말을 귀담아 들어서, 그 중심을 잡으라는 의미가 된다.

호흡하는 기관으로서 자기자신(自己自身)을 대표하는 코는 콧대가 한가운데 서 있고 두 콧구멍이 아래를 향한다. 스스로의 중심(中心)과 존엄을 세우되, 좌우를 고루 아우르며 하심(下心)하는 겸손함을 보여준다. 호흡할 때 마시고 내쉬는 공기도 늘 아래로 향한다.

음식이 들어오고 화복(禍福)을 부르는 입은 구멍이 하나이며 얼굴 한 가운데 맨 아래에 처한다. 편식(偏食)을 피하고 음식조절을 해야 할 뿐만 아니라 말할 때에는 자신을 낮추고 한 입으로 두 말을 하지 말아야 한다.

공자는 건(乾)괘 구이(九二) 효사를 "덕이 진실로 가운데 하니 평상시 언행(言行)을 미덥고(信) 삼감(謹)으로써 간사함을 막아 정성(誠)을 보존한다."고 말씀하였는데, '믿을 신(信), 삼갈 근(謹), 정성 성(誠)' 등에 모두 '말씀 언(言)'이 들어있다. "입은 화를 부르는 문이라(口是招禍之門)."고 한다. 모든 길흉화복이 입에서 나오므로 화복(禍福)이란 글자에 다 '입 구(口)'가 들어있다. 삐딱한 말은 화(禍)를 부르지만 정성이 담긴 말은 신이 도와 복(福)을 준다는 의미다.

시중(時中) 처중(處中) 오중(五中)

시간과 공간의 무궁 광대한 영역을 우주(宇宙)라고 한다. 주역경전에서 일컫는 선천 하도(河圖)와 후천 낙서(洛書)는 우주만물의 본체와 작용을 나타낸 자연의 수리를 담고 있는데 아래에 소개된 도서(圖書, 하도와 낙서)를 살피면 중앙본처에 5라는 수가 자리한다[1].

시중(時中)과 처중(處中)의 우주중심을 5가 대표하므로 오중(五中)이라고 이른다. 6효로 구성된 대성괘의 중심이 제 5위(五位, 군주 자리)이고, 書經(서경)에 나오는 세상을 다스리는 정치대법인 洪範九疇(홍범구주)의 중심대목도 오황극(五皇極)이다.

하루의 때를 대표하는 중천의 한 낮이 '일곱째 지지 오(午)'의 정오(正午)이다. 천지만물의 중심인 '나 오(吾)', 내 자신의 마음을 깨치는 '깨달을 오(悟)'라는 글자도 오(五)에서 비롯되었다.

'삼오칠(三五七)'의 단계로 변화하는 달의 운행도 오(五)가 중심이다. 만물을 생성하는 오행의 자연한 흐름을 나타낸 후천팔괘 방위도는 동방에 진목(震木, ☳)과 서방에 태금(兌金, ☱)이 자리한다. 좌청룡 우백호라고 하듯이 좌우의 동서를 대표하는 용호(龍虎)에 해당하는 괘이다. 오행의 후천팔괘는 낙서(洛書) 구궁수(九宮數)를 쓰므로 3震(☳), 7兌(☱)로도 표명된다.

상형문자인 용호(龍虎)에 각기 三과 七이 내포된 것은 三五七의 월행(月行)에 관련된다. 하늘을 무심(無心)히 두루 비추는 달이 곧 '통달 달(達)'이다. 중용(中庸) 중화(中和)의 도가 두루 막힘이 없음을 달의 운행에서 관찰할 수 있기 때문이다.

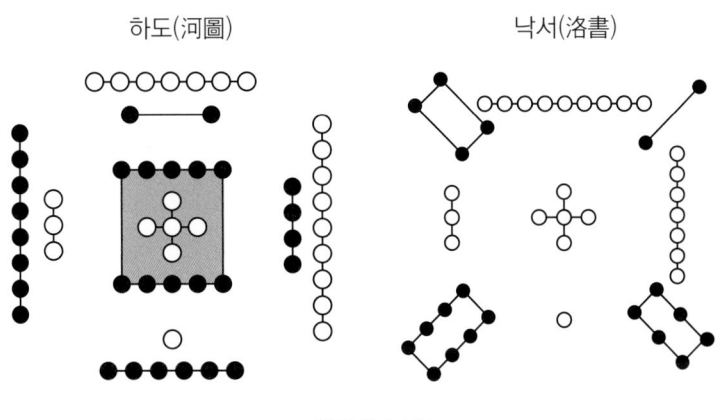

하도와 낙서

---

1. 〈건구오(乾九五)〉(422p) 해설 참고

유학의 태극사상

역유태극(易有太極)[1]

역유태극의 의미는 대자연인 易(역)이 스스로 태극(太極)을 포괄하고 보유한다는 것이다. 태극을 최초로 언급한 문장은 周易(주역) 계사상전(繫辭上傳)의 '역유태극(易有太極)'이다. 태극은 천지인 삼재(三才)를 생성하고 거느리는 조화옹·조물주(造化翁·造物主)로서, 우주시공과 삼라만상을 생생(生生)한다.

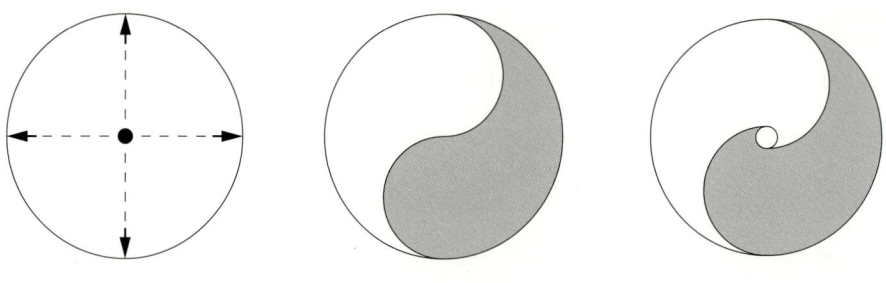

무극(无極) → 태극(太極) → 유극(有極)

태극이 나오는 밑바탕인 무극(无極)은 텅 빈 모태(母胎)와도 같다. 무시무종(無始無終) 즉 시작도 없고 끝도 없는 태초 이전을 뜻하기 때문에, 무극을 대개 하나의 점(丶) 또는 이를 확대한 밝고 둥근 하나의 원(○)으로 표상한다.

다음의 태극도(太極圖)는 야산(也山, 1889~1958) 선생의 작품이다. 중심부에 그린 동심원은 태극의 씨눈에 해당하는 유극(有極)의 인(仁)을 상징하므로 일명 유극도(有極圖)라고도 한다. 상하의 양극(兩極)을 폿대로 乙자 형태로 태극의 무궁조화를 나타내었다.

송대(宋代)의 역학자 주렴계(周濂溪, 1017~1073) 선생은 '태극도설(太極圖

---

[1]. 이응문(필자)의 〈해와 달을 머금은 주역. 27~30p〉 2018. 도서출판 담디

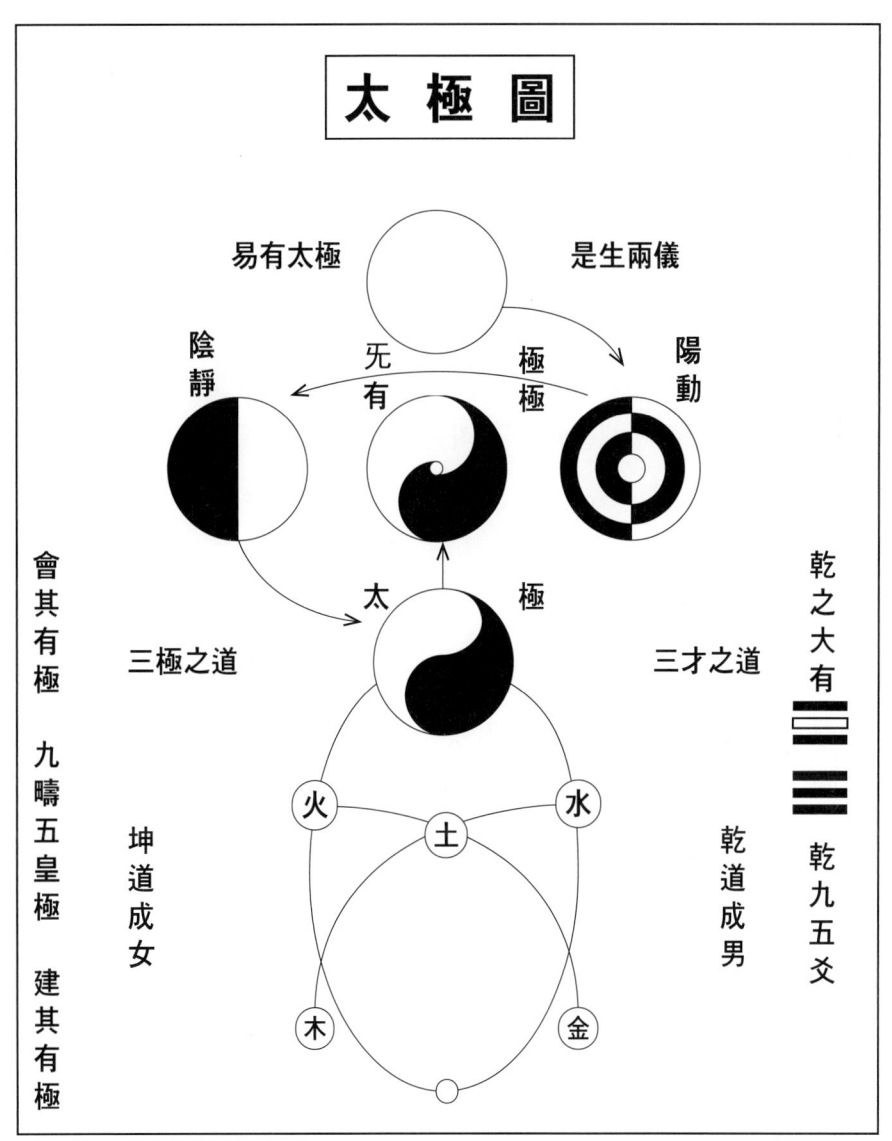

염계(濂溪)의 태극도설에 기초한 야산선생의 태극도(太極圖)

說)'을 통해 태극이 끝없는 가장 큰 존재임을 "무극이태극(无極而太極)"으로 표현하였다[2].

태극에서 '클 태(太)'는 세상을 구성하는 기본재료인 천지인(天地人) 삼재(三才)가 순차적으로 열린다는 의미이다. '太'자를 파자하면 위 '一'은 태극을, 좌우 '人'은 천지음양을, 'ヽ'는 만물(人)을 나타낸다[3].

예로부터 우리나라에서는 이 '太'를 오곡의 태두(太豆)인 '콩 태'로도 풀이하였다. 콩은 떡잎이 벌어지면서 중간에 씨눈이 발아하여 생장한다. 삼태극의 이치를 잘 보여주기 때문인데 '머리 두(頭)' 속의 '콩 두(豆)'와도 같이 쓰인다. 豆는 그릇 가운데 으뜸인 제기(祭器)를 뜻하기도 한다.

태극(太極)과 팔괘(八卦)

태극에서 '끝 극(極)'은 '나무 목(木)'과 '빨리 자랄 극(亟)'을 합성하여 밑뿌리로부터 줄기와 가지, 잎사귀가 차례로 생장하는 것을 나타낸다. 이 태극을 기본바탕으로 두 줄기가 양과 음이고 줄기에서 나온 네 가지가 태양과 태음, 소음, 소양, 태음인 사상(四象)이고 다시 사상이 각각 양과 음으로 나뉜 것이 팔괘(八卦)이다. 3번의 변화이므로 삼변(三變)이라고 한다.

8괘가 처하는 공간의 세계가 '집 우(宇)'이고 3변으로 펼쳐지는 시간의 세계가 '집 주(宙)'이다. 3변하여 8괘를 펼치는 태극의 집이 광대무변한 우주시공이

---

[2]. 성리학의 성전(聖典)이라 일컫는 「태극도설」은 우주의 생성유래와 인륜의 근원바탕을 논한다. 무극이태극(無極而太極), 음정양동(陰靜陽動), 오행(五行), 건곤남녀(乾坤男女), 만물화생(萬物化生)의 다섯 가지 전개를 나타낸다. 무극(無極)의 진(眞)과 이기오행(二氣五行)의 정(精)과의 신묘한 결합에 의해 건곤남녀를 낳고 만물이 화생되나 만물은 결국 하나의 음양으로, 그리고 음양은 하나의 태극으로 돌아간다는 가르침이다. 사람은 만물 중에서 가장 영묘(靈妙)한 존재로서 음양오행의 수(秀)를 얻은 존재이다. 그 가운데 음양오행의 지극한 정화를 체득한 성인(聖人)은 인의중정(仁義中正)을 정하여, 정(靜)을 위주로 하는 인륜규범의 표준잣대를 세웠다.
'무극이태극'에 대해선 무극에서 태극이 일어난다고 보는 기일원론(氣一元論)의 도가적 견해와 무극이므로 태극일 수 있다는 이기이원론(理氣二元論)을 주장하는 성리유학의 견해로 나뉜다.

[3]. 국조이신 단군이 지어 전하였다고 하는 天符經(천부경)은 "일시무시일, 석삼극무진본(一始无始一, 析三極无盡本)"으로 시작된다. 하나로부터 시작하지만 그 하나를 낳는 바탕은 본래 무(无)라는 뜻이다. 무극에서 비롯된 태극 하나가 셋으로 극진히 쪼개지며, 이를 천극과 지극, 인극인 '삼극', 또는 천태극과 지태극, 인태극인 '삼태극'이라고 한다.

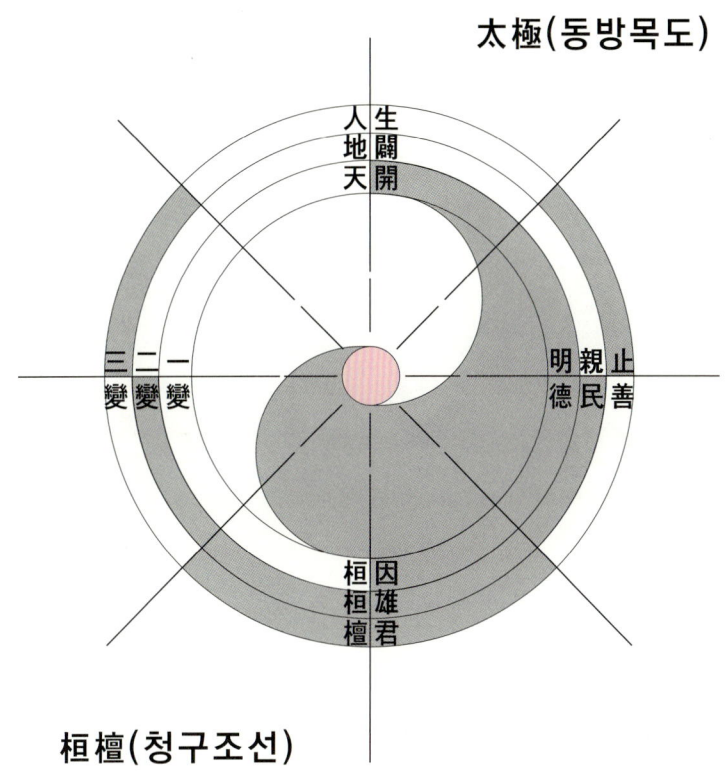

태극의 3·8 목도

다. 보이는 현상세계의 사방(四方)과 사계(四季) 즉 동서남북과 춘하추동 가운데 '동방 목(木)'이 우두머리이므로 태극을 나무에 빗대어 표명한 것이다. 계절의 으뜸인 봄철에 초목(木)이 생명의 눈(目)을 뜨고 서로 바라보는 것이 '볼 상(相)'이란 글자이다. 팔괘의 상(象)이 상(相)의 음의(音意)와 서로 통한다.

복희팔괘는 일반적으로 괘의 순서인 '괘서(卦序)'에 괘의 이름인 '괘명(卦名)'을 붙이고 괘를 대표하는 자연의 물상(物象)인 '괘상(卦象)'을 하나로 묶어서 나타낸다[4].

태극이 팔괘를 낳는 이치는 '일생이법(一生二法)'과 '양선음후(陽先陰後)'이다. 태극에서 두 가지 거동의 양의(兩儀) 즉 동적인 양의(陽儀, ⼀)와 정적

---

[4]. 선천팔괘를 하나로 묶어서 일건천(一乾天), 이태택(二兌澤), 삼리화(三離火), 사진뢰(四震雷), 오손풍(五巽風), 육감수(六坎水), 칠간산(七艮山), 팔곤지(八坤地)라고 한다.

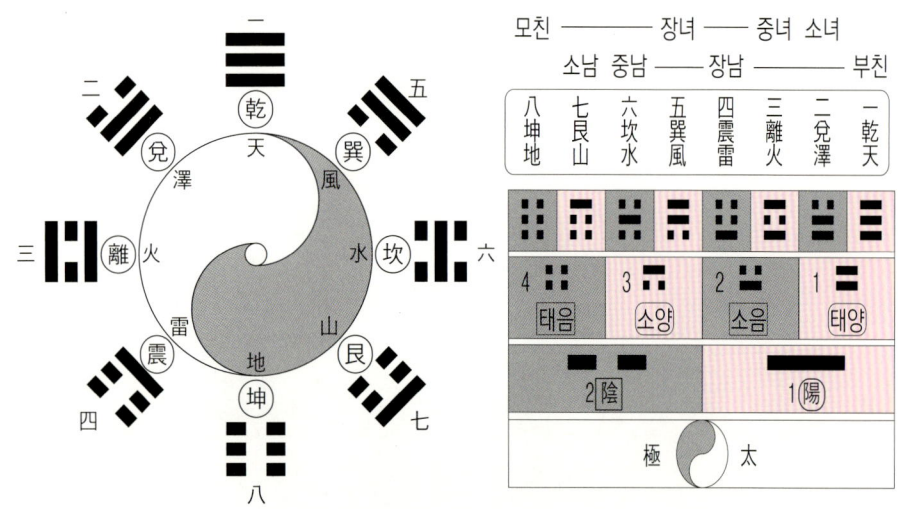

복희 선천팔괘(先天八卦)의 방위도와 차서도

인 음의(陰儀, --), 네 가지 형상의 사상(四象) 즉 태양(⚌), 소음(⚍), 소양(⚎), 태음(⚏), 여덟 가지로 사물을 걸어놓은 팔괘(八卦, ☰☱☲☳☴☵☶☷)가 순차적으로 나온다. 이 팔괘를 위의 그림에서 잘 나타내고 있다.

구체적으로는 양의(—)에 속한 태양(⚌)에서 양(—)과 음(--)이 나와 건태(乾兌, ☰☱), 소음(⚍)에서 리진(離震, ☲☳)이 생성된다. 다음 음의(--)에 속한 소양(⚎)에서 손감(巽坎, ☴☵), 태음(⚏)에서 간곤(艮坤, ☶☷)이 생성되어, 팔괘가 차례로 펼쳐진다.

팔괘 명칭은 '건·곤·진·손·감·리·간·태(☰·☷·☳·☴·☵·☲·☶·☱)', 이를 대표한 자연의 물상이 '천·지·뇌·풍·수·화·산·택(天·地·雷·風·水·火·山·澤)'이다. 부모로 대표되는 하늘땅(☰☷)을 상하 중심축으로 하여, 장남·중남·소남의 우레·물·산(☳·☵·☶)과 장녀·중녀·소녀의 바람·불·연못(☴·☲·☱)이 그 중간에 자리한다.[5]

---

5. 부모의 교역에 의해 먼저 장남장녀인 우레바람(☳☴), 다음 중남중녀인 물불(☵☲), 마지막이 소남소녀인 산못(☶☱)이 뒤잇는다. 부친은 순양의 3양(☰)이고 모친은 순음의 3음(☷)이며, 아들은 1양2음(☳☵☶)이고 딸은 1음2양(☴☲☱)이다.

선천팔괘의 음양지도(陰陽之道)는 남녀교합에 의한 중천 구궁교역(낙서)에 의하여 후천팔괘의 오행지리(五行之理)를 펼친다. 문왕팔괘라고도 일컫는 후천팔괘는 오행상생의 흐름을 기본으로 하여 동방진목(☳), 동남손목(☴), 남방이화(☲), 서남곤토(☷), 서방태금(☱), 서북건금(☰), 북방감수(☵)를 거쳐 동북간토(☶)로 마친다. 음양오행에 의한 선후인과의 진리법도가 곧 태극에서 비롯되는 것이다.

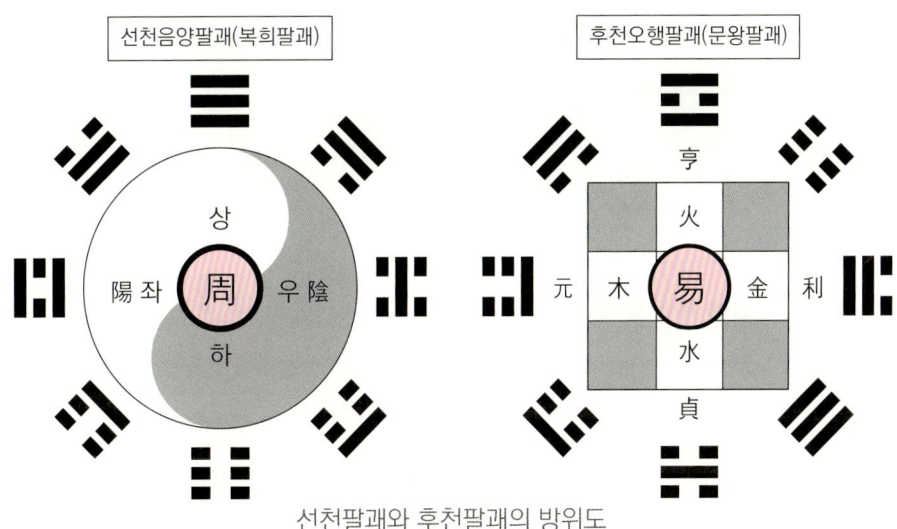

선천팔괘와 후천팔괘의 방위도

운행주기의 동정변화 측면에서는 주야교역에 의한 하루(日), 삭망교역에 의한 한 달(月), 나아가 동지와 하지의 양 극단을 정점으로 주야장단의 주기가 교역하는 한 해(年)가 각기 실체적인 태극의 기본단위를 이룬다. 날은 달로, 달은 해로 계속 진행하며 순환하고 반복하는 도를 전개한다.

시간주기 뿐만이 아니라 생명의 주체인 한 개인으로부터 가족과 국민, 인류의 경우도 대소의 범주가 나뉘고 본말(本末)의 체용(體用)은 다르나 제각기 실존(實存)하는 태극의 중심 주인공이다.

하도와 팔괘

복희 당시 나왔다는 하도(河圖)는 역 전체의 수리를 대표하는 그림이다. 본래 하도(河圖)와 팔괘(八卦)의 생성수리는 천도(天道)와 인사(人事)의 자연한 흐름으로서 필연적으로 합치되기 마련이다. 이를 필자가 학문적 관점에서 해설한 도표가 아래 그림이다. 구체적인 내용은 〈건구오(乾九五)〉에서 다시 소개한다.

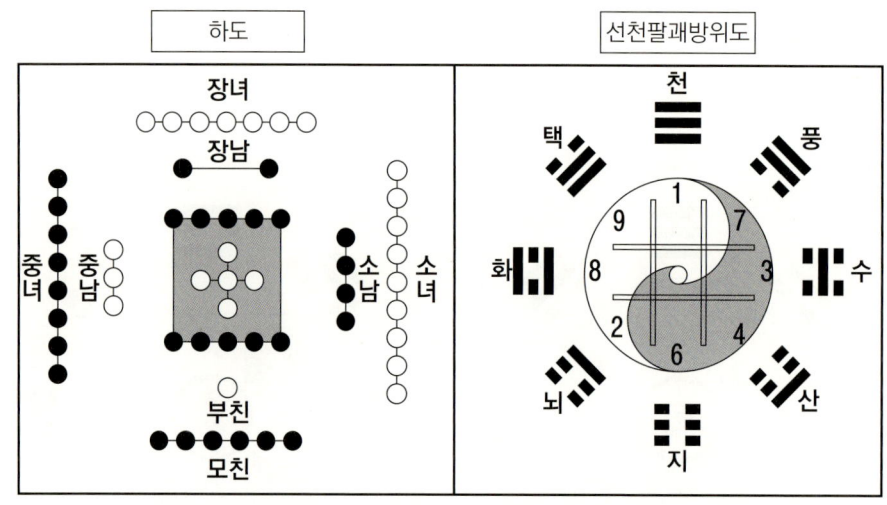

하도(河圖)를 법한 복희 선천팔괘(先天八卦)

유학의 도통연원(道統淵源)과 공문전수(孔門傳受)

인문철학을 대표하는 유학(儒學)의 기본바탕은 자신의 심신(心身)을 올바르게 닦아 남을 바른 길로 이끌 수 있는 '수기치인(修己治人)'이다. 공자는 요(堯), 순(舜), 우(禹), 탕(湯), 문(文), 무(武), 주공(周公)으로 전수 계승되어온 고대 유학을 최종적으로 집대성하였다. 中庸(중용)의 글에 공자께서 "요순(堯舜)의 도를 조종(祖宗)으로 하여 전술(傳述)하고 문왕과 무왕의 법도를 세상에 밝혔다."고 하였다.[6]

공자의 학문과 사상은 수제자인 증자(曾子)를 거쳐 문하제자이면서 공자의 손자인 자사(子思)로 전수되어 유학의 기본체계가 수립된다. 이후에 자사를

---

6. 中庸(중용) 제 30장: 仲尼는 祖述堯舜하시고 憲章文武하시며 上律天時하시고 下襲水土하시니라.

사숙(私淑)한 맹자(孟子)에 의해 공맹(孔孟)의 도가 이어졌지만 전국시대의 극심한 혼란과 분서갱유(焚書坑儒)의 거듭된 참화를 거치면서 실질적인 유학의 명맥이 거의 끊어졌다.

세월이 흐르면서 갈수록 실천궁행하는 본래의 유학기풍이 쇠약해지고 선불(仙佛) 사상이 급속도로 확장됨으로 인하여 전통 유가사상의 진의(眞意)는 더욱 크게 상실되었다. 이로 인해 경전의 방대함만을 자랑하는 형식에 치우친 예는 근본적인 반성과 성찰이 필요했으며 간이하고도 정제된 철학사상이 절실하게 요구되었다.

유학의 실제 중흥은 송대(宋代)의 주렴계(周濂溪)와 장횡거(張橫渠), 소강절(邵康節), 정명도(程明道), 정이천(程伊川), 주회암(朱晦庵) 등에 의해 이루어진다. 특히 정이천 선생은 周易(주역)에 전(傳)을 붙여 역도(易道)의 의리(義理)를 세우고, 禮記(예기) 49편에 있던 대학(42편)과 중용(31편)을 따로 독립시켰다. 이로써 유학경전의 철학적 기초를 바로 세우고 옛 성인의 도를 후학에 연결해주는 큰 역할을 하였다.

정자(程子)를 사숙(私淑)한 주자(朱子)도 주역의 복서(卜筮)에 기초한 본의(本義)를 달아 역리(易理)의 상수(象數)를 밝히고, 大學章句(대학장구)와 中庸章句(중용장구)를 지어 논어·맹자와 더불어 사서(四書)로 체계화하였다. 또 모든 선현들의 주(註)를 종합하고 절충하여 四書集註(사서집주)를 펴냄으로써 성리학(性理學)을 토대로 한 이른바 정주학(程朱學)의 시대를 열어놓았다.

이후 정주학(程朱學)을 비판한 양명학(陽明學)을 비롯하여 유학의 학문적 실체를 밝히기 위한 노력이 끊임없이 전개되었다. 우리나라에서도 퇴계(退溪)선생과 율곡(栗谷)선생의 유명한 이기논쟁(理氣論爭) 등 뛰어난 유학자들의 학문연구 등을 통하여 유학의 기치를 드높여 왔다.

태극(太極)의 중심도리인 중용(中庸)

천명(天命)에 의한 사람의 성품이 바로 태극의 본성(本性)이다. 중용 1장의

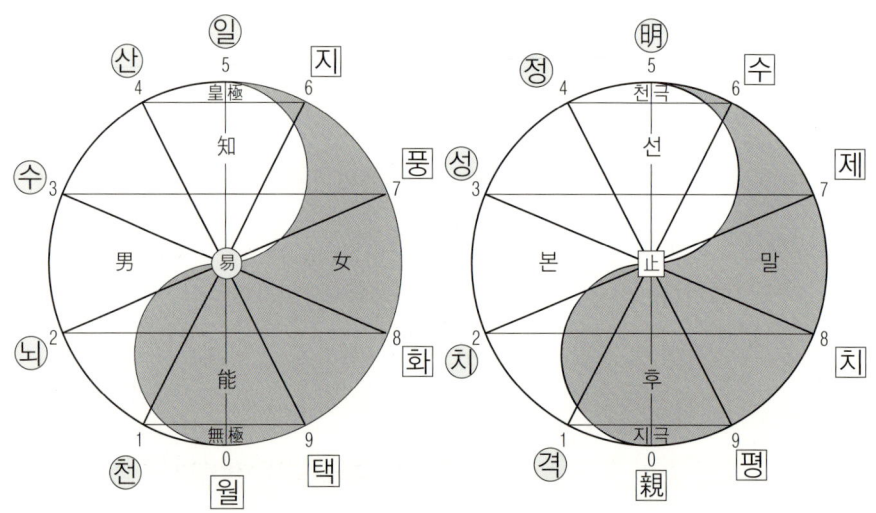

하도 10수에 따른 사물배정과 대학의 강목(綱目)

	1	2	3	4	5	6	7	8	9	10
	태양	소음	소양	태음	천극	태유	소강	소유	태강	지극
	부친	장남	중남	소남	조부	모친	장녀	중녀	소녀	조모
	생수	생수	생수	생수	생수	성수	성수	성수	성수	성수
	천수	지수	천수	지수	천수	지수	천수	지수	천수	지수
	기수	우수	기수	우수	기수	우수	기수	우수	기수	우수

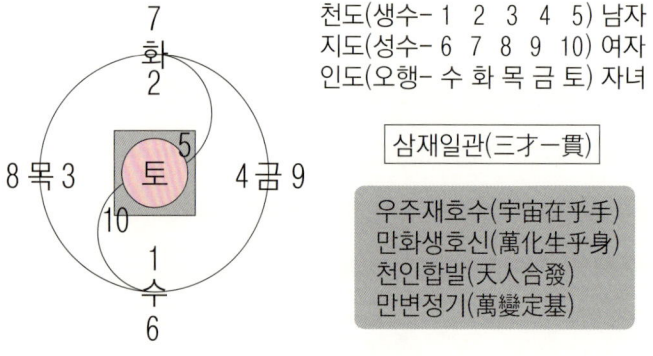

천도(생수- 1 2 3 4 5) 남자
지도(성수- 6 7 8 9 10) 여자
인도(오행- 수 화 목 금 토) 자녀

삼재일관(三才一貫)

우주재호수(宇宙在乎手)
만화생호신(萬化生乎身)
천인합발(天人合發)
만변정기(萬變定基)

하도의 수리와 삼재(三才)의 도

머리대목은 태극의 성명(性命)을 중심푯대로 세워 사람이 나아갈 바른 길이 태극의 본성을 따르는 것임을 제시하고, 성현들이 닦아놓은 이 길에서 모든 가르침이 나왔음을 밝혔다.

中庸(중용) 전체의 가르침은 천도에 기초한 인도(人道)의 합일(合一)이라고 하여도 조금도 과언이 아니다. 천인합일(天人合一)의 도가 태극의 진리에 근원하므로 태극이치를 담은 도서(圖書)를 관찰하고 이해함은 중용공부에 있어서 큰 길을 찾음과 같다.

수(數)와 중(中)

만물의 척도는 수(數)라고 한다. 사유(思惟)의 원천토대인 수는 인류가 존재하면서부터 모든 사물의 외적 현상과 내적 이치를 셈하고 헤아리며 풀어내는 기본 수단이었다. 생각하고 계산하며 판단할 수 있도록 하는 지능(知能)을 갖추어 만물을 인도하는 영장으로 사람이 자리매김하게 된 것도 개수를 세고 거리를 재고 무게를 달고 방향을 잡는데 수를 사용하면서부터이다.

일상생활에서도 개수(個數)와 재수(財數), 운수(運數), 도수(度數), 역수(曆數), 지수(指數) 등 관련된 단어가 수없이 많다. 수가 삼라만상의 실체인 진면목을 이끌어내어 그 이치를 밝히므로 易에서는 상수리(象數理)를 삼위일체로 본다.

사리(事理)와 물리(物理), 심리(心理), 성리(性理), 도리(道理), 교리(敎理) 등을 전개하는 원천은 자연에 바탕을 둔 수리(數理)이므로 수(數)에 대해 올바르게 이해하는 일은 신비한 대자연의 문을 여는 핵심열쇠와 같다.

자연의 진리와 인생의 도리를 두루 조명하는 고대동양의 역(易)은 인류세계의 영원한 고향이며 정신적 지주이다. 공자는 "과거를 밝히고 미래를 살피며(彰往察來), 현저한 것을 작게 간추리고 그윽한 것을 열어젖히며(微顯闡幽), 이름을 딱 맞게 짓고 만물을 분별하며(當名辨物), 말씀을 정확히 하고 문장으로 판단하였으니(正言斷辭), 다 갖춰졌다(備矣)."고 易을 극찬하였다.

역은 자연의 수에 걸어서 만물의 형상을 이끌어내고 이를 근거로 사물의 제반 이치를 추정하고 판단하는 '대자연의 수리철학'이다. 태극과 음양, 삼재, 사상, 오행 및 소성8괘(선천음양과 후천오행)와 대성64괘(384효)를 비롯한 역의 모든 분야에 수가 연관되지 않는 바가 없다.[7]

공자는 사람이 천지자연[乾坤]에서 비롯된 지능(知能)을 받아 만물을 이끄는 영장이 되었다고 보았다. 만물(인도)을 낳는 것은 천도와 지도이고, 천지조화를 얻어 만물을 주재하는 것은 사람이다. '인사(人事)가 만사(萬事)'라는 격언처럼 만사를 주재하고 통어하는 중심은 인사이다. 그러므로 천지인 삼재(三才)를 베푸는 건(乾)의 덕성(德性)을 사람(人)으로 세워(建) 만물을 다스리게 한다는 '굳셀 건(健), 튼튼할 건(健)'으로 일컫는다.

만물의 영장인 사람은 소자연과 소우주이다. 우주자연의 지극한 조화를 얻은 까닭에 우리의 몸과 마음[心身]엔 우주자연의 극진한 수(數)가 담겨져 있다.

수(數)와 수(首), 수(手)는 음의(音義)가 서로 통한다. 수를 헤아리고 생각하는 원천[知]은 '머리 수(首)'이고 구체적으로 셈하는 원시적인 계산도구[能]는 '손 수(手)'이다. 수학은 철학과 과학 등 모든 학문의 지적(知的) 근본으로서 '수출(首出)'의 수(首)가 된다. 또 물건을 만들고 개수를 세며 자수를 놓고 바둑의 수를 두며 특정 사물을 지시할 때 능숙(能熟)하게 사용하는 것이 손이다. 달력의 기본바탕인 간지(干支)도 수(手)의 열 손가락과 두 손목을 취한 글자이다. 이 손가락을 꼽고 펴서 열을 셈하는 것에서 원시 易(자연)의 수리도 전개된다.

1에서 10까지의 양의 정수(整數)는 자연수를 대표하며 덧셈과 뺄셈, 곱셈,

---

7. 태초 우주의 열림은 하나의 중심점(丶)에서 비롯되었다고 한다. 여기에서 나온 글자가 卜(점 복)이다. 상하천지의 근본이치를 통달하여(丨) 그 중심복판에 자리한 사람의 나아갈 향방을 점찍는 (丶) 것이다. 중(中)의 본뜻과도 통한다. 이를 말씀(口)으로 풀이하여 길흉진퇴의 길을 가르쳐주는 것이 역의 占이다. 역경의 괘효(卦爻)를 설명한 괘사효사의 문장은 사물에 대한 정확하고 분명한 초점(관점)과 시점을 제시한다. 占은 '차지(借地)할 점'이라고도 한다. 괘효의 위치와 변동을 살펴 머무를 곳을 찾는, 점유(占有)를 의미하기 때문이다.

나눗셈의 가감승제(加減乘除) 4칙 및 진법[8]과 주기율을 계산하는 원초기틀이다.

陰符經(음부경)에 다음과 같은 글이 전한다. "사람들은 신이 신령함을 알지만 정작 그 까닭을 알지 못한다. 일월에 도수가 있고 대소의 정해짐이 있으므로 성스런 공덕이 생겨나며 신비로운 밝음이 나오는 것이다[9]."

---

[8] 한자리로 표현 가능한 경우의 수가 진수(進數), 진법(進法)이다. 사람은 10진법을, 컴퓨터는 2진법을 사용한다.

[9] 陰符經(음부경): 人이 知其神之神하고 不知其神之所以神이니라. 日月이 有數하고 大小 有定하니 聖功이 生焉하고 神明이 出焉이니라.

중용역해(中庸易解)

1장 천명(天命)

天命之謂性이오 率性之謂道ㅣ오 修道之謂敎ㅣ니라.
천명지위성   솔성지위도   수도지위교

性: 성품 성 命: 목숨 명 謂: 이를 위 率: 따를 솔 修: 닦을 수 敎: 가르침 교

하느님이 명하신 것을 성(性)이라 이르고, 성(性)을 따르는 것을 도(道)라 이르고, 도(道)를 닦는 것을 교(敎)라 이르느니라.

역해(易解)

中庸(중용) 첫 문장이 '삼오야 밝은 달'인 보름달에 상응하는 삼오(三五) 15자의 성도교(性道敎)에 대한 가르침으로 시작한다. 천지인 삼재(三才)의 흐름으로 문장을 구성한 것이 大學(대학) 삼강령(三綱領)인 명명덕(明明德)과 친민(親民), 지어지선(止於至善)이다. 대학의 삼강령에다 중용의 성도교(性道敎)를 연계하면 본체의 명덕은 천부(天賦)의 성(性), 명덕을 밝힘은 성품을 따르는 도(道), 백성을 사랑으로 이끄는 친민(신민)은 길을 닦아놓은 교(敎)에 해당한다.

교학(敎學)의 측면으로 보면 본연의 지선한 성품을 깨우치는 중용은 교(敎), 큰 배움의 도를 익히는 대학은 학(學)에 해당한다. 대학을 중용보다 앞서 공부하는 까닭은 배움을 기본바탕으로 하여 깨달음을 얻은 뒤에 가르침을 베풀 수 있기 때문이다.

天命之謂性

생명(生命)과 운명(運命), 수명(壽命), 소명(召命) 등 일체의 명(命)은 하늘이 주재한다. 명(命)은 모든 사물에 품부(禀賦, 품성의 부여)하여 내려준 명령

(命令)임과 동시에 갈라놓은 대쪽을 하나로 합치듯이 여합부절(如合符節)로 합일하는 자연이치다.

성(性)은 마음(心)으로부터 생겨나며(生), 심(心)은 천지인의 씨앗(丶) 세 가지가 싹틈이다(乙). 우주만유에 마음이 깃들어 있으므로 '심즉천(心卽天)'이라고도 한다. '하나로 늘' 항구적으로 존재하는 하늘이 자연히 땅을 낳은 다음에 서로 부부로 짝하여 남녀(만물)의 人을 낳으므로, 心의 본체가 天(☰)이라는 것이다.

'유물유칙(有物有則)이라', 형상(形象)을 갖춘 모든 사물은 존재하게 되는 근본 까닭 즉 내재된 바탕 이치(理致)가 반드시 있다. 주자는 성(性)을 이(理)로써 정의하였는데, 우주자연과 삼라만상을 주재하는 하늘의 이치(理致)와 원리(原理)를 의미한다. 여기에서 성리(性理)와 더불어 천리(天理), 지리(地理), 물리(物理), 순리(順理), 도리(道理), 명리(命理), 철리(哲理), 교리(敎理) 등이 두루 전개된다.

마음의 본체작용은 심성(心性)과 심정(心情)의 성정(性情)으로 나타난다. 내적인 성품은 생생한 마음의 본체원리(心之理), 외적인 감정은 청청한 마음의 현상작용(心之用)이다. 성정을 거느리는 주체가 마음이므로 '심통성정(心統性情)'이라고 한다. 성명(性命)은 체용합일의 관계이다. 하늘의 측면에선 명(命)을 베풀어주고 만물과 사람의 입장에선 성(性)을 부여받는 수수(授受)로 상대된다.

일반적으로 성품은 본연지성(本然之性)과 기질지성(氣質之性)으로 크게 나눈다. 천진무구한 본연지성은 하늘의 무극한 진리(眞理)를 원천바탕으로 한다. 밝고 선한 순수자연의 지극한 성품으로서 티끌 없는 이성(理性)에 해당한다. 항시 변함없는 불역(不易)의 선천 즉 이천(理天)으로 표현하며 고요하고 은미한 도심(道心)으로 표출된다. 맹자의 이른바 성선(性善)의 네 단서인 인의예지(仁義禮智)의 사단(四端)이 본연지성에서 출발한다.

한편 존재하는 모든 사물이 제각기 부여받은 기질지성(氣質之性)은 하늘의 태극 일기(一氣)를 기본바탕으로 한다. 태극이 음양의 동정변화를 낳고 이로부터 오행의 생성유행이 일어나며 선악시비가 뒤섞인 기질의 성품이 발현된다.

감성(感性)에 해당하는 기질지성(氣質之性)을 늘 변화하는 변역(變易)의 후천 즉 기천(氣天)으로도 표현한다. 편벽된 기질과 그릇된 욕심에 의한 위태한 인심(人心), 안이비설신의(眼耳鼻舌身意)의 감각인식, 희노애락(喜怒哀樂)의 육욕칠정(六慾七情) 등의 감정이 기질지성에 의한다.

'천명지위성(天命之謂性)'은 가장 윗자리에 계신 하느님이 마음의 이치인 성품을 내려주었다는 뜻이지만 모든 생명체(生命體)에게 '밝고 생생(生生)한 사랑의 마음(心)'인 순수자연의 성품(性品)을 원천적으로 부여(賦與)했다는 뜻으로도 풀이된다.

마음(心)의 발생지(發生地)는 어디인가? 대자연의 본체로서 창조주(創造

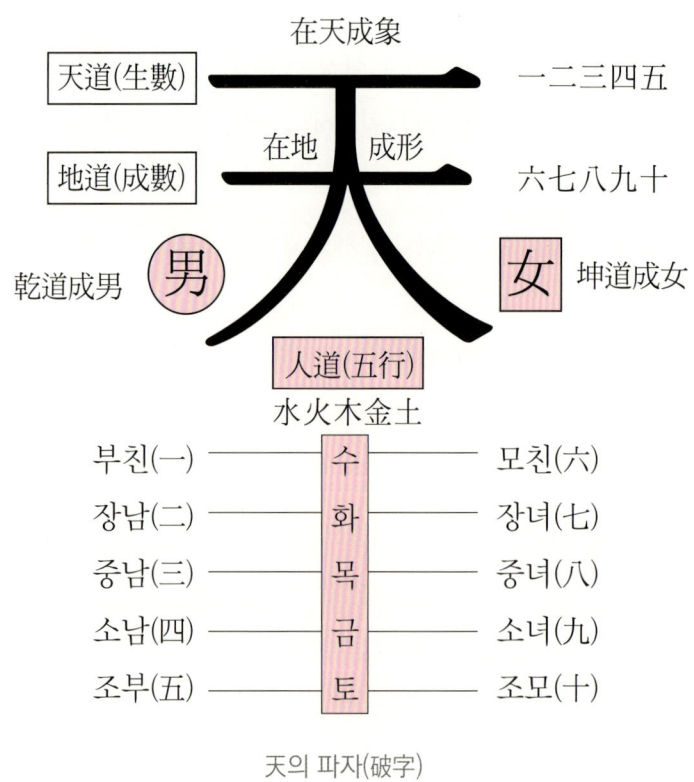

天의 파자(破字)

主)이고 조물주(造物主)며 조화옹(造化翁)인 하느님이다. 周易(주역) 설괘전(說卦傳)에 "이치를 다하고 하늘이 부여해준 성품을 다함으로써 명(命)에 이른다."는 '궁리진성 이지어명(窮理盡性 以至於命)'을 공자가 말씀하였다.

'하늘 천(天)'이란 글자는 천지인 삼재(三才)를 순차적으로 생성 전개하는 주체가 하늘임을 보여준다. 태초 자연히 하늘이 열린 다음에 하늘이 땅을 낳고, 상하(二) 천지가 교통하여(丨) 만물(人)이 나옴을 天이란 글자에 담고 있기 때문인데, 이는 태극(一)의 음양교합(二)과 오행생성(三) 이치로도 풀이된다. 주자가 하늘이 부여한 성품을 건순오상(健順五常)의 덕으로 풀이함도 이를 따른 것이다. 天에 대한 필자의 생각을 앞의 그림으로 나타내보았다.

率性之謂道

지구가 태양을 중심으로 공전하며 스스로 도는 자전을 쉬지 않음으로 해 해가 가면 달이 오고 달이 가면 해가 온다. '돌고 도는 것이 인생(人生)이라'고 하듯이 몸도 기혈이 돌고 돌아 사지백해(四肢百骸)를 순환하며 생명활동이 유지된다.

周易(주역)에서 공자는 "한번은 음으로 나아가고 한번은 양으로 나아가는 것이 도(一陰一陽之謂道)."라고 정의했다. 태극이 운동을 하는데 한번 움직이면 일양지(一陽之)이고 한번 고요해지면 일음지(一陰之)이다.

도는 음양의 동정변화(動靜變化)로써 전개되는 일관된 길이다. 솔성(率性)이란 본연의 성품 그대로 천리(天理)를 따름을 이른다. 진솔(眞率)한 성품을 잃지 않는 것이야말로 사람이 마땅히 나아가야 할 도리(道理)이다.

동적인 양(陽)의 과정을 맞이하면 위로 올라가고 정적인 음(陰)의 과정을 맞이하면 아래로 내려감이 올바른 길(道)이다. 하늘은 하늘대로 천도를 따르고 땅은 땅대로 지도를 따른다. 이를 본받아 사람은 사람대로 인도를 따라야 한다. 자연의 인과(因果) 법칙을 사필귀정(事必歸正, 일이 반드시 바른 데로 돌아감)이라고 한다. 삼라만상이 모두 이 길(道)을 벗어날 수 없다. 길(道)로 나아가면 길(吉)한 복(福)이 따르고 길을 벗어나면 흉(凶)한 화(禍)가 따름이 필연이다.

率(거느릴 솔, 따를 솔, 비율 율)은 날개를 펼쳐 날아오르는 우두머리(玄)를 따라 새들이 무리지어 질서정연하게(十) 나아감을 나타낸다. 우두머리가 무리를 '거느리다' 또는 모든 무리가 우두머리를 쫓고 '따르다'는 뜻이다. 일정한 준칙 법도(척도)를 세워 통솔(統率)한다는 측면에선 '비율 율(率)'이라 한다[1].

道(길 도)는 '머리 수(首)'에 '쉬엄쉬엄 나아갈 착(辶)'을 더하여 머리에서 생각하고 판단하는 대로 자연스레 몸뚱이와 팔다리가 움직여 나아간다는 뜻이다. 만유(萬有)의 머리는 태극(太極)이므로 태극이 3변을 통하여(辵) 천지인 삼재(三才)를 순차적으로 여는 팔괘(八卦)의 생성이치를 도(道)로써 표명한다[2].

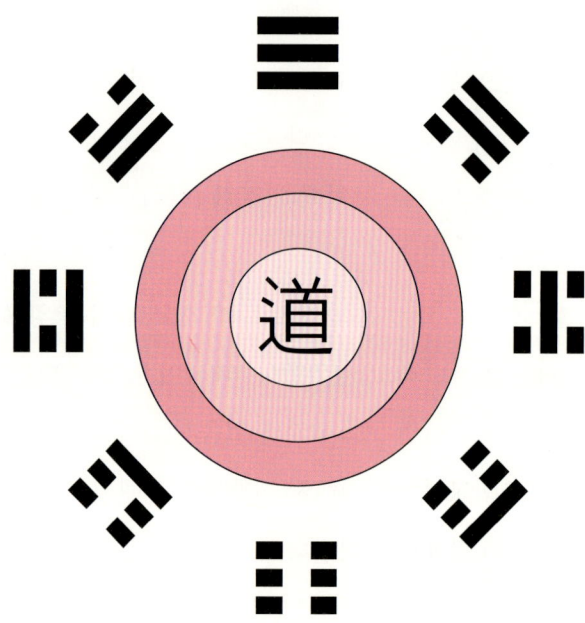

태극의 3변성도

---

[1]. 관련단어로는 통솔(統率), 가솔(家率), 식솔(食率), 진솔(眞率), 솔선(率先), 비율(比率), 능률(能率), 효율(效率), 확률(確率) 등이 있다.

[2]. 수(首) 아래의 자(自)는 본래 '코 비(鼻)'를 나타낸다. 코는 얼굴의 중심에 자리한데다 생명활동인 호흡을 하는 기관이므로, 자기(自己) 자신(自身)을 대표한다. 생명(生命)의 시작과 인생(人生)이 자연(自然)적인 호흡활동에서 비롯되므로 '스스로' 또는 '~로부터' 등으로 쓰인다.
自를 뺀 首의 윗부분이 머리털에 해당되지만 음양부호인 ㅡ(一)과 --(八)로 보면, 하나에서 둘이 나오는 '일생이법(一生二法)'의 태극 원리(原理)를 보여준다.

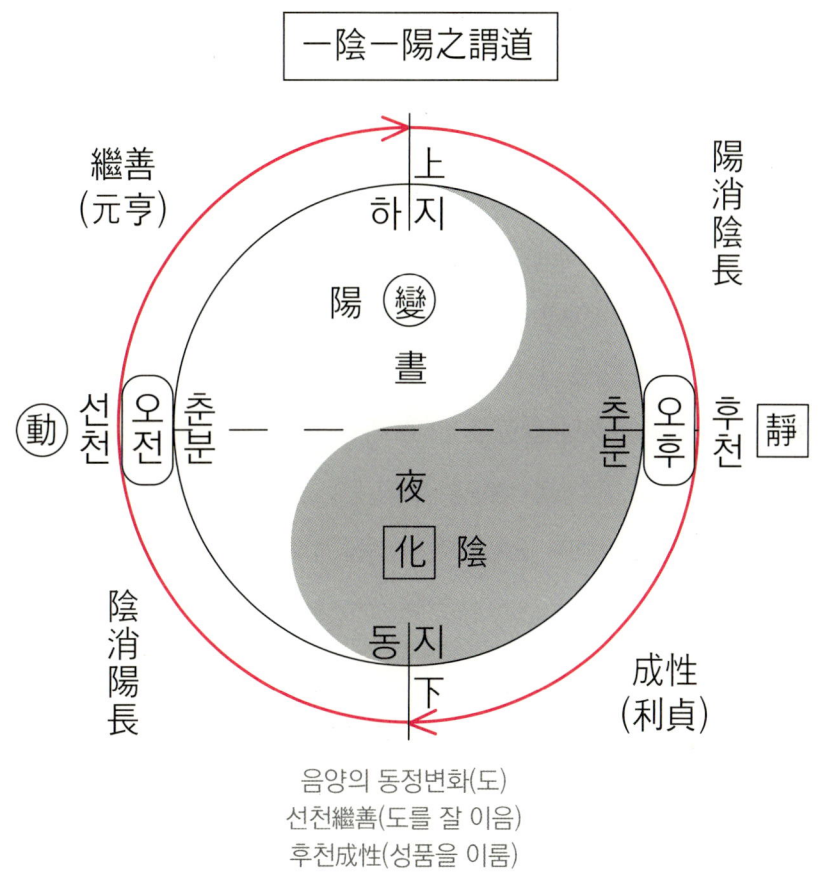

음양의 동정변화(도)
선천繼善(도를 잘 이음)
후천成性(성품을 이룸)

周易(주역)에서 일컫는 천도의 큰 흐름은

① 복희의 선천(음양) 팔괘,

② 낙서의 중천(사상) 교역,

③ 문왕의 후천(오행) 팔괘로 나타난다.

선천은 변함이 없는 불역(不易), 중천은 왕래를 하는 교역(交易), 후천은 변화를 이루는 변역(變易)의 이치이다. 이 모두를 두루 하나로 포괄한 것이 하도(河圖)이다. 인사(人事) 흐름으로 보면 선천팔괘는 남녀 대대(對待), 중천은 부부 교합(交合), 후천팔괘는 자녀 화성(化成)에 각기 해당한다.

자연을 대표하는 하늘은 '무극이태극(无極而太極)'에 의한 신비로운 이기(理氣)의 조화로써 선천 음양지도(陰陽之道)에 의한 건순(健順)의 덕성을 낳고, 후천 오행지리(五行之理)에 의한 오상(五常, 인의예지신)의 덕성을 낳는다.

　음양으로 대비되는 존재가 천지, 일월, 동식, 암수, 남녀 등이고 오행으로 대별되는 존재가 인충(鱗蟲: 북방水), 우충(羽蟲: 남방火), 모충(毛蟲: 동방木), 갑충(甲蟲: 서방金), 나충(裸蟲: 중앙土)의 오충(五蟲)이다. 용(水), 봉황(火), 기린(木), 거북(金), 성인(土)이 이를 대표하는 신령한 존재다.

　사신도(四神圖)에서는 이와 달리 동방 청룡(木), 서방 백호(金), 남방 주작(火), 북방 현무(水), 중앙 성인(土)으로 배정한다. 동남으로 청색(소음 8)과 홍색(소양 7), 북서로 흑색(태음 6)과 백색(태양 9)이 사색(四色)으로 대비된다. 중앙토의 색은 황금벌판의 황색(중심태극)으로 표상한다.

> 복희 선천팔괘(음양지도) - 내本
> 구궁 중천교역(사상배합) - 중幹
> 문왕 후천팔괘(오행지리) - 외末

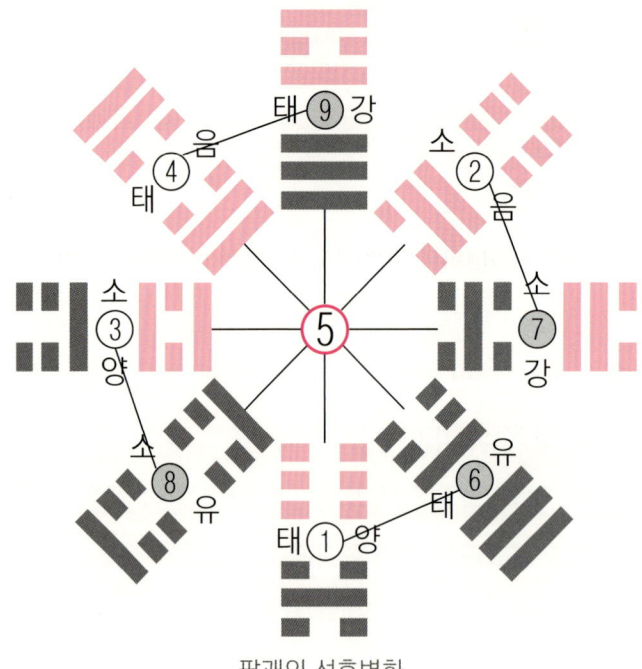

팔괘의 선후변화

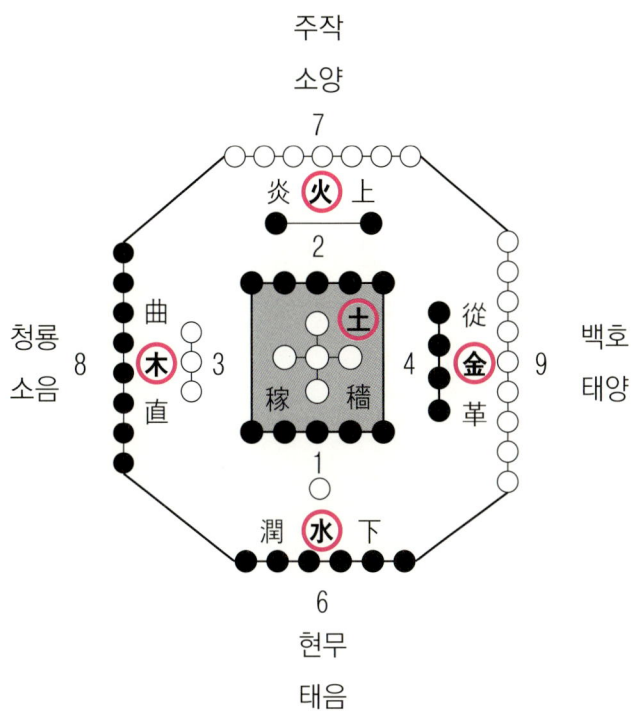

하도(河圖)와 사신도(四神圖)

　만물을 구성하는 기본원소인 수, 화, 목, 금, 토 오행은 천지음양이 교통하여 생성된 '생성물(生成物)'과 같다. 사람을 비롯한 만물은 천(天)을 아비로 삼고, 지(地)를 어미로 삼아 생성된 자식이다. 사람은 태어날 때부터 이미 천지 부모의 굳세고 순한 덕성인 '건순(健順)'을, 오행이치에 입각한 다섯 가지 떳떳한 '오상(五常)'의 덕성인 '인의예지신(仁義禮智信)'을 부여받아 나온다.

修道之謂敎

　누구나 인생길을 걸어가지만 제대로 길을 가려면 닦아놓은 큰 길로 가야한다. 수도지위교(修道之謂敎), 닦아놓은 길이 성현의 '가르침(敎)'이다.
　주자는 수(修)를 '품절(品節)'이라 풀이하였다. 제품(製品)을 만들려면 마름질하고 잘 손질하여 품성(品性)에 맞게 '조절(調節), 절제(節制)'하는 뜻이다.
　대개 리(理)는 곱고 섬세한 옥(玉) 구슬의 결(里) 무늬가 드러나도록 갈아내는 것에서 '다스리다, 옥을 갈다'라는 의미이다. 그 결 무늬가 섬세하고 조리(條理)가 분명한 데에서 '이치(理致)'라는 뜻으로도 쓰인다. 자연한 성품이 곧 이치이므로 수(修)는 과불급(過不及)이 없도록 조리하여 '영롱한 구슬의 빛이 발하도록 갈고 닦다'는 뜻이다. 절차탁마(切磋琢磨)와도 같다.[3]

마음에 두지 아니하면 그 몸을 살피지 못하여 주인 없는 나룻배처럼 방향을 잃고 표류하거나 좌초하여 파손된다. 그러므로 심신(心身)을 함께 닦아서 합일을 이루는 것이 최우선이다.

周易(주역)의 수(需)괘는 하늘에서 비 내리길 간구하며 때를 기다린다는 '구할 수, 음식 수, 기다릴 수'이다. 수(需)에 대해 공자는 '기다릴 수(須)'라 하였다. 그러나 수(須)에는 '세(彡) 사람의 머리(頁)'에 대한 숨겨진 의미가 들어있다.

야산(也山) 이달(李達)선생은 이를 선교(仙敎)와 불교(佛敎), 유교(儒敎)의 가르침을 세상에 편 세 성인에 견주어 말씀하였다.

'선비 유(儒)'는 수(需)에 인(人)을 합친 글자이다. 선불유(仙佛儒) 모두 '사람 인(亻)'을 글자부수로 하여 '인격(人格)의 수양(修養)'을 강조한다. 선교의 정신(마음)과 불교의 육체(몸)와 유교의 규범(행동)을 두루 수양하여야 인격이 완성되고 깨달음의 세계(도)가 열린다는 뜻이다.

야산선생은 "부모의 품에서 자식이 나오듯이 '선불'을 부모로 하여 나온 자식이 '선비'이며, 사람은 죽으면 영혼은 하늘로 올라가기 때문에 '승천선(昇天仙)'의 발음에서 '신선 선(仙)'이 나왔고, 육신은 죽으면 땅에 묻히기 때문에 '부지불(附地佛)'의 발음에서 '부처 불(佛)'이 나왔다. 부모인 선(仙)과 불(佛)이 합쳐 자식인 유(儒)가 나오므로, '선불유(仙佛儒)'의 발음을 취해 '선비 유

---

3. 수(修)에 들어있는 彡(터럭 삼)과, 心에 들어있는 세 丶(점 주)는 천·지·인 삼재(三才)와 관련된다. 천·지·인 삼재의 존재가 모두 마음에서 인식되며(乙), 심신을 잘 다스리고 닦음이 곧 사람이 해야 할 바(攸)라는 뜻이다. 수(修)의 옛 글자는 彡 대신 月을 한 '수(脩)'였다. 즉 사람이 해야 할 바(攸)는 몸(月)을 닦는 일인데, 몸이 없으면 안으로 뜻과 마음을 담는 그릇이 없고 밖으로 연유할 근본이 없어지므로, 근본바탕이 되는 '몸을 닦으라(脩身)'는 의미이다.

(儒)'라 한다."고 말씀하였다.

'선비 유(儒)'는 하늘의 정신과 땅의 육신을 받아 태어난 사람이 그 천지부모의 가르침을 바탕으로 하여 '행동규범을 지키는 사람의 도리를 구하다'는 뜻이다. 정신과 육체, 행동 이 3가지를 다 닦을 때까지 때를 기다려야 한다는 뜻으로도 풀이한다.

敎(가르칠 교, 본받을 교)는 효(孝)에 대한 '가르침' 또는 '가르치다, 본받다'는 뜻이다[4]. 孝는 자식(子)이 늙으신(老) 부모를 잘 받들어 섬기는 데에서 '효도'를 가리키며, '본받는다.' 하여 '효야(效也)'라고도 한다. 모든 가르침과 배움이 여기에서 비롯되기에 교(敎)와 학(學)에 다 같이 孝가 들어 있다.

교(敎)의 본뜻은 본받도록 흥기(興起)하고 고무(鼓舞)하여 진작(振作)시킴이다. 대효(大孝)는 천지자연의 참 진리를 본받음이고 소효(小孝)는 낳아주신 부모의 유지(遺志)와 유업(遺業)을 본받음이다[5]. 주역 繫辭傳(계사전)에도 '효천법지(效天法地)'로써 가르침의 대본(大本)을 세운 공자말씀이 나온다.

대학중용의 삼재삼위(三在三謂)

중용(中庸)은 생명과 본성의 근본진리를 밝힌 글이다.

중용 경문 가운데 나오는 오달도(五達道)와 삼달덕(三達德)의 '통달 달(達)'은 신비로운 천중의 달(月)을 가리킨 글자이다. 한밤중 청명한 달빛이 일체의 강물을 두루 비추는 것이 '월인천강(月印千江)'이다. 우주자연과 천지만물의 일체 물상 중(中) 태극의 음양조화(생성변화)를 가장 잘 표상하는 떳떳한(庸) 존재가 이 달(達)이다.

중용 수장(首章)의 첫 문장도 '십오야 밝은 달'의 총 15글자로 성도교(性道敎) '삼위(三謂)'의 '달밭(胃)을 말(言)'하였다.

---

[4]. 단어용례로 종교(宗敎), 교리(敎理), 교육(敎育), 교사(敎師), 선교(仙敎), 불교(佛敎), 유교(儒敎) 등이 있다.
[5]. 中庸(중용) 제 19장: 夫孝者는 善繼人之志하며 善述人之事者也니라.

大學(대학)의 경문은 삼강령(大學之道 在明明德 在親民 在止於至善) 16자로 시작한다. 문장 중 세 차례 포함된 '있을 재(在)'는 흙(土)속에서 싹(才)이 움터 나온다는 뜻이다. 세상을 구성하는 세 가지 바탕이 천재·지재·인재 (天才·地才·人才)의 '삼재(三才)'이다. 공자는 삼재의 도를 둘씩 나누어 음양(陰陽)은 하늘의 도, 강유(剛柔)는 땅의 도, 인의(仁義)는 사람의 도에 속한다고 밝혔다[6].

　대학의 도를 천도에 의한 명명덕, 지도에 의한 친민, 인도에 의한 지어지선의 3강령으로 나눈 실마리도 여기에서 구체적으로 풀린다[7]. 명명덕의 명(明)은 하늘에 떠있는 일월(日月)의 밝음, 친민의 친(親)은 땅에다 뿌리를 박는 나무의 길러짐, 지어지선의 지(止)는 천지 중간에서 사람이 발을 딛고 서있음을 가리키기 때문이다.

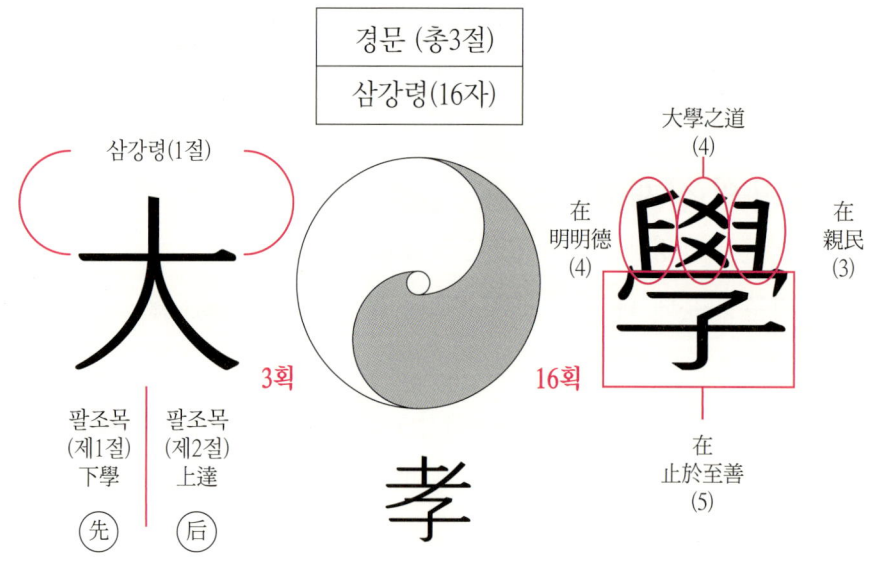

대학(大學)의 파자풀이 및 효(孝)

---

6. 周易(주역) 설괘전 제 2장 : 昔者 聖人之作易也는 將以順性命之理니 是以立天之道曰陰與陽이요 立地之道曰柔與剛이요 立人之道曰仁與義니 兼三才而兩之라.
7. 中庸(중용) 제 26장의 글에는 "박후(博厚)는 배지(配地)하고 고명(高明)은 배천(配天)하고 유구(悠久)는 무강(无彊)이니라."고 하였다. 강령의 명명덕은 높고 밝은 하늘의 도를 본받고, 친민은 넓고 두터운 땅의 도에 법하며, 지어지선은 천지합일을 이룬 유구한 성인의 도에 합한다.

주역 괘로는 만삭(滿朔) 만월(滿月)의 형상인 지산겸(地山謙, 15)이 중용의 삼위(三謂)에 상응하고 출산의 기쁨을 상징하는 뇌지예(雷地豫, 16)가 대학의 삼재(三在)에 상응한다. 안으로 집중하는 공부인 중용과 밖으로 확대하는 공부인 대학의 흐름이 은연중 내적인 겸(謙)과 외적인 예(豫)에 연계되는 것이다.

주공(周公)은 공자가 영원한 정신적 스승으로 받든 성인이다. 역경 첫머리의 건(乾)괘 효사에 삼재에 관련된 '있을 재(在)'가 세 차례 나온다. 위 하늘로 날아오른 5효 자리의 비룡재천(飛龍在天), 아래 밭에 머무르는 2효 자리의 현

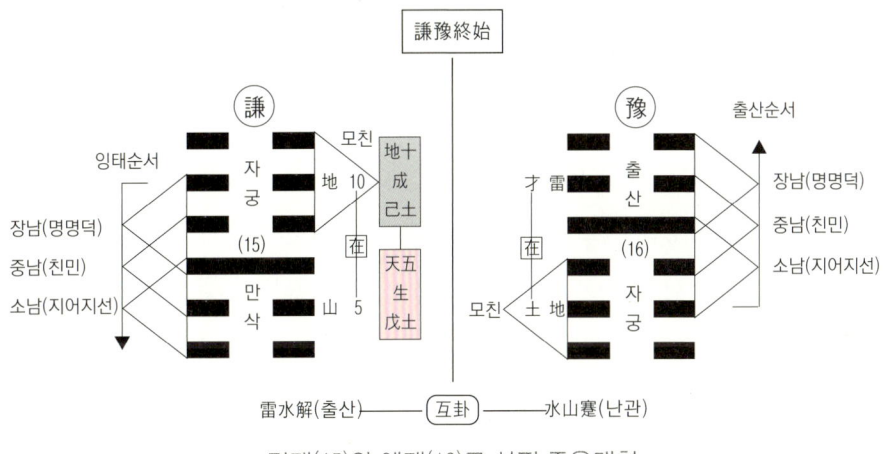

겸괘(15)와 예괘(16)로 살핀 중용대학

주역의 건괘(乾卦)에 바탕을 둔 대학의 3강령

룡재전(見龍在田), 그 중간에서 때를 기다리는 4효 자리의 혹약재연(或躍在淵)이 그것이다. 역경이 대학의 근원이고, 대학이 '학역지관(學易之關)'임을 보여주는 중요한 대목이다.[8]

道也者는 不可須臾離也ㅣ니 可離면 非道也ㅣ라
도 야 자　불 가 수 유 리 야　　가 리　　비 도 야

須: 모름지기 수, 잠깐 수　臾: 잠깐 유　離: 떠날 리

도라는 것은 가히 잠시 잠깐이라도 떠날 수 없으니, 가히 떠나면 도가 아니다.

역해(易解)

　항구한 춘하추동 사시의 흐름처럼 잠시라도 도에 분리(分離)되거나 이탈(離脫)되지 않도록 지성불식(至誠不息)으로 최선을 다하라는 가르침이다.

　中庸(중용)의 핵심요지를 첫 대목 '天命之謂性 率性之謂道 修道之謂敎'의 성도교(性道敎) 중에 한복판에 처한 도(道)를 중심으로 밝혀놓았다. 수유(須臾)는 순식(瞬息)과 찰나(刹那)의 짧은 순간(瞬間)을 말한다. 천도운행은 잠시 잠깐이라도 쉬는 법이 없다. 인생에 있어서도 자연의 순리를 따라 오로지 정성을 다해 진리의 참된 세계로 나아감이 최선의 길이다.

　대자연의 도는 잠시라도 떠날 수 없는 항구한 세계이므로 천도와 인도는 모두 지성불식(至誠不息)을 밑바탕으로 한다. 中庸(중용) 후반부인 20장 이후로는 인도를 비롯한 천지의 도를 집중적으로 언급하고 있다.

　周易(주역) 건괘(乾卦) 괘사에선 천도가 춘하추동 4시의 덕성인 원형이정(元亨利貞)을 행함을 말하였다. 원형이정은 모든 성명(性命)을 주재하면서

---

[8]. 율곡(栗谷)선생은 그의 성학집요(聖學輯要)에서 "천명에 의한 성품은 명덕으로 갖춘 바이고, 성품을 따르는 도는 명덕으로 행할 바이며, 길을 닦은 가르침은 신민의 법도라."고 하여, 중용과 대학 머릿장을 연계하여 말씀하였다.

명(命)을 베푸는 하늘의 강건중정(剛健中正)한 덕성이다.

하늘의 4덕을 땅은 유순정고(柔順貞固)함으로써 계승하여 생장수장(生長收藏)한다. 사랑과 자비로써 모든 생명을 품고 기르는 것이 지도(地道)이다. 하늘이 베푼 원형이정의 4덕을 본연성품인 인예의지(仁禮義智)로 부여받은 존재가 사람이다. 천지부모를 '효천법지(效天法地)'하여 인륜도덕과 인의예지를 실천하고 구현함이 인도(人道)의 요체이다.

기본적으로 천도는 순행(順行)하고 지도는 역행(逆行)하며 인도는 순행(順行)한다. 천명에 따라 천도의 순행을 쫓는 것이 인도이다. → 하도의 삼재운행

공자가 꿈에서도 가르침을 받을 정도로 간절히 사모한 위대한 정신적 스승이 주역의 384효사를 지은 분이신 주공(周公)이다. 부친 문왕(文王)이 지은 64괘사에 뒤이어, 주공은 천지 중간의 사람의 위(位)에 응하는 세 번째 효 건괘구삼(乾卦九三)에 군자가 하늘을 두려워하는 마음으로써 하루 일과를 마칠 때까지 굳세게 노력한다는 '종일건건(終日乾乾)'을 강조하였다.

천도의 '원형이정'에 따른 인사의 '종일건건'이 곧 천명에 의한 솔성의 도이다. 문왕 주공의 도를 계승한 공자도 하늘의 굳센 운행법도를 본받은 군자의 '자강불식(自彊不息)'을 강조하였다. 모두 잠시라도 그 도를 벗어나지 말라는 가르침이다.

천도의 주기(周期)와 달의 역수(曆數)

도는 나아가는 길이다. 달력상으로는 황도(黃道)와 백도(白道)가 있다. 황도는 지구의 공전에 의하며, 하늘에서 해가 한 해 동안 지나는 길이다. 중심의 토(土)를 대표하는 색이 황색이므로 지구를 천체중심으로 간주하여 황도라 하였다. 백도는 달(月白)이 지구를 따라 공전한 궤적으로, 하늘에서 달이 지나는 길이다[9].

---

[9]. 백도는 황도와 약 5°8' 정도 기울어져 있으며, 달이 백도를 한 번 왕복하는 항성월(恒星月)은 약 27.3일 정도이다. 눈에 보이는 달의 공전주기인 삭망월(朔望月)은 약 29.53일이다. 이러한 차이는 지구의 자전에 의해 발생한다.

소식영허(消息盈虛)하는 달력의 운행주기에는 중정(中正)과 과불급(過不及)이 있다. 달력의 윤달생성으로 살피면 32개월의 상수(常數)인 960일(=32×30)을 중정(中正) 역수로 삼는다. 960일을 기본기틀로 월행(月行)의 삭허도수(15일)와 일행(日行)의 기영도수(14일)가 상대적으로 발생하는데, 이 기영(+)과 삭허(−)를 합친 29일의 기삭(氣朔) 도수에 의해 윤달이 생성된다.

첫대목의 15자 삼위(三謂) 문장과 뒤이은 14자의 도불리(道不離) 문장이 32개월 주기로 생성되는 삭허(胃) 15일과 기영(離) 14일에 묘하게 대비된다. 빈 위장이라야 음식물이 담기고 빈 자궁이라야 태아가 안착한다. 삭허 15일의 허한 달밭(月田, 胃)에 기영 14일을 담은 기삭 29일로 윤달을 이루어, 윤달을 포함한 33삭망월로 일가를 이룸이 33장 중용의 편장체계에 나타나는 것이다.

地山謙   공자는 周易(주역) 序卦傳(서괘전)에서 대유(大有, 14) 다음 겸(謙, 15)이 오는 까닭을 "크게 소유한 자는 마땅히 넘치지 않아야 하므로 대유 다음에 겸이 뒤를 잇는다(有大者 不可以盈 故 受之以謙)."고 밝혔다. 태양(☰)이 하늘(☰)에 떠올라 만방을 환히 비추는 대유는 기영(氣盈)의 넘치는 상(象), 평지(☷) 아래에 고산(☶)이 처한 겸은 만삭(滿朔)된 태아처럼 달밭이 꽉 찬 만월(滿月)의 상이다[10].

火天大有   달력은 기본적으로 삭허도수(朔虛度數)가 기영도수(氣盈度數)보다 대략 하루 많다. 32개월의 960일 상수(常數)를 기준으로, 삭허 15일의 월전(月田) 속에 기영 14일을 품어 29일의 기삭도수(윤달)를 이룬다. 8년(96평월)을 주기로 3개월의 윤달이 발생하여 총 99삭망월을 이루는데, 99는 하도(55)와 낙서(45)의 '하락총백(河洛總百)'과 관계된다.

역수(曆數)의 중도(中道)는 주천(周天)의 상수(常數)이다.

하루를 역(易), 60간지(干支)의 주기(週期)를 주(周)로 표명하므로 1년의 주

---

10. 삼위(三謂)의 '이를 위(謂)'는 위가 음식을 담듯이 어떤 대상을 통째로 싸잡아 일컬음을 뜻한다. '밥통 위(胃)'는 만삭(滿朔)·만월(滿月)을 이루는 달밭 월전(月田)과 통하며, 걸려 붙는다는 리(離)는 위 속에 외부 음식이 들어가 배가 불러진 기영(氣盈)과 통한다.

 천상수는 360易(6周×60易)이다. 60간지의 끝마디인 계해(癸亥)에 해당하는 60번째 절(節)괘에서 공자는 '절이제도(節以制度)'와 '중정이통(中正以通)'을 말씀하였다.

절(節, 60) 다음에는 중부(中孚, 61)와 소과(小過, 62)가 뒤를 잇는다. 기영도수를 삭허도수로 품어 과도한 역수를 해결하고 달력상의 중정(中正)을 회복할 때가 있음을 지적한 내용이다. 이때를 중천교역의 변혁기라고 한다. 천도변혁을 상징하는 혁(革, 49)괘에서 공자는 '치역명시(治歷明時)'를 강조하였다. 선천에서 후천으로 천도가 바뀔 때를 정확히 알아 역법을 혁신함으로써 일월역수의 중정(中正)을 회복하라는 가르침이다. 이는 경문(經文) 1장에서 이른 '중화(中和)'의 대의(大義)와 통한다. 구체적인 내용은 후반부 〈달과 중용〉에서 상세히 해설한다.

하늘의 자강불식(自彊不息)

공자는 건괘(乾卦)에 강건한 천도운행을 본받은 군자의 자강불식(自彊不息)을 강조하였는데, 그 가운데 삼팔목도(三八木道)를 펼치는 태극원리가 들어있다.

'굳셀 강(彊)'은 천도운행(☰)의 시간영역을(田) 비장(秘藏)한 주역문자이다. 강건한 석 대의 화살(三)로 밭두둑 경계(境界)를 나누어 8세에 생성되는 3윤을 표상한 것이다. 중간의 두 밭(田田 →八口)은 8년 주기를 나타내고, 과녁을 맞히는 활(弓)은 일월운행을 펼치는 태극의 도를 이른다. 나아가선 개물기(開物期) 전체 역수(86,400년)의 기틀을 담고 있다.

때맞추어 과녁을 적중시키듯 윤달로 보강하는 달력이치에는 '알 지(知)'와 '맞출 중(中)'에 대한 깊은 뜻이 담겨있다. 곤괘(坤卦)에서는 하늘의 양을 땅의 음이 품음을 '지경 강(疆)'으로 표현하였다. 시간영역(彊)과 공간영역(疆)을 상호 대비하였다고 하겠다.

하늘의 자강(自彊)과 대학의 강목(綱目)

彊(굳셀 강): 대궁태극(大弓太極)의 三八목도 / 三矢八口의 知

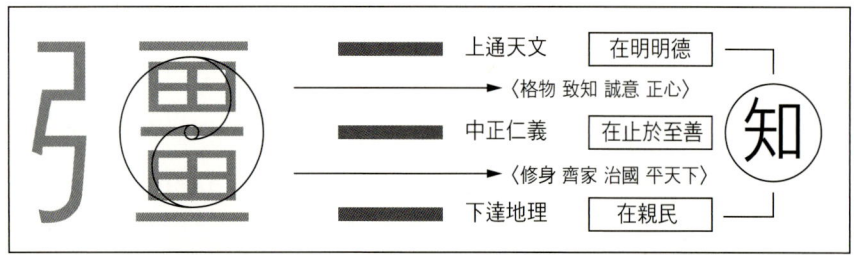

乾〈自彊不息〉 / 坤〈德合무강 行地무강 應地무강〉 3無彊

자강불식(自彊不息)의 강(彊)을 통해 바라본 대학의 3지(知)

是故로 君子는 戒愼乎其所不睹하며 恐懼乎其所不聞이니라.
  시고   군자   계신호기소부도   공구호기소불문

莫見乎隱이며 莫顯乎微니 故로 君子는 愼其獨也ㅣ니라.
  막현호은   막현호미   고   군자   신기독야

戒: 경계할 계 愼: 삼갈 신 睹: 볼 도 恐: 두려울 공 懼: 두려워할 구 聞: 들을 문 莫: 없을 막 見: 드러날 현 隱: 숨길 은 顯: 나타날 현 微: 작을 미 愼: 삼갈 신 獨: 홀로 독

  이런 까닭으로 군자는 (자신이) 그 보지 못하는 것에 경계하고 삼가 조심하며, (자신이) 그 듣지 못하는 것에 두려워하고 두려워하느니라. 숨어 있는 것보다 잘 드러나는 것이 없으며 미세한 것보다 잘 나타나는 것이 없으므로 군자는 (자신이) 그 홀로 있을 때를 (마음가짐과 몸가짐을) 삼가야 하느니라.

역해(易解)

  남이 보고 듣지 않는 은미(隱微)한 곳에서의 언행(言行)은 아무리 세세(細細)한 일일지라도 반드시 하늘이 알고 땅이 알며 자기 스스로 알기 마련이다. 태양이 만방을 비추듯이 반드시 언젠가는 현저(顯著)하게 드러나고 명백(明白)하게 나타난다.

군자는 평상시 계신(戒愼, 경계하고 삼가함) 공구(恐懼, 두려워하고 두려워함)를 하되, 홀로 있을 때에 더욱더 심신(心身)을 가다듬고 삼가야 한다. '신독(愼獨)'은 인욕의 싹틈을 근본적으로 잠재우고 도심(道心)이 인심(人心)을 끌고 가는 도(道)를 행하는 구체적인 방법이다.

공자는 악함을 막고 선함을 드날려 하늘을 따르고 명을 아름답게 한다는 "알악양선(遏惡揚善) 순천휴명(順天休明)"을 말씀하였다. 맹자도 삿된 인욕을 막고 천리를 보존한다는 "알인욕존천리(遏人欲存天理)"를 말씀하였다.

'삼갈 신(愼)은 '진실(眞實)한 참된 마음(忄)'이다. 신(愼)속에 들어있는 진(眞)은 사람(八)의 내면에 감춰진(乚) 성품의 눈(目)이 영글어(匕→化), 깨우침을 얻는다는 뜻이다[11].

대개 싹이 돋고 꽃필 무렵에는 어떤 열매를 맺을지 알기 어렵지만 추분 전후의 백로(白露)와 한로(寒露) 절기가 되면 어김없이 본래의 진면목(眞面目)이 그대로 드러나 실체가 자연히 노출(露出)된다. 위태로운 인심과 그릇된 욕심에 의해 감춰진 자성(自性)의 본래 진면목이 완전히 눈을 뜨는 것이 '진아(眞我)의 발로(發露)'이다.

'막현호은(莫見乎隱) 막현호미(莫顯乎微)'는 은미(隱微)한 성품이지만 항상 깨어 내면의 성품세계를 직관하다 보면 반드시 현저하게 드러나고(見) 밝게 나타나게(顯) 됨을 이른다.

과녁의 한복판을 꿰뚫어 맞춤을 '적중(的中)시켰다'고 한다[12]. 화살로 과녁을 쏘듯이 목표를 분명히 정하여 집중을 다하면 은미한 내면의 중심(中心) 또

---

11. 진실한 깨달음을 얻어 신선과 같이 화(化)한 사람을 '진인(眞人)', 깨어있는 '참 나'를 '진아(眞我)', 맑고 깨끗한 참이슬을 '진로(眞露)'라 한다. 보이지도 들리지도 않는 독자적(獨自的)인 천부지성(天賦之性)이 홀로를 삼가는 신독을 통하여 발현된다. 예수가 말씀한 독생자(獨生子)와 석가모니가 탄생한 순간 외쳤다는 천상천하유아독존(天上天下唯我獨尊) 속에 담긴 독(獨)은 독자적인 성품세계를 의미하기도 한다.
12. 적(的)은 작은 흰(白) 잔(勺)처럼 보이는 과녁의 모습에서 '과녁, 목표, 표준'을 뜻한다. 본래 글자가 적(旳)이므로 작은 흰 잔(勺)처럼 보이는 태양(日)이지만 온 세상을 밝게 밝힌다는 데서 '밝다, 분명하다, 선명하다'는 뜻으로도 쓰인다.

한 더욱더 분명해지고 선명해진다.

요(堯)임금의 선양(禪讓)을 받은 순(舜)임금이 우(禹)에게 제위(帝位)를 물려주면서 "사람의 마음은 오직 위태롭고 도의 마음은 오직 미미하니, 오직 정미롭게 하고 오직 한결같게 하여야 진실로 그 중(中)을 잡을 수 있다(人心惟危 道心惟微 惟精惟一 允執厥中)."는 심법(心法)을 전했다.

은미(隱微)한 가운데 잠재되어있는 도심(道心)을 잘 키워 나가기 위해서는 '성찰(省察)'이 필요하다. 오직 정미롭고 오직 한결같게 해서 반드시 도심이 일신(一身)을 주장하고 인심이 도심의 명(命)을 듣게 하면 위태로웠던 인심이 편안해지고 미미하던 도심이 현저하게 드러나고 밝게 나타난다.

하늘이 명령한 내면의 본성은 무위청정(無爲淸靜)한 진리의 처소이다. 육신의 눈으로도 보지 못하고 귀로도 듣지 못하므로 부도불문(不睹不聞)이다. 늘 삼가고 두려워하는 계신공구(戒愼恐懼)하는 마음자세가 필요하지 않을 수 없다. 이렇게 삼가는 마음에서 도심(道心)이 발현한다.

天雷无妄 하늘(☰) 아래 우레(☳)가 발동하는 무망(无妄)은 진실무망의 성품이 하늘의 명에 의함을 대표적으로 상징하는 괘이다. 괘사에서 "원형이정의 바른 본성으로 나아가면 하늘이 도와주지만 마음이 바르지 않으면 재앙이 내린다. 하늘이 돕지 않는데 행할 수 있겠는가[13]?"라고 하였다. 공자는 무망의 본성을 천명(天命)으로 보았다.

중용 1장의 부도불문(不睹不聞)은 중용의 마지막 33장을 끝내는 대목인 하늘의 무성무취(無聲無臭)와 서로 통한다. 중용의 처음과 끝이 하늘로써 시종일관(始終一貫)함을 알 수 있다[14].

---

13. 周易(주역) 무망(无妄)괘: 其匪正有眚不利有攸往은 无妄之往이 何之矣리오. 天命不祐를 行矣哉아.

14. 자연계에서 어둠을 밝히는 천중의 달은 티끌 없는 무사무위(无思无爲)의 성품을 대표하는 존재이다. 중용의 기본편제는 32개월의 평상적인 달을 기본주기로 1개월의 윤달이 생성되는 달력법도에 따라, 33장으로 구성되어 있다. 주역 괘서(卦序)도 항괘(恒卦. 32) 다음 돈괘(遯卦. 33)가 뒤를 잇는다. 천지일월의 항구불이(恒久不已)한 도와 더불어 감춰진 미래와 은둔되는 윤달의 자연이치가 중용의 글속에 생생히 녹아있음을 살필 수 있다.

신독(愼獨)

유학의 수행(修行) 방법은 신독(愼獨)이다. 증자는 "자신이 행하는 바를 열 눈이 지켜보고 열 손가락이 가리킨다. 참으로 엄하지 않은가?"라고 말씀하였다[15]. 주변의 모든 이들이 주목(注目)하고 지적(指摘)하는 바가 준엄하여 속일 수 없기에 마땅히 마음가짐을 바로 하고 삼가야 한다는 뜻이다.

大學(대학) 성의장에서도 거듭 '필신기독(必愼其獨)'을 강조하였다. "뜻을 성실히 한다는 것은 스스로를 속이지 말아야 한다. 악을 싫어함이 마치 악취를 싫어하듯 하고 선을 좋아함이 마치 아름다운 빛깔을 좋아하듯 해야 스스로 쾌족(快足)하여 거리낌이 없다. 그러므로 군자는 반드시 홀로 있을 때를 삼가야(必愼其獨) 한다. 소인이 홀로 있을 적에 남이 보지 않는다 하여 온갖 불선(不善)한 짓을 다하다가, 군자를 보고서는 슬쩍 그 불선함을 가려 착한 양 속이려 해도, 마치 남이 자기를 바라봄이 몸속에 있는 폐와 간을 훤히 들여다보듯 내 맘속을 꿰뚫고 있으니 어찌 유익함이 있으며 또한 속일 수가 있겠는가? 조금도 자신을 속이지 않는 사람이라면 그 뜻이 진실하다. 이를 일러 속마음에 정성이 그득하면 난초의 향기처럼 밖으로 자연스럽게 모습으로 드러나는 법이니 반드시 혼자 있을 때에 행동을 삼가야 한다[16]."

千字文(천자문)에 나오는 '속이원장(屬耳垣牆)'도 모든 사람의 귀가 집 담장에 붙어 내가 하는 말을 다 듣고 있으므로 혼자 있을 때에 행동을 더욱 삼가야 한다는 내용이다. 우리 속담에도 "낮에 하는 말은 새가 듣고 밤에 하는 말은 쥐가 듣는다."고 했다. 세상에 비밀이란 없으며 불이 바람을 따라서 밖으로 번져나가듯이 안에서 '우리끼리 하는 말'도 반드시 세상 밖으로 퍼져 나간다.

---

15. 大學(대학) 정심수신(正心修身)장: 曾子曰 十目所視며 十手所指니 其嚴乎ㄴ져.
16. 大學(대학) 성의(誠意)장: 所謂誠其意者는 毋自欺也니 如惡惡臭하며 如好好色이 此之謂自謙이니 故로 君子는 必愼其獨也니라. 小人이 閑居에 爲不善호대 無所不至하다가 見君子而后에 厭然揜其不善하고 而著其善하나니 人之視己 如見其肺肝이니 然則何益矣리오 此謂誠於中이면 形於外니 故로 君子는 必愼其獨也니라.

喜怒哀樂之未發을 謂之中이오 發而皆中節을 謂之和ㅣ니
희 노 애 락 지 미 발   위 지 중   발 이 개 중 절   위 지 화

中也者는 天下之大本也ㅣ오 和也者는 天下之達道也ㅣ니라.
중 야 자   천 하 지 대 본 야   화 야 자   천 하 지 달 도 야

喜: 기쁠 희 怒: 성낼 노 哀: 슬플 애 樂: 즐길 락 未: 아닐 미 發: 쏠 발 中: 맞을 중
節: 마디 절 和: 화할 화 本: 근본 본 達: 통달할 달, 이를 달

  희노애락(喜怒哀樂)이 아직 발동하지 않은 것을 중(中)이라 이르고, 발동하되 모두 절도에 맞게 하는 것을 화(和)라 이르니, 중(中)이라는 것은 천하의 큰 근본이고, 화(和)라는 것은 천하에 통용되는 도이니라.

역해(易解)

  성정(性情)의 지극한 조화를 중화(中和)로 설명하고 대본달도(大本達道)인 중화로써 궁리진성(窮理盡性)하여 천명(天命)에 따르라는 가르침이다.

  내외체용을 이루는 성정(性情)의 덕에 대한 내용으로 내면의 본연성품은 중(中)으로서 천하의 대본(大本)이고 외부로 감응되는 희노애락의 감정이 올바르게 표출됨은 화(和)로서 천하의 달도(達道)이다. 대본(大本)이라 함은 무극한 진리인 태극의 본체가 됨을 이르고 달도(達道)라 함은 어디에나 통용되는 태극의 작용을 말한다.

  심(心)에 연계한다면 중(中)은 천부의 밝은 성품으로서 중심 본체가 되므로 충(忠)이고 화(和)는 외부로 적절히 표출되는 감정으로서 서(恕)에 상응한다. 성정(性情)의 중화(中和)는 충서(忠恕)에 의한 일관(一貫)의 도(道)이기도 하다.

  성품(性品)은 내적인 '마음의 이치(心之理)', 감정(感情)은 외적인 '마음의 작용(心之用)'이다. 마음(心)은 '성품과 감정의 주인(性情之主)'으로서 '심통성정(心統性情)' 즉 성정을 거느린다. 본말선후로 보면 정(情)의 근원바탕이

성(性)이다. 성정충서(性情忠恕) 모두가 심부(心部)에 속한다. 우주자연의 생성조화가 '마음 심(心)'에 의해 일어나므로 '일체유심조(一切唯心造, 일체가 오직 마음이 지어냄)'라고 한다.

주자는 "성품(性品)은 감정(感情)이 아직 밖으로 표현 혹은 표출되지 않은 미발(未發)의 상태로서 어느 쪽으로 치우치거나 기대는 바가 없기 때문에 중(中)이라."고 말씀하였다.

사람의 본성은 누구나 본래부터 착하다는 성선설(性善說)을 주장한 맹자는 이른바 사단(四端)으로 일컫는 측은(惻隱, 불쌍히 여기는 마음), 사양(辭讓, 양보하는 마음), 수오(羞惡, 부끄러워하고 미워하는 마음), 시비(是非, 옳음과 그름을 판단하는 마음)의 네 가지 마음의 발단에서 선천적으로 부여받은 인의예지(仁義禮智)의 덕성이 입증된다고 하였다.

정(情)은 '성품 성(性)'과 '우물 정(井)'을 합성한 글자로서 생명수를 담은 우물 속의 맑은 물이 푸름을 자랑하듯이 마음의 뜻이 생동함을 가리키며 희노애락(喜怒哀樂)의 기쁨과 성냄, 슬픔, 즐거움으로 나타난다.

주자는 "원형이정은 하늘의 떳떳함이 되고 인예의지는 사람의 벼리가 된다(元亨利貞 天道之常 仁義禮智 人性之綱)."고 하였다. 사람의 감정으로 연계하면 만물이 소생하는 화창한 봄철 목왕원덕(木旺元德)은 기쁨(喜)이고 녹음이 무성한 여름철의 화왕형덕(火旺亨德)은 즐거움(樂)이고 엄정한 숙살지기(肅殺之氣)의 가을철 금왕이덕(金旺利德)은 성냄(怒)이며 만물이 침잠하고 폐색하는 겨울철의 수왕정덕(水旺貞德)은 슬픔(哀)에 부합한다. 동서춘추에 상응하는 감정이 희노(喜怒)이고 북남동하에 상응하는 감정이 애락(哀樂)에 해당하는 셈이다.

기뻐하고 슬퍼하고 성내고 즐거워하는 사람의 감정은 누구에게나 잠재해 있지만 감정을 표현할 때는 어느 한쪽으로 치우치거나 기울지 않고 절도에 맞추어야 한다. 화(和)는 상하좌우 어디에서나 두루 사리(事理)에 어긋나지 아니하여, 조화롭게 화합하며 화목한 평화를 이룸을 뜻한다. 화(和)를 주자(朱子)

는 '감정의 올바름(情之正)'이라 풀이하였다.

그칠 때 그치고 나아갈 때 나아가는(時止則止 時行則行) 분명한 절도가 있어야 '종즉유시(終則有始)'의 기본법도가 세워진다. 몸의 관절(關節)과 때의 시절(時節), 사람의 예절(禮節)과 같이 모든 일엔 절도(節度)가 필요하다. '발이개중절(發而皆中節)'은 희로애락의 감정을 표현함에 있어 때맞추어 '시지즉지(時止則止: 그칠 때 그침) 시행즉행(時行則行: 움직일 때 움직임)'하라는 의미다. 음인가 했더니 양이고 양인가 했더니 음인 태극의 길을 따라 열심히 걸어가는 가운데에 자연히 중화(中和)를 이루어 도를 통달하게 된다. 누구나 걸어가야 하는 공통으로 통용되는 길이 곧 '달도(達道)'이다.

절(節)과 중부(中孚)

水澤節 '발이개중절(發而皆中節)'의 절(節)은 대나무가 죽죽(竹竹) 뻗어 나아가는(卽) 모습에서 '대, 마디, 절개(節槪)'를 뜻한다. 주역의 64괘 가운데 60번째의 절(節)은 못물이 넘치거나 모자람이 없이 '중(中)에 알맞게' 차있는 형상이다[17].

공자는 절괘(節卦)에 대해 대마디로써 도수를 짓는다는 '절이제도(節以制度)'와 중정(中正)으로써 통한다는 '중정이통(中正以通)'을 말씀하였다. 역수법도로는 60간지로써 천지운행을 절도(節度)있게 맞춤이 '중절(中節)'이다. 대개 수행처를 절(節), 수행자를 중(中) 또는 중(衆)이라고 한다. 불교의 으뜸사찰로 꼽히는 통도사(通度寺)라는 명칭도 절괘에서 유래된 것으로 생각된다.

천지배합의 기본주기인 60간지(干支)는 천간 갑(甲)과 지지 자(子)를 배합한 갑자(1)로부터 을축(2) 병인(3)…임술(59) 계해(60)에 이르는데, 이를 '일절(一節)'이라고 한다. 60간지의 마지막 끝마디가 곧 계해(癸亥)이다.

사람도 60세를 살면 육갑(六甲)을 이루어 다시 갑자(甲子)로 되돌아온다. 환

---

[17]. 본서 360p ~ 375p 干支에 대해 기본해설을 해놓았다.

갑(還甲)잔치를 하는 까닭도 살아온 인생 일절(一節)을 진실하게 회고하며 새롭고 참된 삶을 열고자 함이다.

대나무(竹)는 마디가 분명하여 죽죽 뻗어 나아간다(卽). 마디를 중심으로 단계적인 성장을 하므로 한 과정이 다하면 멈추었다가 다시 뻗어 나감이 절(節)의 본뜻이다. 기운이 마디에 모이므로 '모을 회(會)', 속이 텅 비어있어 막힘없이 죽죽 뻗으므로 통(通)이라고 한다. 중절(中節)은 사물을 일관(一貫)하여 회통(會通)함을 이른다.

절괘(節卦) 다음의 61번째가 마침 중부(中孚)괘이다. 대나무 속이 비어있듯이 상하의 양효들 중간에 두 음효가 있고 천지부모가 어리고 연약한 자식인 만물을 품어주는 형상이다. 부모자녀 간의 진실한 믿음이 곧 중부(中孚)이다.

괘사에선 중부돈어(中孚豚魚)의 길함이 있으므로 대천을 건넘이 이롭다는 '이섭대천(利涉大川)'을 아울러 강조하였다. 공자는 신급돈어(信及豚魚)로써 중부를 풀이하였다. 절이중부(節而中孚)로 절도 있게 행하면 진실로 미덥지 않을 수 없다. 중용에선 이를 대본달도인 중화(中和)로 표현하였다.

달(達)과 화(和)

'통달 달(達)'

달(達)은 辶(辵. 쉬엄쉬엄 갈 착)에 羍(어린 양 달. 土羊)이 변형된 글자를 합성한 문자이다. 가축 가운데 양은 순산(順産)을 대표하므로 순리적으로 막힘없이 잘 통함을 뜻한다. 이를 새끼 양이 어미 양을 졸졸 따라다니는 뜻으로도 풀이한다.

달(羍)의 대(大)를 '흙 토(土)'로 굳이 바꾼 것은 양떼가 걸림 없이 어디라도 뛰어다니는 광활한 땅의 드넓음을 표현하고자 함이다[18].

중용 20장에 오상(五常, 인의예지신)에 상응하는 군신과 부자, 부부, 곤제(형제), 붕우를 오달도(五達道)로 표명하였다. 군신유의(君臣有義)와 부자유친(父子有親), 부부유별(夫婦有別), 장유유서(長幼有序), 붕우유신(朋友有信)을 천하의 달도(達道)인 화(和)로써 일컬은 것은 군신과 부자, 부부, 형제, 붕우 사이에는 항상 희로애락의 감정교류가 있기 때문이다. 감정의 조절(調節)과 절제(節制)는 가정과 나라를 비롯한 인류사회의 화합(和合)과 평화(平和)를 이루는 근본바탕이 된다.

千字文(천자문)에 '성정정일(性靜情逸) 심동신피(心動神疲)'라는 문구가 있다. 마음의 본바탕인 성품을 고요히 닦으면 마음의 쓰임새인 감정도 자연히 안정되고 성품과 감정의 주인인 마음(心)이 계속해서 발동하면 정신이 피로해진다는 뜻이다.

노자 淸靜經(청정경)에서도 "대개 사람의 정신은 맑음을 좋아하나 마음이 이를 흔들어 흐리게 하고 사람의 마음은 고요함을 좋아하나 욕심이 이를 끌어당기니, 항시 그 욕심을 비워버린다면 마음이 저절로 고요해지고 그 마음을 맑게 하면 정신이 저절로 맑아져서 자연히 육욕(六慾)이 생기지 아니하며 삼독(三毒)이 저절로 사라진다[19]."고 하였다.

---

18. 辶에 상하로 거듭 토(土)가 있는 '다행 행(幸)'을 붙여 달(達)자를 대신 쓰기도 한다. 달이 초사흘(초생) 초여드레(상현) 보름(만월)으로 커지듯이 '三五七(사무칠)'의 15획수를 이룬다. 역의 이치로는 양토·음토인 중앙 5·10토(土)가 사방의 수화목금을 다 거느리고 조절함을 나타낸다.

19. 노자 淸靜經(청정경): 夫人神 好淸 而心 搖之 人心 好靜 而慾 牽之……常能遣其慾 而心 自靜 澄其心 而神 自淸 自然六慾 不生 三毒 消滅. 搖; 흔들릴 요, 牽; 끌어당길 견. 遣; 보낼 견. 삼독은 세 가지 독소인 탐진치(貪瞋痴, 욕심 성냄 어리석음)를 말한다.

致中和ㅣ면 天地ㅣ 位焉하며 萬物이 育焉이니라.
치 중 화　　천 지　　위 언　　　만 물　　육 언

右는 第一章이라.
우　　제 일 장

致: 이를 치, 도달할 치　位: 자리 위　育: 기를 육

중화를 지극히 하면 천지가 제 자리하며 만물이 길러지느니라.
우(右)는 제 1장이다.

역해(易解)

　論語(논어) 학이(學而)편에 "근본이 바로 서면 나아가는 길이 열린다(本立而道生)."는 대목이 있다. 지극한 조화(調和)와 화합(和合)을 이루려면 먼저 자신부터 신독(愼獨)을 하고 사물을 대응함에 지극히 정미(精微)해야 한다. 이렇게 나의 기운이 순(順)하면 천지의 기운도 순하여 부모품안에서 자식이 자라듯이 천지부모의 사랑에 의해 만물이 두루 화육된다.

　지(至)는 '지극(至極)하다'는 뜻인데 동지(冬至)나 하지(夏至)라고 하듯이 정점에 완전히 이른 상태를 말한다. 치(致)는 지(至)에 이르도록 고무(鼓舞) 혹은 흥기(興起)시킨다는 '칠 복(攵)'을 합친 글자이므로 목적지에 이르기까지 '힘을 다하다, 끝까지 다하다, 힘쓰다', 또는 마침내 목표를 달성하여 '이루다'는 뜻이다.

　'치중화(致中和)'는 중(中)과 화(和)를 이루기 위해 가야할 길을 끊임없이 채찍질하고 고무 혹은 흥기시킨다는 뜻이다. 지극히 고요한 중(中)에 이르려면 먼저 스스로 계신공구(戒愼恐懼)하고 집약집중(集約執中)하여야 한다.

　중심(中心)의 체가 똑바로 서면 어느 한쪽으로 기울거나 기댐이 없게 되어 물건마다 제각기 자기 처소에 안정하여 자리한다. 사람도 그 위치를 바로 하고 안정하는 정위(正位)와 정위(定位)가 항시 이루어져, 자신의 본분과 책임을 다하게 된다. 자신의 마음이 올바르면 천지의 마음 또한 바르게 이루어지는 것이다.

중화(中和)를 이룬다는 것은 성인(聖人)이라야 가능한 일이며 절차탁마(切磋琢磨)하여 도달할 수 있는 학문의 지극한 공이다.

千字文(천자문) 문구에 "명봉재수 백구식장 화피초목 뇌급만방(鳴鳳在樹 白駒食場 化被草木 賴及萬方)"이 있다. '봉황이 오동나무 위에 앉아 즐겁게 울고 깨끗한 흰 망아지가 마당에서 한가롭게 풀을 뜯고 있으며, 성군의 덕화가 초목에까지도 입혀져 그 힘입음이 천하 만방에까지 미치게 되었다.'는 뜻이다. 성군(聖君)이 정치를 잘하면 그 덕화가 단지 사람에게만 입혀지는 것이 아니라 초목과 금수의 미물에까지 입혀진다는 얘기와 서로 통한다.

주역의 이간덕업(易簡德業)

사람의 지능(知能)은 본래 하늘과 땅의 '이간(易簡)한 법도[20]'에서 나왔다.

공자는 이를 '건이이지(乾以易知) 곤이간능(坤以簡能)'이라 표명하였다. 즉 하늘의 도는 쉬움으로써 주장하고, 땅의 도는 간단함으로써 능히 해냄을 이른다. 지(知)는 앎으로 '주장하다', 능(能)은 받아들여 '능히 해내다'라는 뜻이다.

하늘이 주장함은 만물이 하늘로부터 비롯되기 때문이며, 땅이 능히 이룸은 만물이 땅에서 만들어지기 때문이다. 천지자연의 법칙은 '쉽고 간단하다'는 이간(易簡)이다. 하늘이 하는 일이란 일월이 왕래하여 밝음을 베풀어 주듯이 자연하여 쉽기 때문에 '쉬울 이(易)'이다. 땅이 하는 일이란 하늘을 그대로 본받아 봄과 여름, 가을과 겨울에 만물을 내고 기르며 거두고 갈무리하듯이 복잡하지 않고 간단하기 때문에 '간단할 간(簡)'이다.

---

20. 周易(주역) 계사상전: 乾道成男 坤道成女 乾知大始 坤作成物. 乾以易知 坤以簡能 易則易知 簡則易從 易知則有親 易從則有功 有親則可久 有功則可大 可久則賢人之德 可大則賢人之業 易簡而天下之理 得矣 天下之理 得而成位乎其中矣.

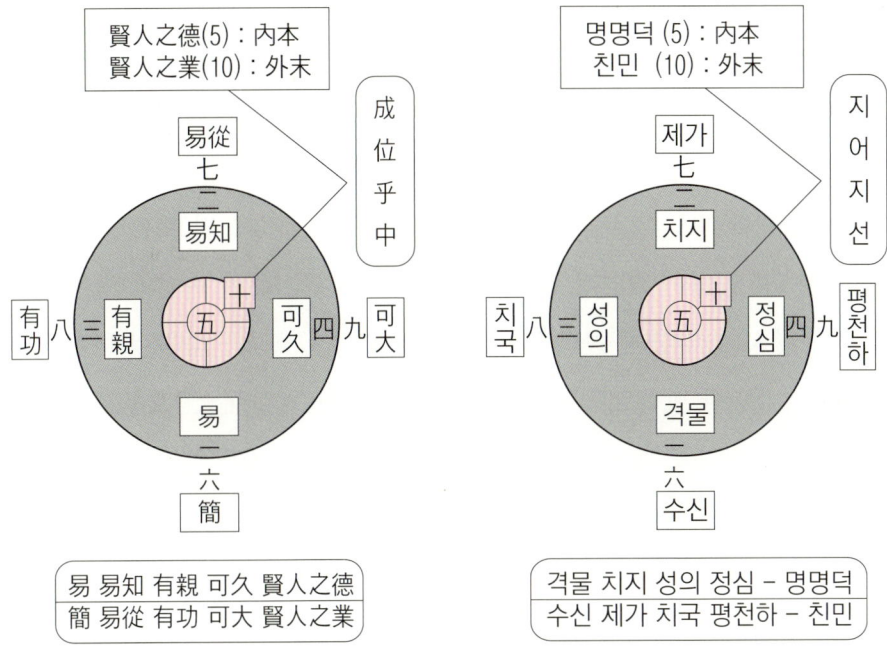

주역의 덕업과 대학의 강목

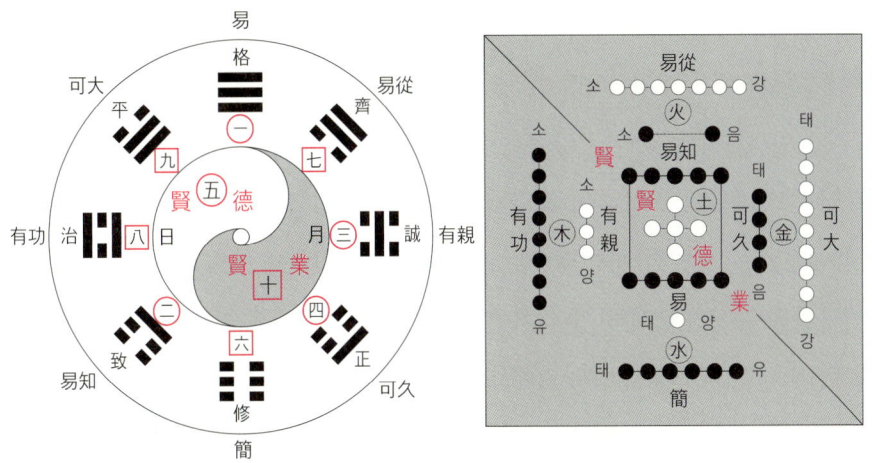

팔괘와 하도로 살핀 이간덕업

易⑴→ 易知⑵→ 有親⑶→ 可久⑷→ 賢人之德⑸ 內本(進德)
簡⑹→ 易從⑺→ 有功⑻→ 可大⑼→ 賢人之業⑽ 外末(修業)

    모든 걸 쉽게 주장해나가면 누구든지 친하고(易知則有親) 간단하므로 쉽게 따라서 공덕이 쌓인다(易從則有功). 친해지면 오래하게 되고(有親則可久) 점차 쌓이면 공덕이 커진다(有功則可大). 오래 유지하면 현인의 덕이 되고(可久則賢人之德) 크게 공덕을 쌓으면 현인의 업이 행해진다(可大則賢人之業). 쉽고 간단한 방법으로 세상이치(덕업)를 얻어(易簡而天下之理得矣) 마침내 세상의 이치를 체득하게 되니 (천지의) 중심에서 (사람의) 지위를 완성한다(天下之理得而成位乎其中矣). 周易(주역)의 계사상전 1장에 이른 공자말씀과 大學(대학)의 경문 1장에 밝힌 '강목(綱目)'이 中庸(중용)의 '치중화(致中和)'로 연계됨을 볼 수 있다.

  사람이 안으로 덕을 갖추고 밖으로 업을 두루 갖추면 진실로 현인이라 일컬을만하다. 덕업은 바로 하도(河圖) 중앙의 오(五)와 십(十)에 해당한다. 현인은 천지 이간(易簡)의 법도를 본받고 체득하여 마침내 천지 사이에 처한 자신의 성품을 극진히 다할 뿐만 아니라 나아가서는 인(人)과 물(物)의 성품을 다한다.

  무릇 역(易)의 가르침은 하늘을 본받고 땅을 법도로 삼아서(效天法地) 사람이 천지와 더불어 동참하여 하나로 합하는 삼재일합(三才一合)에 근본목표를 둔다. 공자는 성인이 하늘의 성덕(盛德)과 땅의 대업(大業)을 본받고 나아가 그 덕업을 숭상하고 넓히기 위하여(崇德廣業) 역(易)을 지으신 것이라고 밝혔다. 천지건곤(天地乾坤)의 도에 의해 사람이 나왔으므로 사람이 천지덕업에 참여하기 위해선 천지자연의 '지능(知能)'을 본받고 계승하여 사람으로서의 덕업을 완수해야한다는 말씀이다. 공자는 덕업에 대해 천지의 성덕대업(盛德大業), 성인의 숭덕광업(崇德廣業), 군자의 진덕수업(進德修業)의 세 단계로 나누어 표현하였다.

주역의 소과대과(小過大過)

　1개월의 상수는 30일이다. 중용 33장과 같이 달력은 윤달을 포함한 33개월로써 한 동아리를 이룬다. 32개월(16주)의 상수 960일(=32×30)을 관문으로 하여, 14일의 기영도수(+)와 16일의 삭허도수(-)가 생성되어 윤달이 생성된다.

　〈달과 중용〉에서 설명하겠지만 삭허 16일에서 나오는 삭망윤일 1일은 32평월을 완성하는 역수의 중심씨앗(子) 역할을 한다. 실제 삭허는 달밭(胃) 15일이다.

　주역은 대성 64괘로 구성된다. 삼천양지(參天兩地)의 수리에 의하면 대성 건곤의 6양 6음은 30이다. 한 달의 상수 30일이 생성되는 셈인데, 64괘가 32괘로 음양배합을 이루므로 주역경전 전체가 32개월(16주)의 상수 960일로 간단히 요약된다고 하겠다. 960일을 1일 12신(辰)으로 계산하면 11,520신(辰)이다. 공자는 계사전(繫辭傳)에서 상수 32년(384월)의 11,520일을 '만물 책수'로 정의하였다.

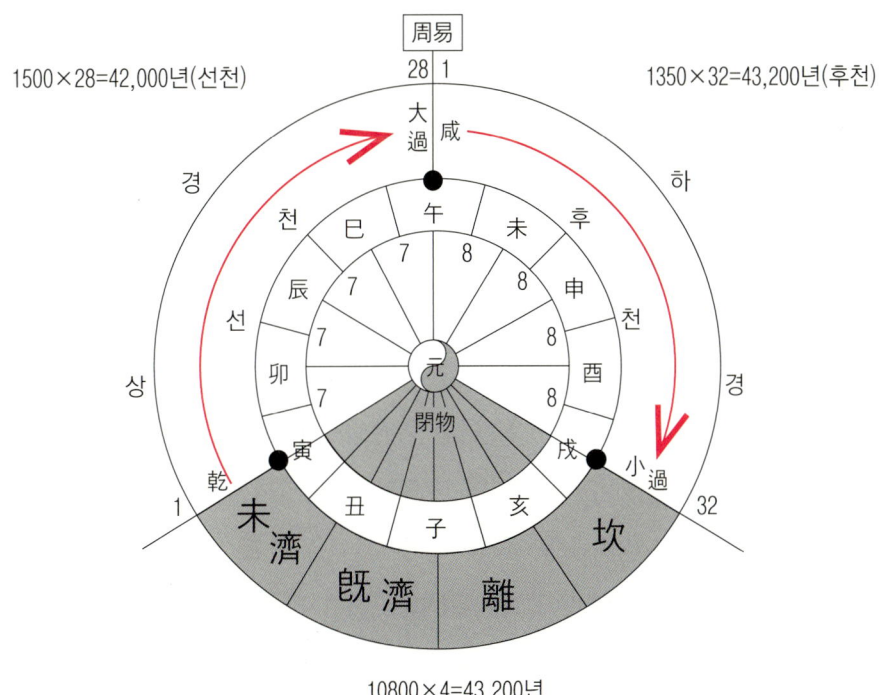

야산선생의 선후천 분해도와 주역의 상하경전

한편 64개월(32周)의 상수 1920일(64×30)을 관문으로 하여 기영 28일과 삭허 32일이 생성되는데, 삭망윤일 2일이 제외되므로 실제 삭허는 30일이다.

기영 28(4×7)은 소양책수에, 삭허 32(4×8)는 소음책수에 해당한다. 주역경전의 상경 28번째 괘가 양이 과도한 대과(大過)이고 하경 32번째 괘가 음이 과도한 소과(小過)이다. 대성 64괘를 중심기틀로 하여 기영대과(+)는 상경 말미에 삭허소과(-)는 하경 말미에 두어 각기 달의 기삭진퇴를 대비시켜 놓았음을 알 수 있다. → 대과(大過) 즉 대천(大川)

주역의 기제미제(旣濟未濟)

역수의 1기(氣)는 15일, 1절(節)은 45일(3氣)이다. 진공(眞空)을 상징하는 15일의 삭허1기(氣) 대비 평달 32개월(945日)의 63기(氣)가 생성된다. 8년 주기로는 45일의 삭허1절(節) 대비 평달 96개월(2,835일)의 63절(節)이 생성된다.

주역의 대미(大尾)인 63번째에 수화기제(水火旣濟)가 오고 64번째에 화수미제(火水未濟)가 온다. 기제는 수승화강(水昇火降)을 이루어 다 같이 험난한 대천(大川)을 건너간다는 뜻이며 일체의 중생을 구제(救濟)함을 상징한다. 기제는 6효 전부가 정위(正位)를 이룬 유일한 괘로 정상 진행하는 평달의 체상(體象)이다. 반면 미제는 6효 전부 정위(正位)를 얻지 못한 유일한 괘이다. 불이 위에 있고 물이 아래에 있어서 상하가 나뉘므로 아직 건너지 못함을 나타내지만 미래로 건너갈 때가 있음을 상징한다. 기왕(旣往)의 기제는 미래(未來)의 미제로 나아가고 미완(未完)의 미제는 기성(旣成)의 기제로 반드시 바뀌기 마련이다.

야산선생은 후천 주역책력인 경원력(庚元歷)을 창제하면서 넘치는 기영도수를 천공도수(天空度數)로 표명하였다. 불가(佛家)에서는 본성(本性)의 공성(空性)을 깨달아야 해탈(解脫)을 한다고 가르친다. 대천(大川)을 건너는 기제와 미제의 '건널 제(濟)'가 般若心經(반야심경)의 '아제아제바라아제'의 가르침과 통하는 것에서 진리를 가르친 성인들의 말씀이 하나로 귀일됨을 엿볼 수 있다.

역수의 중화(中和) → 혁괘(革卦)의 치역명시(治歷明時)

주역에서는 주천상수 6주(周) 360역(易)의 중정(中正)을 회복함이 후천미래를 여는 궁극적인 해결책으로 본다. 주천상수의 1/64인 진공(眞空) 삭허는 미제로 나아가는 핵심바탕이다. 역수방편으로 기영대과(大川)의 넘침을 삭허소과의 진공 속에 품어 덜어냄을 중천의 손익(損益) 법도라고 이른다. 중용에서의 '치중화(致中和)'와 동일한 의미이다.

생명의 힘찬 약동을 '팔팔하다'라고 하듯이, 八八 64괘로 구성된 주역경전은 대자연의 진리를 생생하게 밝힌 글이다. 64괘의 마지막 괘도 끝없이 생생한 미래를 상징하는 미제(未濟)이다.

澤火革　선천에서 후천, 과거에서 미래로 나아감에 있어 반드시 통과하는 때가 중천(현재)이다. '칠칠맞다'라고 하듯이 중천시기의 중심과녁을 맞히는 七七 49번째에 혁괘(革卦)가 있다. 혁(革)은 여름(☲)이 지나고 가을(☱)이 와서 만물이 결실되는 완전히 바뀌는 때다. 또한 못(☱) 속에 불(☲)이 들어있어 물건을 풀무질하여 새로이 고쳐 바꿈을 가리킨다.

혁(革)은 '스물 입(廿)' 아래에 중심을 맞히는 '가운데 중(中)', 그 밑에 '한 일(一)'을 넣어 만든 글자이다. 오미(五味) 가운데 중앙의 토에 해당하는 '달 감(甘)'과 통하는 주역문자이다. 20中의 1은 곧 천지 건곤(乾坤)이 펼치는 개물(開物) 21甲(42世, 1260년)의 기영도수를 의미한다.

4년 주기로는 기영 21일(乾), 8년 주기로는 기영 42일(乾乾)이, 나아가선 1원(元) 129,600년 가운데 8회(인회중반~술회중반)의 전체 개물주기로는 기영 21甲(蒙革 42世)이 발생한다. 주공(周公)은 건괘(乾卦) 구삼(九三)효사에서 '종일건건(終日乾乾)과 석척(夕惕)'으로 표현하였다.

혁(革)은 대변혁의 시대인 현재의 21세기와도 묘하게 부합한다. 중정(中正)

을 얻은 혁괘 구오(九五) 효사에 '대인호변(大人虎變)과 미점유부(未占有孚)'를 말하였다. "(털갈이하는 범처럼) 대인이 위엄으로 변혁을 주도하니, 점을 치지 않아도 미덥다."는 뜻이다. 64괘 384효 중 유일하게 이곳에만 점(占)을 언급하였다. 선천과 후천이 바뀌는 천도변화의 시기에 개력(改曆)의 단행이 단 한번뿐임을 특별히 강조하고자 함이 아닌가 한다[21].

중용 1장 가운데 대본(大本)의 중(中)과 달도(達道)의 화(和)를 설명하며 언급된 미발(未發)과 발이개중절(發而皆中節)을 역수의 다스림에 연계하여 풀어보면 다음과 같다.

혁(革)은 선천에서 후천으로 바뀌는 때를 정확히 맞추어 과녁을 궁시(弓矢)로 꿰뚫듯이 천지역수의 중정(中正, 6周 360易의 節用)을 회복하여 미래를 열라는 뜻을 담은 글자이다. 개물기 전체의 기영도수가 21갑(甲)인데, 관련된 대표적인 문자가 건(乾)과 곤(坤), 몽(蒙), 혁(革)의 괘명(卦名) 등이다.

건곤(선후)과 몽혁(선후)은 각기 선천과 후천으로 대비되며 서로 음양배합을 이루는 괘들이다. 철이 선천여름에서 후천가을로 바뀌는 것인 혁(革, 49)이다. 중용(中庸)과 중화(中和)는 혁괘의 대상(大象)에 나오는 '치역명시(治歷明時)'에 직결된다. 자사가 지은 중용이 소주역이며 그 주역을 집대성한 성인이 공자이기에 그 내용의 흐름은 하나로 통한다고 생각된다.

---

21. 주역경전에서는 8년을 8회(會)로 대연(大衍)하여 천도의 선후변화를 설명하며, 천도변화에 따른 후천변혁을 강조한다. 선후가 바뀌는 중간의 중천과도시기가 대천(大川)에 비유되는데, 괘·효사에 나오는 '이섭대천(利涉大川)'을 말한다. 화살 세 대의 三(≡)을 돌려세운 '내 천(川)'의 음의(音義)가 天과 통한다. 혁괘의 대상(大象)에 역수를 다스려 후천시기를 밝히라는 '치역명시(治歷明時)'는 개물기(86,400년) 전체의 과도한 기영(氣盈)도수를 품음(비움)으로써 이루어진다. 천도의 중정(상수)을 회복하는 것이다. 상경 대과(大過, 28) 다음에 오는 중천의 감(坎, 29)과 리(離, 30), 하경 해(解, 40)괘 다음 역수의 손익영허를 설명한 손(損, 41)과 익(益, 42), 절(節, 60)괘 다음의 중부(中孚, 61)와 소과(小過, 62)괘 등은 모두 혁괘의 치역명시(治歷明時)와 깊이 연관되는 괘들이다.

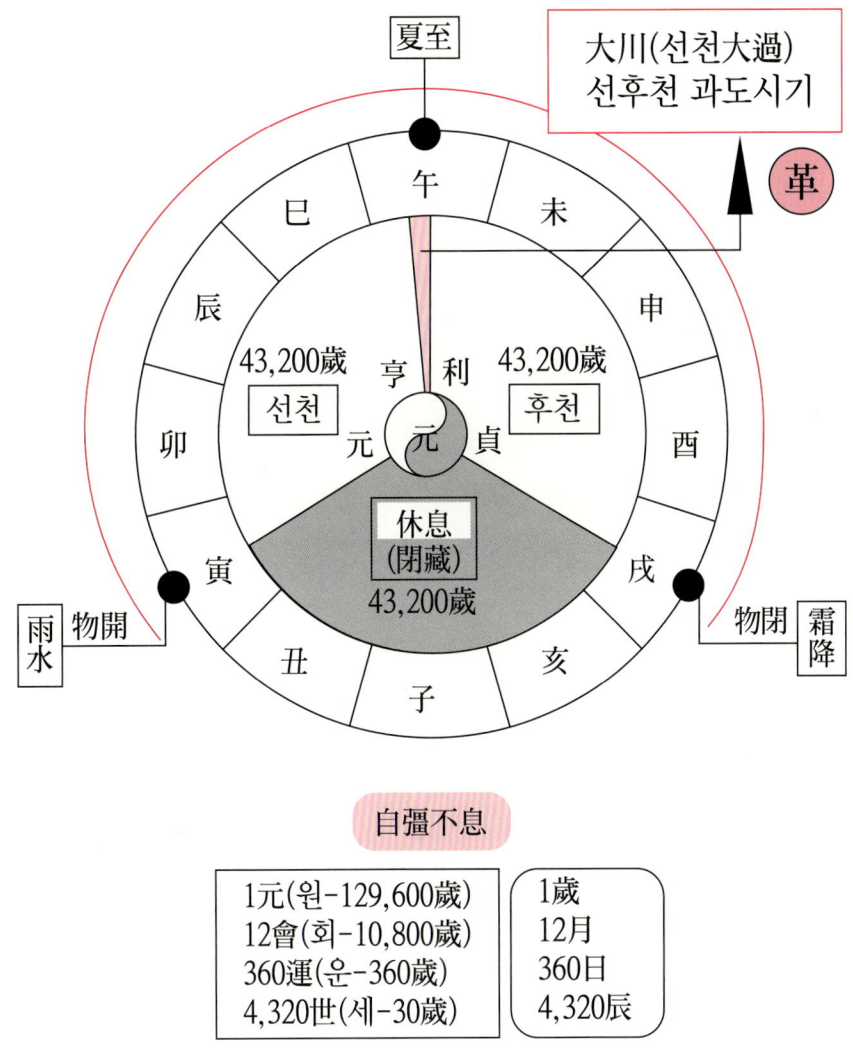

자강불식(自彊不息)과 이섭대천(利涉大川)

달력에서 기영(태아)을 담는 것은 삭허(자궁)이다. 기영 삭허가 합하여 윤달이 생성되지만 천도의 중정(中正)은 6주(周) 360역(易)으로 1절(節)을 이룬다. 기영을 담은 삭허의 중화(中和)를 간단히 16주(周)와 32주(周), 48주(周)를 그림으로 그려보았다. 상세한 내용은 〈달과 중용〉에서 해설한다.

16周 주기 氣朔 대비

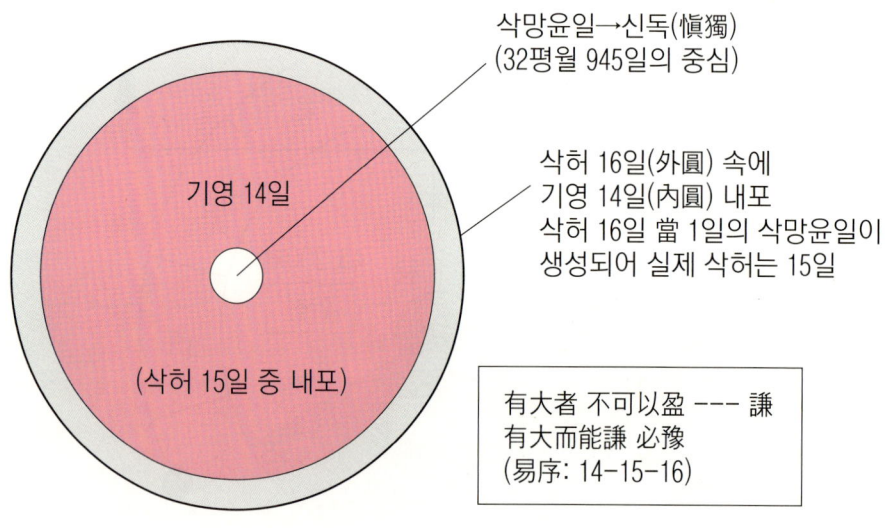

16주(周)의 기삭

32周 주기 氣朔 대비

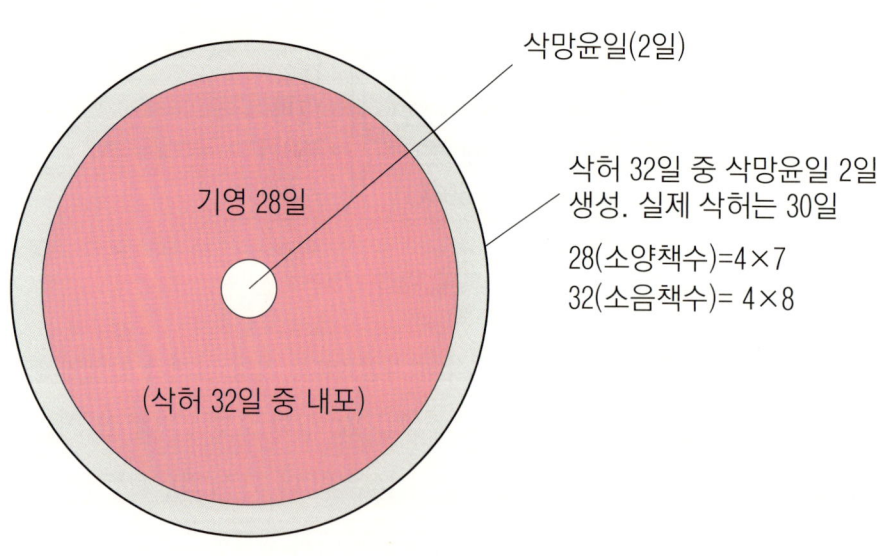

32주(周)의 기삭

48周 주기 氣朔 대비

8세3윤법 — 五十大衍(三八木道)

삭망윤일(3일) 王
역행상극(삭허) −
순행상생(기영) +

기영 42일

(삭허 48일 중 내포)

삭허 48일 중 삭망윤일 3일
생성. 실제 삭허는 45일

閏

自寅半 至戌半
終日乾乾(42日 기영): 12년 중 8년 주기
終日乾乾(42世 기영): 12회 중 8회 주기

含章可貞 或從王事 无成有終
開物成務(천도의 선후변화) 自彊不息
王用三驅(顯比原筮)
王明受福(往來井井)   曆象授時

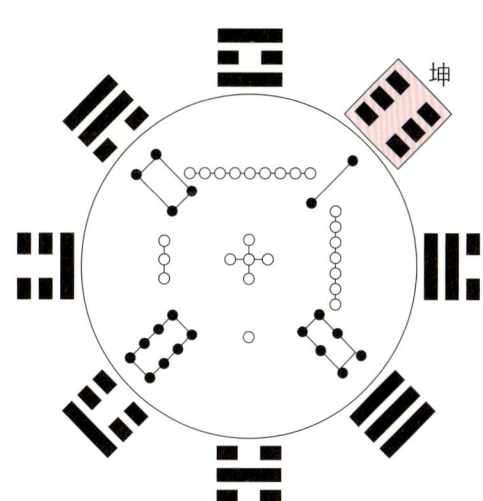

48주(周)의 기삭

중용역해(中庸易解) 089

2장 군자중용(君子中庸)

仲尼[1] 曰 君子는 中庸이오 小人은 反中庸이니라.
중니 왈 군자 중용 소인 반중용

중니(孔子) 께서 말씀하시길, "군자는 중용을 행하고 소인은 중용에 반하니라.

역해(易解)

대개 내적인 성품과 외적인 감정이 공간적으로 체용합일의 조화를 얻은 측면에서는 중화(中和), 덕행을 삶으로 실천하여 언제나 떳떳함을 잃지 않는 측면에서는 중용(中庸)이다. 서로 다른 표현이지만 중용에서의 중(中)은 중화를 함께 내포한다.

평상시 군자는 중심을 잘 잡고 똑바로 서 있기 때문에 어느 한쪽으로 치우치거나 기울어지지 않는다. 과불급(過不及)이 없는 중용의 도(道)와 덕(德)을 늘 이행한다. 군자의 중용은 추호라도 인심(人心)이 섞이지 않는 순수한 도심(道心)으로 행하는 정미(精微)의 극치이다. 지극한 정성(精誠)과 지극한 정신(精神)세계에 있는 군자라야만 도심으로 나아가 하늘이 부여해준 덕성(德性)을 온전히 체득하여 실천한다. 인심과 욕심의 기질에 치우친 소인은 이와 정반대이다.

君子之中庸也는 君子而時中이오 小人之(反)中庸也는 小人
군자지중용야 군자이시중 소인지반중용야 소인

而無忌憚也[1]니라.
이무기탄야

1. 공자는 노(魯)나라 곡부(曲阜)의 니구산(尼丘山) 정기를 받은 성인으로 전한다. 공자의 어머니 안징재(顔徵在)가 니구산에 매일 올라가 지극정성으로 기도를 하여 공자를 회임(懷妊)하였을 뿐 아니라, 니구산 72봉우리의 기수(氣數)에 따라 만 72세의 수를 누리고 육예(六藝)에 통한 제자 72명을 양성하였기 때문이다. 본래의 성명인 '공구(孔丘)'도 니구산의 정상언덕이 속이 빈 구멍모양으로 생긴 것과 같이 머리 두상이 한가운데가 움푹 파여 있어 여기에서 연유한다. 또 이복형 맹피(孟皮)가 있었으므로, 맹중숙계(孟仲叔季)의 두 번째를 가리키는 '仲'에다 산의 명칭인 니구의 '尼'를 취하여, 그 자(字)를 '중니(仲尼)'로 정한 것이라고 한다.

右는 第二章이라.
우 제 이 장

反: 뒤집다, 뒤엎다, 되돌리다 忌: 꺼릴 기 憚: 꺼릴 탄

   군자의 중용은 군자로서 때에 맞추어 중을 지킴이오, 소인이 중용에 반대로 함은 소인으로서 꺼려함이 없음이니라."고 하셨다.
   우(右)는 제 2장이다.

역해(易解)

   '하는 중이다'라고 하듯이, 어묵동정(語默動靜)과 행주좌와(行住坐臥)의 어느 때이든 그 상황시기에 따른 평상시의 삶 속에 중(中)이 있다. 군자는 삶이 존재하는 한 '하는 중(中)'임을 스스로 알기에 잘 보이지도 들리지도 않는 성(性)을 항시 '계신공구(戒愼恐懼)'하여 시중(時中)과 처중(處中)을 행한다. 소인은 감정(感情)이 아직 표현되지 않는 근원의 중(中)인 본래의 성품(性品)을 자각하지 못하므로 욕심을 망령되이 부리고 제멋대로 기탄(忌憚)없이 행동하는 것이다.
   군자(君子)와 소인(小人)은 '인격(人格)을 갖춘 자인가, 그렇지 않으면 갖추지 못한 자인가'로 분별한다. 군자는 '전체'를 생각하는 공심(公心)과 도심(道心)으로, 소인은 '나'만을 생각하는 사심(私心)과 인심(人心)으로 평상시에 모든 사물을 대한다.
   군자가 '중용(中庸)의 도(道)'를 행하는 까닭은 유덕군자(有德君子)이면서 평상시에 시중(時中)과 처중(處中)의 삶을 살기 때문이다. 소인은 마음자체가 '소인지심(小人之心)'이므로 자기(自己)만 생각하는 아상(我相)과 이기심(利

己心) 때문에 행실이 기탄(忌憚)하는 바가 없다².

군자와 소인

유학의 세계에서는 일반적으로 중심의 덕(德)을 갖추어 실천하며, 동시에 다른 이들이 따르는 존귀한 위(位)를 얻은 이를 군자라고 일컬었다³.

소인(小人)은 마음이 한결같지 않고 '이랬다 저랬다'하는 변덕을 부린다. 덕이 편협하고 인색하여 자기(自己)만 생각하는 이기심(利己心)으로 치우쳐 간사하기 쉽다⁴.

군자와 소인에 대한 경전의 문구 사례

"君子懷德 小人懷土 君子懷刑 小人懷恩, 君子和而不同 小人同而不和, 君子喩於義 小人喩於利, 君子求諸己 小人求諸人, 君子易事而難說也 小人難事而易說也, 君子病無能焉 不病人之不己知也, 君子居易以俟命 小人行險以徼幸, 君子豹變 小人革面."

'군자는 덕을 생각하고 소인은 땅을 생각하며, 군자는 형벌을 생각하고 소인은 은혜만 생각한다.' - 論語(논어) 이인(里人)편

'군자는 다르면서 화합하지만 소인은 (이익을 위해 상대방의 생각에 줏대 없이) 부화뇌동(附和雷同)하지만 (생각이 서로 다른데도 불구하고 그것을 잘 조

---

2. 기(忌)는 '기심(己心)' 곧 자기(自己)의 마음(心)을 꺼리다(거리끼다)는 뜻이고, 탄(憚)은 '단심(單心)' 곧 홀로 자신만을 앞세우는 마음을 미워하는 뜻이다. 거리낌이 없는 막무가내(莫無可奈) 제멋대로 행동하는 단독(單獨)과 독단(獨斷)을 경계하는 글자이다.
3. 군(君)은 백성들이 밝은 쪽으로 나아가도록 다스리고자(尹) 명령(口)을 내리는 '임금, 지도자'를 뜻한다. 자(子)는 '아들, 열매, 씨앗, 스승' 등을 이른다. 부모의 사랑을 받아 태어난 자녀, 나아가 본성의 밝음을 스스로 회복하여 성품의 씨눈(열매종자)을 뜬 사람, 후세에 길이 남을 영생불멸의 종자(씨앗)로 부활한 스승이 자(子)이다.
4. 소(小)는 '여덟 팔, 나눌 팔(八)'과 '갈고리 궐(亅)'이 합쳐진 글자이다. 물건을 끄집어내어(亅) 여럿으로 나누면(八) 물건의 크기가 작아지기 마련이므로 '작다'는 뜻이다.

절하여) 화합을 이루지는 않는다.' - 論語(논어) 자로(子路)편

'군자는 의리에 밝고 소인은 이해에 밝다.' - 論語(논어) 이인(里人)편

'군자는 자기에게 구하고 소인은 남에게 구한다.' - 論語(논어) 위령공편

'군자를 섬기기는 쉬워도 기쁘게 하기는 어렵고, 소인은 섬기기는 어렵고 기쁘게 하기는 쉽다.' - 論語(논어) 자로(子路)편

'군자는 자신의 무능을 괴롭게 여기고 남이 자신을 알아주지 않는 것을 괴롭게 여기지 않는다.' - 論語(논어) 위령공편

'군자는 쉬운 것에 처하면서 명을 기다리고 소인은 위험한 일을 행하며 요행을 바란다.' - 中庸(중용)

'군자의 변혁은 표범의 무늬처럼 선명하고 소인은 변혁의 결과를 받아들여 얼굴만 고쳐 이에 따른다.' - 周易(주역) 혁(革)괘

3장 선능(鮮能)

子ㅣ曰 中庸은 其至矣乎ㅣ져 民鮮能이 久矣니라.
자 왈 중용 기지의호 민선능 구의

右는 第三章이라.
우 제삼장

鮮: 고울 선, 깨끗할 선, 적을 선 久: 오랠 구

　공자께서 말씀하시길, "중용(의 덕)은 참으로 지극하구나. 백성들 가운데 능한 이가 드문지 오래이구나."고 하셨다.
　우(右)는 제 3장이다.

역해(易解)

　중(中)을 기본으로 지나친 상태의 과(過)와 모자란 상태의 불급(不及)이 서로 대비된다. 지나치지도 않고 모자라지도 않는 중용의 덕이라야 오직 지극하다. 본래 인간(人間)은 누구나 천지 사이의 중간(中間)적인 존재로 타고날 때부터 선천적으로 중용의 미덕을 체득(體得)해 나온다. 천지자연과 더불어 천리를 따르며 순리대로 살았을 적에는 도와 덕을 체득함이 어려운 일이 아니었다. 세월이 흘러 더욱 밝은 문명한 세상이 발전할수록 삶의 관심(觀心)은 내적인 관심이 아닌 외적인 관심으로 흘러서 참된 가르침은 점점 쇠퇴해져 갔다. 백성들이 중용지도(中庸之道)를 잃고 그 덕행(德行)이 흥기되지 않았기 때문에, 공자가 중용지도에 능한 이와 중용지덕을 행한 이가 드문지 오래되었다고 탄식한 말씀이다.

민선능(民鮮能)

　공자는 周易(주역) 계사전에서 "양의 과정이 오면 양으로, 음의 과정이 오면 음으로 나아감이 도(道)이다. 이 길을 따라서 계속(繼續) 이어나감이 선(善)이고 이뤄지는 것은 성(性)이다. 이 도를 어진 이가 보면 '어질다', 지적인 이가 보면 '지적이다'라고 이른다. 백성들은 날마다 도를 사용하며 살아가고 있음에도 정작 그 도의 실체를 알지 못하므로 군자의 도가 드물구나(君子之道 鮮矣)[1]!"고 말씀하였다.

　중용경전에서는 지행(知行)의 합일을 강조하는 한편 천지건곤의 이지간능(易知簡能)에 연관된 '알 지(知)'와 '능할 능(能)'을 문장 여러 곳에서 설명하고 있다. '능할 능(能)'은 64괘의 순서를 풀이한 周易(주역)의 서괘전(序卦傳) 해설 가운데 특별히 한곳에만 나온다.

　공자는 대유(大有, 14) 다음에 겸(謙, 15)이 오고 예(豫, 16)라는 괘가 뒤를 이음에 대해서 "큰 것을 소유하고서도 능히 겸손하니 반드시 즐겁다(有大而能謙必豫)."라고 말씀하였다.

地山謙

　달밭인 위(胃)와 마찬가지로 능(能)은 어미가 자식을 품는 역량을 이른다. 겸괘는 낮은 땅(☷) 아래에 높은 산(☶)이 처하여 지극히 겸손(謙遜)하고 겸허(謙虛)한 모습을 보여준다. 허(虛)한 음(陰)이 실(實)한 양을 안으로 품어, 생명을 포태(胞胎)하고 화육(化育)하는 형상이다.

---

1. 周易(주역) 계사(繫辭)전: 一陰一陽之謂道 繼之者 善也 成之者 性也 仁者 見之 謂之仁 知者 見之 謂之知 百姓 日用而不知 故 君子之道 鮮矣.
　'깨끗할 선(鮮)'은 국조단군이 정한 배달의 국호 조선(朝鮮) 속에 들어있다. 배달겨레의 민족정신은 아침의 밝음과 선함을 상징하는 선명(鮮明)에 그 뿌리를 둔다. 대체로 鮮은 보기 드물다는 뜻으로 많이 쓰인다.

4장 아지(我知)

子ㅣ曰 道之不行也를 我知之矣로라 知者는 過之하고 愚者는
자 왈 도지불행야   아지지의   지자 과지   우자
不及也ㅣ니라 道之不明也를 我知之矣로라 賢者는 過之하고
불급야   도지불명야   아지지의   현자 과지
不肖者는 不及也ㅣ니라.
불초자   불급야

行: 나아갈 행 知: 알 지 愚: 어리석을 우 明: 밝을 명 賢: 어질 현 肖: 닮을 초

공자께서 말씀하시길, "(중용의) 도가 행해지지 못함을 내가 (그 이유를) 알도다. 지적(知的)인 자는 지나치고 어리석은 자는 미치지 못하기 때문이니라. 도가 밝혀지지 않음을 내가 (그 이유를) 알도다. 어진 자는 지나치고 어질지 못한 자는 미치지 못하기 때문이니라.

역해(易解)

도지불행(道之不行)은 도를 행하지 '않음(不)'과 도를 행하지 '못함(不)'으로 구별된다. 도가 세상에 구현되기 어려운 것은 '지우자(知愚者)의 과불급' 때문이다. 먼저 선악시비에 대한 밝은 분별력이 있음에도 불구하고 진리를 현실적으로 실현하는 것이 불가능하다고 판단하여 스스로 도를 포기함이 '지과불행(知過不行)'이다. 제 꾀에 제가 넘어감과 같다. 반면 어리석은 짐승이나 벌레처럼 애당초 진리 자체가 있다는 사실을 몰라서 도를 실천하지 못함이 '우불급불행(愚不及不行)'이다.

荀子(순자)의 수신(修身)편에서는 "시시비비 위지지 비시시비 위지우(是是非非, 謂之知, 非是是非, 謂之愚)."라고 하였다. "옳은 것을 옳다하고 그른 것을 그르다하는 것이 지(知)이며, 그른 것을 옳다하고 옳은 것을 그르다하는

것이 우(愚)이다."고 말씀하였다.

한편 도지불명(道之不明)은 '현불초자(賢不肖者)의 과불급'에 기인한다. 현자(賢者)는 남들보다 어진 선행에 힘쓰는 사람이다. 스스로 이미 실천궁행하고 있다는 생각에 굳이 진리에 대해 알려고 추구하지 않으므로 '행과부지(行過不知)'이다. 이와 달리 불초자(不肖者)는 선행을 부정하고 악행을 일삼는 자로 애초부터 도의 실행에 애당초 관심이 없기에, '행불급부지(行不及不知)'이다. 부모조상을 닮지 못한 불효자식을 '불초(不肖)하다'고 한다. '닮을 초(肖)'는 부모의 닮은꼴인 작은(小) 육신(月) 즉 자식을 가리킨다.

人莫不飮食也ㅣ언마는 鮮能知味也ㅣ니라.
인 막 불 음 식 야   선 능 지 미 야

右는 第四章이라.
우   제 사 장

莫: 없을 막, 말 막 飮: 마실 음 味: 맛 미

사람이 마시고 먹지 않는 이가 없건마는 능히 맛을 아는 이가 드무니라."고 하셨다.

우(右)는 제 4장이다.

역해(易解)

사람들은 생활에 필요한 의식주(衣食住)를 떠나서 살아갈 수가 없듯이, 삶이 존재하는 한 도(道)를 가히 떠날 수가 없다. 한번은 오전이고 한번은 오후이듯이 오르고 내리며 움직이고 그치며 나아가고 물러나는 동정변화의 길을 가고 있다.

그러나 정작 '맛도 모르고 멋도 모른다.'는 말이 있듯이 입맛대로 제멋대로 살다보면 음식의 '진미(眞味)'를 알기 어렵고 자신을 성찰할 여유(餘裕)가 없어 인생의 '진리(眞理)'를 깨닫기 어렵다.

서합(噬嗑)의 음미(吟味)

火雷噬嗑

山雷頤

'선능지미(鮮能知味)'는 주역의 서합(噬嗑, 21)괘를 떠올리게 한다. 서합은 음식을 깨물고 씹어 먹어서 몸에 합한다는 뜻이다.

공자는 입속에 들어있는 음식물을 '이중유물(頤中有物)'로써 풀이하였는데, 이(頤)는 '턱 이(頤)'이다. 이(頤, 27)괘는 음식을 씹을 때에 위턱인 상악(上顎)이 가만히 그쳐있고(☶) 아래턱인 하악(下顎)이 움직임을 나타낸다.

문왕은 입 속에 든 음식물을 감옥(監獄)에 빗대어 "옥을 씀이 이롭다(利用獄)."고 하였다. 음식을 잘 씹어 몸에 자양분을 섭취하듯이, 잘못된 허물을 범한 죄인을 옥에 가두고 죄의 경중에 따라 형정(刑政)을 엄정히 시행함으로써 교화(敎化)를 통한 사회복귀가 이루어지도록 하라는 뜻이다.

서합에 있어서 초효(初爻)와 상효(上爻)의 양(━)은 수형(受刑)을 당하는 죄인, 중간에 처한 사효(四爻)의 양(━)은 집형(執刑)하는 심판관으로 본다. 아래의 초효(初爻)는 미치지 못한 불급(不及), 위의 상효(上爻)는 지나친 과(過)의 처지이므로 각기 초범과 상습범, 경범(輕犯)과 중범(重犯)으로 간주된다.

주공(周公)은 죄질의 경중다과에 따라, 경범에 속한 초효는 족쇄를 채워 발꿈치를 베는 '구교멸지(屨校滅趾)'로써, 중범에 속한 상효는 항쇄(項鎖)를 채워 귀를 베는 '하교멸이(何校滅耳)'로써, 심판관에 해당하는 사효는 법의 엄정잣대를 상징하는 '금시(金矢)'로써 표현하였다.

공자는 이에 대해 '구교멸지'를 '불행(不行)', '하교멸이'를 '불명(不明)'으로 일컬었는데 본문의 지우(智愚)와 현불초(賢不肖)의 과불급에 따른 도의 불행불명(不行不明)과 문장표현이 똑같다. 周易(주역)에서도 거듭 설명 된다[1].

---

1. 周易(주역) 계사하전(繫辭下傳): 子曰小人은 不恥不仁하며 不畏不義라. 不見利면 不勸하며 不威면 不懲하나니 小懲而大誡ㅣ 此ㅣ 小人之福也ㅣ라. 易曰履校하야 滅趾니 无咎ㅣ라하니 此之謂也ㅣ라. 善不積이면 不足以成名이오 惡不積이면 不足以滅身이니 小人이 以小善으로 爲无益而弗爲也하며 以小惡으로 爲无傷而弗去也ㅣ라. 故로 惡積而不可掩이며 罪大而不可解니 易曰何校하야 滅耳니 凶이라하니라.

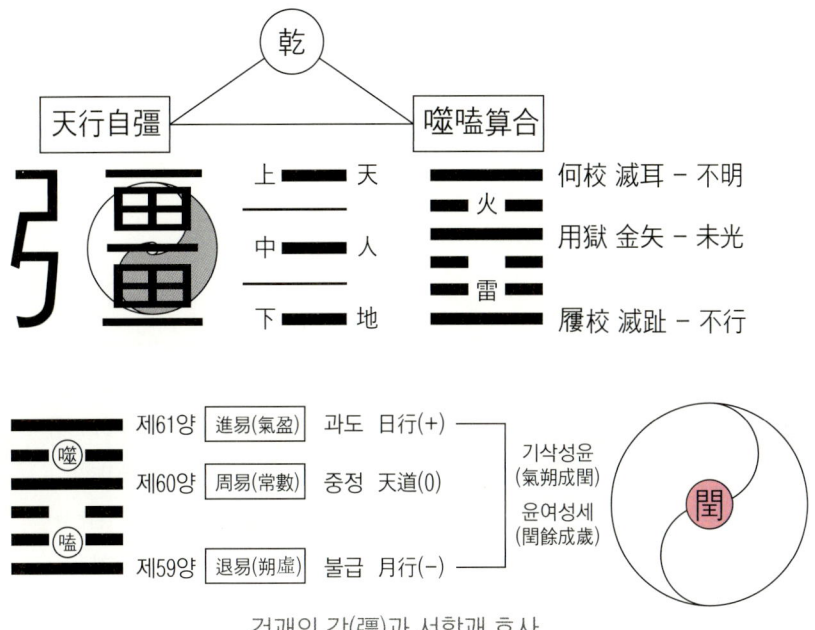

건괘의 강(彊)과 서합괘 효사

천도운행을 대표하는 달력원리로 살피면 60일을 기준으로 기영과 삭허가 과불급으로 하루씩 발생하는 것으로 간주하여 5년을 주기로 두 달의 윤을 넣는다. 가장 기초적인 재윤(再閏) 법도이다.

이에 기준하면 월행(月行) 도수는 대월 30일과 소월 29일을 합친 두 달의 붕(朋, 59일)으로, 일행(日行) 도수는 61일로 각기 진행된다. 60갑자의 1주(周)에 불급한 1일이 삭허이고 과도한 1일이 기영이다. 날짜는 태양 일수(日數)가 주장한다. 주역의 384효에서 양효 순서를 살피면 서합의 초효(初爻)는 월행(月行)의 59번째 양효이고 상효(上爻)는 일행(日行)의 61번째 양효이며 중간 사효(四爻)는 중정(中正)한 상수(常數)에 해당하는 60번째 양효이다.

21번째 괘인 서합(噬嗑)은 50대연(大衍)의 서법(筮法)을 바탕으로 천도가 만물을 생성하고 소멸하는 개물기(開物期)를 역산(曆算)하는 내용을 비장하고 있다. 네 번째와 다섯 번째 효인 구사(九四)의 서간치(噬乾胏)와 육오(六五)의 서간육(噬乾肉)은 주역 건괘(乾卦) 구삼(九三)효사에 나오는 '종일건건(終日乾乾)'과 관계된다. → 기영(氣盈) 21갑(甲)의 개물(開物)

중정한 도수인 주천상수는 중용의 대본(大本)인 '중(中)', 과도한 기영과 부족한 삭허는 중(中)을 벗어난 '과불급(過不及)', 기영과 삭허의 배합인 윤달은 달도(達道)인 '화(和)'에 각기 상응한다.

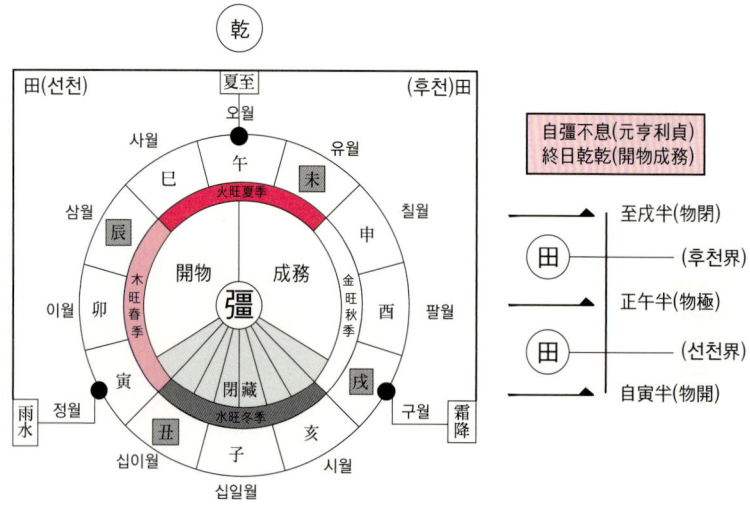

천강(天彊)과 선후천 개물기(開物期)

계절과 책력이 일치하여 조화를 이룬 것이 평상적인 중화(中和)이지만, 주천상수 6주(周) 360역(易)으로 표상되는 천도의 중정(中正)에 기준하면 과도한 기영도수인 5와 1/4일을 하나로 모아서 비워내야 하는 때가 온다. 그 때가 주역경전에서 이르는 '중천(中天)교역의 과도기'인데, 선천(先天)에서 후천(後天)으로 넘어가는 대천(大川)의 험난한 시기이다. 대천을 잘 건너가야 하므로 '이섭대천(利涉大川)'으로 표현하여 지극히 중시한다.

중용 1장에 연계하면, 미래(未來)후천의 열림이 미발지중(未發之中), 과녁을 꿰뚫어 천도의 중정역수를 회복함이 발이개중절(發而皆中節)이다. 周易(주역)에서는 서합에 의거하여 '일중위시(日中爲市) 교역이퇴(交易而退)' 즉 한낮(☰)의 중천시기에 천하 사람과 생산물품을 모두 끌어 모아(☷) 상호 거래 교역하는 시장을 만들었다고 하였다[2].

2. 周易(주역) 계사(繫辭)하전: 日中爲市 致天下之民 聚天下之貨 交易而退 各得其所 蓋取諸噬嗑

5장 도불행(道不行)

子ㅣ日 道其不行矣夫ㄴ져.
자 왈 도 기 불 행 의 부

右는 **第五章**이라.
우 제 오 장

矣: 어조사 의 夫: 어조사 부

공자께서 말씀하시길, "(중용의) 도가 참으로 행해지지 못하겠구나."고 하셨다.
우(右)는 제 5장이다.

역해(易解)

앞 4장에서 '道不行 道不明'의 이유를 밝힌 다음, 다시 중용의 도가 행해지지 못함을 한탄한 대목이다. 그 이유를 주자는 "도를 밝히지 않음으로 말미암는다(由不明故)."고 하였는데, 大學(대학)에 나오는 '명명덕(明明德)'과도 같은 의미이다.

"큰 배움의 길은 밝은 덕을 밝힘에 있다(大學之道 在明明德)."고 하였는데, 덕(德)은 본래 밝은 하늘이 내려주신 성품의 덕을 가리킨다. 누구나 밝은 덕성을 제 몸에 지니고 있으나(德, 得也), 사사로운 욕심과 편벽된 기질로 인하여 가리어 흐려진다. 이를 잘 이겨내고 본래의 천부지성(天賦之性)으로 돌아가 실제 내 몸에다 완전히 체득하게 되면(德, 行道而得於心者也) 자연히 마음이 올곧아지게 마련이다.

옛적 요순(堯舜)과 문무(文武)와 같은 성인들은 자신의 밝은 덕을 밝힌 다음에 이를 세상에 펼쳐 백성을 새롭게 하였다. 덕치(德治)의 중요성에 대해 공자는 "옛날에 밝은 덕을 천하에 밝히려고 한 자는 먼저 그 나라를 다스리고, 그 나라를 다스리려고 하는 자는 먼저 그 집을 가지런히 하고, 그 집을 가지런히 하려는 자는 먼저 그 몸을 닦고, 그 몸을 닦으려는 자는 먼저 그 마음을 바로 하고, 그 마음을 바로하려는 자는 먼저 그 뜻을 정성이 하고, 그 뜻을 정성이 하려는 자는 먼저 그 앎을 지극히 하였으니, 그 앎을 지극히 하는 것은 사물에 이르는 데에 있느니라[1]."고 말씀하였다.

하도에 나타난 삼재오행의 도

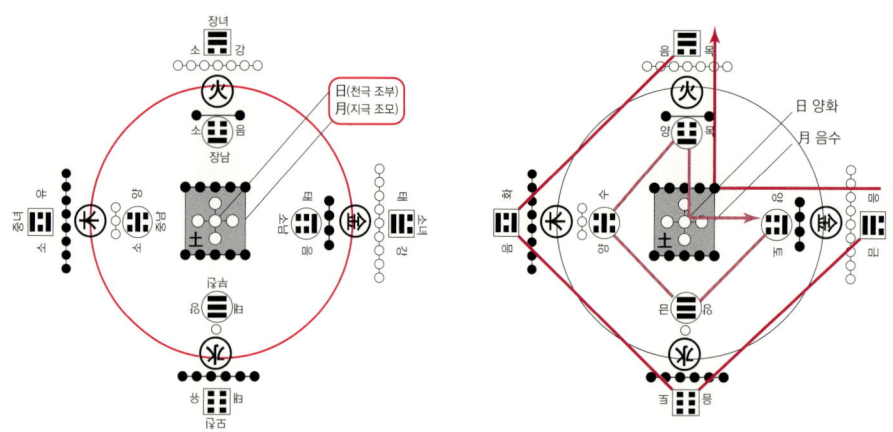

하도배괘에 따른 삼재오행의 상생이치

위 그림은 하도 생성수리에 따라, 필자가 복희선천팔괘를 배정한 그림이다.

천지남녀의 순차적인 생성법도에 따라 부친(☰), 장남(☳), 중남(☵), 소남(☶) 순서로 건진감간(乾震坎艮)의 남자 괘들을 1, 2, 3, 4에 배치하고 모친(☷), 장녀(☴), 중녀(☲), 소녀(☱)의 순서로 곤손리태(坤巽離兌)의 여자 괘들을 6, 7, 8, 9에 각각 배치하였다.

소자(邵子)와 주자(朱子)의 하도배괘(河圖配卦)와는 관점을 달리하여 천도와 인사의 합일된 흐름을 중시하여 필자가 그린 그림이다.

---

[1]. 大學(대학) 경문 제 1장: 古之欲明明德於天下者는 先治其國하고 欲治其國者는 先齊其家하고 欲齊其家者는 先修其身하고 欲修其身者는 先正其心하고 欲正其心者는 先誠其意하고 欲誠其意者는 先致其知하니 致知는 在格物하니라.

주역(周易)의 도(道)[2]

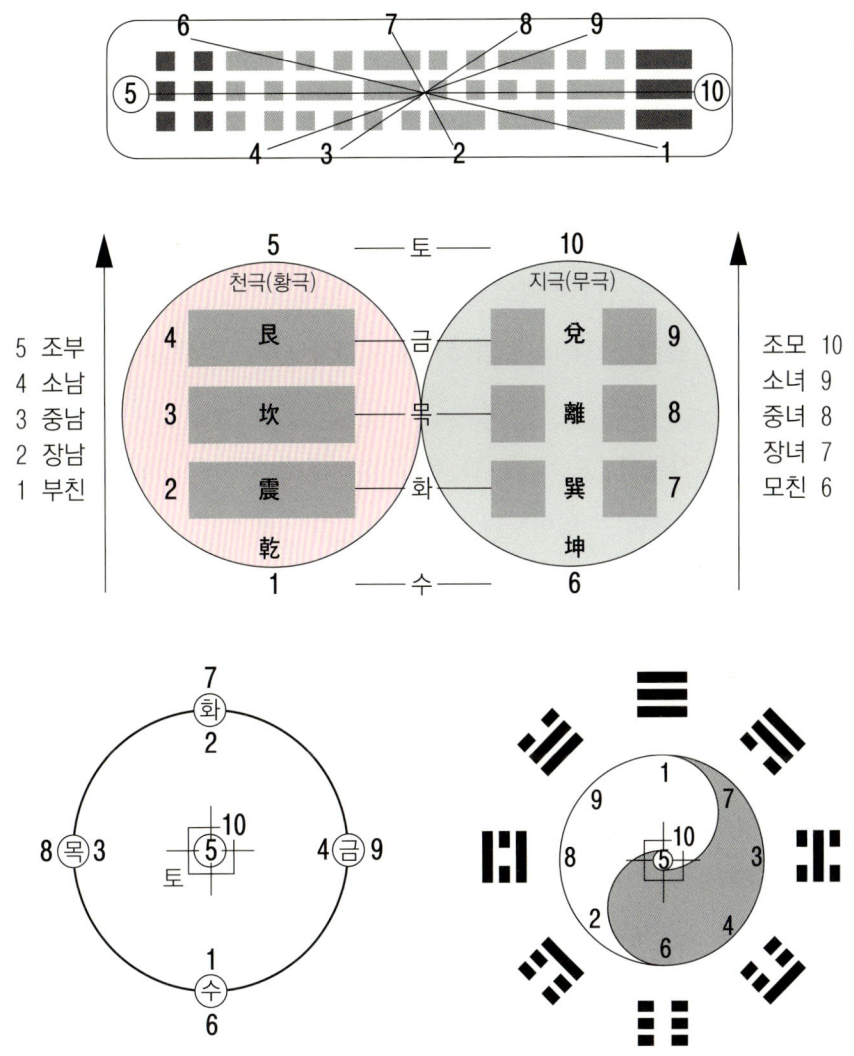

팔괘의 남녀생성 및 사상위수와 오행생성

    1은 자연(自然)히 2를 낳고 그 2는 다시 1로 돌아가 합일(合一)한다. 천지음양의 합일된 결정체가 오행이다. 역경은 선천에서 중천으로 이를 통하여 후천

2. 이응문 〈해와 달을 머금은 주역(2019)〉 도서출판 담디

이 열리는 이치를 본바탕으로 하고 있다. 이는 음양의 교역상착(交易相錯)을 통한 오행의 유행 즉 선천팔괘-중천낙서-후천팔괘로 나타난다.

「선천팔괘방위도」는 남녀가 서로 대칭적으로 분리되어 서로 사귀지 못한 모습이다. 10무극에 의한 사상위수가 분리되지 못한 미숙한 상태로 즉 태양(⚌)은 1체9용, 소음(⚍)은 2체8용, 소양(⚎)은 3체7용, 태음(⚏)은 4체6용으로 오행생성의 밑바탕이 되고 있다.

때맞춘 중천교역 즉 선천팔괘의 교역상착에 의해 한복판 중심에 5황극이 세워지게 되는데, 書經(서경)의 홍범에서는 이를 '건용황극(建用皇極)'이라고 하였다.[3]

5황극은 모든 사물의 '표준법도'를 가리킨다. 중정 무사한 5황극에 의해 10무극의 무위조화[中和]가 일어나며 이러한 작용을 '5용10작'이라고 한다.

감춰진 10무극의 수는 남자 1, 2, 3, 4가 5중(中)을 거쳐 여자 6, 7, 8, 9로 나아가는 데에서 일어난다. 오행을 생성하기 위해 반드시 중앙 5를 거쳐야 하는 1, 2, 3, 4의 수합이 10인 까닭이다. 男女라는 글자에도 이러한 이치가 담겨있다. 교역의 중심인 5는 이 10(1+2+3+4)의 도움으로 무극한 조화를 펼치면서 동시에 10과 상합하여 최종적으로 오행의 토를 생성한다.

토는 오행의 중심으로서 가장 큰 역할을 한다. 인사(人事)적인 측면에서는, 토를 생성하는 5와 10은 조부와 조모로서 소성 8괘를 낳는 6양과 6음의 대성 건곤(乾坤) 즉 태극이다. 또 천·지·뇌·풍·수·화·산·택의 중심으로서 주야한서(晝夜寒暑)의 조화를 베푸는 일월(日月)의 역(易)이라 할 수 있다. 손가락의 굴신으로 보면 5는 다섯 손가락을 다 굽힌 '주먹', 10은 다섯 손가락을 다 펼친 '보'에 해당한다.

음양오행을 생성하고 변화하는 구궁낙서(九宮洛書)가 구천(九天)으로 일컫는 기천(氣天)이며, 대지 위의 푸른 하늘이 현상의 후천세계인 상천(象天)이

---

3. 〈50대연(大衍)의 역수법도〉에 상세히 해설해 놓았다.

다. → 문왕의 후천팔괘

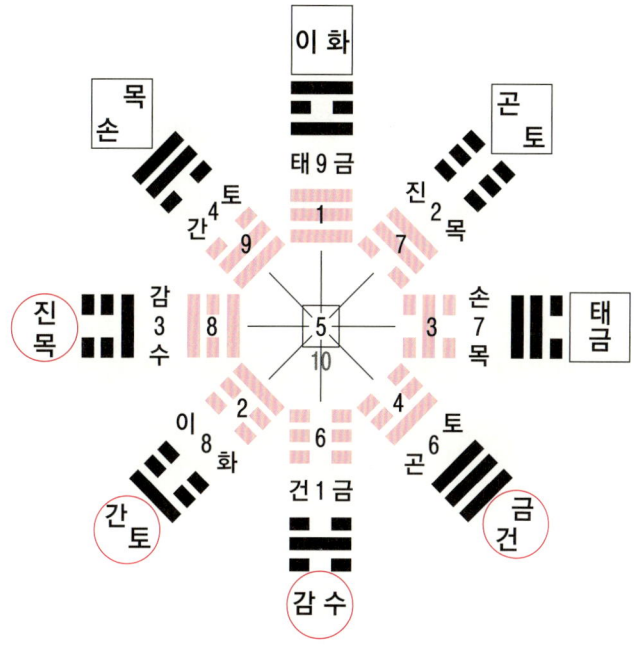

중천교역에 의한 팔괘의 선후변화

6장 대지(大知)

子ㅣ曰 舜은 其大知也與ㅣ신저 舜이 好問而好察邇言하샤되
자 왈 순 기대지야여   순 호문이호찰이언

隱惡而揚善하시며 執其兩端하샤 用其中於民하시니 其斯以
은악이양선   집기양단   용기중어민   기사이

爲舜乎ㅣ신저.
위순호

右는 第六章이라.
우   제육장

與: 어조사 여 邇: 가까울 이 隱: 숨길 은 惡: 악할 악 揚: 드날릴 양, 오를 양 兩: 두 양
端: 끝 단, 바를 단 斯: 이 사 乎: 어조사 호

공자께서 말씀하시길, "순임금은 참으로 크게 지혜로운 분이시다. 순임금이 묻기를 좋아하고 가까운 말을 살피기 좋아하시되(천박한 말까지도 살피기를 좋아하였으며), 악함을 숨기고 선함을 널리 알리시며 그(악함과 선함의) 양끝을 잡으시어 그(악함과 선함의) 중용지도(中庸之道)를 백성들에게 쓰셨으니, 그(참으로) 이것이 성군(聖君) 순임금이 되신 까닭이구나."고 하셨다.

우(右)는 제 6장이다.

역해(易解)

순임금은 지(知)의 과불급이 없어 도의 지행합일(知行合一)을 이룬 대표적인 성인이다. 순임금이 크게 지혜로우신 '대지(大知)'인 이유는 자기 지혜는 쓰지 않고 여러 사람의 의견을 모아 중(中)을 잡아 썼기 때문이다. 이는 모든 사람들을 동참(同參)시키는 대동(大同)의 사상과 정신이다. 이미 선후본말을 다 알고 있음에도 불구하고 묻고 또 살피셨다.

이언(邇言)은 천박(淺薄)한 말 측근(側近)들의 말이다. 신하와 저자거리의

백성들, 심지어 어린아이의 말까지도 '임금님 귀는 당나귀 귀' 하듯이 오히려 모든 소리를 귀담아 듣고 관찰하였으니 버린 선(善)이 없음을 가히 잘 알 수 있다.

'성인(聖人), 청정(聽政), 섭정(攝政)'이란 단어에 항상 열려있는 '귀 이(耳)'자가 들어있음을 보면, 그 의미가 확실하게 다가온다. 또한 천근(淺近)한 말 가운데 허물이나 악행은 살며시 숨겨서 말이 돌아 퍼지지 않게 하고, 선행은 소문이 파다(播多)하게 전파(傳播)되도록 은닉(隱匿)하지 않으셨다. 이렇게 선행을 파종(播種)하면 열매 맺듯이 '적선지가 필유여경(積善之家 必有餘慶)'에 이르게 된다. 이보다 더 큰 미풍양속(美風良俗)이 어디 있으며 백성들이 바른(正) 데로 나아가도록 고무흥기(攵)시키는 '성군(聖君)의 정치(政治)'가 어디 있겠는가?

호오(好惡)의 감정에 치우치지 않는 중(中)의 마음이 곧 정심수신(正心修身)이다. 호오를 조절할 수 있어야 선악(善惡) 또한 가릴 수 있는데 순임금과 같은 성인이라야 가능한 일이다.

大學(대학) 수신제가장에는 다음과 같은 대목이 있다.
"好而知其惡하며 惡而知其美者ㅣ 天下에 鮮矣니라."
　호 이 지 기 악　　　오 이 지 기 미 자　　천 하　　선 의

'사람을 좋아해도 그 속에 악함이 있음을 알며, 미워해도 그 속에 아름다움이 존재함을 아는 자가 천하에 드무니라.'는 구절이다. 중용의 덕이 아니면 이르기 힘든 경지이므로 이를 갖춘 이는 천하에 보기가 드물다.

광대하고 광명함이 이와 같으니, '아름다운 말과 착한 행실(嘉言善行)'로서 앞 다투어 순임금에게 보고(報告) 드리는 것을 누가 즐거워하지 않았겠는가?

양단(兩端)은 여러 사람의 의견이 같지 않아 양극에 달한 상황이다. 무릇 모든 사물에는 대소(大小) 후박(厚薄)과 같은 일이 있어서 논의하고 조율하는

과정에서 양쪽으로 나뉘는 극단의 상황에 처할 경우가 있다. 이러한 경우 양쪽의 의견을 귀담아 듣고 선한 가운데에 양끝을 잡아 잘 재서 중(中)을 취한 연후에 적용하면 그 택함이 자세하고 이행함이 지극한 것이다. 또한 순임금 같은 성인이라야 가능한 일이다. 그 택선(擇善)이 자세하고 행함이 지극하다.

권도(權度)는 저울질하고 자로 재듯이 세상을 저울질하는 척도(尺度)와 법도(法度)를 말한다. 나에게 있는 권도(權度)가 지극히 정밀(精密)하고 적절(適切)하여 차이(差異)나지 않으니 어느 누가 이에 동참(同參)하지 않겠는가? 이는 지(知)에 과불급(過不及)이 없어서 도가 행해지는 까닭이다.

대인(大人)과 지(知)

대인의 말씀(大人之言)은 사리에 어긋남이 없이 정확히 들어맞기에 지(知)가 된다. '화살 시(矢)'자를 파자하여 위와 아래를 나누면 人과 大가 되는데, 화살처럼 강직한 덕을 갖춘 사람이어야 대인(大人)이라 일컬을 수 있다.

이렇게 앎이란 '화살처럼 강직한 덕을 갖추고 있다, 화살을 쏘아 과녁 한복판을 정확히 꿰뚫어 맞히듯이 알아맞히다'는 '화살 시(矢)'의 의미를 강조하였다. 그러므로 지(知)는 시(矢)와 연계된 '잃을 실(失)'이란 글자와 비교해보면, 그 의미를 더욱 잘 알 수 있다. 실(失)은 수중(手中)에 든 물건을 '잃어버리다'는 뜻이다.

中庸(중용) 14장에 "군자는 마치 활을 쏘는 것과 같으니, 내 몸을 반듯이 하고 쏘아야 정곡(正鵠)을 맞힐 수가 있다. 몸이 흐트러지면 화살도 정곡을 빗나가버리니, 그렇게 되었을 때는 반드시 먼저 내 몸을 돌이켜 자세를 살펴보고 정곡을 벗어난 원인을 구해야 하는 것이다[1]."고 한 대목이 있다.

실(失)은 중(中)과 정(正)에서 벗어남이다. 정신을 집중하지 못하면 화살이 과녁의 중심(中心)인 정곡(正鵠)으로부터 엉뚱하게 벗어나는 실수(失手)를

---

1. 中庸(중용) 제14장: 子曰射 有似乎君子 失諸正鵠 反求諸其身.

범하기 마련이다.

중(中) 지(知) 혁(革)

공자는 "아는 것을 안다하고 모르는 것을 모른다함이 지(知)이다[2]."라고 말씀하였다. 정직하고 솔직함은 깨달음(앎)의 시초이다.

중용과 중화의 도는 지(知)를 밑바탕으로 한 행(行)으로 펼쳐진다. 알지 못하면 행하기 어렵고 행하지 못하면 설령 앎이 있을지라도 공허하다. 지행(知行)의 합일(合一)을 이루지 못하는 근본적인 까닭은 지우(智愚)와 현불초(賢不肖)의 과불급(過不及)이다.

중(中)은 과녁(口)을 겨냥한 화살이 한복판 중심을 꿰뚫는(丨) 것이므로, 사물의 근본핵심을 정확히 파악하고 이해하는 지(知)와 상통한다. 굳건하고 강직한 화살이 과녁의 중심 정곡(正鵠)을 관통하듯이 핵심을 분명하고 올곧게 말하는 것이 중(中)과 지(知)이다. 周易(주역)의 49번째 괘인 혁(革)이 이를 대표한다.

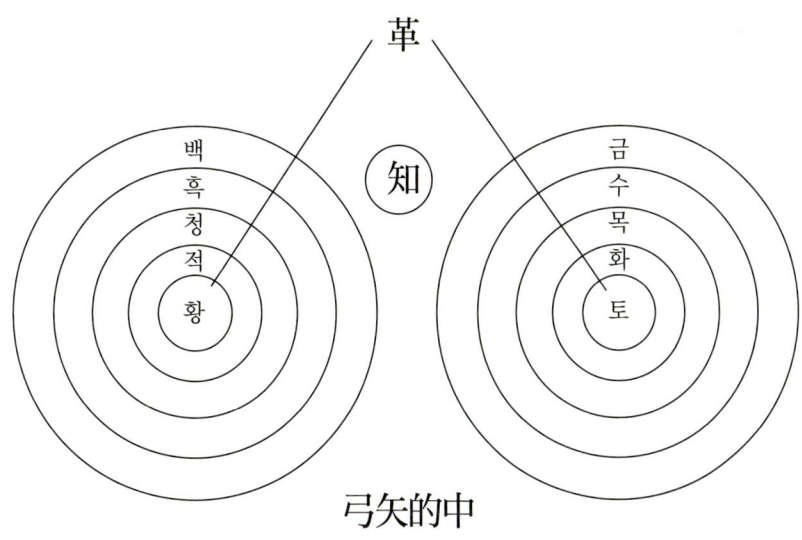

과녁의 적중(革과 知)

---

2. 論語(논어) 위정(爲政)편: 子曰 由 誨女知之乎 知之謂知之 不知謂不知 是知也.

7장 여지(予知)

子ㅣ曰 人皆曰予知로되 驅而納諸罟擭陷阱之中而莫之知辟
자 왈 인개왈여지   구이납저고확함정지중이막지지피

也하며 人皆曰予知로되 擇乎中庸而不能期月守也ㅣ니라.
야   인개왈여지   택호중용이불능기월수야

右는 第七章이라.
우   제 칠 장

予: 나 여 驅: 몰 구 納: 들일 납 罟: 그물 고 擭: 덫 화, 덫 확, 잡을 획 陷: 빠질 함 阱: 함정 정 辟: 피할 피(=避) 期: 주기 기, 기약할 기

　공자께서 말씀하시기를, "사람들은 모두 말하길 '나는 알고 있다'고 하되, 몰아서 그물과 덫과 함정 속에 들여놓으면 피할 줄을 알지 못하며, 사람들은 모두 말하길 '나는 알고 있다'고 하되, 중용을 택하여 능히 한 달도 지키지 못하느니라."고 하셨다.

　우(右)는 제 7장이다.

역해(易解)

　6장에서 순임금의 지행합일(知行合一)로 중용의 도가 행해졌음을 말씀한 다음 '지지과 부족행(知之過 不足行)'과 '능택불능수(能擇不能守)'로 중용의 도가 밝아지지 못했음을 밝히고 있다.

　그물이나 덫, 구덩이는 금수(禽獸)를 함정에 빠지게 하는 도구들이다. 구(驅)는 말(馬)을 일정한 구역(區域)으로 몰아 달리게 한다는 데서 '몰다, 달리다', 말발굽이 보이지 않을 정도로 '말을 채찍질하여 달리게 하다'는 뜻이다. 사람이 말위에 올라타 달리는 것은 돈이나 권력을 쥠과도 같다. 한번 올라타 달리게 되면 속도조절을 하기 어렵다. 자칫 잘못하면 함정에 빠지게 되고 그

다음 올가미가 되어 법망(法網)에 걸려들기 쉽다. 오히려 자기를 '벼랑(壁)'으로 몰고 갈 뿐이다.

이러한 허물과 재앙(禍)이 막상 닥쳐오면, '다 알고 있다'고 자만했던 사람도 화(禍)가 뭔지 머리로는 알고 있어도 피할 줄을 모르고 그대로 당할 수밖에 없다. 안다고 아는 체하지만 실제는 지혜와 동떨어진 지식인일 뿐이다.

택호중용(澤乎中庸)은 뭇 이치를 변별(辨別)하여 그 가운데 중용을 선택함을 이르니, 이른바 순임금의 "묻기를 좋아하고 중을 쓴다."는 일이다.

양쪽의 의견을 귀담아 듣고, 선한 가운데에 양끝을 잡아 잘 재서 중(中)을 취한 연후에 적용하면 그 택함이 자세하고 이행함이 지극하다. 기월(期月)은 한 달의 주기(周期)이다. 작심삼일(作心三日)이란 말이 있다. 택호중용(澤乎中庸)은 하였으되, 한 달도 채 지키지 못하니 안다고 말만 할 뿐 실제로 지(知)를 체득한 것이 아니라는 말씀이다.

☷☳ 8장 복응(服膺)

子ㅣ 曰 回之爲人也ㅣ 擇乎中庸하야 得一善則拳拳服膺而弗
자 왈 회지위인야 택호중용 득일선즉권권복응이불

失之矣니라.
실 지 의

右는 第八章이라.
우 제팔장

拳: 주먹 권 服: 옷 복, 둘 복 膺: 가슴 응 弗: 아닐 불 失: 잃을 실

    공자께서 말씀하시길, "안회(顔回)의 사람됨이 중용을 택해서 한 가지라도 선함을 얻으면, 정성스럽게 지켜(拳拳히) 가슴속에 품고(服膺) 그것을 잃지 않았다."고 하셨다.
    우(右)는 제 8장이다.

역해(易解)

    권권(拳拳)은 행여 놓칠세라 주먹을 꽉 쥐듯이 참된 마음으로 믿고 받아서 받들어 행한다는 '신수봉행(信受奉行)'과 같은 의미다. 복응(服膺)은 '가슴에 새기다, 심중에 두다'는 뜻으로 능히 지킨다는 '능수(能守)'이다.
    안자(顔子)는 진실로 '중용의 도(道)와 덕(德)'을 알고 있었으므로 능택(能擇) 능수(能守) 할 수 있었다. 이는 행하는 데 과불급(過不及)이 없어서 도가 밝아지게 된 이유(所以)이다.

복성공(復聖公) 안자(顔子)의 부활(復活)

    공자는 周易(주역)에서 구덕괘(九德卦)를 설명하면서 "복(復)은 덕의 근본이다(復 德之本也)."라 하고, 복괘 주효인 제 1효 효상(爻象)에 "머지않아 회

地雷復

복하는 것은 몸을 닦은 까닭이다(不遠之復은 以修身也라)."고 하였다.

　　복(復)은 기질과 욕심에 의해 가려진 본성의 밝음을 다시 '회복하다'는 뜻이며, 대학의 명명덕(明明德)과도 같다. 周易(주역) 계사전에 공자가 일찍 세상을 떠난 안자(顔子)가 부활하리라 말씀한 대목이 전한다.

　"안씨의 자식(顔回)이 그는 거의 부활하리라. 불선함이 있으면 일찍이 알았고, 그것을 알면 일찍이 다시 행하지 않았으니, 역에 이르길 '머지않아 회복하리니 뉘우침에 이르지 않는다.'고 한 것이다[1]."

　안자는 성냄을 옮기지 않는 '불천노(不遷怒)', 허물을 되풀이하지 않는 '불이과(不貳過)'라는 성인의 덕이 있었으므로 복성공(復聖公)으로 존숭한다. 공자의 심법(心法)이 제자인 안연(顔淵)에게 있었다고도 한다. 안자는 거친 밥을 먹고 표주박의 물을 마시는 '일단사일표음(一簞食一瓢飮)'의 가난한 생활 속에서도 결코 안빈낙도(安貧樂道)를 잊지 않았으며 학문을 사랑하였다. 論語(논어)에도 공자에게 제자 중에서 누가 학문을 좋아합니까? 물으니, "안회라는 이가 학문을 좋아하더니 단명하여 불행히도 세상을 떠났습니다. 지금은 없습니다."라고 대답한 구절이 있다[2].

---

1. 周易(주역) 계사하전: 子曰顔氏之子 其殆庶幾乎ᄂ뎌. 有不善이면 未嘗不知하며 知之면 未嘗復行也하나니 易曰不遠復이라 无祗悔니 元吉이라 하나라.
2. 論語(논어) 옹야(雍也)편: 弟子孰爲好學이니잇고 孔子對曰 有顔回者好學하더니 不幸短命死矣라 今也則亡하니라.

중용역해(中庸易解)　113

☷ 9장 불가능(不可能)

子ㅣ曰 天下國家도 可均也ㅣ며 爵祿도 可辭也ㅣ며 白刃도
자 왈 천하국가   가균야   작록   가사야   백인

可蹈也ㅣ로되 中庸은 不可能也ㅣ니라.
가도야   중용   불가능야

右는 第九章이라.
우   제구장

均: 고를 균 爵: 벼슬 작 祿: 녹봉 녹, 복 록 辭: 사양할 사 白: 흰 백 刃: 칼날 인 蹈: 밟을 도

공자께서 말씀하시길, "천하 국가도 고르게 다스릴 수 있으며, 벼슬과 녹봉도 사양할 수 있으며, 날이 선 칼날도 밟을 수 있으나, 중용은 능치 못하니라(잘 실행하지 못하느라)."고 하셨다.

우(右)는 제 9장이다.

역해(易解)

무슨 일이든 그 일에 대해 잘 아는 자가 주장한다고 해서 지(知)를 '주장할지'라고도 한다. 지(知)의 덕을 갖추면 천하국가를 평화롭게 다스리는 일이 가능(可能)하고, 인(仁)을 체득하면 누구나 원하는 좋은 관직과 녹봉을 남에게 사양하는 일이 가능해지며, 용감(勇敢)하고 용맹(勇猛)함이 있으면 날이 선 칼날도 과감하게 밟을 수가 있다. 이 세 가지 또한 누구나 가능한 것이 아니고 천하에 지극히 어려운 일이다.

본래 지인용(知仁勇) 세 가지의 덕을 갖춰야 중용지도에 합치하는데, 위의 경우는 어느 한쪽으로 치우친 경우들이다. 그 방면으로 자질(資質)이 뛰어나서 이에 힘써 노력하면 충분히 감당해낼 수 있는 재능(才能)과 능력(能力)을

갖게 된다. 즉 어려울 것 같지만 노력을 어떻게 하느냐에 따라 얼마든지 가능한 일이라는 의미다.

하지만 중용(中庸)의 진정한 경지는 쉽게 가능할 것 같지만 오히려 도달하기가 어렵다. 의리가 정밀하고 어짊이 무르익어 털끝만한 인욕(人慾)의 사사로움이 없어야만 가능하다. 앞의 3장에서 "民鮮能이 久矣니라"고 하였듯이, 백성 가운데 중용을 잘 실행하는 이가 드문 까닭(所以)이다.

周易(주역)에서 공자는 "한번은 음으로 나아가고 한번은 양으로 나아감을 도라고 이른다. 도를 잇는 것이 선함이고(繼善) 도를 이룬 것이 성품(成性)이다. 어진 이가 이 도를 살펴봄에 어질다 이르고 지혜로운 이가 이 도를 살펴봄에 지혜롭다 이른다. 백성은 매일 같이 도를 쓰고 있으면서도 정작 그 도를 알지 못한다. 그러므로 군자의 도가 보기 드물다고 하는 것이다."라고 말씀하였다.

지인용(智仁勇)과 3남괘

周易(주역)의 괘로는 '하늘의 건(乾☰)인 부친과 땅의 곤(坤☷)인 모친 사이에 태어난 진(震☳) 장남인 우레와 감(坎☵) 중남인 물, 간(艮☶) 소남인 산'이 지인용 삼달덕(三達德)에 연계된다. 지인용은 선한 덕성이다.

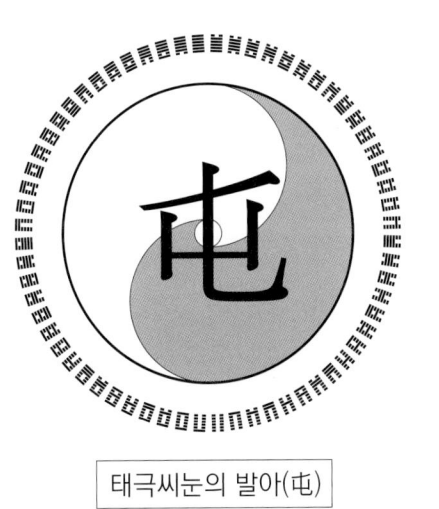
태극씨눈의 발아(屯)

태극씨앗의 결실(鼎)

태극의 표상 → 선천의 둔(屯)과 후천의 정(鼎)

사랑으로 포용하여 감싸는 인(仁)은 인자요산(仁者樂山)의 간(☶), 물이 흐르듯 막힘없이 통하는 지(知)는 지자요수(知者樂水)의 감(☵), 남보다 앞장서 나아가는 용(勇)은 힘차고 날아오르는 용(龍)으로 상징되는 진(☳)에 각기 상응한다. 둔(屯)은 모친 곤(坤)이 남자 삼형제 진감간(震坎艮)을 잉태함을 보여주는 괘인데, 땅이 순히 하늘을 이어 계선(繼善)함을 공자는 '내순승천(乃順承天)'으로 말씀하였다.

둔(屯)과 정(鼎)

태극의 음양지도에 있어서 선천적인 계선(繼善)과 후천적인 성성(成性)을 대표하는 괘는 만물의 시생(始生)을 상징하는 둔(屯, 3)과 그릇의 완성(完成)을 상징하는 정(鼎, 50)이다. 둔(屯)괘가 다 변하면 정(鼎)괘가 된다.

水雷屯

火風鼎

둔(屯)이 선천적인 모태의 시생이라면 정(鼎)은 후천적인 그릇의 완성이요, 물들지 않은 본연의 착하고 여린 천부심성이 둔(屯)이라면 성실히 힘써 온전히 열매를 맺은 성품이 정(鼎)이라 하겠다.

상경의 屯(3)과 하경의 鼎(50)은 태극음양의 도를 계선(繼善)과 성성(成性)의 선후 둘로 대별한 계사전의 문장과도 연계된다[1]. 천지부모에게 순양순음의 순전(純全)한 덕을 물려받음이 곧 둔(屯)의 계선(繼善)이라면 지극정성으로 본연성품의 광명(光明)한 덕을 이루어냄이 곧 정(鼎)의 성성(成性)이라 하겠다.

태극문양에 기초한 문자가 屯(弓乙出芽)과 鼎(木果革成)이다. 만물시생의 선천과 만물완성의 후천에 대한 태극적인 의미가 담겨있다고 하겠다.

공자는 "지자요수(知者樂水)요 '인자요산(仁者樂山)이라" 즉 지혜로운 이는 늘 막힘없이 흐르는 물을 좋아하고, 어진 이는 늘 제자리를 지키는 산을 좋아한다고 말씀하였다. 여기에 날래고 힘찬 용맹(勇猛)까지 겸비되면 중용(中

---

[1] 周易(주역) 계사상전: 一陰一陽之謂道 繼之者 善也 成之者 性也.

庸)에서의 이른바 세상에 통용되는 지인용(知仁勇)의 삼달덕(三達德)을 두루 갖추게 된다.

둔(屯)은 이러한 천부(天賦)의 착한 선천적 덕성이 그대로 갖추어져 있다. 둔(屯)에서 외괘인 중남(☵)은 지(知)에, 외호괘인 소남(☶)은 인(仁)에, 내괘인 장남(☳)은 용(勇)에 상응하기 때문이다. 내호괘인 곤(☷)은 지인용(知仁勇) 3덕(3남)을 낳아 품는 후덕한 모체이다.

대개 감리(坎離)는 지혜(☵)와 문명(☲), 간태(艮兌)는 어짊(☶)과 정의(☱), 진손(震巽)은 용감(☳)과 공손(☴)에 각기 대비된다.

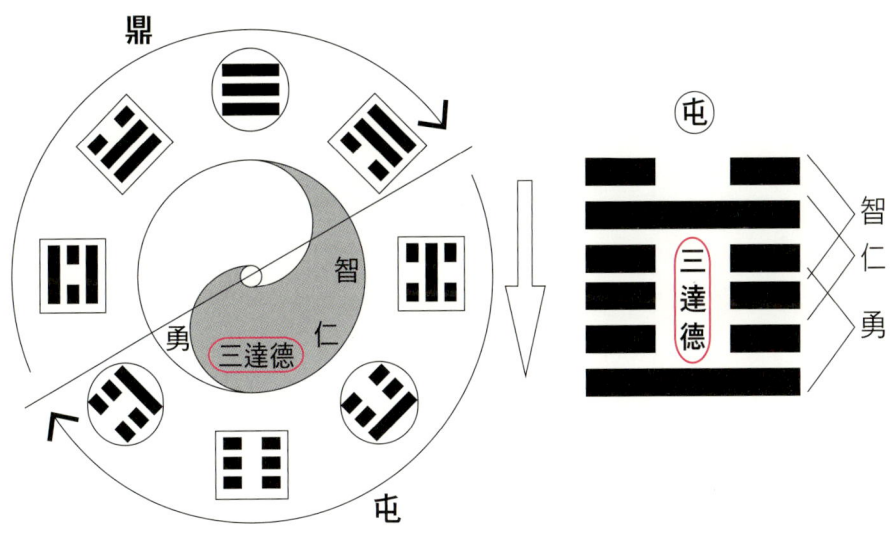

선천팔괘 방위도와 둔괘(屯卦)에서의 지인용(智仁勇)

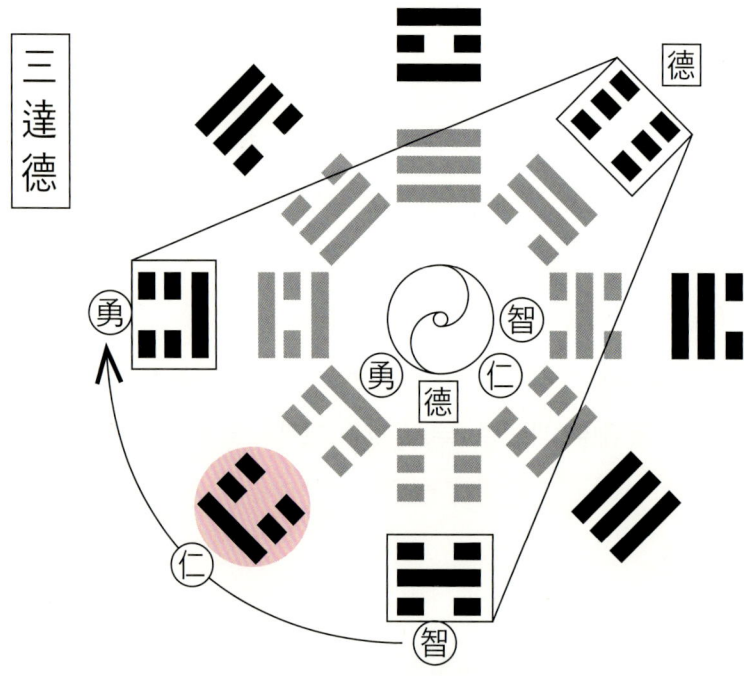

후천팔괘 방위도에서의 지인용(智仁勇) 삼달덕

☰ 10장 문강(問强)

子路ㅣ 問强혼대 子ㅣ曰 南方之强與아 北方之强與아 抑而
자 로   문 강   자 왈 남 방 지 강 여   북 방 지 강 여   억 이

强與아.
강 여

與: 어조사 여 抑: 어조사 억 而: 너 이

  자로가 강함에 대해 물었는데, 공자께서 말씀하시길, "남방의 강함인가? 북방의 강함인가? 아니면 너의 강함인가?

역해(易解)

  자로는 용맹(勇猛)과 의기(義氣)로 두려움이 없었으며 스승을 섬기는데 헌신적이었다. 스승인 공자가 안자(顏子)의 어짊을 자주 칭찬하였기에 용맹을 자부하는 자로가 은연중 자신의 강함에 대해 자랑삼아 여쭌 것이다[1].
  공자는 제자의 심중(心中)을 훤히 꿰뚫고서는 "남방의 강함인가? 북방의 강함인가? 아님 지금 너의 강함에 대해 물어보는가?"라고 되물으셨다. 평소 자로가 지(知)와 인(仁) 보다 지나치게 용맹함을 좋아하였으므로 중용에서 말하는 진정한 용(勇)의 미덕으로써 자로를 이끌고자 한 가르침이 뒤이어진다.

寬柔以教ㅣ오 不報無道는 南方之强也ㅣ니 君子ㅣ居之니라.
관 유 이 교   불 보 무 도   남 방 지 강 야   군 자   거 지

---

[1]. 강(强)의 본래 글자는 강(強)으로 '클 홍(弘)'과 '벌레 충(虫)'을 합친 글자인데, 겉이 딱딱한 딱정벌레처럼 '큰 벌레'를 나타낸다. '강하다, 굳세다'는 뜻 외에 '강제(强制)로 하다, 억지(抑止)로 시키다' 등 과(過)한 의미가 담겨있다. 반면 약(弱)은 두 개의 활(弓弓)을 겹쳐서 쓰면 활의 힘이 강화(强化)되듯이, 미약(微弱)하고 나약(懦弱)하면 거듭 익혀서(羽→習) 굳세게 해야 함을 의미한다.

寬: 너그러울 관 柔: 부드러울 유 報: 갚을 보

관용(寬容)과 유연(柔軟)함으로써 가르치고, 무도(無道)한 이를 보복하지 않는 것은 남방의 강함이니, 군자가 이에 해당한다.

역해(易解)

함(含)은 입에 머금듯 허물을 품어주고 기다려주는 인내심이다. 용(容)은 비어있는 용기(容器)속에 내용물(內容物)이 담기듯 '관용(寬容)과 포용(包容)으로 용서(容恕)한다'는 의미다. 따라서 함용손순(含容巽順)은 속을 비워 그대로 받아들이고 공손하고 유순하게 대한다는 뜻이다.

불급(不及)한 사람을 가르치려면 이러한 마음이어야 한다. 극악무도(極惡無道)란 말이 있듯이 무도(無道)는 도리에 완전히 어긋난 행위를 하는 사람을 가리킨다. '불보무도(不報無道)'는 길가는 사람을 갑자기 돌아서서 공격하거나 옆에서 치듯이 무도한 이와는 맞서서 상대하지 않고 그대로 수용하되 따로 보복하지 않는다는 의미다.

남방은 풍기(風氣) 자체가 유약(柔弱)하므로 '이유제강((以柔制强)'하듯이 포용과 인내로써 상대를 감화시켜 제어함을 군자의 강함으로 삼는 도이다.

袵金革하야 死而不厭은 北方之强也ㅣ니 而强者ㅣ 居之니라.
임 금 혁 　 사 이 불 염 　 북 방 지 강 야 　 이 강 자 　 거 지

袵: 옷깃 임, 깔 임 厭: 싫을 염

쇠붙이(창과 칼 등의 병장기)와 가죽(갑옷과 투구)을 깔고서 죽는다 하더라도 싫어하지 아니함은 북방의 강함이니, 강한 자가 이에 해당한다.

역해(易解)

창과 병기는 쇠(金)로, 갑옷투구는 가죽(革)으로 만든다. 북방(北方)은 바람이 차고 매우 춥기 때문에 그곳에 거주하는 사람은 풍기(風氣)가 강경(剛勁)하다. 용맹하기는 하나 남과 싸워 이기기를 좋아하므로 항상 싸울 태세가 되어있다.

공자는 6장에서 순임금의 '집기양단 용기중어민(執其兩端 用其中於民)'을 말씀하였다. 중용의 도와 덕을 언급하신 것인데, 이와 달리 남방의 강함은 불급(不及), 북방의 강함은 과(過)에 해당한다. 자로의 용맹은 북방의 강함에 가까우므로 중용지도에서 벗어난 '강한 자의 일(强者之事)'이라고 주자는 풀이하고 있다. 노자의 淸靜經(청정경)에서도 "으뜸가는 선비는 다툴 것이 없고 아래 선비는 다투기를 좋아한다(上士 无爭 下士 好爭)."고 하였다.

故로 君子는 和而不流하나니 强哉矯여 中立而不倚하나니
고   군자   화이불류   강재교   중립이불의

强哉矯여 國有道에 不變塞焉하나니 强哉矯여 國無道에
강재교   국유도   불변색언   강재교   국무도

至死不變하나니 强哉矯여.
지사불변   강재교

右는 第十章이라.
우   제십장

矯: 굳셀 교 塞: 막힐 색, 변방 새, 지킬 새

그러므로 군자는 화합하되 흐르지 않으니 강하다 굳셈이여! 중립하여 기울지 아니하니 강하다 굳셈이여! 나라에 도가 있을 적에 궁색했을 때의 지조를 변치 아니하니 강하다 굳셈이여! 나라에 도가 없을 적에 죽음에 이르더라도 지조를 변치 아니하니 강하다 굳셈이여!"라고 말씀하셨다.

우(右)는 제 10장이다.

역해(易解)

　기풍으로 살피면 더운 지역인 남방은 부드럽고 순하며 추운 지역인 북방은 거칠고 굳세다. 사람의 기질과 성격도 풍토와 깊은 관련을 맺는다. 무인(武人)은 오직 나라와 백성을 지키기 위해 전쟁(戰爭)의 승리를 목적으로 삼으며, 자연의 삭풍(朔風)이 부는 북방의 매서운 기상이 있기 마련이다. 혹독한 여건 속에서도 생사를 도외시하고 자신의 목숨을 초개처럼 여기며 적과의 싸움에서 용감하게 임하는 이가 진정한 무인이다. 반면 군자는 어진 덕으로 두루 포용하며, 자연의 따스한 온풍이 부는 남방의 기상이 있다. 주변 사람들과 화합(和合)을 하고 조화(調和)를 이루며 자신의 힘을 앞세우지 않고 무리를 감화시켜 교화한다.

화이부동(和而不同)과 동이이(同而異)

火澤睽　　周易(주역)의 규(睽, 38)괘는 위는 불(☲)이고 아래는 못(☱)인 서로 뜻이 어긋나는 형상이다. 공자는 이를 본받아 같이 화합하면서도 자신의 책무와 역할을 달리 하는 군자의 '동이이(同而異)'를 말씀하였다.

　물이 수로를 따라 일정하게 흐르는 것이 '내 천(川)'이고 물이 차서 넘실대며 계속 흐르는 것이 '흐를 류(流)'이다. '화이불류 강재교(和而不流 强哉矯)'는 군자가 부드럽게 화합을 이루되 바른 길이 아니면 결코 따라가지 않으니 참으로 강하다는 뜻이다. '이유제강(以柔制强)'과도 통한다.

　중립(中立)은 좌우 어디로든 치우치지 않고 중심을 잡고 똑바로 선다는 뜻이다. '중립이불의 강재교(中立而不倚 强哉矯)'는 중심이 똑바로 선 팽이가 힘차게 돌아가는 강함을 이른다. 모두 화(和)와 중(中)의 실제 강함을 지적한 말씀이다. 중(中)은 내적인 본체가 되고 화(和)는 외적인 작용이 되어 일체를 이룬다.

불변색언(不變塞焉)의 색(塞)[2]은 궁색(窮塞)하고 옹색(壅塞)하며 비색(否塞)하다는 단어에서 보듯이 '막힘'과 요새(要塞)를 지키듯 '지킴'을 뜻한다. 여기서는 큰 어려움에 봉착했을 때 평소 지켰던 지조를 변치 않음을 말한다. '국유도 불변색언 강재교(國有道 不變塞焉 强哉矯)'는 나라에 도가 있는 태평성대라 하더라도 군자는 도가 비색(否塞)했을 때 지켰던 전날의 지조와 신념을 변치 않으므로 강하고 굳세다는 뜻이다. '국무도 지사불변 강재교(國無道 至死不變 强哉矯)'는 무도(無道)한 세상을 만났을 경우라도 군자는 세상에 아부하지 않고 평생 지켰던 소신과 의지를 죽음에 이르더라도 결코 변치 않으므로 강하고 굳세다는 뜻이다. 어느 때이든 중을 지키는 군자의 '시중(時中)'에 대한 가르침이다.

자로에게 고지(告知)한 공자의 말씀은 기혈(氣血)이 강하여 남을 이기려고만 하는 마음을 억제시키고, 덕(德)과 의리(義理)의 용맹으로 나아가도록 일깨워 주시고자 함이다. 기혈의 강함은 소용(小勇)이고 덕과 의리의 용맹은 대용(大勇)이다. 맹자는 "무릇 뜻은 기를 다스리는 장수요, 기는 뜻 다음이다(夫志 氣之帥 氣 志之次也)."고 말씀하였다.

---

2. 색(塞)은 한(寒)에서 '얼음 빙(冫)' 대신에 토(土)를 넣은 형태다. 추위를 막기 위해 흙으로 담을 쌓아 '막다', 북방의 수기(水氣)가 침범함을 '막다'는 뜻이다. 또 국경을 지키고자 성벽을 쌓아 막는 뜻에서 '변방, 요새(要塞)'를 가리킨다.

11장 색은(索隱)

子ㅣ曰 素(索)隱行怪를 後世에 有述焉하나니 吾弗爲之矣로라.
자 왈 (색)은행괴 후세 유술언 오불위지의

素: 흴 소 索: 찾을 색 隱: 숨길 은 怪: 기이할 괴 述: 지을 술 弗: 아닐 불

공자께서 말씀하시길, "은벽한 것을 찾아내어 괴이함을 행하는 것을 후세에 칭술하는 자가 있나니, 나는 그렇게 하지 아니하노라.

역해(易解)

색은행괴(索隱行怪)는 남들이 모르는 은벽(隱僻)한 숨은 이치를 깊이 찾아내어 괴벽(怪癖)과 괴력(怪力)을 숭상하고 평상에 벗어난 괴이(怪異)한 일을 행함을 말한다[1]. 이는 도(道)를 도용(盜用)하여 혹세무민(惑世誣民)하는 짓이다.

'도를 통했다'고 후세에 혹 칭송(稱頌)하고 그것을 전술(傳述)하거나 기술(記述)하는 자가 있으니, '지지과(知之過) 행지과(行之過)'하여 선(善)도 가리지 못하고 중용지도(中庸之道)에도 어긋나는 행위다. 마땅히 강하지 않아도 되는데 그 일에 강한 자이다. 성인이 어찌 색은행괴를 행하시겠는가.

君子ㅣ遵道而行하다가 半途而廢하나니 吾弗能已矣로라.
군자 준도이행 반도이폐 오불능이의

---

1. 색(索)은 집안에서 열(十) 손가락 즉 양 손으로 새끼를 꼬고 있는 모양에서 '꼬다, 새끼 꼬다', 덩굴손이 다른 식물을 감아 뻗을 곳을 찾는 모양이 꼰 동아줄 같다 하여 '동아줄 삭, 찾을 색, 구할 소'의 뜻으로 쓰인다. 관련단어로는 색출(索出), 색인(索引), 검색(檢索), 삭막(索莫), 사색(思索) 등이 있다.

遵: 좇을 준 半: 반 반 途: 길 도 吾: 나 오 廢: 폐할 폐 已: 그칠 이

군자가 도를 좇아 실행하다가 중도에 그만두나니 나는 능히 그만두지 아니하노라(그만둘 수가 없다).

역해(易解)

앞 구절은 지행(知行)이 모두 과(過)한 자이다. 이 구절은 행(行)이 미치지 못해 마땅히 강해야 하는데 강하지 못한 자이다. 지(知)는 중용지도에 이르러 선을 잘 선택할 수 있으나(遵道而行), 이행하기에는 역부족(力不足)이라 여기어 중도(中途)에 포기(拋棄)한 경우이다(半途而廢).

성인 공자는 천인합일(天人合一)의 지극한 경지에 달한 대인임에도 감히 그만두지 않고 오로지 지성무식(至誠無息)의 정성을 다할 뿐임을 말씀하였다. 건괘(乾卦)에도 공자가 "하늘의 운행이 굳세므로 군자는 이를 본받아 스스로 굳세게 하여 쉬지 않는다."는 '자강불식(自彊不息)'을 강조하였다.[2]

君子는 依乎中庸하야 遯世不見知而不悔하나니 唯聖者ㅣ아
군 자   의 호 중 용   돈 세 불 견 지 이 불 회   유 성 자
能之니라.
능 지

右는 第十一章이라.
우   제 십 일 장

依: 의지할 의 遯: 도망할 둔(돈) 悔: 뉘우칠 회

군자는 중용에 의지해서 세상을 은둔하여 숨어 지내므로 (자신을) 알아주지 않더라도 후회하지 않으니, 오직 성자라야만 이에(그렇게 하는 것이) 가능하니라."고

2. 周易(주역) 乾(건)괘: 象曰 天行이 健하니 君子 以하야 自彊不息하나니라.

하셨다.

우(右)는 제 11장이다.

역해(易解)

군자는 중용지도를 행하기에 '색은행괴(索隱行怪)'는 하지 않고 소인이 득세한 세상에서는 속세를 벗어나 초야에 은둔해서 학문과 덕을 갈고 닦기에 '반도이폐(半途而廢)'하지 않는다.

군자의 은둔(隱遯)

周易(주역)의 돈(遯)괘는 위는 하늘(☰)이고 아래는 산(☶)인 형상이다. 소인인 음(--)이 득세하여 안에서 권세를 쥐고 있으므로, 군자인 양(—)이 때를 잘 보아 물러나야 할 때 물러나야한다.

그러나 욕심에 매어있으면 그 혼란한 세상의 지위(地位)를 떠나지 못하고 그 지위를 버리면 떠날 수 있다. 산속에 들어가 천리(天理)를 구하며 소인의 세상을 피해 숨음을 말함이니, '피할 돈(遯), 물러날 돈(遯)'이다.

건(乾)괘 초구(初九)에서는 "잠긴 용이니 쓰지 말라"는 '잠룡물용(潛龍勿用)'을 말씀하였다. 물속에 깊이 잠겨 때를 기다리라는 뜻인데, 군자가 세상에 나와 뜻을 펴기 위해서는 은둔해서 학문과 덕을 갈고 닦는 수행시기가 반드시 필요하다는 얘기이다. 이는 중도에 포기하는 것이 아니다.

공자는 이에 대해 "세상을 바꾸려하지 아니하며 명성(名聲)을 날리려 아니하여, 세상을 은둔하여도 민망함이 없고 옳음을 알아주지 않아도 민망함이 없다. 즐거우면 행하고 근심되면 등져서, 확고부동(確固不動)하여 (그 뿌리를) 뽑아낼 수 없으므로 잠용(潛龍)이라 한다."고 풀이하였다[3].

---

3. 周易(주역) 건(乾)괘 문언전(文言傳): 初九曰 潛龍勿用은 何謂也오. 子曰 龍德而隱者也니 不易乎世하며 不成乎名하야 遯世无悶하며 不見是而无悶하야 樂則行之하고 憂則違之하야 確乎其不可拔이 潛龍也라.

지(知)가 극진하고 인(仁)이 지극해서 용맹(勇猛)에 힘을 입지 않아도 스스로 자강불식(自彊不息)하는 이가 중용의 세 가지 달덕(達德)인 지인용(知仁勇)을 이룬 성인이다. 이는 바로 공자 자신의 일인데도 오히려 성인을 자처(自處)하지 않고 "오직 성인이어야(唯聖者)"라고 빗대서 말씀하였다. 참으로 '겸겸군자(謙謙君子)'인 공자의 진면목을 엿볼 수 있다.

중용의 도(道)에 들어가는 문(門)은 지인용(知仁勇) 세 가지 달덕(達德)이다. 세 가지 가운데 하나라도 체득하지 못하면, 도(道)에 나아가 덕(德)을 이루지 못한다. 지(知)가 없으면 선악을 가리지 못하고, 인(仁)을 체득하지 못하면 실천궁행하지 못하며, 용맹이 없으면 끝까지 일을 완수할 수 없다. 그러므로 대순(大舜)의 지(知), 안연(顔淵)의 인(仁), 자로(子路)의 용(勇)을 예시하여 순차적으로 밝히셨다.

12장 비이은(費而隱)

君子之道는 費而隱이니라.
군자지도   비이은

費: 쓸 비 而: 말 이을 이 隱: 숨을 은

군자의 도는 (두루두루) 쓰이되 (체는) 은미하니라.

역해(易解)

군자지도의 체용(體用)에 대한 말씀이다. 체용은 내외·선후·본말·시종·음양 관계이다. 비(費)는 '소비(所費), 비용(費用)' 하듯이, '쓰다'는 '쓸 용(用)'과 통한다. 군자지도는 무궁하고 지극한 태극의 도와 같다. 그 쓰임의 큼을 들어 말하자면 더 이상 밖이 없어(其大無外) 두루 두루 쓰이지 않는 곳이 없다. 반면에 그 체의 작음을 말하면 미미하여 더 이상 안이 없는(其小無內) 경계에까지 이른다.

광활한 우주세계로부터 극미한 입자세계에까지 두루 미치지만 본래의 이유(所以然)는 은미하여 드러나지 않는다. 이와 같이 군자는 도의 체용을 함께하여, 광대하고 정미한 중용의 도를 행한다.

태극의 음양지도는 순식간(瞬息間)이라도 행하지 않음이 없다. 일점의 무극한 진리는 하루의 조석주야, 한 달의 소식영허, 한 해의 춘하추동뿐만 아니라 나아가 1원(元) 즉 129,600년 주기의 순환으로 끝없이 진행된다.

비이은(費而隱)과 칭이은(稱而隱)

"진경백리(震驚百里)에 풍급천리(風及千里)라." 천둥치는 우레는 사방 백리를 경동(驚動)시키지만 부드러운 바람은 능히 천리(千里)에까지 이른다.

주역의 중풍손(重風巽, 57)은 강한 양들 아래에 약한 음이 엎드린 형상으로, 속으로 파고들며 눈으로 볼 수 없는 바람을 표상하는 괘이다. 쓰임은 겉으로 드러나지만 중심본체인 속은 감춰져 보이지 않듯이 물건의 무게를 저울질할 때 저울대 한복판은 정지된 상태로 움직이지 않는다. → 체불용(體不用)

공자는 손괘(巽卦)에 대해 은복(隱伏)된 바람처럼 숨겨진 저울의 중심법도를 '칭이은(稱而隱)'이라고 하였다. 또 공손한 바람의 덕으로써 경중을 저울질하는 권도(權道)를 행할 수 있다는 '손이행권(巽以行權)'을 강조하였다.

손괘(巽卦)의 중정을 얻은 인군 九五효사에 "庚보다 앞선 사흘 전에서 庚보다 뒤처진 사흘 후까지(先庚三日 後庚三日)"라고 하였다. 경(庚)을 중심에 두면 선삼(先三)은 정(丁)이고 후삼(後三)은 계(癸)이다. 제사 등의 중대한 일을 행함에 있어서 丁일로부터 癸일에 이르는 이레 동안에 정녕(丁寧)한 뜻을 일으키고 법도를 살펴 끝맺는 방법에 대한 설명인데, 선후를 잘 관찰하여 시종(始終)을 조리(條理)함으로써 완전하게 고쳐 바꿈(庚)을 이른다.

→ 〈고대동양의 윤법(閏法)을 찾아서〉의 손입(巽入)과 건책(乾策)

夫婦之愚로도 可以與知焉이로되 及其至也하야는 雖聖人이라도
부부지우   가이여지언   급기지야   수성인
亦有所不知焉하며 夫婦之不肖로도 可以能行焉이로되 及其至
역유소부지언   부부지불초   가이능행언   급기지
也하야는 雖聖人이라도 亦有所不能焉하며 天地之大也에도 人
야   수성인   역유소불능언   천지지대야   인
猶有所憾이니 故로 君子ㅣ語大ㄴ댄 天下ㅣ莫能載焉이오 語小
유유소감   고 군자 어대   천하 막능재언   어소
ㄴ댄 天下ㅣ莫能破焉이니라.
    천하 막능파언

愚: 어리석을 우 焉: 어찌 언 與: 참여할 여 肖: 닮을 초 猶: 오히려 유 憾: 한할 감
語: 말씀 어 載: 실을 재 破: 깨뜨릴 파

부부의 어리석음으로도 가히 더불어 알 수 있으되 그 지극함에 이르러서는 비록 성인이라도 또한 알지 못하는 바가 있으며, 부부의 불초함으로도 가히 능히 행할 수 있으되 그 지극함에 이르러서는 비록 성인이라도 또한 능치 못하는 바가 있으며, 천지의 (덕이) 지대(至大)해도 사람들은 오히려 한(恨)하는 바가 있다. 그러므로 군자는 큼을 말한다면 천하가 능히 실을 수 없고 작음을 말한다면 천하가 능히 파괴(破壞)할 수 없느니라.

역해(易解)

문장 가운데 지행(知行)과 지능(知能)에 대해 언급하고 있다.

아무리 어리석은 부부라 하더라도 가히 나름대로 아는(可知) 부분이 있다. 서로 짝을 이루면 사랑하여 자식을 잉태하고 출산하여 잘 양육할 줄 안다. 아무리 불초한 부부라 하더라도 가능(可能)한 부분이 있다. 자기 자식만큼은 잘 보호하고 참되게 기르고자 한다. 그러나 성인군자나 만물을 생성하고 화육하는 천지부모라 하더라도 잘하지 못하는 부분이 있다.

군자의 도는 가까이는 부부, 멀리는 성인과 천지가 잘하지 못하는 바에 이르기까지 그 쓰임의 큼을 얘기하면 무궁 무한하여 밖이 없고, 작음을 얘기하면 안이 없으니 가히 '두루 쓰다'는 비(費)라고 말할 수 있다. 그러나 이치가 내포하고 있는 소이연(所以然, 까닭)은 저절로 그러한 '대자연(大自然)' 자체이므로 은미하기만 하다. 밖으로 드러나거나 밝게 보이지 않아서 마치 뿌리가 땅속깊이 잠장(潛藏)되어 있다. 그 근본(根本) 이치는 성인군자도 다 알지 못하고 잘 실행하지 못하는 부분이다.

아무리 어리석고 불초한 부부라도 가지(可知) 가능(可能)한 것은 도(道) 가운데 한 가지 일일 뿐이고, 그 지극한 소이연(所以然)은 성인도 부지(不知) 불능(不能)한 바가 있다는 것은 전체를 들어 말함이다. 성인도 진실로 가능하지 못한 바가 있는 것이다.

성인의 불능(不能)은 공자가 지위를 얻지 못하고 요순이 덕을 널리 베풂에 부족하게 여기신 예를 들 수 있다. 論語(논어)의 글에 자공이 공자에게 묻길 "만일 백성에게 널리 베풀어 능히 중생을 구제한다면 어떻습니까? 가히 인(仁)이라 말할 수 있습니까?" 공자께서 말씀하시길 "어찌 인(仁)으로만 얘기하겠는가? 반드시 성인(聖人)일 것이다. 요순도 오히려 (덕 베풂을) 부족하게 여기셨다."라고 하였다[1].

"사람들이 오히려 천지에 한하는 바가 있다(人猶有所憾)"는 말은 천지가 만물을 생성하고 화육하는 부모로서 덮어주고 실어주는 지대(至大)한 덕이 있음에도 사람들은 부귀빈천의 편벽이 있고 춥고 더운 지역이 있는가 하면 비옥하고 척박한 땅이 있어 천지자연을 원망하고 한탄하는 바가 있다는 의미다.

詩云 鳶飛戾天이어늘 魚躍于淵이라 하니 言其上下察也ㅣ니라.
시 운 연비려천 어약우연 언기상하찰야

鳶: 솔개 연 戾: 어그러질 려 躍: 뛸 약 淵: 못 연 察: 살필 찰

詩經(시경)에 이르길, "솔개는 날아서 하늘에 이르거늘 고기는 못에서 뛰어 오른다."고 하니, 그 (時行은) 위와 아래에 드러남을 말함이니라.

역해(易解)

千字文(천자문)에 "해함하담(海鹹河淡)하고 인잠우상(鱗潛羽翔)이라."는 구절이 나온다. 해함하담(海鹹河淡)은 물이 윤하(潤下)의 본성대로 바다를 향해 흘러가는데, 하천의 물은 맛이 싱겁지만 흐를수록 강과 하천의 온갖 부정한 오물을 다 받아들여 바다에 이르러서는 짜게 된다는 뜻이다. 물은 흐를수록 짜게 되고 불은 탈수록 써지므로, 오행 상 그 맛에 있어서 불은 쓰고 물

---

1. 論語(논어) 헌문(憲問)편: 子曰 不在其位 不謀其政. 옹야(雍也)편: 子貢曰 如有博施於民而能濟衆 何如 可謂仁乎 子曰何事於仁 必也聖乎 堯舜 其猶病諸.

은 짠 것으로 본다. 하해(河海)의 물맛을 설명한 다음에 물속의 물고기(下)와 창공의 새(上)를 비교하였다. 어류는 비늘이 달려 있어 물속에 잠겨 헤엄치며 노는 반면, 조류는 깃이 달려 있어 하늘로 날아오르며 비상(飛翔)한다.

주자는 찰(察)을 '드러날 저(著)'로 풀이하였는데, '살피다, 드러나다'는 두 가지 의미가 다 들어있다. 따라서 솔개는 날아 위 하늘로 훨훨 날아오르거늘 물고기는 아래의 못에서 펄펄 뛰논다하니, 위아래를 살피면 그 이치가 드러남을 알 수 있다"고 풀이하여야 좀 더 부드럽다.

천지음양의 두 기운이 서로 사귀고 합하여 만물을 구성하는 다섯 가지 근본 원소인 오행이 생성되고, 이 오행인 '수, 화, 목, 금, 토'가 끊임없이 움직여 만물에 유행하는 작용을 한다.

물은 습한 땅으로 흐르는 수류습(水流濕), 불은 마른 하늘로 타오르는 화취조(火就燥)의 작용을 한다. 비늘이 달린 어류는 윤하(潤下)하는 물(水)의 속성이 있어 물속에 잠겨 헤엄치지만, 깃이 달린 조류는 염상(炎上)하는 화(火)의 속성이 있어 하늘로 날아 비상(飛翔)한다. 위(上)와 아래(下)에 있는 어류와 조류를 살펴보면, 천지음양의 조화가 만물에 유행되고 있음이 밝게 드러난다.

관아생(觀我生) 관기생(觀其生)

주관적으로 보는 세계와 객관적으로 보이는 세계에 대하여 周易(주역)에서는 나의 생김새를 살펴보는 '관아생(觀我生)'과 그 생김새를 살펴보는 '관기생(觀其生)'으로 표현한다. 물아일여(物我一如)의 큰 경지가 '대관(大觀)'이다.

16주(周)의 상수 960일을 기준으로 기영(+)은 14일이 생성되고, 삭허(-)는 16일에서 삭망윤일로 하루가 제외된 15일이 발생한다. 32평달을 주기로 가산되는 삭망윤일의 생성 및 기삭에 의한 윤달생성 속에는 신비로운 자연수리가 깊이 감춰져 있다. 앞 문장의 '비이은(費而隱)'과도 서로 통한다.

일월운행을 살피면, '연비여천(鳶飛戾天)'은 중정한 주천상수를 넘어선 과도한 '일행(日行)의 기영(氣盈)'에 상응한다. '월행(月行)의 삭허(朔虛)'는 깊은 연못과도 같다. '어약우연(魚躍于淵)'은 삭허의 진공(眞空) 속에서 출현하는 하루의 삭망윤일이 연못에서 한 번씩 뛰어오르는 물고기에 비견된다.

'어약우연(魚躍于淵)'은 周易(주역) 건괘(乾卦) 4번째 효에 나오는 '혹약재연(或躍在淵)'과도 통한다. 혹약(或躍)의 '행여 혹(或)'과 여천(戾天)의 '거스릴 려(戾)'라는 글자 속에도 이러한 뜻이 담긴 듯 생각된다.

君子之道는 造端乎夫婦 l 니 及其至也하야는 察乎天地니라.
군자지도 조단호부부   급기지야   찰호천지

右는 第十二章이라.
우   제십이장

造: 시작할 조 端: 실마리 단

군자의 도는 부부에서 실마리를 짓나니, 그 지극한 데 미쳐서는 천지에 드러난다.
우(右)는 제 12장이다.

역해(易解)

周易(주역) 서괘전(序卦傳)에 "하늘과 땅이 있은 뒤에 만물이 나오며, 만물이 있은 뒤에 사람이 있으며, 사람에게는 남자와 여자가 있다. 남녀가 있은 다음 남녀가 서로 혼인을 하여 부부가 되고, 부부가 된 뒤에 자식이 생겨나 부자관계가 이루어진다[2]."는 공자말씀이 있다.

군자의 도는 천지사이의 중간적인 존재인 한 남녀가 사랑하여 부부가 되는 데서 그 실마리를 삼는다. 그 지극한 이치에 이르러서 천지상하에 모두 드러

---

[2] 周易(주역) 서괘전(序卦傳): 有天地然後 有萬物 有萬物然後 有男女 有男女然後 有夫婦 有夫婦然後 有父子 有父子然後 有君臣 有君臣然後 有上下 有上下然後 禮義有所錯.

난다.

중부(中孚)의 신급돈어(信及豚魚)

風澤中孚

周易(주역)의 중부(中孚)는 연못 위에 바람이 불어 못물이 바람 따라 출렁거리는 서로 감응이 잘되는 형상으로, '중심(中)에서 솟아나는 참 믿음(孚)'을 뜻하는 괘이다.

속을 깨끗이 비운 채 안으로는 늘 기쁜 마음을 가지고 밖으로 모든 사람들에게 공손히 대하면 이것이 '중부(中孚)의 행동'이다. 이로써 가까운 주위뿐만 아니라 온 나라까지도 다 변화(變化)하게 된다. 한 나라를 다스리는 인군(人君)이 이러한 '중부(中孚)의 정치'를 하면 그 믿음이 백성은 물론 돼지와 물고기와 같은 미물에까지도 미치게(及) 된다[3].

중부의 정치를 행하려면 어미와 새끼 학이 서로 마음에서 우러나 끼룩끼룩 화답하듯이 해야 한다. 공자는 "군자가 집에 거처하면서 밖으로 내는 말이 선(善)하면 천리 밖에서도 응하게 되니 하물며 그 가까운데서야! 집에 거처하면서 밖으로 내는 말이 불선(不善)하면 천리 밖에서도 일이 어긋나게 되니 하물며 그 가까운데서야! 말(言)이 내 자신에서 나왔건만 백성에게 그대로 더해지고, 행실이 가까운데서 발했건만 멀리까지 영향을 끼치니, 언행(言行)이야말로 군자의 중추(中樞)적인 기틀이 된다. 언행이 영화와 욕됨의 주인공이다. 군자의 언행이 천지를 움직이는 바이니, 진실로 삼가지 아니할 수 있겠는가[4]?"라고 말씀하였다.

---

3. 周易(주역) 중부(中孚)괘: 中孚 豚魚 吉 利涉大川 利貞 象曰 中孚 柔在內而剛得中 說而巽 孚1乃化邦也 豚魚吉 信及豚魚也 利涉大川 乘木 舟虛也 中孚 以利貞 乃應乎天也.

4. 周易(주역) 계사전(繫辭傳): 鳴鶴 在陰 其子 和之 我有好爵 吾與爾靡之 子曰 君子 居其室 出其言 善 則千里之外 應之 況其邇者乎 居其室 出其言 不善 則千里之外 違之 況其邇者乎 言出乎身 加乎民 行發乎邇 見乎遠 言行 君子之樞機 樞機之發 榮辱之主也 言行 君子之所以動天地也 可不愼乎.

13장 도불원인(道不遠人)

子ㅣ曰 道不遠人하니 人之爲道而遠人이면 不可以爲道ㅣ니라.
자 왈 도불원인   인지위도이원인   불가이위도

공자 말씀하시길, "도가 사람에게서 멀지 않으니, 사람들이 도를 행하면서 사람을 멀리하면, 가히 도를 행함이 아니니라."

역해(易解)

論語(논어) 衛靈公(위령공)편에 "사람이 도를 키울 수 있지만(人能弘道), 도가 사람을 키울 수 없다(非道弘人)."는 대목과 같이 인사(人事)의 도를 강조한 내용이다.

만물 뿐 아니라 사람도 이 자연의 길을 따라 제각기 살아간다. 삼라만상 중에 길을 벗어나서 가는 것은 아무것도 없다. 성품 그대로 진솔하게 나아감이 곧 솔성(率性)이다. 진실로 여러 사람들이 능지능행(能知能行, 잘 알 수 있고 잘 실행할 수 있는 것)할 수 있는 평범한 진리 속에 길이 있으므로 결코 고원난행(高遠難行)하게 여길 일이 아니다. 사람에게서 가까운 일상생활의 도일 뿐인데 만약 도를 닦는다는 자가 그 비근(卑近)함을 싫어해서 도를 닦는 일에 열심히 힘쓰지 않는다면 이는 도를 닦는 바가 아니다.

詩云 伐柯伐柯ㅣ여 其則不遠이라 하니 執柯以伐柯호되 睨而
시 운 벌가벌가   기 칙 불 원   집 가 이 벌 가   예 이

視之하고 猶以爲遠하나니 故로 君子는 以人治人하다가 改而止
시 지   유 이 위 원   고 군 자   이 인 치 인   개 이 지

니라.

伐: 칠 벌 柯: 도끼자루 가 則: 법 칙 伐: 칠 벌 執: 잡을 집 睨: 흘겨볼 예 猶: 오히려 유

詩經(시경)에 이르길 '도끼자루를 베고 도끼자루를 벰이여! 그 법이 멀지 않다.'고 하니, 도끼자루를 잡고 도끼자루를 베면서 흘겨서 바라보고 오히려 (법이) 멀리 있다고 여기니, 그러므로 군자는 사람의 도로써 사람을 다스리다가 고치거든 그치니라.

역해(易解)

도끼자루를 만들려면 먼저 자기 손에 들고 있는 도끼자루의 길이와 두께를 잰 다음, 자신이 든 도끼자루와 같은 적당한 나뭇가지를 베야 한다. 도끼자루를 만드는 '법칙(法則, 방법)'이 내가 지닌 이 도끼자루에 있다는 뜻이다.

하지만 대다수 사람들은 자신에게 방법이 있음을 잊고 저 멀리 있는 것으로 착각한다. 도를 닦음이 비근(卑近)한 쉬운 일인데도 오히려 '고원난행지사(高遠難行之事)'라고 여긴다.

'이인치인(以人治人)'은 사람의 도로써 사람을 다스린다는 뜻이다. 인도는 삼강오륜(三綱五倫) 등 누구나 공통으로 행하는 인륜(人倫)의 법도(法道)이다. 자기 자신의 몸과 마음(心身)이 법(法)과 법당(法堂)이다. 그러므로 군자는 사람을 다스릴 때에 반드시 누구나 인정하고 공감할 수 있는 사람의 도리로써 다스리다가 그 사람이 잘못을 고쳐 바꾸면 곧바로 그친다. '능지능행(能知能行)'으로써 다스릴 일이지 멀리서 찾아 구할 일이 아니다.

'고칠 개(改)'는 잘못된 바를 바르게 고치려면 우선 자기(自己) 자신부터 그릇된 마음과 잘못된 행동을 고쳐야 한다는 뜻이다. 스스로(己)의 허물부터 채찍질(攵=攴)하여 부단히 반성하고 또 성찰하여 고쳐나간다는 의미이다. 고치고 바꾸는 개혁(改革)은 수기치인(修己治人)이 기본바탕이다. 먼저(先) 내 자신부터 닦아 고친(改) 다음에야 믿음을 얻어 남들을 혁신할 수 있다. 선후본말(先後本末)이 바로 서지 않으면 개혁(改革)이 불가능하다.

'고칠 개(改)'는 내적인 면이고 '바꿀 혁(革)'은 외적인 면이다. 장자(張子)도 "여러 사람이 사람을 우러러보게 하면 쉽게 쫓아온다(衆人望人則易從)."는 말씀을 하였다. 동인(同人)의 도를 바탕으로 대중심리를 잘 활용하여 인도

하라는 가르침이다.

대학의 효제자(孝弟慈)

　大學(대학)에도 제가(齊家)의 기본덕목인 '효제자(孝弟慈)'로써 집밖으로 나가지 않더라도 치국(治國)을 이룰 수 있다고 하였다. "효는 임금을 섬기는 방법이고, 공손함은 어른을 모시는 방법이며, 사랑함은 무리를 이끄는 방법이다[1]." 부모께 효도하는 이가 인군을 충성으로 섬기지 않을 리 없고, 형에게 공손한 이가 어른을 공경하지 않을 리 없다. 부모가 자식을 사랑하듯이 아랫사람을 사랑한다면 순종하지 않을 사람이 없다고 이른 것이다.

　치국과 평천하의 도가 이 제가의 효(孝)와 제(弟=悌), 자(慈)를 바탕으로 한다. 가장 '윗사람'인 인군이 먼저 인군답게 처신할 때만이 진실로 백성들이 느끼고 분발하여 흥기된다.

　"윗사람이 늙은이를 늙은이로 섬기면 백성들이 효(孝)에 일어나고, 윗사람이 어른을 어른으로 모시면 백성들이 제(弟)에 일어나며, 윗사람이 외로운 이를 불쌍히 여기면 백성들은 배반하지 않는다[2]."는 것이다.

　나라의 인군이 제 부모를 잘 모시면 인군의 부모는 물론 백성들의 부모들까지도 다 부모같이 여긴다하여 백성이 모두 효(孝)에 흥기(興起)되고 어른을 잘 공경하면 모든 백성이 "어른을 공경해야 한다."하고 제(弟)에 흥기(興起)되고, 백성들 가운데 의지할 곳 없는 외로운 이를 불쌍히 여기면 백성들 간에 어려운 사람을 돕고 아끼는 미풍양속(美風良俗)이 일어나 자(慈)에 흥기(興起)되어 온 천하가 화합된다.

1. 大學(대학) 제가치국(齊家治國)장: 所謂治國이 必先齊其家者는 其家를 不可敎오 而能敎人者 無之하니 故로 君子는 不出家而成敎於國하나니 孝者는 所以事君이오 弟者는 所以事長也오 慈者는 所以使衆이니라.
2. 大學(대학) 치국평천하(治國平天下)장: 所謂平天下 在治其國者는 上이 老老而民이 興孝하며 上이 長長而民이 興弟하며 上이 恤孤而民이 不倍하나니 是以로 君子는 有絜矩之道也니라.

忠恕ㅣ 違道不遠하니 施諸己而不願을 亦勿施於人이니라.
충서   위도불원   시저기이불원   역물시어인

忠: 충성 충 恕: 용서할 서 違: 어길 위 施: 베풀 시 願: 원할 원 諸: 어조사 저

충서(忠恕)가 도(道)와의 거리가 멀지 않으니, 자기에게 베풀어보아 원치 않는 것을 또한 남에게 베풀지 말지니라.

역해(易解)

유학의 핵심사상은 충서(忠恕)에 바탕을 둔 일관(一貫)의 도이다. 論語(논어) 이인편(里仁篇)에 "공자가 말씀하시길 '삼(參)아! 우리의 도는 하나로써 꿰었느니라.'하시고 밖으로 나가시자, 영문을 모르는 문인들이 '무슨 말씀입니까?' 하고 증자에게 물으니, 증자는 '충서(忠恕)일 따름이다.'"라고 답하였다[3].

좋아하고 싫어하는 '호오(好惡)'의 감정에 치우치지 않고 자기 자신의 중심(中心)을 바르게 세움이 충(忠)이다. 충(忠)을 바탕으로 주위사람들과 마음을 같이하여 함께 나눔이 서(恕)이다. 서(恕)는 '같을 여(如)'와 '마음 심(心)' 곧 그 좋아하고 미워하는 감정인 '호오(好惡)'를 같이하며, 근심과 즐거움인 '고락(苦樂)'을 같이한다는 의미이다.

충서(忠恕)의 혈구지도(絜矩之道)

大學(대학)에서는 치국평천하(治國平天下)의 법도가 '혈구의 도(絜矩之道)'에 있음을 말하였는데, 이 또한 사람의 호오(好惡)를 살펴 남이 싫어하는 바를 행하지 않는 '충서(忠恕)'의 도리를 강조한 내용이다.

"윗사람이 아래인 나에게 하는 행동에 대해 싫은 바가 있으면 이를 아랫사

---

[3]. 論語(논어) 위인(里仁)편: 子曰 參乎아 吾道는 一以貫之니라 曾子曰 唯라 子出커시늘 門人이 問曰 何謂也잇고? 曾子曰 夫子之道는 忠恕而已矣니라.

람에게 베풀지 말고, 아랫사람이 위에 있는 나에게 하는 행동에 대해 싫은 바가 있으면 이를 윗사람에게 베풀지 말고, 앞사람이 나에게 하는 행동에 대해 싫은 바가 있으면 이를 뒷사람에게 베풀지 말고, 뒷사람이 나에게 하는 행동에 대해 싫은 바가 있으면 이를 앞사람에게 베풀지 말고, 오른편 사람이 나에게 하는 행동에 대해 싫은 바가 있으면 이를 왼편 사람에게 베풀지 말고, 왼편 사람이 나에게 하는 행동에 대해 싫은 바가 있으면 이를 오른편 사람에게 베풀지 말아야 혈구의 도를 행하는 것이다[4]."

즉 충(忠)으로써 중심(中心)을 똑바로 세운 다음, 내 마음을 자로 재듯이 남의 마음을 정확히 헤아려서 상하, 전후, 좌우의 관계에서 자신이 싫어하는 바를 상대에게 베풀지 않으면 천하가 모두 고르고 방정하여 화평하게 된다는 가르침이다. "오심(吾心)이 여심(如心)이라.", 중심(中心의 忠)에서 여심(如心의 恕)이 일어나는 것이다.

왕용삼구(王用三驅)

대학전문의 치국평천하 장에 나오는 노로 흥효(老老 興孝), 장장 흥제(長長 興弟), 휼고 흥자(恤孤 興慈)는 삼구(三驅)의 법도로써 혈구지도(絜矩之道)를 펼침을 말한다. 임금이 노인을 노인으로 섬기고 어른을 어른으로 섬기며 외로운 이를 불쌍히 여기면, 그 덕화가 세상에 펼쳐져서 효도와 공경과 자비를 일으키게 된다는 뜻이다.

혈구(絜矩)는 어느 한 쪽으로 기울거나 치우침이 없이 균제방정(均齊方正)하게 곱자(직각자)를 이용하여 사방의 길이를 정확히 재어 그리는 것이다. 大學(대학)에 나오는 '혈구지도(絜矩之道)'는 書經(서경) 洪範九疇(홍범구주)의 중심인 오황극(五皇極)이 펼치는 탕평정직(蕩平正直)의 도와 같이 무당무

---

[4]. 大學(대학) 치국평천하장: 所惡於上으로 毋以使下하며 所惡於下로 毋以事上하며 所惡於前으로 毋以先後하며 所惡於後로 毋以從前하며 所惡於右로 毋以交於左하며 所惡於左로 毋以交於右 此之謂絜矩之道니라.

편(無黨無偏)하고 공정무사(公正無私)한 다스림을 말한다.[5]

공자는 "땅(☷) 위에 물(☵)이 있는 것이 비(比)니, 선왕이 이로써 만국을 세우고 제후를 친화하였다."고 하였다.[6]

비괘(比卦)는 임금 자리에 처한 구오(九五) 양(⚊)이 중정한 도(道)로써 홀로 모든 음(⚋)들을 통솔(統率)함을 나타낸다. 구오(九五) 효사에 "두드러지게 도와주는 현비(顯比)니, 왕이 사냥할 때 세 군데로 모는 삼구법(三驅法)을 쓴다."고 하고, "살기위해 앞쪽으로 도망치는 짐승은 잡지 않으니, 나라사람들이 경계하지 않아 길하다."고 하였다.[7]

비(比)는 본래 이웃하여 서로 돕는다는 뜻이지만, 백성은 임금을 사표(師表)로 거울삼아 견주고 임금은 백성이 사는 모습으로 거울삼아 견준다는 뜻에서는 '견줄 비'가 된다. 임금이 중정한 도로써 솔선(率先)함을 백성이 척도(尺度)와 준칙(準則)으로 삼아 따르는 것이 혈구(絜矩)의 도이다.

육합(六合)과 충서(忠恕)

"所惡於上으로 毋以使下하며 所惡於下로 毋以事上하며 所惡於前으로 毋以先後하며 所惡於後로 毋以從前하며 所惡於右로 毋以交於左하며 所惡於左로 毋以交於右ㅣ 此之謂絜矩之道니라."

위에서 싫은 바로 아래를 부리지 말며, 아래에서 싫은 바로 위를 섬기지 말며, 앞에서 싫은 바로 뒤를 앞서지 말며, 뒤에서 싫은 바로 앞을 따르지 말며,

---

5. 書經(서경) 홍범(洪範) 오황극(五皇極) : 無偏無陂하야 遵王之義하며 無有作好하야 遵王之道하며 無有作惡하야 遵王之路하라. 無偏無黨하면 王道 蕩蕩하며 無黨無偏하면 王道 平平하며 無反無側하면 王道 正直하리니 會其有極하야 歸其有極하리라.
6. 周易(주역) 비(比)괘 : 象曰 地上有水 比니 先王이 以하야 建萬國하고 親諸侯하니라.
7. 周易(주역) 비(比)괘 : 九五는 顯比니 王用三驅에 失前禽하며 邑人不誡니 吉토다. 象曰 顯比之吉은 位正中也오 舍逆取順이 失前禽也오 邑人不誡는 上使中也ㄹ새라.

오른 쪽에서 싫은 바로 왼쪽을 사귀지 말며, 왼쪽에서 싫은 바로 오른쪽을 사귀지 않는 것 이를 일러 '혈구지도'라고 하니라.
- 대학전문10장(치국평천하) -

대학에는 혈구지도를 상하, 전후, 좌우가 합하는 육합(六合)에 견주어 호오(好惡)의 중정(中正)을 강조했다. 컴퍼스로 중심(中心)을 세우고 돌리면 동심원(同心圓)을 무수히 그릴 수 있다. 안의 중심은 충(忠)이고 밖의 둥근 테두리는 서(恕)와 같다.

회전운동에 견주면 물체가 원의 중심으로 향하는 구심력과 회전운동의 접선 방향으로 나아가려는 원심력의 조화에 의해 궤도 운행이 이루어진다. 만일 회전 운동하는 물체가 구심력을 잃으면 원심력만 남아 원 궤도를 이탈한다. 충(忠)이 서(恕)의 근원이치이고 충(忠)에 의해서 나타나는 작용이 서(恕)가 되는 이치이다.

충서(忠恕)의 이치를 넓히면 무한히 넓은 대우주이고 좁히면 극미한 소우주인 이 몸속에까지 미친다. 태양을 중심으로 공전(公轉)하는 행성을 예로 들면 충(忠)은 행성들이 태양을 구하는 것이고 서(恕)는 행성들 간에 서로 조화를 이루며 운행하는 것이다.

역의 이치로는 상하와 전후, 좌우로 나눈 허공이 육허(六虛)이고 합친 공간이 육합(六合)이다. 육합 속에 음양이 승강하며 진퇴소장(進退消長)을 하는 여섯 자리가 육위(六位)이다. 12시의 운용도 이를 바탕으로 삼는다[8].

체용관계인 충서(忠恕)는 부자형제간의 효제(孝弟)사상을 낳고 나아가 중정(中正)에 의한 대동(大同)철학의 논리적 기초를 이룬다. 사람이 만물의 영장인 것도 이 도를 행할 수 있기 때문이다. 유학의 핵심 또한 이 도라고 하여도

---

[8]. 周易(주역) 건(乾)괘 : 大明終始하면 六位時成하나니, 時乘六龍하야 以御天하나니라(크게 종시를 밝히면 여섯 자리가 때로 이루어지나니, 때로 육룡을 타서 하늘을 몰아 운전한다).

과언이 아니다. 충서가 없다면 회전운동이 멈추듯이 도가 끊기므로 군자는 오직 이를 바탕으로 한 길을 나아갈 뿐이다.

남에게 요구하려면 마땅히 자신부터 갖추어야 하고 그릇됨을 비난하려면 스스로 허물이 없어야 한다. 자기 몸에 간직한 바가 용서받지 못할 짓을 하면서 사람을 능숙하게 일깨울 자가 있겠는가? 뒤에 나오는 中庸(중용) 글에 "충서(忠恕)가 도에서 멀지않으니 나에게 베풀어지기를 원치 않거든 남에게 베풀지 말라."는 대목과 周易(주역)에 "사귀고 베푼 뒤에 남에게 구하여야 하니, 사귄 적이 없는데 요구하면 백성이 더불어 주지 않는다."고 한 바도 이러한 뜻이다[9].

君子之道ㅣ 四에 丘未能一焉이로니 所求乎子로 以事父를 未能
也하며 所求乎臣으로 以事君을 未能也하며 所求乎弟로 以事兄
을 未能也하며 所求乎朋友로 先施之를 未能也ㅣ로니 庸德之行
하며 庸言之謹하야 有所不足이어든 不敢不勉하며 有餘ㅣ어든 不敢
盡하야 言顧行하며 行顧言이니 君子ㅣ 胡不慥慥爾리오.

右는 第十三章이라.

求: 구할 구, 책망할 책 事: 섬길 사 勉: 힘쓸 면 顧: 돌아볼 고 胡: 어찌 호 慥: 착실할 조 爾: 어조사 이

군자의 도가 네 가지인데, 나(孔子)는 한 가지도 잘하지 못한다. 자식에게 요구

---

[9]. 中庸(중용) 제13장 : 忠恕 違道不遠하니 施諸己而不願을 亦勿施於人이니라. / 周易(주역) 계사하전 제5장 : 子曰君子 安其身而後에아 動하며 易其心而後에아 語하며 定其交而後에아 求하나니 君子 脩此三者故로 全也하나니 危以動하면 則民不與也코 懼以語하면 則民不應也코 无交而求하면 則民不與也하나니 莫之與하면 則傷之者 至矣나니 易曰莫益之라 或擊之리니 立心勿恒이니 凶이라하니라.

(要求)하는 바로써 부모 섬김에 능치 못했으며, 신하에게 요구는 바로써 임금 섬김에 능치 못했으며, 아우에게 요구하는 바로써 형 섬김에 능치 못했으며, 벗(朋友)에게 요구하는 바로써 먼저 친구에게 베풀어주기를 능치 못했으니, 평상시 덕을 행하며 평상시 말을 조심해서, 부족한 바가 있으면 감히 힘쓰지 아니할 수 없으며, 남음이 있으면 감히 다하였다고 하지 못한다. 말은 행실을 돌이켜보고 행실은 말을 돌이켜보아야 하니, 군자가 어찌 독실하고 독실하지 아니하리오."라고 하셨다.

우(右)는 제 13장이다.

역해(易解)

孟子(맹자)에 나오는 "인군과 신하는 의리가 있어야 한다는 군신유의(君臣有義), 아버지와 자식은 친함이 있어야 한다는 부자유친(父子有親), 남편과 아내는 분별이 있어야 한다는 부부유별(夫婦有別), 어른과 어린이는 차례가 있어야 한다는 장유유서(長幼有序), 벗과의 사귐에는 믿음이 있어야 한다는 붕우유신(朋友有信)" 이 다섯 가지의 인의예지신(仁義禮智信)을 오상(五常)이라고 한다. 천하의 모든 사람이 공통적으로 가야 할 길(道)이란 측면에선 오달도(五達道)라고 칭한다.

인성(人性)의 벼리(綱)인 오상(五常)의 덕은 오행(五行)의 생성원리에 의한다. 부자유친은 인(仁), 군신유의는 의(義), 장유유서는 예(禮), 부부유별은 지(智), 붕우유신은 신(信)에 각기 해당한다.

한편 천도(天道)의 떳떳한 사덕(四德)인 원형이정(元亨利貞)에서 인의예지 사단(四端, 네 가지 실마리)이 비롯되는데 동방목(東方木)의 원대한 덕에 의한 인(仁)의 실마리는 측은지심(惻隱之心), 서방금(西方金)의 이로운 덕에 의한 의(義)의 실마리는 수오지심(羞惡之心), 남방화(南方火)의 형통한 덕에 의한 예(禮)의 실마리는 사양지심(辭讓之心), 북방수(北方水)의 정고한 덕에 의한 지(智)의 실마리는 시비지심(是非之心)이다. 사단의 중심태극으로서 중앙토(中央土)에 배속되는 신(信)은 충서지심(忠恕之心)으로 표상된다.

"夫婦之愚로도 可以與知焉이로되 及其至也하야는 雖聖人이라도 亦有所不知焉하며 夫婦之不肖로도 可以能行焉이로되 及其至也하야는 雖聖人이라도 亦有所不能焉하며"
- 제 12장 두 번째 절목 -

공자는 군자의 도에는 네 가지가 있는데, 성인인 공자께서 한 가지도 능치 못하다고 말씀하였다. 이는 "도가 사람에게서 멀지 않다(道不遠人)."는 누구에게나 통용되는 오달도(五達道)를 설명한 말씀이다. 그 가운데 부부유별(夫婦有別)은 빠져있다. 가까이는 부부와 멀리로는 성인과 천하에 이르기까지 두루두루 쓰이되 본체는 은미하다. 일심동체(一心同體)인 부부는 정고한 본체에 해당한다.

주자는 구(求)를 질책(叱責)과 같다고 하였다. 책(責)은 '가시 자(朿)'의 변형과 '조개 패(貝, 재물)'를 조합한 것으로, 꾼 빚(돈)을 갚으라고 가시를 찌르듯이 채무자(債務者)에게 조르는 데서 '꾸짖다'는 뜻이다. 꾼 빚은 반드시 되갚아야 하므로 '맡다, 책임(責任)'의 뜻으로도 쓰인다.

도가 일상생활에서 멀지 않으니, 남의 잘못을 책(責)하는 것은 도의 당연함이다. 그러나 장자(張子)가 "남을 꾸짖는 마음으로 자신을 꾸짖으면 도를 다한다."라고 하였듯이, 도리어 스스로를 먼저 책하여 자신의 덕을 닦음이 기본이 되어야 한다. 千字文(천자문)의 "경행유현(景行維賢)"은 '행실은 늘 어진 이와 같이 빛나게 하라'는 뜻이다. 선행을 실천궁행하여 덕이 쌓이면, 재주와 덕이 뛰어난 타인의 모범이 되는 훌륭한 현인이 될 수 있다는 내용이다.

14장 소기위(素其位)

君子는 素其位而行이오 不願乎其外니라.
군자 소기위이행   불원호기외

素: 분수에 따를 소, 흴 소, 본디 소

군자는 현재 그 위치대로 이행하고, 그 밖을 원치 않느니라.

역해(易解)

소(素)는 생사(生絲)로 누에고치에서 갓 자아낸 실이다. 처음 나온 실의 본바탕이 희기에 '본디, 바탕, 희다'는 뜻이다. 위(位)는 사람(亻)이 서있는(立) 또는 물건이 놓여있는 '자리'를 이른다. 임금과 문무백관이 모여 조회(朝會)할 적에 그 서있는 자리에 따라 차례로 지위가 정해진다는 데서 '벼슬, 지위(地位)'를 뜻하기도 한다. 물건이 제각기 자기 처소에 자리하듯이 사람 또한 자신의 위치(位置)에 따라 그 본분과 책임을 다해야만 한다.

'소기위이행(素其位而行)'은 현재 서있는 위치대로 최선을 다해 이행(履行)한다는 뜻이다. 자신의 위(位)를 아는 것이 더욱더 중요하다 하겠다.

'불원호기외(不願乎其外)'는 노자(老子) 道德經(도덕경)에 나오는 "분수(分數)를 알아 스스로 만족(滿足)하면 욕되지 않고, 그칠 줄 알면 위태롭지 않아 오래도록 편안하다(知足不辱 知止不殆 可以長久)"는 문구와도 통한다.

사불출기위(思不出其位)와 소리(素履)

重山艮

군자는 자신의 분수처지를 알고 오직 선한 도리를 다할 뿐이다. 공자는 산이 거듭한 간(艮, 52)괘 형상을 두고, 산이 변함없이 제자리를 지키듯이 군자는 이를 본받아 "생각할 때에 있어서 그 자리를 벗어나지 아니한다(思不出其位)."고 말씀하였다.

  사(思)는 마음의 밭(心田)이다. 옥토인지 황무지인지 외부적인 여건환경도 중요하지만, 어떤 마음의 씨앗을 뿌렸는지가 좋고 나쁜 결과를 좌우한다. 선한 마음씨를 뿌리면 아름답고 길한 경사가 따르지만, 불선한 마음씨를 뿌리면 오히려 스스로 불길한 재앙만 불러들인다.

  예(禮)를 밟아서 나아가는 리(履)괘의 초효에도 "평소(平素)의 소박(素朴)한 마음 그대로 밟아나가면 허물이 없다(素履往无咎)."고 하였다. 현재 자기가 처해있는 위치에서 평상심(平常心) 그대로를 유지해야 한다는 뜻이다.

  정위(正位)는 처한 때와 선 위치에 따라 올바르게 제각기 할 바를 하는 것을 이른다. 아비가 아비답고 자식이 자식다우며 형이 형답고 아우가 아우다우며 남편이 남편답고 아내가 아내다우며 인군이 인군답고 신하가 신하다운 '부부자자형형제제부부부부(父父子子兄兄弟弟夫夫婦婦)'가 '정위(正位)'이다. 大學(대학)에서 말한 '지어지선(至於至善)'과도 통한다.

素富貴하야 行乎富貴하며 素貧賤하야 行乎貧賤하며 素夷狄
소 부 귀   행 호 부 귀   소 빈 천   행 호 빈 천   소 이 적
하야 行乎夷狄하며 素患難하야 行乎患難이니 君子는 無入而
     행 호 이 적   소 환 난   행 호 환 난   군 자   무 입 이
不自得焉이니라.
부 자 득 언

富: 부할 부 貴: 귀할 귀 貧: 가난할 빈 賤: 천할 천 夷: 동쪽오랑캐 이 狄: 북쪽오랑캐 적 患: 근심 환 難: 어려울 난

  부귀한 위치에 처해서는 부귀한대로 이행하며, 빈천한 위치에 처해서는 빈천한대로 이행하며, 오랑캐에 처해서는 오랑캐대로 이행하며, 환난에 처해서는 환난한대로 이행하니, 군자는 들어가는 데마다 스스로 체득하지 않음이 없느니라.

역해(易解)

  부귀한 집안에서 태어났거나 열심히 노력하여 부귀해진 사람이라면 포용하는 덕을 갖추고 여유로우면서도 겸손한 자세로 대처하면 된다. 빈천한 환경에 처해있는 사람이라면, 주변 환경을 탓하지 않고 검소절약을 행하고 본인의 책무를 다하면 된다.

  외환(外患)과 내환(內患), 우환(憂患), 병환(病患) 등의 근심과 험난(險難)과 고난(苦難), 가난(家難), 재난(災難) 등의 곤란함이 닥쳤을 때는 위기에서 벗어나기 위해 노력해야만 한다.

  고대 중국에서는 사해의 중심지이며 문화가 번성한 곳이라는 뜻에서 '중화(中華)'로 자칭한 반면 주변의 이민족에 대해선 '남만북적서융동이(南蠻北狄西戎東夷)'라고 천시하여 불렀다. 남쪽변방은 벌레가 많은 열대우림을 뜻하는 만(蠻), 북쪽변방은 유목생활을 이르는 적(狄), 서쪽변방은 창을 잘 쓰고 호전적인 융(戎), 동쪽변방은 활을 잘 쏘는 이(夷)에 각기 해당한다.

존비(尊卑)와 귀천(貴賤)

  周易(주역) 서괘전(序卦傳)에 "천지가 있은 뒤에 만물이 있고, 만물이 있은 뒤에 남녀가 있고, 남녀가 있은 뒤에 부부가 있고, 부부가 있은 뒤에 부자가 있고 부자가 있은 뒤에 군신이 있고 군신이 있은 뒤에 상하가 있고, 상하가 있은 뒤에 예의(禮義)가 있게 된다."고 하였다[1].

  사람의 언행이나 몸가짐에 있어서 예절이 본체가 되므로 예(禮)는 체(體)가 된다. 몸에 관절이 없으면 수족을 올바로 쓸 수 없고, 예에 절도가 없으면 행동거지를 올바르게 행할 수 없다. 이 예(禮)는 천지자연의 질서(秩序)에서 유래한다. 공자는 "하늘은 높고 땅은 낮으니 높고 낮음에 따른 지위의 고하가 있

---

[1] 周易(주역) 서괘(序卦)전: 有天地然後 有萬物 有萬物然後 有男女 有男女然後 有夫婦 有夫婦然後 有父子 有父子然後 有君臣 有君臣然後 有上下 有上下然後 禮義有所錯.

게 마련이어서 귀천(貴賤)의 자리가 나뉜다[2]."고 말씀하였다. 천지상하의 존비(尊卑)로부터 지위고하의 귀천(貴賤)이 말미암는다는 뜻이다.

周易(주역)의 대성괘는 육위(六位)로 이루어지는데 상하(上下)의 자리에 따라 존비귀천이 나뉜다. 사람을 기준으로 보면 하늘은 어디까지나 위에 있고 땅은 아래에 있으므로 하늘은 높고 귀하며 땅은 낮고 천하다. 이러한 사실은 바꿀 수 없는 본체로서 이미 정(定)해진 것이다.

在上位하야 不陵下하며 在下位하야 不援上이오 正己而不求於
재 상 위   불 릉 하   재 하 위   불 원 상   정 기 이 불 구 어
人이면 則無怨이니 上不怨天하며 下不尤人이니라.
인   즉 무 원   상 불 원 천   하 불 우 인

陵: 언덕 릉, 업신여길 릉 援: 잡을 원, 당길 원 求: 구할 구. 책망할 구 怨: 원망할 원

尤: 허물 우, 탓할 우

윗자리에 있어서는 아랫사람을 능멸(凌蔑)하지 않으며, 아랫자리에 있어서는 윗사람을 잡아당기지(끌어내리지) 않고, 자기(自己) 위치를 바로 하여 남을 책망하지 않으면, 곧 원망함이 없을 것이니, 위로는 하늘을 원망하지 않으며 아래로는 사람을 탓하지 않느니라.

역해(易解)

현재 자신이 처해있는 위치가 윗자리면 아랫사람을 업신여기기 쉬운데도 군자는 그렇게 처신하지 않는다(在上位 不陵下). 일반사람들은 지위가 낮으면 승진하고 싶은 욕망에 윗사람을 끌어내리고 그 지위를 차지하고자 하지만 군자는 그러한 비열한 짓을 하지 않는다(在下位 不援上). 이렇게 자기의 위(位)를 바로 하는 정위(正位)가 이루어지면 남에게 바라는 바가 없고 원망 또한 없

---

2. 周易(주역) 계사(繫辭)상전: 天尊地卑하니 乾坤이 定矣오 卑高以陳하니 貴賤이 位矣오.

게 된다(正己而不求於人).

불릉하(不陵下)의 릉(陵)은 걸어서(夊) 넘기에는 매우 높은 언덕을 나타내는 데서 '큰 언덕, 넘다, 높다'라는 뜻이다. 여기에서는 높은 언덕위에서 아래를 바라보듯이, 모든 이가 자신의 아랫사람으로 여겨지기 때문에 '업신여기다, 깔보다, 능멸(凌蔑)하다, 능가(凌駕)하다'는 의미로 풀이한다.

원(援)은 '당기다, 잡다, 취하다'는 뜻으로, '잡아당겨 끌어내리다'는 의미다.

정기(正己)의 정(正)은 자기가 서있는 위(位)를 바로 한다는 '정위(正位)'와 같다. '불구어인(不求於人)'의 구(求)는 '구하다, 책망하다'는 뜻인데, '바라다, 원하다, 기대하다'는 망(望)의 의미로 풀이하면 훨씬 부드럽다.

궁이통(窮而通)과 치명수지(致命遂志)

곤(困)은 周易(주역)에 나오는 괘의 명칭으로 못(☱)에 담긴 물(☵)이 새어나가 못물이 다 말라붙은 곤궁(困窮)한 상태를 나타낸다.

공자는 곤(困)괘에 대해 '덕이 판별된다(德之辨也).' 그리고 '곤궁하면 통하게 된다(窮而通).'고 풀이하였다. 극도의 곤궁함을 당했을 때에 처신하는 행동을 보면 군자인지 소인인지 여부가 제대로 판별된다. 이러한 위기에 처했을 때 목마른 사람이 열 길 샘물을 파듯이 혼신을 다하여 정성으로 구하면 마침내 샘물이 용출되듯이 막힌 곤궁함이 확 뚫려 통한다는 말씀이다.

군자는 곤궁할수록 흔들림이 없이 견고하게 나아가기 때문에, 몸은 피곤하지만 마음은 형통하다. 하지만 소인은 곤궁함에 처하면 평상시의 지조를 버리고 허물을 짓는다. 하늘을 원망하고 부모조상을 원망하며 주위환경과 사람을 탓하기도 한다. 사람들이 어려움을 모면하고자 하는 말을 오히려 핑계와 변명으로 여겨 받아들일 뿐이므로 더욱더 곤경에 빠질 뿐이다.

군자는 이러한 때를 당해서는 "처한 위험에 기꺼이 목숨을 바쳐 자신의 뜻을 이룬다(致命遂志)."고 공자는 말씀하였다. 어려울수록 하늘을 원망하고 사람을 탓해서는 안 된다(上不怨天 下不尤人).

故로 君子는 居易以俟命하고 小人은 行險以徼幸이니라.
고 군자 거이이사명 소인 행험이요행

易: 쉬울 이 俟: 기다릴 사 命: 명할 명 險: 험할 험 徼: 구할 요 幸: 요행 행

그러므로 군자는 평안(平安)한데 처하여 천명(天命)을 기다리고, 소인은 험함을 행하며 요행을 구하느니라.

역해(易解)

千字文(천자문)에 나오는 '견지아조(堅持雅操)'는 맑고 올바른 지조(志操)를 굳건히 간직한다는 문구이다. 이처럼 군자는 자기가 처한 제 위치를 지키고 편안하게 거처하여 하늘의 명을 기다리지만 소인은 분수 밖의 것을 구하여 욕심을 부리고 험한 짓을 일삼으며 평소 요행을 구한다.

군자는 지조가 확고부동(確固不動)하여 중심을 지키는 항구한 덕이 있지만 소인은 마음이 표리부동(表裏不同)하여 수시로 변덕을 부린다. 거이(居易)는 '소기위이행(素其位而行)'이므로, 항상 몸과 마음이 평안하며 자연(自然) 그대로이다. 사명(俟命)은 '불원호기외(不願乎其外)'이므로 항상 명을 받아 실행할 준비가 되어있다는 의미다.

'기다릴 사(俟)'는 화살을 잡아당겨 바야흐로 과녁을 향해 쏠 때를 기다리는 사람을 나타낸다. '쏠 사(射)'와 '사양할 사(謝)'와 그 음의(音義)가 상통한다.

子ㅣ曰 射ㅣ有似乎君子하니 失諸正鵠이오 反求諸其身이니라.
자 왈 사 유사호군자 실저정곡 반구저기신

右는 第十四章이라.
우 제십사장

射: 쏠 사 似: 같을 사 失: 잃을 실, 잘못 실 諸: 어조사 저 鵠: 과녁 곡

공자께서 말씀하시길, "활을 쏘는 것은 군자와 유사하니, 정곡에서 실수(失

手)하면 돌이켜 그 몸에서 (자신에게서 원인을) 구하느니라."고 하셨다.

역해(易解)

　어느 한쪽으로도 치우치지 않는 '중용(中庸)의 도'를 행하는 군자는 활을 쏘아 과녁을 꿰뚫어 맞힘과 같다. 활을 쏘는 것은 내 몸을 반듯이 하고 쏘아야 과녁의 한가운데인 정곡(正鵠)을 맞힐 수 있다. 몸이 흐트러지면 화살도 정곡(正鵠)을 빗나가버리게 된다. 그렇게 되면 활과 화살을 탓하거나 주변 핑계를 댈 것이 아니라, 내 몸의 자세를 돌이켜 살펴보고 실수한 원인을 구해야 한다. 모든 원인이 자신의 대처에 달려있을 뿐이므로 주변 환경여건에 의한 것이 아니다.

　정신을 집중하지 못하면 화살이 과녁의 중심(中心)인 정곡(正鵠)으로부터 엉뚱하게 벗어나는 실수(失手)를 범하기 쉽다. 실(失)은 중(中)과 정(正)에서 벗어남을 이른다. 손(手)에 든 물건을 떨어트려(乀) 잃어버림을 뜻하는 '잃을 실(失)'은 그 글자형태나 발음이 시(矢)와 연계된다. 하늘의 밝음을 본받아 중정(中正)에서 벗어나지 않은 타고난 지(知)를 받아 나왔지만 대개는 욕심과 기질, 습성에 가려 어두워지고 돌이켜보지 못한다.

15장 자이(自邇)

君子之道는 辟如行遠必自邇하며 辟如登高必自卑니라.
군자지도   비여행원필자이   비여등고필자비

辟: 임금 벽, 피할 피, 비유할 비(譬) 遠: 멀 원 邇: 가까울 이 登: 오를 등 卑: 낮을 비

군자의 도는 비유하자면 먼 길을 가려면 반드시 가까운 데서부터 시작하는 것과 같으며, 비유하자면 높은 곳을 오르려면 반드시 낮은 곳에서부터 시작하는 것과 같으니라.

역해(易解)

천리 길도 한 걸음부터이다. 도는 고원난행(高遠難行)한 일이 아니고, 비근(卑近)한데서 비롯된다. 높고 먼 목적지에 이르려면 반드시 낮고 가까운 곳에서부터 출발해야 한다. 우주자연을 인식하는 중심은 자신이므로 도(道)는 반드시 자기자신(自己自身)에서부터 시작된다.

노자 道德經(도덕경)에도 "아름드리 큰 나무도 털끝만한 싹에서 나오고 9층의 높은 대(臺)도 여러 번 쌓인 흙에서 일어나며 천리의 여행도 발아래 한 걸음에서 시작된다(合抱之木 生於毫末 九層之臺 起於累土 千里之行 始於足下)."고 하였다.

인사(人易)의 흐름질서 → 선후본말 내외생성

자연적인 역(易)의 흐름에서 팔괘의 생성순서도 전개된다. 선천음양(남녀상대)에서 중천교역(부부배합)을 거쳐 후천오행(자녀화성)에 이르는 전체적인 흐름도 천인합일(天人合一)로 일치된다.

입문에서 이미 소개하였지만 역(易)의 기본이 되는 하도(河圖)와 팔괘(八

卦)에는 천지남녀의 내외생성에 선후본말의 차례가 분명하다.

아래 그림에 필자가 하도와 팔괘의 자연수리 및 대학 강목(綱目)을 함께 배정하여 보았다.

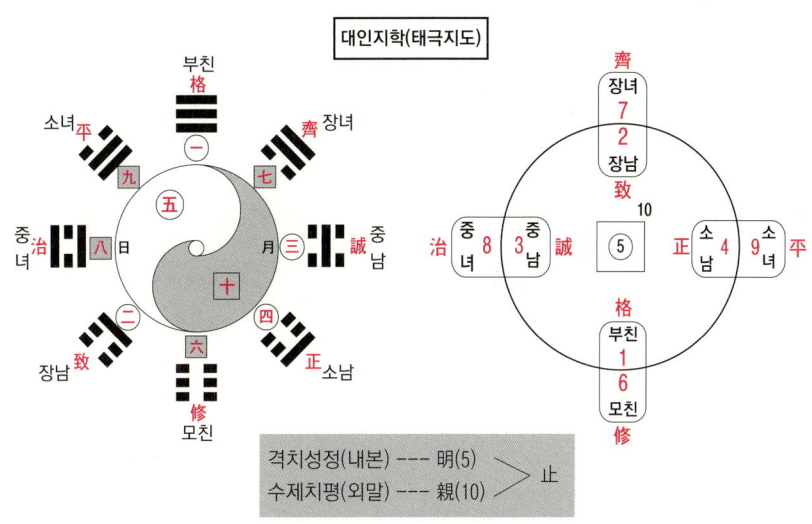

하도팔괘에서의 남녀생성과 대학강목

詩曰 妻子好合이 如鼓瑟琴하며 兄弟旣翕하야 和樂且耽이라
시왈 처자호합   여고슬금   형제기흡   화락차탐

宜爾室家하며 樂爾妻帑ㅣ라 하야늘
의이실가   락이처노

好: 좋을 호 鼓: 두드릴 고 瑟: 비파 슬 琴: 거문고 금 旣: 이미 기 翕: 합할 흡 耽: 즐길 탐(眈) 宜: 마땅할 의 室: 집 실 爾: 너 이 妻: 아내 처 帑: 금고 탕, 자손 노

詩經(시경)에 이르길, "처자가 좋아하고 화합함이 비파와 거문고를 타는 듯하며, 형제가 모두 화합해서 화락하고 즐거워하느니라. 너의 집안을 마땅하게 하며, 너의 처자식을 즐겁게 한다."하거늘

역해(易解)

처자식(妻子息)이 서로 좋아하고 화합함이 마치 비파와 거문고가 음양조화를 잘 이루어 아름다운 소리를 내듯이 사이가 좋다는 뜻이다. 악기를 연주할 때에도 음양조화가 잘 이루어져야 가락이 잘 맞고 소리도 잘 나온다.

거문고와 비파를 '금슬(琴瑟)'이라고 하는데 음양조화를 이루지 못하면 소리가 어긋나기 마련이다. 한 남자와 한 여자가 부부로 만나서 서로가 화합을 이루고 잘 사는 것을 '금슬이 좋다'라고 한다. 나아가 형제간에 우애가 좋아 화합하면 웃음꽃이 만발하여 화락하고 즐거운 집안이 된다. 식구모두 즐거워하니 가화만사성(家和萬事成)이다.

호(好)의 본래글자는 '좋을 호(㛿)'로 어미(母)가 자식(子)을 안고 젖을 먹이는 모습이다. 뒤에 호(好)로 바뀌었으며, 모자(母子)지간이나 남자와 여자가 같이 있어 '좋아하다, 사랑하다, 아름답다'는 뜻으로 풀이한다.

子ㅣ曰 父母는 其順矣乎ㅣ신저.
자 왈 부 모 기 순 의 호

右는 第十五章이라.
우 제 십 오 장

공자께서 말씀하시길, "부모는 참으로 편안하고 즐거우시리라."고 하셨다.
우(右)는 제 15장이다.

역해(易解)

부자께서 이 시를 외우고 찬미하며 말씀하길 "사람이 능히 처자를 화합시키고 형제를 마땅하게 함이 이와 같다면 그 부모는 참으로 편안하고 즐거우시리라."라 하시니, 자사(子思)가 시와 이 말씀을 인용해서, 먼 길을 가려면 가까운 데로부터 하고, 높은 곳을 오르려면 낮은 데서부터 해야 한다는 뜻을 밝힌 것이다.

부부간 금슬 좋고, 형제간 우애 있으며, 처자식이 즐거워하니 화목(和睦)한

가정을 바라보는 부모의 마음은 얼마나 편안하고 즐거우시겠는가?

　효(孝)는 교학(敎學)의 근원이며, 백행(百行)의 근본이다. 그 효에 대해서 詩經(시경)의 글과 공자의 말씀을 인용하여 '군자의 도는 고원난행한 일이 아니고 비근한데서 비롯된다.'는 뜻을 밝힌 것이다.

16장 귀신(鬼神)

子ㅣ曰 鬼神之爲德이 其盛矣乎ㄴ저.
자 왈 귀신지위덕 기성의호

鬼: 귀할 귀 神: 귀신 신 盛: 성할 성

공자께서 말씀하시길, "귀신의 덕 됨이 성하구나."

역해(易解)

부모의 마음이 편안하도록 처자형제의 화락함을 읊은 앞 장에 뒤이어 부모의 근원인 돌아가신 조상과 천지신명이 또한 존재함을 밝히고 있다. 또한 부모의 한량없는 공덕은혜를 제사의 예로써 감사드리는 내용이 이어진다.

周易(주역)에 "땅의 음정(陰精)과 하늘의 양기(陽氣)가 모여서 물(物)이 되고 혼(魂)이 놀아서 변(變)한다. 이런 까닭으로 귀신의 실정과 형상을 알 수 있다(精氣爲物 遊魂爲變 是故 知鬼神之情狀)."는 공자말씀이 있다.

정기위물(精氣爲物)은 자무이유(自無而有)로서 양의 영(靈)인 신(神)으로 나옴이고, 유혼위변(遊魂爲變)은 자유이무(自有而無)로서 음의 영(靈)인 귀(鬼)로 변해 사라짐을 말한다.

귀신(鬼神)과 혼백(魂魄)

사람의 마음은 얼과 넋의 혼백(魂魄)이 하나로 합쳐져 활동을 한다. 이를 '양혼음백(陽魂陰魄)' 또는 '삼혼칠백(三魂七魄)'이라고 일컫는다. 사람이 죽으면 양적인 혼(魂, 얼)은 구름(云, 雲의 古字)처럼 떠돌아서 하늘의 신(神)으로 화하고 음적인 백(魄, 넋)은 흩어져 앙상한 백골(白骨)만 남은 채로 땅의 귀(鬼)로 변한다[1].

신(神)은 하늘의 일월성신이 밝은 빛(示)을 뿜어줌으로 인하여 초가을(申)이 되면 열매를 주렁주렁 맺는 신묘(神妙)한 조화가 일어나게 됨을 가리킨다. 나아가 '신령(神靈), 정신(精神)'을 뜻한다. 단단한 껍질을 뚫고 뿌리를 내린(甲) 씨가 다 자라서 쭉 뻗어 올라가는(申→伸, 펼 신) 이치가 참으로 신비(神秘)하게 보인다는 뜻이다. 귀(鬼)는 본래의 터전인 땅으로 되돌아간다는 '돌아갈 귀(歸)'와 그 음의(音義)가 통한다.

視之而弗見하며 聽之而弗聞이로되 體物而不可遺ㅣ니라.
시 지 이 불 견   청 지 이 불 문   체 물 이 불 가 유

視: 볼 시 弗: 아니 불 聽: 들을 청 聞: 들을 문 體: 몸 체 遺: 남길 유, 떠날 유

보려 해도 보이지 않으며, 들으려 해도 들리지 않으나, 물건마다 체가 되어 가히 떠날 수 없느니라.

역해(易解)

물(物)이 시작하고 마치는 것이 음귀양신이 합하고 흩어짐이니, 물(物)마다 체가 되어 주장하니 능히 떠날 수 없다. 周易(주역)에서는 음인가 했더니 양으로 변하고 양인가 했더니 음으로 화하는 헤아리지 못하는 '음양불측(陰陽不測)'한 존재를 신(神)이라고 하였다.

시(示)는 이(二) 아래 소(小)를 더한 형태다. 二는 옛 글자에서 '위 상(上)'과 통하고 小는 해와 달, 별의 '빛 광(光)'을 가리키므로 위의 하늘이 빛을 아래

---

[1] 귀(鬼)는 위가 '귀신머리 불'로 해골에서 빛이 발하는 인광(燐光)을 뜻한다. 아래는 죽은 사사로운 영혼(넋)인 귀신을 나타낸다. 사람(儿)이 죽게 되면 육체는 마침내 땅(田) 속에 파묻혀 한 움큼(厶)의 흙으로 돌아가고, 앙상한 뼈에서 발하는 인광(丶)만 남게 된다는 뜻이다. 귀신은 하늘에 오르는 양신(陽神)과 땅으로 되돌아가는 음귀(陰鬼)로 분리된다.

의 인간세계에 비추어 '보이다, 보여주다'는 뜻이다. 대개 '신령할 신, 귀신 신(神)'에 대한 의미로 쓰인다.

신(申)은 밭에 뿌리내린 씨가 자라서 줄기를 쭉 뻗은 모양이다. 열매를 맺기 시작한 음력 7월 초가을 때이므로 '펼 신(伸), 귀신 신(神)'과도 통한다. 이를 절구(臼)와 절구 공이(丨)의 모양으로 보아, 햇곡식을 거두어 절구질할 때라는 뜻으로 보기도 한다[2].

귀신은 보이지도 않고 소리가 없다. 그러나 그 조화의 흔적은 음력 7월이 되면 신묘(神妙)하게 드러난다. 하늘의 뜻이 음력 7월에 땅(土)에서 펼쳐지게(申) 하는 기본이치를 담아 신(神)이라는 글자를 만들었음을 알 수 있다.

使天下之人으로 **齊明盛服**하야 **以承祭祀**하고 **洋洋乎如在其上**
사 천 하 지 인　　재 명 성 복　　　이 승 제 사　　　양 양 호 여 재 기 상
하며 **如在其左右**ㅣ니라.
　　 여 재 기 좌 우

使: 하여금 사　齊: 재계(齋戒)할 재(齋)　盛: 성할 성　服: 옷 복　承: 받들 승　祭: 제사 제
祀: 제사 사　洋: 바다 양(넘치다)　左: 왼 좌　右: 오른 우

천하의 사람들로 하여금 재계하여 깨끗하게 하고 복장(服裝)을 성대히 하여 제사를 받들게 하고, 양양히 그 위에 계신 듯하며 그 좌우에 계신 듯하다.

역해(易解)

귀신의 성정과 공효는 보거나 들을 수 없지만 물건마다 체가 되어 주장하고 있으니 증험할 수는 있다. 천하 사람들이 제사를 지낼 때 먼저 심신을 깨끗하게 재계(齋戒)하고 정장을 갖춰 입게 한 다음에 공경하는 마음으로 정성을 다

---

[2]. 홀수 번째이므로 양금(陽金)에 해당하며, 미(未)와 더불어 서남에 속한다. 12시 괘로 볼 때는 음이 더욱 강해져 천지가 통하지 못하는 천지비(天地否), 하루로는 오후 3시~5시 사이, 달로는 7월, 절기로는 입추(立秋)와 처서(處暑)이다.

해 받들게 한다. 향이 오르면 정성에 감응한 신명(神明)이 강림하는데, 마치 위에서 굽어 살피듯 좌우에서 도와주시는 듯 기운이 넘쳐흘러 느낀다는 의미다. 즉 신명이 감응하여 밝게 발현되니 신이 보여주고 나타나는 것이다.

詩曰 神之格思를 不可度思ㅣ온 矧可射思아.
시왈 신지격사 불가탁사 신가역사

格: 이를 격　度: 헤아릴 탁　矧: 하물며 신　射: 싫어할 역　思: 어조사 사

詩經(시경)에 이르되, '신명이 지극히 이르심을 진실로 헤아리지 못하면서 하물며 (감히) 싫어할 수 있겠는가.'

역해(易解)

신명이 이르러 나타남을 감응(感應) 상통(相通)하려면 지성감천(至誠感天)이라 하듯이, 지극한 정성을 기울여 공경하는 마음으로 받들어야만 한다. 제사를 지내기 전에 심신을 재계(齋戒)하고 공경하는 마음으로 정성을 다해 받들어야 하는데, 일반 사람들은 생각하기를 '신(神)은 존재(存在)하는가?'에 대해 의문을 품는다. 자연히 신에게 제사지내기를 싫어하고 게을리 하면서 공경하는 마음조차 없다. 여기서 '생각할 사(思)'는 어조사로 쓰였으나 여기 문장에다 3번이나 거듭 붙인 이유를 깊이 생각해 볼 일이다.

'신지격사(神之格思)'의 격(格)은 지극한 감통(感通)을 의미한다. '바로잡다(矯), 통하다(達), 부딪치다(擊).' 등 여러 가지의 뜻으로도 사용되며, 기틀과 자격(품격) 등을 가리킨다. 大學(대학)에 나오는 격물치지(格物致知)를 이해할 때에도 매우 중요한 의미를 지닌 글자이다.

書經(서경) 홍범에서는 자연의 오행(五行)에 따라 사람의 오사(貌言視聽思)가 있게 된다고 하였다. 또한 오행의 토(土)에 배속되는 '생각 사(思)'에 대해서 "생각(思)은 슬기로움(睿)을 말하고, 이 슬기로움으로부터 성스러움이

일어난다(作聖)³."고 하였다.

공자의 신묘문(神妙文)

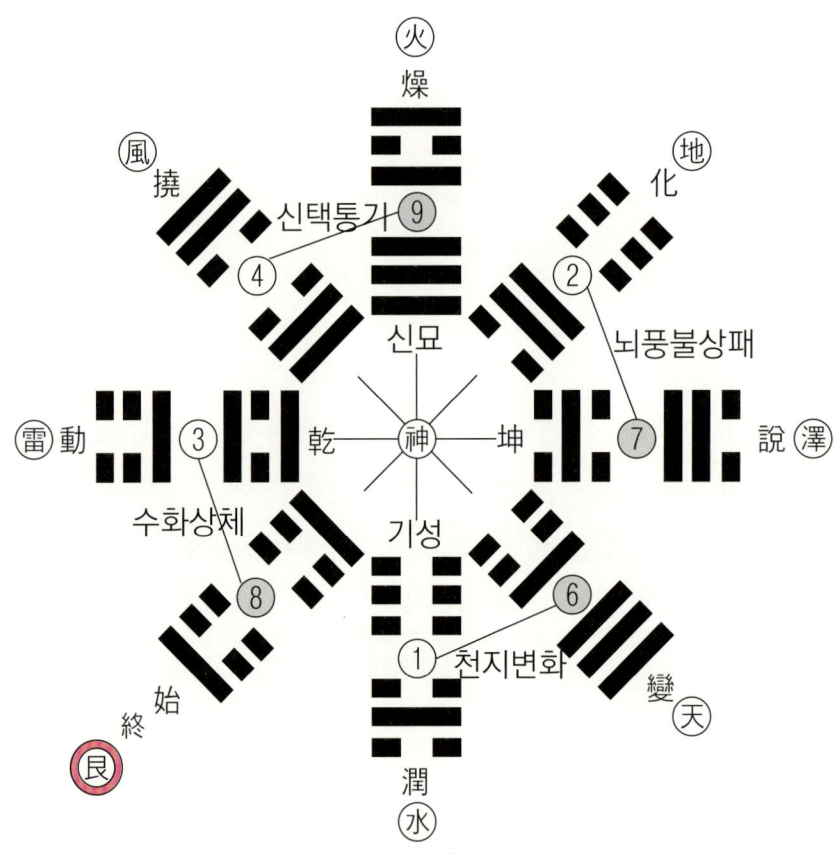

팔괘의 신묘변화(음양오행)

공자는 周易(주역) 설괘전(說卦傳)에서 팔괘의 변화작용을 하나로 묶어서, 천지건곤의 신묘조화로 만물이 생성 변화함을 설명하였다. 앞의 문장은 후천

---

3. 書經(서경) 홍범(洪範): 二五事 一曰貌 二曰言 三曰視 四曰聽 五曰思 貌曰恭 言曰從 視曰明 聽曰聰 思曰睿 恭 作肅 從 作乂 明 作哲 聰 作謀 睿 作聖.

팔괘의 춘하추동과 동남서북의 '목, 화, 금, 수', 뒤의 문장은 선천팔괘가 낙서 구궁(洛書九宮)의 중천교역(中天交易)에 의해 '목, 화, 금, 수'를 순차적으로 생성하는 이치를 밝혀놓았다.

선천의 건곤(乾坤) 부모는 신의 본체에, 후천의 자녀(3남 3녀)는 신(神)의 작용에 해당한다. 후천오행의 조화작용을 일으켜 모든 만물을 신묘(神妙)하게 이룸이 신(神)에 의함을 설명한 문장이다. 일명 〈신묘문(神妙文)〉이라고 한다.

이에 대한 필자견해를 담은 그림이 옆의 도본(圖本)이다.

神也者는 妙萬物而爲言者也니
動萬物者 莫疾乎雷하고 撓萬物者 莫疾乎風하고
燥萬物者 莫熯乎火하고 說萬物者 莫說乎澤하고
潤萬物者 莫潤乎水하고 終萬物始萬物者 莫盛乎艮하니
故로 水火 相逮하며 雷風이 不相悖하며
山澤이 通氣然後에아 能變化하야 旣成萬物也하니라.
- 설괘전 6장

神也者 妙萬物而爲言者也 (신이라는 것은 만물을 묘하게 함을 말하니)
動萬物者 莫疾乎雷 (만물을 움직임이 우레보다 빠름이 없고)
→ 동방진목
撓萬物者 莫疾乎風 (만물을 흔듦이 바람보다 빠름이 없고)
→ 동남손목
燥萬物者 莫熯乎火 (만물을 말림이 불만한 것이 없고) → 남방이화
說萬物者 莫說乎澤 (만물을 기쁘게 함이 연못만한 것이 없고)
→ 서방태금
潤萬物者 莫潤乎水 (만물을 적심이 물만한 것이 없고) → 북방감수
終萬物始萬物者 莫盛乎艮 (만물을 마치고 비롯함이 간방보다 성함

이 없다) → 동북간토

故 (그러므로)

水火 相逮 (물과 불이 서로 미치며) → ☵(3) ☲(8)의 합목

雷風 不相悖 (우레 바람이 서로 어그러뜨리지 않으며) → ☳(2) ☴(7)의 합화

山澤 通氣然後 (산과 못이 기운을 통한 뒤에야) → ☶(4) ☱(9)의 합금

能變化 (능히 변하고 화해서) → ☰(1) ☷(6)의 합수

旣成萬物也 (만물을 다 이룬다) → 대성 건(5)곤(10)의 합토 〈成言乎 艮 완성〉

夫微之顯이니 誠之不可揜이 如此夫ㄴ져.
부미지현   성지불가엄   여차부

右는 第十六章이라.
우   제십육장

夫: 대저 부 微: 은미할 미 顯: 나타날 현 揜: 가릴 엄 夫: 진저 부(감탄사)

대저 은미한 것이 나타남이니, 정성을 기울여 나아감을 마땅히 가릴 수 없음이 이와 같도다."고 하셨다.

우(右)는 제 16장이다.

역해(易解)

온 정성을 다하는 것은 오직 진실무망(眞實無妄)한 마음이다. 은미하여 보이지도 들리지도 않는다 하여도 해가 뜨면 밝게 나타나듯이 감응한 신명(神明)은 밝게 발현(發顯)한다. 이 우주 안에는 신명이 양양히 넘쳐흐르고 있다. 정성을 다해 공경하면 신명과 감통(感通)하게 되고 감응한 신명은 반드시 언젠가는 '신명나듯이' 그 기운이 발현이 된다. 지극한 정성을 가히 누가 가릴 수가 있겠는가? '신명이 도와야 하지' 하듯이 신명이 도와 천명(天命)을 받게 된다는 의미다.

귀신의 존재는 보이지도 들리지도 않기에 은(隱)인데 물건마다 체가 되어 존재하기 때문에 비(費)이다. 군자의 도는 비근(卑近)한 데서부터 시작된다고 하였다. 자신(自身)과 가장 가깝고 친한 처자식 형제 부친과 모친에서 조상신명과 천지신명으로 이어지고 있다. 체(體)에 해당되고 쓰임은 두루두루 쓰이지 않는 바가 없다.

12장에서 19장까지는 "君子之道 費而隱"의 뜻을 풀이하였다. 앞 3장(13장~15장)은 비(費)의 작음, 뒤 3장(17장~19장)은 비(費)의 큼을 말하였다. 16장은 비(費)와 은(隱)을 겸하고 대소(大小)를 포함하여 말한 것이다. 그래서 살아있는 생명체에서 죽은 귀신이 나왔다.

보본(報本)의 제례(祭禮) → 예(豫)

雷地豫　예(豫)는 周易(주역)의 16번째 괘 이름인데 中庸(중용)의 16장과 그 내용이 서로 상응한다. 초목(☳)이 땅(☷)을 뚫고 움터 나오면 그 싹수(기미)가 자연히 드러난다. 이를 보면 미리 앞일을 예측(豫測)할 수 있고 생명이 탄생하는 소리를 들으면 즐거우므로 '미리, 즐겁다'는 뜻이다.

어른이 부르면 "예"하고 응하기 마련이듯이 예(豫)는 자연스레 순히 움직임을 이른다. 생명의 탄생은 천지신명과 부모조상의 음덕에 유래(由來)한다.

그러므로 공자는 먼저 하늘의 상제께 제사음악을 연주하고 그 옆에 돌아가신 선조신위를 나란히 배향해서 제사를 성대히 지냈다고 예괘 대상(大象)을 풀이하였다.[4] 우레(☳)가 땅(☷) 밖으로 나와 '우르릉'하는 자연의 진동소리를 듣고 선대의 왕들이 음악을 지어 천지조상의 덕을 숭상하였다는 말씀이다.

즐거운 음악을 들으면 누구나 신명이 나기 마련이다. 흥에 겨워 절로 어깨춤이 나오고 즐거워하듯이 신명(神明)도 음악을 듣고 함께 기뻐하는 것이다.

---

4. 周易(주역) 예(豫)괘: 象曰 雷出地奮 豫 先王 以 作樂崇德 殷薦之上帝 以配祖考.

☷☲ 雷火豊

　예(禮)의 고자(古字)는 풍(豐)이다. 풍(豐)은 가지런히 쌓아 놓은 제물이 산(山)처럼 높이 쌓여서 제기(豆)위에 가득한(丰+丰)상태를 나타내므로 예(禮)는 '신(神)에게 풍성한 제물을 올려 제사지내다'는 뜻이다. 풍년(豐年)을 기원하기 위해 또는 풍요(豐饒)롭고 풍성(豐盛)한 곡식을 거두게 해준 보답으로 신에게 제사를 지냈다. 이는 모두 천지조상신명에 감사하는 '근본에 대한 보답'이었다. 이처럼 가장 중요한 예가 제례(祭禮)이므로 '예(禮)'를 대표하고 그 근본정신은 은혜를 갚는 '보본(報本)'이다.

　예(豫)의 음의(音義)와 예(禮)가 통한다.

17장 대효(大孝)

子ㅣ 曰 舜은 其大孝也與ㅣ신저 德爲聖人이시고 尊爲天子ㅣ시고
자 왈 순 기대효야여 덕위성인 존위천자

富有四海之內하사 宗廟饗之하시며 子孫保之하시니라.
부유사해지내 종묘향지 자손보지

孝: 효도 효 與: 어조사 여 尊: 높을 존 宗: 마루 종 廟: 사당 묘 饗: 제사 지낼 향, 흠향할 향 孫: 자손 손 保: 지킬 보

공자께서 말씀하시길, "순임금은 참으로 대효자(大孝子)이시다! 덕으로는 성인이시고, 존귀함으로는 천자가 되셨고, 부(풍족하기)로는 사해(四海)의 안을 소유하시며, 종묘에서 흠향하시며, 자손을 보우(保佑)하시니라.

역해(易解)

앞의 6장에선 하늘의 큰 지혜를 얻어 중화(中和)로 세상을 다스린 순(舜)의 '대지(大知)'를 공자가 칭송한 바 있다. 여기 17장에선 하늘이 낸 출천지효(出天之孝)로서 순(舜)의 '대효(大孝)'를 예찬하였다. 뒤이어 문장 말미에는 하늘처럼 큰 덕을 갖춘 성인으로서 순(舜)의 대덕(大德)에 대한 내용이 거듭 나온다[1].

---

1. 순(舜)의 아버지를 사람들은 '소경 고(瞽) 늙은이 수(叟)', 즉 고수(瞽叟)라고 불렀다. 어머니는 계모(繼母)였는데 아주 간악했으며, 이복동생인 상(象) 또한 오만(傲慢)했다. 어려운 환경 여건 속에서도 순은 부모에게 효성을 다했으며 아우 상(象)을 아꼈다.
요임금은 사람들이 이런 순을 칭송하는 소문을 듣고서, 두 딸인 아황(娥皇)과 여영(女英)을 시집보내어 그 소문이 맞는지 일일이 보고하도록 하였다.
또한 식량창고도 만들어 주고 많은 소·양을 하사하였는데, 시기질투에 눈이 먼 고수·계모·상은 함께 공모(共謀)하여 여러 번 순을 죽이려 했다. 그러나 순은 그 때마다 지혜롭게 대처하여 구사일생으로 집에 다시 돌아왔다. 이를 지켜본 그들은 더 이상 순을 죽일 생각을 하지 못했고, 결국은 순에게 감복되어 모두 유순해졌다. 순 또한 모든 허물을 자기의 잘못으로 돌리고, 효성을 다했으며 상과의 우애(友愛)도 변치 않았다.요임금은 이렇게 덕이 높고 대효(大孝)인 순을 지켜보고서, 틀림없이 훌륭한 인물임을 인정하시고 천자의 자리를 그에게 '선양(禪讓)'하였다.

대효(大孝)이신 순임금은 성인에 해당하는 덕(德)을 갖추었을 뿐만 아니라 가장 존귀한 천자의 위(位)에 올라 천하를 소유하게 되었다. 생전에는 역대 선왕을 모신 종묘에서 천자의 위(位)로서 제사를 올리고 어질고 밝은 덕으로 만백성의 부모가 되었다. 사후에는 종묘에서 흠향(歆饗)하며 국가수호신으로서 대대손손 만백성을 보우(保佑)하셨다.

위로는 조상의 위상(位相)을 드높이고 아래로는 후손의 귀감(龜鑑)이 되어서 천하와 후세의 표본(標本)이 되었으므로 공자가 이를 극찬한 것이다.

백행지본인 효(孝)는 '본받을 '효(效)'와 그 뜻이 상통한다. 모든 가르침과 배움이 본받음에서 비롯되기 때문에 교학(敎學)에 다 같이 본받는다는 효(孝)가 들어있다. '가르칠 교(敎)'는 본받도록 일깨우는 것이고, '배울 학(學)'은 배워 본받는 것이다.

"효자의 집에서 충신이 난다."는 격언과 같이 집안의 어른인 부모를 효성으로 잘 받드는 이가 나라의 어른인 임금에게도 충성을 다하기 마련이다.

大學(대학)에도 "나라를 다스리기 위해서는 반드시 먼저 그 집을 가지런히 하는 데 있다."고 하였다. 제가(齊家)를 통한 치국(治國)을 말씀한 내용인데, 제가의 기본덕목인 효(孝)와 제(弟), 자(慈)로써 집밖으로 나가지 않더라도 치국을 이룰 수 있다. "효는 임금을 섬기는 방법이고, 공손함은 어른을 모시는 방법이며, 사랑함은 무리를 이끄는 방법이 된다[2]." 이는 부모께 효도하는 이가 인군을 충성으로 섬기지 않을 사람이 없고, 형에게 공손한 이가 어른을 공경하지 않을 사람이 없고, 부모가 자식을 사랑하듯이 아랫사람을 사랑한다면 순종하지 않을 사람이 없다는 의미이다. 이 효(孝)와 제(弟), 자(慈)를 먼저 위(上)에서 행하고 아래(下)에서 본받으면 그림자나 메아리보다도 빠르게 흥기되어 나라뿐만이 아니라 온 천하도 다스릴 수 있다.

---

[2]. 大學(대학) 제가치국(齊家治國)장: 所謂治國이 必先齊其家者는 其家를 不可敎오 而能敎人者 無之하니 故로 君子는 不出家而成敎於國하나니 孝者는 所以事君也오 弟者는 所以事長也오 慈者는 所以使衆也니라.

論語(논어)에서 자하(子夏, 공자의 제자)는 "부모 섬김에 힘을 다할 줄 알며, 임금을 섬김에 제 몸을 바칠 줄 알며, 벗과 사귐에 자기가 말한 바를 그대로 실천한다면 비록 글을 배우지 않았다 하더라도 나는 반드시 그를 가리켜 배운 사람이라고 하겠다."고 하였다[3]. 적당히 배우고 실천궁행하지 않는 사람보다는 글을 배우지 못했더라도 진실로 '섬길 줄 아는 사람'이라면 하늘을 본받고 땅을 본받고 자연을 본받은 '배운 사람'이라 하겠다.

孝(효)와 부모자녀

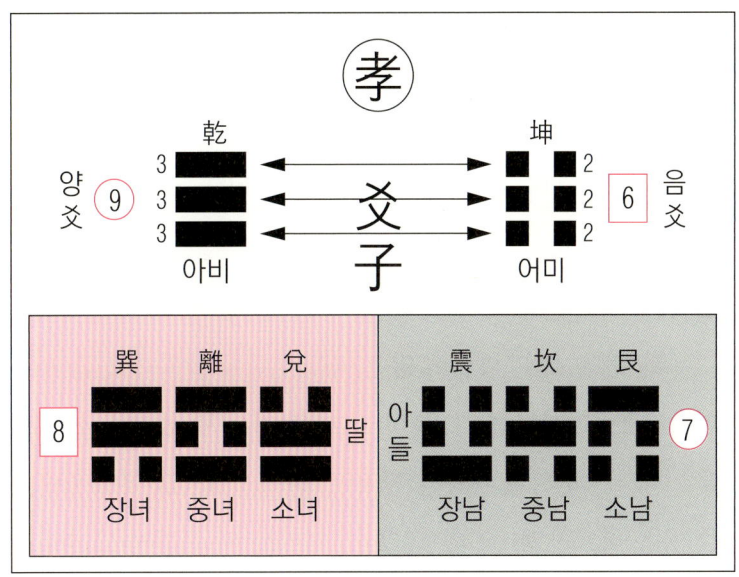

효(孝)

천지부모는 지대(至大)한 공덕을 베푼다. 하늘 아비는 대덕, 땅 어미는 지덕에 해당한다. 그러므로 부친상을 당한 상주를 '대효(大孝)', 모친상을 당한 상주를 '지효(至孝)'로 표명한다.

〈효(孝)〉에 대한 도표는 건곤(乾坤) 부모의 지극한 사랑(爻)에 의해 태어난

---

[3]. 論語(논어) 학이(學而)편: 子夏曰 賢賢호대 易色하며 事父母호대 能竭其力하며 事君호대 能致其身하며 與朋友交호대 言而有信이면 雖曰未學이라도 吾必謂之學矣라 하리라.

삼남삼녀로써 팔괘라는 여덟 가족이 형성됨을 나타내고 있다. 양을 3, 음을 2로 간주하는 '삼천양지(參天兩地)'의 수리로 사상(四象)의 용수(用數)를 살피면 아비는 9, 어미는 6, 아들은 7, 딸은 8에 각기 해당한다. 한자의 육칠팔구(六七八九)에 이러한 뜻이 담겨 있다.

故로 大德은 必得其位하며 必得其祿하며 必得其名하며 必得其壽] 니라.
고 대덕 필득기위   필득기록   필득기명   필득기수

祿: 복 록, 녹봉 록 壽: 목숨 수

그러므로 대덕은 반드시 그 지위를 얻으며, 반드시 그만한 녹(祿)을 얻으며, 반드시 그 명성을 얻으며, 반드시 그 수를 얻느니라(누리느니라).

역해(易解)

공자는 大學(대학)에서 "옛날에 밝은 덕을 천하에 밝히려고 한 자는 먼저 그 나라를 다스리고, 그 나라를 다스리려고 하는 자는 먼저 그 집을 가지런히 하고, 그 집을 가지런히 하려는 자는 먼저 그 몸을 닦고, 그 몸을 닦으려는 자는 먼저 그 마음을 바로하고, 그 마음을 바로하려는 자는 먼저 그 뜻을 정성스럽게 하고, 그 뜻을 정성스럽게 하려는 자는 먼저 그 앎을 지극히 하였으니, 그 앎을 지극히 하는 것은 사물에 이르는 데에 있다[4]."고 말씀하였다.

옛적 요순(堯舜)이나 문무(文武)와 같은 성인들은 자신의 밝은 덕을 훌륭히 밝혀 이를 온 세상에 펼쳐 백성을 새롭게 함으로써 천하를 다스렸다는 덕치(德治)의 중요성을 말씀하고 있는데, 반드시(必) 내면의 도리(道理)를 먼저 체

---

[4]. 大學(대학): 古之欲明明德於天下者는 先治其國하고 欲治其國者는 先齊其家하고 欲齊其家者는 先修其身하고 欲修其身者는 先正其心하고 欲正其心者는 先誠其意하고 欲誠其意者는 先致其知하니 致知는 在格物하니라.

득(體得)해야만 가능하다고 보았다. 그래야 도덕(道德)이 된다.

千字文(천자문)에도 "내면의 덕을 체득하면 세상에 이름도 얻고, 자신의 외면도 후덕함으로 빛나 단정하고 반듯해진다."는 "덕건명립(德建名立)하고 형단표정(形端表正)이라"이라는 구절이 나온다. 순임금 같이 대덕(大德)을 얻게 되면 반드시 하늘로부터 그 지위(地位)와 녹봉, 명성(名聲)과 수(壽)를 얻게 된다. 순임금은 110세의 수를 누렸다.

오복(五福)에 대해 書經(서경) 洪範(홍범)에서는 "첫째는 오래 사는 것이요(壽), 둘째는 부유함이요(富), 셋째는 심신이 편안함이오(康寧), 넷째는 덕을 좋아함이오(攸好德), 다섯째는 하늘의 명(命)을 마침(考終命)이니라[5]."고 정의하였다. 오복의 명칭 또한 오행생성의 순서인 수(水), 화(火), 목(木), 금(金), 토(土)에 따른 것이다.

德(큰 덕)

① 덕의 옛 글자는 직(悳)이다. 직심(直心) 즉 '마음이 올곧다'는 뜻인데, 올곧은 마음(直心)을 체득하여 행동(彳)으로 옮긴다는 '직심지행(直心之行)'으로 발전되었다. 즉 선심(善心)과 선행(善行)의 뜻이다.

② 직(悳)을 '남녘 남(南)'과 '한 일(一)' 그리고 '마음 심(心)'으로 보아 남중(南中)한 해가 세상을 두루 두루 비추는 한결같은 마음으로도 본다.

③ 직(悳) 속의 '그물 망(罒)'을 '넉 사(四)'로 간주하면 '十四一心' 즉 보름에 해당하는 15(十五)의 마음을 가리킨다. 어두운 한밤중을 훤히 밝혀주는 보름달과 같이 무지(無知)한 중생(衆生)에게 밝은 덕을 고루 베풀라는 뜻이 된다. 덕(德)의 획수도 총 15획이다.

마음(心)으로 분명한 선(丿)을 그어서 어떤 일을 '반드시, 기필코, 꼭' 해내

---

[5]. 書經(서경) 홍범(洪範): 五福은 一曰壽ㅣ오 二曰富ㅣ오 三曰康寧이오 四曰攸好德이오 五曰考終命이니라.

겠다는 결연한 의지를 나타내는 필(必)자와 목적지에 이르러(彳) 자신에게 필요한 물건(旦=貝)을 수중(寸)에 '얻다'는 득(得)자, '그 기(其)'자가 이 구절에 모두 4번씩 나온다. 대개 '덕(德)은 득야(得也)'라 하며 자신의 내면에 도리를 체득한 바이고, 그 덕을 밖으로 펼쳐 내놓는 것은 업(業)이라 한다.

故로 天之生物이 必因其材而篤焉하나니 故로 栽者를 培之하고 傾者를 覆之니라.
고 천지생물 필인기재이독언 고 재자 배지
경자 복지

材: 바탕 재 篤: 도타울 독 栽: 심을 재 培: 북돋을 배 傾: 기울 경 覆: 뒤집힐 복

그러므로 하늘이 만물을 내는 데 반드시 그 재질에 따라 돈독하게 해주니, 그러므로 (옳게) 심는 자는 북돋아주고 기운 자는 뒤엎는다.

역해(易解)

詩經(시경)에 "아버지 나를 낳으시고 어머니 나를 기르시니……[6]"라는 구절이 있다. 천지부모가 만물을 생성(生成)해내는데 먼저 하늘이 아비가 되어 밝은 생명(生命)의 기운을 땅에 베풀어준다. 땅은 어미가 되어 그 재질(材質)이나 품성(稟性)에 맞게 이루도록 두터운 덕으로 품어주고 길러준다.

인(因)은 씨앗이 땅속에서 자라나고 태아가 모태(囗)에서 커지듯이(大) 의지하여 비롯되는 데서 '의지하다, 인하다, 말미암다'는 뜻이다. 인과(因果)는 원인에 의한 결과로 '콩 심은 데 콩이 나고 팥 심은 데 팥이 난다.'는 말과 같이 뿌린 씨앗대로 결실이 돌아온다는 의미다. 따라서 "故 天之生物 必因其材而篤焉"은 하늘이 생명의 기운을 땅에 베풀면, 땅은 만물을 포태하여 반드시 그 재질에 맞게 이루도록 두터운 덕으로 길러낸다는 의미이다. 그러나 마음의 밭

---

6. 詩經(시경) : 詩曰父兮生我 母兮鞠我 哀哀父母 生我劬勞 欲報深恩 昊天罔極 劬: 수고로울 구

(心田)인 생각(思)에 어떤 선악(善惡)의 씨를 심느냐에 따라 선(善)을 쌓은 집안에는 경사가 따르고 악(惡)을 쌓은 집안에는 재앙이 따른다.

재(材)는 '재질(材質), 바탕'이고, 독(篤)은 '두터운 덕으로 만물을 실어준다.'는 '후덕재물(厚德載物)'의 의미다. 재(栽)는 나무(木)를 심을 때는 올곧게(直) 심어야 한다는 '심을 식(植)'이다[7].

배지(倍之)는 생명체에 밝은 기운이 이르면 자양분(滋養分)을 얻어 번식(繁殖)하듯이 기운을 북돋아 길러준다는 '배양(培養)'의 의미다. 기운이 뒤집혀 혼(魂)이 놀고 흩어지면 복(覆)이다.

書經(서경) 洪範(홍범)에서는 왕이 갖출 삼덕(三德)으로 정직(正直)과 강극(剛克, 강건하게 다스림) 유극(柔克, 부드럽게 다스림)을 제시하였는데, 정직(正直)을 으뜸으로 내세웠다. 대덕자(大德者)가 기본적으로 지녀야 할 덕목이 아닐 수 없다.

경(傾)은 사람(亻)이 머리(頁)를 갸우뚱거리는 모습 즉 한쪽으로 '기울다, 뒤집히다, 눕다'는 뜻이다. 짧은 순간에 형세가 기울어질 수 있음을 경계한 글자이다.

周易(주역) 繫辭傳(계사전)에 공자는 "위태로울까 하고 조심하는 자에게는 평이하게 잘 살게 해주고, 쉽게 아무렇게나 세상을 사는 사람에게는 기울어지게 한다(危者 使平 易者 使傾)."고 말씀하였다. 유리옥에 갇혀 항시 위태로울까 근심하며 옥중에서 괘사(卦辭)를 지어 세상 걱정을 한 문왕(文王)은 마침내 평안하였고, 폭정을 해서 백성을 도탄에 빠뜨리며 쉽게 세상을 살았던 폭군 주(紂)는 결국 일신과 종묘사직까지 망하게 하여 천추만대의 폭군으로 낙인이 찍혔다.

---

[7]. 재(栽)는 '올곧게 나무를 심다'는 식(植)이라 하였다. "栽者 培之"는 '마음 밭(思)'에다 '마음의 씨(心)'를 올곧게 심으면, 하늘의 밝은 기운이 이르러 올곧은 자를 잘 북돋워준다는 의미다. 올곧은 자는 정직(正直)한 자이며, 올곧은(直) 마음(心)인 '덕 덕(悳)'을 체득한 자이다. 악(惡)은 선(善)한 마음 버금(亞)가는 마음(心)으로, 곱사등이(亞)와 같이 굽혀진 올곧지 못한 나쁜 마음(心)이다.

"傾者 覆之"는 삐딱한 자는 하늘이 반드시 뒤집어놓는다는 뜻인데, 주(紂)와 같이 민심이 이반된 행동을 하면 반드시 백성을 구하기 위한 역성(易姓)혁명이 일어남을 말한다.

詩曰 嘉樂君子의 憲憲(顯顯)令德이 宜民宜人이라 受祿于天이어늘 保佑命之하시고 自天申之라 하니라.
_{시 왈 가락군자 헌헌현현영덕 의민의인 수록우천 보우명지 자천신지}

嘉: 아름다울 가 憲: 성할 헌 顯: 나타날 현 令: 착할 령 佑: 도울 우 申: 거듭 신

詩經(시경)에 이르길 '아름답고 즐거운 군자의 현명한 어진 덕이 백성을 마땅하게 하고 사람을 마땅하게 하니라. 녹을 하늘에서 받거늘, 보살피고 도와서 명을 내리시고 하늘로부터 거듭 (명을 내리시고 펼치게) 한다.'고 하니라.

역해(易解)

성인 문왕의 어진 덕을 詩經(시경)에 나오는 시로 찬미한 내용이다. 령(令)은 '명령(命令)하다', 명령하는 바가 여합부절로 시행되니 '좋다, 착하다'는 뜻이다. 착한 사람은 어질므로 영덕(令德)은 '어진 덕, 아름다운 덕'을 이른다.

문왕의 현명하고 현명한 어진 덕이 만백성을 선(善)하게 변화시키고 선정(善政)으로 관리나 일반 백성 모두가 잘살게 되니 '마땅하게 하였다'라고 칭송하고 있다.

의(宜)는 집안(宀)에서 많은 음식을 차려놓고(且) 조상신께 제사를 지내는 것이 '마땅하다'는 뜻이다.

大學(대학)에서 공자는 성인의 지선(至善)에 그치신 문왕을 "인군이 되어서는 '어질음(仁)'에 그치시고, 신하가 되어서는 '공경함(敬)'에 그치시고, 자식이 되어서는 '효도함(孝)'에 그치시고, 아버지가 되어서는 '사랑함(慈)'에 그치

시고, 국민과의 약속에 있어선 '믿음(信)'에 그치셨다."고 했다[8]. 이러한 문왕의 지선(至善)을 '오지(五止)'라 한다.

 문왕이 노인을 공경하고 우로지택(雨露之澤)의 선정을 베푼다는 소문이 백성들 사이에는 자자했다. 이로써 천하 민심의 3분의 2가 문왕에게 쏠리자 폭군 주(紂)는 이를 시기한 나머지 문왕을 유리옥(羑里獄)에 가두고 아들인 백읍고(伯邑考)를 죽여서 먹였다는 설이 있다. 말로 형언할 수 없는 고통을 겪으며 유폐되어있는 동안에, 그 곳에서 周易(주역) 64괘의 괘명과 괘서, 괘사를 짓고 후천팔괘(後天八卦)를 계작(繼作)하였다. 이미 기운 민심으로 천하를 차지할 수 있었으나 끝까지 이신벌군(以臣伐君)하지 않았다. 근본인 복록(福祿)은 하늘에서 받거늘, 이런 문왕을 어찌 하늘이 보우(保佑)하지 않고 또한 천명을 내리지 않겠는가[9]?

自天祐之(자천우지)

火天大有

 "역에 말하길 '자천우지(自天祐之)라. 길해서 이롭지 않음이 없다'라 하니 공자 말씀하시길 '우(祐)라는 것은 돕는 것이니, 하늘이 돕는 바는 순(順)이요 사람이 돕는 바는 신(信)이니, 신(信)을 이행하고 순(順)을 생각하고 또 어진 이를 숭상함이라. 이로써 하늘로부터 도와 길하여 이롭지 않음이 없다[10].'"고 하였다.

 하늘은 스스로 돕는 자를 돕는다. '스스로 돕는 자'는 순리(順理)를 좇는 사

---

8. 大學(대학) 지어지선(止於至善)장: 詩云穆穆文王이여 於緝熙敬之라 하니 爲人君엔 止於仁하시고　爲人臣엔 止於敬하시고 爲人子엔 止於孝하시고 爲人父엔 止於慈하시고 與國人交엔 止於信이러시다.

9. 우(祐)는 신이 '돕다', 또는 신이 도와주니 '복'을 받는다는 뜻이다. 시(示)는 대개 '신령할 신, 귀신 신(神)'에 대한 의미로, 우(右)는 '오른쪽에서 돕는 사람'이라는 우(佑)와 같은 의미이다. 힘이 있어야 남을 도울 수 있는데, 주로 오른 쪽에 힘이 있으니 우(祐)나 우(佑) 모두 '오른 우(右)'가 있다. 보통 '돕다'라는 뜻을 가진 글자로 우(祐)보다는 '도울 좌(佐), 도울 우(佑), 도울 조(助)'를 많이 쓴다. 보우(保佑)는 보호하고 도와준다는 말이고, 천우신조(天佑神助)는 하늘이 도와주고 신이 돕는다는 뜻이다.

10. 周易(주역) 계사(繫辭)상전; 子曰 祐者 助也 天之所助者 順也 人之所助者 信也 履信思乎順 又以尙賢也 是以自天祐之吉无不利也.

람이므로 '하늘은 천리에 순응한 사람을 돕는다.'는 말과 같다. 또 사람과 사람사이에 돕는 것은 그 사람의 신의(信義)와 신용(信用)을 보고서 돕는 것이므로 신(信)이 중요하다. 이렇게 하늘로부터 도움을 받으려면 순리를 따르고 신의를 지키며 또한 어진 사람을 숭상하면 하늘이 도와 길하여 이롭지 않음이 없다고 공자는 말씀하신 것이다. '自天申之'는 이런 대덕(大德) 군자인 문왕에게 하늘이 거듭 거듭 천명을 내리시고 또한 그 명을 펼치게 도와준다는 의미다[11].

故로 大德者는 必受命이니라.
고 대덕자   필수명

右는 第十七章이라.
우   제 십 칠 장

그러므로 큰 덕을 갖춘 자는 반드시 천명(天命)을 받느니라."고 하셨다.
우(右)는 제 17장이다.

역해(易解)

큰 덕을 갖추면 순임금과 문왕같이 반드시 하늘로부터 천명(天命)을 받게 된다는 의미다. 수명(受命)은 불가(佛家)에서의 수기(授記)와도 같다. 수기는 부처가 미래의 증과(證果, 깨달음)에 대하여 미리 지시하는 예언의 약속을 이른다.

---

[11]. 신(申)은 초가을인 음력 7월에 해당하므로 햇곡식을 찧어 절구질할 때이다. 𦥑(확 구, 절구 구)와 丨(절구 공이)의 모양으로 보아, 깨끗이 절구질하여 '도정(搗精)하다'는 뜻이다. 또한 시간(日: 날 일)의 운행 축(丨)에 대한 의미도 숨어있다. 해의 운행으로 인해 하루, 날(日)이 거듭 쌓여 한 달, 달이 거듭 쌓여 한 해를 이룸과 같이 시간의 수레바퀴가 계속 나아가기 때문에 '거듭 신'이라고 한다.
'몸 신(身)'은 申의 반자(半字)로서 신(身)을 거듭한 글자로도 申을 풀이하는데, 두 신체가 하나로 합해 거듭 포개지다는 뜻이다. 두 몸이 함께 합한다는 巽(己+己+共)괘에 대해 공자는 위에서 거듭 불어 내려오는 바람과 같이 하늘의 명을 거듭 받아 사람으로서 행해야 할 일을 끝까지 시행해서 펼치라는 '신명행사(申命行事)'를 말씀하였다.

평상시의 언행(庸行)과 변치 않는 항상(恒常)함은 중용의 도이다. 백가지 행실의 근본이 효(孝)이므로 대효이신 순임금과 지선(至善)의 경지에 이른 문왕의 대덕(大德)을 예로 들어 그 지극함을 극진히 하였다. '중용의 도'의 쓰임이 이렇게 광대(廣大)하니, 그 소이연(所以然: 까닭)은 체가 되어 은미할 따름이다.

18장 무우(無憂)

子ㅣ曰 無憂者는 其惟文王乎ㅣ신저 以王季爲父하시고 以武王
자 왈 무우자 기유문왕호 이왕계위부 이무왕

爲子하시니 父ㅣ作之어시늘 子ㅣ述之하시니라.
위자 부 작지 자 술지

憂: 근심할 우 惟: 오직 유 季: 끝 계 作: 일으킬 작 述: 이을 술

공자께서 말씀하시길, "근심이 없는 이는 그 오직 문왕이시다. 왕계로써 아버지를 삼으시고, 무왕으로써 자식을 삼으시니, 아버지가 (왕업을) 일으키시거늘 자식이 계승하시니라.

역해(易解)

대덕(大德)을 갖추신 문왕의 일을 칭송한 내용이다. 조부인 태왕 고공단보(古公亶父)로부터 비롯된 왕업의 기초를 부친인 왕계(季歷)가 일으키고 자식인 무왕(武王)이 천하를 통일함으로써 그 뜻을 계승하여 발전시켰기 때문에 문왕은 근심이 없었다.

'작지(作之)'는 선대가 오랫동안 공(功)을 쌓고 인(仁)을 베풀어서 그 덕으로 비로소 터 닦은 왕업의 기초를 일으켰다는 '조기왕적(肇基王迹)'의 뜻이다. '술지(述之)'는 선대의 유지와 유업을 계승(繼承)하고 발전하여 전술(傳術)하였다는 의미이다.

詩經(시경) 大雅(대아)의 문왕(文王)편에는 "문왕께서 천상에 계시어 하늘에서 빛나시니, 주나라가 비록 오래된 나라이나 그 명이 오직 새롭도다. 그러니 주나라가 나타나지 아니하랴. 상제의 명이 아니랴. 문왕께서 하늘에 오르

고 땅에 내려오심이 상제의 좌우에 계심이라[1]."고 읊고 있다.

이는 상제 곁에 계시면서 인간세계와 천상을 오르내리며 밝은 덕을 지극히 베푼 문왕(文王)을 기린 시이다. 주(周)나라의 시조인 후직(后稷) 이래로 천여 년이 넘도록 오랫동안 덕을 두터이 쌓아왔다. 문왕에 이르러서는 그 덕이 자신뿐만 아니라 백성을 새롭게 하는데 까지 미쳐 '자신(自新), 신민(新民)'이 모두 이뤄졌으므로 새로운 천명(天命)을 받게 되었음을 예찬한 것이다[2].

周易(주역)의 계사전에서 공자는 "역이 중흥(中興)한 시기는 은말(殷末)과 주초(周初)인 중고(中古)시대이다. 역에 글을 달아 작역(作易)한 문왕과 주공은 우환(憂患)이 있었다."고 말씀하고 있다[3]. 여기에서 말씀한 우환(憂患)이란 폭군 주(紂)의 폭정으로 모든 백성들이 도탄에 빠져있었으나 문왕은 유리옥(羑里獄)에 갇혀 어떤 도움도 줄 수 없으니 근심과 걱정이 많았다는 뜻이다. 그러나 선후천 대변혁기인 대과(大過)시대 즉 동양의 정신도덕문명이 뿌리 채 흔들리는 지금의 시대를 근심하고 걱정하여 역(易)을 지었다는 의미로도 풀이한다.

武王이 纘大王王季文王之緒하샤 壹戎衣而有天下하샤되 身不
무왕 찬태왕왕계문왕지서   일융의이유천하   신불
失天下之顯名하샤 尊爲天子ㅣ시고 富有四海之內하샤 宗廟饗
실천하지현명   존위천자   부유사해지내   종묘향
之하시며 子孫保之하시니라.
지   자손보지

纘: 이을 찬 緒: 실마리 서 壹: 한 일 戎: 군사 융

1. 詩經(시경) 문왕(文王)편: 文王在上하사 於昭于天하시니 周雖舊邦이나 其命維新이로다. 有周不顯가 帝命不時가 文王陟降이 在帝左右시니라.
2. 大學章句(대학장구)」주(註): 詩 大雅文王之篇 言周國 雖舊 至於文王 能新其德 以及於民 而始受天命也.
3. 周易(주역) 계사(繫辭)상전: 易之興也 其於中古乎 作易者 其有憂患乎.

무왕이 태왕과 왕계, 문왕의 단서(왕업)를 이으시어, 한번 군복(戎衣)을 입어서 천하를 소유하시되, 일신(一身)은 천하에 나타난 명성(名聲)을 잃지 아니하시어, 존귀함으로는 천자가 되시고, 부(富)는 사해의 안을 소유하시어, 종묘에서 흠향(歆饗)하시며 자손을 보우(保佑)하시니라.

역해(易解)

선대의 유지와 유업을 계승(繼承)한 무왕의 일을 말씀한 것이다. 일반적으로 대왕(大王)은 태왕(太王)으로도 부르는데, 왕계(季歷)의 아버지인 '고공단보(古公亶父)'를 일컫는다. 주(周)나라의 시조(始祖)는 요임금 때 농관(農官)이었던 후직(后稷)으로 '농경(農耕)의 신, 오곡(五穀)의 신'으로 불렸다. 고공단보(古公亶父)는 문왕의 조부(祖父)로 상(商)나라 사람이다. 주나라 왕업의 실질적 기초가 이때부터 비롯되었다고 한다.

고공단보에게는 태백(太伯)과 중옹(仲雍), 계력(季歷)이라는 세 아들이 있었다. 계력의 아들인 문왕(文王)이 탄생할 때 봉황이 기산(岐山) 일대에 출현하는 등 상서롭고 길한 조짐이 나타났다. 이런 이유로 고공단보는 계력이 왕위를 계승하여 그 뒤를 문왕이 이어주기를 내심 바랐다. 이에 계력의 두 형은 아버지의 뜻을 알아채고 스스로 형만(荊蠻)으로 도망갔다.

드디어 문왕(文王)이 왕위를 이어 서쪽 제후(西伯)가 되고 이후 세상을 떠나게 된다. 백성들은 문왕의 아들 무왕(武王)에게 찾아가서 주(紂)를 죽이고 도탄에 빠진 백성들을 구해 달라고 애원한다. 그때 무왕이 "민심은 천심일지니 백성이 나를 찾아와 나에게 주를 베라고 한 것은 바로 하늘이 시키는 것이다."라고 하면서 칼을 뽑아들었다.

그때 백이(伯夷)와 숙제(叔齊)는 무왕의 말고삐를 붙잡고서 "신하된 입장에서 한 나라의 임금을 칠 수 없다(以臣伐君)."고 간하였으나 무왕은 "백성이 있고서야 임금이 있는 법인데 지금 백성은 이미 주의 곁을 모두 떠났다. 그렇다면 주는 이제 더 이상 한 나라의 임금이 아니고 홀로인 사내(獨夫)에 불과하니 악한 사내를 응징하는 것이다." 하고서, 폭군 주를 베어 은나라를 치고 주나라를 세웠다.

이렇게 "武王 纘大王王季文王之緖 壹戎衣而有天下"는 고공단보와 계력, 문왕으로 이어지는 왕업의 기초를 무왕(武王)이 계승(繼承)하여 한번 융의(戎衣)를 입고서 주를 베어 비로소 천하를 통일하게 되었다는 말씀이다.

융의(戎衣)는 갑옷과 투구 등 전투태세를 갖춘 상태이므로 '군복, 전투복'을 뜻한다. 일융의(壹戎衣)는 書經(서경)에 나오는 이야기로 "무왕이 한번 융의를 입고(一戎衣) 폭군 주(紂)를 벤 뒤 천하가 크게 안정이 되었다. 이에 되돌려서 옛 상(商)나라의 정사를 따르며 가두었던 기자(箕子)[4]를 풀어주고 비간(比干)[5]의 무덤에 봉분을 했으며 녹대(鹿臺)의 재물과 거교(鉅橋)의 곡식을 풀어 백성들에게 나누어주고 의식과 상례 제례를 중히 여기며 믿음의 정치를 하니 모든 백성들이 기뻐하여 복종하였다[6]."는 말씀이 있다.

千字文(천자문)에 '수공평장(垂拱平章)'이란 구절이 나온다. 임금이 곤룡포만 걸치고 팔짱을 낀 채 그대로 앉아 있어도 온 나라가 평화롭고 빛나게 잘 다스려졌다는 뜻이다. 이렇게 무왕이 '수공평장(垂拱平章)'의 정치를 하였으므로 천하에 밝게 드러난 명성(名聲)을 잃지 않았고 천자지위에 올라 천하를 소유(所有)하였으며 종묘에서 흠향(歆饗)을 받고 국가의 수호신이 되어 자손대대로를 보우하게 되었다는 내용이다.

---

4. 폭군 주(紂)의 삼촌. 주에게 정치를 잘하라고 간하다 주가 "성인의 심장에는 일곱 구멍이 있다고 하니 좀 보자."고 하면서 삼촌 비간을 죽이고 심장을 꺼내 보았다는 것이다. 그래서 "七孔은 比干心이라, 比干이 諫而死하다."는 말이 전해오고 있다.
5. 폭군 주(紂)의 삼촌으로 백성을 구해야 한다는 생각으로 거짓 미친척(佯狂)하며 살았다. 무왕이 주를 치고서 주나라를 세웠을 때 국가적으로는 원수지간이었던 기자를 찾아가 정치하는 법도를 물었고 기자는 널리 세상의 규범이 되는 정치대법 홍범구주(洪範九疇)를 가르쳐 주었다.
6. 서경(書經) 주서(周書) 무성(武成)편: 一戎衣에 天下大定이어늘 乃反商政하야 政由舊하시고 釋箕子囚하며 封比干墓하시며 式商容閭하시며 散鹿臺之財하시며 發鉅橋之粟하샤 大賚于四海하신대 而萬姓悅服하니라.

武王이 末受命이어시늘 周公이 成文武之德하샤 追王大王王季하시고 上祀先公以天子之禮하시니 斯禮也ㅣ 達乎諸侯大夫及士庶人하니 父爲大夫ㅣ오 子爲士ㅣ어든 葬以大夫ㅣ오 祭以士하며 父爲士ㅣ오 子爲大夫ㅣ어든 葬以士ㅣ오 祭以大夫하며 期之喪은 達乎大夫하고 三年之喪은 達乎天子하니 父母之喪은 無貴賤一也ㅣ니라.

右는 第十八章이라.

末: 끝 말 追: 쫓을 추 祀: 제사 사 斯: 이 사 達: 통달할 달, 이를 달 諸: 모든 제 侯: 제후 후 庶: 여러 서 葬: 장사지낼 장 祭: 제사 제 期: 기약할 기 喪: 죽을

　　무왕이 말년(末年)에 천명을 받으시거늘, 주공이 문왕과 무왕의 덕을 이루시어, 태왕과 왕계를 왕으로 추존(追尊)하시고, 위로는 선공(先公, 先祖)을 천자(天子)의 예로써 제사지내니, 이 예법(禮法)이 제후와 대부 및 선비(士)와 서인(백성)에게도 통용(通用)되니, 아버지가 대부이고 자식이 선비이면, 장사(葬事)는 대부의 예로써 하고 제사(祭祀)는 선비의 예로써 하며, 아버지가 선비이고 자식이 대부이면, 장사는 선비의 예로써 하고 제사는 대부의 예로 하며, 일년상은 대부까지만 이르고 삼년상은 천자까지만 이르니, 부모상은 귀천의 구별 없이 똑같다."고 하셨다.
　　우(右)는 제 18장이다.

역해(易解)

　　주나라의 문물제도를 확립한 주공(周公)의 일을 말하였다.

말(末)은 노(老)와 같으므로, '말년(末年), 노년(老年)'이다. "武王 末受命"은 무왕이 주(周)나라 천자가 된 시기는 50세를 넘은 늦은 나이이기에 늦게 천명(天命)을 받았다는 뜻이다. 성(姓)은 희(姬), 이름은 발(發)인 무왕이 노년(老年)에 천명을 받았지만 3년 만에 병으로 세상을 떠나게 된다. 어린 성왕(成王)이 천자의 지위에 오르게 되어 주공이 섭정(攝政)을 하게 된다.

추왕(追王)은 왕(王)으로 추존(追尊)했다는 뜻이다. 주공이 아버지인 문왕, 형님인 무왕의 뜻을 미루어 왕업의 기틀이 일어난 고공단보와 계력에게까지 미치어 태왕(太王)과 왕계(王季)로 추존했다는 의미다. 성왕(成王)의 부(父)인 무왕, 조부(祖父)인 문왕, 고부(高父)인 왕계, 고조부(高祖父)인 태왕에 이르기까지 '사대봉사(四代奉祀)'를 말한다.

선공(先公)은 태왕의 부(父)인 조감(組紺)부터 시조(始祖)인 후직(后稷)에 이르기까지 13대이다. '상사선공이천자지례(上祀先公以天子之禮)'는 이 13대의 선대(先代) 조상(祖上)을 천자의 예로써 제사지냈다는 뜻이다. 주공이 예법(禮法)을 제정(制定)해서 천하에 통용(通用)되게 했는데, 장례(葬禮)는 죽은 자의 벼슬을 적용하는 '장용사자지작(葬用死者之爵)', 제례(祭禮)는 산 자의 녹(祿)을 적용하는 '제용생자지록(祭用生者之祿)'을 썼다. 주공이 섭정할 당시 주나라가 천자의 나라였으므로 천자의 예로써 13대 선조를 제사지냈다는 말씀이다.

상복(喪服)을 입는 기간은 3년(三年服), 1년(期年服), 9개월(大功), 5개월(小功), 3개월(緦麻服)이 있다. 제후는 공인(公人)으로서 업무에 충실해야 하므로 1년 이하는 입지 아니하고 대부는 기간을 줄였다. 그러나 부모의 상(喪)은 지위고하(地位高下)나 빈부격차에 관계없이 천자와 제후, 대부, 선비, 백성 모두 똑같이 삼년상을 지냈다.

論語(논어) 學而(학이) 편에 "부모가 생존해 계실 때는 그 뜻을 살피고 부모가 돌아가셨을 때는 그 행보를 살펴서 삼년 동안 부모가 행한 길을 고치지 않는다면 참으로 효(孝)라고 이를 만하다[7]."고 공자는 말씀하였다. 세상에 태어나 3년 동안 진자리 마른자리 부모 품을 한시라도 벗어나지 못하였던 것을 생각하면 마땅히 자식으로서의 도리를 지켜야 한다.

---

[7]. 論語(논어) 학이편: 子曰 父在 觀其志 父沒 觀其行 三年 無改於父之道 可謂孝矣.

19장 달효(達孝)

子ㅣ曰 武王周公은 其達孝矣乎ㅣ신저.
자 왈 무왕주공 기달효의호

공자 말씀하시길, "무왕과 주공은 공통으로 일컫는 효(孝)이시구나.

역해(易解)

달(達)은 누구에게나 통한다는 '통할 통(通)'의 의미이다. 공자께서는 "무왕 주공의 효(孝)는 천하 사람들이 누구나 이구동성(異口同聲)으로 '효자이시다'고 일컫는 효이다."고 말씀하였는데 18장을 이은 내용이다.

순임금은 대효(大孝), 무왕과 주공은 달효(達孝)라 했다. '세상 사람들이 누구나 존경할 만한 사람'이라는 맹자의 '달존(達尊)'과 같다. "조정에서는 벼슬(爵)만한 것이 없고 향당에서는 나이(年齒)만한 것이 없고 세상을 돕고 백성을 기르는 데는 덕(德)만한 것이 없으니, 어찌 그 하나를 얻었다 해서 그 둘을 업신여기겠는가[1]?"

夫孝者는 善繼人之志하며 善述人之事者也ㅣ니라.
부 효자 선계인지지 선술인지사자야

善: 착할 선 繼: 이을 계 述: 이을 술

무릇 효라는 것은 선대의 유지(有志)를 잘 계승(繼承)하며, 선대의 사업(遺業)을 잘 전술하는 것이니라.

---

[1]. 孟子(맹자) 공손추(公孫丑): 天下 有達尊 三 爵一 齒一 德一 朝廷 莫如爵 鄕黨 莫如齒 輔世長民 莫如德 惡得有其一 以慢其二哉.

역해(易解)

효(孝)는 낳아주신 부모를 봉양(奉養)하고 받들어 섬긴다는 뜻이지만 '본받을 효(效)'의 의미로 보아야 된다. 무릇 우리가 본받아야할 것(孝)은 추구하신 유지(遺志)를 잘 받들어 이어나가며 유업(遺業)을 잘 이어나가 이루는 것이다.

"善繼人之志"는 선대의 유지를 잘 계승하였음을 말한다. 18장에서 "무왕이 고공단보와 계력, 문왕으로 이어지는 왕업의 기초를 계승(繼承)하여 한번 융의를 입고서 주를 베어 비로소 천하를 통일하였다(武王 纘大王王季文王之緒 一戎衣而有天下)."고 하였다.

"善述人之事"는 선대의 유업을 잘 계승하였음을 말한다. 주공은 예법(禮法)을 제정(制定)해서 천하에 통용(通用)되게 하였다. 18장에서 "문왕과 무왕의 덕을 이루어서 왕업의 기틀이 된 고공단보와 계력을 왕으로 추존(追尊)하고 13대의 선조를 천자의 예로써 제사지냈다(成文武之德 追王大王王季 上祀先公以天子之禮)."고 하였다.

春秋에 脩其祖廟하며 陣其宗器하며 設其裳衣하며 薦其時食이니라.
춘추 수기조묘 진기종기 설기상의 천기시식

廟: 사당 묘 陣: 진칠 진 裳: 치마 상 薦: 올릴 천

봄과 가을에 그 선조의 사당을 수리(修理)하며, 그 종묘의 기물(器物)을 진열(陳列)하며, 그 의상을 설치(設置)해놓으며, 그 때의 음식을 올리느니라.

역해(易解)

조상의 신주(神主)를 모시는 사당(祠堂)에 대한 설명이다. 사람이 임종(臨終)을 맞이한 것을 '죽을 사(死)', 죽어서 아직 신주(神主)를 세우기 이전은 시

신(屍身)으로 이를 대신하는데 이를 '종주(終主)'라고 한다.

시(尸)는 사람이 죽어 나무위패[2]를 만들기 이전에 그 신(神)이 의지하는 종주를 이른다. 대개 신주를 쓰지 않는 가정에서는 창호지에 써서 모신 지방(紙榜)을 쓴다.

좌소우목(左昭右穆)의 제도는 중국에서 연유한 것인데 주공에 의해 체계화되었다. 좌양우음과 양선음후, 좌동우서 법도를 생각하면 쉽게 이해된다.

周禮(주례)에 의하면 천자는 사당 7묘(廟)를 짓고 신주(神主) 7위를 모시는데 태조묘(1세)는 가운데에, 2세와 4세, 6세의 3소(昭)는 왼쪽에, 3세와 5세, 7세의 3목(穆)은 오른쪽에 짓고 신주를 모신다. 제후는 5묘인데 태조묘는 중앙에, 2세와 4세의 2소(昭)는 왼쪽에, 3세와 5세의 2목(穆)은 오른쪽에 모신다. 대부는 3묘를 짓는데 태조묘는 중앙에, 2세의 1소(昭)는 왼쪽에, 3세의 2목(穆)은 오른쪽에 모신다. 적사(適士. 元士)는 부와 조부의 2묘, 관사(官師)는 부의 1묘를 짓고 모신다.

선조의 사당은 일 년에 두 번 봄과 가을에 깨끗하게 수리(修理)한다.

종기(宗器)는 선대 조상들께서 소장해온 귀중한 기물(器物)인데 제사지낼 때 유지와 유업을 잊지 않고 계승 발전시키겠다는 의미에서 진열해놓는다.

예를 들면 폭군 주를 벨 때 사용했다는 주나라의 적도(赤刀), 성군이 백성들에게 내렸다는 대훈(大訓), 귀중한 옥인 천구(天球), 복희씨 때 나왔다는 하도(河圖) 등과 같은 것들이다.

상의(裳衣)는 선조가 남긴 의복인데 제사를 지낼 때 영혼이 맑은 어린 시동(尸童)에게 입혀 신주(神主) 대신 앉혔다. 그러면 조상신명이 시동(尸童)에게 강림(降臨)한다고 믿었다. 제물(祭物)은 사시사철 나는 제철 음식물을 올린다.

宗廟之禮는 所以序昭穆也ㅣ오 序爵은 所以辨貴賤也ㅣ오 序事는
종 묘 지 례   소 이 서 소 목 야   서 작   소 이 변 귀 천 야   서 사

2. 우제(虞祭)에는 뽕나무 신주를 쓰고 소상(小祥) 부터는 밤나무 신주를 쓴다.

所以辨賢也ㅣ오 旅酬에 下ㅣ 爲上은 所以逮賤也ㅣ요 燕毛는
소 이 변 현 야　　려 수　　하　위 상　소 이 체 천 야　　연 모

所以序齒也ㅣ니라.
소 이 서 치 야

昭: 밝을 소　穆: 화목할 목　爵: 벼슬 작　辨: 분별할 변　旅: 무리 려　酬: 갚을 수　逮: 미칠 체　燕: 잔치 연　毛: 털 모　齒: 이 치

　종묘의 예는 소목(昭穆)을 차례로 하는 바이고, 관작(官爵)을 차례로 함은 귀천(貴賤)을 분별하는 바이고, 일을 차례로 함은 현인(賢人)을 분별하는 바이고, 여럿이 술을 권하는데 아랫사람이 윗사람을 위함은 천한 이에게도 미치는 바이고, 잔치하는데 모발의 색은 연치(年齒, 나이)를 차례로 하는 바이니라.

역해(易解)

　종묘에서의 예법과 벼슬의 서열, 제사의 업무, 음복을 하는 순서 등에 대한 설명이다. 선대 조상을 모신 종묘에서 차례가 좌소(左昭) 우목(右穆)이듯이 자손과 형제 또한 이를 법도로 삼아 질서정연하게 제사를 지낸다.

　천자로부터 공(公)과 후(侯), 경(卿), 대부(大夫) 등 벼슬의 순서대로 서는 것은 귀천이 분별된다는 뜻이다. 사(事)는 축관(祝官)이 제사를 지낼 때 축문을 읽는 일과 술을 따르고 올리는 등 실무를 처리하는 좌우(左右) 집사(執事)의 일이며 제반 업무를 다 살피는 것은 유사(有司)의 일이다. 조정과 집안, 마을에서 덕망이 높은 어진 사람이므로 분별할 수 있는 바이고 또한 집사와 유사의 업무 보는 것을 영광으로 여긴다.

　제사를 마치고 신명이 감응한 술을 여럿이 마실 때도 또한 순서가 있다. 이를 음복(飮福)이라 하는데 정성을 다하면 신명이 감응하여 내려주는 '복을 마시다'는 의미이다. 귀천과 관계없이 아랫사람이 위 어른에게 술을 권하는 장유유서(長幼有序)로서 천한 이에게까지 은택이 고루 미치는 것이다.

제사가 끝나고 제사음식을 나눠먹기 위해 잔치를 베풀 때 모발의 색으로 어른과 어린이(長幼)를 구별해서 나이순대로 앉는 차례를 정한다. 이 또한 귀천과는 관계없는 조상을 공경하듯이 어른을 공경하는 미풍양속이다.

踐其位하야 **行其禮**하며 **奏其樂**하며 **敬其所尊**하며 **愛其所親**하며
천 기 위　행 기 례　　주 기 악　　경 기 소 존　　애 기 소 친
事死如事生하며 **事亡如事存**이 **孝之至也** ㅣ 니라.
사 사 여 사 생　　사 망 여 사 존　효 지 지 야

踐: 밟을 천　奏: 아뢸 주　事: 섬길 사

　선왕이 밟았던 지위(地位)를 밟아서 선왕이 행했던 예(禮)를 행하며 선왕이 연주(演奏)했던 음악을 연주하며 선왕이 존경(尊敬)했던 바를 존경하며 선왕이 친애(親愛)했던 바를 친애하며, 죽은 이의 섬기기를 살아 있는 이를 섬기듯이 하며, 없는 이의 섬기기를 있는 이를 섬기듯이 하는 것이 효의 지극함이니라.

역해(易解)

　선왕이 밟으셨던 그 지위(地位)를 밟아서 선왕이 행하셨던 그 예(禮)를 그대로 행하며 제사를 올리는데 선왕이 연주(演奏)하셨던 그 때의 음악을 연주하며 선왕이 평소 공경(恭敬)하셨던 이를 그대로 존경하며 선왕이 친애(親愛)하셨던 자손들과 신하 백성들을 또한 그대로 친애한다. 장사를 지낼 때는 돌아가신 이의 섬기기를 마치 살아 계신 이를 섬기듯이 하며, 제사를 지낼 때는 이미 돌아가 없어진 이의 섬기기를 지금 계신 이를 섬기듯이 정성을 다함이 효의 지극함이라고 하였다. 이것은 모두 유지(有志)를 계승(繼承)하고 사업(遺業)을 전술(傳述)한다는 뜻이다.

　論語(논어)에 "돌아가셨을 때 상사(喪事)의 예를 삼가고 먼 조상까지 추모

의 제사를 다하면 백성의 덕이 후한 데로 돌아가게 된다[3]."라고 증자는 말씀하였다. 부모의 상례(喪禮)와 제례(祭禮)를 행할 때에 '신종추원(愼終追遠)'의 마음가짐을 지적한 것이다.

　모름지기 부모가 이 세상을 마치고 돌아가시는 임종(臨終)시에는 삼가는 마음으로 장사를 극진히 지내고 제사(祭祀)시에는 멀리 계신 부모의 영혼을 좇아서 정성을 다해 추모하여야 한다. 그래야 마땅히 착한 자로서 불초소생이나 불효자가 되지 않는다.

郊社之禮는 所以事上帝也ㅣ오 宗廟之禮는 所以祀乎其先也
교사지례　　소이사상제야　　　　종묘지례　　소이사호기선야
ㅣ니 明乎郊社之禮와 禘嘗之義면 治國은 其如示諸掌乎ㄴ저.
　　　명호교사지례　　체상지의　　치국　　기여시저장호
右는 第十九章이라.
우　　제십구장

郊: 들 교　社: 토지신 사　祀: 제사 사　禘: 종묘제사이름 체　嘗: 가을제사 상　諸: 어조사 저

　교제(郊祭)와 사제(社祭)의 예는 상제를 섬김이고, 종묘의 예는 그 선조를 제사지냄이니, 교제(郊祭)와 사제(社祭)의 예(禮)와 체제(禘祭)와 상제(嘗祭)의 예의(禮義)에 밝으면, 치국(治國)은 그 손바닥에서 보여줌과 같으리라."고 하셨다.
　우(右)는 제 19장이다.

역해(易解)

　교제(郊祭)는 동지 때 남교(南郊)에서 천신(天神)께, 사제(社祭)는 하지 때

---

[3]. 論語(논어) 학이(學而)편: 曾子曰 愼終追遠이면 民德이 歸厚矣리라.

북쪽에서 지신(地神)께 제사지내는 것이므로 만물의 부모인 천지신명을 섬기는 예이다. 종묘에서 제사지내는 것은 조상신명을 섬기는 예이다.

체제(禘祭)는 천자가 정월달 남교(南郊)에서 지내는 큰 제사로 태조를 출생케 한 시조(始祖)를 태묘에 추제(追祭)하고 태조로서 배향(配享)한다. 예를 들면 우리나라 국조이신 단황할아버지와 주왕실의 시조인 후직(后稷)에게 제사지내는 것과 같다.

제사(祭祀)에도 여러 종류가 있는데 周禮(주례)에 따르면 양식이 넉넉지 않은 봄 제사는 사(祠)이고 음식이 쉬 상하므로 간략히 축문위주로 지내는 여름 제사는 약(禴)이라 하고, 가을에 거둔 햇곡식과 햇과일로 지내는 가을제사는 상(嘗)이라 하며, 풍부한 곡식으로 지내는 겨울제사는 증(烝)이라고 하여, '사약상증(祠禴嘗烝)'으로 일컫는다. 상(嘗)은 가을제사로서 사계절에 다 제사를 지내므로 그 하나만 대표하여 들었지만 모두가 포함되어있다. 상(嘗)은 맛있는 음식(旨)을 높은(尙) 분이 먼저 맛보게 한다는 데서 '맛보다, 시험 삼아, 시험하다'는 의미이고 가을에 수확한 햇곡식과 햇과일을 가장 높은 천지조상신명(天地祖上神明)이 맛보시게 추수감사제를 지낸다는 데서 '가을 제사'를 뜻하기도 한다.

예(禮)의 옛글자인 풍(豊)이다. 풍년(豊年)을 기원하기 위해 또는 풍요(豊饒)로운 곡식을 거두게 해준 천지조상신명께 제사지내는 '근본에 대한 보답'이었다. 여러 예에는 담긴 뜻이 있다.

"교제(郊祭)와 사제(社祭)의 예(禮)와 체제(禘祭)를 비롯한 사계절에 제사지내는 예의(禮義)에 밝으면 치국(治國)은 마치 손바닥을 뒤집는 것처럼(如反掌) 쉬울 것이다."라고 하였다. 이는 천지조상신명의 도움이 없이는 어떠한 일도 할 수 없으며 周易(주역)에서 "변통(變通)하는 이치는 사시(四時)보다 큰 것은 없다(變通 莫大乎四時)."고 했듯이 사시변화에 능통하면 밝게 된다는 뜻이다.

예로부터 "농사는 천하의 가장 큰 근본이다[農者 天下之大本也]."고 하였으며 "백성은 먹는 것으로써 하늘을 삼고 인군은 백성으로써 하늘을 삼는다[民은 以食爲天 君은 以民爲天]."고 하였다.

千字文(천자문)에 나오는 '치본어농(治本於農)'은 정치를 할 때에 가장 중요한 근본을 농사에 두어야 함을 설명한 문구이다. 고대에는 국부(國富)의 원천이 바로 농사에 있었으므로 정치의 근본을 농업정책을 잘 펴서 농업생산력을 높이고 부국강병(富國强兵)한 나라를 세우는 일에 두었다. 그래서 성군들은 하늘의 운행법칙을 알아내어 농사짓는 사람들이 때를 놓치지 않고 농사를 짓도록 정확한 책력을 만들고 '치산치수(治山治水)'의 정책에 온 힘을 기울였다. 위정자가 사시변화에 능통해야만 하였던 것이다.

20장 문정(問政)

哀公이 **問政**한대
애공   문정

哀: 슬플 애

애공(哀公)이 정사를 묻자

역해(易解)

　정(政)은 '바를 정(正)'과 '칠 복(攵→攴)이 합한 글자이다. 정치(政治)는 나라와 세상이 바른(正)데로 나아가도록 엄히 채찍질하고 북채를 두들기듯 신명나게 흥기시킴을(攵) 뜻한다.

　정(正)은 제자리를 한결같이(一) 지키는(止) '정위(正位)'를 기본바탕으로 한다. 아비가 아비답고 자식이 자식다우며, 형이 형답고 아우가 아우다우며, 남편이 남편답고 아내가 아내다우며, 인군이 인군답고 신하가 신하다운 '부부자자형형제제부부부부(父父子子兄兄弟弟夫夫婦婦)'가 바로 '정위(正位)'이다. 大學(대학)에서 말한 '지어지선(止於至善, 지극히 선한 데에 그쳐 머무름)'이다.

　정사를 대행(代行)하는 섭정(攝政)과 여러 사람의 의견을 들어 나라를 다스리는 청정(聽政)에 모두 '귀 이(耳)' 글자가 들어있다. 안으로 국민의 소리를 끌어당겨 듣는 것이 정치의 요체임을 가리킨다. 먼저 국민의 소리와 의견을 잘 수렴하고 무엇을 원하고 구하는지를 알아 고루 해결해주되, 바른 데로 나아가도록 고무진작(鼓舞振作)하여 흥기(興起)시키라는 의미이다.

　법(法)은 물(氵) 흐르듯이(去) 순리대로 다스리고, 치(治)는 임금 자신부터(台) 다스려야 함을 이른다. 물이 수평상태를 유지하며 안정되게 흘러가듯이 만인 앞에 평등한 법치(法治)를 펼침으로써 위민(爲民)과 안민(安民)의 정치가 행하여진다.

고대 농경사회에서는 물을 다스리는 것이 특히 중요했다. 법(法)과 치(治)도 물이 바다로 순통하여 홍수를 다스리는 치수(治水) 법도에서 나온 글자이다. 이는 우(禹)의 9년 치수에서 유래된 아홉 가지 정치대법인 서경의 洪範九疇(홍범구주)에 잘 입증된다. 홍범(洪範)은 대법(大法)을 일컫는다.

子ㅣ曰 文武之政이 布在方策하니 其人이 存則其政이 擧하고
자 왈 문무지정 포재방책 기인 존즉기정 거
其人이 亡則其政이 息이니이다.
기인 망즉기정 식

布: 펼 포 策: 대쪽 책, 채찍 책 擧: 들 거, 오를 거, 움직일 거 息: 그칠 식

공자께서 말씀하시길, "문왕과 무왕의 정사가 방책에 펼쳐져 있으니, 그 사람이 있으면 그 정사가 일어나고, 그 사람이 없으면 그 정사가 없어집니다.

역해(易解)

방(方)의 '머리 두(亠)'는 쟁기머리나 뱃머리가 향(向)하는 목적지로 나아가는 '방향(方向)'을 가리킨다. 방향을 정해야 일정한 법도가 서므로 방책(方策)과 방침(方針), 방법(方法)과 방안(方案), 방식(方式) 등의 단어가 나왔다.

'꾀 책(策)'은 어떤 일을 꾀하는 계책(計策)과 방책(方策), 대책(對策) 등의 뜻이다. 임금이 정책(政策)을 세우기 위하여 죽간(竹簡)으로 된 간책(簡策)에다 적어 아래 신하에게 의견을 묻는 것을 책문(策問), 이에 대한 의견을 제시하여 올리는 것을 대책(對策)이라고 한다.

공자는 "역사서에 기록된 문왕과 무왕의 정사를 읽어보면, 어떤 방향(方向)으로 나아갈지 그 정책(政策)이나 대책(對策) 등이 펼쳐져 있다. 시군(是君)과 시신(是臣)이 있으면 시정(是政)이 일어나고 없으면 멸한다."고 말씀하고 있

다. 시(是)는 해(日)같이 광명정대(光明正大)하게 행동함이 '옳다'는 뜻이다.

書經(서경)의 홍범에 왕이 갖추어야할 삼덕(三德)으로 정직(正直)과 강극(剛克), 유극(柔克)을 말하였다. 그 첫 번째 덕목이 정직(正直)이다. '마음이 올곧다'는 직심(直心)이 바로 '덕 덕(悳)'이다. 인군이 올곧은 덕을 체득하여 행동(彳)으로 옮겨야 한다는 '직심지행(直心之行)'이야말로 정치의 가장 기본바탕이다.

論語(논어) 위정(爲政) 편에서도 공자는 "올곧은 사람을 기용(起用)하여 사곡(私曲)한 사람위에 두면, 백성들이 복종한다(擧直錯諸枉則民服)."고 말씀하였다.

무왕의 정치대법[1]과 홍범(洪範)

천자가 천하 만민을 다스리는 정치법도로서 고대 동양정치학설의 으뜸 표본이 되는 것이 書經(서경)의 洪範(홍범)이다. 무왕(武王)이 은나라의 폭군인 주(紂)를 몰아내고 주나라를 세운 뒤 은나라의 기자(箕子)를 찾아가 천하를 다스리는 도에 대해 문답한 내용인데 아홉 가지 범주인 구주(九疇)로 구성되어 있다.

'큰물 홍(洪)'과 '법 범(範)'은 치수에 쓰인 대법(大法)을 말하고 '동무 주(疇), 무리 주(疇)'는 같이하는 무리를 이른다. 홍범구주는 우(禹)가 치수할 당시 낙수에 출현하였다는 낙서의 구궁수에 바탕을 둔다.

1 오행(五行), 2 오사(五事), 3 팔정(八政), 4 오기(五紀), 5 황극(皇極), 6 삼덕(三德), 7 계의(稽疑), 8 서징(庶徵), 9 복극(福極)으로 전개되는 구주(九疇)의 중심은 대중지정(大中至正)한 중앙의 5 황극(皇極)이다.

기자가 무왕에게 전한 홍범의 경문내용은 아래와 같다.

오행은 자연에 의한 만물의 생명원소(水, 火, 木, 金, 土), 오사는 사람의 생

---

[1]. 해와 달을 머금은 주역(이응문 저, 도서출판담디)에 소개된 내용 일부분을 발췌 정리

명활동(貌, 言, 視, 聽, 思), 팔정은 백성을 다스림에 꼭 필요한 정책(食, 貨, 祀, 司空, 司徒, 司寇, 賓, 師), 오기는 때와 달력에 관련된 근본벼리(歲, 月, 日, 星辰, 曆數), 황극은 지극히 큰 표준법도, 삼덕은 제왕이 나라백성을 다스리기 위한 기본 덕성(正直, 剛克, 柔克), 계의는 의심된 일을 두루 묻고 살펴 옳은 방향을 정함(雨, 霽, 蒙, 驛, 克, 貞, 悔의 卜筮), 서징은 자연에서 일어나는 가뭄·장마 등의 좋고 나쁜 조짐(雨, 暘, 燠, 寒, 風의 休咎), 복극은 황극의 도가 실현되는 여부에 따른 하늘의 복덕(5복)과 징벌(6극), 임금이 쓰는 권선징악의 방편(壽, 富, 康寧, 攸好德, 考終命의 福, 凶短折, 疾, 憂, 貧, 惡, 弱의 極) 이다.

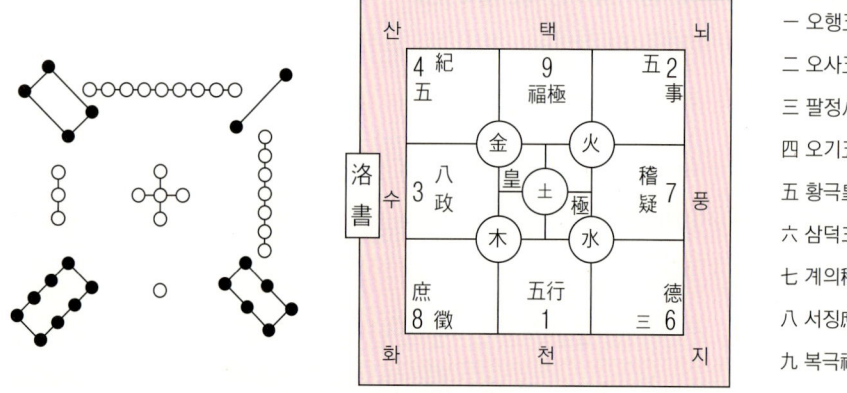

구궁낙서와 홍범구주

문장 가운데 오행은 본체(本體)가 되므로 '쓸 용(用)'을 말하지 아니하였고 나머지 8가지 대목에 9차례 용(用)을 말하여 1체9용(태양의 위수)의 수리법도를 취하였다. 81(9×9)자로 구성된 우리나라 天符經(천부경) 문장의 처음과 끝도 '일시무시일(一始旡始一)'과 일종무종일(一終旡終一)'이다. 1체9용의 수리법도를 동일하게 사용하고 있음이 주목된다.

황극부(皇極敷) 즉 5황극을 중심으로 하여 펼쳐지는 홍범구주의 세부 항목의 총합은 50(오행 5+오사 5+팔정 8+오기 5+황극 1+삼덕 3+계의 7+서징 5+복극 11)이다. 총 절목 50 책수(策數) 가운데 부동의 중심본체인 황극 1책(策)을 뺀 나머지가 밖으로 펼쳐지는 황극 49용책(用策)이다. 주역 繫辭傳(계사전)에 공자가 설명한 서법(筮法)의 대연(大衍) 50책(策)과 동일한 수리법도이다. 홍범과 주역의 도가 일맥상통함을 살필 수 있는 중요한 대목이다.

엄지손가락 하나를 굽히면 하나이자 아홉이 되듯이 1에는 자연 9가 따른다. 홍범의 오행(1)에는 복극(9)의 길흉화복이 따르기 마련이다.

선천팔괘의 남녀교합을 나타낸 구궁낙서는 생수(남자)와 성수(여자)가 서로 배합하여 1·6수, 2·7화, 3·8목, 4·9금, 5·10토로 오행(자녀)을 생성하는 이치이다. 생성된 수, 화, 목, 금, 토는 시계가 도는 반대방향으로 역행하며 수극화(水克火)→화극금(火克金)→금극목(金克木)→목극토(木克土)→토극수(土克水)로 상극(相克)한다. '이길 극(克)'은 능히 이겨 상대를 다스림을 뜻한다.

구궁수는 모든 사물이 교통(交通)과 교역(交易)하는 원리이다. 물길을 열어 바다로 교통(交通)하는 것이 치수(治水)의 기본이다. 임금이 세상을 다스리는 치세(治世)의 법도도 두루두루 회통(會通)이 되어서 막힘이 없도록 하여야 한다. 저울추가 어느 한쪽으로 쏠리거나 기댐이 없듯이, 편당(偏黨)이 없는 중정한 교통(交通)의 정치를 행하여 대동지선(大同至善)의 세상을 펼치는 것이다[2].

1~4의 오행과 오사, 팔정, 오기는 황극의 도를 일으키는 덕목으로서 내본(內本)인 선천에, 6~9의 삼덕과 계의, 서징, 복극은 황극의 도를 펼치는 덕목으로서 외말(外末)인 후천에 해당한다. 하도에서 사상위수가 내외기질로 나뉘듯이 1~4와 6~9, 천도음양과 지도강유로써 대비하면[3],

---

[2]. 中庸(중용)에서 언급된 구경(九經)이라는 정치법도 역시 낙서구궁과 홍범구주가 그 연원이 된다.
[3]. 구궁의 수에다 팔괘를 인사(人事)의 남녀순서로 배정한 것은 필자견해임을 밝힌다.

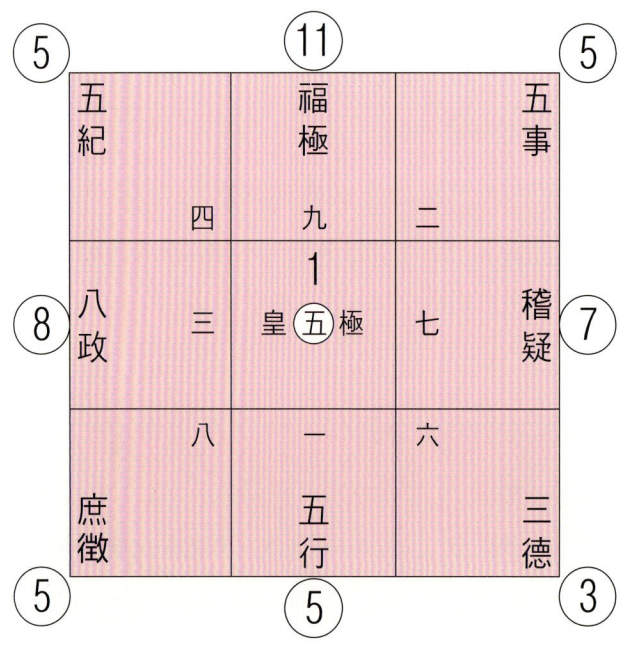

홍범의 황극 50책 → 주역의 대연 50책

첫 번째 5행은 ☰(1 태양 선천건금, 부친 하늘) → 생수(生水) 법도
두 번째 5사는 ☳(2 소음 선천진목, 장남 우레) → 생화(生火) 법도
세 번째 8정은 ☵(3 소양 선천감수, 중남 물) → 생목(生木) 법도
네 번째 5기는 ☶(4 태음 선천간토, 소남 산) → 생금(生金) 법도
여섯 번째 3덕은 ☷(6 태유 선천곤토, 모친 땅) → 성수(成水) 법도
일곱 번째 계의는 ☴(7 소강 선천손목, 장녀 바람) → 성화(成火) 법도
여덟 번째 서징은 ☲(8 소유 선천이화, 중녀 불) → 성목(成木) 법도
아홉 번째 복극은 ☱(9 태강 선천태금, 소녀 못) → 성금(成金) 법도
에 각기 상응한다.

5번째 황극은 천극(선천양화, 조부 해님)에 상응하며, 오용십작(五用十作)[4]으로 지극(선천음수, 조모 달님)의 무궁무진한 조화를 일으키는 주재자이다.

→ 생토(生土) 법도, 10무극은 성토(成土) 법도

황극은 천하의 대본(大本)인 중(中)을, 무극은 천하의 달도(達道)인 화(和)를 상징한다. 황극이 펼치는 무위이치(無爲而治)의 법도를 '5용10작(五用十作)'이라고 한다.

중심태극인 황극과 무극의 '5용10작'에 의해 중앙의 토가 생성됨으로 말미암아 일월의 합명(合明)을 이루고 역유태극(易有太極)이 정립된다.

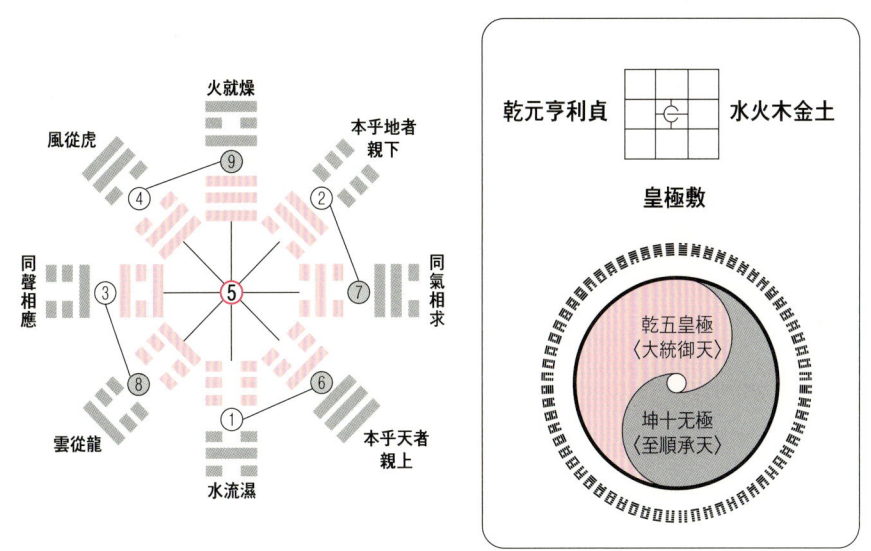

야산선생이 밝힌 건구오도(乾九五圖) 및 황극부(皇極敷)

공자는 하도(河圖)의 수리를 해설한 행신문(行神文)에서 '오위상득(五位相得)'과 '이각유합(而各有合)'을 말씀하였다. 오위(五位)의 상득(相得)은 1 오행과 2 오사, 3 팔정과 4 오기, 5 황극과 6 삼덕, 7 계의와 8 서징, 9 복극과 10 무극이 서로 이웃으로 사귐을 이른다. '이각유합(而各有合)'은 1 오행과 6 삼덕, 2 오

---

[4] 중앙의 5를 중심으로 마주보는 방위의 수합(數合)이 10이다. 5는 스스로 조화하여 10을 이루는데, 이로써 수화목금토가 생성된다. '오용십작(五用十作)'은 구궁수의 중심인 5가 황극(皇極)의 가르침을 베풀어 무극(無極)한 10의 조화작용을 행하는 것을 이른다.

사와 7 계의, 3 팔정과 8 서징, 4 오기와 9 복극이 제각기 부부로 짝함을 말한다. 사상의 위수(位數)가 순역왕래(順逆往來)하는 이치로는 1 오행에 9 복극, 2 오사에 8 서징, 3 팔정에 7 계의, 4 오기에 6 삼덕, 5 황극에 10 무극이 각기 따른다.

앞서 나온 그림은 하도와 낙서의 수리법도에 의거하여 팔괘의 선후변화 이치를 표상한 그림이다. 달과 중용의 〈정전의 교역원리와 후천변혁〉과 〈건구오〉에서 구체적으로 설명한다.

人道는 敏政하고 地道는 敏樹하니 夫政也者는 蒲盧也ㅣ니이다.
인도 민정   지도   민수   부정야자   포로야

敏: 민첩할 민 樹: 나무 수 夫: 무릇 부 蒲: 부들 포 盧: 화로 로, 갈대 로(蘆)

사람의 도는 정사에 민감(敏感)하고, 땅의 도는 나무에 민감(敏感)하니, 무릇 정사라는 것은 부들과 갈대와 같은 것입니다.

역해(易解)

千字文(천자문)에 "태평성대에 나타난다는 봉황이 오동나무 위에 앉아 즐겁게 울고 있고, 깨끗한 흰 망아지가 마당에서 한가롭게 풀을 뜯고 있다. 성군의 덕화가 초목에까지 입혀져 그 힘입음이 천하 만방에까지 미치게 되었다."는 '명봉재수(鳴鳳在樹) 백구식장(白駒食場) 화피초목(化被草木) 뇌급만방(賴及萬方).'이란 문구가 나온다. 정치를 잘하면 천지의 기운이 화락(和樂)하므로 사람뿐만이 아니라 새나 짐승까지도 생명의 즐거움을 누린다는 의미다.

공자는 "사람의 도는 정치에서, 땅의 도는 나무가 자라는 것에서 가장 빨리 신속하게 나타난다(人道敏政 地道敏樹)."고 하였다.

무릇 정사는 어진 덕을 갖춘 임금신하가 국가 정책(政策)을 잘 논의하여 수립(樹立)해야 한다. 그러려면 이를 수행할 능력이 있는 올바른 사람을 잘 세움이 시급하다. 훌륭한 인재등용이야말로 잘 나고 잘 자라는 '이생지물(易生之

物)'인 부들과 갈대처럼 나라의 성장발전이 신속(迅速)해지는데 있어서 가장 중요한 과제이다.

주공(周公)은 周易(주역) 건괘(乾卦)의 2효 신하와 5효 임금 자리에 모두 "대인을 만나봄이 이롭다(利見大人)."고 하였다.

학문과 덕을 쌓은 2효 대인이 세상에 나와 경륜과 덕을 펴려면 능력을 알아주고 등용해주는 5효 대인을 만나야 이롭다는 뜻이다. 그러기 위해서는 군신(君臣)이 서로를 밝게 보는 눈이 있어야 한다. 명신(名臣)인 이윤과 강태공이 2효라면 성군(聖君)인 탕왕과 문왕이 5효에 해당한다.

故로 爲政이 在人하니 取人以身이오 脩身以道ㅣ오 脩道以仁이니이다.
고   위정   재인   취인이신   수신이도   수도이인

그러므로 정치를 함이 사람에게 달려있으니, 사람을 취하는데 몸으로써 하고, 수신(脩身)을 도로써 하고, 수도를 인(仁)으로써 해야 합니다.

역해(易解)

정사를 하는 것이 어떤 사람을 얻느냐에 달려있다(爲政 在人). 특히 어진 신하(賢臣)을 얻으려면 인군자신이 얼마나 '수신(修身)했느냐'가 중요하다.

論語(논어) 위정(爲政) 편에서 공자는 "덕(德)으로 정사를 함이 비유한다면 북극성이 제자리에 있는데, 뭇별들이 북극성을 중심으로 공동일체(共同一體)가 되어 돌아감과 같다(爲政以德 譬如北辰 居其所 而衆星 共之)."고 말씀하였다. 수신하면 '인군과 신하가 한 몸이 된다(君臣一體)'는 의미다.

몸은 어떻게 닦는가(脩身)? 누구나 가야 할 길인 공통적인 인륜법도 즉 달도(達道)로써 닦아야 한다. 그 길은 어떻게 닦는가(修道)? 착함 가운데 으뜸인 인(仁)으로써 닦으면 천하가 다 어진 데로 돌아온다(天下歸仁). 인군이 인군답고 신하가 신하다워서 정사가 일어나지 않음이 없다는 말씀이다.

원형이정(元亨利貞)과 인예의지(仁禮義智)

周易(주역) 건괘(乾卦)에서 문왕은 하늘의 네 가지 덕성을 '원형이정(元亨利貞)'으로 정의하였는데, 이에 대해 공자는 "원(元)은 모든 착함가운데 어른이고, 형(亨)은 아름답게 모임이고, 이(利)는 의롭게 화함이고, 정(貞)은 일을 주장하는 줄기가 된다. 군자가 인(仁)을 체득하면 족히 남들을 기르고, 모임을 아름답게 하면 족히 예(禮)에 합하고, 하늘의 공리(公利)를 좇아 만물을 이롭게 하면 족히 의리에 화합하고, 올바름을 굳게 지키는 인고(忍苦)의 덕이 있으면 족히 일을 주장하게 된다[5]."고 말씀하였다.

이를 계승한 맹자는 사람의 천부지성(天賦之性)이 본래 착하다는 성선설(性善說)을 주장하여 그 근거로 인예의지 사단(四端)을 제시하였다.

"불쌍한 이를 측은히 여기는 마음은 어짊(仁)의 실마리이고, 남에게 사양하는 마음은 예(禮)의 실마리이고, 자신의 허물을 부끄러이 여기고 남의 불의를 미워하는 마음은 의(義)의 실마리이고, 옳고 그름을 가릴 줄 아는 마음은 지혜(智)의 실마리이다[6]."는 것이다.

中庸(중용) 수장(首章)에서의 '치중화(致中和)'가 무위이치(無爲而治)의 도로 귀결됨을 볼 수 있다.

仁者는 人也ㅣ니 親親이 爲大하고 義者는 宜也ㅣ니 尊賢이 爲大
인자   인야   친친   위대   의자   의야   존현   위대
하니 親親之殺와 尊賢之等이 禮所生也ㅣ니이다.
    친친지쇄 존현지등 예소생야

親: 어버이 친, 친할 친 宜: 마땅할 의 殺: 덜 쇄 等: 등급 등

---

[5]. 周易(주역) 건(乾)괘: 文言曰 元者는 善之長也오 亨者는 嘉之會也오 利者는 義之和也오 貞者는 事之幹也니 君子ㅣ體仁이 足以長人이며 嘉會 足以合禮며 利物이 足以和義며 貞固 足以幹事니 君子 行此四德者라 故로 曰乾元亨利貞이라.

[6]. 사단(四端): 惻隱之心 仁之端也, 辭讓之心 禮之端也, 羞惡之心 義之端也, 是非之心 智之端也.

인(仁)은 '사람 인(人)'이니 어버이(친척)를 친애함이 크고, 의(義)는 '마땅할 의(宜)'이니 어진 이를 높임이 크니, 친친(親親)의 감쇄(減殺)와 존현(尊賢)의 차등(差等)이 예(禮)가 생겨나는 이유입니다.

역해(易解)

사랑의 본질인 인(仁)을 베풀려면 혼자서는 안 되고 두 사람(二人)이 서로 사랑을 주고받아야 아껴주고 돕는 어진 마음이 생긴다. 인(仁)의 인(亻=人)이나 이(二)는 모두 음양으로 이루어져 있으므로 부모사랑으로 인한 밝은 생명의 씨라는 뜻에서 '씨 인'으로도 풀이한다.

천(天)은 '하늘이 가장 큰 존재이다, 만물을 만드는 조물주이다.'라는 뜻인데, '두 이(二)'와 '사람 인(人)'이 합친 글자로 보면 음양을 대표하는 '천지(二)가 사귀어 만물(人)이 나오다'는 의미도 된다.

'인(仁)과 천(天)'에 다같이 二와 人이 들어있는 것을 보면, 하늘은 '어질 인(仁)'의 본성(本性)을 본체(本體)로 한다. '사람이 곧 하늘이다.'는 '인내천(人乃天)'사상과 통한다고 볼 수 있다.

그러므로 나라는 존재는 부모의 사랑으로 태어난 밝은 생명체이므로 '어질다, 사랑하다'는 본성을 잠시라도 떠나면 사람으로서의 마땅한 도리를 잃게 된다.

中庸(중용) 1장에도 "하늘의 명(命)에 말미암은 것이 성품(性)이고, 본연의 성품 그대로 따르는 것이 길(道)이며, 그 길을 닦아놓은 것이 가르침(敎)이다."고 정의하면서, "도(道)는 잠시라도 우리마음에서 떠나지 못하니, 떠난다면 도가 아니다. 그러므로 군자는 보지 못하고 듣지 못하는 곳(즉 自性=天命)에 늘 경계하고 삼가야 하며 두려워하고 두려워하는 마음을 품는다."고 하였다[7].

---

7. 中庸(중용) 제 1장: 天命之謂性이오 率性之謂道오 修道之謂敎니라. 道也者는 不可須臾離也니 可離면 非道也라 是故로 君子는 戒愼乎其所不睹하며 恐懼乎其所不聞이니라.

인(仁)은 공자가 가르친 유학사상의 핵심이다. 인(仁)은 '사람 인(人)'과 통하므로 사람 가운데 가장 가까운 어버이를 사랑함이 제일 중대하고, 의(義)는 '마땅할 의(宜)'와 통하므로 세상의 어진 이를 높이 공경함이 가장 중대하다.

친친(親親)의 감쇄(減殺)는 부자 1촌과 형제 2촌, 숙질 3촌 등의 가깝고 먼 친소(親疏)의 흐름이고, 존현(尊賢)의 차등(差等)은 정 1품과 종 일품, 정 2품, 종 2품 등의 높고 낮은 품계(品階)의 흐름이다.

예(禮)는 이 쇄등(殺等)의 원근친소(遠近親疏)와 경중고하(輕重高下)에서 비롯된다.

인의(仁義)의 정치

천지의 큰 덕은 끊임없이 만물을 낳고 낳는 것이다. 이러한 큰 덕에 짝하는 성인의 큰 보배는 바로 자리인데, 아무리 훌륭한 성인일지라도 그 자리(位)에 있지 않고서는 정사를 도모하지 못한다. '자리 위(位)'는 '사람(亻)이 똑바로 서다(立), 사람(亻)을 똑바로 세우다(立)'는 의미이므로 참으로 중요하다. 그러면 어떻게 해야 그 자리를 지킬 수 있는가? 바로 '어질 인(仁)'의 덕성이다.

두(二) 사람(亻) 사이에서 태어난 사랑의 씨앗인 '사람 인(人)'과 인(仁)은 음이나 의미에서 서로 통하므로 사람이 없으면 또한 그 자리를 지키지를 못하는 것이다. 그렇다면 어떻게 해야 사람을 모을 수 있는가? 그것은 바로 재물(財物)이다. 재물이 있어야 사람이 따르고 그 재물을 다스리려면 그 자리에 앉은 사람이 말을 올바르게 하여 백성들로 하여금 그에 대한 그릇된 짓을 하지 못하도록 막아야 하므로 이를 의(義)라고 공자는 말씀하였다[8]. 이는 '인의(仁義)'의 본말과 생재(生財)와 이재(理財)의 중요성을 강조한 것이다.

위의 인군이 어진 덕으로 아래의 백성을 사랑하면 신하나 백성들이 의리로

---

[8]. 周易(주역) 계사전: 天地之大德曰生 聖人之大寶曰位 何以守位 曰仁 何以聚人 曰財 理財 正辭 禁民爲非 曰義.

써 임금을 섬겨 나라와 임금을 위해 열심히 일하기 마련이다. 자연적으로 일의 끝마무리가 잘 지어져서 생산을 많이 하고 재물이 넉넉해져 온 나라와 백성이 모두 부강해지는 것이다. 大學(대학)의 글에 임금이 재물을 모으면 백성이 모두 다 흩어지고 재물을 흩어 버리면 백성이 모두 모여들게 마련이라고 하였다[9].

'인의(仁義)'에 대해 맹자는 "왕이 내 나라를 어떻게 이롭게 할까하면 신하는 내 집을, 선비와 백성은 내 몸을 어떻게 이롭게 할까하여 상하가 모두 다투어 이익만을 취하게 되니 온 나라가 매우 위태로움에 빠지게 된다. 진실로 의리(義)를 뒤로 하고 이로움(利)만 앞세운다면 모든 사람이 다 이익만을 좇아 빼앗지 않고는 만족하지 못한다[10]."고 하였다.

論語(논어)에 "이로움(利)을 보면 의리(義)를 생각하라(見利思義)."는 대목이 나온다. 大學(대학)에도 "덕은 근본이 되고 재물은 끝에 해당된다(德者本也 財者末也)."는 대목이 있다.

(在下位하야 不獲乎上이면 民不可得而治矣리라.)
　　　재 하 위　　　　불 획 호 상　　　　　민 불 가 득 이 치 의

아래 자리에 있어서 윗사람에게 얻지 못하면, 백성들을 가히 얻어 다스리지 못하리라. → 뒤에 같은 문장이 나온다. 쓸데없이 덧붙은 연문(衍文)이다.

故로 君子ㅣ 不可以不脩身이니 思脩身인댄 不可以不事親이오
　　고　　군 자　　불 가 이 불 수 신　　　　사 수 신　　　　불 가 이 불 사 친

---

[9]. 大學(대학) 치국평천하장: 未有上好仁而下不好義者也 未有好義 其事不終者也 未有府庫財 非其財者也 是故 財聚則民散 財散則民聚

[10]. 孟子(맹자) 양혜왕(梁惠王) 상편: 孟子見梁惠王하신대 王曰 叟不遠千里而來하시니 亦將有以利吾國乎잇가 孟子對曰 王은 何必曰利잇고 亦有仁義而已矣니이다. 王曰何以利吾國고 하시면 大夫曰何以利吾家오하며 士庶人曰何以利吾身고 하여 上下交征利면 而國危矣리이다. 萬乘之國에 弑其君者는 必千乘之家요 千乘之國에 弑其君者는 必百乘之家니 萬取千焉하며 千取百焉이 不爲不多矣언마는 苟爲後義而先利면 不奪하여는 不饜이니이다. 未有仁而遺其親者也며 未有義而後其君者也니이다.

思事親_{ㄴ댄} 不可以不知人_{이오} 思知人_{인댄} 不可以不知天_{이니}
사 사 친　　　불 가 이 부 지 인　　　　사 지 인　　　불 가 이 부 지 천
이다.

　그러므로 군자는 가히 몸을 닦지 않을 수 없으니, 수신(脩身)을 생각한다면 가히 어버이를 섬기지 않을 수 없고, 사친(事親)을 생각한다면 가히 사람을 알지 않을 수 없고, 지인(知人)을 생각한다면 가히 하늘을 알지 않을 수 없습니다.

역해(易解)

　위정(爲政)은 사람에게 달려있으니 인군이 어진 덕을 갖춘 신하를 세워 정책을 잘 수립(樹立)하면 정사 또한 신속(迅速)하게 이루어진다. 군신은 일체(一體)이므로 어진 신하를 기용(起用)하려면 인군 스스로 먼저 수신해야 한다. 몸을 닦으려면 사람으로서 마땅히 행할 인륜법도를 벗어난 도(道)는 무의미하다. 나라는 존재는 부모의 사랑으로 태어난 밝은 생명체이므로 '어질 인(仁)'의 본성으로 닦아야 한다.

　그러므로 수신(修身)을 생각한다면 나의 근본인 부모를 섬기지 않을 수 없다. 나아가 어버이를 친애(親愛)하는 내적인 '인(仁)'을 다하고자 한다면 반드시 어진 이를 높이는(尊賢) 외적인 '의(義)'로 말미암아야 한다. 그래야 사람으로서 내외적 기본 도리인 인의(仁義)가 합일(合一)하게 된다. 그러자면 먼저 사람을 알아볼 수 있는 즉 '이견대인(利見大人)'할 수 있는 안목이 필요하다.

　호숫가에 돌을 던지면 파문이 가까운데서 멀리까지 점점 감쇄(減殺)하며 일듯이 친한 이를 친애하고 어진 이를 높이는 데도 등급이 있다. 가장 친한 부친(父親)과 모친(母親)을 사랑하는 데서부터 시작되어 그 밖으로 점점 줄여나가는 '친친(親親)의 펼쳐짐'과 어진 이를 높이는 데에도 군사부일체(君師父一體)라 했듯이 차등이 있는 '존현(尊賢)의 높낮이'가 있다.

　마땅히 사람을 알아야 하는 지인(知人)과 친친(親親)의 인(仁), 존현(尊賢)

의 의(義), 감쇄(減殺)와 차등(差等)인 예(禮), 이 모두 하늘이 부여해준 사람의 성품인 '인의예지(仁義禮智)'이다. 성(性)은 곧 이(理)라 하였으니 마땅히 '천성(天性), 천리(天理), 천명(天命)'을 알아야 한다.

天下之達道ㅣ 五에 所以行之者는 三이니 曰君臣也父子也夫
천 하 지 달 도   오   소 이 행 지 자   삼   왈 군 신 야 부 자 야 부
婦也昆弟也朋友之交也五者는 天下之達道也ㅣ오 知仁勇三
부 야 곤 제 야 붕 우 지 교 야 오 자   천 하 지 달 도 야   지 인 용 삼
者는 天下之達德也ㅣ니 所以行之者는 一也ㅣ니라.
자   천 하 지 달 덕 야   소 이 행 지 자   일 야

昆: 형 곤

천하 사람이 공통적으로 나아갈 길(達道)이 다섯 가지인데, 이를 행하는 것은 셋이다. 이를 말하면 군신(君臣), 부자(父子), 부부(夫婦), 형제(昆弟), 붕우(朋友)의 사귐은 세상사람 누구에게나 공통된 길이고, 지(知)와 인(仁)과 용(勇) 세 가지는 세상사람 누구에게나 공통된 덕(達德)이니, 이를 행하게 하는 것은 하나(정성)이니라.

역해(易解)

공자의 말씀을 자사(子思)가 인용한 문장이다.
달도(達道)는 천하 사람들이 예나 지금이나 누구나 공통적으로 실행해야 하는 도(道)이다. 서경 虞書(우서)의 '오전(五典)'[11]과 孟子(맹자)의 '오륜(五倫)'인 "부자(父子)간에는 친함이 있어야 한다는 부자유친(父子有親), 군신(君臣)간에는 의리가 있어야 한다는 군신유의(君臣有義), 부부(夫婦)간에는

---

11. 書經(서경) 虞書(우서) : 愼徽五典하신대 五典이 克從하며 納于百揆하신대 百揆 時敍하며 賓于四門하신대 四門이 穆穆하며 納于大麓하신대 烈風雷雨애 弗迷하시다.

분별함이 있어야 한다는 부부유별(夫婦有別), 장유(長幼)간에는 차례가 있어야 한다는 장유유서(長幼有序), 붕우(朋友)간에는 신의가 있어야 한다는 붕우유신(朋友有信)."이 이에 해당한다.

륜(倫)은 사람(亻)이 함께 뭉쳐(侖) 살아가기 위해 지켜야 할 '도리(道理), 인륜(人倫), 윤리(倫理)'를 뜻한다. 지(知)는 이 다섯 가지를 앎이고, 인(仁)은 이를 실천궁행하여 직접 체득(體得)하는 일이고, 용(勇)은 이를 알고 행하는데 스스로를 굳세게 하여 쉬지 않는 '자강불식(自彊不息)'이다. 이를 3달덕(達德)이라고 한다. 천하 사람들이 예나 지금이나 함께 길을 가면서 누구에게나 통용되는 공통의 덕성이다.

군신과 부자, 부부, 형제, 장유의 오달도(五達道)를 구체적으로 실행에 옮기려면 지인용(知仁勇)의 삼달덕(三達德)이 있어야 가능하다. 세 가지 모두 기본적으로 지극한 정성(精誠)이 반드시 요구된다.

본문에서의 '一也'의 '一'은 한결같은 즉 '정성 성(誠)'을 말한다. 만약 하나라도 정성함이 없으면 문득 인욕(人欲)이 마음의 틈새로 파고들어 덕이 소실되는 까닭에 도를 행할 수 없게 된다.

인륜도덕(人倫道德)을 익히는 배움의 측면에서는 '대학지도(大學之道)'가 오달도이고 '삼강령(三綱領)'이 삼달덕이다. 명명덕(明明德)이 지(知)이고 친민(親民)이 인(仁), 지어지선(止於至善)이 용(勇)인 셈이다.

或生而知之하며 或學而知之하며 或困而知之하나니 及其知之
　　혹생이지지　　　　혹학이지지　　　　혹곤이지지　　　　급기지지
하야는 一也ㅣ니라. 或安而行之하며 或利而行之하며 或勉强而
　　　　일야　　　　　혹안이행지　　　　혹리이행지　　　　혹면강이
行之하나니 及其成功하야는 一也ㅣ니라.
　행지　　　　급기성공　　　　일야

困: 곤할 곤　及: 미칠 급　勉: 힘쓸 면　强: 굳셀 강

혹 태어나면서 (達道를) 알며, 혹 배워서 알며, 혹 곤궁해서 아나니, 그 앎에 이르러서는 한 가지이니라. 혹 편안히 (達德을) 행하며, 혹 이롭게 하여 행하며, 혹 힘써 굳세게 해서 행하나니, 그 성공(成功)에 이르러서는 한 가지이니라."

역해(易解)

사물에 담긴 이치를 깨달아 앎에 이르는 것에는 대개 상중하 세 단계가 있다는 내용이다. 노자나 공자, 석가와 같은 천부의 빼어난 자질이 있는 성인은 태어날 때부터 저절로 알게 되는 '생이지지(生而知之)'이고 일반 사람은 배우고 익혀서 알게 되는 '학이지지(學而知之)'이고, 또 힘든 여건과 어려운 환경임에도 고난과 시련을 이겨내고 알게 되는 '곤이지지(困而知之)'가 그것이다.

그러나 '생이지지(生而知之)'나 '학이지지(學而知之)', '곤이지지(困而知之)'에 상관없이 최종적으로 이른 앎의 경지는 똑같다. 지(知)와 행(行)은 뗄 수 없는 관계이다. 앎을 실천하는 행(行)의 경우에 있어서도 어거지함이 없이 안정적으로 행하는 '안이행지(安而行之)'와 유익한 이로움을 얻고자 행하는 '이이행지(利而行之)', 힘을 다하여 굳세게 애를 써서 행하는 '면강이행지(勉强而行之)'로 나뉜다. 그 성공적인 결과에 이르러서는 다 같이 동일하다. 지행(知行)을 하나로 묶어 전체 문장을 살피면 '생지안행(生知安行)'은 지(知)이고 '학지이행(學知利行)'은 인(仁), '곤지면행(困知勉行)'은 용(勇)에 해당한다.

사람은 하늘이 부여해준 선(善)한 성품에 따라 공통된 길로 나아가지만, 타고난 기질과 품성이 달라 도를 듣고 깨닫는 데에 빠르고 늦으며 행하는 데도 어렵고 쉬운 차이가 있다. 비록 평범한 사람일지라도 스스로 굳세게 쉬지 않고 노력하면 결국 도달하는 '지행합일(知行合一)의 경지'는 같다는 말씀이다.

→ 갈 길을 정한 다음에 실행으로 옮김. 선지(先知)의 달도(達道), 후행(後行)의 달덕(達德)

대개 하늘에 짝하는 아버지에게 물려받은 것을 지(知), 땅에 짝하는 어머니에게 물려받은 것을 능(能), 선천적으로 자연하게 물려받은 바를 지(知), 후천적으로 주변 여건이나 노력에 의해 이루어진 바를 능(能)이라고 한다. 사람의 정신적 지혜는 지(知)이고 육체적 작용은 능(能)에 해당한다.

사람의 지능(知能)은 본래 하늘과 땅의 '이간(易簡)한 법도'에서 나왔다. 공자는 周易(주역) 계사전(繫辭傳)에서 '건이이지(乾以易知) 곤이간능(坤以簡能)'이라고 말씀하였다. 하늘은 쉬움으로써 주장하고 땅은 간단함으로써 능히 해낸다는 뜻인데 여기서의 지(知)는 '주장하다'이고 능(能)은 '능히 해내다'는 뜻이다.

자연(自然)의 이치는 그저 스스로 그러할 뿐이지 어거지함이 없다. 쉽게 하늘이 주장하는 것은 만물이 하늘로부터 비롯됨을 말하고 간단하게 땅이 능히 이루는 것은 만물이 땅에서 화육됨을 이른다. 하늘이 하는 일이란 자연하여 쉽기에 '쉬울 이(易)', 땅이 하는 일이란 하늘을 그대로 본받아 복잡하지 않고 간단하기에 '간단할 간(簡)'이다.

효천법지(效天法地, 하늘을 본받고 땅을 법함)를 통하여 천지부모의 지능을 펼칠 수 있는 존재가 사람이다. 대효(大孝)는 천지 중간의 존재로서 만물의 영장인 사람이 천지부모에 참여하는 것이다. 이를 잘 계승하여 천지자연의 '지능(知能)'을 본받고 법함이 내외 덕업의 완수이다. 周易(주역) 계사전(繫辭傳)의 앞머리 1장에 나오는 공자의 가르침이다[12].

(子ㅣ曰) 好學은 近乎知하고 力行은 近乎仁하고 知恥는 近乎勇
자 왈 호학 근호지 역행 근호인 지치 근호용
이니라.

力: 힘쓸 역   恥: 부끄러울 치(恥)

---

[12]. 周易(주역) 계사상전: 乾道成男 坤道成女 乾知大始 坤作成物. 乾以易知 坤以簡能 易則易知 簡則易從 易知則有親 易從則有功 有親則可久 有功則可大 可久則賢人之德 可大則賢人之業 易簡而天下之理 得矣 天下之理 得而成位乎其中矣.

(공자께서 말씀하시길) "배우기를 좋아함은 지(知)에 가깝고, 힘써 행함은 인(仁)에 가깝고, 부끄러움을 아는 것은 용맹(勇)에 가까우니라.

역해(易解)

다시 자사가 공자말씀을 다시 인용하여 지인용 삼달덕(三達德)에는 직접 미치지 못하지만 덕에 점진해 들어가는 '입덕지사(入德之事)'를 구하는 방법을 제시하고 있다.

대개 지적(知的)인 자와 반대인 어리석은 자는 스스로 옳다고 여겨 지(知)를 구하지 않고, 실천궁행하는 인자(仁者)와 반대인 불선한 자는 스스로 인욕을 좇아 정도(正道)로 되돌아옴을 망각(忘却)한다. 또 굳센 용자(勇者)와 반대인 나약(懦弱)한 자는 남의 아래에 있음을 달갑게 여겨 사양하지 않는다.

그러므로 배우기 좋아하는 호학(好學)은 비록 핵심을 꿰뚫은 지(知)에는 미치지 못할지라도 스스로 옳다고 여기는 어리석음에서 벗어날 수 있다. 힘써 행하는 역행(力行)은 비록 온전히 체득하는 인(仁)에는 이르지 못할지라도 열심히 땀 흘리는 가운데 사리사욕(私利私慾)을 이길 수 있다. 또 자신의 허물에 대해 부끄러움을 아는 지치(知恥)는 비록 용맹하게 전진하는 용(勇)에는 이르지 못할지라도 무기력한 나약(懦弱)함에서 벗어날 수 있는 계기를 열어준다.

학이각(學而覺)

학이각(學而覺)은 배워서 깨우침을 이른다. '배울 학(學)'과 '깨달을 각(覺)'은 음과 훈이 서로 통한다. '아이 아(兒)'는 정수리의 머리뼈가 아직 단단히 굳지 않은 아이를 나타낸다. 곡식을 찧는 절구인 '확 구(臼)'를 아이의 머릿골 형태로 보면 학(學)은 어린 아이(臼=兒)가 자라서 관례(冖=冠)를 치루고 부모가 되어 자식(子)을 낳는 '인생살이'를 배우는(爻) 것으로 풀이된다.

누구나 한번쯤은 왜 이 세상에 태어났는지 그 연유에 대해 생각(生覺)한다.

그러므로 각(覺)은 아이가 자라 부모가 되고 또 자식을 낳는 일련의 인생과정을 밟아가며 인생(人生)에 대해 깨닫게 된다는 뜻이다. 선생(先生)은 먼저 태어난 이를 높이는 단어이지만 생(生)에 대해 먼저 생각하여 깨달은 선각(先覺)을 뜻하기도 한다.

본래 성품의 씨(子)가 아직 발현되지 않은 선천적인 양육과정이 학(學)이라면, 머릿골 속의 성품의 씨가 마침내 성숙하여 밝게 눈뜨는(見) 후천적인 깨달음이 각(覺)이다. 사람은 누구나 하늘로부터 부여받은 성품의 참 씨앗이 있지만 가리어 덮여있어(冖) 처음은 어둡다. 가르침이나 배움이나 모두 천지자연과 부모, 스승을 본받는(效) 데에서 비롯되므로 교학(教學)에 본받는다는 '효도 효(孝)'가 들어있는 것이다.

궁이통(窮而通)

곤(困)은 줄기가지를 쭉쭉 뻗어야 하는 나무(木)가 사방이 사면초가(四面楚歌)인 우리(口) 안에 갇혀 있어 '곤하다'는 뜻이다.

곤(困)은 周易(주역)에 나오는 괘의 명칭으로 못(☱)에 담긴 물(☵)이 새어나가 못물이 다 말라붙어 없어진 상태로 곤궁(困窮)하고 궁핍(窮乏)함을 나타낸다.

澤水困　공자는 곤(困)괘에 대해 "덕이 판별된다(德之辨也), 곤궁하면 통하게 된다(窮而通)."고 풀이하였다. 못에 생명수인 물이 다 빠져나가고 극도의 곤궁함을 당했을 때에 처신하는 행동을 보면, 그 사람이 군자인지 소인인지가 비로소 판별된다. 그러나 곤궁함 속에서도 위기를 이겨내고자 목마른 사람이 열 길 샘물 파는 정성으로 구하면 마침내 샘물이 용출되어 사통팔달이 되듯이 막힌 곤궁함이 확 뚫려 통한다는 말씀이다.

또 이러한 곤(困)의 때를 당해서 군자는 "기꺼이 험난함 속에 목숨을 바쳐 자기 뜻을 이룬다(致命遂志)."고 말씀하였다.

知斯三者則知所以脩身이오 知所以脩身則知所以治人이오
지 사 삼 자 즉 지 소 이 수 신   지 소 이 수 신 즉 지 소 이 치 인
知所以治人則知所以治天下國家矣리라.
지 소 이 치 인 즉 지 소 이 치 천 하 국 가 의

　이 세 가지를 알면 몸 닦을 바를 알게 되고, 몸 닦을 바를 알면 남 다스릴 바를 알게 되고, 남 다스릴 바를 알면 천하국가 다스리는 바를 알게 되리라.

역해(易解)

　호학(好學)과 역행(力行), 지치(知恥)를 알면 자연 몸 닦을 바를 알 수 있고 몸 닦을 바를 알면 자기를 미루어 남에게 미치는 '추기급인(推己及人)'이 되어 '수기치인(修己治人)'할 수 있다. 나아가 남 다스릴 바를 알면 '수신제가'로부터 '치국평천하(修身齊家治國平天下)'로 나아가 모든 일을 다스릴 수 있다는 내용이다. 아래 글은 구경(九經)의 단서를 흥기(興起)시키는 문장이다.

凡爲天下國家ㅣ 有九經하니 曰 脩身也와 尊賢也와 親親也와
범 위 천 하 국 가   유 구 경   왈 수 신 야   존 현 야   친 친 야
敬大臣也와 體羣臣也와 子庶民也와 來百工也와 柔遠人也와
경 대 신 야 체 군 신 야   자 서 민 야   래 백 공 야   유 원 인 야
懷諸侯也ㅣ니라.
회 제 후 야

凡: 무릇 범 經: 법 경 體: 몸 체 羣: 무리 군 子: 자식처럼 여길 자(사랑할 자) 百: 모든 백 工: 장인 공 懷: 품을 회

　무릇 천하국가를 다스리는 데는 아홉 가지 법(九經)이 있으니, 이를 말하면 몸을 닦음과 어진 이를 존경함과 친족을 친애함과 대신을 공경함과 여러 신하들의 마음을 몸소 살핌(體察)과 모든 백성들을 자식처럼 여김과 모든 기술자를 오게 함과 먼데서 온 사람들을 부드럽게 대함과 제후들을 회유(懷柔)함이

니라.

역해(易解)

경대신 (敬大臣) ☵ 4	회제후 (懷諸候) ☷ 9	존현 (尊賢) ☶ 2
친친 (親親) ☳ 3	체군신 (體群臣) ◉5	래백공 (來百工) ☱ 7
유원인 (柔遠人) ☶ 8	수신 (修身) ☰ 1	자서민 (子庶民) ☲ 6

중용의 구경(九經)

자사가 '구경의 조목(條目), 구경의 차례(次例)'를 열거한 문장이다.

천하국가의 근본은 이 한 몸에 있다. 사물은 밖으로부터 나에게 온 것이고 내 몸에 근본해서 알게 되는 끝이므로 나를 떠나서 만사(萬事)와 외물(外物)을 논할 수는 없다. 그러므로 '수신(脩身)'이 다름 아닌 구경(九經)의 근본(根本)이 된다.

신(身)은 사람이 생명활동을 하는데 있어서 근본토대가 되는 몸을 가리킨다. 글자형태가 '스스로 자(自)'와 '바탕 재(才)'를 합친 모습이므로 자신의 근본바탕이 되는 '몸'을 의미한다. 大學(대학)에 "천자(天子)로부터 서인(庶人)에 이르기까지 한결같이 모두 몸 닦는 것으로써 근본을 삼는다[13]."고 하였는데, 야산선생은 이를 몸 밖에 물건이 없다는 '신외무물(身外无物)'로 풀이하며 만 가지 근본이 '수신(修身)'에서 비롯됨을 강조하였다.

수신의 도가 나아가려면 반드시 가르침을 베푸는 스승을 존숭(尊崇)하여야 하고 친구 간에도 잘못된 바는 경계하고 훌륭한 점은 서로 법하는 절마잠규(切磨箴規)가 있어야 한다. 그러므로 수신(修身) 다음에 어짊을 높이는 '존현(尊賢)'이 뒤를 잇는다,

---

[13]. 大學(대학): 自天子以至於庶人 壹是皆以修身爲本.

도(道)가 나아가는 바는 '수신제가(修身齊家)'에 달려있다. 大學(대학)의 글에 "집밖을 나가지 않고도 가르침을 온 나라에 이룰 수 있다(不出家而成 敎於國)."고 하였듯이 우선 집안부터 가지런히 다스려야 하므로 '존현(尊賢)' 다음에 친족을 친애하는 '친친(親親)'이 뒤를 잇는다.

다음이 '제가치국(齊家治國)'이다. 국가를 구성하는 기본단위가 개개인의 가정이다. 인군의 집안으로부터 말미암아 조정에까지 이르므로 대신을 공경하는 '경대신(敬大臣)', 그리고 여러 신하의 마음을 체찰(體察)하는 '체군신(體羣臣)'이 그 뒤를 잇는다.

사사로움이 없이 엄정하게 심의하고 집행하는 조정으로 말미암아 '치국(治國)'이 이루어지므로 부모가 그 자식을 사랑하듯이 인군이 백성을 자식처럼 사랑하는 '자서민(子庶民)'이 뒤를 잇는다. 다음으로 백성들이 편안하게 잘 살려면 우수한 기술자를 대우하고 인재를 예우하는 '래백공(來百工)'이 필요하다.

나라가 다스려져 부강해지면 마침내 '치국(治國)'으로부터 '평천하(平天下)'에 이르게 된다. 인군의 덕화가 멀리 변방의 이민족들에게 미치면 현인들과 이웃 백성들이 어진 덕을 베푸는 왕에게 빈객(賓客)으로 귀순하는 '유원인(柔遠人)', 그리고 마침내 덕과 위엄으로 회유하여 주변국을 평천하(平天下)하는 '회제후(懷諸侯)'가 펼쳐진다.

脩身則道立하고 尊賢則不惑하고 親親則諸父昆弟ㅣ不怨하고
수신즉도립   존현즉불혹   친친즉제부곤제   불원
敬大臣則不眩하고 體羣臣則士之報禮ㅣ重하고 子庶民則百姓
경대신즉불현   체군신즉사지보례   중   자서민즉백성
이 勸하고 來百工則財用이 足하고 柔遠人則四方이 歸之하고
권   래백공즉재용   족   유원인즉사방   귀지
懷諸侯則天下ㅣ畏之니라.
회제후즉천하   외지

惑: 미혹할 혹 諸: 여러 제 昆: 형 곤 怨: 원망할 원 眩: 아찔할 현 士: 선비 사 報: 갚을

보 重: 무거울 중 勸: 권장할 권 財: 재물 재 歸: 돌아올 귀 畏: 두려워할 외

몸을 닦으면 도가 확립되고, 어진 이를 존경하면 의혹(疑惑)이 일지 않고, 친족을 친애하면 제부(諸父, 아버지 형제들)와 형제들이 원망하지 않고, 대신을 공경하면 (불미스런 일이 생기지 않아) 어지럽지 않고, 여러 신하들의 마음을 체찰(體察)하면 선비들의 보답하는 예가 후중하고, 모든 백성들을 자식같이 여기면 백성들이 권면(勸勉)하고, 백공(百工)을 오게 하면 재정(財政)이 충족하고, 먼데서 온 사람들을 부드럽게 대하면 사방에서 (귀향하듯) 돌아오고, 제후(諸侯)들을 회유(懷柔)하면 천하가 두려워하니라.

역해(易解)

자사가 구경(九經)의 공효(功效)와 효력(效力), 효험(效驗)을 설명한 문장이다.

인군이 몸을 닦으면 '근본이 바로 서야 나아갈 길이 생긴다.'는 "본립이도생(本立而道生)"이 자기 몸에 이루어져 가히 백성의 사표(師表)와 푯대가 될 수 있으니 이른바 "황극(皇極)이 그 유극(有極)을 세운다."는 것과도 통한다.

인군이 어진 이를 존경하면 시비(是非)를 가르는 척도(尺度)를 알 수 있어 모든 이치와 일에 의혹(疑惑)이 일지 않는다.

인군이 부모를 친애하듯 친족을 친애하면 아버지와 같은 기운을 갖고 타고난 제부(諸父)와 인간관계에서 부모다음 가까운 형제들이 원망하지 않는다.

인군이 대신을 공경하면 그 신임(信任)이 오로지 한 곳으로 전일(專一)하여 그 아래 소신(小臣)들은 함부로 간연(間然) 즉 이간질할 수가 없다. 그러므로 불미스런 일이 생기지 않고 일에 임함이 혼선이 없어 일사불란(一絲不亂)하게 진행된다.

인군이 현장을 직접 시찰(視察)하여 여러 신하들의 마음을 몸소 체득하면(體察) 선비들이 예로써 보답함이 후중하다.

인군이 백성을 자기 자식처럼 여기어 여민동락(與民同樂)하고 여민동환(與民同患)하면 백성 또한 인군을 부모처럼 섬기며 그 덕을 기리고 모든 일에 스스로 부지런히 힘쓴다.

인군이 외국의 우수한 기술자(百工)를 우대(優待)하여 오게 하면 그 기술로 인해 일을 쉽게 할 수 있고 농업과 상업이 서로 힘입어 국가 재정(財政)이 더욱더 넉넉해진다.

인군이 사람들을 먼데 가까운데 할 것 없이 한 몸으로 부드럽게 대하면 사방에서 고향을 찾아 귀향(歸鄕)하듯 천하귀인(天下歸仁)하고 천하의 관광여행객이 모두 기뻐하여 여행길에 나서기를 원한다.

천자가 제후(諸侯)들을 덕과 위엄으로 회유(懷柔)하면 덕이 베풀어짐과 위엄으로 제어함이 넓어져 천하가 다 두려워하게 된다.

齊明盛服하야 非禮不動은 所以修身也ㅣ오 去讒遠色하며 賤貨
재명성복   비례부동   소이수신야   거참원색   천화
而貴德은 所以勸賢也ㅣ오 尊其位하며 重其祿하며 同其好惡는
이귀덕   소이권현야   존기위   중기록   동기호오
所以勸親親也ㅣ오 官盛任使는 所以勸大臣也ㅣ오 忠信重祿은
소이권친친야   관성임사   소이권대신야   충신중록
所以勸士也ㅣ오 時使薄斂은 所以勸百姓也ㅣ오 日省月試하야
소이권사야   시사박렴   소이권백성야   일성월시
旣(餼)禀稱事는 所以勸百工也ㅣ오 送往迎來하며 嘉善而矜不
(희)름칭사   소이권백공야   송왕영래   가선이긍불
能은 所以柔遠人也ㅣ오 繼絶世하며 擧廢國하며 治亂持危하며
능   소이유원인야   계절세   거폐국   치란지위
朝聘以時하며 厚往而薄來는 所以懷諸侯也ㅣ니라.
조빙이시   후왕이박래   소이회제후야

去: 내쫓을 거, 물리칠 거 讒: 참소할 참, 거짓말 참 色: 여색 색 賤: 천할 천 貨: 재화 화
勸: 권할 권 惡: 미워할 오 官: 벼슬 관 任: 맡길 임 使: 시킬 사 祿: 녹봉 록 薄: 엷을 박
斂: 거둘 렴 省: 살필 성 試: 시험할 시 餼: 녹봉 희 禀: 창고 름(廩) 稱: 맞을 칭, 저울 칭
送: 보낼 송 迎: 맞이할 영 嘉: 아름다울 가 矜: 불쌍히 여길 긍 絶: 끊을 절 廢: 폐할 폐

亂: 어지러울 란 持: 지킬 지 危: 위태할 위 聘: 찾아갈 빙

　재계(齋戒)하고 깨끗이 하며 옷을 성대하게 입어서(정장을 하여) 예가 아니면 움직이지 않음은 몸을 닦는 바이고, 참소(讒訴)하는 이를 내쫓고 여색을 멀리하며 재물을 천하게 여기고 덕을 귀하게 여김은 어진 이를 권면(勸勉)하는 바이고, 그 지위(地位)를 높여주고 그 녹봉을 후하게 해주며 그 호오(好惡, 좋아하고 싫어함)를 동일시함은 친족을 친애함을 권면하는 바이고, 관직을 성하게 하여 사령(使令)을 맡김은 대신을 권면하는 바이고, 충신(忠信)으로 대하고 녹을 후하게 함은 선비를 권면하는 바이고, 때맞춰 시키고 부렴(賦斂, 세금을 부여하고 거둠)을 적게 함은 백성을 권면하는 바이고, 날로 살피고 달로 시험하여 창고에서 녹봉을 주는 것을 일에 맞춤은 백공을 권면하는 바이고, 가는 이를 환송(歡送)하고 오는 이를 환영(歡迎)하며 잘하는 이를 가상(嘉尙)히 여기고 능력(能力)이 부족한 이를 가엾게 여김은 먼데서 온 사람을 너그럽게 하는 바이고, 끊긴 세대(世代)를 이어주고 폐(廢)한 나라를 일으켜주며, 혼란 시에 다스려주고 위기 시에 지지해주며, 조회(朝會)와 빙례(聘禮)를 때맞춰 하고 갈 때는 후하게 해주고 올 때는 박하게 해줌은 제후를 회유하는 바이니라.

역해(易解)

　자사가 구경(九經)을 실천하는 구체적인 방법에 대해 설명한 문장이다. 삼재(三才)의 흐름과정으로 첫 번째 문장은 구경(九經)의 순차적인 조목에, 두 번째는 공효에, 세 번째는 실천방법에 대한 내용이다.

　수신(修身)을 하려면, 먼저 마음가짐을 깨끗하게 재계(齋戒)하고 몸가짐을 단정(端正)하게 해서 예(禮)가 아니면 움직이지 않아야 한다.

雷天大壯　周易(주역)에 우레(☳)가 하늘(☰) 위에서 소리를 장대하게 울리며 움직이는 대장(大壯)괘가 있다. 12 월괘(月卦)로는 한 봄 2월(卯月) 중춘(仲春)으로 생명이 활짝 문을 열고 힘차게 나오는 때이다.

움직이는 힘이 아주 막강하여 감히 대적할 만한 것이 없으므로 '대장(大壯)'이며, 이렇게 큰 힘은 바르게 쓰여야 이롭다고 공자는 말씀하였다[14].

'벼슬 경(卿)'은 국록(皀)을 먹는 이가 오전 5시~7시(卯時)가 되면 대문을 열고(卯) 나아가 조정에서 정사를 논의한다는 뜻이다. 대장(大壯)이 묘월(卯月)이고 '벼슬 경(卿)'이라는 글자 속에 묘(卯)가 들어있는 것을 감안하면, 강한 힘을 남용하지 않고 바르게 밟아 나아가라는 의미가 들어있다.

대장의 네 양효(━)는 집의 네 큰 기둥과 같다. 그러므로 卿[=卯+皀]은 국가의 동량(棟樑)으로서 정대(正大)하게 예를 밟아 나아가는 나라발전에 애쓰는 대신(大臣)에 대한 뜻으로 풀이해봄이 좋겠다. 공자는 "군자가 대장의 형상을 본받아 예가 아니면 밟지 않는다."는 '비례불리(非禮弗履)'를 강조하였다[15].

論語(논어) 顔淵(안연)편에 "예가 아니면 보지 말고, 예가 아니면 듣지 말고, 예가 아니면 말하지 말고, 예가 아니면 움직이지 말아야 한다(非禮勿視 非禮勿聽 非禮勿言 非禮勿動)."고 하였다.

현인(賢人)을 권면(勸勉)하려면, 없는 죄를 헐뜯어 덮어씌우는 참소(讒訴)하는 이를 조정에서 내쫓고 여색을 좋아하여 쾌락을 추구하는 이를 멀리하며 재물보다는 후덕한 이를 귀하게 여겨야 한다. 論語(논어) 顔淵(안연)편에서 공자는 "물이 스며들어 젖는 듯 꾸준한 참소(讒訴)와 직접 피부에 와 닿듯 절박한 참소(讒訴)가 위에 통하지 않는다면 사리에 밝다고 할 수 있다[16]."고 말씀하였다.

친친(親親)을 권면(勸勉)하려면, 친족가운데 능력이 있는 이는 높은 지위(地位)에 앉혀주고 녹봉도 후하게 내려주며 호오(好惡, 좋아하고 싫어함)의 감정을 친족과 함께 같이하여야 한다.

---

14. 周易(주역) 대장(大壯)괘: 彖曰 大壯 大者 壯也 剛以動故 壯 大壯利貞 大者 正也 正大而天地之情 可見矣.
15. 周易(주역) 대장(大壯)괘: 象曰 雷在天上이 大壯이니 君子 以하야 非禮不履하나니라.
16. 論語(논어) 顔淵(안연)편: 子曰 浸潤之讒 膚受之愬 不行焉.

'관성임사(官盛任使)'는 장관 밑에 차관 등 여러 부서가 있듯이 대신이 세세한 일까지 친히 할 수가 없으므로 아래 벼슬자리를 많이 두어 사령(使令) 맡김을 충족케 하면 대신은 전체를 감독하고 이끄는데 온 힘을 쓸 수 있다는 의미다. 또한 인군이 대신을 공경하고 신임(信任)하여 우대하면, 그 아래 신하들이 그를 중심으로 한 임무(任務)수행을 일사천리로 이행한다는 의미다.

국가의 백년대계(百年大計)의 공무를 맡은 인재(선비. 사대부)를 권면하려면, 대하기를 충심(忠心)과 신의(信義)로 하고 함양(涵養)하는데 온 정신을 쏟도록 녹봉을 후하게 주어야 한다. 또한 인군이 몸소 현장을 시찰하여 고충을 체감하면, 그 은택과 혜택에 보답하기 위해서라도 더욱 학문수양에 정진하게 된다.

백성들이 생업에 충실하도록 권면하려면, 부역(賦役)과 군역(軍役) 등은 가능한 농번기(農繁期)를 피한 농한기에 때맞춰 시키고 적게 세금을 거두어야만이 백성들이 안정을 얻고 스스로 잘살기 위해 부지런히 힘을 쓰게 된다.

외국에서 초빙한 백공(百工)을 권면하려면, 날마다 관심을 두어 살피고 달마다 발전된 기술을 시험하며 국가에서 녹봉을 줄때는 일의 성과(成果)에 따라 맞춰야 한다.

관광이나 여행을 위해 방문한 외지의 사람들을 잘 회유하려면, 돌아갈 때에 환송(歡送)하고 찾아올 때에 환영(歡迎)하여야 하며 능력이 있거나 선한 이는 높이 평가하여 가상(嘉尙)히 여기고 능력(能力)이 부족한 이는 가엾게 여겨야 한다. (당시 제후국들 사이에는 백성들의 주거이동이 가능하였다.)

제후를 회유하려면, 끊긴 세대(世代)를 이어주고 쇠퇴한(廢) 나라를 일으켜주며, 혼란 시에는 다스려주고 위기 시에는 지지해주며 제후가 천자를 5년마다 직접 알현하는 조회(朝會)와 제후 대신 대부가 3년에 한 번 예물을 헌납하는 대빙(大聘), 해마다 하는 소빙(小聘)인 빙례(聘禮)를 때맞춰 하고, 자기 나라로 돌아갈 때는 잔치와 하사(下賜)를 후하게 베풀어주고 천자국에 올 때는 공물 바치는 것을 박하게 해야 한다.

고요(皐陶)의 구덕(九德)

書經(서경) 고요모(皐陶謨) 편에 요순우(堯舜禹) 삼대에 걸친 명신(名臣)인 고요(皐陶)가 우(禹)임금에게 '지인안민(知人安民)'의 방편으로 제시한 9덕이 나온다. 지인안민(知人安民)이란 훌륭한 사람을 등용하여 백성을 편안케 한다는 의미다. 그 내용도 낙서의 구궁 수리에 바탕을 둔 것이라 여겨진다.

난이경 (亂而敬) 4	강이의 (彊而義) 9	유이립 (柔而立) 2
원이공 (愿而恭) 3	요이의 (擾而毅) ⊙5	간이렴 (簡而廉) 7
강이색 (剛而塞) 8	관이율 (寬而栗) 1	직이온 (直而溫) 6

고요(皐陶)의 구덕(九德)

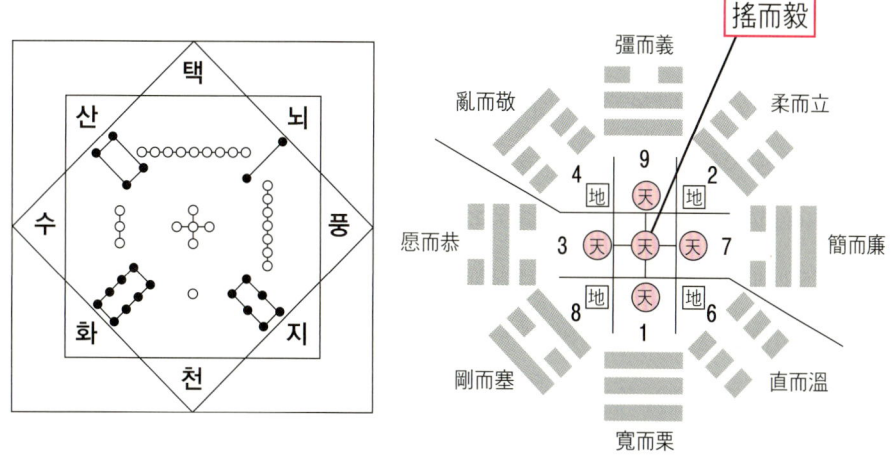

구궁낙서에 기초한 구덕

관이율(寬而栗 ☰1) → 태양(寬) 건금(栗) 부친 : 관대하면서도 여물음(엄밀)
유이립(柔而立 ☳2) → 소음(柔) 진목(立) 장남 : 유연하면서도 곧게 세움
원이공(愿而恭 ☵3) → 소양(愿) 감수(恭) 중남 : 조심하면서도 같이 함께함
난이경(亂而敬 ☶4) → 태음(亂) 간토(敬) 소남 : 다스리면서도 높이 받들음
요이의(擾而毅 ⊙5) → 천극(擾) 양화(毅) 조부 : 교통하면서도 뜻이 굳셈
직이온(直而溫 ☷6) → 태유(直) 곤토(溫) 모친 : 올곧으면서도 따스함
간이렴(簡而廉 ☴7) → 소강(簡) 손목(廉) 장녀 : 간략하면서도 깨끗함
강이색(剛而塞 ☲8) → 소유(剛) 이화(塞) 중녀 : 단단히 막아냄(지켜냄)
강이의(彊而義 ☱9) → 태강(彊) 태금(義) 소녀 : 굳건하면서도 의로움

주역의 구덕삼진(九德三陳)과 중용의 구경삼술(九經三述)

　3변하여 8괘를 펼치는 삼변성도(三變成道)의 법도에 따라 자사가 세 단계로 나누어 中庸(중용)의 '구경(九經)'을 해설한 문장은 周易(주역)의 繫辭傳(계사전)에 나오는 공자의 '구덕괘(九德卦)'와 그 문장체계나 서술방식이 매우 유사하다. 자사가 쓴 중용이 공자가 집대성한 주역의 가르침에 분명히 기초하고 있음을 입증해주는 매우 중요한 대목이다.

　사람이 쌓아야할 아홉 가지 덕을 닦아야 마침내 대인의 덕을 완성할 수 있다. 순차적인 9덕의 완성과정은 아래와 같다.

　　1) 덕의 터전(基) 2) 덕의 자루(柄) 3) 덕의 근본(本)
　　4) 덕의 견고(固) 5) 덕의 닦음(脩) 6) 덕의 넉넉함(裕)
　　7) 덕의 분별(辨) 8) 덕의 실지(地) 9) 덕의 지음(制)

　이러한 덕성을 대표하는 괘가 곧 구덕괘(九德卦)이다. 전체 구성이 삼단계의 3(천) - 6(지) - 9(인) 흐름이다.

1) 천택리(天澤履, 10): 덕지기(德之基) 예절(이행)
2) 지산겸(地山謙, 15): 덕지병(德之柄) 겸손(화합)
3) 지뢰복(地雷復, 24): 덕지본(德之本) 회복(진실) → (천) / 상경(上經)
4) 뇌풍항(雷風恒, 32): 덕지고(德之固) 항구(일심)
5) 산택손(山澤損, 41): 덕지수(德之修) 수행(인고)
6) 풍뢰익(風雷益, 42): 덕지유(德之裕) 여유(축적) → (지)
7) 택수곤(澤水困, 47): 덕지변(德之辨) 분별(궁통)
8) 수풍정(水風井, 48): 덕지지(德之地) 안정(왕래)
9) 중풍손(重風巽, 57): 덕지제(德之制) 도정(완성) → (인) / 하경(下經)

주역의 구덕삼진(九德三陳)	중용의 구경삼술(九經三述)
易之興也 其於中古乎. 作易者 其有憂患乎. 是故 履 德之基也 謙 德之柄也 復 德之本也 恒 德之固也 損 德之修也 益 德之裕也 困 德之辨也 井 德之地也 巽 德之制也. → ⟨也⟩	凡爲天下國家有九經 曰 脩身也 尊賢也 親親也 敬大臣也 體群臣也 子庶民也 來百工也 柔遠人也 懷諸侯也. → ⟨也⟩

履 和而至 謙 尊而光 復 小而辨於物 恒 雜而不厭 損 先難而後易 益 長裕而不設 困 窮而通 井 居其所而遷 巽 稱而隱. →〈而〉	脩身則道立 尊賢則不惑 親親則諸父昆弟不怨 敬大臣則不眩 體群臣則士之報禮重 子庶民則百姓 勸 來百工則財用 足 柔遠人則四方 歸之 懷諸侯則天下 畏之. →〈則〉
履以和行 謙以制禮 復以自知 恒以一德 損以遠害 益以興利 困以寡怨 井以辨義 巽以行權. →〈以〉	齊明盛服 非禮不動 所以脩身也 去讒遠色 賤貨而貴德 所以勸賢也 尊其位 重其祿 同其好惡 所以勸親 親也 官盛任使 所以勸大臣也 忠信重祿 所以勸士也 時使薄斂 所以勸百姓也 日省月試 旣稟稱事 所以勸百工也 送往迎來 嘉善而矜不能 所以柔遠 人也 繼絶世 擧廢國 治亂持危 朝聘 以時 厚往而薄來 所以懷諸侯也. →〈所以〉

주역의 구덕삼진(九德三陳)과 중용의 구경삼술(九經三述)

凡爲天下國家ㅣ 有九經하니 所以行之者는 一也ㅣ니라.
범위천하국가 유구경   소이행지자   일야

무릇 천하국가를 다스리는 데에 아홉 가지 법이 있으니, 그것을 행하게 하는 것은 한 가지이니라.

역해(易解)

천하국가를 다스리는 구경(九經)을 실행(實行)할 수 있는 것은 오로지 정성뿐이다. 만약 하나라도 정성함이 없으면 모두 빈껍데기에 불과할 뿐이다.

書經(서경)의 홍범구주(洪範九疇)[17]

中庸(중용)의 구경(九經)은 書經(서경) 洪範(홍범)의 구주(九疇)와도 깊은 연관을 맺는다. 홍범에는 주(周)나라의 무왕(武王)이 은(殷)나라의 기자(箕子)를 방문하여 천하를 다스리는 떳떳한 도리를 묻자, 기자가 이에 답하여 가르친 내용이 실려 있다.

순(舜)임금의 선양(禪讓)으로 하(夏) 나라의 시조가 된 이가 우(禹)임금이다. 우(禹)는 신구(神龜)가 등에 지고나온 낙서구궁의 오행수리를 바탕으로 치수에 성공한 다음, 제위에 올라 중정무사(中正無私)한 황극(皇極)의 도를 세워 대동평치(大同平治)를 하였는데, 치수대법(洪範)으로 쓰였던 이 아홉 가지의 정치 법도를 구주(九疇)라고 한다[18].

凡事ㅣ 豫則立하고 不豫則廢하나니 言前定則不跲하고 事前定
범사   예즉립   불예즉폐   언전정즉불겁   사전정
則不困하고 行前定則不疚하고 道前定則不窮이니라.
즉불곤   행전정즉불구   도전정즉불궁

---

17. 192p 그림 내용을 참조바람.
18. 구주는 다섯 번째 5황극을 중심으로 내본(1~4)과 외말(6~9)의 선후체용으로 나뉜다. 왕도정치를 통한 천인합일과 대동세계의 구현에 대해 가르친 홍범은 대학경전의 강목(綱目, 三綱領과 八條目)과 밀접한 관련을 맺고 있다.

豫: 미리 예 廢: 폐할 폐 跲: 넘어질 겁 困: 곤할 곤 疚: 오랜 병 구 窮: 다할 궁

　　모든 일이 미리 정해지면 성립되고 미리 정해지지 않으면 무너지니, 말을 앞서 정하면 차질이 생기지 않고 일을 앞서 정하면 곤궁하지 않고 움직임을 앞서 정하면 병폐(病弊)가 생기지 않고 길을 앞서 정하면 궁하지 않느니라.

역해(易解)

　　준비된 자만이 기회를 잡듯이 평상시 중용의 도인 '정성 성(誠)'을 다하면 모든 일이 평소(平素)에 예정(豫定)한대로 신묘하게 성립(成立)된다. 말(言)이란 두서(頭緖)의 차례가 있고 내용의 핵심을 찔러야 한다. 할 말을 미리 생각하고 말을 하여야만 차질이 생기지 않는다.

　　사(事)는 깃발달린 깃대(ノ)의 아래 부분을 손으로 움켜쥐어(彐) 세우고 있는 모습이다. 깃대의 향방(向方)과 깃발의 색깔에 따라 군사의 움직임이 결정되므로 일을 함에 앞서 정하면 곤궁하거나 곤란에 빠지지 않는다.

　　또한 행동거지(行動擧止)로 옮기기 이전에 앞서 정하면 병폐(病弊)가 생기지 않는다. 어느 쪽으로 가야하는지 길을 앞서 정하면 궁하지 않는 법이다.

예(豫)의 파자해

　　중용(中庸)의 글자획수를 다 더한 15획은 중앙의 5·10토(土)에 해당한다. 周易(주역)에서 15번째 괘는 겸(謙)인데 그 다음이 예(豫)괘이다. 예(豫)는 본래 코끼리(象)가 귀소본능(歸巢本能)이 있어 죽기 전에 미리 출생지로 돌아가 조용히 생을 마감한다는 데서 '미리'의 뜻이라고 한다. 또한 '나 여(予)'에 '모양 상(象)'을 합쳐 '나 스스로의 모습'인데, 현재의 내 모습을 미루어 보면 앞일을 미리 알 수 있으므로 '미리 예'이다. 관련단어로는 예정(豫定)과 예비(豫備), 예방(豫防), 예상(豫想) 예측(豫測), 예고(豫告) 등이 있다.

예측(豫測)과 지기(知幾)

雷地豫

周易(주역)의 예괘(豫卦)는 초목(☷)이 땅(☷)을 뚫고 움터 나오면 그 싹수가 파랄지 노랄지 미리 앞일을 예측(豫測)할 수 있고, 생명이 탄생하는 소리를 들으면 즐겁다는 데서 '미리 예, 즐거울 예'이다.

공자는 周易(주역) 계사전에서 "기미를 앎이 그 신령하도다! 군자는 신(神)과 같이 기미를 알아서 윗사람한테 아첨하지 아니하며, 아랫사람한테 더럽게 굴지 아니하여 바로 장래에 닥쳐올 기미조짐을 알고 행동한다. 아직 움직임이 거의 없는 은미(隱微)한 때에 길흉의 조짐을 미리 보고 움직여 곧바로 실행한다. 군자는 은미한 것을 봄에 반드시 크게 드러날 것을 알며 부드러움도 알고 강함도 안다. 그러기에 세상 사람이 다 높이 우러러본다[19]."고 말씀하였다.

在下位하야 不獲乎上이면 民不可得而治矣리라 獲乎上이 有道
재 하 위   불 획 호 상   민 불 가 득 이 치 의   획 호 상   유 도

하니 不信乎朋友ㅣ면 不獲乎上矣리라 信乎朋友ㅣ 有道하니 不
       불 신 호 붕 우   불 획 호 상 의   신 호 붕 우   유 도   불

順乎親이면 不信乎朋友矣리라 順乎親이 有道하니 反諸身不誠
순 호 친   불 신 호 붕 우 의   순 호 친   유 도   반 저 신 불 성

이면 不順乎親矣리라 誠身이 有道하니 不明乎善이면 不誠乎身
       불 순 호 친 의   성 신   유 도   불 명 호 선   불 성 호 신

矣리라.
 의

獲: 얻을 획 順: 순한 순 親: 어버이 친 反: 돌이킬 반 諸: 어조사 저

아랫자리에 있으면서 윗사람에게 (신임을) 얻지 못하면 백성을 가히 얻어 다

---

19. 周易(주역) 계사(繫辭)전: 子曰知幾 其神乎 君子 上交不諂 下交不瀆 其知幾乎 幾者 動之微 吉之先見者也 君子 見幾而作 不俟終日 易曰 介于石 不終日 貞吉 介如石焉 寧用終日 斷可識矣 君子 知微知彰知柔知剛 萬夫之望.

스리지 못하리라. 윗사람에게 (신임) 얻는 데에 도가 있으니, 벗에게 신임을 얻지 못하면 윗사람에게 (신임을) 얻지 못하리라. 벗에게 신임 얻는 데에 도가 있으니, 어버이에게 효순(孝順)하지 않으면 벗에게 신임을 얻지 못하리라. 어버이에게 효순(孝順)하는 데에 도가 있으니, 제 몸을 돌이켜보아 성실하지 못했으면 어버이에게 효순하지 못하리라. 제 몸을 성실히 하는 데에 도가 있으니, 선(善)에 밝지 못하면 제 몸을 성실히 하지 못하리라.

역해(易解)

밖으로부터 안으로, 위로부터 아래로 내려오는 문장의 흐름이다. 후말(後末)로부터 선본(先本)으로 회귀하는 형식으로 기본의 확립이 중요함을 강조한 것이다. 본문의 내용을 역으로 설명하면 명선(明善)에 기초한 성신(誠身)과 성신에 기초한 효순(孝順), 효순에 기초한 붕우의 신망(信望), 붕우의 신망에 기초한 상사의 신임(信任)을 얻게 되는 수순을 강조하고 있다.

大學(대학)의 팔조목(八條目)에서 격물(格物)→치지(致知)→성의(誠意)→정심(正心)→수신(修身)→제가(齊家)→치국(治國)→평천하(平天下)로 점차 나아가는 단계과정으로 보면 선함에 대해 밝은 명선(明善)은 격물과 치지, 몸을 성실히 하는 성신(誠身)은 성의와 정심과 수신, 효순(孝順) 이후로는 제가와 치국, 평천하에 해당한다. 아래 지위(地位)에 있는 사람이 세상에 뜻을 펼치기 위해 반드시 선행하여야 할 예정(豫定)된 수순이다.

명선(明善)은 사물의 이치를 밝게 깨쳐서 순리와 도리를 좇는다는 의미다. '솔성지위도(率性之謂道), 수도지위교(修道之謂敎)'라고 하였듯이 성현의 가르침을 통하여 나아갈 선한 길을 알고 본연성품을 따르는 것이다. 선과 악을 분명히 구분하고 바른 길로 나아가기 위해선 학문(學問)과 사색(思索) 등을 통한 진지한 깨달음에 노력하여야 한다.

20장의 "仁者는 人也니 親親이 爲大하고, 義者는 宜也니 尊賢이 爲大하니

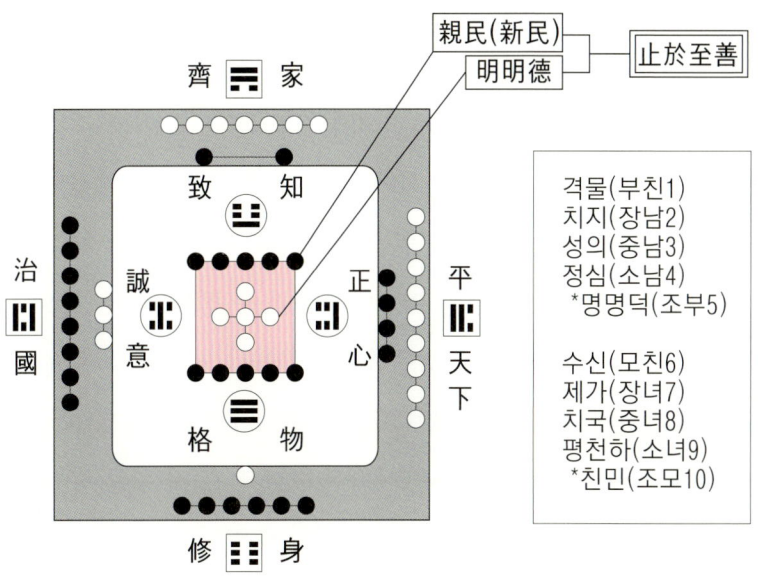

하도(河圖)와 대학강목(大學綱目)

親親之殺와 尊賢之等이 禮所生也니이다."에서는 인(仁), 의(義), 예(禮)를, "或生而知之 或學而知之 或困而知之"에서는 지(知)를 말씀하였다.

사람의 다섯 가지 덕성이 인의예지신(仁禮義智信)이다. 인의예지를 조절하고 중재하는 중심(中心) 덕성이 바로 신(信)이다. 상하의 중(中), 좌우의 중(中)에 처한 신(信)은 내면의 충(忠)에서 비롯된다. 충직한 마음이 있는 이는 자신의 한 말에 대해서 반드시 책임을 지고 이행을 한다. 자연히 남들로부터 믿음을 얻기 마련이다.

만물의 영장인 사람의 말은 천지간(天地間)을 울리므로 그 말한 바를 반드시 지키고 이행해서 미더움을 잃지 말아야 한다. 하늘이 감동하여 돕지 않는데 무슨 일을 제대로 행할 수 있으랴!

믿음은 대개 내적으로는 신념(信念)과 자신(自信), 외적으로는 신의(信義)와 신용(信用)으로 나뉜다. 주체적인 신념(信念)이 없고 매사에 자신감(自信感)이 없으면 스스로 일어설 수가 없고 남들에게 신의(信義)를 지키지 못하고 신용(信用)을 잃으면 함께 더불어 일을 꾀할 수 없다. 안으로 확고한 신념(信

념)을 가지고 밖으로 주변의 신망(信望)을 얻는 것이야말로 대본달도인 중화(中和)에 도달하는 첩경이다.

아랫자리에 있으면서 상관인 윗사람에게 신임(信任)을 얻지 못하면 민심을 얻지 못하여 백성들을 다스리지 못한다. 주변 친구에게 신의(信義)가 있는 사람이면 윗사람에게 충분히 신임을 얻을 수가 있다. 벗에게 신임을 얻는 데에도 도(道)가 있다. 자기의 근본인 어버이에게 효순(孝順)하지 않으면 벗에게 신뢰를 주지 못한다. 어버이에게 효순하려면 잘못된 원인을 제 몸에 돌이켜보아서 마음과 언행에 있어 진실무망(眞實无妄)해야 한다. 반성(反省)과 성찰(省察)이 없으면 자기를 사랑하는 애기지심(愛己之心)이 없고 자신을 사랑하지 않는데 과연 부모에게 효순하겠는가? 선함에 밝아야 정성을 다해 수신을 하고 나아가 부모에게 효순할 수 있다. 사물의 이치에 밝으면 선을 택할 수 있고 자기가 서있는 위치를 알면 마침내 지선(至善)의 경지에까지 이를 수가 있는 것이다.

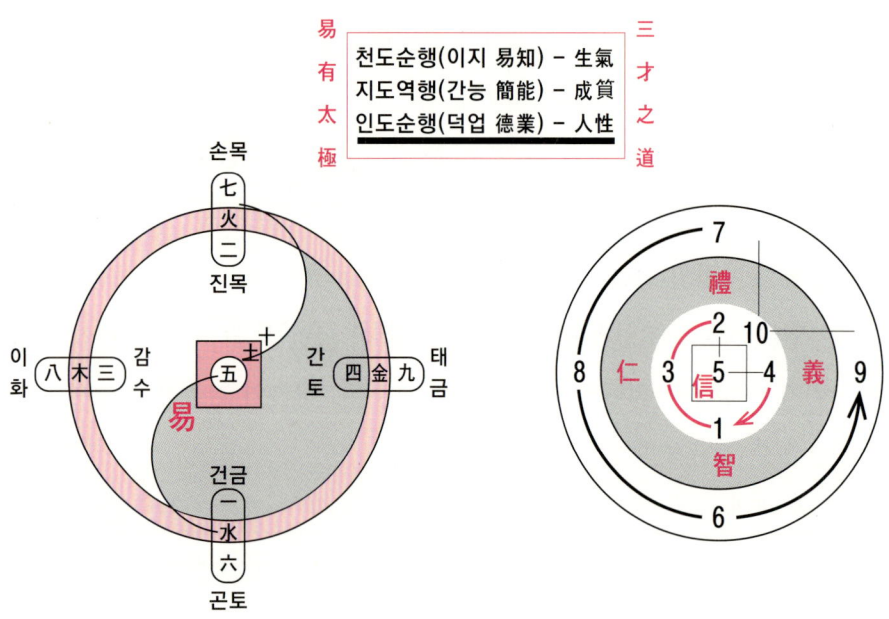

하도(河圖)와 오상(五常)

誠者는 天之道也ㅣ오 誠之者는 人之道也ㅣ니 誠者는 不勉而中
성 자   천 지 도 야   성 지 자   인 지 도 야   성 자   불 면 이 중
하며 不思而得하야 從容中道하나니 聖人也ㅣ오 誠之者는 擇善而
    불 사 이 득   종 용 중 도   성 인 야   성 지 자   택 선 이
固執之者也ㅣ니라.
고 집 지 자 야

從: 좇을 종 容: 담을 용 擇: 가릴 택 固: 굳을 고 執: 잡을 집

정성함 자체는 하늘의 도이고, 정성을 기울임은 사람의 도이다. 성(誠)은 힘쓰지 않아도 들어맞으며 생각하지 않아도 체득(터득)을 해서 종용(從容, 순리를 쫓아 수용함. 자연 그대로 받아들임)히 도에 합치하므로 성인이고, 성지(誠之)는 선(善)을 가려 택해서 굳게 잡고 나아가는 것이니라.

역해(易解)

위 문장의 "제 몸을 성실히 하는 데에 도가 있으니, 선(善)에 밝지 못하면 제 몸을 성실히 하지 못하리라(誠身 有道 不明乎善 不誠乎身矣)."는 명선(明善)과 성신(誠身)에 뒤이은 말씀이다.

전체적으로 성(誠)와 성지(誠之), 천지도(天之道)와 인지도(人之道), 성인(聖人)과 현인(賢人), 군자(君子)를 대비하여 천인합일(天人合一)의 경지에 이를 것을 강조하고 있다.

성경(聖經)에도 '태초(太初)에 하늘의 말씀이 있었다.'고 하였는데, 성언(成言) 즉 말씀 그대로 이루는 본체야말로 바로 하늘이다. 성(誠)을 천도로 일컫는 까닭이다. 천인합일을 이루어 말씀 그대로를 이루는 존재가 성인(聖人)이므로 또한 천도의 성(誠)에 합치한다고 하였다.

무망지성(无妄之性)

정성 그 자체인 '성(誠)'은 진실무망(眞實無妄)한 하늘의 도이고 진실무망

하지 못하기 때문에 힘써 정성을 기울이는 '성지(誠之)'는 사람의 도이다. 하늘의 이치는 본래 진실하여 추호도 망령(妄靈)이 없으므로 정성 그 자체이지만, 도심인심과 기질성정에 따른 차이로 인해 선악시비가 늘 공존하는 것이 사람의 일이다. 마땅히 하늘로부터 부여받은 본연의 성품을 따르고자 정성을 다할 것을 생각하지 않으면 안 된다.

孟子(맹자) 이루상(離婁上)에도 "정성 그 자체는 하늘의 도이고 정성 다할 것을 생각함은 사람의 도다. 지극한 정성으로 나아가면 감동(感動)하지 아니할 자가 없으며 정성치 못하면 능히 감동할 자가 없을 것이다(誠者 天之道 思誠者 人之道 至誠而不動者 未之有也 不誠 未有能動者也)."라고 말씀하였다.

하늘의 도는 억지로 힘쓰지 않아도 사리(事理)에 딱 들어맞고 생각하지 않아도 체득(體得)하며 저절로 순리법도에 딱 들어맞으므로 성인(聖人)의 경지가 아니면 여기에 합할 수 없다. 종용(從容)은 성품자체가 고요하고 침착하여 모든 일을 자연 그대로 따르고 포용(包容)하고 수용(受容)한다는 의미이다.

공자는 나이 70에 이른 경지를 "마음이 하고자 하는 바를 그대로 좇아도 법도를 넘어서지 않았다(從心所慾不踰矩)."고 하였는데, 서로 통하는 말씀이다. 성인의 지극한 덕이야말로 조금도 다른 것이 섞이지 않는 혼연(渾然)한 하늘의 이치와 그대로 부합하니 진실무망하다.

성인의 경지에 이르지 못한 일반 사람은 항상 인욕의 사사로움으로 인해 그 덕이 능히 진실무망하지 못하다. 그러므로 사람의 도는 깊이 생각하지 않고서는 체득할 수 없고 능히 힘써야만 도에 들어맞는다. 반드시 선을 선택해서 그것을 놓치지 않도록 힘써 굳게 잡아야 하는 것이므로, 이는 현인군자의 경지이다.

8장에서 공자가 "안회(顏回)의 인성(人性)을 살피니 선(善)을 가려서 중용을 행하고 한 가지 선함이라도 체득했으면 혹시나 놓칠세라 가슴에 새겨 실수를 하지 않는구나[20]!"라고 말씀한 내용과도 서로 통한다.

　반드시 선을 선택해야 능히 선을 밝힐 수 있으며, 반드시 선을 굳게 잡아야 가히 몸을 성실히 할 수 있는 법이다. 사람의 도는 정성을 기울여 택선(擇善)을 하여야 명선(明善)으로 나아가고 고집(固執)을 하여야 성신(誠身)에 이를 수가 있다는 가르침이다.

　생각하지 않아도 저절로 체득한다는 '불사이득(不思而得)'은 태어나면서부터 통하여 아는 '생이지지(生而知之)'이고 힘쓰지 않아도 도에 자연히 들어맞는다는 '불면이중(不勉而中)'은 편안히 행하는 '안이행지(安而行之)'이다. 이는 하늘과 하나로 합하는 성인의 경지이다.

　선을 선택한다는 '택선(擇善)'은 배우고 익혀서 아는 '학이지지(學而知之)'와 고난과 고통을 겪음으로써 알게 되는 '곤이지지(困而知之)이다. 굳게 잡고 나아간다는 '고집(固執)'은 열심히 배워 이로운 방향으로 행해나가는 '이이행지(利而行之)'와 곤궁할수록 더욱 굳세게 행해나가는 '면강이행지(勉强而行之)'이다.

博學之하며 審問之하며 愼思之하며 明辨之하며 篤行之니라.
　　박학지　　　심문지　　　신사지　　　명변지　　　독행지

博: 넓을 박 審: 살필 심 愼: 삼갈 신 辨: 분별할 변 篤: 도타울 독

　널리 배우며, 살펴 물으며, 삼가 생각하며, 밝게 분별하며, 돈독하게 행하느니라.

역해(易解)

　정성을 기울이는 성지(誠之)의 조목(條目)으로는 널리 배우는 '박학지(博學

---

[20]. 中庸(중용) 제8장: 子曰 回之爲人也 擇乎中庸 得一善則拳拳服膺而弗失之矣.

之)', 살펴 묻는 '심문지(審問之)', 삼가 생각하는 '신사지(愼思之)', 밝게 분별하는 '명변지(明辨之)', 돈독하게 행하는 독행지(篤行之) 다섯 가지가 있다.

성지(誠之)는 앞 문장에서 택선이고집(擇善而固執)이라 하였으므로 '박학지와 심문지, 신사지, 명변지'는 택선(擇善)에, '독행지'는 고집(固執)에 연계된다.

'학문사변(學問思辨)의 과정'을 거쳐야 '택선(擇善)'을 하여 '앎(知)'에 이르게 되므로 이는 '학이지지(學而知之)'이다. 또한 '독행지(篤行之)'를 하여야 굳게 잡고 나아가는 '고집(固執)'을 하여 인(仁)을 행하게 되므로, 이는 '이이행지(利而行之)'이다.

내적인 지(知)와 외적인 행(行)이 지행합일(知行合一)을 이루면 자연 중용지도(中庸之道)에 합한다. 지인용(知仁勇) 삼달덕과의 관계를 살펴보면, 지(知)는 생지(生知)와 학지(學知)와 곤지(困知)로 나뉘는데 그 중간이 학이지지(學而知之)이다. 또한 실천궁행한다는 인(仁)에는 안행(安行)과 이행(利行), 면강행(勉强行)으로 나뉘는데 그 중간이 이이행지(利而行之)이다.

박학지(博學之)와 심문지(審問之), 신사지(愼思之), 명변지(明辨之), 독행지(篤行之)의 이 다섯 가지 가운데 어느 하나라도 정성이 없으면 학문(學問)이 아니라고 정자(程子)는 말씀하였다.

박(博)은 시방(十方)으로 널리 편다(尃)는 데서 '넓다, 넓히다'는 뜻인데, 단어로는 박식(博識)와 해박(該博), 박사(博士) 등이 있다. 사부(師傅)와 태부(太傅) 등에서 볼 수 있듯이 널리 펼 수 있도록 가르침을 베푸는 사람(亻)은 '스승 부(傅)'이다. 따라서 박학지(博學之)는 시방으로 널리 가르침을 펼칠 수 있을 정도로 배워야한다는 뜻이다.

심(審)은 뚜껑을 덮으면 안을 볼 수 없듯이 덮여진(宀) 일을 자세히 살펴서 차례차례(番) 가려내는 데서 세밀히 '살피다'는 뜻이다. 박학지(博學之)가 외적이라면 심문지(審問之)는 내적이므로 이치를 궁구하고 하늘이 부여해준 성품을 극진히 다하는 '궁리진성(窮理盡性)'의 과정에 해당한다.

신(愼)은 평소 품고 있는 마음이 진실(眞實)한 마음(心)인지 늘 살펴 그 마음을 잃지 않도록 조심하고 삼가는 데서 '삼가다'는 뜻이다. 생각이라는 것이 참으로 삿되게 흐르기 쉽고 생각 그 자체가 문제를 일으키기 쉬우므로 신사지(愼思之)는 생각함에 진실함을 잃지 않도록 조심하고 삼감을 말한다.

변(辨)은 송쟁(訟爭)이 일어나면 누가 옳고 그른지 칼(刂)로 베듯이 판가름 해야한다는 데서 '분별하다, 분명히 하다, 판단하다. 나누다'는 뜻이다. 명변지(明辨之)는 옳고 그름을 분별할 때는 분명하게 판단함을 말한다.

박학(博學)과 심문(審問)이 객관적으로 지(知)를 추구하는 것이라면 신사(愼思)와 명변(明辨)은 주관적으로 지(知)를 추구하는 것이라 할 수 있다.

독(篤)은 죽마(竹馬)를 타고 놀던 오랜 친구 즉 '죽마고우(竹馬故友)'를 축약한 글자로, 오랫동안 사귄 벗과의 돈독(敦篤)한 우정을 이른다. 독행지(篤行之)는 길이 오래 돈독하고 독실하게 행해나가야 한다는 뜻이다.

有弗學이언정 **學之**ㄴ댄 **弗能**을 **弗措也**하며 **有弗問**이언정 **問之**ㄴ댄 **弗知**를 **弗措也**하며 **有弗思**ㅣ언정 **思之**ㄴ댄 **弗得**을 **弗措也**하며 **有弗辨**이언정 **辨之**ㄴ댄 **弗明**을 **弗措也**하며 **有弗行**이언정 **行之**ㄴ댄 **弗篤**을 **弗措也**하야 **人一能之**어든 **己百之**하며 **人十能之**어든 **己千之**니라.

弗: 아니 불 措: 둘 조 人: 남 인 己: 자기 기 百: 일백 백 千: 일천 천

배우지 않음이 있을지언정 배울진댄 능숙하지 못함을 두지 말며, 묻지 않음이 있을지언정 물을진댄 알지 못함을 두지 말며, 생각지 않을지언정 생각할진댄 체득(터득)하지 못함을 두지 말며, 분별하지 않음이 있을지언정 분별할진댄 밝히지 못함을 두지 말며, 행하지 않음이 있을지언정 행할진댄 돈독하지

않음을 두지 말아서, 남이 한 번에 능숙하거든 자기는 백 번을 하여 능숙히 하며, 남이 열 번에 능숙하거든 자기는 천 번을 하여 능숙하게 하니라.

역해(易解)

　애당초 배우지 않으면 그만이지만 배웠으면 능(能)할 때까지 해야 한다는 가르침이다. 능(能)은 왼편 하단이 몸을 의미하는 肉(月)이고 왼편 상단의 '마늘 모(厶)'는 주머니 형태로 여자의 자궁, 오른편은 두 사람(匕匕)이 나란히 서로 견주는 뜻인 '견줄 비(比)'이다. 여자의 몸속에 아기를 밴 상인데 여자만이 생명을 낳을 수 있는 힘을 갖추고 있다고 해서 '능히 해내다', 어떤 일을 충분히 이겨내고 감당해낼 수 있는 능력(能力)과 재능(才能)을 갖춘 데서 '능하다, 잘하다'는 뜻이다.

　애당초 묻지 않으면 그만이지만 이왕 물었으면 능숙하게 알아낼 때까지 노력해야 한다. 지(知)는 화살(矢)을 쏘아 과녁의 한복판(口)을 꿰뚫어 맞추듯이 사물의 언저리가 아닌 핵심이치를 정확히 파악하고 이해하는 데에서 '알다, 깨닫다', 무슨 일이든 그 일에 대해 잘 아는 자가 '주장하다'는 뜻이다. 周易(주역)에서는 "하늘은 쉬움으로써 주장하고, 땅은 간단함으로써 능히 해낸다(乾以易知 坤以簡能)."고 하였다.

　또 애당초 생각하지 않으면 그만이지만 이왕 생각했으면 능숙하게 체득(體得)이 될 때까지 노력해야 한다. 득(得)은 발걸음이 목적지에 이르러(彳) 자신에게 필요한 물건(旦=貝)을 수중(寸)에 획득하다는 데서 '얻다'는 뜻이다.

　또 애당초 분별하지 않으면 그만이지만 이왕 분별했으면 능숙히 시비를 분명하게 가려야 하고, 또 애당초 행하지 않았으면 그만이지만 이왕 행할 바에는 돈독하게 행해야 한다.

十十之百(십십지백) 百百之萬(백백지만)

　군자는 반드시 '학문(學問)의 완성(完成)'을 구해야 하므로 항상 그 공력(功

力)을 백배(百倍)로 한다. 처음(本)은 미미하지만 끝(末)은 성대하기 마련이다. 한 톨의 씨로 인해 백 톨을 거두고 열 톨의 씨로 인해 천 톨을 거두는 것이다. 10을 100배로 늘인 것이 1000인데, 이는 10을 기본 자릿수로 하여 100까지 나아가고 다시 10으로 되돌아오는 과정의 전체 수합과 같다. 1(一)로부터 100(百), 10(十)으로부터 1000(千)이 이루어지는 것이 한 가지 이치이다.

"남들이 한 번에 능하거든 나는 그 백배로 노력하며 남들이 열 번에 능하거든 나는 그 천배로 노력한다(人一能之 己百之 人十能之 己千之)."는 백(百)에 '한 일(一)'이 들어있고 천(千)에 '열 십(十)'이 들어있는 이유이다.

이는 고난과 고통을 겪음으로써 알게 되는 '곤이지지(困而知之)', 곤궁할수록 더욱 힘쓰고 굳세게 행해나가는 '면강이행지(勉强而行之)'에 해당한다. 지인용(知仁勇) 삼달덕 가운데 용(勇)의 일이고 정성을 기울이는 '성지(誠之)'이다.

노겸(勞謙)의 군자유종(君子有終)

"有弗學이언정 ~ 己千之니라"의 전체 문장이 64자이며, 그 가운데 '아니 불(弗)'이란 글자가 십오야(十五夜) 밝은 달에 상응하는 15자 나온다. 周易(주역)의 15번째의 겸(謙)괘와 서로 통하며 능(能)을 강조한 점이 주목된다.

地山謙 산은 원래 땅위에 높이 솟아 있는데 높은 산(☶)이 땅(☷) 밑에 있으니, 스스로 높되 겸손해서 빛나고 자기를 낮추되 법도를 지나치지 않으니 군자는 이러한 겸손(謙遜)함으로써 '유종(有終)의 미'를 거둔다.

공자는 이런 군자에 대해 "수고로워도 자랑하지 않고 공이 있어도 덕으로 여기지 않으니 후덕(厚德)의 지극함이다. 모든 공을 남에게 돌리고 남의 아래에서 겸손하게 있음이라. 덕은 성대하게 많이 베풀수록 좋고 예는 공손해야 하니, 겸손함이란 공손함을 이루어서 그 지위를 보존하는 것이다"고 말씀하였다[21].

---

21. 周易(주역) 계사상전: 勞謙 君子有終 吉 子曰勞而不伐 有功而不德 厚之至也 語以其功下人者也. 德言盛 禮言恭 謙也者 致恭 以存其位者也.

果能此道矣면 雖愚ㅣ나 必明하며 雖柔ㅣ나 必强이니라.
_{과 능 차 도 의   수 우   필 명   수 유   필 강}

右는 第二十章이라.
_{우   제 이 십 장}

果: 해낼 과, 용감할 과, 굳셀 과 雖: 비록 수 愚: 어리석을 우

  이 도를 능히 과감(果敢)하게 해내면 비록 어리석으나 반드시 밝아지며, 비록 유약(柔弱)하나 반드시 강해지느니라.

  우(右)는 제 20장이다.

역해(易解)

  이 도를 능히 과감(果敢)하게 해낸다면, 아무리 어리석은 자라 하더라도 반드시 명철(明哲)해지며 아무리 유약(柔弱)한 자라 하더라도 반드시 스스로 강해진다는 내용이다.

  명(明)은 박학지(博學之)와 심문지(審問之), 신사지(愼思之), 명변지(明辨之)하여 택선(擇善)하는 공효이고 강(强)은 독행지(篤行之)하여 고집(固執)하는 효험이다. 즉 학문사변(學問思辨)함으로써 선을 가리게 되어 명철(明哲)해지는 공효, 독행지(篤行之)함으로써 굳게 잡고 나아가서 자강불식(自强不息)하는 효험이 따르게 된다. 안으로 밝아지고 밖으로 강해지므로 체용(體用)과 지행(知行)이 합일되어 인격이 완성됨을 이른다[22].

---

22. 여씨(呂氏)가 말하길 "군자는 진실로 자기를 위하는 학문(學問)을 해야 하는데(爲己之學), 학문을 하는 근본적인 목표나 이유는 어디에 있는가? 타고난 기질(氣質)을 능히 변화(變化)시키는 데 있다. 하늘이 부여해준 밝은 덕성(德性)을 후천적으로 깨달아 타고난 선천적 기질을 이겨내면 어리석은 자는 명철해지고 유약한 자는 스스로 강해진다. 그러나 극기(克己)하지 못하면 비록 학문에 뜻을 두었다 한들 혹시(或是)가 역시(亦是)가 되어 어리석은 자는 그대로 밝아질 수 없고 유약한 자는 그대로 자립(自立)할 수 없을 것이다. 맹자가 인간의 본성은 선천적으로 선(善)하다는 성선설(性善說)을 주장했듯이 본래 선하고 악이 없는 것이 성(性)인데, 사람마다 하늘이 부여한 성품은 모두 같지만 어둡고 밝으며 강하고 약한 기품(氣稟)은 타고난 재질(才質)이니 다를 수밖에 없다. 정성을 기울여 나아가는 '성지자(誠之者)'는 동일(同一)한 천부지성을 다시 돌이키고 재질의 차이(差異)를 변화시키는 최고의 방법이다. 무릇 아름답지 못한 자질(資質)을 변화시켜 아름답고자 한다면, 정성을 기울이는 공력(功力)을 남보다 백배로 하지 않으면 족히 이루지 못한

공자 말씀을 인용(引用)하여 17장의 대순(大舜) 및 18장과 19장의 문왕(文王)과 무왕(武王), 주공(周公)의 일을 이어 그 전하고자 하는 뜻이 한 이치임을 밝혔다. 12장에서 시작한 "君子之道 費而隱."의 뜻을 포함하고 부부에서 성인과 천지에 이르기까지 소대(小大)를 아울러서, 20장에 와서 "果能此道矣 雖愚 必明 雖柔 必强."으로 결론(結論)을 낸 것이다.

　　이 장에서 '정성 성(誠)'이라는 말씀이 비로소 상세해졌다. 성(誠)은 중용(中庸)의 핵심 사상이며 중추(中樞)적인 매듭(紐)이다. 추(樞)는 문을 열고 닫을 때 문회전이 잘되도록 밖아 놓은 '지도리(돌쩌귀)'인데, 없으면 여닫지 못하므로 '중심축, 근원, 본질, 가장 중요한 부분'이란 의미가 담겨있다.

　　20장의 내용이 孔子家語(공자가어)에도 실려 있는데, "哀公이 問政한대 子曰 文武之政이…… 或安而行之하며 或利而行之하며 或勉强而行之하나니 及其成功하야난 一也니이다."의 아래에 "公曰子之言이 美矣至矣로되 寡人이 實固不足以成之也라."는 문장이 들어있어 더욱 상세하다.

　　애공(哀公)이 정사(政事)에 대해 묻자 공자께서 이에 대답한 말씀을 듣고서, "선생의 말씀이 아름답고 지극하지만 과인(寡人)이 사실은 고루(固陋)해서 족히 이루지 못하겠습니다."라고 다시 답한 내용이 家語(가어)에는 실려 있다는 뜻이다. 그러므로 그 아래에 다시 공자께서 답한 "子曰好學은 近乎知하고 力行은 近乎仁하고 知恥는 近乎勇이니라."는 말씀 속에 '子曰'이라는 두 글자가 붙어있다. 지금 여기 20장에는 묻는 말씀도 없는데 오히려 '子曰'이 있으니, 아마도 자사께서 번거로운 "公曰子之言 美矣至矣 寡人 實固不足以成之也."라는 문장을 삭제하여 편말(篇末)에 붙일 때, 실수로 '子曰'이 들어갔

다. 그런데 어리석고 미련한 자가 오히려 대충하거나 마구 흩어져 체계를 잡을 수 없는 학문으로 때로는 진작(振作)하고 때로는 중단(中斷)하기도 하여 아름답지 못한 자질을 변화시키다가 능치 못하면 '선천적으로 타고난 천성(天性)이 그러거나 본성(本性)이 아름답지 못한데 후천적으로 배운다 해서 능히 변화하여 바뀌겠는가? 아니다.'라고 말한다. 이는 '남들이 한 번에 능하거든 나는 그 백배, 남들이 열 번에 능하거든 나는 그 천배로 노력한다(人一能之 己百之 人十能之 己千之).'는 도(道)에 과감해야 하는데 이와 반대로 스스로 포기하여 돌이키지 않는 '자포자기(自暴自棄)'에 과감한 것이니, 그 불인(不仁)함이 심하다."고 하였다.

다고 여겨야한다. 그러므로 마땅히 연문(衍文)이 되어야 한다.

"博學之하며 審問之하며 愼思之하며 明辨之하며 篤行之니라…… 果能此道矣면 雖愚나 必明하며 雖柔나 必强이니라."는 문장이 家語(가어)에는 없는데 中庸(중용)에는 있으니, 주자는 그 이유에 대해 이렇게 설명하고 있다. "내가 생각건대 家語(가어)에서 빠졌거나 자사가 中庸(중용)을 지을 때 보충하셨거나 두 가지 이유가 아닌가 한다."

21장 성명(誠明)

自誠明을 謂之性이오 自明誠을 謂之敎ㅣ니 誠則明矣오 明則
자성명   위지성   자명성   위지교   성즉명의   명즉
誠矣니라.
성의

右는 第二十一章이라.
우   제 이 십 일 장

  정성으로 말미암아 밝아지는 것을 성(性)이라 이르고 밝힘으로 말미암아 정성스러워지는 것을 교(敎)라 이르니, 정성스러우면 밝아지고, 밝히면 정성스러워지느니라.

  우(右)는 제 21장이다.

역해(易解)

  자성명(自誠明)은 천도와 성인지덕, 생이지지이고 자명성(自明誠)은 인도와 현인지덕, 학이지지에 해당한다고 할 수 있다. 위로부터 아래로(自上而下), 아래로부터 위로(自下而上) 대비되는 문장이다.

  자성명(自誠明)을 성(性)이라 하고 자명성(自明誠)을 교(敎)라고 하여 1장의 "天命之謂性 率性之謂道 修道之謂敎."를 다시 설명하였다.

  자(自)는 본래 사람의 코(鼻)를 본뜬 글자이다. 코가 얼굴의 중심에 자리한 데다 생명활동인 호흡을 하는 기관이므로 자기(自己) 자신(自身)을 대표하는 곳이다. 생명의 시작과 삶이 자연(自然)적인 호흡활동에서 비롯되는 데에서 '스스로 비롯되다, ~로부터' 등의 뜻으로 쓰인다. 여기에서 자(自)는 '스스로, 나로부터 말미암는다는 자아유지(自我由之), 자강불식(自彊不息)'의 의미를 넣어 해석하는 것이 좋다.

  1장에서 "天命之謂性" 즉 '하느님이 살아있는 생명체에게 명(命)하신 것을

성(性)이라'고 하였다. "自誠明 謂之性"은 하늘이 '자강불식(自彊不息)'의 정성으로 생명체에게 밝은 성품(性品)을 부여했다는 뜻이다. 즉 성(性)이란 스스로 굳세어 쉼이 없고 스스로 정성함 그 자체이며 또한 스스로 밝다는 의미다.

大學(대학)에서 "대학의 도는 밝은 덕을 밝히는 데 있다(大學之道 在明明德)."고 하였는데 덕(德)은 본래 밝은 하늘이 내려주신 성품의 덕이다. 누구나 밝은 덕성을 제 몸에 지니고 있으나(德 得也), 사사로운 욕심과 편벽된 기질로 인하여 가리어 흐리게 된다. 이를 능히 이겨내고 본래의 천부지성(天賦之性)으로 돌아가 실제 내 몸에다 완전히 체득하게 되면(德, 行道而得於心者也) 자연 마음이 올곧아진다. 따라서 周易(주역) 건(乾)괘에서 공자는 "하늘의 운행이 굳세고 굳세니 군자는 이를 본받아 스스로를 굳세게 하여 쉬지 않는다."는 '자강불식(自彊不息)'을 말씀하였다[1]. 성인은 하늘이 부여해준 내면의 덕성(德性)을 체득한 생이지지(生而知之)이므로 주자는 "덕(德)은 성실하지 않음이 없고 명(明)은 비추지 않음이 없으니, 성인의 덕이 하늘이 부여한 밝은 성품인바의 천도와 그대로 부합한다(德無不實而明無不照者 聖人之德 所性而有者也 天道也)."고 하였다.

또 1장에서 "하느님이 명(命)하신 본연의 성품 그대로 따름이 길(道)이며, 그 길을 닦아놓음이 가르침(敎)이다(率性之謂道 修道之謂敎)."고 하였다. 자명성(自明誠)의 자(自)는 스스로를 굳세게 하여 쉬지 않는 '자강불식(自彊不息)', 명(明)은 밝은 덕성을 밝히는 '명지(明之)', 성(誠)은 정성을 기울여 나아가는 '성지(誠之)'이다.

"自明誠 謂之敎"는 사람들이 밝은 덕성을 밝히고 만사에 정성을 기울이는 것은 성인의 가르침인 교(敎)로 말미암은 것이라는 뜻이다. 마음의 밭인 '생각 사(思)'에 정성의 씨를 심으면, '자아유지(自我由之)'라 하듯이 스스로 좋은

---

1. 周易(주역) 건(乾)괘: 象曰 天行이 健하니 君子 以하야 自彊不息하나니라.

씨알의 결실을 맺을 수 있다. 따라서 사람은 하늘로부터 얻은 밝은 내면의 덕을 스스로 돌이켜 밝혀야 한다. 기질과 품성에 구애되고 인욕에 가리게 되면 때로 혼미(昏迷)하기는 하나 그 본체의 밝음은 쉬지 않는다. 그러므로 배우는 자는 마땅히 밝혀서 성품을 회복하고 그로 말미암아 자연(自然)히 정성스러워지니 이를 인도(人道)인 교(敎)라 이른다.

22장 지성진성(至誠盡性)

唯天下至誠이아 爲能盡其性이니 能盡其性則能盡人之性이오
유천하지성   위능진기성   능진기성즉능진인지성

能盡人之性則能盡物之性이오 能盡物之性則可以贊天地之
능진인지성즉능진물지성   능진물지성즉가이찬천지지

化育이오 可以贊天地之化育則可以與天地參矣니라.
화육   가이찬천지지화육즉가이여천지삼의

右는 第二十二章이라.
우   제이십이장

唯: 오직 유 盡: 다할 진 贊: 도울 찬 與: 더불어 여 參: 참여할 참, 석 삼

 오직 천하의 지극한 정성을 가진 이라야 능히 그 성품을 다하리니, 능히 그 성품을 다하면 능히 사람의 성품을 다할 수 있고. 능히 사람의 성품을 다하면 능히 생물(生物)의 성품을 다할 수 있고, 능히 생물의 성품을 다하면 천지의 화육을 도울 수 있고. 천지의 화육을 도우면 진실로 천지와 더불어 셋 하니라.
 우(右)는 제 22장이다.

역해(易解)

 자성명(自誠明)한 성인(聖人)의 일을 설명한 문구이다.
 스스로 자강불식(自彊不息)을 하여 정성(精誠) 그 자체로 만방을 두루두루 밝게 비추는 존재는 오직 하늘이다. 살아있는 생명체에게 부여한 성품(性品) 또한 하늘이 부여한 바이다. 그러므로 성(誠)과 성(聖), 성(性)은 음도 같지만 담겨있는 의미도 동일하다.
 따라서 오직 천하의 지극한 정성(精誠)을 가진 성인(聖人)이어야 능히 그 성품(性品)을 다하여 '천인합일(天人合一)'의 경지에 달할 수 있다.
 성(聖)은 밖으로 드러난(呈) 귀(耳)가 항상 열려있어 소리를 인식하듯이, 사

물의 이치에 막힘없이 두루 통한 '성인'을 말한다. 이목구비(耳目口鼻)를 줄인 耳와 口 밑에 '짊어질 임(壬)'을 보탠 글자로 보면, 큰 짐을 짊어진 세상의 얼굴이라는 뜻도 된다. 즉 이목구비가 총명한 사람을 말한다.

書經(서경)의 洪範(홍범)에서는 자연의 오행(五行)에 따라 사람의 오사(五事) 즉 모언시청사(貌言視聽思)가 있게 됨을 설명하면서 토(土)에 배속되는 '생각 사(思)'에 대하여 "생각(思)은 슬기로움(睿)을 말하고 이 슬기로움으로부터 성스러움(聖)이 일어난다[1]."고 하였다.

성인(聖人)에 대한 말은 周易(주역) 건(乾)괘 제 5효인 구오(九五)에 대해 공자가 "성인이 세상에 나오매 모든 만물이 우러러 본다(聖人 作而萬物 覩)"고 말씀한 데에서 나온다.

건(乾)괘 구오(九五)는 '천체(天體)의 중심'으로 천지만물을 주재하는 '상제'에 해당한다. 이에 상응하는 덕을 갖춘 사람을 공자는 '성인'으로 표현하였는데, 완성된 인격체로서 하늘과 더불어 그 덕을 하나로 합한 '천인합덕(天人合德)'의 지극한 경지에 이른 사람이라는 뜻이다.

'진기성(盡其性)'은 성인의 덕이 정성 그 자체이므로 털끝만한 인욕의 사사로움이 없어서, 천명인 성(性)이 내게 있음을 항상 성찰하고 본연의 성품 그대로를 따라(由之), 거대(巨大)하고 세소(細小), 정밀(精密), 조잡(粗雜)한 일이라도 처음부터 끝까지 성실하지 않음이 없다는 뜻이다.

다른 사람(人)이든 생명(生命)을 부여받은 만물(物)이든 하늘로부터 타고난 성품은 같지만 다만 부여(賦與)받은 형상이나 기질(形氣)이 달라 다름이 있다. 능히 사람의 성품인 인성(人性)을 극진히 다하는 성인은 앎이 밝지 않음이 없고 대처함이 마땅하지 않음이 없어서, 능히 다른 사람이든 만물이든 모두의 성품을 다할 수 있게 한다. 이로써 천지부모가 만물을 화육하는 일을 도울 수

---

1. 書經(서경) 洪範(홍범): 二五事 一曰貌 二曰言 三曰視 四曰聽 五曰思 貌曰恭 言曰從 視曰明 聽曰聰 思曰睿 恭 作肅 從 作乂 明 作哲 聰 作謀 睿 作聖.

있어서 '여천지삼(與天地三)' 즉 천지와 더불어 병립(竝立)한다.

천지 사이에 처한 자신의 성품을 극진히 다할 뿐만 아니라 나아가서는 인(人)과 물(物)의 성품을 다하여 사람이 천지와 더불어 '동참(同參)'하여 하나로 합하는 '삼재일합(三才一合)'을 이룬다는 의미다.

周易(주역) 계사상전에서도 "천지의 이간(易簡)한 법도를 본받음으로써 천하의 이치를 체득하니, 천하의 이치를 터득함에 천지와 어깨를 나란히 하는 '자리 위(位)'를 그 가운데 이룬다[2]."고 하였다.

성인(聖人)과 대인(大人)

대개 성인(聖人)은 내적으로 덕(德)을 닦아 통달한 사람인 반면, 대인(大人)은 외적으로 업(業)을 널리 펼쳐 세상에 큰 기여를 한 사람이다. 공자는 성인에 짝하는 이를 대인(大人)이라 이르고 "광대한 천지와 같은 큰 덕과 광명한 일월과 같은 밝은 지혜와 춘하추동 사시와 같은 어김없는 차례와 길흉을 주는 귀신과 같은 신묘한 조화를 갖춘 사람"이라고 말씀하였다[3].

천지와 일월, 춘하추동 사시, 길흉을 모두 합하면 10이 되는데, 이를 낙서의 구궁수리 법도로 설명하면 5를 중심으로 각기 10으로 합하여 종횡 15를 이루는 상과 서로 통한다. 즉 5를 중심으로 10의 조화가 펼쳐지는데, 모두 15의 덕(德)으로 합(合)한다. 사사로움이 없어야 무궁무진한 조화가 일어나듯이 생각함도 없고(无思) 하고자함이 없어야(无爲) 고요하게 있다가 느껴서 드디어 천하의 이치를 통한다. 바로 성인(聖人)이고 성스러움이 일어나는 것이다.

또한 공자는 "성인과 짝하는 대인이 행함을 하늘의 뜻과 그대로 부절을 합하듯이 어긋나지 않으므로 행하는 일은 하늘도 어기지 아니한다. 하늘이 어기지 않는데 하물며 사람들이나 귀신이 어떻게 대인이 행하는 바를 어길 수 있

---

[2]. 周易(주역) 계사상전 1장: 易簡而天下之理 得矣니 天下之理 得而成位乎其中矣니라.
[3]. 周易(주역) 乾(건)괘: 夫大人者는 與天地合其德하며 與日月合其明하며 與四時合其序하며 與鬼神合其吉凶하야~

겠는가?"라고도 말씀하였는데, 이는 성인이라야 하늘이 행하는 바를 그대로 본받아 행할 수 있다는 의미이다.[4] 순리를 쫓는 사람이 천명(天命)을 받는 것이고 또한 이를 그대로 이행할 수 있으니 성(聖)은 '정성 성(誠)'과 통하고 또한 '성품 성(性)'과도 통하며 성품의 눈을 완전히 떠 그릇을 이룬 '솥 정(鼎)'과도 그 의미와 발음이 통한다.

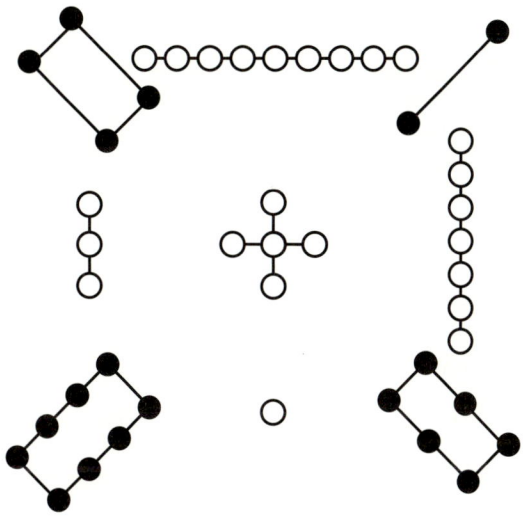

낙서의 구궁오중(九宮五中)과 건구오(乾九五)

---

4. 周易(주역) 건(乾)괘: 先天而天弗違하며 後天而奉天時하나니 天且弗違온 而況於人乎며 況於鬼神乎여.

23장 치곡(致曲)

其次는 致曲이니 曲能有誠이니 誠則形하고 形則著하고 著則明
기 차   치 곡   곡 능 유 성   성 즉 형   형 즉 저   저 즉 명
하고 明則動하고 動則變하고 變則化ㅣ니 唯天下至誠이아 爲能
    명 즉 동   동 즉 변   변 즉 화   유 천 하 지 성   위 능
化ㅣ니라.
화

右는 第二十三章이라.
우   제 이 십 삼 장

次: 다음 차 致: 이를 치 曲: 곡진할 곡 形: 나타날 형 變: 변할 변 著: 드러날 저

化: 화할 화

 그 다음은 곡진(曲盡)함으로 이룸이니, 곡진하면 능히 정성함이 있으니, 정성하면 (형용으로) 나타나고, 나타나면 (더욱) 현저(顯著)하고, 현저하면 밝아지고, 밝아지면 움직이고, 움직이면 변(變)하고, 변하면 화(化)하니, 오직 천하의 지극한 정성한 이이어야 능히 화하게 할 수 있느니라.
 우(右)는 제 23장이다.

역해(易解)

 22장은 자성명(自誠明)한 성인(聖人)의 일, 23장은 자명성(自明誠)한 대현(大賢) 이하 사람의 일을 설명하고 있다. 선(善)에 밝고 모든 일에 정성(精誠)을 기울여 나아가긴 하나 아직은 천인합일(天人合一)의 경지에 달하지 않은 대현이하의 사람이 성지(誠之)하는 내용이다.
 치곡(致曲)은 치성(致誠)을 드리듯 한쪽 방향으로 곡진(曲盡)하게 추진(推

進)하여 도달한다는 의미이다[1]. 周易(주역) 繫辭傳(계사전)에 "만물을 곡진히 이루어서 하나도 남김없이 버리지 아니하며(曲成萬物而不遺)."라는 말씀이 있다. 천지부모가 이리저리로 휘어 굽혀서 만물을 곡진(曲盡)하게 화성해 놓고 보니 모두가 하나도 버릴 게 없다는 뜻이다.

간곡(懇曲)하면 능히 정성함이 있게 된다. 大學(대학)에 "성어중(誠於中)이면 형어외(形於外)라."하였듯이 정성을 다하면 밖으로 나타난다. 즉 용모(容貌)와 행동거지(行動擧止)에 있어 그 뜻을 정성스럽게 하여 항상 사려(思慮) 깊게 신중을 기하면 속마음의 성실함이 쌓여 밖으로 난초 향기와 같이 절로 발현된다는 의미다.

밖으로 발현되다 보면 더욱더 현저(顯著)하게 드러난다. 현저해지면 광채가 발하여 한계를 넘으니 만방을 두루두루 비추듯 성대하게 밝아진다. 밝은 해가 떠오르면 만물이 움직이듯이 밝아지면 마음이 움직여 사물을 움직이게 한다.

'변할 변(變)'은 '어지러울 련(䜌)'과 '칠 복(攵)'을 합친 글자로 실이 뒤엉키듯 뒤섞인 것을 질서정연하게 고치는 데서 '변하다, 달라지다'는 뜻이다. 마음이 움직여 흥기 진작되면 때맞춰 자연스레 변하고 달라진다. 변하면 병아리가 부화(孵化)하듯이 줄탁동시(啐啄同時)로 통하게 되어 변화(變化)와 교화(敎化), 감화(感化)된다.

화(化)는 본래 만물의 성숙과 결실, 완성을 의미한다. 사람으로서는 덕과 연륜이 높이 쌓여 훌륭한 어른이 '되다', 참된 본성을 깨달아 신선(眞人)과 같이 '화하다'는 뜻이다. 오직 천하의 지극한 정성이어야 능히 화(化)하게 할 수 있다.

老子淸靜經(노자청정경)에도 "비록 득도(得道)했다고 말할 수 있지만 실제 체득한 바가 없다. 중생(衆生)을 '변화(變化), 교화(敎化), 감화(感化)'시킬 수

---

1. 곡(曲)은 본래 대나무를 휘어 만든 둥근 광주리 형상으로 '굽다, 굽히다, 휘다'는 뜻이다. 또한 농부(農夫)가 허리를 굽혀 정성을 다해 농사(農事)를 짓거나 절을 하는 데서 '곡진(曲盡)하다'는 뜻으로도 쓰인다. 용례로는 완곡(婉曲)과 간곡(懇曲), 왜곡(歪曲), 악곡(樂曲), 구곡간장(九曲肝腸), 우여곡절(迂餘曲折) 등이 있다.

있어야 득도했다고 말을 할 수 있다(雖名得道 實无所得 爲化衆生 名爲得道)."고 하였다.

모두 곡(曲)→성(誠)→형(形)→저(著)→명(明)→동(動)→변(變)→화(化)의 8단계 과정을 설명하고 있다.

대개 사람의 성품(性品)은 같으나 타고난 기질(氣質)이 다르기에, 오직 성인이라야 능히 천지의 건순(健順)과 오상(五常)의 인의예지신 성품을 극진히 한다. 대현(大賢) 이하의 사람은 반드시 그 선(善)함의 실마리가 발현되는 한쪽에서부터 곡진하게 추진하여 제각기 그 지극한 데로 나아가 도달하는 것이다.

곡진하게 이루면 밝은 덕성이 성실(誠實)해져 형(形)·저(著)·명(明)·동(動)·변(變)의 공효(功效)가 쌓이고 쌓여 마침내 능히 완성된 인격체인 화(化)의 경지에 이르게 된다. 화(化)의 경지에 도달하게 된다면 지성(至誠)의 신묘(神妙)함이 성인의 경지와 다름이 있겠는가?

24장 지성전지(至誠前知)

至誠之道는 可以前知니 國家將興에 必有禎祥하며 國家將亡
지성지도   가이전지   국가장흥   필유정상   국가장망
에 必有妖孼하야 見乎蓍龜하며 動乎四體라 禍福將至에 善을
  필유요얼   현호시귀   동호사체   화복장지 선
必先知之하며 不善을 必先知之니 故로 至誠은 如神이니라.
필선지지   불선 필선지지   고 지성 여신
右는 第二十四章이라.
우   제 이 십 사 장

將: 장차 장 興: 일어날 흥 禎: 상서로울 정 祥: 상서로울 상 亡: 망할 망 妖: 괴이할 요
孼: 재앙 얼 蓍: 시초 시 龜: 거북 귀 禍: 재화 화 福: 복 복

    지성(至誠)의 도는 가히 앞일을 알 수 있으니, 국가가 장차 흥(興)하려 할 적에 반드시 상서로운 조짐이 있으며, 국가가 장차 망(亡)하려 할 적에 반드시 요사(妖邪)스러움과 재앙의 싹이 있어서 시초점과 거북점에 나타나며, 사지에서 움직임으로 나타난다.
    화복(禍福)이 장차 이름에 선함을 (행했으면) 반드시 먼저 (조짐이 나타나) 알게 되며, 불선을 (행했으면) 반드시 먼저 (조짐이 나타나) 알게 되니, 그러므로 지극한 정성은 신과 같으니라.
    우(右)는 제 24장이다.

역해(易解)

    '지성(至聖)'의 도인 인도(人道)와 '지성(至誠)'의 도인 천도(天道)에 대한 내용이다. 지성은 지신(至神)과 같아서 가히 미래의 일을 훤히 알 수 있다. 국가가 장차 부흥(復興)하려 할 적에는 반드시 상서로운 복(福)의 조짐이 있다.
    태평성대를 이룬 순(舜) 임금이 소(韶)라는 음악을 연주하자 봉황이 날아와

춤을 추었고, 주나라 문왕(文王)의 탄생 시에는 기산(岐山)에 봉황이 출현하여 울었다는 길한 조짐이 있었다.

또한 국가가 장차 망(亡)하려 할 적에는 반드시 요사(妖邪)스럽고 요망(妖妄)한 일과 재앙의 싹이 터나온다. 경국지색(傾國之色)으로 일컫는 양귀비(楊貴妃)와 서시(西施) 등과 같은 경우가 이에 해당한다.

또한 국가의 중대사를 결정할 때 50개의 댓가지 점을 쳤던 시초점과 거북등의 균열(龜裂)된 조짐으로 점을 쳤던 거북점에 나타나며 사지동작의 모습에서도 드러난다. 예를 들면 春秋左氏傳(춘추좌씨전)에 "주(邾)나라 은공(隱公)이 노(魯)나라에 조공(朝貢)을 바치려 내방(來訪)했는데, 자공(子貢)이 이를 관찰(觀察)하였다. 은공이 예물인 옥(玉)을 잡아 노나라 정공(定公)에게 바치려 할 때 높게 올려 얼굴이 우러러보듯 들려졌고, 정공(定公)이 옥을 받을 때에 몸을 낮추다보니 얼굴이 구부리듯 숙여졌다. 자공이 이 조례(朝禮)를 자세히 보고서 '두 인군이 모두 사망할 기미가 있다'고 하였다.[1]"는 글이 전한다. 먼저 정공이 얼마못가서 그해에 죽고 7년이 지난 후 은공이 죽었으니 사지동작에서 기미조짐을 드러낸다는 말씀이다.

공자는 周易(주역) 계사전에 "기미를 알아냄이 그 신령하도다! 군자가 윗사람에게 아첨하지 아니하며, 아랫사람을 모독하지 아니하니 이는 장래에 닥쳐올 조짐을 알기 때문이다. 기미(조짐)는 아직 움직임이 은미한 때이다. 군자는 그 길흉의 기미를 미리보고 (곧바로) 움직여 하루를 기다리지 않는다. 역에 이르길 '돌을 쪼개듯이 확고하게 판단한다. 하루를 마치지 않으니, 바르고 길하다'고 하였다. 절개가 돌과 같거니, 어찌 종일을 쓰리오? 그 판단함을 진실로 알 수 있다. 군자는 은미함을 알고 드러남을 알며 부드러움을 알고 강함을 알기에, 세상 사람들이 다 높이 우러러 본다[2]."고 하였다.

---

1. 春秋左氏傳(춘추좌씨전) 정공 15년조: 邾隱公來朝 子貢觀焉 邾子執玉高 其容仰 公受玉卑 其容俯 子貢曰 以禮觀之 二君者皆有死亡焉.
2. 周易(주역) 계사하전: 子曰知幾 其神乎 君子 上交不諂 下交不瀆 其知幾乎 幾者 動之微 吉

화(禍)와 복(福)이 장차 이름에 평소 선을 행했으면 반드시 먼저 조짐이 나타나 복이나 경사가 나타날 것을 알며, 불선한 행동을 했으면 반드시 먼저 조짐이 나타나 재앙이 닥칠 것을 안다. 이러한 조짐을 능히 살필 수 있는 이는 오직 정성을 지극히 해서 한 터럭이라도 사사로움과 거짓이 없는 자라야 가능하다. 지극한 정성이야말로 미래를 훤히 아는 신(神)과 같은 역할을 한다.

화복(禍福)

井田圖

화(禍)는 거짓된 말로 신명(神明)의 노여움을 사 '재앙'을 받는다는 뜻이다.

'입 삐뚤어질 와(咼)'는 입(口) 주변의 상하 턱뼈(骨)가 어그러짐, '보일 시(示)'는 하늘의 신명(神明)을 가리킨다. 신(示)에게 잘못하여 기도하는 입(口)모양이 비뚤어진 것으로 화(禍)를 당한 것을 의미한다.

복(福)은 신(示→神)에게 가득 찬 술병의 술(畐)을 붓고 제사를 정성껏 지내어 '복'을 받는다는 뜻이다. 제사(示)를 지낸 후 신명(神明)이 감응한 제삿술(畐)을 마시면 복을 내려 받는다는 '음복(飮福)'도 이런 의미이다. 한편 한(一) '입 구(口)'에 '밭 전(田)'이 보인다(示)는 뜻으로도 풀이하는데, 이는 井의 한 가운데가 田이 됨을 말한다.

열 길 우물을 파는 정성이 있어야만 맑은 샘물이 차올라 퍼먹어도 줄거나 넘치지 않는 복(福)을 천지신명께 내려 받는다. 예로부터 "사람의 입을 재앙을 부르는 문(口是招禍之門)"으로 보아 경계하였다. 길흉화복은 바로 사람이 밖으로 내는 말(口)로 인연(因緣)하여 발생된다.

之先見者也 君子 見幾而作 不俟終日 易曰 介于石 不終日 貞 吉 介如石焉 寧用終日 斷可識矣 君子 知微知彰知柔知剛 萬夫之望.

화(禍)와 복(福)이란 글자에도 '입(口)'과 관련된 '입 비뚤어질 와(咼)'와 '그득 찰 복(畐)'이 들어있다. "왜 말을 삐딱하게 하느냐."고 하듯이 사리에 어긋난 비뚤어진 말은 천지신명의 노여움을 사 '재앙의 샘(井)'이 된다. 반면 정성이 담긴 참된 말은 천지신명의 가호를 받아 '복의 샘(井)'이 된다.

수신위본(修身爲本)과 이상견빙(履霜堅氷)

雷地豫

24장은 周易(주역)의 24번째 복(復)괘와 내용이 마침 상응한다. 복(復)은 기질과 욕심에 의해 가려진 본성의 밝음을 다시 '회복하다'는 뜻이다. 복(復)괘는 깎여 떨어진 씨앗이 땅속(☷)에 파묻혀 있다가 뿌리를 내리고 줄기를 뻗는(☳), 하나의 양(ー)이 어두운 다섯 음(--)들 아래서 홀로 밝음을 회복하는 형상이다.

그 주효(主爻)인 초효에 "멀지 않아 근본(根本)을 회복하는지라. 뉘우침에 이르지 않으니 크게 길하다. 머지않아 회복함은 몸을 닦은 까닭이다[3]."고 하였다. 이는 복본(復本)에 의한 수신(修身) 곧 '수신위본(修身爲本)'을 강조한 말씀이다.

또한 공자는 "복(復)은 덕의 근본이다. 내 몸의 모든 사사로움을 이겨 회복하고, 처음은 작(小)지만 물건을 차츰 분별해 가면서 스스로 알게 된다[4]."는 '덕의 근본(根本)과 자지(自知)'를 말씀하였다.

복(復)괘 초효가 변동한 곤(坤)괘 초효에도 "서리를 밟으면 굳은 얼음이 어는 때가 이른다."는 '이상견빙지(履霜堅冰至)'를 말씀하였다. 이에 대해 공자는 "선을 쌓은 집(積善之家)은 반드시 남은 경사가 있게 되고(必有餘慶), 불선을 쌓은 집(積不善之家)은 반드시 남은 재앙이 있게 되니(必有餘殃), 신하가 임금을 죽이며 자식이 부모를 죽이는 일들이 하루아침 하루저녁의 연고가

---

3. 周易(주역) 복(復)괘: 初九 不遠復 无祇悔 元吉 象曰 不遠之復 以修身也.
4. 周易(주역) 계사하전: 復 德之本也 復 小而辨於物 復以自知.

아니라 점차 쌓임(積)에서 말미암은 것이다. 그 연유는 일찍 분별해야 하는데도 일찍 분별하지 못하였기 때문이다[5]."고 경계하였다.

'이상견빙지'는 음(서리)이 처음 엉겨 붙어 점차 굳어지고 단단해져 얼음이 됨을 말한다. 어두운 음은 악(惡)과 병(病), 소인(小人)으로 대개 간주한다. 음(--)의 나뉘어져 중심이 없고 양극으로 갈팡질팡한다. 순진무구한 어린 음을 순히 길들여서 올바른 방향으로 가게 해야 하는데 처음부터 불선한 쪽으로 엉겨 붙어 굳어버리면 인륜도덕을 해치는 패륜까지도 저지르게 된다. 반면에 미리 조짐을 보고서 선한 쪽으로 올바르게 길들이면 자연히 좋은 경사(慶事)가 오게 된다. 순리에 따른 인과응보를 강조한 내용이다.

明心寶鑑(명심보감)에도 "하루 착한 일을 행할지라도 복은 비록 이르지 않으나 재앙이 저절로 멀어지고, 하루 악한 일을 행할지라도 재앙은 비록 이르지 않으나 복은 저절로 멀어진다."고 하였다[6].

---

[5]. 周易(주역) 곤(坤)괘: 積善之家는 必有餘慶하고 積不善之家는 必有餘殃하나니 臣弑其君하며 子弑其父 非一朝一夕之故라 其所由來者 漸矣니 由辨之不早辨也니 易曰履霜堅氷至라 하니 蓋言順也라.

[6]. 明心寶鑑(명심보감): 一日行善이면 福雖未至나 禍自遠矣요 一日行惡이면 禍雖未至나 福自遠矣니라.

25장 자성자도(自成自道)

誠者는 自成也ㅣ오 而道는 自道也ㅣ니라.
성자 자성야 이도 자도야

성(誠)은 스스로 (자신을) 이루는 것이고, 도(道)는 스스로 (자신이) 행하는 것이니라.

역해(易解)

천도에 바탕을 둔 성(誠)은 글자그대로 말씀(言)한 바를 그대로 이룬다(成)는 뜻이다. 하늘이 온 정성으로 스스로 사시변화를 일으켜 때맞춰 이루듯 사람이 성심(誠心)과 성의(誠意)로 나아가면 스스로 이루고 저절로 이뤄진다는 의미다. '일체유심조(一切唯心造: 일체가 오직 마음의 지음)'라고 하듯이 마음이 근본이므로 성심성의껏 나아가다보면 반드시 완성(完成)되고 성공(成功)의 길이 열린다. 모세의 기적처럼 길은 스스로 열리기 마련이다.

한번 움직이면 일양지(一陽之)이고 한번 고요해지면 일음지(一陰之)이며, 음양의 동정변화(動靜變化)로써 나타나는 그 길을 따라 나아감이 도(道)이다. 양의 과정이 오면 위로 올라가고 음의 과정이 오면 아래로 내려가니, 삼라만상이 모두 이 길(道) 따라 제각기 제 발(路)로 걸어간다. 당연히 스스로 가야 하고 행해야 할 '자연지도(自然之道)'이고 인간의 '도리(道理)'이다. 성(誠)과 도(道)는 대자연(大自然) 자체이자 하나가 되어 합일(合一)하니 스스로 이룸이고 스스로 도이다.

大學(대학)의 8조목이 격물치지(格物致知) 다음 성의정심(誠意正心)이고 수신제가치국평천하(修身齊家治國平天下)이듯이 성(誠)은 내적인 마음의 근본인 체(體), 도(道)는 외적인 언행의 도리인 용(用)이 된다.

誠者는 物之終始니 不誠이면 無物이니 是故로 君子는 誠之爲
성자   물지종시   불성   무물   시고   군자   성지위
貴니라.
귀

성(誠)은 사물의 종시(終始)니, 성(誠)하지 않으면 물(物)이 무의미(無意味)하니, 이런 까닭으로 군자는 성을 기울어 나아감(誠之)을 귀하게 여기느니라.

역해(易解**)**

周易(주역) 건(乾)괘에서 공자는 "'크도다! 하늘의 원대함이여! 만물이 이에 힘입어 비롯되나니(大哉 乾元 萬物 資始)"라고 말씀하였다. 천하의 모든 만물이 하늘의 씨앗인 '건원(乾元)'을 얻어 이를 바탕으로 실질적인 행위가 비롯된다는 의미다.[1]

"誠者 物之終始"라 하여 시종(始終)이 아닌 종시(終始)라 하였다. 해가 가면 달이 오고 달이 가면 해가 와서 낮이 저녁으로 종(終)하면 밤이 시(始)하고 밤이 새벽으로 종(終)하면 낮이 시(始)한다. 이와 같이 마치면 시작하고 시작하면 마쳐서 순환 반복하는 것이 하늘의 운행이다. 마침이야말로 곧 시작이라는 '종즉유시(終則有始)'의 이치에서 하늘이 온 정성(精誠)을 다해 쉼 없이 만물을 생생(生生)해냄을 '물지종시(物之終始)'로 표현하고 있다.

어떤 행위를 하더라도 사람들의 마음속에 하나라도 불성실(不誠實)함이 존재하면 비록 행한다 하더라도 물(物)의 존재 자체가 무의미(無意味)하다. 군자는 반드시 정성을 기울여 나가는 '성지(誠之)'를 고귀하게 여긴다.

---

1. 시(始)는 여자(女)가 아이를 배어 뱃속에서 기르는(台) 형상이다. 어린 생명이 잉태되는 '처음', 모든 생명활동은 모태(母胎)에서 잉태(孕胎)되는 순간부터 시작(始作)되므로 '비로소 시'라고도 한다.
종(終)은 4계절 가운데 끝인 '겨울 동(冬)'과 '실 사(糸)'를 합친 형태이다. 실패에 실을 감은 후 실(糸)의 끝(冬)을 보면 얼어붙은 듯이 매듭을 맺는다 하여 '마치다, 끝내다, 다하다', 생명줄(糸)이 다해 동면(冬眠)에 빠지는 것에서 수명(壽命)이 다해 임종(臨終)하는 데서 '죽다'는 뜻이다.

신외무물(身外无物)

　　大學(대학)에 "천자로부터 서인에 이르기까지 한결같이 모두 몸 닦음을 근본으로 삼는다[2]."고 하였는데, 야산선생은 이를 몸 밖에 물건이 없는 '신외무물(身外无物)'로 풀이하며 모든 근본이 수신(修身)에서 비롯됨을 강조하였다.

　　몸(身)이 없으면 안으로는 마음(心)을 담는 그릇이 없고 밖으로는 연유할 근본이 없어진다. 모든 사물이 내 몸(身) 밖(外)에 존재하기에 만일 몸(身)이 없다면 인식 판단할 수 있는 근본주체가 없으므로, 물(物)의 존재 자체가 무의미하다. 만물(萬物)의 근본이요, 만사(萬事)의 근본은 곧 닦아야 할 내 몸(身)이다. 소크라테스가 "너 자신을 알라"했듯이 물(物)의 근본인 몸(身)에 이르러 마음과 뜻을 성실히 하여(誠心誠意) 수신(修身)을 한 뒤에야 그 근본을 세웠다고 할 수 있고 나아가는 길도 자연히 열린다[3]. 행위(行爲)하는 바가 자성(自成)하게 되고 가야할 길(道) 또한 자도(自道)아님이 없게 되는 것이다.

誠者는 非自成己而已也ㅣ라 所以成物也ㅣ니 成己는 仁也ㅣ오
成物은 知也ㅣ니 性之德也ㅣ라 合內外之道也ㅣ니 故로 時措之宜也ㅣ니라.

右는 第二十五章이라.

己 : 자기(몸) 기　已: 뿐 이　措: 둘 조　宜: 마땅할 의

　　성(誠)은 스스로 자기 몸을 이루게 할 뿐만 아니라, 사물을 이루게 하는 까닭(所以)이니, 성기(成己)는 인(仁)이고 성물(成物)은 지(知)니 성품의 덕이다. 내

---

2. 大學(대학): 故 自天子以至於庶人 壹是皆以修身爲本 此謂物格.(대학착간고정 전문 제 4장 격물)
3. 大學(대학): 物格而后 知至 知至而后 意誠 意誠而后 心正 心正而后 身修→本立而道生

외를 합일(合一)하는 도이니, 그러므로 때마다 조처(措處)함이 마땅해지느니라.

　우(右)는 제 25장이다.

역해(易解)

　성(誠)은 스스로 자기 몸을 이루게 할 뿐만 아니라 사물을 이루게 하는 바탕이 된다. 성기(成己)는 인(仁)이고, 성물(成物)은 지(知)이니 성품의 덕이다. 내외를 합일(合一)하는 도이므로 때마다 조처(措處)함이 마땅하게 된다.

　물(物)의 근본인 몸(身)에 이르러 성심성의(誠心誠意)을 다해 수신(修身)하면 그 근본이 세워지고 나아가는 길이 열린다. 스스로 결실과 완성, 성숙을 이루는 성기(成己)가 되면 '일어나다, 일으키다, 우뚝 솟다'는 기(起)가 흥기(興起)되어 자연히 다른 사람이나 만물에게까지 그 영향이 미쳐 도(道)가 저쪽에서 저절로 행해진다.

　성기(成己)는 내적인 체(體)로 존재하고 있는 인(仁)을 체득함이다. 성물(成物)은 외적인 용(用)으로 '지자요수(知者樂水: 지혜로운 이는 물을 좋아함)'라고 하듯이 물이 스며들 듯 외부와 통할 수 있는 지혜의 발현(發現)이다.

　지인용(知仁勇) 삼달덕 가운데 인(仁)과 지(知)는 모두 하늘로부터 부여받은 고유(固有)한 성품(性品)이어서 내적(內的)이고 외적(外的)이라 해서 성(性)이 아닌 것은 없다. 이미 체득되면 만사(萬事)와 만물(萬物)에 발현되는 것이 어느 때 어느 곳에서든지 시중(時中)과 처중(處中)의 당연(當然)함을 얻으니 이는 진실무망한 '성지(誠之)'이며 '인도(人道)'이고 진정한 '용맹(勇猛)'이 아닐 수 없다.

　공자는 周易(주역) 계사전에서 "한번은 음이 되고 한번은 양이 되는 것을 도(道)라고 이른다. 그 길을 잘 계승하는 것은 선(善)이고 완성하는 것은 성(性)이다. 인자(仁者)가 그것을 봄에 '어질다' 이르고 지자(知者)가 그것을 봄에 '지혜다' 이른다. 백성들은 날마다 도(道)를 쓰고 있어도 알지 못한다. 그러므로 군자의 도가 보기 드물다⁴."고 하였다.

　25장에 상응하는 주역 25번째 무망(无妄)괘에서는 "그 바른 도리를 행하지 않으면 재앙이 있으니 가면 이롭지 않다. 그러므로 어디를 가겠는가? 천명(天命)이 돕지 않는데 행하겠는가? 물(物)마다 무망의 성품을 주니 선왕이 이로써 성대하게 때를 맞이해서 만물을 기른다⁵."고 말씀하였다.

중앙 무기(戊己) 토 → 성기(成己) 성물(成物)

　천간(天干)은 동방의 갑을(甲乙), 남방의 병정(丙丁), 중앙의 무기(戊己), 서방의 경신(庚辛), 북방의 임계(壬癸)를 말한다. 이를 선천과 후천으로 나누면 무기(戊己)는 천도운행의 종시(終始)에 해당하는 '중천과도기'이다. 봄여름의 생장기(生長期)에 해당하는 선천은 갑을병정, 가을겨울의 수장기(收藏期)에 해당하는 후천은 경신임계인데 여름의 정화(丁火)가 무토(戊土)를 화생토(火生土)하는 과정 속에 만물이 결실 화육되어 완전한 몸체를 이루는 '成己(丁⇒戊⇒己)'가 된다. 정(丁)은 줄기를 튼튼히 뻗음을, 무(戊)는 창(戈)과 같이 가지와 잎사귀가 무성히 삐져나오는(丿) 것을 나타내므로 줄기(丁)와 가지(戊)를 이룬 뒤에 비로소 몸체(己)인 열매가 완성된다.

　낙서 구궁수로 살피면 가운데 중심은 황극(皇極)에 해당하는 5이다. 5는 양토로서 무(戊)에 해당하며 이에 의해 음토(10)인 기(己)토가 일어나(起) 마침내 선천에서 중천을 거쳐 후천으로 건너가게 된다. 이를 '5용10작(五用十作)'이라고 하는데 낙서의 중천교역이 이 오용십작에 의해 완성된다.

---

4. 周易(주역) 계사상전: 一陰一陽之謂道 繼之者 善也 成之者 性也 仁者 見 之 謂之仁 知者 見 之 謂之知 百姓 日用而不知 故 君子之道 鮮矣.
5. 周易(주역) 무망(无妄)괘: 其匪正有眚不利有攸往 无妄之往 何之矣 天命不祐 行矣哉 象曰 天下雷行 物與无妄 先王 以 茂對時 育萬物.

26장 지성무식(至誠無息)

故로 至誠은 無息이니
고 지성 무식

息: 쉴 식

　그러므로 지극한 정성은 쉼이 없으니

역해(易解)

　지극한 정성은 진실무망(眞實无妄)하여 조금도 헛되거나 거짓이 없으니, 스스로 잠시라도 그치거나 끊어짐이 없다.

　周易(주역) 건(乾)괘에 "하늘의 운행이 굳세고 굳세니 군자는 이를 본받아 스스로를 굳세게 하여 쉬지 않는다."는 '자강불식(自彊不息)'을 말씀하였다[1]. 즉 하늘의 운행이 강건하여 한 치의 어긋남이 없이 순환 반복하는 것을 보니 이러한 하늘의 도는 정성함 그 자체이므로, 군자는 이를 본받아 스스로를 강건케 하여 끊임없이 노력하고 매사에 지극한 정성을 다하라는 의미이다.

　千字文(천자문)에 나오는 "천류불식(川流不息)"은 냇물이 쉬지 않고 흐르고 흘러 바다에 이르듯이 군자가 매사에 지극한 정성을 다해 끊임없이 노력한다는 뜻이다.

　식(息)은 심장(心)을 싸고 있는 폐로부터 코(自→鼻)로 빠지는 '숨'으로 한번 들이마시고 한번 내쉬는 데서 '숨 쉬다'는 뜻이다. 나아가 아무 일도 하지 않는 채 숨쉬고(自→鼻) 맥박(心)만 뛰는 즉 휴식(休息)을 취한다하여 '쉬다'는 뜻으로도 쓰인다.

---

1. 周易(주역) 건(乾)괘: 象曰 天行이 健하니 君子 以하야 自彊不息하나니라.

不息則久하고 久則徵하고
불 식 즉 구   구 즉 징

久: 오랠 구 徵: 효험 징

쉬지 않으면 영구(永久)하고, 영구(永久)하면 징험(徵驗)이 나타나고,

역해(易解)

쉬지 않으면 무한히 계속되므로 항구(恒久) 또는 영구(永久)하고 속마음이 늘 언제나 항상 변함이 없다. 오래하면 미미(微微)함이 쌓여 밖에 징후(徵候)와 징조(徵兆)가 보이고 효험(效驗)과 징험(徵驗)이 나타나며 증험(證驗)을 하게 된다.

徵則悠遠하고 悠遠則博厚하고 博厚則高明이니라.
징 즉 유 원   유 원 즉 박 후   박 후 즉 고 명

悠: 아득할 유 遠: 멀 원 博: 넓을 박 厚: 두터울 후

징험이 나타나면 유원(悠遠)해지고, 아득히 멀면 광박(廣博)하고도 심후(深厚)해지고, 넓고도 두터우면 고대(高大)하고도 광명(光明)해지니라.

역해(易解)

이는 모두 밖에서 징험(徵驗)이 계속하여 지속되는 것을 말씀하였다.

정현(鄭玄) 선생이 "지성(至誠)의 덕이 사방에 발현되어 현저(顯著)해진다."고 말씀한 바와 같다. "속마음이 성실하면 밖으로 형용이 자연 드러난다."는 '성어중 형어외(誠於中 形於外)'가 오래되면 밖에 드러난 징험(徵驗)들이 더욱 유원해져 무궁무한(無窮無限)해진다.

유원한 까닭으로 곤(坤)괘에서 공자가 "두터운 덕으로 만물을 싣는다(厚德載物)."고 말했듯이, 그 축적(蓄積)이 더욱더 광박(廣博)하고 심후(深厚)해져

'공간의 초월'을 경험하게 되는 것이다. 나아가 박후(博厚)한 까닭으로 시공을 초월한 발현(發顯)이 이루어지고 천인합일(天人合一)의 경지에 이르러 고대(高大)하고 광명(光明)해지는 것이다.[2]

博厚는 **所以載物也**ㅣ오 **高明**은 **所以覆物也**ㅣ오 **悠久**는 **所以成物也**ㅣ니라.
박후 소이재물야 고명 소이부물야 유구 소이성물야

載: 실을 재 覆: 덮을 부

광박(廣博)하고 심후(深厚)함은 만물을 싣는 바이고, 고대(高大)하고 광명(光明)함은 만물을 덮는 바이고, 유구함은 만물을 이루는 바이니라.

역해(易解)

박후(博厚)는 두터운 덕으로 만물을 싣는 땅, 고명(高明)은 한 울타리가 되어 만물을 덮어주는 하늘, 유구(悠久)는 무궁무한의 유구한 세월동안 천지부모가 만물을 이루는 것이다.

본래 불식(不息)→구(久)→징(徵)→유원(悠遠)으로써 박후(博厚)→고명(高明)을 이루고 박후(博厚)→고명(高明)하면 또한 유구(悠久)해진다. 周易(주역)에서 공자가 대인(大人)을 "광대한 천지와 같은 큰 덕, 광명한 일월과 같은 밝은 지혜, 춘하추동 사시와 같은 어김없는 차례, 길흉을 주는 귀신과 같은 신묘한 조화를 갖춘 사람[3]"이라고 말씀하였듯이 성인이 천지자연과 용(用)을 일체화하는 것이다.

---

2. 至誠無息은 金剛經(금강경)에 "과거의 마음, 미래의 마음, 현재의 마음에도 걸리지 않는다(過去心 不可得 未來心 不可得 現在心 不可得)."고 말씀한 '시간의 초월'을 낳는다.
3. 周易(주역) 乾(건)괘: 夫大人者는 與天地合其德하며 與日月合其明하며 與四時合其序하며 與鬼神合其吉凶하야~

博厚는 配地하고 高明은 配天하고 悠久는 無疆이니라.
박후   배지   고명   배천   유구   무강

配: 짝 배   疆: 지경 강

박후(博厚)는 땅과 배합하고, 고명(高明)은 하늘과 배합하고, 유구(悠久)는 지경이 없느니라.

역해(易解)

성인이 천지와 더불어 동체(同體)임을 말하였다. 성인의 박후(博厚)는 땅과의 배합, 고명(高明)은 하늘과의 배합, 유구(悠久)는 무강(無疆)과 배합한다.

땅의 삼무강(三無疆)과 하늘의 자강불식(自彊不息)

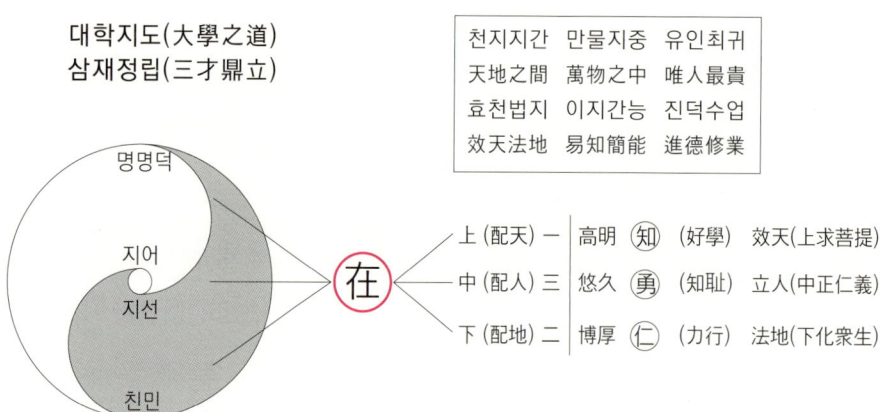

삼재정립 → 고명(高明) 박후(博厚) 유구(悠久)

공자는 周易(주역) 곤괘(坤卦)에서 "덕합무강(德合無疆), 행지무강(行地無疆), 응지무강(應地無疆)"의 '삼무강(三無疆)'을 말씀하였는데, 덕합무강은 하늘의 무강, 행지무강은 땅의 무강, 응지무강은 사람의 무강에 상응한다.

'삼시팔구(三矢八口)'의 주역이치는 '지경 강(疆: 三+田+田)'이란 글자에 보인다. 疆은 본래 밭두둑 사이의 경계를 표상한 상형문자이지만 일월태극이

펼치는 '삼팔목도(三八木道)'의 운행이치를 담고 있다.

'알 지(知)'를 둘로 나누어 '시구(矢口)'라고 한다. 이는 화살(矢)로 과녁의 중심구멍(口)을 맞추듯이 사물에 내재된 근본이치를 정확히 꿰뚫어 통함을 말한다. 세간에 전해오는 '을시구절시구(乙矢口節矢口) 지야자절시구(知也者節矢口)'는 후천(乙)이 도래하는 시절(節)을 알아야 하며, 也(종결어미→ 마디매듭 節)를 알아야 그 때를 분명히 알 수 있다는 뜻이다.

畺(지경. 경계)에서 三은 하늘[☰]이 발사(發射)하는 삼시(三矢)의 화살로써 3윤을 이르고, 田田의 팔구(八口)는 8년의 세월을 상징한다. 화살을 쏘는 도구인 '활 궁(弓)'은 일월을 운행하는 태극 본체를 나타낸다.

하늘의 시간영역을 상징하는 '굳셀 강(彊)' 또한 8세 3윤의 이치를 나타낸 글자이다. 이를 미루어 땅의 공간영역을 상징하는 '지경 강(疆)'도 만들어졌다.[4]

아래는 필자가 강(疆)자에 대학의 삼강령을 연계한 도표이다.

하늘의 자강(自彊)과 대학의 강목(綱目)

疆(굳셀 강): 대궁태극(大弓太極)의 三八木道 / 三矢八口의 知

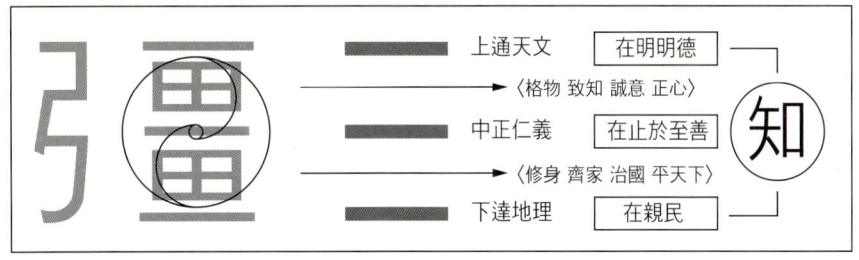

乾〈自彊不息〉/ 坤〈德合무강 行地무강 應地무강〉3無疆

강(疆)의 파자해

---

4. 활[弓]은 화살을 쏘는 도구이다. 화살 석 대[三]를 활[弓]에 걸어 때맞추어 과녁[田+田]을 쏘아 맞추듯이, 8년[田+田]을 주기로 3달의 윤을 둔다. 이러한 천도운행의 기본 법도는 周易(주역) 경전에도 나온다. 공자는 하늘의 강건한 운행을 본받아 군자도 굳세게 노력하라는 '자강불식(自彊不息)'을 말씀하였다. 또한 유순한 땅의 법도를 본받아 '덕합무강(德合無疆), 행지무강(行地無疆), 응지무강(應地無疆)'하라고 강조하였다.

如此者는 不見而章하며 不動而變하며 無爲而成이니라.
여차자　불현이장　　부동이변　　무위이성

見: 보일 현 章: 빛날 장

　(박후, 고명, 유구) 이와 같은 자는 보이지 않아도 빛나며, 움직이지 않아도 변하며, 꾀함이 없어도 (無爲自然속에서) 이루어지느니라.

역해(易解)

　천지와 더불어 동체가 된 박후하거나 고명하거나 유구한 성인은 보이지 않아도 빛나고 움직이지 않아도 변하며 꾀함이 없어도 무위자연(無爲自然) 속에서 이룬다. 즉 대자연과 하나가 되는 '여천지삼(與天地參)'인 것이다.

　'불현이장(不見而章)'은 땅에 비유한 표현인데, 周易(주역) 곤괘(坤卦) 제 3효(六三) 효사의 함장가정(含章可貞)을 '이시발야(以時發也)'로 풀이한 공자 말씀과 같다. 빛난 것을 머금었다는 '함장(含章)'은 어미가 뱃속에 생명을 잉태하여 하복부가 남산만한 모습이다. 가히 바름을 지킨다는 의미의 '가정(可貞)'은 어미가 뱃속에 아기를 열 달 동안 품어 정고(貞固)하게 지킨다는 의미다.

　뿌리가 보이지 않아도 때가 되면 줄기가지를 뻗어 열매를 맺는다. 눈도 제대로 뜨지 못한 뱃속의 아기이지만 언젠가 세상 밖으로 나와 빛을 보듯이 비록 당장은 드러나지 않아도 때가 이르면 반드시 아름다운 광채로 나타난다.

　'부동이변(不動而變)'은 하늘에 비유한 표현인데 天符經(천부경)에서 "작용은 끝없이 변화하나 근본인 체는 부동이다(用變不動本)."라는 말씀과 서로 통하는 내용이다. 하늘과 같이 부동의 체(體)이고 근본(根本)이나 하늘이 사시변화를 일으키듯 변화의 주체라는 의미다.

　'무위이성(無爲而成)'은 경계와 한계가 없는 끝없는 무강(無疆)으로써 표현한 것인데 완성된 인격체로서 대자연과 하나 되어 결실 완성한다는 뜻이다.

天地之道는 **可一言而盡也**ㅣ니 **其爲物**이 **不貳**라 **則其生物**이
천지지도 가일언이진야   기위물   불이   즉기생물

不測이니라.
불 측

貳: 두 이, 두 마음 이 測: 헤아릴 측

　천지의 도는 가히 한마디 말로 다할 수 있으니, 그 물건 됨이 둘이 아니라. 곧 그 만물을 생성함이 측량(測量)할 수 없느니라.

역해(易解)

　천지의 도를 가히 한마디 말로 다하면 그것은 오직 '정성 성(誠)'이라는 글자 하나에 불과(不過)하다. "其爲物이 不貳라."는 천지부모가 '지극한 정성'으로 쉼 없이 만물을 생생해내므로 '그 만물은 둘이 아닌 오직 하나의 정성(誠)일 뿐이다.'는 뜻이다.

　天符經(천부경)에서는 '일시무시일(一始無始一), 일종무종일(一終無終一)'로써 말하였는데, 하나로부터 비롯되어 하나로 돌아와 마치므로 시종(始終)이 여일(如一)하다. 이렇게 하나(一)인 태극이 두 기운인 음양으로 나뉘어 천지가 창조되고 천지음양의 조화에 의해 만물이 생성되어 나온다. 하늘은 아버지가 되어 생(生)하는 근원이고 땅은 어머니가 되어 자식을 완성(完成)해내므로 생성물(生成物)이 만물이다.

　정성인 까닭으로 쉬지 아니해서 끝없이 만물을 생생해내니 왜 그러한가? 이유(所以然)를 묻는다면 '스스로 자(自), 그러할 연(然)' 즉 대자연(大自然) 자체의 원리일 따름이다. "則其生物이 不測이니라."는 만물을 생생해내는 '자연(自然)'의 이치는 그 근원과 작용을 측량(測量)할 수 없음을 이른다.

天地之道는 博也厚也高也明也悠也久也ㅣ니라.
천 지 지 도   박 야 후 야 고 야 명 야 유 야 구 야

  천지의 도는 광박(廣博)하고 심후(深厚)하며, 고대(高大)하고 광명(光明)하며, 유원(悠遠)하고 항구(恒久)하느니라.

역해(易解)

  천지의 도는 오직 정성 하나로 광박(廣博)하고 심후(深厚)하며 고대(高大)하고 광명(光明)하며 유원(悠遠)하고 항구(恒久)하다. 사람도 천지부모를 그대로 본받아 오직 정성 하나로 나아가면 성대(盛大)함을 지극히 할 수 있다. 삼재일합(三才一合)을 이루어 천도의 고대(高大)와 광명(光明), 지도의 광박(廣博)과 심후(深厚), 인도의 유원(悠遠)과 항구(恒久)한 경지에 이를 수 있다는 뜻이다.

  아래 글은 정성하나로 만물을 생생해내는 공효(功效)인 '생물지공(生物之功)'을 말씀한 것이다.

今夫天이 斯昭昭之多ㅣ니 及其無窮也하야는 日月星辰이 繫焉
금 부 천   사 소 소 지 다   급 기 무 궁 야   일 월 성 신   계 언
하며 萬物이 覆焉이니라 今夫地ㅣ 一撮土之多ㅣ니 及其廣厚하
     만 물   부 언   금 부 지   일 촬 토 지 다   급 기 광 후
야는 載華嶽而不重하며 振河海而不洩하며 萬物이 載焉이니라
     재 화 악 이 부 중   진 하 해 이 불 설   만 물   재 언
今夫山이 一卷石之多ㅣ니 及其廣大하야는 草木이 生之하며
금 부 산   일 권 석 지 다   급 기 광 대   초 목   생 지
禽獸ㅣ 居之하며 寶藏이 興焉이니라 今夫水ㅣ 一勺之多ㅣ니
금 수   거 지   보 장   흥 언   금 부 수   일 작 지 다
及其不測하야는 黿鼉蛟龍魚鼈이 生焉하며 貨財ㅣ 殖焉이니라.
급 기 불 측   원 타 교 룡 어 별   생 언   화 재   식 언

今: 이제 금 斯: 이 사 昭: 밝을 소 窮: 다할 궁 繫: 맬 계 覆: 덮을 부 撮: 취할 촬 載: 실을 재 華: 꽃 화, 산 이름 화 嶽: 큰 산 악 振: 거둘 진, 떨칠 진 洩: 샐 설 卷: 자잘할 권

禽: 날짐승 금 獸: 짐승 수 寶: 보물 보 藏: 감출 장 興: 일어날 흥 勺: 술잔 작 測: 헤아릴 측 黿: 자라 원 鼉: 악어 타 蛟: 교룡 교, 상어 교 龍: 용 룡 鼈: 자라 별 貨: 재화 화 殖: 번성할 식

　이제 무릇 하늘은 이 밝고 밝음이 많아짐이니, 그 무궁(無窮)함에 미쳐서는 일월성신(日月星辰)이 매달려 있으며 만물이 덮여 있느니라. 이제 무릇 땅은 한 줌의 흙이 많아짐이니, 그 광후(廣厚)함에 미쳐서는 화악(華嶽)을 싣고 있으면서도 무겁게 여기지 않으며 하해(河海)의 물을 거두고 있으면서도 새지 않으며 만물이 실려져 있느니라. 이제 무릇 산은 한 주먹의 자잘한 돌이 많아짐이니, 그 광대(廣大)함에 미쳐서는 초목(草木)이 생장(生長)하며 금수(禽獸)가 기거하며 감춰진 보화(寶藏)가 나오느니라. 이제 무릇 물은 한 잔의 물이 많아짐이니, 그 헤아릴 수 없음에 미쳐서는 큰 자라와 악어, 교룡, 용, 물고기, 자라가 생장하며 재화(貨財)가 번식(繁殖)하느니라.

역해(易解)

　하나의 태극에서 음양이란 두 기운이 나와 가볍고 맑은 기운은 올라가 하늘, 무겁고 탁한 기운은 내려가 땅이 된다. 이렇게 천지가 열려 나온 연후에는 천지가 사귀어 만물을 낸다.

　여기에 나오는 네 조항은 모두 쉼 없는 지극한 정성으로 성대함을 이루는 즉 능히 만물을 생생해내는 공효인 '생생지공(生物之功)'에 대한 내용이다. 그러나 천지산천(天地山川)이 실제로 사소(些少)한 것의 누적(累積)으로 인하여 나중에 커진 것은 아니므로 독자(讀者)가 말로써 뜻을 해하는 것은 옳지 않다. 즉 '작은 것을 쌓아 크게 이룬다.'는 '적소성대(積小成大)'의 의미가 아니라는 말씀이다.

　12장의 "두루두루 쓰이되 체는 은미하다."는 '비이은(費而隱)'의 의미를 상기해보면 된다. 그 쓰임의 큼을 말하자면 지극히 커서 밖이 없는 '지대무외(至大無外)'로 두루두루 쓰이지 않는 곳이 없다. 또한 그 체의 작음을 얘기하면,

지극히 미미하여 안이 없는 '지소무내(至小無內)'로 이치의 이유(所以然)는 은미하여 드러날 수 없다. 이와 같이 체용을 함께하니 중용의 도는 오직 '정성 성(誠)' 하나일 뿐이다. '及其無窮, 及其廣厚, 及其廣大, 及其不測'은 12장의 '及其至也'의 뜻과 같은 데서 그 이유를 찾아볼 수 있다. 부부로부터 비롯되어 성인과 천지로, 작은 데서부터 큰 데로 이어지는 '비이은(費而隱)'이다.

하늘은 지소무내(至小無內)로는 반짝반짝 빛나는 수많은 작은 밝음이고, 지대무외(至大無外)로는 무궁(無窮)한데까지 미치니, 일월성신(日月星辰)이 매달려 있으며 만물이 덮여 있다.[5] 하늘이 천지인 삼재(三才)를 통솔하는 주재자(主宰者)이므로 '천부(天覆)'라는 말과 같이 위에서 땅과 만물(사람)을 덮어 모두 포용한다. 그러므로 천도(天道)는 고대(高大)하고 광명(光明)하다.

지(地)는 모든 생명의 모태(也)인 흙(土)으로 된 '땅'을 말한다. 지소무내(至小無內)로는 수많은 흙의 입자가 뭉쳐있고 지대무외(至大無外)로는 광후(廣厚)한데까지 미친다. 큰 산인 화악(華嶽=華山)을 싣고서도 무겁게 여기지 않고 하해(河海)의 물을 거둬들여도 새지 않으며 모든 만물이 실린다.

고대 중국과 우리나라에서는 예로부터 오행사상에 입각하여 중앙과 동서남북에 위치한 명산을 찾아 오악(五嶽)으로 명명하였다. 중국에서는 동쪽으로 태산(泰山)과 서쪽으로 화산(華山), 남쪽으로 형산(衡山), 북쪽으로 항산(恒山), 중앙으로 숭산(嵩山)을 오악(五嶽)으로 보아 나라의 진산(鎭山)으로 삼고 천자가 직접 제사를 지냈다. 우리나라의 오악은 백두산(북)과 지리산(남), 금강산(동)과 묘향산(서), 삼각산(중. 일명 북한산)이다.

산은 제 자리에 가만히 그쳐있지만 모든 만물이 생명활동의 뿌리를 내리는 삶의 토대이다. 원시인류가 열매를 따먹고 짐승을 잡던 수렵생활 또한 산에서

---

5. 천(天)은 '사람(大) 머리위에 있는 드높은 하늘(一)', '하늘이 하나(一)일 뿐이지 둘이 아니며 세상에서 제일 큰(大) 존재'라는 뜻이다. 또한 일(一)은 밝은 양(⼀)의 부호와 서로 통하므로 밝은 생명의 빛을 베풀어주는 '광명(光明)한 하늘', 모든 수는 1(一)로부터 비롯되므로 '빛으로 임하시는 하늘이 으뜸이다'는 뜻도 된다.

이루어졌다. 지소무내(至小無內)로는 수많은 자잘한 돌이 모여 있고 지대무외(至大無外)로는 광대(廣大)한데까지 미친다. 식물인 초목(草木)이 생장(生長)하고 동물인 금수(禽獸)가 기거하니 의식주에 필요한 물질과 감춰진 금은보화가 발굴되어 나온다.

바다(海)는 강과 하천의 온갖 부정한 오물을 다 안아담아 끊임없이 정화를 하니 '모든 것을 다 받아들이는 바다'라는 뜻이다. 지소무내(至小無內)로는 이골저골 수많은 한 잔의 물이 모여 있고 지대무외(至大無外)로는 헤아릴 수 없는데 까지 미친다. 큰 자라와 악어, 큰 물고기인 교룡, 용, 작은 물고기, 작은 자라 등이 생장하고 재화(貨財)가 번식(繁殖)한다. 禮記(예기)에 "비늘이 달린 동물은 360가지인데 그 가운데에 수장(首長)은 용이다."고 하였다.

정성(精誠)은 지소무내(至小無內)한 '斯昭昭之多, 一撮土之多, 一卷石之多, 一勺之多'에서부터 지대무외(至大無外)한 '及其無窮, 及其廣厚, 及其廣大, 及其不測'에까지 두루두루 쓰이되 그 실체와 소이연(所以然, 까닭)은 은미하다는 '비이은(費而隱)'의 의미를 담고 있다. 고명(高明)한 천(天)과 박후(博厚)한 지(地), 유구(悠久)한 산(山)과 수(水) 이 네 가지는 모두 무위자연(無爲自然)의 오직 쉼 없는 지성(至誠)에 의해 성대하게 만물을 생성(生成)한다.

詩云 維天之命이 於穆不已라 하니 蓋曰天之所以爲天也ㅣ오
  시 운 유천지명   오목불이   개왈천지소이위천야
於乎不顯가 文王之德之純이여 하니 蓋曰文王之所以爲文也
  오호불현   문왕지덕지순   개왈문왕지소이위문야
ㅣ니 純亦不已니라.
      순 역 불 이
右는 第二十六章이라.
 우   제 이 십 육 장

維: 바 유 於: 감탄할 오 穆: 심원할 목 已: 그칠 이 顯: 드러날 현 純: 순전할 순

시경에 이르길, "오직 하늘의 명이 아! 심원하여 그치지 아니한다."고 하니 대개 하늘이 하늘 된 까닭을 말함이고. "아! (어찌) 드러나지 않겠는가. 문왕의 덕이 순일(純一)하다"고 하니 대개 문왕이 문(文)이 된 까닭을 말함이니, 순일해서 또한 그치지 않느니라.

우(右)는 제 26장이다.

역해(易解)

시경 周頌(주송) 維天之命(유천지명)의 시를 인용하여 "지극한 정성은 쉬지 않는다."는 '지성무식(至誠無息)'의 뜻을 밝혔다.

'천명지위성(天命之謂性)'이라 하였듯이, '維天之命 於穆不已'는 하느님이 지성(至誠)으로 만물을 생생해내는데 제각기 성품(性品)을 부여함이 심원하여 쉼이 없다(無息)는 뜻이다.

예로부터 하늘을 존칭하여 '하느님, 하나님, 한울님, 한얼님'이라 부른다. 오늘이 있듯이 언제나 존재하기에 '하느님', 삼라만상을 베푸는 최고으뜸이기에 '하나님', 일체만유를 사랑으로 감싸주는 울타리이기에 '한울님', 대자연을 이끄는 정신[얼]이기에 '한얼님'이다. '蓋曰天之所以爲天也'는 이렇게 존칭하여 부르는 하늘이 아무런 이유 없이 그냥 그렇게 되었겠는가. 그 까닭은 周易(주역) 건괘(乾卦)에서 이른 '하늘이 스스로 굳세고 굳세니 지극한 정성으로 쉬지 않는다.'는 '자강불식(自彊不息)'의 덕이 있기 때문에 하늘이 되었다는 의미다.

오호불현(於乎不顯)은 '아! 어찌 드러나지 않겠는가.'의 '오호기불현(於乎豈不顯)'이란 말과 같다. 즉 '그렇다면 하늘의 뜻이 어찌 나타나고 드러나지 않겠는가.'라는 뜻이다.

周易(주역) 계사전에도 "글로는 말을 다하지 못하며 말로는 뜻을 다하지 못하니, 그렇다면 성인의 뜻을 그 가히 보지 못하랴! 성인이 상(象)을 세움으로써 뜻을 다하고 괘(卦)를 베풀음으로써 진실과 거짓을 다하며, 글(辭)을 맴으로써 말을 다하고 변통함으로써 이로움을 다하며, 두드리고 춤으로써 신(神)을 다하느니라[6]."는 구절이 있다. 아버지의 뜻이 땅에서 펼쳐지듯이 신(神)은 하늘의 일월성신이 밝은 빛(示)을 뿜어줌으로 인해 초가을(申)이 되면 열매를 주렁주렁 맺는 신비(神秘)하고 신묘(神妙)한 조화가 일어나게 됨을 이른다.

'文王之德之純'은 문왕의 덕은 순양(純陽)인 하늘과 순음(純陰)인 땅 즉 광대한 천지와 더불어 그 덕을 합하는 '순일(純一)' 자체임을 이른다. 순일(純一)은 다른 것이 조금도 섞이지 않는 순수(純粹)하고 한결같은 '순일부잡(純一不雜)'이다. 문왕이 '글월 문(文)'을 하늘로부터 받게 된 까닭은(蓋曰文王之爲文也) 쉼 없는 지극한 정성인 천도에 순일(純一)하여, 하늘이 그에게 천문(天文)의 '글월 문(文)'을 내려 인문(人文)을 완성시키기 위해서라는 말씀이다.

사문(斯文)의 文(문)

문(文)은 머리(亠)의 사귐(乂)으로 성숙한 음양이 서로 사귀어 문채와 생명이 생기는데서 '문채, 무늬'를 가리킨다. 천지음양이 사귀면 형형색색 '문채(생명의 빛)'의 만물을 생성해낸다. 만물의 머리는 천지이고 자녀의 머리는 부모이므로 '부모'에 대한 뜻이 은연중 문(文)에 내포되어 있다. 또한 문(文)은 '사귈 교(交)'와 글자의 모양도 비슷하고 뜻 또한 연관된다. 그러므로 하늘과 교통(交通)하고 교역(交易)하는 통로는 문(文)임을 알 수 있다.

17장에 시경에 이르길, "아름답고 즐거운 군자의 현명한 어진 덕이 백성을 마땅하게 하고 사람을 마땅하게 하니라. 녹을 하늘에서 받거늘 보살피고 도와서 거듭 하늘로부터 명을 내리시고 또한 펼치게 한다. 그러므로 큰 덕을 갖춘

---

6. 周易(주역) 계사(繫辭)전: 子曰書不盡言하며 言不盡意니 然則聖人之意를 其不可見乎아 聖人이 立象하야 以盡意하며 設卦하야 以盡情僞하며 繫辭焉하야 以盡其言하며 變而通之하야 以盡利하며 鼓之舞之하야 以盡神하니라.

자는 반드시 천명(天命)을 받느니라[7]."고 한 구절과 비교하면 그 뜻이 더욱더 선명해진다.

　성인이신 문왕이 노인을 공경하고 우로지택의 선정을 베푼다는 소문이 백성들 사이에는 자자했다. 폭군 주(紂)는 이러한 문왕을 시기하여 유리옥(羑里獄)에 가뒀다. 유폐되어있는 동안에 말로 형언할 수 없는 고통을 겪었으나, 그곳에서 천추만대의 벼리가 되는 周易(주역) 64괘의 이름과 순서, 괘 각각을 판단 분석한 글을 지었다. 이런 문왕을 어찌 하늘이 보우(保佑)하지 않고 천명을 내리지 않겠는가? '자천신지(自天申之)'는 이런 대덕(大德) 군자인 문왕에게 하늘이 거듭 거듭 천명을 내리시고 또한 그 명을 펼치게 도와준다는 의미다.

대축(大畜, 26)의 황우(黃牛)와 정(鼎, 50)의 현우(玄牛)

山天大畜

　26장에 상응하는 周易(주역)의 괘는 26번째 대축(大畜)이다. '크게(大) 쌓다(畜)'는 대축(大畜)은 하늘의 양기(玄)가 아래의 땅(田)으로 내려와 쌓이는 형상이다. 아래에 기초부터 견고히 쌓지 않으면 계속 올라갈 수가 없으므로 아래에 견실한 하늘을 두어 산(☶)이 능히 하늘(☰)을 품는 형상이다. 축(畜)은 본래 '하늘 밭(玄田)'으로 단전(丹田)과도 통한다고 볼 수 있다.

　천도의 운행은 하나의 양과 하나의 음이 왕래함에 따라 그 도를 반복하는데 그 바뀌는 주기가 칠(七)이다. 예를 들자면 갑(甲)이 경(庚)으로 바뀐다는 셈인데 갑(甲)은 선천, 경(庚)은 후천을 대표하여 선천의 갑이 후천에는 경으로 바뀐다. 이러한 이치에 의거하여 만물(萬物)이라는 물(物) 글자 속에 들어있는 우(牛)를 대표로 빗대어 설명하면, 선천의 현우(玄牛)인 50번째 간지 계축(癸丑)이 후천에는 황우(黃牛)인 26번째 간지 기축(己丑)으로 바뀐다.

---

[7]. 中庸(중용) 제 17장: 詩曰 嘉樂君子의 顯顯令德이 宜民宜人이라 受祿于天이어늘 保佑命之 하시고 自天申之라 하니라 故로 大德者는 必受命이니라.

周易(주역)의 50번째 괘는 정(鼎)이다. 정(鼎)은 나뭇가지 사이로 열매(目)가 매달린 모양이다. 완전한 그릇(열매)을 갖추었음을 뜻하며 여기에서 뜻이 전용되어 솥을 의미하게 되었다.

태극(太極)은 무극(無極)한 조화로써 음양(陰陽)을 낳고 그 음양은 다시 씨눈인 유극(有極)을 생성해내는데, 이를 천지인(天地人) 삼재(三才)로 표명한다. 정(鼎)자 밑의 爿은 좌양(左陽)에 해당하므로 천(天), 片은 우음(右陰)에 해당하므로 지(地), 중간의 目은 그 씨눈인 인(人)을 가리킨다. 삼재의 도로써 모든 바탕이 이루어지므로 그릇(솥)을 갖추었다는 뜻이 나온다.

'그릇 기(器)'는 본래 정전도(井田圖)의 한가운데에 있는 田에서 나온 글자이다.

정전도는 낙서(洛書)와 홍범구주(洪範九疇)의 원리와도 서로 통한다. 그 중심을 田으로 표상한 것은 임금이 중정(中正)한 도를 세상에 펼쳐 대동(大同)세계를 구현함을 의미한다. 井 안의 田은 샘물이 용출하는 근원(水源)이 되는 자리이고 낙서 구궁수의 중심인 5황극(皇極)에 해당한다.

낙서의 구궁 수리로써 田을 설명하면, 가운데의 5를 중심으로 마주보는 네 방위의 수가 모두 각기 10(十)으로 합하여 종횡 15(德)를 이루는 상이다. 이것을 야산선생은 '오용십작(五用十作)'이라고 표명하였는데 5를 중심으로 10의 극진한 작용이 펼쳐짐을 말한다.

물건을 담거나 싣는 것은 '그릇'이다. 임금이 천하를 평치(平治)하려면 중정(中正)한 '그릇'을 이루어야 하고 열(十)길 우물을 파는 정성이 있어야 한다. 周易(주역)의 15번째 괘가 중앙 토(土) 즉 오용십작(五用十作)의 조화를 함축한 '겸(謙)'이다. 공자는 "높은 산이 땅 밑에 있으니 스스로 높되 겸손해서 더욱 빛이 나고 이로써 모든 예가 나오는 겸(謙)은 덕의 자루가 된다[8]."고 말씀하였다.

---

8. 周易(주역) 계사하전: 謙 德之柄也 謙 尊而光 謙以制禮.

27장 대재성인(大哉聖人)

大哉라 聖人之道여!
대재 성인지도

哉: 어조사 재

크도다 성인의 도여!

역해(易解)

이 다음의 구절 '洋洋乎發育萬物 峻極于天, 優優大哉 禮儀三百과 威儀三千'을 포함하여 성인의 큰 덕을 원대(元大)한 하늘에 비겨 칭송하고 있다.

천(天)은 일대(一大) 즉 세상에서 하늘이 가장 크다는 뜻이다. 하늘을 표상하는 주역 건괘(乾卦)에 대해 공자는 "크도다! 하늘의 으뜸가는 덕이여(大哉乾元)!"라고 칭송하였다.

20장에서도 "정성 자체인 '성(誠)'은 하늘의 도이고 정성을 기울이는 '성지(誠之)'는 사람의 도이다. 성(誠)은 억지로 힘쓰지 않아도 사리에 정확히 들어맞고 생각하지 않아도 체득하여 저절로 도에 합치하니 성인(聖人)이다[1]."고 하였다. 성인이야말로 천부(天賦)의 밝은 성품을 본래대로 회복하여 하늘 덕에 그대로 부합하므로 "크도다(大哉)!"라고 찬탄한 것이다.

洋洋乎發育萬物하야 峻極于天이로다.
양양호발육만물 준극우천

---

[1] 中庸(중용) 제20장: 誠者 天之道也 誠之者 人之道也 誠者 不勉而中 不思而得 從容中道 聖人也.

洋: 넘칠 양, 바다 양 峻: 높을 준 極: 이를 극, 다할 극

양양히(넘실넘실 가득히) 만물을 발육(發育)해서 고대(高大)함이 하늘에 이르렀도다.

역해(易解)

끝없이 넓고 큰 바다를 망망대양(茫茫大洋)이라하듯이 큰 바다인 양(洋)은 '가득차서 넘치다'는 뜻으로 쓰인다. 양양(洋洋)은 가득차서 넘실대는 모양이 한없이 넓고 큼을 나타낸다. 성인께서 만물을 끝없이 발육(發育)하여 고대(高大)한 덕이 무궁무한(無窮無限)한 하늘의 경지에 이르렀다는 말씀이다.

대자연의 도는 '무극이태극(無極而太極)'이다. '지대이무외(至大而無外)'로 온 세상에 도를 펼치는 성인 역시 이와 같이 무궁하고 지극하다.

신언어(愼言語) 절음식(節飮食)

山雷頤 周易(주역)의 27번째 괘인 이(頤)는 사람의 상하 턱을 상징하는 괘로서 고요한 산(☶) 아래에 힘차게 우레(☳, 양목)가 약동하는 모습이다. 위턱(☶)과 아래턱(☳)으로 음식물을 씹어 먹어 몸을 기르는 형상과 통하기에 '기를 이, 턱 이'라고 한다. 상하의 턱을 기틀로 하여 치아(齒牙)로써 음식물을 씹어 합하듯이 정신과 육체를 다 함께 기른다는 뜻이다.

천지가 만물을 생성 화육하듯이 성인도 현인을 길러 만백성에게까지 은택이 이른다. 먼저 자신부터 올바른 덕성을 닦고 나아가 남들을 가르치고 기르되, 그 기르는 시기가 또한 참으로 중요하다[2].

"군자는 이괘(頤卦)의 형상을 본받아 언어를 삼가고(愼言語) 음식을 절제한

---

2. 周易(주역) 이(頤)괘: 彖曰 頤貞吉은 養正則吉也니 觀頤는 觀其所養也오 自求口實은 觀其自養也라 天地 養萬物하며 聖人이 養賢하야 以及萬民하나니 頤之時 大矣哉라.

다(節飮食)."고 공자는 말씀하였다[3].

優優大哉라 禮儀三百과 威儀三千이로다.
우 우 대 재 예 의 삼 백   위 의 삼 천

優: 넉넉할 우 儀: 거동 의 威: 위엄 위

넉넉하고 넉넉해서(優優) 크도다. 예의(禮儀)가 300가지이고, (이것을 세세히 나눈) 위의(威儀)가 3,000가지이도다.

역해(易解)

우(優)는 남들의 근심걱정(憂)을 생각해주는 도량 넓은 사람(亻)이라는 데서 '넉넉하다, 도탑다', 또는 우수(優秀)와 우선(優先), 우세(優勢), 우승(優勝) 등에서 볼 수 있듯이 '품위 있다, 낫다, 뛰어나다'는 뜻이다.

禮記(예기)에 "경례가 삼백이요 곡례가 삼천이라(經禮三百 曲禮三千)."이라고 하였다. 예의(禮儀)는 큰 벼리(大綱)가 되는 경례(經禮)이고 위의(威儀)는 경례를 곡진(曲盡)히 이루는 세부 조목(條目)인 곡례(曲禮)이다.

"優優大哉라"는 전혀 모자람이 없이 넉넉하고 충족해서 참으로 위대함을 말한다. 성인들이 후세에 전한 대법인 예의(禮儀) 300가지와 세부적인 위의(威儀) 3,000가지가 모두 공경하지 않음이 없으므로(無不敬), 그저 지대(至大)하다고 찬탄한 것이다.

待其人而後에 行이니라.
대 기 인 이 후 행

待: 기다릴 대

---

3. 周易(주역) 이(頤)괘: 象曰 山下有雷 頤 君子 以 愼言語 節飮食.

그 사람을 기다린 뒤에야 행해지느니라.

역해(易解)

'지대이무외(至大而無外, 지극히 커서 밖이 없음)'의 "大哉라 聖人之道여 洋洋乎發育萬物하야 峻極于天이로다."와 '지소이무간(至小而無間, 지극히 작아서 틈새가 없음)'의 "優優大哉라 禮儀三百과 威儀三千이로다."의 두 대목을 묶어 성인의 도를 칭송한 문장이다.

기인(其人)은 천인합일(天人合一)의 경지에 달한 큰 덕을 갖춘 성인을 이른다. 천지부모가 만물을 생성 화육하듯이, 지극히 커서 밖이 없고 세밀해서 사이가 없는 성인이 나와야만 그 도가 세상에 행해질 수 있다는 말씀이다.

周易(주역) 繫辭下傳(계사하전)에서 "진실로 그 사람이 아니면 도가 헛되어 행해지지 않는다(苟非其人 道不虛行)."고 말씀하였다. 乾文言傳(건문언전)에도 "성인이 세상에 나오심에 만물이 다 우러러보니(聖人 作而萬物 覩), 우두머리가 만물 가운데 나와 온 세상이 다 편안하다(首出庶物 萬國咸寧)."라고 하였다. 說卦傳(설괘전)에서 이른 "임금이 동방에서 나온다(帝出乎 震)."는 내용과도 통한다.

故로 曰 苟不至德이면 至道ㅣ 不凝焉이라 하니라.
고   왈 구부지덕   지 도   불응언

苟: 진실로 구　凝: 엉길 응

그러므로 말하기를, "진실로 지극한 덕(德)이 아니면, 지극한 도(道)가 엉기지 않는다."고 하니라.

역해(易解)

지덕(至德)은 '지극히 명덕(明德)을 밝힌 그 사람(其人) 즉 성인'을 가리키고, 지도(至道)는 "洋洋乎發育萬物하야 峻極于天이로다. 優優大哉라 禮儀三百과 威儀三千이로다."의 두 구절을 가리킨다.

　하나(一)로 엉겨 붙음이 '엉길 응(凝)'이다. 응집(凝集)과 응결(凝結), 응취(凝聚)를 이루어 마침내 물건이 완성됨을 뜻하는데 묵이나 두부가 완성되는 과정과도 같다.

　구(苟)는 무릎을 구부린(勹) 채 울고 있는(口) 순백한 산양(艹→羊)의 모습에서 '진실하다, 구차(苟且)하다'는 뜻이다. 경(敬)은 진실한(苟) 마음을 갖고자 스스로를 채찍질하여(攵) '삼가다', 진실한 마음으로 채찍질하여 훈계해주는 사람을 '공경(恭敬)하다, 존경하다'는 뜻이다.

　하늘의 도는 성(誠), 땅의 도는 경(敬)을 위주로 한다. 사람은 마땅히 하늘을 본받아(效天) 정성을 기울여야하고 땅을 본받아(法地) 공경하는 마음을 가져야 한다. 성인은 천지의 광대(廣大)한 덕을 합한 사람이기에 성경(誠敬)을 다한다.

　"至道 不凝焉"은 성인의 지극한 도(道)가 응집되지 못하여 완성되지 않는다는 뜻이다. 지극한 덕(德)을 갖추지 못하면 도(道)가 행해질 수 없다는 말씀이다.

정위응명(正位凝命)

重地坤　周易(주역) 곤(坤)괘 초효에 "서리를 밟으면 굳은 얼음에 이른다."고 하였는데, 공자는 이에 대해 "음이 처음 응고(凝固)되는 시기이므로 그 음의 도를 잘 길들여서(馴致) 굳은 얼음에 이르도록 한다[4]."고 하였다.

　서리가 내리는 음력 9월 상강(霜降)이 지나면 자연 11월 얼음이 어는 동지(冬至)에 이르듯이 미세한 조짐기미가 마침내 드러나는 인과응보(因果應報)가 자연의 필연법칙이다. 지소(至小)가 결국 지대(至大)가 되므로 미리 대인군자가

---

4. 周易(주역) 곤(坤)괘: 初六은 履霜하면 堅氷이 至하나니라 象曰 履霜堅氷은 陰始凝也니 馴致其道하야 至堅氷也하나니라.

밝은 덕으로 교화인도하여 선을 회복(回復)하도록 해야 한다는 가르침이다.

공자는 솥으로 표상되는 정(鼎)괘에 대해 "위를 바로해서 천명을 엉기게 한다."는 '정위응명(正位凝命)'을 말씀하고 論語(논어)에서는 "나이 50에야 천명을 알았다."는 '지천명(知天命)'을 말씀하였다. 중정무사(中正無私)하여 나날이 새롭고 또 날로 새롭게(日日新 又日新) 혁신(革新)해 나아가면 마침내 대기만성(大器晚成)[5] 할 수 있다는 의미다.

故로 君子는 尊德性而道問學이니 致廣大而盡精微하며 極高明而道中庸하며 溫故而知新하며 敦厚以崇禮니라.
고 군자 존덕성이도문학 치광대이진정미 극고명 이도중용 온고이지신 돈후이숭례

道: 말미암을 도, 따를 도 溫: 익힐 온 敦: 도타울 돈 崇: 높일 숭

그러므로 군자는 덕성을 높이고 물음과 배움에 연유하니(길을 찾아 나아가니), 광대함을 이루고 정미함을 다하며, 고명함을 다하고 중용을 따르며, 옛것을 익히고 새로운 것을 알며, 두터움을 돈독히 하여 예를 숭상하느니라.

역해(易解)

앞 구절에서 진실로 지극한 덕(德)을 갖추지 못하면 지극한 도(道)가 완전하게 행해지지 않는다고 하였다. 삼달덕(三達德)이 아니면 오달도(五達道)를 제대로 행할 수 없다.

성인은 지극히 밝은 덕(德)을 밝혀서 '지대무외(至大無外)'와 지소무간(至小無間)'한 태극의 도(道)를 완전하게 행한다. 군자는 마땅히 이를 본받아서 내적으로는 덕성을 높여 덕(德)을 체득하고, 외적으로는 널리 배우고 살펴 물

---

[5]. 큰 그릇을 만들려면 시간이 오래 걸린다는 뜻으로, 크게 될 사람은 늦게 이루어진다는 말. 三國志(삼국지)의 최염편(崔琰篇), 老子(노자) 41장에서 크게 될 사람은 오랫동안 공적을 쌓아 늦게 이루어진다는 뜻으로 쓰였다.

어서(博學審問)하여 성인의 도에 도달하도록 노력해야 한다.

周易(주역)에서 이른 "내적으로 덕(德)에 나아가고 외적으로 업(業)을 닦는다."는 '진덕수업(進德修業)', "이치를 궁구하고 하늘이 부여해준 성품을 극진히 함으로써 천명에 이른다."는 '궁리진성 이지어명(窮理盡性 以至於命)'과도 서로 통하는 말씀이다.

존덕성(尊德性)은 태어날 때 이미 하늘로부터 얻은 밝은 덕성을 체득하여 잘 공경하고 받들며 항상 그 마음을 유지(維持)한다는 뜻이다. 관심(觀心)은 '마음을 보라'는 뜻으로도 풀이된다. 밖이 아닌 안을 집중하여 마음을 고요히 안정시킬 때 밝은 본성의 덕이 스스로 밝아져 견성(見性)의 실제 계기가 열린다. 내면의 마음(心)이 항상 초롱초롱 성성(惺惺)이 깨어있어 '존심(存心)'을 유지하여 "洋洋乎發育萬物 峻極于天"하는 도체(道體)의 큼을 마침내 극진히 할 수 있다.

8장에서 공자가 "안회(顔回)의 인성(人性)을 살피니 선(善)을 가려서 중용을 행하고, 한 가지 선함이라도 체득했으면 혹시나 놓칠세라 가슴에 새겨 실수를 하지 않는구나!"라고 말씀한 내용과도 서로 통한다.

학문(學問)은 '선학후문(先學后問)'이다. 배워서 능숙하게 된 다음에 제대로 물을 수 있고 물은 다음에 깨달음에 이를 수 있다. 학이각(學而覺)은 '선능후지(先能后知)'를 의미한다. 능(能)을 통한 지(知)의 체득이 깨달음이다. 치지(致知)는 격물(格物)에 의해 앎을 이룬 것이다. 사물을 관찰하여 완전히 이해하기까지 앞 단계가 격물(格物), 마침내 이치를 깨달아 내 몸에 체득되는 뒷 단계가 치지(致知)하는 과정이다.

도문학(道問學)은 학문으로 말미암음을 이른다. 학문을 바탕으로 앎을 이룬 '치지(致知)'에 이르러야, "優優大哉 禮儀三百 威儀三千"을 행하는 도체(道體)의 세세함을 극진히 할 수 있다. 존덕성(尊德性)의 존심(存心)과 도문학(道問學)의 치지(致知), 이 두 가지는 덕(德)을 닦고 도(道)를 엉기게 하는 큰 실마리이다.

존덕성(尊德性)을 위해서는 내적으로 존심(存心)해야 하는데 그 방법은 광대함을 이루고(致廣大) 고명함을 다하며(極高明) 옛것을 익히고(溫故) 두터움을 돈독히 해야 한다(敦厚). 치광대(致廣大)하려면 털끝만한 사의(私意)로써 자신을 가리지 않도록 하여야 하고, 극고명(極高明)하려면 털끝만한 사욕(私欲)으로써 스스로를 동여매지 않도록 하여야 한다. 또 온고(溫故)하려면 이미 알고 배웠던 바를 물속에 잠기듯이 때때로 되풀이해서 습득(習得)하고 체득(體得)해야 하고 돈후(敦厚)하려면 그 이미 배워 능한 바를 더욱더 돈독히 해야 한다. 이 모두 존심(存心)에 관계된다.

도문학(道問學)을 위해서는 외적으로 치지(致知)해야 하는데 그 방법은 정밀하고 은미한 것을 다하고(盡精微) 중용을 따르며(道中庸) 새로운 것을 알고(知新) 예를 숭상해야 한다(崇禮).

진정미(盡精微)하려면 이치를 분석함에 털끝만한 오차(誤差)가 있어선 아니 되고 도중용(道中庸)하려면 일을 처리함에 과불급(過不及)의 오류(誤謬)가 있어선 아니 되며, 지신(知新)하려면 의리(義理)를 다스림에 날마다 미지(未知)의 새로운 이치를 알아가야 하고, 숭례(崇禮)하려면 삼가지 못한 몸과 마음가짐을 더욱 삼가서 예를 지켜야 한다. 이 모두 치지(致知)에 관계된다.

존심(存心)과 치지(致知)는 내외본말로서, 여기의 다섯 구절(尊德性而道問學, 致廣大而盡精微, 極高明而道中庸, 溫故而知新, 敦厚以崇禮)은 대소(大小)가 서로 바탕이 되고 수미(首尾)가 서로 상응한다. 성현이 덕에 들어가는 방법(方法)과 방향(方向), 방책(方策)을 구체적으로 제시하여 배우는 이들로 하여금 '진덕수업(進德修業)과 궁리진성 이지어명(窮理盡性 以至於命)' 하도록 한 가르침이다. 그러려면 지성으로 쉼이 없는 노력이 필요하다.

6단계의 치지(致知)

大學(대학)에서는 치지(致知=得知)하는 과정을 여섯 단계로 설명하고 있다.

"근본에서 벗어나지 않는 그쳐 머무를 바를 알아야(知止) 뜻이 하나로 모여져서 관심 사물에 대한 방향이 분명하게 정해진다(有定). 뜻이 일정해지면 밖을 향한 마음이 안으로 돌이켜져 능히 고요해지고(能靜), 마음이 고요해지면 밖을 접촉하는 몸의 거처도 능히 편안해진다(能安). 심신이 고요하고 편안하면 사물을 직시 관찰하는 사려 깊은 생각이 가능하고(能慮), 사려 깊은 생각과 진지한 통찰을 통해 근본이치를 깨닫는 앎의 체득이 가능하다(能得)[6]."

지지(知止)는 그쳐 벗어나지 않을 바가 다름 아닌 본(本)이므로 본(本)에 그칠 줄을 아는 것이다[7]. 周易(주역)의 간(艮)괘에도 그칠 때 그치고 행할 때 행하는 '시지즉지 시행즉행(時止則止 時行則行)'을 공자가 강조하였는데, 행(行)에 앞서 지(止)를 말하고 있다.

지지(知止)로부터 득지(得知=致知)에 이르는 6단계를 산 정상을 향해 나아가는 간(艮)괘에 붙여보면 앞의 그림과 같다. 산이 고요히 제자리에 그쳐있듯이 '그칠 간(艮)'은 '그칠 지(止)'의 덕성이 있다. '문 문(門)'은 간(艮)에서 비롯된 글자로 보기도 하는데 괘의 형태가 문의 형상인 까닭이다. 거듭된 관문(關門)을 통과하다 보면 마침내 완전한 깨달음에 도달할 수 있는 것이다.

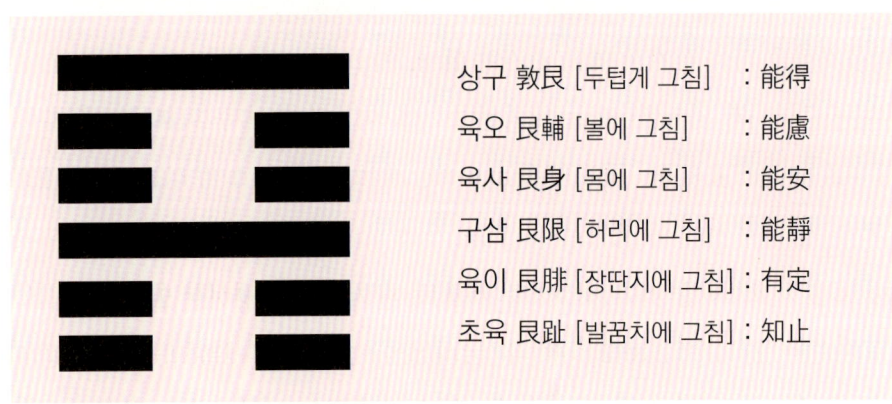

간괘(艮卦) → 득지(得知)와 치지(致知)

是故로 居上不驕하며 爲下不倍라 國有道에 其言이 足以興이오
시 고   거 상 불 교   위 하 불 패   국 유 도   기 언   족 이 흥

6. 大學(대학) 치지(致知)장: 知止而后에 有定이니 定而后에 能靜하며 靜而后에 能安하며 安而后에 能慮하며 慮而后에 能得이니라
7. 지(止)는 신체의 발을 본 뜬 글자로서, 나무의 밑동이인 본(本)과 상통한다.

國無道에 其默이 足以容이니 詩曰 旣明且哲하야 以保其身이라
국 무 도 기 묵 족 이 용 시 왈 기 명 차 철 이 보 기 신
하니 其此之謂與신저.
　　기 차 지 위 여

右는 第二十七章이라.
우　 제 이 십 칠 장

驕: 교만할 교 倍: 배반할 패(背) 默: 묵묵할 묵 容: 담을 용 哲: 밝을 철 保: 지킬 보
謂: 이를 위 與: 어조사 여

　이러한 까닭으로 윗자리에 있어도 교만하지 않으며, 아랫사람이 되어서는 배반하지 않는다. 나라에 도가 있을 적에 그 말이 족히 써 흥기(興起)되고, 나라에 도가 없을 적에 그 묵이성지(默而成之: 묵묵히 이루어나감)함이 족히 써 용납될 수 있다. 詩經(시경)에 이르길, "이미 밝고 또 밝아지니 그로써 제 몸을 보존한다."고 하였으니, 이를 말함일진저!
　우(右)는 제 27장이다.

역해(易解)

　흥(興)은 사람들을 고무하고 흥기함을 이른다. 존덕성(尊德性)의 존심(存心)과 도문학(道問學)의 치지(致知)에 힘쓰는 군자는 어떠한 행위를 하는가에 대해 詩經(시경) 대아(大雅) 증민(蒸民)편의 시를 인용하여 말씀하였다.
　군자는 윗사람이 되어서는 아랫사람대함에 교만과 무례를 범하지 않고, 아랫사람이 되어서는 윗사람대함에 충성을 다하여 배반하지 않는다. 나라에 도가 있는 태평성대일 적에는 군자의 말이 백성들에게 널리 회자(膾炙)되어 흥기(興起) 진작(振作)된다. 그러나 나라에 도가 없어 분열과 혼란이 난무할 적에는 그저 묵묵(默默)히 해야 할 일에 최선을 다하며, 어려운 상황을 수동적으로 용납(容納)하고 수용(受容)하며 포용(包容)하여 받아들이는 것이다.
　명(明)은 하늘에서 부여받은 밝은 덕성을 밝힌다는 '명명덕(明明德)', 철(哲)은 바

로 판단(折)하여 사리나 도리를 밝힌다(口→言)는 곧 명철(明哲)의 의미다. 詩經(시경)에 "이미 명덕(明德)을 밝히고 또 이미 명철(明哲)해서 자기의 몸을 스스로 보존한다."고 하였듯이 군자는 어느 때 어느 곳이던지 그 때를 알아 변화할 줄 알고 그 때에 따라 변통하여 도로 나아간다. → 지시식변(知時識變) 수시변역(隨時變易)

인용된 시(詩)를 살펴보면, "지엄하신 왕명을 중산보(仲山甫)가 받들어 행하며, 나라의 잘잘못을 중산보가 명백히 밝히도다. 이미 밝고 또 밝아서 자신의 몸을 보전(保全)하며 아침저녁으로 해이(解弛)되지 않아서 오로지 한 사람을 섬기도다[8]."고 하였다.

종일건건(終日乾乾)

잘 마무리하여야 새롭게 잘 시작할 수 있다. 천도가 크게 변혁하는 위태로운 과도기에 대해 周易(주역) 건(乾)괘 3효에서는 "날을 마칠 때까지 종일토록 굳세고 굳세게 노력해야 한다."는 '종일건건(終日乾乾)'을 강조하였다.

공자는 이를 두고 "군자는 안으로는 충신(忠信)으로 덕(德)에 나아가고 밖으로는 말 한마디마다 잘 닦아 정성을 다해 업(業)에 거처한다. 군자가 '진덕수업(進德修業)'을 행하여, 이를 데를 알아 이르므로 일의 기미 조짐을 알아 시작하고 마칠 데를 알아 마치므로 그 의리를 보존한다. 이렇기 때문에 높은 자리에 있어도 교만하지 않고 낮은 자리에 있어도 근심하지 않는다[9]."고 말씀하였다. 시종(始終)의 조리(條理)가 중요함을 강조하신 것이다.

---

8. 중산보(仲山父)라고도 한다. 서주(西周) 선왕(宣王) 때의 현대부(賢大夫)로 이름은 전해지지 않으며, 번(樊)에 봉해져 번후(樊侯)로도 불린다. 선왕이 전쟁에 패해 많은 병력을 잃었는데, 태원(太原)에서 주민의 수를 계산해 올리려고 하는 것을 그가 말려 중지하도록 했다. 선공을 잘 보좌해 신백(申伯)과 함께 임금을 보좌한 어진 재상으로 알려져 있다. 윤길보(尹吉甫)가 詩經(시경) 대아(大雅)편에 '증민(蒸民)'을 써서 그 덕을 찬미했다.
詩經(시경) 대아(大雅) 증민(蒸民)편: 肅肅王命을 仲山甫將之하며 邦國若否를 仲山甫明之로다. 旣明且哲하야 以保其身이며 夙夜匪解하야 以事一人이로다

9. 周易(주역) 건(乾)괘 문언전(文言傳): 君子終日乾乾夕惕若厲无咎 何謂也 子曰 君子 進德修業 忠信 所以進德也 修辭立其誠 所以居業也 知至至之 可與幾也 知終終之 可與存義也 是故 居上位而不驕 在下位而不憂 故 乾乾 因其時而惕 雖危 无咎矣.

28장 반고지도(反古之道)

子ㅣ曰 愚而好自用하며 賤而好自專이오 生乎今之世하야 反古
자 왈 우이호자용   천이호자전   생호금지세   반고

之道ㅣ면 如此者는 栽及其身者也ㅣ니라.
지 도   여차자   재급기신자야

賤: 천할 천 專: 오로지 전 反: 되돌릴 반 栽: 재앙 재(災의 古字) 及: 미칠 급

　공자께서 말씀하시길, "어리석으면서도 제멋대로 쓰기를 좋아하며, 천하면서도 마음대로 하기를 좋아하고, 지금의 세상에 출생해서 옛적의 법도를 되돌리려고 한다면, 이와 같은 자는 재앙이 그 몸에 미치게 되느니라."고 하셨다.

역해(易解)

　어느 때 어느 곳에서든지 '지시식변 수시변역(知時識變 隨時變易)'해야 하는데, 이 구절은 중(中)에서 벗어난 과불급(過不及)의 경우를 설명하고 있다.

　우자(愚者)는 어리석으면서도 스스로 어리석은지도 모르는 '지불급(知不及)'한 상태이다. "愚而好自用"은 어리석으면서 자의(自意)대로 쓰길 좋아하고 자신이 등용(登用)되기를 바라며 남에게 인정받기를 원한다는 뜻이다.

　존비(尊卑)로부터 귀천(貴賤)이 주어지므로 높은 자리는 귀하고 낮은 자리는 천하다. "賤而好自專"은 천한 낮은 자리에 있으면서 윗사람의 지시를 따르지 않고 제 마음대로 하기를 좋아한다는 의미다.

　따라서 "愚而好自用, 賤而好自專"은 모두 불급(不及)한 사람이 과(過)하게 분수 밖의 일을 하고자한다는 말씀이다. 시중(時中)과 처중(處中)의 중용에서 벗어난 삶이다. 반(反)은 '뒤집을 복(復)'이다. 따라서 "反古之道 如此者 栽及其身者也"는 지금의 세상에 태어나 현재의 상황을 뒤집고 옛적의 악습과 법도를 그대로 답습(踏襲)하려고만 한다면 이와 같은 자는 재앙이 그 몸

에 미치게 된다는 말씀이다.

주역 繫辭傳(계사전)에서 공자는 "덕이 얇음에도 자리(지위)는 높으며 앎이 작음에도 꾀함(도모)이 크며 힘이 작음에도 짐(책임)이 무거우면 흉함에 미치지 않을 이가 거의 없으리니 역에 이르길 솥발이 끊어져 임금(왕공)의 밥을 엎으리니 그 형상이 땀을 줄줄 흘림과 같아서 흉하리라[1]."고 말씀하였다.

'反古之道'의 경우는 大學(대학)에 "康誥(강고)에 이르길 '새로운 백성을 일으키라'하니."라는 구절을 살펴보면 잘 알 수 있다. 주공(周公)이 은나라 유민(遺民)이 사는 곳에 동생인 강숙(康叔)을 보내면서 당부한 말이다. 유민(遺民)은 문왕의 덕치에 교화되지 않고, 폭군 주(紂)에게 오염되어 아예 타성에 젖어버린 백성들을 말한다. 이러한 유민을 다스려 스스로 새로운 백성이 되도록 흥기진작(興起振作)하고 고무진작(鼓舞振作)시키라는 내용이다[2]. 여기서 '反古之道'는 '옛적 폭군 주(紂) 당시의 악습과 법도를 그대로 답습(踏襲)하려고 한다면'이란 의미다.

非天子ㅣ면 不議禮하며 不制度하며 不考文이니라.
비천자   불의례   부제도   불고문

議: 의논할 의 制: 마름질 할 제 度: 법도 도 考: 상고할 고

천자가 아니면 예를 논의(論議)하지 못하며, 법도를 제정(制定)하지 못하며, 문자(文字)를 고정(考定)하지 못하느니라.

역해(易解)
천자의 지위에 올라야만 예법을 논의(論議)하고 법도를 제정(制定)하며 문

---

1. 周易(주역) 계사하전 5장: 子曰 德薄而位尊 知小而謀大 力小而任重 鮮不及矣 易曰鼎 折足 覆公餗 其形渥 凶 言不勝其任也.
2. 書經(서경) 주서(周書) 강고편: 乃服 惟弘王 應保殷民 亦惟助王 宅天命 作新民.

자(文字)를 고정(考定)할 수 있다. 그만큼 '자리 위(位)'가 중요하고 누구나 함부로 할 수 있는 일이 아니라는 의미다. 앞 구절과 비교한 자사의 말씀이다. 고문(考文)은 천자가 매년 신하를 파견하여 제후국을 돌며 문자(文字)를 상고(詳考)하고 고정(考定)하여 통일함을 이른다.

 周易(주역) 繫辭傳(계사전)에서 공자는 "천지의 큰 덕(德)은 만물을 낳고 낳는 것인데. 여기에 짝하는 성인의 큰 보배는 '자리 위(位)'이다. 아무리 훌륭한 성인일지라도 그 자리(位)에 있지 않고서는 정사를 도모하지 못한다. 그러면 어떻게 해야 그 자리를 지킬 수 있는가? 바로 '어질 인(仁)'의 덕성이다. 인(仁)은 사랑의 씨앗으로 '사람 인(人)'과 통한다. 사람이 없으면 그 자리를 보존할 수가 없다. 그렇다면 어떻게 해야 사람을 모을 수 있는가? 바로 재물이다. 재물이 있어야 사람이 따르고 재물을 다스리려면 그 자리에 앉은 사람이 말을 똑바로 하여, 백성들이 비리(非理)를 저지르지 못하게 막아야 하는데, 그것은 바로 의(義)다[3]."고 말씀하였다.

今天下ㅣ 車同軌하며 書同文하며 行同倫이니라.
 금천하 거동궤 서동문 행동륜

軌: 궤도 궤 倫: 인륜 륜

 이제 천하가 수레는 궤도(軌度)가 같으며, 책은 문자(文字)가 같으며, 행실은 윤리(도덕)가 같으니라.

역해(易解**)**

 자사가 생존할 그 당시, 한 시대를 같이 살아가는 온 천하가 수레는 궤도(軌

---

3. 周易(주역) 계사하전 2장: 天地之大德曰生 聖人之大寶曰位 何以守位 曰仁 何以聚人 曰財 理財 正辭 禁民爲非 曰義

度)가 같고 책은 문자(文字)가 같으며 행실은 윤리도덕이 같아서 하나로 통일되었다는 말씀이다. 위(位)에 오른 천자의 의례(議禮)와 제정(制定), 고문(考文)을 모든 제후국(諸侯國)이 따르고 행할 수밖에 없다는 것이다.

雖有其位나 苟無其德이면 不敢作禮樂焉이며 雖有其德이나
수유기위   구무기덕   불감작례악언   수유기덕
苟無其位면 亦不敢作禮樂焉이니라.
구무기위   역불감작례악언

苟: 진실로 구 敢: 감히 감 樂: 음악 악 亦: 또 역

  비록 그 지위에 있으나 진실로 그 덕이 없으면 감히 예악(禮樂)을 짓지 못하며, 비록 그 덕을 갖추고 있으나 진실로 그 지위에 없으면 또한 감히 예악을 짓지 못하느니라.

역해(易解)

  앞 구절에서 "천자의 지위에 올라야 예법을 논의(論議)하고 법도를 제정(制定)하며 문자(文字)를 고정(考定)한다."고 하였다. 그러나 천자의 지위(地位)에 올랐다한들 지극한 '덕(德)을 갖춘 성군(聖君)'이 아니면 감히 예악을 제정하지 못하며, 또한 비록 성인의 지극한 덕을 갖췄다한들 '천자의 지위'라는 '자리 위(位)'가 주어지지 않으면 감히 예악을 제정하지 못한다는 말씀이다.
  만약 덕(德)이 없는데 예악을 짓는다면 "우이호자용(愚而好自用)", 덕은 있으나 위(位)가 없는데 예악을 짓는다면 "천이호자전(賤而好自專)"에 해당한다고 할 수 있다.

풍(豊)과 예(禮)

  예(禮)는 '신(示→神)에게 풍성(豊盛)한 제물을 올려 제사지내다'는 뜻이다. 풍년(豊年)을 기원하기 위해 또는 풍요로운 곡식을 거두게 해준 보답으로 신

에게 제사를 지낸다. 이는 천지조상신명에 감사하는 '근본에 대한 보답'이었다. 이처럼 가장 중요한 예가 제례(祭禮)이므로 '예'를 대표하고 그 예의 근본정신은 '보본(報本)'이다.

周易(주역)의 55번째에 나오는 풍(豐)괘의 '풍년 풍(豐)'은 '예도 례(禮)'의 옛 글자로 쓰였다. 예(禮)란 사람의 행동규범이 되는 근본도리를 밝혀 밖으로 행동해나가는 것이므로, 공자는 밝음으로써 움직여 나아간다는 '명이동(明以動)', 문왕은 대낮처럼 밝게 행동함이 마땅하다는 '의일중(宜日中)'으로 설명하였다. 대낮처럼 환하게 밝은 '고도로 문명한 세상'을 다스리려면 해가 만방을 두루 비추듯이 '밝은 예'로써 천하를 두루 이끌어야 한다. 예의(禮義)와 예절(禮節) 등의 교례(交禮)는 한낮인 때에 행하는 것이다. 본래 일중(日中)은 낮밤의 길이가 같은 춘분을 뜻한다.

공자는 1에서 10까지 모두 더한 55를 천지의 기본수로 정의하면서 "이로부터 모든 변화가 이루어지고 귀신의 조화가 행해진다."고 말씀하였다. 우주자연의 본체가 되는 55를 통하여 하늘의 운행질서인 '예(禮)'가 시행됨을 지적한 것이다. 천지는 이 10수를 바탕으로 음양오행의 조화를 만물에 베풀고 사람도 이에 의해 '건순오상(健順五常)[4]'의 성품을 부여받는다.

論語(논어)에 안자(顔子)가 인(仁)에 대해 여쭙자, 공자가 "자기 자신의 사사로운 욕심과 기질을 이겨내서 예로 회복하는 것이 인을 행하는 것이다(克己復禮爲仁)."라고 답하셨는데, 1로부터 10으로 완성되는 과정이 바로 예를 이행하는 순차이고 그 총합인 55로써 예의 실체(實體)를 이루는 것이라고 하겠다.

예(禮)와 체(體)에 들어있는 풍(豊=豐)이 周易(주역) 55번째 괘에 놓인 것도 이러한 까닭이라고 생각된다. 예(禮)가 일상생활의 체(體)라면 절(節)은 일상생활의 용(用)이다. 그러므로 예와 절을 묶어 예절(禮節)이라 이른다.

---

4. 건순은 천지 음양을 본받은 남녀의 굳건하고 유순한 덕성을 말하고 오상은 수화목금토 오행에 의한 사람의 다섯 가지 떳떳한 덕인 인의예지신을 가리킴

子ㅣ曰 吾說夏禮나 杞不足徵也ㅣ오 吾學殷禮호니 有宋이 存焉
자 왈 오설하례 기부족징야   오학은례   유송 존언

이어니와 吾學周禮호니 今用之라 吾從周호리라.
         오학주례   금용지   오종주

右는 第二十八章이라.
우   제 이십 팔 장

夏: 나라이름 하, 여름 하 杞: 나라이름 기, 구기자나무 기 徵: 증거 징 殷: 나라이름 은,
성할 은 宋: 송나라 송 周: 나라이름 주, 두루 주 從: 좇을 종

　공자께서 말씀하시길, "내가 하(夏)나라 예법을 말할 수는 있으나 기(杞)나라가 족히 징험해주지 못하고, 내가 은(殷)나라 예법을 배웠는데 송(宋)나라에 보존되어 있거니와, 내가 주(周)나라 예법을 배우니 지금은 이것을 쓴다. 나는 주나라 예법을 따르리라."
　우(右)는 제 28장이다.

역해(易解)

　공자께서는 "내가 하(夏)나라 예법에 대해 말할 수는 있으나, 기(杞)나라가 문헌이 부족하여 이미 고증하기가 불가하다. 내가 은(殷)나라 예법을 배웠는데, 그 예법이 송(宋)나라에 보존되어 비록 존재하고는 있으나 당세의 법이 아니니 또한 따를 수가 없다. 내가 주(周)나라 예법을 배웠는데, 당시의 왕이 제정한 것이고 지금의 세상은 이를 이용하고 있으니 나는 주나라 예법을 따를 수밖에 없다."고 말씀하였다.
　주(周)나라의 무왕(武王)은 하나라의 후손을 기(杞)나라에 봉(封)하여 시조(始祖)인 우(禹)왕의 제사를 받들게 했고, 성왕(成王)은 은나라의 후손인 미자(微子)를 송(宋)나라에 봉하여 시조인 탕(湯)왕의 제사를 받들게 했다.
　論語(논어) 팔일편(八佾篇)에서도 공자는 "하례(夏禮)를 내가 능히 말할 수 있으나 기(杞)나라에서 족히 증거를 대지 못하며, 은례(殷禮)를 내가 능히 말

할 수 있으나 송(宋)나라에서 족히 증거를 대지 못함은 문헌이 부족하기 때문이다. 문헌이 충분한다면 내가 능히 증명할 수 있으리라. 주(周)나라는 하(夏)와 은(殷)의 두 왕조를 거울삼아 문채가 더욱 찬란하고 찬란하도다. 나는 주(周)나라를 따르겠다[5]."고 말씀하였다.

이는 앞 구절의 "비록 성인의 지극한 덕을 갖췄다한들 진실로 '천자의 지위'라는 '자리 위(位)'가 주어지지 않으면 감히 예악을 제정하지 못한다(雖有其德 苟無其位 亦不敢作禮樂焉)."는 말씀을 다시 부연한 설명이다. 論語(논어)에서도 공자는 "그 지위에 있지 않으면 정사를 도모하지 않는다(不在其位, 不謀其政)."고 말씀하였다.

모두 공자의 시중(時中)과 처중(處中)인 '중용의 도'이다.

역법의 혁신

澤火革

周易(주역)의 혁(革)괘는 위의 못물이 흘러 아래의 불을 끄고, 아래의 불은 타올라 위의 못물을 말리는 상극(相剋)과 멸식(滅息)의 상이다. 이때에는 개혁(改革)과 혁명(革命), 혁신(革新)을 하지 않으면 안 되기 때문에 혁(革)을 '고칠 혁, 바꿀 혁'이라 한다. 공자는 "책력을 다스려 때를 밝힌다(治歷明時)."고 말씀하였다. 옛적에는 혁명을 한 뒤 반드시 역법(曆法)과 정령(政令), 예악(禮樂)을 고쳐 민심을 새롭게 하였다.

한 해를 나타내는 글자로는 년사세재(年祀歲載)가 있는데, 지금의 '해 년(年)'은 주나라 때부터 썼고 은나라에서는 사(祀), 하나라에서는 세(歲), 요순시대에는 재(載)를 사용하였다. 예로부터 하늘은 자시에 문을 열고 땅은 축시에 문을 열며 사람은 인시에 일어난다고 하였다(天開於子 地闢於丑 人生於寅).

---

5. 論語(논어) 팔일편(八佾篇): 子曰 夏禮를 吾能言之나 杞不足徵也며 殷禮를 吾能言之나 宋不足徵也는 文獻不足故也니 足則吾能徵之矣로리라. 周監於二代하니 郁郁乎文哉라 吾從周호리라.

하은주(夏殷周) 시대의 역법(曆法)도 이러한 이치에 따라 한 해의 머릿달인 세수(歲首)를 각기 달리하였다. 하(夏)나라는 사람에 근본한 인월(寅月), 은(殷)나라는 땅에 근본한 축월(丑月), 주(周)나라는 하늘에 근본한 자월(子月)을 머릿달로 삼았다. 이를 천지인 삼재(三才)의 도를 바로 잡았다는 뜻에서 인정(人正), 지정(地正), 천정(天正)의 역(曆)으로도 일컫는다.

한 해를 뜻하는 세(歲)는 하나라에서 사용하였는데, 머릿달을 현행달력과 같이 인월(寅月)로 삼았기에 실제 해를 마치는 때는 축월(丑月)이다. 그럼에도 음력 9월을 나타내는 술(戌)의 의미를 넣어 세(歲)를 사용한 까닭은 어째서일까?

만물의 개폐(開閉)에 대한 내용은 세(歲)의 12월에 대한 옆 페이지의 그림을 참고하면 이해하기 쉽다.

때의 중심은 하루로는 정오, 한 달로는 보름, 한 해로는 하지이다. 1년 중에 낮이 가장 긴 하지에 기준하여 보면 해는 인방(寅方)에서 일출하여 오방(午方)에서 남중하고 술방(戌方)에서 일몰한다. →천시(天時)의 삼분(三分)

周易(주역) 건(乾)괘 효사에 "날을 마치도록 종일토록 굳세고 굳세게 노력하라[6]."고 이른 종일(終日)의 뜻도 실제 사람이 활동하는 시간인 일출에서 일몰까지 즉 인시반(寅時半)에서 술시반(戌時半) 까지를 말한다. 그러므로 정오에 기준하여보면, 인시(寅時)는 천지의 문이 열린 다음 만물이 나와 활동하는 개물(開物)의 때이고 술시(戌時)는 만물이 그 활동을 그치고 문을 닫는 폐물(閉物)의 때이다. 절기로는 우수에 개물, 상강에 폐물이 된다. 인사적인 관점에서는 술(戌)에서 만물의 생명활동이 멈추기에, 문을 열고 나오는 인월(寅月)로 머리를 세우고 문을 닫고 들어가는 술월(戌月)로 끝을 삼은 것이다.

---

6. 周易(주역) 건(乾)괘 九三: 君子 終日乾乾 夕惕若 厲 无咎.

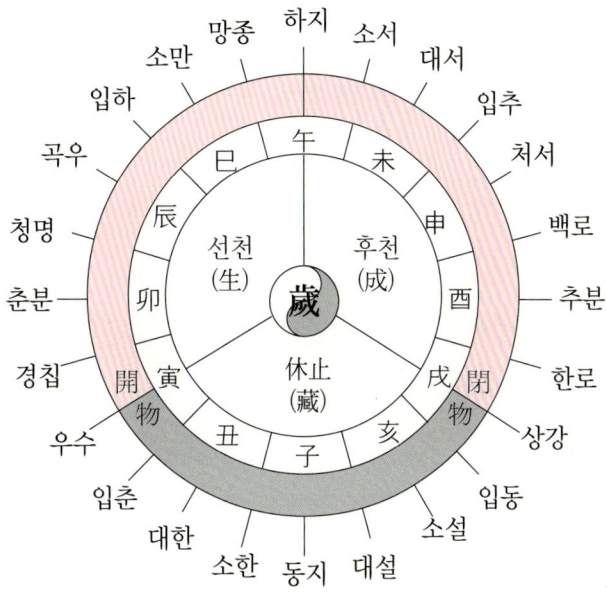

1세(歲) 12월(24기)과 만물의 개폐(開閉)

29장 왕천하(王天下)

王天下ㅣ 有三重焉이니 其寡過矣乎ㄴ저.
왕천하   유삼중언   기과과의호

焉: 어찌 언 寡: 적을 과 過: 허물 과 矣: 어조사 의 乎: 어조사 호

천하를 다스리는 왕에게는 세 가지 중요한 것이 있으니, 그 허물이 적을진저!(그것이 허물을 줄여줄 것인져!)

역해(易解)

천하를 다스리는 왕이 되었을 적에 세 가지 중요한 일을 제대로 행할 수만 있다면, 백성뿐만 아니라 임금의 허물은 적게 나타나리라는 말씀이다. 세 가지 중요한 일이란 예법을 의논하는 의례(議禮)와 법도를 제정하는 제도(制度), 문자를 상고(詳考)하여 고정(考定)하는 고문(考文)이다. 이는 오직 덕(德)을 갖추고 위(位)에 오른 천자라야 제대로 행할 수 있다. 제후국 등 나라마다 정사가 다르지 않고 백성의 집안마다 풍속이 다르지 않아서 천하가 하나로 통일되므로 백성들의 과오(過誤)와 과실(過失)이 적어진다.

論語(논어)에도 거백옥(蘧伯玉)이 사람을 시켜 공자께 문안을 보냈는데, 공자께서 사자(使者)와 함께 앉아서 묻기를, "부자(거백옥)께서는 무엇을 하시는가?" 하니 대답하길 "부자께서는 허물을 적게 하려고 하시나 아직 능치 못합니다."고 했다. 사자(使者)가 나가니, 공자께서 말씀하시길 "(훌륭한) 사자이구나! (훌륭한) 사자이구나!"고 하였다[1].

---

1. 論語(논어) 헌문편: 蘧伯玉이 使人於孔子어늘 孔子 與之坐而問焉曰 夫子는 何爲오 對曰 夫子 欲寡其過而未能也니이다. 使者 出커늘 子曰 使乎使乎여!

왕(王)은 천지인 삼재(三才)의 이치를 하나로 꿰뚫고(丨) 중정무사(中正無私)한 덕으로써 천하의 만민을 다스리는 사람을 의미한다. 周易(주역) 계사전에서 공자는 "아득히 문자가 없었던 선사시대에 '복희씨(포희씨)'라는 성인이 처음으로 왕이 되어 천하를 다스리기 위해 '괘(卦)'를 그려 정치경제의 수단방법으로 삼았으며 의사소통의 기본요체로 삼았다[2]."고 말씀하였다.

역(易)의 '팔괘(八卦) 부호'는 '문자(文字)의 근원'이 되었고, 글로 된 역의 경문(經文) 또한 인류 역사상 가장 오래된 경전(經典)일 뿐만 아니라 우리가 쓰는 일상단어나 학문용어도 모두 역에 기초한다. 역이야말로 곧 '동방문화의 근원'이다.

上焉者는 雖善이나 無徵이니 無徵이라 不信이오 不信이라 民弗從
 상 언 자   수 선   무 징   무 징   불 신   불 신   민 부 종
이니라 下焉者는 雖善이나 不尊이니 不尊이라 不信이오 不信이라
       하 언 자   수 선   부 존   부 존   불 신   불 신
民弗從이니라.
민 부 종

善: 착할 선, 잘할 선 徵: 징험할 징 弗: 아닐 불 從: 좇을 종, 따를 종

상고(上古)의 일들은 비록 선하나 고증(考證)할 수 없으니, 고증할 수 없으면 불신(不信)하고 불신하면 백성이 따르지 않느니라. 아래 지위(下位)에 있는 자는 비록 (예에 대해) 잘 아나 (지위가) 높지 못하니, 높지 못하면 불신(不信)하고 불신하면 백성이 따르지 않느니라.

---

2. 周易(주역) 계사하전: 古者包犧氏之王天下也 仰則觀象於天 俯則觀法於地 觀鳥獸之文 與地之宜 近取諸身 遠取諸物 於是 始作八卦 以通神明之德 以類萬物之情 作結繩而爲網罟 以佃以漁 蓋取諸離.

역해(易解)

　상언자(上焉者)는 당시 왕 이전(以前)의 하(夏)나라와 은(殷)나라의 예법(禮法)을 이른다. 따라서 "上焉者 雖善 無徵 無徵 不信 不信 民不從."은 상고(上古)의 예법이 비록 잘 되어 있으나 문헌이 부족하여 고증(考證)하기가 불가(不可)하다. 고증할 수 없으면 불신하게 되고 불신하면 백성들은 이에 복종(服從)하지 않는다는 뜻이다.

　하언자(下焉者)는 비록 성인의 덕을 갖추고 있음에도 불구하고 인군의 지위가 아닌 아래 지위에 있음을 말한다. 공자께서 하은주 삼대의 예(禮)에 대해 잘 알고 있으나 인군의 지위에 계시지 못함과 같다.

　그러므로 "下焉者 雖善 不尊 不尊 不信 不信 民不從."은 성인의 덕을 갖췄으나 인군이 아닌 '아래 지위(下位)에 있는 자는 비록 하은주 삼대의 예(禮)에 대해 잘 알고 있으나 지위가 높지 못하니, 높지 못하면 불신(不信)하게 되고 불신하면 백성들은 이에 복종(服從)하지 않는다.'는 의미다.

故로 君子之道는 本諸身하야 徵諸庶民하며 考諸三王而不謬하며 建諸天地而不悖하며 質諸鬼神而無疑하며 百世以俟聖人而不惑이니라.
고　군자지도　본저신　징저서민　고저삼왕이불류　건저천지이불패　질저귀신이무의　백세이사성인이　불혹

諸: 어조사 저 庶: 여러 서 考: 고증(考證)할 고 謬: 그릇될 류 悖: 어그러질 패 質: 바탕 질 疑: 의심할 의 俟: 기다릴 사 惑: 의심할 혹

　그러므로 군자의 도는 수신(修身)에 근본해서 여러 백성에게 징험(徵驗)하며, 삼왕에게 고증(考證)해도 틀리다 하지 않으며, 천지에 (그 도를) 세워도 어긋나지 않으며, 귀신에게 그 도를 질문(質問)해도 의심이 없으며, 백세 뒤의 성인을 기다려도 의혹되지 않을 것이다.

역해(易解)

　군자(君子)는 천하를 다스리는 왕인 '왕천하자(王天下者)', 도(道)는 의례(議禮)와 제도(制度)와 고문(考文)하는 일, 본저신(本諸身)은 大學(대학)에서 '수신을 근본으로 삼아야 한다.'는 "수신위본(修身爲本)"이다. "故 君子之道 本諸身"은 그러므로 천하를 다스리는 왕이 의례와 제도와 고문의 일을 하려면 반드시 먼저 몸을 닦는 수신(修身)을 근본으로 삼아야 한다는 뜻이다.

　징저서민(徵諸庶民)은 백성들이 얼마나 왕을 믿고 따르는지 징험(徵驗)이 나타난다는 의미다. 오늘날 정부가 하는 일에 대해 얼마나 믿고 따르는지 국민의 지지율을 보면 알 수 있음과 같다.

　周易(주역) 관(觀)괘에 "정치를 하는 인군이 자기의 생김새를 보되, 군자의 도로써 잘했으면 허물이 없으리라(九五 觀我生 君子 无咎)."고 하였다. 이에 대해 공자는 "관아생(觀我生)은 민생(民生)을 살피면 알 수 있다(觀我生 觀民也)."고 말씀하였다. 백성은 인군의 거울인데 자기의 생김새는 거울을 보면 알 수 있듯이, 인군이 정치를 잘하고 있는지 백성들의 사는 모습을 보면 잘 드러난다는 의미다. 이 역시 몸을 닦는 수신(修身)이 되어야 莊子(장자)에서 말한 맑은 거울과 고요한 물인 명경지수(明鏡止水)처럼 자신의 생김새를 진실로 볼 수 있다.

　또한 군자의 도는 삼대(三代)의 왕들에게 고증(考證)해도 틀리지 않으며, 천지 중간에 처한 인간(人間)으로서 우뚝 천하의 대본인 중(中)을 세워 천지와 조금도 어긋남이 없다. 음양조화의 자취인 귀신에게 묻고 따져도, 3천년 뒤의 성인을 기다려 묻더라도 추호의 의혹이 없는 천추만대의 부동불변의 벼리이다. 세(世)는 30년이므로 백세(百世)는 3,000년이다.

　'백세이사성인이불혹(百世以俟聖人而不惑)'은 이른바 "성인이 다시 나오셔도 내 말을 바꾸지 않으실 것(聖人復起 不易吾言)."이란 뜻인데, 孟子(맹자) 공손추에 "성인이 다시 나오셔도 반드시 내 말을 따르실 것이다(聖人復起 必從吾言矣)."라는 구절을 인용한 말씀이다.

質諸鬼神而無疑는 知天也ㅣ오 百世以俟聖人而不惑은 知人
질저귀신이무의   지천야   백세이사성인이불혹   지인
也ㅣ니라.
　야

　　질저귀신이무의(質諸鬼神而無疑)는 하늘(天道, 天理)을 아는 것이고, 백세이사성인이불혹(百世以俟聖人而不惑)은 사람(人事, 人道)을 아는 것이니라.

역해(易解)

　"한번은 음이 되고 한번은 양이 되는 것이 도이다[3]." 음귀양신(陰鬼陽神)이므로 질저귀신이무의(質諸鬼神而無疑)는 천지자연의 도를 훤히 통하여 앎을 말한다.
　백세이사성인이불혹(百世以俟聖人而不惑)은 사람의 행동규범인 인사(人事)의 이치를 극진히 아는 것이다. 성인은 천인합일(天人合一)에 달한 지천지인(知天知人)이다.

是故로 君子는 動而世爲天下道ㅣ니 行而世爲天下法하며 言
시고 군자   동이세위천하도   행이세위천하법   언
而世爲天下則이라 遠之則有望이오 近之則不厭이니라.
이세위천하칙   원지즉유망   근지즉불염

世: 대 세 則: 법칙 칙, 곧 즉, 본받을 측 望: 우러러볼 망 厭: 싫을 염

　이런 까닭으로 군자는 동함에 세세(世世)로 천하의 도(道)가 되니, 행함에 세세로 천하의 법도(法度)가 되며, 말함에 세세로 천하의 준칙(準則)이 되느니라. 멀리 있으면 우러러봄이 있고, 가까이 있으면 싫지 않느니라.

3. 周易(주역) 계사(繫辭)상전: 一陰一陽之謂道.

역해(易解)

　　명덕을 갖춘 군자의 언행은 천추만대로 천하의 인륜준칙법도가 된다. 행동은 법도(法度), 말은 준칙(準則)이 된다. 이런 까닭으로 세월이 흘러가도 사람들은 더욱더 높이 우러러보고, 가까이 있으면 본받고자 존경하여 받드니 싫어할 까닭이 있을 리 없다.

　　千字文(천자문)에 "존이감당(存以甘棠) 거이익영(去而益詠)" 구절이 나온다.

　　詩經(시경)의 甘棠(감당) 편은 문왕의 덕치(德治)를 남쪽 제후국에 펼쳤던 소공(召公)을 칭송한 시인데, 소공이 남쪽지방을 왕래할 적에 꼭 감당나무 아래에서 정사를 보았다. 그가 세상을 떠난 지 오래인데도 사람들은 베풀었던 선정을 세월이 흘러갈수록 더욱 칭송하여 "쉬었다 간 감당나무를 어찌 자르고 상하게 하랴[4]."는 시를 입으로 읊는다는 내용이다.

　　大學(대학)에 "詩經(시경)에 이르기를 '아아! 앞서 가신 임금을 잊을 수 없다.' 하였듯이, 선대의 성군들이 어질게 정치하고 백성을 친애하였던 바를 군자는 어질게 여기고 친애하며, 선대의 성군들이 백성과 더불어 즐거워하고 이롭게 여겼던 바를 소인(백성)들은 즐거워하고 이롭게 여기니, 이 때문에 세상에 없어도 잊을 수 없도다[5]."라고 하였다.

詩曰 在彼無惡하며 在此無射이라 庶幾夙夜하야 以永終譽ㅣ라 하니
시왈 재피무오　　　재차무역　　　서기숙야　　　이영종예

君子ㅣ 未有不如此而蚤有譽於天下者也ㅣ니라.
군자　미유불여차이조유예어천하자야

右는 第二十九章이라.
우　　제이십구장

---

4. 詩經(시경) 소남(召南)편: 蔽芾甘棠을 勿翦勿伐하라 召伯所茇이니라. 蔽芾甘棠을 勿翦勿敗하라 召伯所憩니라 蔽芾甘棠을 勿翦勿拜하라 召伯所說니라.

5. 大學(대학): 詩云於戱라 前王不忘이라 하니 君子는 賢其賢而親其親하고 小人은 樂其樂而利其利하나니 此以沒世不忘也니라.

彼: 저 피 惡: 미워할 오 此: 이 차 射: 싫을 역 庶: 거의 서 幾: 거의 기 夙: 일찍 숙 夜: 밤 야 譽: 기릴 예 蚤: 일찍 조

詩經(시경)에 이르길, "저기 (멀리) 있어도 미워함이 없으며, 여기 (가까이) 있어도 싫어함이 없느니라. 거의 이른 아침부터 늦은 밤까지 (至誠無息을) 해서, 길이 명예로 마치리라."고 하였으니, 군자가 이와 같이 하지 않고서 일찍이 천하에 명예를 가진 자는 있지 않느니라.

우(右)는 제 29장이다.

역해(易解)

덕을 갖춘 군자의 도에 대해 詩經(시경) 周頌(주송) 진로편(振鷺篇)의 시(詩)를 인용하여 칭송하고 있다. 오랜 세월이 흘러가 저기 멀리 있어도 더욱더 높이 우러러보니 미워함이 없으며 여기 가까이 있어도 존경하여 받드니 싫어함이 없다.

하늘의 운행이 스스로 굳세고 굳세듯이 쉼 없는 지극한 정성으로 '자강불식(自彊不息)'을 하므로 사람들이 말(言)로 들어(擧) 올려주어서 군자는 아름답고 영광스러운 명예(名譽)를 남긴다.

"본저신(本諸身)하야 징저서민(徵諸庶民)하며 고저삼왕이불류(考諸三王而不謬)하며 건저천지이불패(建諸天地而不悖)하며 질저귀신이무의(質諸鬼神而無疑)하며 백세이사성인이불혹(百世以俟聖人而不惑)이니라." 이와 같이 하지 않고 일찍이 천하에 명예(名譽)를 남긴 이는 없었다.

30장 조술(祖述)

仲尼는 祖述堯舜하시고 憲章文武하시며 上律天時하시고 下襲水土하시니라.
_{중니 조술요순   헌장문무   상률천시   하습 수토}

仲: 버금 중 尼: 가까울 니 述: 지을 술 憲: 법 헌 律: 법률 襲: 익힐 습

  중니(仲尼, 공자의 字)는 요순을 조종으로 삼아 전술하시고, 문왕무왕을 법하여 빛내시며, 위로는 천시를 따르시고, 아래로는 수토를 익히시니라.

역해(易解)

  자사(子思)가 천인합일(天人合一)에 달한, 성인의 지극한 덕(德)을 갖춘 공자를 칭송한 대목이다. 천문(天文)과 지리(地理)에 통달하여 두루 막힘이 없는 '상통천문 하달지리(上通天文 下達地理)' 즉 위로는 하늘의 운행법칙인 천시(天時)를 따르고, 아래로는 '물의 흐름과 풍토(風土)'인 수토(水土)를 익히셨다고 하였다.

  만세의 스승인 공자는 멀리로는 요순의 도를 조종(祖宗)으로 삼아 전술하고, 가까이로는 문왕과 무왕의 법도를 법하여 빛냄으로써 유도(儒道)를 최종 완성하였다. 공자는 요(堯)와 순(舜), 우(禹), 탕(湯), 문(文), 무(武), 주공(周公)으로 계승된 고대유학의 전통을 집대성한 성인이다.

  주역(周易) 계사하전에서 공자는 "옛적 천하의 왕이었던 복희씨가 세상을 다스릴 당시, 위로는 천문(天文) 아래로는 지리(地理), 조수(鳥獸)의 무늬와 땅의 마땅함을 두루 관찰하였다. 그런 뒤에 가까이는 자신의 몸과 멀리로는 만물의 형상에서 이치를 취하여 처음으로 일명 결승문자인 팔괘를 그림으로써 신명의 덕을 통하고 만물의 실정을 분류할 수 있게 되었다. 또 노끈으로 엮

은 그물을 만들어 짐승과 물고기를 포획하게 하여 수렵어로의 문명사회를 열었다[1]."고 말씀하였다.

辟如天地之無不持載하며 **無不覆幬**하며 **辟如四時之錯行**하며
비여천지지무부지재   무불부도   비여사시지착행

如日月之代明이니라.
여일월지대명

辟: 비유할 비(譬) 持: 유지할지 覆: 덮을 부 幬: 덮을 도 錯: 섞일 착 代: 번갈아 대

비유하면 천지가 실어주지 않음이 없고 덮어주지 않음이 없는 것과 같으며, 비유하면 사계절이 번갈아 운행하는 것과 같으며, 일월이 교대로 밝힘과 같으니라.

역해(易解)

성인의 덕을 갖춘 공자에 대해 두루 칭송하였다. 무궁 광대한 천지와 같아서 천부지재(天覆地載) 즉 하늘이 만물을 덮어주듯 덮어주고 땅이 두터운 덕으로 실어주듯 실어주었으며, 사시(四時)와 일월(日月)이 번갈아 순차적으로 운행하며 비추어주듯이 조금도 행하신 일이 어긋남이 없고 만방을 밝히는 광명함이 있었다는 내용이다.

공자는 周易(주역) 건(乾)괘에서 성인에 짝하는 대인(大人)에 대해서 "대인은 광대한 천지와 같은 큰 덕(德)과 광명한 일월과 같은 밝은 지혜를, 춘하추동 사시와 같은 어김없는 차례를, 길흉을 주는 귀신과 같은 신묘한 조화를 갖춘 사람이다[2]."고 말씀하였다.

1. 周易(주역) 계사(繫辭)하전: 古者包犧氏之王天下也 仰則觀象於天 俯則觀法於地 觀鳥獸之文 與地之宜 近取諸身 遠取諸物 於是 始作八卦 以通神明之德 以類萬物之情 作結繩而爲網罟 以佃以漁 蓋取諸離.
2. 周易(주역) 乾(건)괘: 夫大人者는 與天地合其德하며 與日月合其明하며 與四時合其序하며 與鬼神合其吉凶하야~.

천지와 일월, 춘하추동 사시, 길흉을 모두 합하면 10이다. 낙서의 구궁수리 법도로 설명하면, 5를 중심으로 각기 10으로 합하여 종횡 15를 이루는 상과 서로 통한다. 즉 5를 중심으로 10의 조화가 펼쳐지는데 모두 다 15의 덕(德)으로 합(合)한다.

여기서 5는 지공무사(至公無私)한 법도인 황극(皇極), 10은 무궁무진한 조화인 무극(無極)을 뜻한다. 사사로움이 없는 가운데 생각함도 없고(无思) 억지로 애씀도 없어야(无爲) 고요하게 있다가 느껴서 드디어 천하의 이치를 통한다. 성인(聖人)의 경지라야 이러한 성스러움과 신비로움이 일어나는 것이다.

또한 공자는 "성인과 짝하는 대인이 행하는 일은 하늘의 뜻과 그대로 부절을 합하듯이 어긋나지 않으므로 이러한 대인의 일은 하늘도 어기지 아니한다. 하늘이 어기지 않는데, 하물며 사람들이나 귀신이 어떻게 어길 수 있겠는가[3]?"라고도 말씀하였다. 이는 성인이라야 하늘이 행하는 바를 그대로 본받아 행할 수 있다는 의미이다. 순리를 좇는 사람이라야 천명(天命)을 받을 수 있고 또한 이를 그대로 이행할 수 있다. 성(聖)은 '정성 성(誠)'과 '성품 성(性)' 나아가 성품의 눈을 완전히 떠서 그릇을 이룬 '솥 정(鼎)'과도 그 의미와 발음이 서로 통한다.

萬物이 並育而不相害하며 道ㅣ 並行而不相悖라 小德은 川流
만물 병육이불상해 도 병행이불상패 소덕 천류
ㅣ오 大德은 敦化ㅣ니 此ㅣ 天地之所以爲大也ㅣ니라.
대덕 돈화 차 천지지소이위대야

右는 第三十章이라.
우 제삼십장

並: 아우를 병 育: 기를 육 害: 해칠 해 悖: 어그러질 패 敦: 도타울 돈

---

3. 周易(주역) 乾(건)괘: 先天而天弗違하며 後天而奉天時하나니 天且弗違온 而況於人乎며 況於鬼神乎여.

만물이 아울러 길러지되 서로 해치지 아니하며, 도가 아울러 행해지되 서로 어긋나지 않느니라. 작은 덕은 시냇물의 흐름이요, 큰 덕은 돈독히 화함이니, 이는 천지의 덕이 지대(至大)한 까닭(所以)이니라.

우(右)는 제 30장이다.

역해(易解)

소덕(小德)은 전체가 나누어지는 분지(分之)이니 그 맥락이 분명하여 길(道)을 가는 것이 지성무식(至誠無息)이다. 대덕(大德)은 만 가지 다름의 근본(根本)이니 그 근본이 성대해서 생생해 나옴(出)이 무궁(無窮)하다. 이는 천지의 덕이 지대(至大)한 까닭(所以)이다.

하늘이 큰 덕으로 덮어주고 땅이 지극한 덕으로 실어주어 만물이 그 사이에서 다 같이 아울러 길러지는 가운데 서로 피해를 끼치지 않는다. 사시와 일월이 어김없이 번갈아 운행하고 교대로 두루두루 밝히되 서로 어긋나지 않는다.

불해불패(不害不悖)는 시냇물이 수로(水路)를 따라 제각기 흘러가지만 그 물은 사방팔방으로 흘러 들어가 곡식과 생물을 기르는 생명수가 되므로 해하지 않고 어긋나지 않는 '소덕의 천류(川流)'이다. 千字文(천자문)에 나오는 "냇물이 쉬지 않고 흐르고 흘러 바다에 이른다."는 '천류불식(川流不息)'과도 같은 의미인데 군자가 매사에 지극한 정성을 다해 끊임없이 노력한다는 뜻이다.

병육병행(竝育竝行)은 '다 같이, 함께', 만물이 아울러 길러지고 도가 아울러 행해지는 '대덕의 돈화(敦化)'이다. '도타울 돈(敦)' 가운데 향(享)은 본래 높이(高) 자라 씨알(子)이 잘 여문 햇곡식을 가리킨다. 결실의 기쁨을 만끽하는 것에서 '누리다', 햇곡식으로 빚은 떡과 술로 천지조상신명께 감사하는 마음으로 '제사지내다'는 뜻이다.

돈화(敦化)는 만물을 화(化)함이 참으로 돈독(敦篤)함을 이른다. 화(化)는 본래 사람(亻)으로서 덕과 연륜이 쌓여 훌륭한 어른이 '되다', 참된 본성을 깨달아 신선(眞人)과 같이 '화하다'는 뜻이다. '성숙(成熟), 결실(結實), 완성(完成)'을 의미한다.

오곡백과를 거두는 가을철은 후천(後天)에 해당한다. 이 골 저 골에서 제각기 흐르던 물이 결국 바다에서 모이듯이 가을이 되면 수확한 결실물을 볏단에 묶어 한 곳간에 쌓아둔다. 또한 봄에 올라온 싹은 본래의 진면목을 여실히 드러낸다.

후천시대는 만류귀종(萬流歸宗)하고 천하귀인(天下歸仁)하여 동서가 하나로 되고 온 세계가 대동일가(大同一家)를 이룬다고 한다. 불가의 海印經(해인경) 글귀에도 "원하옵건대 법계의 모든 중생들이 다함께 서방정토 아미타의 큰 바다에 들어가길 기원합니다(願共法界諸衆生 同入彌陀大願海)."고 하였다. 만물의 시작은 1・6수(水)에 해당하는 '바다'에서 연원한다. 밉고 고운 차별함이 없이 이 세상의 모든 것을 다 포용해 받아들이는 존재가 '바다'이다.

31장 지성(至聖)

唯天下至聖이아 爲能聰明睿知ㅣ 足以有臨也ㅣ니 寬裕溫柔ㅣ
유천하지성   위능총명예지   족이유림야   관유온유
足以有容也ㅣ며 發强剛毅ㅣ 足以有執也ㅣ며 齊莊中正이 足
족이유용야   발강강의   족이유집야   제장중정   족
以有敬也ㅣ며 文理密察이 足以有別也ㅣ니라.
이유경야   문리밀찰   족이유별야

聰: 귀 밝을 총 睿: 슬기로울 예 臨: 임할 임 寬: 너그러울 관 裕: 넉넉할 유 容: 담을 용
毅: 굳셀 의 齊: 가지런할 제, 재계할 재 莊: 엄숙할 장 密: 빽빽할 밀

　오직 천하의 지극한 성인(聖人)이어야 능히 총명하고 예지해서 족히 임함이 있으니, 관대(寬大)하고 여유로우며 온화하고 부드러워서 족히 용납함이 있으며, 발(發)하고 강하며 굳세고 의연(毅然)해서 족히 고집(固執)함이 있으며, 삼가 조심하고 씩씩하며 중정(中正)해서 족히 공경함이 있으며, 문채 있고 조리가 있으며 치밀하게 관찰해서 족히 분별함이 있느니라.

역해(易解)

　30장의 소덕천류(小德川流)에 해당하는 지성지덕(至聖之德)에 대해 설명하고 있다. 즉 '총명예지의 신(信), 관유온유의 인(仁), 발강강의의 의(義), 제장중정의 예(禮), 문리밀찰의 지(智)', 이 다섯 가지의 인의예지신(仁義禮智信)의 덕성을 갖춘 이라야 능히 세상 모든 이에게 임하여 잘 다스릴 수 있다는 말씀이다.

　지극한 성인(至聖)은 생이지지(生而知之)의 자질을 갖춘 귀 밝고 눈 밝으며 슬기롭고 지혜로운 총명예지(聰明睿知)한 분이다. 大學章句序文(대학장구서문)에서도 "총명예지하여 능히 천부지성(天賦之性)을 다하는 이가 세상에

나오면, 하늘이 반드시 그 사람에게 천명(天命)을 내려 억조창생의 군사(君師)로 삼는다. 그로 하여금 나라를 다스리고 백성을 가르치게 해서 그 성품을 회복케 하시니……[1]"라는 구절과 같은 내용이다.

書經(서경) 홍범에서는 자연의 오행(五行)에 따라 사람의 오사(貌言視聽思)가 있게 되는데, 오행의 토(土)에 배속되는 '생각 사(思)'에 대하여 "생각(思)은 슬기로움(睿)을 말하고 이 슬기로움으로부터 성스러움이 일어난다(作聖)[2]."고 하였다. 千字文(천자문)에 나오는 '극념작성(克念作聖)'도 '생각을 이기면 성인을 짓는다, 성스러움이 일어난다, 성스러움을 일으킨다.'는 뜻이다.

성(聖)은 성(性)과도 서로 통하므로, 사람의 성품이란 본래 하늘의 밝음을 타고나 밝은 본성을 지니고 있지만 욕심과 기질로 인하여 가리게 되므로 극기복례(克己復禮)를 하여 예로 돌아가면 인(仁)을 얻은 성인(聖人)이 된다.

이러한 지극한 성인이라야 백성에게 임(臨)하여 잘 다스릴 수 있다. '임할 임(臨)'은 아래로 내려와 함께 하는 것으로 물건(品)을 집고자 몸을 아래로 구부려(臥) '임하다, 다다르다'는 뜻이다. 백성위에 군림(君臨)해서 아래에 직접 하림(下臨)한다는 '군림과 하림'의 두 가지 뜻으로 겸용되어 쓰인다.

함림(咸臨)

周易(주역)의 19번째 괘인 임(臨)은 큰 땅(☷)이 작은 못(☱) 위에 임하는 형상이다. 인군이나 밝은 덕을 갖춘 군자가 아래의 백성에게 직접 임하여 백성들을 올바르게 교화하는 교육을 끊임없이 베풀고 넓게 포용해주는 것을 말한다[3].

---

1. 大學章句序(대학장구서): 一有聰明叡智能盡其性者 出於其間이면 則天必命之하사 以爲億兆之君師하사 使之治而敎之하야 以復其性케 하시니,
2. 書經(서경) 홍범(洪範): 二五事 一曰貌 二曰言 三曰視 四曰聽 五曰思, 貌曰恭 言曰從 視曰明 聽曰聰 思曰睿, 恭 作肅 從 作乂 明 作哲 聰 作謀 睿 作聖
3. 周易(주역) 임(臨)괘: 象曰 澤上有地 臨이니 君子 以하야 敎思無窮하며 容保民이 無疆하나니라.

1효와 2효에 다 같이 '함림(咸臨)'을 얘기하였는데, '다 함께'를 뜻하는 '함(咸)'을 넣어 후천세상이 거의 임박(臨迫)함을 암시했다. 후천세상은 인군이나 밝은 덕을 갖춘 군자가 군림(君臨)하는 세상이 아니라, 직접 하림(下臨)하여 인심을 느끼고 고락(苦樂)을 같이하는 '다 함께하는 세상'임을 밝혔다고 하겠다.

관대(寬大)하고 여유로우며 온화하고 부드러운 인(仁)이 있어야 세상 모든 사람들을 용납(容納)하고 포용(包容)하며 수용(受容)해줄 수 있다. 밖으로 잘 펼치고 강하며 군세고 의연(毅然)한 의(義)가 있어야 옳은 일을 굳게 잡아 나아갈 수 있다. 재계(齋戒)하고 씩씩하며 중정(中正)의 도로 나아가는 예(禮)가 있어야 공경할 수 있다. 문채(文彩) 있고 조리가 있으며 상세하게 관찰하고 밝게 분별하는 지(智)가 있어야, 공사(公私)를 잘 분별할 수 있다

쌀에 물을 붓고 밥(飪)을 하는데, 솥에 불이 달아오르는지 밥이 끓는지 눈대중과 귀대중으로 잘 판단해야 맛있는 밥을 짓는다. 즉 이목(耳目)이 총명(聰明)하여야 알 수 있다는 것이다.

50번째 정(鼎)괘에서는 '이목(耳目)의 총명(聰明)과 성인(聖人)'에 대한 문구가 나오는데, 성(聖)이란 '귀 이(耳)'와 '드러날 정(呈)'으로 밖으로 드러난 귀가 항상 열려있듯이 사물의 이치에 막힘이 없어 두루 통함을 말한다.

이목구비(耳目口鼻)를 줄인 '耳와 口' 밑에 '짊어질 임(壬)'을 보탠 것으로 보면, 이목구비가 통명(通明)한 큰 짐을 짊어진 세상의 얼굴(이목구비)이라는 뜻도 된다. 얼굴은 소리를 듣고 사물을 보며 뜻을 말하고 냄새를 맡는 얼의 처소(굴)이다.

溥博淵泉하야 以時出之니라.
보 박 연 천   이 시 출 지

溥: 넓을 보, 넓을 부 博: 넓을 박 淵: 못 연, 깊을 연 泉: 샘 천

(성인의 덕은) 넓고 넓어 그윽히 깊은 샘이며, 그리고 제 때에 발현되어 나오느니라.

역해(易解)

 지성지덕(至聖之德)을 외적으로 보면, 참으로 넓고 넓어 어느 때 어느 곳에도 두루 미치지 않음이 없으니 광활(廣闊)하다. 또한 내적으로 보면, 진실로 고요하고 심연(深淵)해서 그 근본이 고유(固有)함을 알 수 있다.
 '총명예지의 신(信), 관유온유의 인(仁), 발강강의의 의(義), 제장중정의 예(禮), 문리밀찰의 지(智)', 이 다섯 가지의 덕이 마음속(心中)에 충적(充積)되면 大學(대학)에서 "마음으로 정성을 다하면, 자연 형용이 밖으로 드러난다(誠於中 形於外)."고 하였듯이 때맞춰 밖에 발현되어 백성들에게 두루 미치지 않음이 없다.

溥博은 如天하고 淵泉은 如淵이라 見而民莫不敬하며 言而民莫不信하며 行而民莫不說이니라.
보박 여천   연천 여연   현이민막불경   언이민막불신   행이민막불열

見: 나타날 현 莫: 없을 막 說: 기쁠 열(悅)

 '보박(溥博)'은 하늘과 같고 '연천(淵泉)'은 심연(深淵)과 같음이라. (성인이) 출현함에 백성들이 공경하지 않음이 없고, 말함에 백성들이 믿지 않음이 없고, 행함에 백성들이 기뻐하지 않음이 없느니라.

역해(易解)

 千字文(천자문)에 "화피초목(化被草木) 뇌급만방(賴及萬方)"이란 문구가 있다.
 성군(聖君)의 덕화가 이름 모를 풀과 나무에까지도 입혀지고 온 세상이 그

덕화에 힘입지 않음이 없다는 의미다. '화피(化被)'는 '감화된다, 교화된다, 덕화를 입는다.'는 말처럼 모두가 그대로 잘 따른다, '뇌급(賴及)'은 덕화의 힘입음이 만방에까지 두루 미친다는 뜻이다.

지극한 성인의 덕은 하늘과 같이 넓고(溥博) 못과 같이 고요하고 깊다(淵泉). 이러한 성인의 덕이 가득 하여 세상에 발현되면, 백성들은 그 성인에게 자연스럽게 덕화와 감화, 교화가 되어 순종(順從)과 복종(服從)을 하지 않을 수 없다. 때맞춰 출현함에 우러러 공경하지 않는 이가 없고, 말을 함에 믿지 않는 이가 없고, 행동을 함에 기뻐하지 않는 이가 없다. 화(化)하여 다스려지는(治) 참 정치야말로 아울러 행해지고 길러지는 무위이화(無爲而化) 무위이치(無爲而治)이다.

是以로 聲名이 洋溢乎中國하야 施及蠻貊하야 舟車所至와 人力
시 이   성 명   양 일 호 중 국   이 급 만 맥   주 거 소 지   인 력
所通과 天之所覆와 地之所載와 日月所照와 霜露所隊에 凡有
소 통   천 지 소 부   지 지 소 재   일 월 소 조   상 로 소 추   범 유
血氣者ㅣ 莫不尊親하니 故로 曰配天이니라.
혈 기 자   막 부 존 친   고   왈 배 천
右는 第三十一章이라.
우   제 삼 십 일 장

聲: 소리 성 洋: 바다 양, 넘칠 양 溢: 넘칠 일 施: 뻗을 이 蠻: 남방 오랑캐 만 貊: 북방 종족 맥 舟: 배 주 車: 수레 거 照: 비출 조 霜: 서리 상 露: 이슬 로 隊: 떨어질 추(墜)

이로써 귀에 들리는 명성(名聲)이 나라 안에 넘실거리듯 넘쳐 변방 이민족에게까지 미쳐 뻗어 나아가서, 배와 수레가 이르는 곳과 인력이 통하는 곳과 하늘이 덮어주는 곳과 땅이 실어주는 곳과 일월이 비추는 곳과 서리와 이슬이 내리는 곳에 무릇 혈기(血氣)가 있는 자들은 존경하고 친애하지 않음이 없다. 그러므로 가로되 "하늘에 짝한다."고 하니라.

우(右)는 제 31장이다.

역해(易解)

　이와 같이 귀에 들리는 성인의 덕업(德業)과 명성(名聲)은 나라 안에 넘실거리듯 넘쳐 변방의 이민족에게까지 미쳐 성대하게 펼쳐진다. 배와 수레가 이르는 모든 육지바다, 사람의 힘(人力)이 닿을 수 있는 모든 곳, 하늘이 덮어주는 한 하늘아래의 모든 곳, 땅이 실어주는 모든 곳, 일월이 비추는 모든 곳, 서리와 이슬이 내리는 모든 곳에 덕업과 명성이 미친다. 그 곳이 참으로 지극(至極)하고 광대(廣大)해서 혈기(血氣)가 있는 모든 생명체라면 존경하고 친애하지 않음이 없다. 그러므로 천인합일(天人合一)에 달한 이런 성인을 "하늘에 짝한다."고 한다.

　대개 덕(德)은 자신의 내면에 도리를 체득한 바이고 업(業)은 그 덕을 밖으로 펼쳐 내놓는 것을 말하는데, 공자는 내외덕업을 천지의 성덕대업(盛德大業), 성인의 숭덕광업(崇德廣業), 군자의 진덕수업(進德脩業)으로 나누어 말하였다. 무릇 만세의 귀감이 되는 역경(易經)은 사람이 하늘을 본받고 땅을 법함(效天法地)으로써 천지와 더불어 하나로 합하는 삼재일합(三才一合)에 근본적인 뜻을 둔다. 그러므로 성인이 하늘의 성덕(盛德)과 땅의 대업(大業)을 본받고 나아가 그 덕업을 숭상하고 넓히기 위하여(崇德廣業) 역을 지으신 것이다.

32장 지성경륜(至誠經綸)

唯天下至誠이아 **爲能經綸天下之大經**하며 **立天下之大本**하며
유천하지성　　　위능경륜천하지대경　　　입천하지대본

知天地之化育이니 **夫焉有所倚**리오.
지천지지화육　　　부언유소의

經: 날 경　綸: 낚싯줄 륜　夫: 무릇 부, 대체로 부　焉: 어찌 언　倚: 의지할 의

　　오직 천하에 지극한 정성을 지닌 분이어야 능히 천하의 큰 법도를 경륜할 수 있으며, 천하의 큰 근본을 세울 수 있으며, 천지의 화육을 알 수 있으니, 어찌 의지하는 바가 있으리오.

역해(易解)

　　31장을 이어 '대덕(大德)의 돈화(敦化)'를 말씀하였다. 천도(天道)에 관련된 내용이다. 앞장은 '지성지덕(至聖之德)', 이 장은 '지성지도(至誠之道)'이다.
　　'지성지도(至誠之道)'는 '지성(至聖)'이 아니면 능히 알지 못하고, '지성지덕(至聖之德)'은 '지성(至誠)'이 아니면 능히 행하지 못한다. 둘이 아닌 하나이다.
　　22장에서는 "唯天下至誠 爲能盡其性"의 성(性), 31장에서는 "唯天下至聖"의 성(聖), 32장에서는 "唯天下至誠"의 성(誠)을 이야기하고 있다. 중용의 핵심인 성(性)과 성(聖), 성(誠)은 음도 같지만 담겨있는 의미도 동일하다.
　　경륜(經綸)은 날실(經)과 씨실(綸)로 옷감을 짜듯 천하를 다스리기 위해 조직적으로 기획(企劃)해서 잘 경영(經營)한다는 뜻이다. 경(經)은 옷감을 짤 때 세로줄인 '날실'이므로 조직산하 여러 부서를 두어 일을 분담(分擔)시키는 것이고 륜(綸)의 륜(侖)은 기록을 적은 대쪽(冊)을 둥글게 한데 모은(亼) 모습이므로 각 조직의 업무를 한데 모아 잘 합해서 운영하는 것과 같다.

대경(大經)은 근본벼리가 되는 인륜법도인 삼강오륜(三綱五倫)이다. "唯天下至誠이아 爲能經綸天下之大經하며"는 오직 천하에 지극한 정성(精誠)을 지닌 성인(聖人)이어야 능히 천하의 근본벼리가 되는 인륜법도를 경륜할 수 있다는 말씀이다. 성인의 덕은 지극정성이어서 조금도 망령됨이 없다. 그러므로 마땅히 인륜준칙법도를 행함에 성실(誠實)함을 다해서 천하후세의 법이 되니, 이른바 경륜한다고 이른다.

1장에서 "中也者 天下之大本"이라 하였다. 중(中)은 가운데에 있는 "하느님이 명한 성품(天命之謂性)"이다. 지극한 정성을 지닌 성인(聖人)이어야 천부지성(天賦之性)에 한 터럭만한 인욕의 사사로움과 거짓이 섞일 수가 없다. 천하의 도가 한번은 양으로 한번은 음으로 나아가 천변만화(千變萬化)하지만 이 모두가 성(性)에서 나오므로 '立天下之大本' 즉 천하의 대본(大本)이자 중심인 성(性)을 세울(立) 수 있다고 하는 것이다.

'지천지지화육(知天地之化育)'은 1장의 "致中和 天地位焉 萬物 育焉", 22장의 "能盡物之性則可以贊天地之化育 可以贊天地之化育則可以與天地參矣"의 의미를 합해놓은 말씀이다.

중(中)과 화(和)를 내외로 겸비한 성인의 덕은 지극정성이어서 조금도 망령됨이 없다. 중심(中心)의 체가 똑바로 서게 되어 어느 한쪽으로 기울거나 기댐이 없게 되면 사람 또한 자신의 위치를 바로 하는 정위(正位)와 정위(定位)가 때마다 이루어져 본분과 책임을 다하게 된다. 자신이 올바르면 천지 또한 바루어지는 안정(安定)이 이루어지듯이 나의 기(氣)가 순(順)하면 천지의 기 또한 순하여 천지부모의 사랑에 의해 만물이 화육(化育)되어 삶을 완수(完遂)한다.

능히 사람이든 만물이든 성품을 다할 수 있으므로, 천지부모가 만물을 화육하는 일을 도울 수 있어서 '여천지삼(與天地三)' 즉 천지와 더불어 나란히 서서 '천지인 삼재'가 조화된다. 사람이 천지와 더불어 '동참(同參)'하여 하나로 합하는 '삼재일합(三才一合)'을 이루어 진실로 천지의 화육에 동참하는 것이다. 이는 지성무식(至誠無息)의 자연스런 공효(功效)이다. 어찌 사물에 의지(依支)하고 집착(執着)한 바가 있겠는가? 오직 중립이불의(中立而不倚)일 따름이다.

肫肫其仁이며 淵淵其淵이며 浩浩其天이니라.
준준기인　　　연연기연　　　호호기천

肫: 간곡할 준(순)　浩: 클 호

　간곡하고도 지극한 그 어짊이며, 고요하고도 깊은 그 심연(深淵)함이며, 넓고도 큰 하늘이니라.

역해(易解)

　간곡(懇曲)하고도 지극(至極)한 그 '어질 인(仁)'이어야 '경륜천하지대경(經綸天下之大經)'을 할 수 있다. 고요하고도 깊은 그 심연(深淵)이어야 '입천하지대본(立天下之大本)'을 할 수 있으며, 광대(廣大)한 천지와 그 덕을 하나로 합해야 '지천지지화육(知天地之化育)'을 할 수 있다.

　준준기인(肫肫其仁)은 지성(至誠), 연연기연(淵淵其淵)은 지성(至性), 호호기천(浩浩其天)은 지성(至聖)이라고 할 수 있다. 간곡(懇曲)하고도 지극(至極)한 그 '어질 인(仁)'이야말로 지성(至誠), 고요하고도 깊은 그 심연(深淵)이야말로 지성(至性), 광대(廣大)한 그 하늘이야말로 지성(至聖)과 합한다는 말씀이다.

苟不固聰明聖知達天德者ㅣ면 其孰能知之리오.
구불고총명성지달천덕자　　　　기숙능지지

右는 第三十二章이라.
우　제삼십이장

苟: 진실로 구 固: 실제 고 聖: 성스러울 성 達: 이를 달, 통달할 달 孰: 누구 숙

  진실로 실제 총명하고 성스럽고 지혜로워서 하늘의 덕성(德性)에 이른 자가 아니면 그 누가 능히 알리오.
  우(右)는 제 32장이다.

역해(易解)

  총명성지(聰明聖知)한 이는 성인(聖人)이고 하늘의 덕성(德性)은 정성(精誠)이므로, 31장 '唯天下至聖'의 성(聖), 32장 '唯天下至誠'의 성(誠)을 한데 묶어 설명하였다. 이 장은 지성(至聖)과 지성(至誠)의 극치(極致) 즉 성인과 천도의 극치에 대해 말씀하였으니, 이에 대해서는 더 말로 표현할 것이 없다.
  진실로 총명하고 성스럽고 지혜로운 지극한 성인(聖人)이라야 하늘의 덕성(德性)인 지극한 '정성 성(誠)'에 도달할 수가 있다. 만약 이에 통달한 자가 아니면 그 누가 능히 준준기인(肫肫其仁)과 연연기연(淵淵其淵), 호호기천(浩浩其天)을 알 수 있으랴? 간곡하고도 지극한 그 어짊인 지성(至誠)과 고요하고도 깊은 그 심연인 지성(至性)과 광대한 그 천지와 같은 지성(至聖)을 실제로 알 수 없을 것이다. 정씨(鄭玄)가 말하길, "오직 성인이라야 능히 성인을 안다."고 말씀한 내용과 서로 통한다.

33장 의금상경(衣錦尙絅)

詩曰衣錦尙絅이라 하니 惡其文之著也ㅣ라 故로 君子之道는
시왈의금상경　　　　　　오기문지저야　　　고　군자지도
闇然而日章하고 小人之道는 的然而日亡하나니 君子之道는
암연이일장　　　소인지도　　적연이일망　　　　군자지도
淡而不厭하며 簡而文하며 溫而理니 知遠之近하며 知風之自
담이불염　　　간이문　　　온이리　　지원지근　　　지풍지자
하며 知微之顯이면 可與入德矣리라.
　　　지미지현　　　가여입덕의

錦: 비단 금 尙: 더할 상 絅: 홑옷 경 惡: 미워할 오 著: 드러날 저 闇: 어두울 암 章: 빛

날 장 的: 밝을 적 淡: 담박할 담 厭: 싫을 염 簡: 간략할 간

시경에 이르길, "비단옷을 입고 홑옷을 덧입는다."고 하니 그 문채가 드러남을 싫어함이라. 그러므로 군자의 도는 어두워 보이나 날로 빛이 나고, 소인의 도는 분명해보이나 날로 없어지나니, 군자의 도는 담박하되 싫지 않으며, 간략하되 문채 나며, 온화하되 조리가 있으니, 먼 곳을 감이 가까운 데서부터라는 것을 알며, 바람이 어느 곳에서부터 불어오는지를 알며, 은미함이 현저(顯著)해짐을 알면 가히 더불어 덕에 들어가리라.

역해(易解)

31장에서는 지성지덕(至聖之德)과 소덕천류(小德川流)를, 32장에서는 지성지도(至誠之道)와 대덕돈화(大德敦化)에 대해 말씀하였는데, 이는 깨달음에 의해 펼쳐지는 '상달(上達)의 효험과정'을 차례대로 밝힌 내용이라 할 수 있다.

詩經(시경)의 시(詩)를 인용한 이 구절은 초학자가 선행(先行)해야 할 '하학(下學)의 공부과정'이 입심(立心)에서 비롯됨을 설명하고 있다. 大學(대학)에

서의 평천하로부터 치국, 제가, 수신, 정심, 성의, 치지, 격물에 이르기까지 외부로부터 내부로 진입해오는 '하학(下學)의 공부과정'과도 서로 통한다.

大學(대학)의 본문(팔조목 제 1절)을 소개하면 아래와 같다.

"옛날에 밝은 덕을 천하에 밝히고자 하였던 이는 먼저 그 나라를 다스렸고, 그 나라를 다스리고자 하였던 이는 먼저 그 집을 가지런히 하였고, 그 집을 가지런히 하고자 하였던 이는 먼저 그 몸을 닦았고, 그 몸을 닦고자 하였던 이는 먼저 그 마음을 바로 하였고, 그 마음을 바로 하고자 하였던 이는 먼저 그 뜻을 정성스럽게 두었고, 그 뜻을 정성스럽게 두고자 하였던 이는 먼저 그 앎에 이르러 다다랐으니, 그 앎을 다함은 사물을 감통(格)하는 데에 있느니라¹."

'衣錦尙絅(비단옷을 입고 홑옷을 덧입음)'은 "아름답고 고운 비단옷의 문채가 밖에 드러남을 싫어함이라(惡其文之著也)."고 하였다. 진실로 자기를 위하는 학문을 해야 한다는 '위기지학(爲己之學)'을 강조한 말씀이다.

論語(논어) 憲問(헌문)편에서 "옛날에는 자기 자신을 위한 학문을 했지만, 오늘날은 남을 위한 학문을 한다(古之學者爲己, 今之學者爲人)."고 공자는 탄식하였다. 일반적으로 보통 사람이라면 문자 써서 유식한 체 한다거나 남에게 인정받기 위해 학문을 하지만 진정한 군자라면 위기지학(爲己之學)을 하므로 행여 드러날까 삼간다는 뜻이다.

'君子之道 闇然而日章'은 군자의 도가 홑옷을 덧입었기에 어두운 듯 보이나, 속에 비단옷을 입었기에 결국 나날이 빛이 나고 '일일신 우일신(日日新 又日新)'한다는 의미다. 일장(日章)의 장(章)은 새벽(早)에 들어서면(立) 밝은 하루가 시작되어 '밝다, 빛나다'는 뜻이다. 신(辛)이 '새 신(新)'과 통하므로 일(日)과 신(辛)의 합성자로 보아 '날(日)이 새로워지다(辛)'는 뜻으로도 풀이된다.

---

1. 大學(대학) 경문(經文): 古之欲明明德於天下者는 先治其國하고 欲治其國者는 先齊其家하고 欲齊其家者는 先修其身하고 欲修其身者는 先正其心하고 欲正其心者는 先誠其意하고 欲誠其意者는 先致其知하니 致知는 在格物하니라.

"小人之道는 的然而日亡하나니"는 소인의 도는 겉으로 보기에 분명하고 밝은 듯 보이나, 시간이 지나갈수록 진면목이 드러나므로 나날이 빛을 잃어가 결국은 없어진다.

'淡而不厭'은 군자의 도가 집착이나 욕심이 전혀 없어 싱거운 듯해도 물맛이 담담(淡淡)하지만 없으면 살아갈 수 없듯이, 담박(淡泊)해도 싫을 수가 없다는 뜻이다. 明心寶鑑(명심보감)에도 "담담한 것은 물보다 더한 것이 없고, 도덕은 어질음보다 더한 것이 없다(淡淡 莫如水 道德 莫如仁)."고 하였다.

'簡而文'은 대나무(竹)를 쪼개면 사이(間)가 쫙 벌어지듯이, 대쪽같이 간이(簡易)해도 그 대쪽에는 수많은 '글월 문(文)'들이 문채를 발한다. 옛날 종이가 없던 시절에는 대나무를 반으로 쪼개 그 대쪽 안에다 글이나 편지를 써서 가죽 끈으로 엮어 둘둘 말아놓았다.

'溫而理'는 봄의 햇빛처럼 온화한 듯해도 섬세한 옥구슬처럼 조리가 있고 이치에 밝다는 뜻이다. 온(溫)의 속자(俗字)는 氵에 '어질 온(昷)'이 합쳐진 글자로 그릇(皿)의 물(氵)이 햇볕(日)에 데워져 따스해진 데서 '따뜻하다, 온화(溫和)하다, 익다, 익히다'는 뜻이다. 리(理)는 옥(玉)구슬의 곱고 섬세한 결무늬(里)가 잘 드러나도록 갈아내는 것에서 '다스리다, 옥을 갈다', 조리(條理)가 분명한 데에서 '이치(理致)'를 말한다.

담(淡)과 간(簡), 온(溫)은 홑옷을 밖에 덧입은 상경(尙絅)에 해당한다.

불염(不厭)과 문(文), 리(理)는 비단의 아름다움이 심중(心中)에 들어있는 의금(衣錦)에 해당한다.

"지원지근(知遠之近)"은 저 멀리 밖에 나타나는 것이 반드시 가까운 데로부터 말미암았음을 안다는 뜻이다. 周易(주역) 계사전에서 공자는 "군자가 자기 집에 거하면서 그 내는 말이 선(善)하면 천리 밖에서도 응하나니 하물며 그 가까운데서랴! 자기 집에 거하면서 그 내는 말이 불선(不善)하면 천리 밖에서도 어긋나니 하물며 그 가까운데서랴! 인군의 말(言)은 자기의 몸에서 나왔건만 백성들이 그대로 따르고 행실을 가까운데서 행했건만 먼 곳에까지 나타나니, 언행(言行)은 군자를 판단하는 중추(中樞)적인 기틀이다. 그러므로 군자의 언행(言行)은 영화와 욕됨의 주인공이 되느니라. 이와 같이 언행(言行)은 군자가 천지를 움직이는 것이니 가히 삼가지 아니할 수 있겠는가[2]?"고 말씀하였다.

"지풍지자(知風之自)"는 바람이 어디에서 불어오는지를 안다는 뜻인데, 바람은 변화를 일으키는 주체이므로 변화의 근본주체가 자기 자신임을 안다는 뜻이다.

"지미지현(知微之顯)"은 안에 있는 은미한 성품(性品)이 푸릇푸릇 빛깔을 띠는 감정(感情)으로 발현되어 반드시 밖에 형용으로 현저하게 드러남을 안다는 뜻이다.

자기를 위하는 위기지심(爲己之心)이 있고 이 세 가지 원지근(遠之近), 풍지자(風之自), 미지현(微之顯)을 알면, 홀로를 삼가는 '신독(愼獨)'을 통하여 가히 밝은 덕을 밝히는 '명명덕(明明德)'에 들어갈 수 있다. 그러므로 아래 글에 시(詩)를 인용해서 홀로를 삼가는 '근독(謹獨)의 일'을 말씀하였다.

용회이명(用晦而明)과 자소명덕(自昭明德)

地火明夷

周易(주역)의 괘로는 진(晉)과 명이(明夷)를 예로 들 수 있다.

명이(明夷)는 밝은 해가 땅 속에 들어가 밝음이 상하여 큰 어려움을 겪는 형상이다. "때가 밝음이 상하는 때이므로 그 날개를 드리운다(明夷于飛 垂其翼), 어렵게 하고 올바름을 지키는 것이 이롭다(利艱貞), 큰 어려움을 겪는다(以蒙大難)."고 말씀하였는데 이는 '간난신고(艱難辛苦)의 큰 어려움'을 의미한다. 공자는 이러한 밝음이 상하는 명이(明夷)의 시기에

---

[2] 周易(주역) 계사전(繫辭傳): 鳴鶴 在陰 其子 和之 我有好爵 吾與爾靡之 子曰 君子 居其室 出其言 善 則千里之外 應之 況其邇者乎 居其室 出其言 不善 則千里之外 違之 況其邇者乎 言出乎身 加乎民 行發乎邇 見乎遠 言行 君子之樞機 樞機之發 榮辱之主也 言行 君子之所以動天地也 可不愼乎.

처해선 "군자는 중생을 대할 때 그믐을 써서 밝힌다."는 군자의 '용회이명(用晦而明)'을 강조하였다. 일반 사람을 대할 때 모르는 체하고 어두운 체해야 위화감(違和感)이 생기지 않아 친해지고 친해지면 새롭게 발전되므로 어두운 밤을 거쳐 아침 해가 떠올라 세상이 환해지듯이 밝히라는 뜻이다.[3]

한편 진(晉)은 명출지상(明出地上), 즉 밝은(☲) 것이 땅(☷)위로 솟아나와 하늘에 떠 있는 상으로, 공자는 "스스로 밝은 덕을 밝힌다."는 '자소명덕(自昭明德)'을 언급하였다.

火地晉

자명(自明)을 수행의 근본으로 삼아서 성인의 도에 나아가고 하늘의 명에 이르고자 함이 인도(人道)의 목표이다. 21장에 "하늘의 정성스런 도로 말미암아 밝아진 것을 성품(性)이라 하고, 스스로 성품을 밝혀 정성 그 자체인 하늘의 도로 돌아가는 것을 가르침(敎)이라 이른다. 정성스러우면 밝아지고 밝히면 정성스러워진다."고 하였다.[4] 자성(自誠)하여 밝음은 천도(天道)이자 성인의 도이고 자명(自明)하여 정성을 다함은 수행하는 인도(人道)이므로, 명덕을 밝히어 천도에 합하면 성인의 경지에 도달하게 된다.

詩云潛雖伏矣나 亦孔之昭ㅣ라 하니 故로 君子는 內省不疚하야
시 운 잠 수 복 의   역 공 지 소   고   군 자   내 성 불 구
無惡於志니 君子之所不可及者는 其唯人之所不見乎ㄴ져.
무 오 어 지   군 자 지 소 불 가 급 자   기 유 인 지 소 불 견 호

潛: 잠길 잠 伏: 엎드릴 복 孔: 심히 공 昭: 밝을 소 省: 살필 성 疚: 오랜 병 구 惡: 미워할 오 見: 볼 견

시경에 이르길, "잠겨서 비록 엎드려 있으나, 또한 심히 밝다."고 하니, 그러

---

3. 周易(주역) 명이(明夷)괘: 明夷는 利艱貞하니라. 象曰 明入地中이 明夷니 內文明而外柔順하야 以蒙大難이니 文王이 以之하니라. 利艱貞은 晦其明也라. 內難而能正其志니 箕子 以之하니라. 象曰明入地中이 明夷니 君子 以하야 涖衆에 用晦而明하나니라.
4. 中庸(중용) 제21장 : 自誠明을 謂之性이오 自明誠을 謂之敎니 誠則明矣오 明則誠矣니라.

므로 군자는 내면(內面)을 성찰(省察)하여 병들지 아니해서 심지(心志)에 부끄러움이 없으니 군자의 (愼獨之事에 소인이) 가히 미치지 못하는 바는 그 오직 남이 보지 못하는 바이구나.

역해(易解)

'막현호은 막현호미(莫見乎隱 莫顯乎微)'와 신독(愼獨)에 대한 내용이다. 앞의 문장을 이어서 1장의 "숨어 있는 것보다 드러나는 것이 없으며 미세한 것보다 나타나는 것이 없다. 그러므로 군자는 그 홀로를 삼간다(莫見乎隱 莫顯乎微 故 君子 愼其獨也)."를 말씀한 것이다.

"潛雖伏矣 亦孔之昭"는 '성품은 은미(隱微)하여 비록 잠겨 숨어있는 듯해도, 깨달음을 얻어 항상 깨어있으면 반드시 현저(顯著)히 드러나고 심히 밝게 나타나기 마련이다'라는 뜻이다. 막현호은 막현호미(莫見乎隱 莫顯乎微)의 의미와 같다.

'君子 內省不疚 無惡於志'는 '군자는 홀로 있을 적에도 항상 내면(內面)을 성찰(省察)하여 병들지 아니해서, 마음에 조금도 부끄러움이 없고(無愧於心) 뜻에 터럭만한 악이 없다'는 뜻이다. 이는 군자가 홀로를 삼가는 '신독(愼獨)의 일'이다.

大學(대학) 성의장에서도 '필신기독(必愼其獨)'을 언급하고 있다.

"뜻을 성실히 한다는 것은 스스로를 속임이 없어야 함을 이른다. 마치 악(惡)을 악취 싫어하듯 선을 아름다운 빛깔을 좋아하듯 해야 스스로 쾌족(快足)하여 거리낌이 없다. 그러므로 군자는 반드시 홀로 있을 때를 삼간다(必愼其獨). 소인은 홀로 있을 적에 온갖 불선(不善)을 행하다가 군자를 보면 슬쩍 가려 착한 양 속이려 해도 다른 사람이 폐와 간을 훤히 들여다보듯 알고 있으니 어찌 유익하며 또한 속일 수가 있겠는가. 조금도 자신을 속이지 않아야 그 뜻이 진실하다. 이를 일러 속마음에 정성이 그득하면 밖으로 자연 드러나는 법이니 반드시 그 홀로를 삼가야 한다[5]."고 하였다. 은미(隱微)한 가운데 잠재된 도심(道心)을 잘 키워 나가기 위해서는 군자의 '자아성찰(自我省察)'이 반드시 필요하다.

앞에서 예시한 소인은 홀로 있을 적에 온갖 불선을 행하고, "君子는 內省不疚하야 無惡於志"하기 때문에 "君子之所不可及者"는 이러한 '군자의 신독지사(愼獨之事)'에 소인이 이른다는 것은 불가(不可)하다는 뜻이다.

성품은 비록 은미(隱微)하나 항상 깨어있으면 반드시 드러나고 나타난다. 일반 사람들은 인심(人心)에 끌려 관심 밖이므로, "其唯人之所不見乎"는 '은미(隱微)하나 현저(顯著)한 천부지성(天賦之性)을 소인은 성찰하지 못하는구나!'라는 뜻이다.

詩云相在爾室혼대 尚不愧于屋漏라 하니 故로 君子는 不動而敬하며 不言而信이니라.
시 운 상 재 이 실   상 불 괴 우 옥 루   고   군 자   부 동 이 경
불 언 이 신

相: 볼 상 爾: 너 이 室: 집 실, 방 실 尙: 거의 상 屋: 집 옥 漏: 샐 루 隅: 모퉁이 우

詩經(시경)에 이르길, "네가 집안에 있는 것을 보니, 거의 방 모퉁이에서도 부끄럽지 않다."고 하니, 그러므로 군자는 움직이지 않아도 공경하며 말하지 않아도 믿음이 있느니라.

역해(易解)

"相在爾室 尚不愧于屋漏"는 '집안에 홀로 있는 너를 살펴보니, 남이 보지

---

[5]. 大學(대학) 성의(誠意)장: 所謂誠其意者는 毋自欺也니 如惡惡臭하며 如好好色이 此之謂自謙이니 故로 君子는 必愼其獨也니라. 小人이 閒居에 爲不善호대 無所不至하다가 見君子而后에 厭然揜其不善하고 而著其善하나니 人之視己 如見其肺肝이니 然則何益矣리오 此謂誠於中이면 形於外니 故로 君子는 必愼其獨也니라.

않는 방 모퉁이에서도 나쁜 짓을 하지 않으니 마음에 조금도 부끄러움이 없구나'라는 뜻이다.

위 문장 "君子는 內省不疚하야 無惡於志니"를 이어서, 1장의 "是故로 君子는 戒愼乎其所不睹하며 恐懼乎其所不聞이니라"를 말씀한 내용이다. 즉 "相在爾室 尙不愧于屋漏"하는 군자는 "內省不疚 無惡於志"하는 군자이고, "戒愼乎其所不睹 恐懼乎其所不聞"하는 군자이다.

군자는 신독(愼獨)에 힘쓰므로 항상 내면(內面)을 성찰(省察)하여 부끄러운 언행을 하지 않는다. 마음에 조금도 부끄러움이 없고(無愧於心) 뜻에 터럭만한 악이 없다. 그 보이지 않는 바에 경계하고 삼가 조심하며 그 들리지 않는 바에 두려워하고 두려워하는 계신공구(戒愼恐懼)가 어느 때 어느 곳이든 행해진다는 뜻이다.

일반 사람들은 이러한 군자가 움직이지 않아도 공경하며 말하지 않아도 믿으니 위기지학(爲己之學)의 공효(功效)가 더욱더 정밀(精密)해짐을 알 수 있다.

詩經(시경) 大雅(대아) 억편(抑篇)의 시(詩)를 소개하면,

視爾友君子한대 - 네가 군자와 벗하는 것을 보건대
시 이 우 군 자
輯柔爾顔하야 - 네 안색(顔色)을 정답고 유순히 하여
집 유 이 안
不遐有愆가 한다 - 허물들이 멀리가지 아니할 듯한다.
불 하 유 건
相在爾室한대 - 네 집안에 있는 것을 보건대
상 재 이 실
尙不愧于屋漏니 - 거의 방 모퉁이에서도 부끄럽지 않으니
상 불 괴 우 옥 루
無曰不顯이라 - 드러나지 않는다하여
무 왈 불 현
莫予云覯라 하라 - 나를 보는 이가 없다고 말하지 말라
막 여 운 구
神之格思를 - 신이 와서 이르심을
신 지 격 사
不可度思온 - 가히 헤아릴 수 없는데
불 가 탁 사
矧可射思아 - 하물며 가히 싫어할 수가 있겠는가.
신 가 역 사

輯: 화목할 집 遐: 멀 하 予: 나 여 覯: 만날 구 度: 헤아릴 탁 矧: 하물며 신

詩曰 奏假無言하야 **時靡有爭**이라 하니 **是故**로 **君子**는 **不賞而**
시왈 주격무언   시미유쟁   시고   군자   불상이

民勸하며 **不怒而民威於鈇鉞**이니라.
민권   불노이민위어부월

奏: 아뢸 주, 나아갈 주 假: 이를 격, 거짓 가, 빌 가 靡: 아닐 미 爭: 다툴 쟁 賞: 상줄 상
勸: 권면할 권 怒: 성낼 노 威: 두려워할 위 鈇: 도끼 부 鉞: 도끼 월

詩經(시경)에 이르길, "(신 앞에) 나아가 (신명에) 감격(感格)하여 말씀이 없어서, 때로 다툼이 있지 않다."고 하니, 이런 까닭으로 군자는 상을 주지 않아도 백성들이 권면하며, 성내지 않아도 백성들이 부월(鈇鉞)보다 더 두려워하느니라.

역해(易解)

詩經(시경) 商頌(상송) 열조편(烈祖篇)의 시(詩)를 인용하여 정성과 공경함의 효험을 말씀하였다.

"奏假無言"은 '지극한 정성과 공경함으로 신 앞에 나아가니, 말이 없는 가운데에 신명이 감응하여 이르심에 감격(感格)한다'는 뜻이다.

'다툴 쟁(爭)'에 '푸를 청(靑)'을 하면, 푸름을 다툰다는 '고요할 정(靜)'이 된다. 마음이 고요하면 정신이 맑아지니 상청정(常淸靜)하면 자연 하늘의 성신(聖神)과 하나 된다. 때로 다툼이 있지 않다는 시미유쟁(時靡有爭)은 푸르른 산과 못이 기운을 통하듯 지극한 성경(誠敬)으로 신 앞에 나아가면 말없는 고요함 속에서 청명한 하늘의 성신(聖神)과 '하나' 되어 다툴 이유가 없다는 뜻이다. '싸울 전(戰)'에 '홑 단(單)'이 들어있는 까닭도 '하나'가 되기 위해 싸운다는 의미다.

이렇게 군자는 백성들을 대할 때도 오직 지극한 정성과 공경으로 대하므로

상을 주지 않아도 스스로 권면하며, 위엄을 보이지 않아도 부월(鈇鉞)보다 더 두려워한다. '상을 주지 않고 위엄을 보이지 않아도(不賞 不怒).'는 말없는 가운데 스스로 저절로 화(化)한다는 의미다. 23장에서 말씀한 '오직 천하의 지극한 정성이어야 능히 감화(感化)하고 변화(變化)시킬 수 있다(唯天下至誠 爲能化).'는 내용과 서로 통한다.

　大學(대학)에도 공자께서 "송사를 들어 판단함이 남과 같으나, 나는 반드시 송사 자체가 없게 할 것이다. 진실성이 없는 자(者)가 허탄(虛誕)한 말을 다하지 못하는 이유는 나의 명덕이 이미 밝아서 백성의 심지가 두려움을 느껴 굴복하기에 송사를 더 듣지 않아도 저절로 없어진다. 이를 일러 근본을 알아 다스린다고 하니라[6].'고 말씀하였다.

　논어 자장(子張)편에도 '군자에게는 세 가지 변화가 있으니 멀리서 우러러보면 엄숙하고, 가까이 다가가면 온화하고, 그 말씀을 들어보면 명확하다(君子有三變 望之儼然 卽之也溫 聽其言也厲)."고 하였다.

　詩經(시경) 商頌(상송) 열조편(烈祖篇)의 시(詩)를 소개하면,

既載淸酤하니 - 이미 맑은 계명주(鷄鳴酒)를 올렸으니
기 재 청 고
賚我思成이며 - 우리에게 (복을) 내려주시고 이루어주시길 바라오며
뢰 아 사 성
亦有和羹이 - 또한 (간을) 조화롭게 맞춘 국이 있으니
역 유 화 갱
既戒既平이어늘 - 이미 제계하고 이미 평안하거늘
기 계 기 평
奏假無言하야 - 신 앞에 나아가 신명에 감격(感格)하여 말씀이 없어서
주 격 무 언
時靡有爭하니 - 때로 다툼이 있지 않으니
시 미 유 쟁
綏我眉壽하여 - 긴 흰 눈썹이 자랄 때까지 우리에게 수명(壽命)을 내려주시어
수 아 미 수
黃耈無疆이로다. - 나이 많은 늙은이(黃耈)가 무강하옵니다.
황 구 무 강

---

[6]. 大學(대학): 子曰聽訟 吾猶人也 必也使無訟乎 無情者 不得盡其辭 大畏民志 此謂知本.

酤: 계명주 고, 하룻밤 사이에 익은 술 賚: 하사할 뢰, 줄 뢰 羹: 국 갱 綏: 편안할 수
眉: 눈썹 미 耆: 늙은이 구

**詩曰不顯惟德을 百辟其刑之라 하니 是故로 君子는 篤恭而天下
시 왈 불 현 유 덕   백 벽 기 형 지   시 고   군 자   독 공 이 천 하
ㅣ平이니라.**
　　평

顯: 드러날 현 惟: 그윽할 유, 생각할 유 百: 모든 백 辟: 임금 벽(제후) 刑: 법할 형, 형벌
형 篤: 도타울 독 恭: 공손할 공

　　시경에 이르길, "드러나지 않은 그윽한 덕을 모든 제후들이 법한다."고 하니, 이런 까닭으로 군자는 공경함을 돈독히 해서 천하가 평평(平平)해지느니라.

역해(易解)

　　불현(不顯)에 대한 설명은 26장에 "시경에 이르길, '오직 하늘의 명이 아! 심원하여 그치지 아니한다.'고 하니, 대개 하늘이 하늘 된 까닭을 말함이고, '아! 드러나지 않겠는가(於乎不顯) 문왕의 덕이 순일하다'고 하니, 대개 문왕이 문(文)이 된 까닭을 말한 것이니, 순일(純一)해서 또한 그치지 않느니라[7]."고 하는 데서 나타난다. 여기에서 오호불현(於乎不顯)은 '아! 어찌 하늘이 뜻이 드러나고 나타나지 않겠는가!'라는 '오호기불현(於乎豈不顯)'의 말과 같다.

　　불현유덕(不顯惟德)은 천자가 공간적으로는 그윽하게 깊으며(幽深) 시간적으로는 아득히 먼(玄遠) 불현(不顯)의 덕이 있어, 그것이 언젠가는 반드시 현저해진다는 뜻이다.

---

[7]. 中庸(중용) 제 26장: 詩云 維天之命 於穆不已 蓋曰天之所以爲天也 於乎不顯 文王之德之純 蓋曰文王之所以爲文也 純亦不已.

백벽기형지(百辟其刑之)는 천자의 불현유덕(不顯惟德)을 모든 제후들이 본받아 법하니, 그 덕이 더욱 깊고 공효가 더욱 멀리까지 간다는 의미다. 형(刑)은 본래 우물 정(井)자 형태인 형틀에다 죄인을 묶어놓고 칼(刂)로 위협하는 데서 '꼴, 본보기, 형벌(刑罰)'을 이른다. 죄인을 형벌하는 것은 법을 집행하는 것이므로 '법, 법하다'로 풀이하기도 한다.

　공(恭)은 '공손(恭遜)하다, 공경(恭敬)하다'는 뜻인데, 공(共)과 '마음 심(心=忄)'이 합쳐진 글자로 보면 '함께, 같이하는 마음'이다. 공(共)은 본래 인사를 나누거나 절과 기도를 할 때 두 손을 하나로 모아 받드는 모습인데, 28(卄+八)과 1(一)을 합친 글자 형태로도 본다. 북극성을 중심으로 천체의 28수가 하나로 합치하여 돌아가는 가운데 군신일체(君臣一體)를 이루고 양 손의 28마디를 하나로 합치하여 두 손 모아 기원하는 것이 다 공(共)을 의미한다.

　따라서 독공(篤恭)은 털끝만한 인욕의 사사로움이 없는 '함께 같이하는 공심(公心)'을 시공을 초월하여 돈독(敦篤)히 한다는 뜻이다. 독공이천하평(篤恭而天下平)은 성인이 이렇게 독공함에 천하가 골고루 평평하게 다스려진다는 것이다. 성인의 지극한 덕이 참으로 깊고 은미해서 공동일체(共同一體)로 자연스레 응하니, 이는 중용(中庸)의 지극한 공효이다.

　詩經(시경) 周頌(주송) 烈文篇(열문편)의 시(詩)를 소개하면,

無競維人을 - 경쟁할 수 없는 오직 훌륭한 사람을
무경유인
四方其訓之하며 - 사방의 나라가 그것을 교훈 삼았고
사방기훈지
不顯維德을 - 드러나지 않은 그윽한 덕을
불현유덕
百辟其刑之하나니 - 모든 제후들이 법한다하니
백벽기형지
於乎라 前王不忘이로다 - 아 앞서가신 임금을 잊지 못하노라
오호　　전왕불망

詩云予懷明德을 不大聲以色이라 하야늘 子ㅣ曰聲色之於以化
시 운 여 회 명 덕　　부 대 성 이 색　　　　　　자　왈 성 색 지 어 이 화
民에 末也ㅣ라 하시니라 詩云德輶如毛ㅣ라 하니 毛猶有倫이어니와
민　　말 야　　　　　　　시 운 덕 유 여 모　　　　　모 유 유 륜
上天之載ㅣ無聲無臭아 至矣니라.
상 천 지 재　무 성 무 취　　지 의

右는 第三十三章이라.
우　　제 삼 십 삼 장

予: 나 여 懷: 품을 회, 생각 회, 마음 회 以: 함께 이 末: 끝 말 輶: 가벼울 유 毛: 털 모
猶: 마치 ~와 같을 유 倫: 차례 륜 載: 일 재 臭: 냄새 취

　　詩經(시경)에 이르길, "내(상제)가 품은 밝은 덕을 소리와 빛으로 크게 나타내지 말라."하거늘, 공자 말씀하시길, "소리와 색으로써 백성을 교화시키는 데에는 말단(末端)이라"고 하시니라. 詩經(시경)에 이르길, "덕의 가벼움이 터럭과 같다."하니, 터럭은 오히려 비교할 수 있거니와, "상천(上天)의 일은 소리도 없고 냄새도 없다."고 하니 (그래야) 지극한 것이니라.

　　우(右)는 제 33장이다.

역해(易解)

　　앞 구절의 불현지덕(不顯之德), 이 구절의 여회명덕(予懷明德) 모두가 덕(德)의 중요성에 대해 말씀하고 있다. 덕(德)은 '득야(得也)라' 즉 하늘이 주신 성품의 덕은 선천적으로 타고난 것이다. 후천적인 덕은 자연의 진리인 도(道)를 내 몸에 체득(體得)하여 행동으로 옮기는 실천적인 힘이다. 글자에도 올곧은 마음으로 실행해나가라는 '직심지행(直心之行)'을 담고 있다.

　　1장에서 '천명지위성이요, 솔성지위도요, 수도지위교니라(天命之謂性 率性之謂道 修道之謂敎).'고 하였다. 사람이 사물을 판단하고 인식하는 슬기로운 덕성(德性)이 하늘의 밝은 명(命)으로부터 비롯되었고, 본래의 천부지성(天賦之性)을 그대로 따름이 길이며, 그 길을 닦아놓은 바가 성현의 가르침이

라는 뜻이다. 명(命)은 주재자인 하늘이 베풀고 사람이 부여받은 바는 성(性)이다.

 大學(대학)의 명명덕(明明德)은 천부지성(天賦之性)에 의한 밝은 내면의 덕을 스스로 돌이켜 밝히라는 뜻이다. 명(明)은 밝힌다는 '명지(明之)'의 뜻이다. 명덕(明德)은 사람이 본래 하늘로부터 얻은 것인데, 허령불매(虛靈不昧)하여 모든 이치를 갖추고 있으며 만사에 응한다. 다만 기질과 품성에 구애되고 사사로운 인욕에 가리게 되면, 때로 혼미(昏迷)하나 그 본체의 밝음은 쉬지 않는다. 배우는 자는 마땅히 그 발휘하는 밝음을 밝혀서 그 처음을 회복해야 한다[8].

 詩經(시경) 大雅(대아) 황의편(皇矣篇)의 시(詩)를 소개하면,

帝謂文王하시되 - 상제님이 문왕에게 이르시되
제 위 문 왕
予懷明德을 - 내(상제)가 품은 밝은 덕을
여 회 명 덕
不大聲以色하며 - 소리와 빛으로 크게 나타내지 말며
부 대 성 이 색
不長夏以革하고 - 가죽으로 형벌함을 길게 하지 않고
부 장 하 이 혁
不識不知하여 - 아는 체도 말고 잘난체도 하지말아서
불 식 부 지
順帝之則이라 하시다 - 상제의 법만을 순히 따라가라 하시다.
순 제 지 칙

 이 시 가운데 "予懷明德 不大聲以色"을 인용하여, 불현지덕(不顯之德)은 바로 명덕(明德)이며 이는 귀로 들리는 좋은 소리와 나타나는 아름다운 색으로 교화(敎化)시키려 함을 대단치 않게 여김을 밝혔다.

 교화(敎化)와 감화(感化)와 덕화(德化)는 하늘이 부여한 밝은 덕성을 내적으로 체득(體得)하여 깨닫는 형이상적인 '마음의 변화(變化)'에서 스스로 비

---

8. 대학장구(大學章句) 주(註) : 明 明之也 明德者 人之所得乎天 而虛靈不昧 以具衆理 而應萬事者也 但爲氣稟所拘 人欲所蔽則有時而昏 然 其本體之明則有未嘗息者 故 學者當因其所發而遂明之 以復其初也.

롯된다. 따라서 공자의 말씀을 인용해서 "외적인 소리와 색은 백성을 교화시키는 데에는 형이하적인 말단적인 일이니, 대단치 않게 생각한다."고 말씀했을 뿐이다. 그러나 오히려 소리와 색은 귀에 들리고 눈에 보이는 존재(存在)이다. 이것이 드러나지 않는 형이상적인 신령(神靈)하고 신묘(神妙)한 덕(德)을 형용하기에는 여전히 부족(不足)하기만 하다. 언설로 이루 다 표현할 수 없는 '무위이화 무위이치(無爲而化 無爲而治)'의 덕치(德治)를 강조한 말씀이다.

詩經(시경) 大雅(대아) 증민시(烝民詩)를 소개하면,

人亦有言호대 - 사람들 역시 말하되
인 역 유 언
德輶如毛나 - 덕의 가벼움이 터럭과 같으나
덕 유 여 모
民鮮克擧之라 하나니 - 백성들이 능히 그것을 들어 올리는 이가 드물다 하니
민 선 극 거 지
我儀圖之하니 - 내가 그 본보기를 헤아려 보니
아 의 도 지
維仲山甫擧之로소니 - 오직 중산보만이 그것을 들어 올리니(펼치니)
유 중 산 보 거 지
愛莫助之로다 - 가엽게 여기지만 도와줄 수가 없도다.
애 막 조 지
袞職有闕이어든 - 袞職(임금의 직책)에 흠이 있거든
곤 직 유 궐
維仲山甫補之로다 - 오직 중산보만이 그것을 보완(補完)하도다.
유 중 산 보 보 지

이 시 가운데 '덕의 가벼움이 터럭과 같다(德猶如毛)'는 구절을 인용했는데, 덕(德)을 왜 '가벼울 유(輶)'로 표현했는가? 유(輶)는 우두머리(酋)가 타는 가볍게 움직일 수 있는 수레(車)라는 데서 '가볍다'는 뜻이다. 거(車)는 일정한 축(丨)에 의해 끊임없이 돌아가는 해(日)의 운행인 '수레'를 의미하기도 한다.

태극에서 음양이 나와 경청(輕淸)한 양의 기운은 하늘, 중탁(重濁)한 음의 기운은 땅이 되어 천지가 개벽한다. 하늘은 우두머리이고 경청한 기운이며, 시간상의 수레바퀴라 할 수 있다. 덕(德)은 사람이 하늘로부터 얻은 것이므로, '가벼울 유(輶)'로 표현한 듯하다. 뒤에 나오는 상천지재(上天之載)의 '재(載)'는 수레(車) 위에다 흙(土)이나 농기구(戈)를 가득 쌓아 싣고서 일하러 가

는 데서 '싣다, 일, 일하다'는 뜻인데, 한 해의 일수(日數)가 쌓여 한 해가 이루어지듯 해의 운행은 하루도 쉼 없다는 의미를 취하여 '해, 일, 일하다'라는 뜻으로도 풀이한다.

'덕이 가벼운 터럭과 같다'는 말로 거의 형용했지만, 터럭은 그 가운데 가장 가볍다는 홍모(鴻毛)도 있고 다른 것도 있어 오히려 비교(比較)하기가 가능하므로 이 또한 형이상적인 신령(神靈)하고 신묘(神妙)한 덕(德)을 말로 형용하기에는 아직 다하지 못한다.

中庸(중용)을 마무리 짓는 詩經(시경) 大雅(대아) 문왕시(文王詩)를 소개하면,

命之不易(명지불이)니 - 천명(天命)은 보전하기가 쉽지 않으니
無遏爾躬(무알이궁)이어다 - 너의 몸에서 끊김이 없어야한다
宣昭義問(선소의문)하며 - 이를 널리 밝히고 의리로써 물으며
有虞殷自天(유우은자천)하라 - 은나라의 흥망을 헤아리는 데는 하늘로부터 하라
上天之載(상천지재) 無聲無臭(무성무취)어니와 - 상천(上天)의 일은 소리도 없고 냄새도 없거니와
儀刑文王(의형문왕)하면 - 문왕을 본받아 법하면
萬邦作孚(만방작부)하리라 - 만방이 진작(振作)하여 믿어 주리라

문왕시(文王詩) 가운데 '상천의 일은 소리도 없고 냄새도 없다(上天之載 無聲無臭)'는 구절을 인용하여, 이런 뒤에야 불현지덕(不顯之德)과 명덕(明德)의 지극함이 표현될 뿐이라고 하였다. 성색(聲色)은 기운만 있지 형체가 없는 미묘한 것인데도 오히려 없다(無之)고 말하였다. 그러므로 오직 '무성무취(無聲無臭)'가 말로써 불현지덕(不顯之德)과 명덕(明德)과 독공(篤恭)의 신묘함을 형용하는 것이 그나마 가능하다. 별도로 이 세 가지 경지 성색(聲色)→터럭(毛)→무성무취(無聲無臭) 단계를 거쳐야 지극한 불현지덕(不顯之

德)과 명덕(明德)에 도달한다고 말한 것은 아니다.

불가의 金剛般若波羅密經(금강반야바라밀)에 나오는 사구게(四句偈)와도 서로 통하는 말씀이다.

若以色見我 (약이색견아) 만약 색으로써 부처님을 보려하거나
以音聲求我 (이음성구아) 음성으로써 부처님을 찾으려하면
是人行邪道 (시인행사도) 이 사람은 올바르지 않는 길(邪道)을 가고 있으니
不能見如來 (불능견여래) 능히 여래(如來)를 만나 뵙지 못할 것이다

역해(易解)

자사께서는 32장에서 "有天下至誠 爲能經綸天下之大經 立天下之大本 知天地之化育"이라는 '상달(上達)의 극치(極致)'를 말씀하였다. 이로써 33장에서는 반구저신(反求諸身)하듯 다시 돌아와 근본에서 구하는 '하학(下學)의 공부과정'을 설명하고 있다.

은미(隱微)하여 드러나지 않는 덕이지만(不顯之德) 언젠가는 현저(顯著)해질 명덕(明德)을 돌이켜 밝히기 위해서는 먼저 위기지학(爲己之學)을 해야 한다. 진실로 자기를 위하는 배움이란 신독(愼獨)하는 일로부터 비롯된다. 제 자신이 혼자 있을때 삼가고 조심함으로써 독공이천하평(篤恭而天下平)하는 성대함을 이루게 된다. 더 나아가 그 신묘함을 찬미해서 무성무취(無聲無臭)의 경지에 이르러야 중용(中庸)에 도달한다고 하였으니, 대개 한 책의 요지(要旨)가 이 33장에 간략하게 요약되어 있음을 알 수 있다. 사람들에게 보이신 뜻과 반복함이 정녕(丁寧)해서 참으로 깊고 간절하므로 하늘이 자강불식(自彊不息)하듯 배우는 자가 그 마음을 다하여 지성무식(至誠無食)해야 하지 않겠는가.

中庸(중용)은 문장을 마치는 종결어미로서 추정(推定→ 矢)하는 뜻을 담은 (厶) '어조사 의(矣)'라는 글자로 경문전체를 끝맺는다.

주역의 384효에 글을 지으신 분은 주공(周公)이다. 공자는 여기에다 부연설명을 하실 때 '이것으로 결정이 났으니 더 이상 손댈 이유가 없다.'하시어 결정사인 '입겻 야(也)'로 끝을 맺었다. 그런데 두 곳은 예외를 두었는데, 그중 하나인 혁(革)괘 3효에 '고쳐 바꾼다는 말이 세 번 나아갔으니 또 어디에 가리오(革言三就 又何之矣)'라는 부연설명이 있다. 시기를 잘 맞추어서 고치고 바꿔야 한다는 혁(革)이라는 글자 속에 '가운데 중(中)'이 들어있음을 유념해 보면 많은 공부단서를 얻을 수 있으리라 생각한다.

달과 중용(中庸)

해와 달의 운행주기

中庸(중용) 33장에 실은 하늘의 달(達)

천지간에 존재하는 생명의 밝음(明)은 하늘에 떠있는 일월의 밝은 덕에 의한다. 주야한서의 도를 펼치며 때를 주재하는 일월은 날과 달로 끝없이 신묘한 주기운동을 하며 나아간다.

공자는 '역유태극(易有太極)'을 말씀하였다. 시공우주와 삼라만상을 낳는 무극한 진리인 태극은 양기와 음기로 천지건곤(天地乾坤)을 열고 밝은 일월로 세월을 운행하며, 오행을 펼쳐 모든 생명을 낳아 기른다. 태극의 참 실상(實相)을 밝혀주는 영원무궁한 진리의 등불이 일월(日月)이다. 우주자연의 운행변화를 해와 달이 가장 상징적으로 보여주기에, 자연변화를 '바꿀 역(易)'이라 표명하는 것이다.

삼오야 밝은 달의 운행도수를 기록한 태음태양력(달력)은 태극의 조화를 담은 책력이다. 그 운행주기가 광대하고 은미하며 정밀하기 그지없다. 청정무구(淸靜無咎)함으로 어둠을 환히 비추는 달은 사물의 근본이치를 막힘없이 두루 통하는 '통달 달(達)'과 서로 통한다. 천부지성(天賦之性)의 참된 회복을 가르친 中庸(중용)의 핵심이 오달도(五達道)와 삼달덕(三達德)이다. 사람의 도덕적 본성도 티끌하나 없는 설야(雪夜)의 보름달처럼 본래 무사무위(无思无爲)하다.

中庸(중용)은 개천(開天) 즉 하늘의 문(門)을 여는 천서(天書)이다. 앞머리 1장이 '천명지위성(天命之謂性)'의 하늘로부터 시작하여, 마지막 33장이 소리와 냄새도 없는 '무성무취(無聲無臭)'의 극진한 하늘에 대한 문장으로 끝맺는다.

重天乾

하늘의 별자리 가운데 상하남북으로 도는 28수를 경성(經星), 일월운행을 따라서 좌우동서로 도는 수화목금토 5성을 위성(緯星)이라고 한다. 천체 경위(經緯)의 일체가 33이 되므로 33천이라고 한다. 천체하늘의 주천(周天)을 대표하는 건(乾)괘의 획상(畫象)이 상하 三三(33)이다. 달력도 윤달을 포함한 33 삭망월이 부모자(父母子) 주기로 일심동체를 이루며 돌아간다[1].

中庸(중용)에는 33 삭망월의 달력주기와 3변하여 8괘를 펼치는 周易(주역)의 태극원리가 깊이 비장되어 있다. 中庸(중용)과 내외로 한 짝이 되는 대학경문의 3강령 8조목과 대학전문의 10장(64절목) 등도 마찬가지이다.

태음태양력(달력)

書經(서경) 堯典(요전)편에는 이미 4천여 년 전에 요임금이 신하인 "희씨(羲氏)와 화씨(和氏)에게 명을 내려서 밝은 하늘을 공경순종하고 일월성신을 역상(曆象, 책력과 관측도구를 만듦)하여 사람들에게 때를 공경히 전해주도록 하라[2]."는 명을 내리며, "한해의 운행도수(朞)는 366일이므로 윤달로써 사시를 측정하여 해를 이루게 하라[3]."는 대목이 나온다. 당시에 이미 일월성신의 운행을 측량할 수 있는 천문기구와 달력이 사용되었음을 알 수 있다.

천하 만민을 경륜하는 왕도(王道)는 중도(中道)를 바탕으로 한다. 書經(서경) 舜典(순전)편에 순임금이 대우(大禹)에게 천하를 다스릴 때에 오로지 중(中)을 잡아야 한다는 '윤집궐중(允執厥中)'을 강조한 기록이 전한다. 달력에

---

1. 조선 세종 때부터 밤을 오경(五更: 다섯 가지의 시각변경)으로 나누어 종루(鍾樓, 훗날의 보신각)에서 때를 알려주는 종을 쳤다. 사람들이 일과를 시작하도록 제 5경 인시(寅時) 중반인 새벽 4시쯤 새벽을 알리는 33회 파루(罷漏, 바라. 人門이 열리는 人生)의 종을 치고 성문을 열었다. 제 2경 해시(亥時) 중반인 밤 10시쯤에 통금을 알리는 28회 인경(人更, 人門이 닫히는 人定)의 종을 쳐서 성문을 닫은 다음 야경(夜警)을 위한 순라(巡邏)를 돌았다. 오늘날에도 한 해가 끝나는 12월 31일 날에는 제야(除夜)의 자정 12시가 되면 종로 보신각(普信閣)에서 33번의 종을 쳐서 밝은 새해를 맞이한다.
2. 書經(서경) 堯典(요전) : 乃命羲和 欽若昊天 曆象日月星辰 敬授人時
3. 書經(서경) 堯典(요전) : 朞 三百有六旬有六日 以閏月 定四時成歲

서의 중도(왕도)는 일월운행의 중간(中間) 역수인 윤(閏, 王門)이다. 주역원리로 살피면 일월운행의 교합으로 생성된 윤달[4]은 천지음양의 신묘한 산물이다.

周易(주역) 계사전(繫辭傳)에 공자께서 서죽(筮竹, 댓가지) 50개비로 괘효를 얻는 50대연(大衍)의 서법(筮法)을 윤달을 생성하는 일월의 기삭(氣朔) 생성법도에 근거하여 해설한 문장이 나온다[5].

달력에서 윤달을 빼버리면 처음 3년까지는 계절과 달력이 대략 맞지만 점차 한 달이 벌어지고 봄이 여름이 되는 등 춘하추동 사계절의 시기가 어긋난다. 상고시대에는 대략 윤달을 3년 만에 1달, 5년에 또 1달을 두었다. 점차 세월이 흐르면서 더욱 정확한 윤법인 19년에 7달을 두는 방편을 썼다. 윤달을 넣어 완전한 해를 이룬다는 문구가 千字文(천자문)의 '윤여성세(閏餘成歲)'이다.

윤달을 복잡하게 두고 24절기를 병용하는 등 여러 가지 불편함에도 불구하고 오랫동안 동양에서는 일월의 운행주기를 결합한 태음태양력인 달력을 사용해왔다. 전래고유의 음양오행사상에 부합하기도 하지만 농경사회에서 때를 정확히 예측하게 하여 농사를 지을 수 있게 하였을 뿐만 아니라 어로생활에 있어서도 달의 변화에 따른 조수의 간만시기를 알 수 있었기 때문이었다. 사람의 삶도 자신에게 주어진 시기를 깨닫지 못하면 평생 '철부지(節不知)'로 살아가게 된다. 모든 시절인연이 중간(中間)의 때로 말미암기에 '때문'이라는 용어도 나왔다.

역수(曆數)를 실은 책력(冊曆)의 기본은 해와 달의 도수이며, 낮밤을 낳는 일월의 운행은 역수의 바탕인 하루를 낳는다. 일월음양의 상대성과 조화합일

---

4. 대략 달력의 기본주기인 삭망월의 역수는 29.53일(29 $\frac{499}{940}$일)이며 12삭망월 역수는 354.367일(354 $\frac{348}{940}$일)이다. 반면에 지구 공전주기는 365.2422일(365 $\frac{235}{940}$일)이므로 일월역수의 간격이 자연 10.87일(10 $\frac{827}{940}$일) 발생한다. 이를 윤(閏)이라고 하는데, 치윤법(置閏法)으로는 5년에 2개월의 윤달을 넣는 재윤법(再閏法)과 8년에 3개월의 윤달을 넣는 삼윤법(三閏法), 19년에 7개월의 윤달을 넣는 장법(章法= 七閏法) 등이 대표적이다.

5. 周易(주역) 계사전(繫辭傳): 大衍之數 五十 其用 四十有九 分而爲二 以象兩 掛一 以象三 揲之以四 以象四時 歸奇於扐 以象閏 五歲 再閏 故 再扐而後 掛.

에 따라 책력의 종류도 크게 삼재(三才)의 법도로 나눈다.

① 지구의 공전주기에 따른 태양력
② 달의 변화주기(삭망월)에 따른 태음력
③ 윤달을 두어 계절과 역수가 합치하도록 태음태양력(속칭 달력)

태양력(天)과 태음력(地)을 음양부모로 한 고대 동양의 전통책력이 60간지를 쓰는 태음태양력(人)이다.

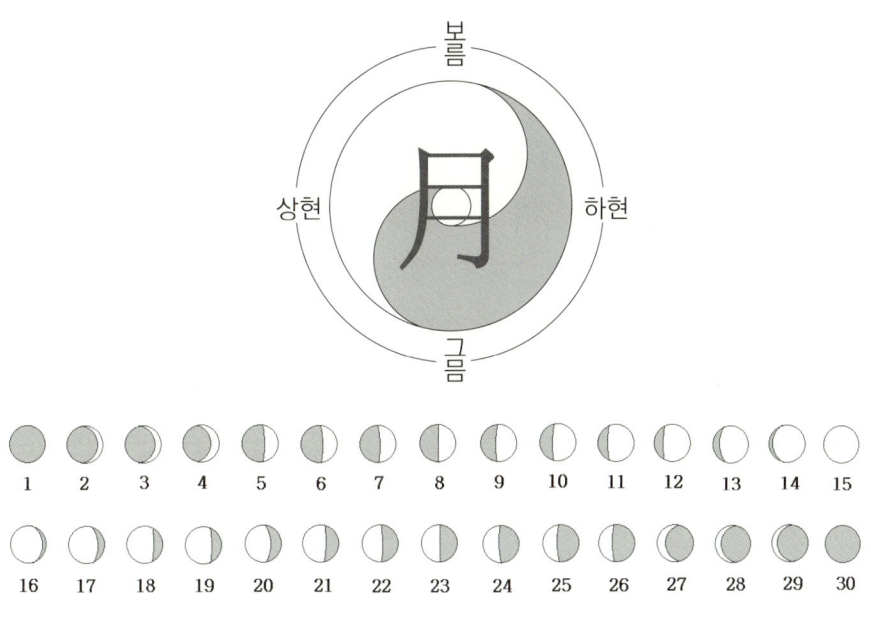

회현삭망(晦弦朔望)으로 변화하는 달의 위상(位相)

달력에서는 일양(日陽)을 좌측 동방에 두고 월음(月陰)을 우측 서방에 두어 정위(正位)로 삼는다. 달은 대월인 30일과 소월인 29일로 구분된다. 서쪽에서 동쪽으로 점차 달의 위상이 자라서, 초하루에는 보이지 않다가 초 3일에는 초승달과 초 8일에는 상현달을 거쳐 보름인 15일에는 만월(滿月)로 둥근 '달밭(胃. 月田)'이 채워진다. 그 과정에서 '삼오칠(三五七, 사무칠) 밝은 달'이란 말도 비롯되었다.

보름 이후로는 이와 정반대방향으로 점차 달의 위상이 줄어들어 23일에는 하현달이 되고 그믐인 30일(또는 29일)에는 달밭이 다 비워진다.

달의 삭망주기 → 삭망월($29\frac{499}{940}$일)

> 1 태양년: 약 365.242198일(지구 공전주기)
> 1 삭망월: 약 29.530588일(달의 합삭일로부터 다음 달 합삭일 전)
> 1 태음년: 약 354.367056일(12삭망월)
>
> 한 해의 중정(中正)한 상수(常數)인 360일에 기준하면
> 과도한 태양역수 5일과 $\frac{235}{940}$일 → 기영(氣盈 기운이 넘친다)
> 부족한 태음역수 5일과 $\frac{592}{940}$일 → 삭허(朔虛 초하루가 빈다)
> 이 기영과 삭허를 합한 10일과 $\frac{827}{940}$일 → 한 해의 기삭(氣朔)

책력의 기본역수와 달의 기삭(氣朔)

천체와 일월오성(日月五星)은 모두 시계방향(오른쪽에서 왼쪽)으로 회전하여 하루 동안에 천체운행이 약 1도씩 진행하여 1년에 $365\frac{1}{4}$도를 돈다.

해도 천체를 따라 하루를 운행하지만 천도에 비한다면 늘 1도가 부족하다. 달은 하루에 천도에 비해서는 $13\frac{7}{19}$도, 해의 운행(日行)에 비해서는 $12\frac{7}{19}$도가 미치지 못한다[6].

달의 소식영허(消息盈虛)에 의하여 회현삭망(晦弦朔望)이 반복하는 주기는 $29\frac{499}{940}$일이다. 고대동양의 달력은 940분법을 사용하였다. 19년을 주기로 7개월의 윤달을 두는 '칠윤법(七閏法)'을 '장법(章法)'이라고도 한다.

'빛날 장(章)'은 일월운행이 합치하는 순환주기로, 날(日)이 바뀌어 새로워짐을(辛→新) 뜻한다. 4장(章)은 4×19=76년으로 총 삭망월수가 940(912평월+28윤월)이다.

주나라의 역인 周易(주역)은 기본적으로 '주기변화'를 밑바탕으로 한다. 천도운행의 '절이제도(節以制度)'와 '중정이통(中正以通)'을 중심으로 하여 천

---

[6]. 일월의 회합과 달의 삭망주기를 구하는 식은 다음과 같다.

$12\frac{7}{19} \times y = 365$와 $\frac{1}{4}$ [y= 辰 즉 삭망주기]

$\frac{235}{19} \times y = \frac{1461}{4}$, 따라서 $y = \frac{4}{1461} \times \frac{19}{235} = \frac{27759}{940} = 29\frac{499}{940}$

순태음 32 삭망월(순서)	朔望月주기 ($29\frac{499}{940}$일)	역수의 과불급(+,−)	순태음 32 삭망월(순서)	朔望月주기 ($29\frac{499}{940}$일)	역수의 과불급(+,−)
제1월(대월) 30일	$29\frac{499}{940}$일	$+\frac{441}{940}$일	제17월(대월) 30일	$502\frac{23}{940}$일	$+\frac{917}{940}$일
제2월(소월) 29일	$59\frac{58}{940}$일	$-\frac{58}{940}$일	제18월(소월) 29일	$531\frac{522}{940}$일	$+\frac{418}{940}$일
제3월(대월) 30일	$88\frac{557}{940}$일	$+\frac{383}{940}$일	제19월(대월) 30일	$561\frac{561}{940}$일	$+\frac{859}{940}$일
제4월(소월) 29일	$118\frac{116}{940}$일	$-\frac{116}{940}$일	제20월(소월) 29일	$590\frac{580}{940}$일	$+\frac{360}{940}$일
제5월(대월) 30일	$147\frac{615}{940}$일	$+\frac{325}{940}$일	제21월(대월) 30일	$620\frac{139}{940}$일	$+\frac{801}{940}$일
제6월(소월) 29일	$177\frac{174}{940}$일	$-\frac{174}{940}$일	제22월(소월) 29일	$649\frac{638}{940}$일	$+\frac{302}{940}$일
제7월(대월) 30일	$206\frac{673}{940}$일	$+\frac{267}{940}$일	제23월(대월) 30일	$679\frac{197}{940}$일	$+\frac{743}{940}$일
제8월(소월) 29일	$236\frac{232}{940}$일	$-\frac{232}{940}$일	제24월(소월) 29일	$708\frac{696}{940}$일	$+\frac{244}{940}$일
제9월(대월) 30일	$265\frac{731}{940}$일	$+\frac{209}{940}$일	제25월(대월) 30일	$738\frac{255}{940}$일	$+\frac{685}{940}$일
제10월(소월) 29일	$295\frac{290}{940}$일	$-\frac{290}{940}$일	제26월(소월) 29일	$767\frac{754}{940}$일	$+\frac{186}{940}$일
제11월(대월) 30일	$324\frac{789}{940}$일	$+\frac{151}{940}$일	제27월(대월) 30일	$797\frac{313}{940}$일	$+\frac{627}{940}$일
제12월(소월) 29일	$354\frac{348}{940}$일	$-\frac{348}{940}$일	제28월(소월) 29일	$826\frac{812}{940}$일	$+\frac{128}{940}$일
제13월(대월) 30일	$383\frac{847}{940}$일	$+\frac{93}{940}$일	제29월(대월) 30일	$856\frac{371}{940}$일	$+\frac{569}{940}$일
제14월(소월) 29일	$413\frac{406}{940}$일	$-\frac{406}{940}$일	제30월(소월) 29일	$885\frac{870}{940}$일	$+\frac{70}{940}$일
제15월(대월) 30일	$442\frac{905}{940}$일	$+\frac{35}{940}$일	제31월(대월) 30일	$915\frac{429}{940}$일	$+\frac{511}{940}$일
제16월(連대월) 29일+1윤일	$472\frac{427}{940}$일	$-\frac{464}{940}$일 → $+\frac{476}{940}$일	제32월(소월) 29일	$944\frac{928}{940}$일	$+\frac{12}{940}$일

32삭망월의 삭망주기 945일(삭망윤일과 연대월)

도와 인사의 자연한 흐름(질서)을 두루 밝힌 글이다. 그 핵심(核心)과 정화(精華)를 모은 글이 中庸(중용)이다. 야산(也山) 선생의 말씀대로 大學(대학)은 주역의 관문이고 中庸(중용)은 소주역이다.

　대학과 중용은 사물과 본성에 내재된 근본이치를 학문적으로 조리(條理)있게 제시한다. 대자연의 흐름과 질서(秩序)를 본받아 사물을 정돈하고 인생을 조리하려는 데에서 예(禮)도 나왔다. 고본 禮記(예기)에 대학과 중용 두 편을 넣은 이유라 할 수 있다. 내면의 밝은 심성(心性)은 어두운 밤을 환하게 비추는 달과 통한다. 소주역인 중용을 공부할 때는 달의 운행을 사유(思惟)하고 이해(理解)하는 것은 매우 중요하다. 이 책 속에 달력법도를 상세히 소개하는 근본연유이다.

주역괘서와 달

　먼저 공자가 64괘의 순서를 밝힌 주역의 序卦傳(서괘전) 해설을 살펴보자.

> 상경(上經) - "하늘(1)과 땅(2)이 있은 뒤 만물(3)이 생겨난다. 천지 사이를 꽉 채운 것이 만물이므로 건곤(乾坤) 다음 둔(屯)이 뒤를 잇는다[7]."
> 하경(下經) - "천지와 만물, 남녀, 부부, 부자, 군신, 상하의 자연스런 관계흐름에서 예의법도가 비롯된다. 하나로 함께 하려면 반드시 예를 갖추어야 한다. 일심동체로 짝하는 부부의 도는 항구하다. 그러나 계속 한곳에 오래 거처할 수만은 없으므로 함항(咸恒) 다음에 물러나 숨는다는 돈(遯)이 뒤를 잇는다[8]."

---

[7]. 周易(주역) 서괘전(序卦傳): 有天地然後 萬物 生焉 盈天地之間者 唯萬物 故 受之以屯.
[8]. 周易(주역) 서괘전(序卦傳): 有天地然後 有萬物 有萬物然後 有男女 有男女然後 有夫婦 有夫婦然後 有父子 有父子然後 有君臣 有君臣然後 有上下 有上下然後 禮義有所錯 夫婦之道 不可以不久也 故 受之以恒 恒者 久也 物不可以久居其所 故 受之以遯.

상경 30괘는 천도(선천), 하경 34괘는 인사(후천)에 각기 관련된다. 상경은 건(乾, 1)과 곤(坤, 2)을 거쳐 둔(屯, 3), 하경은 함(咸, 31)과 항(恒, 32)을 거쳐 돈(遯, 33)으로 시작한다.

대자연은 밝음과 어둠, 양과 음을 대표하는 건곤(乾坤)의 도로써 먼저 천지를 연 다음, 일월(日月)을 통하여 주야한서(晝夜寒暑)의 무궁한 세월을 펼친다. 천지를 나타내는 건곤(乾坤)은 해(日)와 달(月)의의 운행을 펼치는 부모로서 본체이고 바탕이 된다.

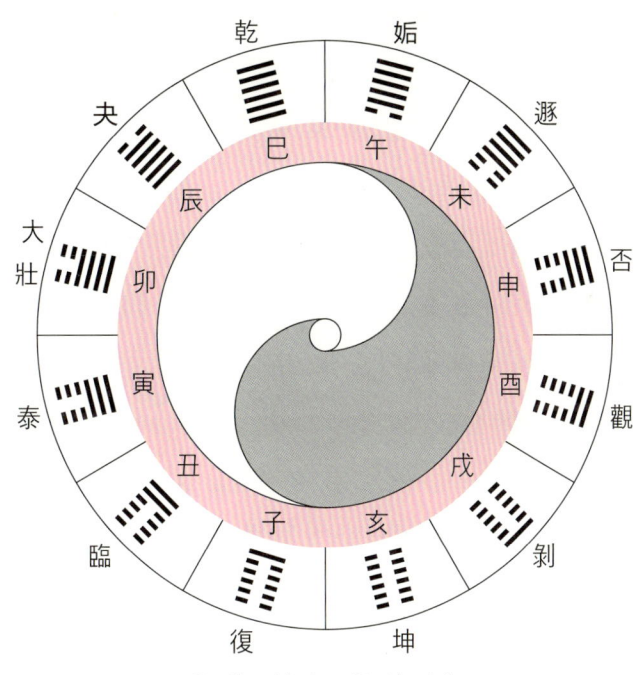

12월령(月令)과 12월괘(月卦)

하루로는 6양의 건(乾)이 자축인묘진사(子丑寅卯辰巳)의 선천오전을, 6음의 곤(坤)이 오미신유술해(午未申酉戌亥)의 후천오후를 각기 펼친다. 건곤(乾坤)의 음양배합에 의한 둔(屯)의 시생(始生)이 곧 12시로 이루어진 하루이고 12월로 이루어진 한 해이다.

둔(屯)은 모태인 자궁 안 양수(☵) 속에서 어린 생명이 꿈틀거리며 태동(☳)하는 상이다. 하루 뿐 아니라 초하루와 보름으로 차고

水雷屯

달과 중용(中庸) 343

비는 한 달도 건곤의 배합에 의한다[9]. 상경의 30괘도 한 달의 상수인 30일에 상응한다.

역경(易經)의 대성 64괘가 32괘로 배합되므로, 건곤 2괘가 서로 짝하여 생성되는 달로써 계산하면 상수 32삭망월로 간단히 압축된다.

하경 순서는 먼저 일월이 왕래 교역하여 32삭망월로 한 몸을 이루는 가운데 1월의 윤달이 뒤따라 가산되는 달력법도로 시작된다. 일월남녀가 주야(晝夜)로 오가며 함께하여(咸) 한 달인 삭망월을 생성하고, 대월(30일)과 소월(29일)이 벗하여(朋) 32삭망월(945일)로 부부가 되는(恒)[10] 가운데 자식인 윤달을 낳는(遯) 흐름이다. 윤월(閏月)은 평상적인 달들과 달리 불어날 달로 부모로부터 태어난 어린 자식(子息)과 같으므로, 은둔(隱遯)을 의미하는 遯이란 글자에 '새끼도야지 돈(豚)'이 들어있다. → '불어날 식(息), 쉴(숨쉴) 식(息)'

雷風恒

32삭망월에 상응한 32번째 괘인 항(恒)은 나무가 줄기(☴) 아래로 뿌리(☳)를 내린 실상(實相)과 같다. 불가에서의 32상(相)과도 상응한다. 64괘명(卦名) 가운데 심부(心部)가 들어간 괘는 이 항(恒)이 유일(唯一)하다. 항(恒=恆)은 일월(日月)이 천지(二) 사이를 항구하게 왕래하는 형상으로 남녀가 부부로 배합함을 나타낸다. 공자는 항괘를 본받아 "서서 방소를 바꾸지 않는다."는 '입불역방(立不易方)'을 말씀하였다. 늘 언제나 항구하게 아래로 뿌리를 내리고 위로 줄기를 뻗는 나무와 같이 불역(不易)의 변함없는 항구법도를 세우라는 가르침이다.

이 32삭망월을 기본주기로 기영 14일이 출(出, ☰)하고 삭허 15일이 입(入, ☷)하는 '기삭성윤(氣朔成閏)'이 자연스럽게 일어나므로, 부부의 항괘(恒卦)

---

[9]. 상경 30괘를 한 달의 상수 30일로 간주하면 삭망(朔望)으로 차고 비는 '달 월(月)'이 된다. 달이 차고 비는 흐름이 태극의 음양지도(陰陽之道)와도 같다. 건곤 다음의 둔(屯)도 초사흘에 비로소 모습이 나타나기 시작하는 초승달의 역상(曆象)이다.

[10]. 삭망월은 초하루에서 보름을 거쳐 다시 초하루로 반복되는 달의 주기로 약 29.53일이다. 대월(30일)과 소월(29일)을 합친 59일이 朋(벗 붕)에 해당하는데, 우수리 0.06일이 쌓여 삭망윤일(朔望閏日)인 하루가 생성된다. 이를 가산하면 16朋(32삭망월)마다 총 945일을 이룬다. 삭망윤일은 32평월의 핵심 씨눈인 항심(恒心)에 비견된다.

다음에 자식에 해당하는 돈괘(遯卦)가 그 뒤를 잇는다.

32삭망월은 평상적인 달로서 30일의 대월과 29일의 소월로 나뉜다. 항(恒)괘의 위에 처한 장남 진목(震木, ☳)은 큰 대월에, 아래에 처한 장녀 손목(巽木, ☴)은 작은 소월에 비견된다. 장남장녀는 남녀가 장성(長成)하여 부부로 짝한 상태이므로 삭망월 주기를 완전히 이룬 성장한 나무본체에 해당한다. 대월 30일과 소월 29일로 나눈 것은 양목음목과 장남장녀의 대소(大小)에서 유래한다.

周易(주역) 64괘로 보면 건곤의 음양배합에 의해 차고 비는 삭망월이 생성되므로 32배합괘는 32개월의 삭망월에 비견된다. 태극이 펼치는 64괘가 작게는 32삭망월로 간단히 압축 요약되는 것이다.

삭망윤일(朔望閏日)[11]과 연대월(連大月)

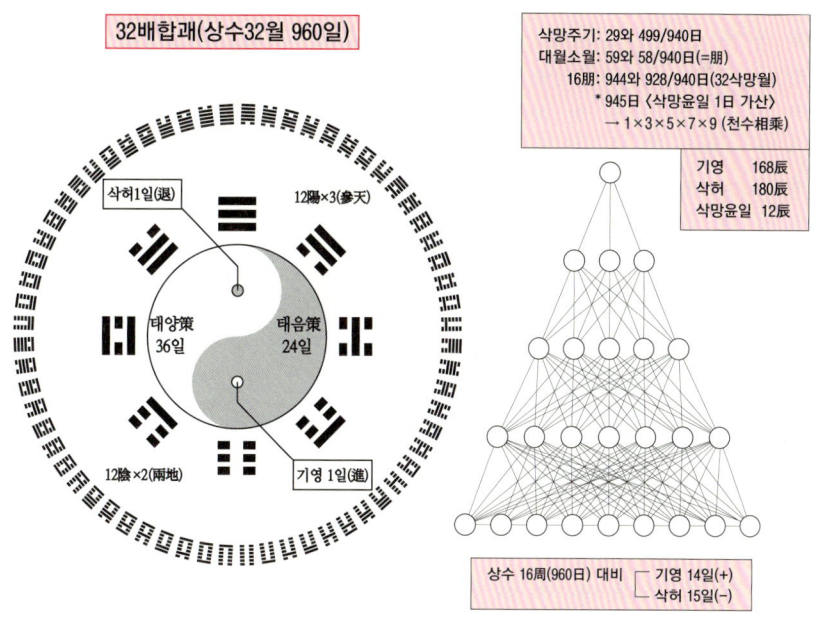

32삭망월(945일) 주기로 생성되는 삭망윤일(태음윤일)

---

11. 약 29. 5306일의 삭망주기가 거듭한 두 달의 역수가 59. 0612일이다. 이를 16회 거듭한 32개월의 역수가 944.9792일이다. 우수리 0.9792일에 의한 하루가 평달에 가산되는데, 이를 삭망윤일(태음윤일)로 표명(表明)한다.

미미한 우수리가 쌓여 생성되는 삭망윤일은 32삭망월을 기본주기로 1일씩 늘어난다. 평상적인 달의 중심(中心)에 해당하므로 달력의 항심(恒心, 本心)으로도 간주된다. 32삭망월의 945일은 천수(天數)인 1, 3, 5, 7, 9를 모두 곱한 역수(曆數)로 천진무망(天眞无妄)의 티 없는 본성을 보여준다. → p341

삭망윤일 1일은 대월(30)일과 소월(29일)로 진행되는 32삭망월 전반부가 끝나는 16번째 삭망월의 마지막 날짜로 넣는데, 제 15월(대월) 제 17월(대월) 사이를 잇는 16번째의 연속된 대월을 '연대월(連大月)'이라고 한다.

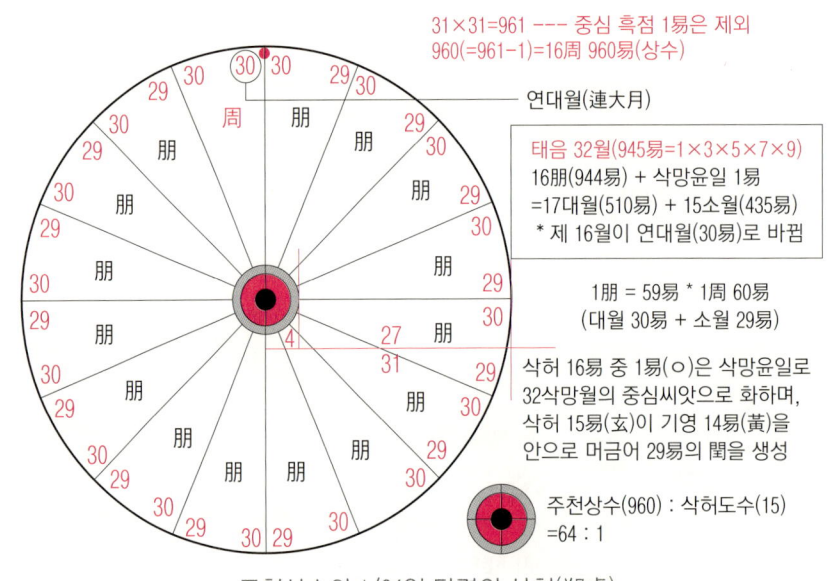

주천상수의 1/64인 달력의 삭허(朔虛)

예(豫)는 16周(상수, 16×60=960)에 상응하는 16번째 괘이다. 주공은 다섯 음효를 홀로 이끄는 양효인 4효에 대해 "유예(由豫)라. 대유득(大有得)이니 물의(勿疑)면 붕(朋)이 합잠(合簪)하리라."고 말씀하였다. 삭망윤일 하루가 나와서 연대월을 형성함이 마치 비녀를 꽂은 여자들이 모여들듯이 32개월의 평달(16朋)로 일심동체가 되는 형상(形象)과도 같다.

유예(由豫)는 '말미암아 즐거워진다.'는 뜻이다. 예(豫)는 땅밖(☷)으로 싹(☳)이 터 나오는 모습으로 탄생의 기쁨과 즐거움을 뜻하는 괘이다. 예(豫)는 이 세상에 출생한 '내 자신(予)의 모습(象)' 또는 코끼리(象)가 코를 앞으로 내밀어(予) 물건을 잡는 모습을 가리키는 문자이다.

괘사에선 "제후를 내세워 무리를 이끌음이 이롭다(利建侯行師)."고 하였는데, 삭망윤일의 주도로 944일이 함께 안정을 이루는 역수(曆數)의 이치와도 잘 통한다. → 예(豫)괘 구사(九四)의 '유예 대유득(由豫 大有得)'

윤달과 무중치윤(無中置閏)

계절과 합치하기 위해 두는 달력의 24기(氣)는 월초로 간주되는 12절기(節氣)와 월중으로 간주되는 12중기(中氣)로 나뉜다. 윤달은 달의 중심인 중기(中氣)를 주장할 수 없으므로 중기가 없는 달에 두어야 하는데, 이를 '무중치윤(無中置閏)'이라고 한다. 평달의 경우는 상하의 간지(干支)가 배합된 60간지를 월령(月令)에 배정하지만 윤달은 월령(月令)의 간지가 은둔(隱遯)된다. 독자적인 간지를 쓸 수 없고 앞 달 월령을 대용(代用)하여 표명할 뿐이다.

(初)			(半)
	小寒	丑	大寒
	立春	寅	雨水
	驚蟄	卯	春分
〈節氣〉	淸明	辰	穀雨
	立夏	巳	小滿
	芒種	午	夏至
	小暑	未	大暑
	立秋	申	處暑
	白露	酉	秋分
	寒露	戌	霜降
	立冬	亥	小雪
	大雪	子	冬至

월령과 절기·중기

절기 (初)	입춘 立春 2.4	경칩 驚蟄	청명 淸明	입하 立夏	망종 芒種	소서 小暑	입추 立秋	백로 白露	한로 寒露	입동 立冬	대설 大雪	소한 小寒
월령	正月 (寅)	2월 (卯)	3월 (辰)	4월 (巳)	5월 (午)	6월 (未)	7월 (申)	8월 (酉)	9월 (戌)	10월 (亥)	11월 (子)	12월 (丑)
중기 (半)	우수 雨水 2.19	춘분 春分 3.21	곡우 穀雨	소만 小滿	하지 夏至	대서 大暑	처서 處暑 8.23	추분 秋分	상강 霜降	소설 小雪	동지 冬至 12.22	대한 大寒

12월령과 24기(절기와 중기)

역수의 중문(中門)

천지배합에 의한 60간지는 과불급(過不及)이 없는 중정(中正)한 역수이다. 양선음후(陽先陰後)와 양대음소(陽大陰小)의 기본법칙은 일행(日行)의 기영(氣盈)과 월행(月行)의 삭허(朔虛)에도 그대로 적용된다[12].

60일의 주기(週期)를 한 바퀴 빙 도는 '둘레 주(周)'는 기삭(氣朔)을 생성하는 관문(門)으로서 과불급(過不及)이 없는 달력상의 중(中)에 해당한다. 이를 기틀로 하여 양기가 주장하는 일양(日陽)은 하루 앞서 나아가 기영(氣盈)을, 음기가 주도하는 월음(月陰)은 하루 늦게 뒤처져 삭허(朔虛)를 낳는다.

주(周)에 기준한 기삭변화가 역(易)이므로 주역(周易)이 된다. 햇살(日)이 드는 문(門)의 틈새를 뜻하는 '사이 간(間)'과 기삭배합을 뜻하는 '윤달 윤(閏)'도 달력원리에서 파생된 글자라 할 수 있다. '문 문(門)' 또한 60의 1갑(甲)을 좌우로 벌린 형상으로서 60일의 주(周)와 서로 통한다.

하늘의 원형이정(元亨利貞)

인문유학의 근본바탕인 천도는 대자연 천체의 일월운행으로 대표된다. 달의

---

12. 둥근 해와 하룻날의 주야운행을 뜻하는 '날 일(日)'은 천(天)의 1로 대표되며, 태극의 절대성(부동불역)을 상징한다. 조각달과 30일의 날(日)을 싣는 배(舟)를 표상한 '달 월(月)'은 지(地)의 2로 대표되며, 음양의 상대성(변화교역)을 상징한다.
한 획으로 이어진 하늘의 양(-)은 실(實)하여 동적이고 두 획으로 나뉜 땅의 음(--)은 허(虛)하여 정적이다. 周易(주역)의 상수리(象數理)는 주야의 밝음과 어둠을 조명하는 일월(日月)로 천지음양의 도를 극진히 밝힌다.

초하루에서 그믐에 이르는 정확한 삭망주기는 약 29.530588일이다. 달은 기본적으로 30일의 대월(大月)과 29일의 소월(小月)로 구성되며, 대월과 소월을 합친 59일(실제 59.0612일)이 곧 '벗 붕(朋)'이다.

59일의 붕(朋)으로 짝을 이루어 진행하는 월행(月行)에서 60일보다 미치지 못하는 1일이 삭허(朔虛)이고 60일보다 넘치는 일행(日行) 1일이 기영(氣盈)이다. 4년을 기본주기로 기영 21일이 기본적으로 발생한다. 여기에서 하늘의 운행법도를 가리키는 '하늘 건(乾)'이란 글자가 세워졌다.

주역경전의 첫 대목이 '건원형이정(乾元亨利貞)'이다. 춘하추동 4시 운행에 의해 만물이 생성하는 굳건한 하늘의 도를 정의한 말씀이지만, 4년 주기로 생성되는 기영 21일이 건(乾)의 원형이정에 의함을 밝힌 문장이기도 하다. 日은 甲과 통하므로 기영 21일을 기영 21甲으로도 풀이한다.[13]

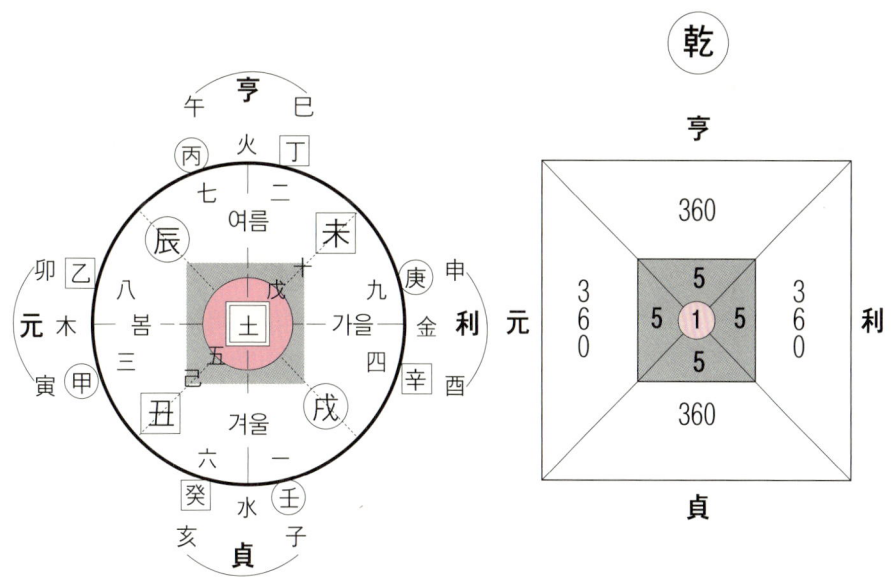

춘하추동 4계 및 4년의 주천도수(乾 元亨利貞)

13. 소자(邵子)는 '황극경세도(皇極經世圖)'에서 천도운행의 대주기인 1元(129,600년) 가운데 만물의 생성활동이 펼쳐지는 개물(開物)의 기간을 86,400년으로 배정하였다. 필자가 보기엔 개물(開物)은 기영도수인 21甲(1,260년)으로 물(物)이 열림을 의미한다. 하루로 보면 인시 중반에 일어나 술시 중반에 일과를 마치는 周易(주역) 건괘(乾卦) 3효에 나오는 '종일건건(終日乾乾)'이다.
1원(元) 12회(會)로 넓혀보면 인회(寅會) 중반에서 술회(戌會) 중반까지의 86,400년이 만물이 활동하는 개물기이다. 술회 중반에서 다시 인회 중반까지의 43,200년은 만물이 휴식하는 폐장(閉藏)시기로 폐물기이다.

'따 곤(坤)'이란 글자에도 하늘이 베푸는 강건한 양기를 땅(土)이 유순히 받아들여 펼침으로써(申: 21日) 생명이 화육됨을 담아놓았다. 천지만물을 주재하는 '건(乾)'과 '곤(坤)'에는 천간의 甲乙丙과 지지의 申이 각기 들어있다. 이와 함께 4년 주기의 '원형이정(元亨利貞)'으로 발생하는 21일의 교역수수(交易授受) 이치까지 넣어놓았다. 건곤(乾坤)은 周易(주역)과 大學(대학), 中庸(중용)을 비롯한 전체 유학경전의 세계를 활짝 여는 대문의 빗장열쇠이다.

공부(工夫)는 끊임없는 문답(問答) 과정이다. 千字文(천자문)이 周易(주역)에서 말씀한 '천지현황(天地玄黃)'의 문구에서 시작하듯이 건곤문답(乾坤問答)으로부터 천지일월의 근본도리를 깨닫고 인생의 진리를 찾는 실체공부의 문도 활짝 열린다.

문답을 통하여 참 깨달음을 얻는 大學(대학)이라는 경전에서는 사물의 이치를 지극히 감통(感通)하여 알아내는 '격물치지(格物致知)'로써 설명한다. 周易(주역)에서는 '극수지래지위점(極數知來之謂占)' 즉 수를 극진히 헤아려 닥쳐오는 미래사의 일을 알아내는 것이 점(占)이라고 하였다.

야산선생은 周易(주역)의 핵심이 건(乾)괘의 중정(中正)한 구오(九五)이며, 周易(주역)의 극치점이 변통하는 점(占)이라고 말씀하였다. 점(占)은 점(點)과 통한다. 사물의 길흉득실을 예측하는 것만이 아니라 삶을 살아갈 때에 사물을 보는 초점(焦點)과 관점(觀點), 시점(時點)을 정확히 점찍어 판단하는 것이다[14].

건(乾)에 담긴 하늘세계

성인이셨던 문왕(文王)은 삼라만상을 창조하여 거느리는 주인공은 하늘이

---

[14]. 과녁의 중심을 꿰뚫는 '과녁 혁(革)'은 건곤일관(乾坤一貫)과 지행합일(知行合一)을 대표하는 괘로서, 중용(中庸)의 중(中)과 합한다. 혁괘에서 중정(中正)을 대표하는 구오(九五) 효사에 '대인호변(大人虎變)'과 '미점유부(未占有孚)'가 나온다. 가을철이 되면 범이 털갈이하듯이 대인이 위엄 있게 변하여 혁신하여 나아가므로 점칠 필요가 아예 없다는 뜻인데, 64괘사와 384효사 중에서 여기에만 특별히 점(占)을 언급하였다. 모든 것을 개혁(改革)하는 천도변화의 그 시점이 참으로 중차대(重且大)하다는 뜻이다. 공자는 이 혁괘에 대해 책력도수를 다스려 후천변혁의 시기를 밝혀야 한다는 '치역명시(治歷明時)'를 강조하였다.

므로 밝고 굳센 하늘의 성정(性情)을 건(乾)으로 표명하여 周易(주역) 64괘의 앞머리에 세웠다. 괘명(卦名)은 닫힌 대문의 빗장을 푸는 열쇠처럼 각 괘들을 이해하는 핵심 실마리가 되므로 건(乾)이란 글자로써 신비한 하늘세계의 관문을 여는 셈이다. 본래 건(乾)은 하늘의 굳셈을 나타내므로 '굳셀 건(健)'으로도 풀이한다. 글자형태를 파자(破字)하여 그 구체적인 의미를 다시 살펴보자.

첫째 하늘의 운행법도인 십간(十干) 가운데 甲(1)과 乙(2), 丙(3)을 한데 묶어서 봄여름에 뿌리를 내리고(甲) 싹을 틔워(乙) 활짝 꽃을 피우는(丙⇨人), 모든 생명활동이 하늘의 밝은 기운(양기)에 말미암음을 이른다. 천지인(갑을병) 삼재(三才)의 도를 주재하고 통솔하는 주체가 강건한 하늘이라는 뜻이다.

둘째 건(乾)의 글자왼쪽은 日의 위아래에다 각기 十을 놓아서 하늘의 밝은 해가 십간(十干)으로 거듭 운행함을, 글자오른쪽은 '빌 걸(乞), 구할 걸(乞)'로서 사람(人)이 등이 굽어질(乙) 정도로 허기져 먹을 것을 빌고 구함을 나타낸다.

이는 끊임없는 밝은 생명의 빛을 베풀어주는 하늘의 기운(氣運)을 빌려(힘입어) 땅위의 생명활동이 주어짐을 이른다. 또한 밝은 기운을 쉼 없이 베풀어주길 빌고 구하는 대상이 하늘이라는 뜻도 된다.

셋째 걸(乞)은 '기운 기(氣)'라는 글자 줄임 형태로 보아 '줄 기'라고도 한다.

건(乾)의 왼쪽은 선후 20일에 중간 하루를 더한 21일이고 오른쪽의 걸(乞)은 기(氣)를 줄인 형태이므로, 21日(甲)의 양기(陽氣)를 세상에 베푸는 것이 하늘이란 뜻이 된다. 하늘의 기영도수(氣盈度數) 21일이 4년을 기본주기로 생성되므로 문왕은 '元亨利貞' 4덕으로 하늘의 건(乾)을 정의하였다.

周易(주역) 원리에 기초한 달력

일월주기(日月周期)와 기영삭허(氣盈朔虛)

　우주시공의 철리(哲理)를 담은 주(周)나라의 역(易)이 '周易(주역)'이다. 주(周)는 60갑자의 운행주기를 나타내고 역(易)은 일월왕래에 의한 하루에 대한 의미로도 쓰인다. '두루 주(周), 바꿀 역(易)'은 문자 그대로 '두루 바꾸어 변통하다'는 뜻이지만 천체 둘레(周圍)를 도는 일월교역(交易)에 대한 의미도 함축되어 있는 것이다[1].

　달력측면에서는 60갑자 운행주기[周]로 기영(氣盈)과 삭허(朔虛)가 각기 하루[易]씩 생성됨이 주역(周易)이다[2]. 괘효(卦爻)를 얻는 서법(筮法)도 기삭(氣朔, 기영삭허) 교합에 의한 윤월(閏月)의 생성법도이다.

　일월기삭의 상대적인 달력법도는 中庸(중용)에서의 중(中)과 과불급(過不及)을 이해하는 기초 단서가 된다. 옛 성인들이 천추만대로 전한 심법(心法)이 '오직 깨끗하고 오직 한결같다.'는 "유정유일(惟精惟一)"을 통로로 한 '미덥게 그 중심을 잡는다.'는 "윤집궐중(允執厥中)"이다. 中庸(중용) 1장에서는 이 중(中)을 '천하의 대본(大本)'이라고 정의하였다. 일월운행의 중정법도를 깊이 관찰(觀察)하고 유념(惟念)해야 실체적인 유학공부의 근간(根幹)인 대본(大本)도 확고하게 세워진다.

　고대동양의 달력은 60일을 기준으로 일월역수가 진퇴하여, 기영(氣盈, 양의 넘침)과 삭허(朔虛, 음의 모자람)가 하루씩 산정되는 원리에서 출발한다. 즉 1주(周)인 60일을 기준으로 해의 운행은 하루가 과도(過度)하여 61일로 앞서

---

[1]. 주(周)는 천지운행의 節用(60간지= 60일) 즉 천도의 떳떳한 상수(常數)를 뜻하므로 본체 불역(不易)에, 역(易)은 주야교대에 의한 일월의 변화작용을 뜻하므로 교역(交易)과 변역(變易)에 대비된다.
[2]. 周易(주역)의 60번째 절괘(節卦)에서 60간지(干支)로써 천지도수의 절용(節用)을 설명한다.

나아가는 반면에 달의 운행은 하루가 미급(未及)하여 59일(朋, 두 달)로 물러나는 것이다.[3] 양의 정수와 음의 정수로 진퇴하는 수학의 기초셈법이 곧 60간지의 운행주기이다. 이를 기본원점(0)으로 하여 1진(+1)하고 1퇴(-1)하는 것이 기영과 삭허이다.[4]

삼천양지(參天兩地)

> **삼천양지(參天兩地: 양은 3, 음은 2) → 역의 기본수리**
>
> 태극이 펼치는 선천팔괘방위도 안의 12개의 양효는 태양 36책(12×3)이고 12개의 음효는 태음 24책(12×2), 둘의 배합인 60책은 1주(周) 60역(易)에 상응한다. 60역(易)은 역수(曆數)의 절용(節用)으로 중정(中正)한 상수(常數)이다. 태양 36책(策)에서 음의 씨눈 격인 삭허 하루가 나오고 태음 24책(策)에서 양의 씨눈 격인 기영 하루가 나온다.
>
> 간(艮)은 '씨눈(氏目)'과 '날(日)의 씨(氏)'를 의미한다. 껍질(甲)이 터진(門) 틈새의 일(日) 즉 60일인 1갑(甲)을 관문으로 하루씩 생성되는 기영과 삭허의 날짜를 '사이 간(間)'이라 하는데 그 음의(音義)가 서로 통한다.

1년(年) 12월(月)의 운행역수는 4계(季)와 8절(節), 24기(氣)와 72후(侯), 360일(日)과 4320신(辰)으로 각기 나뉜다. 1절(節)은 45일, 1기(氣)는 15일, 1후(侯)는

---

[3]. 천지의 음양오행은 10간(干)과 12지(支)의 상호배합인 60간지(干支)로 운행되는데, 이에 상응하는 60일이 '두루 주(周)'이다. 일월주야의 하루가 '바뀔 역(易)'과 통하므로 1년의 주천상수는 6주(周) 360역(易)이 된다. 周易(주역)이란 경전이 천도운행에서 비롯된 글임을 알 수 있다.
달력에선 늘 변함없는 상수(常數)인 60일을 중(中)의 기준으로 세운다. 이보다 과도한 역수가 기영(氣盈)이고 부족한 역수가 삭허(朔虛)이다. 기영과 삭허 둘을 하나로 묶어 기삭(氣朔)의 윤(閏)이 이루어진다.

[4]. 도표 〈태극의 조화에 의한 기삭(氣朔) 및 태양태음 책수〉에서 ○(陰中의 1양)은 기영, ●(陽中의 1음)은 삭허를 나타낸다. 태음책수인 24일은 하루 기영을 낳고 태양책수인 36일은 하루 삭허를 베푼다. 태음은 소양으로 변(變)하고 태양은 소음으로 화(化)하듯이, 부모격인 태양과 태음이 상호 60일로 배합절용(配合節用)을 이루는 가운데 1진(進) 1퇴(退)의 교역(交易)변화 즉 하루씩의 기삭변화(소음소양의 역수)를 시생(始生)한다.

5일이다. 공자는 역의 기본 수리를 '삼천양지(參天兩地)'로 정의하였다.

달력에서 사용하는 60간지 운행법도와 연계되는 삼천양지는 3일(36辰)과 2일(24辰)을 더한 1후(候)의 운행주기를 낳는다. 이를 대성 건곤(乾坤)에 연계하면 6후(候)로 이루어진 1월(月)의 운행주기가 나타나게 된다. 이를 그린 것이 아래 그림이다.

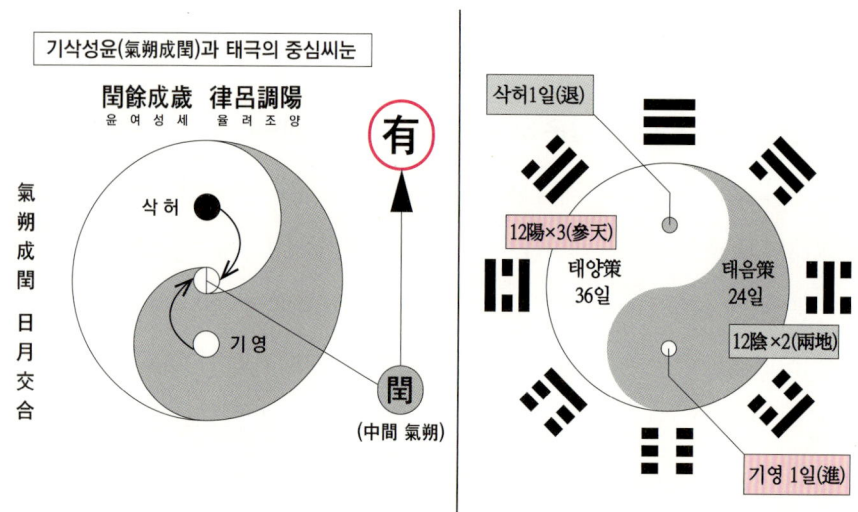

태극의 조화에 의한 기삭(氣朔) 및 태양태음 책수

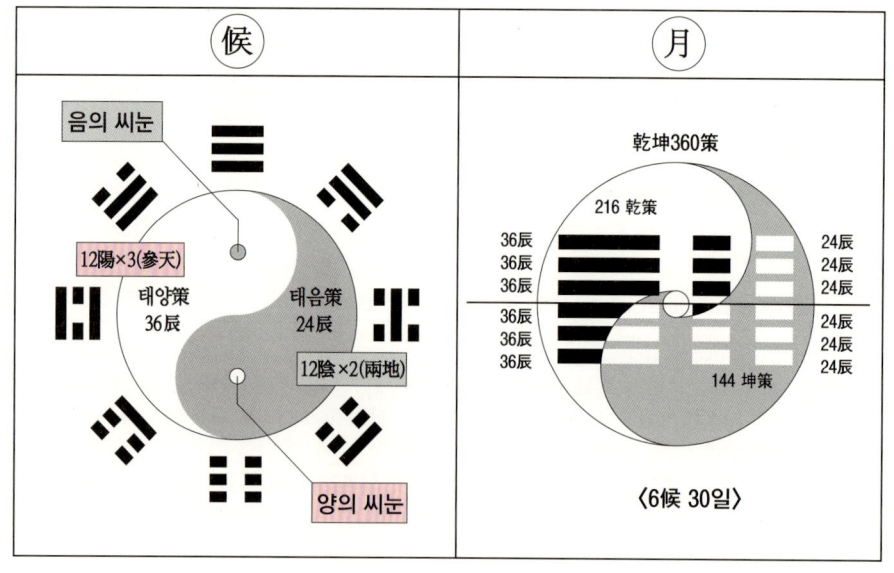

5일 1후(候), 6후 1월(月)

주천상수(周天常數) 360과 60간지(干支)

건곤(乾坤)의 책수(策數)를 합친 도수가 태극본체의 완성을 상징하는 360이다. 천지 원방형(圓方形) 내각(內角)의 합은 모두 다 360도이다. 중정중용(中正中庸)의 상수(常數)인 360은 과불급이 없는 영원무궁한 진리(이상향)를 표상한다.

태극의 건곤조화는 하루 날, 한 달이라는 작은 주기변화로도 나타난다. 나아가 12회 거듭한 달의 운행으로 한 해의 주천상수인 360일을 펼친다. 이 주천상수의 중정한 법도가 6주(周) 360역(易)의 주역(周易)이다.

복희씨 당시에 나왔다는 하도(河圖)는 음양오행의 기틀로서 60간지(干支)의 운용을 이해하는 토대관문이 된다.

간지(干支)는 본래 나무의 간지(幹枝)를 표상한다. 줄기(幹)인 10은 하늘의 양(陽)이고 가지(支)인 12는 땅의 음(陰)이다. 천지자연의 순양과 순음을 상징하는 건곤(乾坤)이란 글자에도 천간의 갑을병(甲乙丙)과 지지의 신(申)이 들어있다. 천간(天干, 10간)과 지지(地支, 12지)는 상하로 배합하여 60간지로 절용(節用)을 이룬다. 지(支)는 10개의 손가락과 열 손가락(干)을 받쳐주는 두 손목(又)을 합친 형태로 보아 '지탱할 지'라고도 한다.

천간(天干)을 나타내는 하도(河圖)와 행신문(行神文)

공자는 "하수에서 그림이 나오고 낙수에서 글이 나오거늘, 복희씨 성인이 이를 법도로 삼았다[5]."고 하였다. 論語(논어)에서도 "봉황이 이르지 않고 하수에서 그림이 나오지 아니하니 그만두어야 하는가[6]?" 하고, 천시가 따라주지 않음을 탄식한 구절이 나온다.

하도의 존재에 대한 공자의 지극한 믿음과 존숭을 엿볼 수 있는 대목이다.

---

5. 周易(주역) 계사상전(繫辭上傳): 河出圖 洛出書 聖人則之.
6. 論語(논어) 자한(子罕)편: 子曰 鳳鳥不至 河不出圖 吾已矣夫.

근래에 하도나 낙서를 부정하는 학설들이 많은데 도서(圖書)의 수리를 근본적으로 풀지 못한 데에서 연유한다.

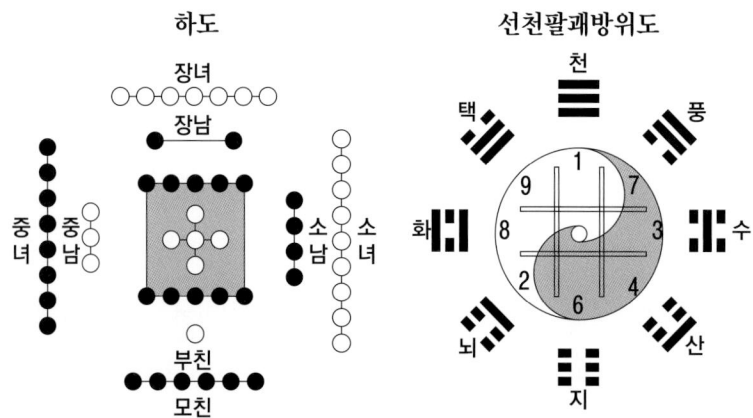

필자의 역도해(易圖解) - 하도와 팔괘의 사상위수(四象位數)

공자는 "생생지위역(生生之謂易)"이라고 정의하였다. 역의 태극조화가 끊임없이 낳고 낳아 무궁히 펼쳐진다는 뜻인데, 우리말에도 생명의 활기찬 약동을 '생생하다, 팔팔하다'고 한다. 팔팔(八八)은 선천팔괘와 후천팔괘를 각기 상징하는 수로서 서로 곱하면 64이다. 소성 8괘가 내외로 짝하여 대성 64괘를 생성하게 되는 것이다.

공자가 하도의 신비조화를 64자로 설명한 문장을 일명 '행신문(行神文)'이라고 한다. 문장형식을 굳이 64자로 맞춘 까닭은 하도의 수리가 易의 대성 64괘를 펼치는 바탕임을 지적하고자 한 것이라 생각된다.

易을 공부할 때 올바른 길을 잃지 않도록 세심하게 글의 격식을 갖춘 것이다. 문장을 통하여 격물치지(格物致知)가 이루어지도록 후세에 가르침을 전한 극진한 정성에 새삼 감탄하지 않을 수 없다.

1에서 10까지의 자연수에 대해 공자는 홀수인 1, 3, 5, 7, 9를 천수(天數), 짝수인 2, 4, 6, 8, 10을 지수(地數)로 정의하는 한편 이웃한 수들끼리의 상득(相得)과 안팎의 수들끼리의 교합(交合)에 의해서 삼라만상이 변화하고 귀신조화가 행해진다고 하였다.

귀신이란 음귀양신(陰鬼陽神)으로 양(陽)적인 조화를 베푸는 신(神)과 음(陰)적인 조화를 펼치는 귀(鬼)를 일컫는다. 천지의 수인 55는 천수 1, 3, 5, 7, 9의 합수인 25와 지수 2, 4, 6, 8, 10의 합수인 30을 더한 수이다.

> **행신문(行神文)**
>
> 天一地二天三地四天五地六天七地八天九地十이니
> 天數 五요 地數 五니 五位相得하며 而各有合하니
> 天數 二十有五요 地數 三十이라 凡天地之數 五十有五니
> 此 所以成變化하며 而行鬼神也라 - 周易(주역) 계사상전 9장
>
> 하늘은 하나, 땅은 둘, 하늘은 셋, 땅은 넷, 하늘은 다섯, 땅은 여섯, 하늘은 일곱, 땅은 여덟, 하늘은 아홉, 땅은 열이니, 하늘의 수가 다섯 가지이고 땅의 수가 다섯 가지이다. 다섯 자리가 서로 얻으며 제각기 짝함이 있으니, 하늘의 수가 25이고 땅의 수가 30이다. 무릇 하늘과 땅의 수가 55이니, 이로써 변화를 이루고 귀신조화를 행하는 바이다.

하도의 10수를 풀이한 공자의 행신문(行神文)

1부터 10에 이르는 열 가지 수는 상하팔방의 시방(十方) 세계와 우주자연 전체를 상징한다. 무궁무진한 조화를 펼쳐서 억조창생을 열기에 '열 십(十)'이다. 사람의 손가락과 발가락의 합이 각기 10개이고 태중의 아이도 어머니 뱃속에서 10달 만에 세상에 나온다.

얼굴에 있는 7개의 구멍과 대소변을 보는 2개의 구멍, 모태와 연결된 배꼽까지 합하여 10개의 구멍을 기본으로 하여 사람이 생성된다. 우주자연(十)의 조화를 완벽히 갖춘 존재이므로 만물의 영장이라 일컫는 것이다.

예로부터 천도의 운행이치를 십간(十干)인 '갑(甲), 을(乙), 병(丙), 정(丁), 무(戊), 기(己), 경(庚), 신(辛), 임(壬), 계(癸)'로 세운 것도 이 하도에 기초한다.

간지(干支)와 간지(幹枝)　*동방목도 ⇨ 줄기(양목)와 가지(음목)

　유가(儒家)의 수경(首經)인 周易(주역)은 천지일월의 도(道)를 본체로 하여 인사준칙의 법도를 밝힌 글이다. 그 중심인 태극이 펼치는 음양오행의 중정한 조화는 60간지(干支)로 나타난다. 천지의 절용(節用)을 세우고 일월운행을 설명한 역법의 원리가 60간지에 갖추어져 있기 때문에 周易(주역)을 '주기변화' 즉 '주기적인 일월의 운행'에 대한 뜻으로도 풀이한다. 周易(주역)의 60번째 괘가 바로 물(☵)이 연못(☱) 위에 가득히 차있는 절(節)이다[7].

水澤節　　일정한도로 물을 수용하는 연못의 형상에서, 마디로써 법도를 짓고 중정함으로써 소통하게 하는 '절이제도(節以制度)'와 '중정이통(中正以通)'을 공자는 말씀하였다. 역법으로는 60간지의 절도 있는 운행법도로써 시절변화를 정확히 알게 하여 백성이 다치거나 재물을 손상하지 않도록 적절히 보호하기 위함이다.

　동방 태극의 삼팔목도(三八木道)에서 팔괘가 창시되었듯이 간지(干支)도 동방의 역(易)에서 비롯되었다. 황제(黃帝) 때 만들어졌다고 전하는 간지는 하늘의 천간(天干, 10干)과 땅의 지지(地支, 12支)가 배합한 60간지로 전개된다.

　10干(甲, 乙, 丙, 丁, 戊, 己, 庚, 辛, 壬, 癸)과 12支(子, 丑, 寅, 卯, 辰, 巳, 午, 未, 申, 酉, 戌, 亥)를 배합한 60간지에서 제일 앞머리에 오는 것이 갑자(甲子)이므로 일명 '60갑자(甲子)'로도 일컫는다. 60간지의 60번째에 자리하는 계해(癸亥)는 정고(貞固)한 체(體)가 된다. 계해는 60간지 가운데 유일하게 상하의 간지가 모두 음수(陰水)에 해당한다. 마디를 맺어 고요하게 제 자리에 그치는 것이므로 '대마디 절(節, 60)'에 잘 합치한다. → 종즉유시(終則有始)

---

7. 6효로 괘가 이루어지므로 1년의 주천상수인 360효에 부합하는 것이 절(節)이다. 북방의 물괘(☵)는 겨울을 상징하고 서방의 연못괘(☱)는 가을을 상징하므로, 가을이 지나 겨울이 이르러 한 해의 과정을 완전히 마친 것으로도[節止] 풀이된다.

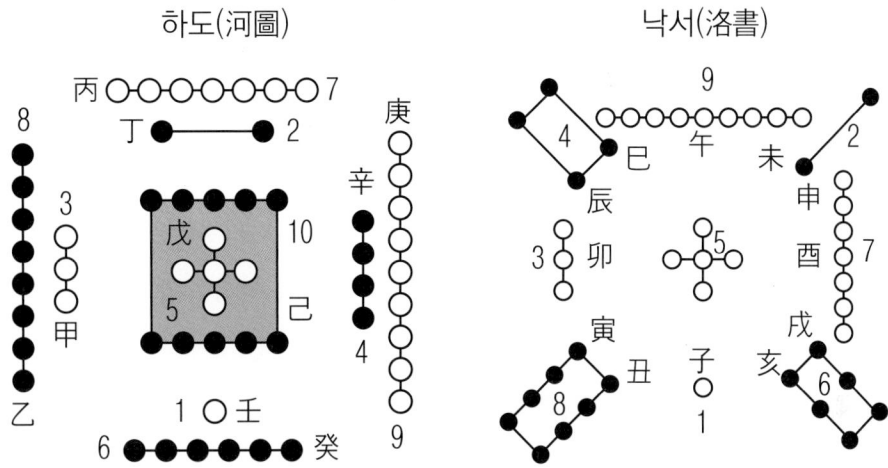

천수(홀수)와 지수(짝수)의 간지에 대한 음양오행

천간의 첫 번째인 갑(甲)과 지지의 첫 번째인 자(子)의 천지배합이 곧 갑자(甲子)이다. 우리말에 일이 생각할 틈도 없이 불현 듯 갑작스레 시작됨을 '갑자기(甲子起)'라고 한다. 무극(0)에서 태극(1)이 비롯되듯이 과학적으로 논증할 수가 없지만 어느 때인가 아득한 태초에 갑자년 갑자월 갑자일 갑자시가 열려 역수(曆數)가 전개된 것이라 생각된다.

천간의 경우는 동적인 원대(元大)한 덕을 머리로 삼기에 양목(陽木)인 동방의 갑목(甲木)으로 시작하는 반면에, 지지의 경우는 정적인 정고(貞固)한 덕을 머리로 삼기에 북방의 양수(陽水)인 자수(子水)로 시작하는 것이다.

달력에서 매우 요긴하게 쓰이는 간지의 생성 원리는 상고시대의 하도낙서 및 팔괘 등에서 유래되었다. '줄기 간(幹)'과 '가지 지(枝)'에 干과 支가 들어있듯이, 양의 부호인 '─'은 나무의 줄기(干)로서 순양(純陽)인 하늘에, 음의 부호인 '--'은 나무의 가지(支)로서 순음(純陰)인 땅에 상응한다.

천지운행에서 천도는 중심되는 줄기로서 앞서 주장하고(干, 주장할 간), 지도는 갈라진 가지로서 뒤따라 천도를 받들어 받쳐주는(支, 지탱할 지) 본말선후의 관계이다. 부친인 건(乾)이란 글자에 천간의 갑을병(甲乙丙)이 들어있고, 모친인 곤(坤)이란 글자에 지지의 신(申)이 들어있음에서 알 수 있듯이 천간지지의 기본법도가 周易(주역) 전체에 흐르고 있는 것이다.

음양오행으로 배정되는 천간지지에서 천도의 이치를 담은 하도는 천간(10간)을 생성하고, 지도의 이치를 담은 낙서는 지지(12지)를 생성함이 앞의 그림 〈천수(홀수)와 지수(짝수)의 간지에 대한 음양오행〉에 나타난다. 홀수(천수)는 양(陽)의 천간과 지지를, 짝수(지수)는 음(陰)의 천간과 지지를 각기 생성한다.

간지(干支)에 담긴 뜻(數와 手)

甲乙(木), 丙丁(火), 戊己(土), 庚辛(金), 壬癸(水)의 총 10간으로 구성된 천간은 중간의 무기(戊己)를 전후로, 봄여름의 생장기(生長期)인 선천의 갑을(春)과 병정(夏), 가을겨울의 수장기(收藏期)인 후천의 경신(秋)과 임계(冬)로 대별된다.

수(數)를 헤아리는 기본수단이 수(手)이다. 열 손가락이 10천간이라면 12지지는 두 손목을 보탠 것이다. 十에다 '또 우(又)'를 받친 支에 열 손가락과 그것을 지탱(支撑)하는 두 손목을 포함한 12에 대한 뜻이 담겨있다.

하늘이 베푸는 십간(十干)

은하의 선회(旋回)를 표상한 하도의 10수는 십간(十干)인 천간(天干) '갑, 을, 병, 정, 무, 기, 경, 신, 임, 계'를 생성한다. 오행생성의 이치로는 수(水), 화(火), 목(木), 금(金), 토(土)의 순서에 따라 북방수 임계(壬癸)를 머리로 하여 남방화 병정(丙丁), 동방목 갑을(甲乙), 서방금 경신(庚辛), 중앙토 무기(戊己)가 펼쳐진다.

해가 시계방향인 동남서북으로 돌아 주야와 사시가 흐르듯이 하늘이 베푸는 때는 오행이 상생하는 순서인 목생화→ 화생토→ 토생금→ 금생수로 유행한다. 이에 따라 동방의 갑을(甲乙) 목, 남방의 병정(丙丁) 화, 중앙의 무기(戊己) 토, 서방의 경신(庚辛) 금, 북방의 임계(壬癸) 수로써 10간의 진행순서가 정해진다.

> 천 1은 壬水를 생하고 지 6은 癸水를 이룬다.
> 북방 壬癸一六水 : 정강이(壬)와 발바닥(癸)
> 지 2는 丁火를 생하고 천 7은 丙火를 이룬다.
> 남방 丙丁二七火 : 어깨와 팔(丙), 척추(丁)
> 천 3은 甲木을 생하고 지 8은 乙木을 이룬다.
> 동방 甲乙三八木 : 머리(甲)와 목(乙)
> 지 4는 辛金을 생하고 천 9는 庚金을 이룬다.
> 서방 庚辛四九金 : 성기(庚)와 다리(辛)
> 천 5는 戊土를 생하고 지 10은 己土를 이룬다.
> 중앙 戊己五十土 : 갈비(戊), 배와 창자(己)

오행의 수리와 천간(10간)의 배속

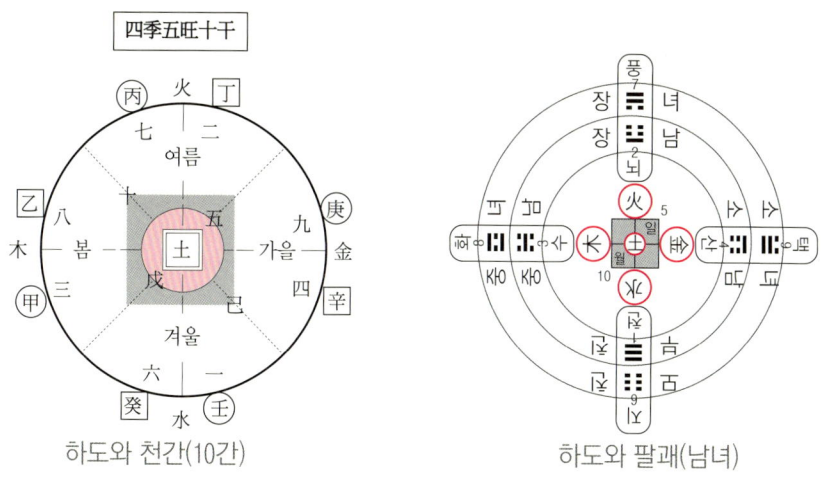

하도와 천간(10간)   하도와 팔괘(남녀)

하늘이 사람을 앞세운다는 것은 강건한 덕을 뜻하는 '굳셀 건(健)'이란 글자에 잘 나타난다. 만물과 사람은 하늘이 베푸는 오행의 기운으로 살아가며, 아침과 봄에 해당하는 동방의 목에서 인사(人事)적인 활동이 시작된다. 나무의 극진한 생장을 뜻하는 태극(太極) 그대로 '갑, 을, 병, 정, 무, 기, 경, 신, 임,

계'의 10간은 일반적으로 인체 또는 나무에 비겨서 만든 글자로 본다.

　사람의 신체(身體)는 자연을 본받아 상천(上天)을 표상하는 둥근 머리가 위에 있고 하지(下地)를 표상하는 배가 아래에 있다. 하늘에서 땅으로 기운을 내리듯이 천간은 위의 머리로부터 아래의 발에 이르는 순서로 전개된다.

　첫째 천간인 갑(甲)은 단단한 머리
　둘째 천간인 을(乙)은 굽혀지는 목
　셋째 천간인 병(丙)은 둘로 벌어진 어깨와 팔
　넷째 천간인 정(丁)은 허리의 척추
　다섯째 천간인 무(戊)는 내장을 보호하는 갈비뼈
　여섯째 천간인 기(己)는 구불구불한 뱃속 창자
　일곱째 천간인 경(庚)은 교합하는 남녀의 성징
　여덟째 천간인 신(辛)은 우뚝 선 다리
　아홉째 천간인 임(壬)은 다리 아래 정강이
　열째 천간인 계(癸)는 좌우의 발바닥을 각기 표상한다.

　나무의 생장과정으로 천간을 살피면
　첫째 천간인 갑(甲)은 단단한 껍질 속에서 생명의 뿌리내림
　둘째 천간인 을(乙)은 연약한 싹이 어렵게 비틀고 나옴
　셋째 천간인 병(丙)은 밝게 꽃이 피어남
　넷째 천간인 정(丁)은 줄기를 힘차게 뻗어 나아감
　다섯째 천간인 무(戊)는 잔가지가 생겨남 → 丁戊(成)
　여섯째 천간인 기(己)는 내부적으로 열매익음 → 성기(成己)
　일곱째 천간인 경(庚)은 단단해진 열매를 거두어들임 → 경개(更改)
　여덟째 천간인 신(辛)은 가지를 자르듯 정돈함 → 혁신(革新)
　아홉째 천간인 임(壬)은 좋은 씨앗을 가려 보관함 → 임신(妊娠)
　열째 천간인 계(癸)는 씨앗의 암수음양이 결정됨 → 규도(揆度)

땅이 펼치는 십이지(十二支)

첫째 지지인 자(子)는 모태에 생명이 수정됨 → 밝음을 일으킴(復).

둘째 지지인 축(丑)은 뱃속에서 태아가 자람 → 때가 다다름(臨).

셋째 지지인 인(寅)은 가정에서 아이가 길러짐 → 평화로이 안정(泰).

넷째 지지인 묘(卯)는 문을 활짝 엶 → 크게 씩씩함(大壯).

다섯째 지지인 진(辰)은 힘차게 진출함 → 소인 음을 결단함(夬).

여섯째 지지인 사(巳)는 완전히 성장함 → 굳세고 튼튼함(乾).

일곱째 지지인 오(午)는 한계에 도달함 → 새로이 만남(姤).

여덟째 지지인 미(未)는 서서히 열매 맺음 → 음을 피해 숨음(遯).

아홉째 지지인 신(申)은 열매를 수확함 → 문을 걸어 닫음(否).

열째 지지인 유(酉)는 거두어 저장함 → 머물러 살핌(觀).

열한째 지지인 술(戌)은 불이 꺼지듯 어두워짐 → 깎여 떨어짐(剝).

열두째 지지인 해(亥)는 속이 모두 비워짐 → 고요하고 유순함(坤).

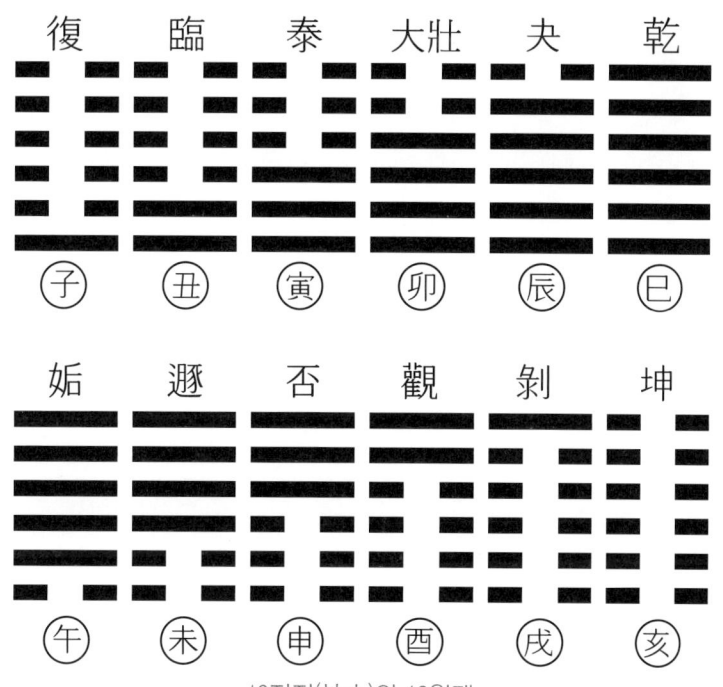

12지지(地支)와 12월괘

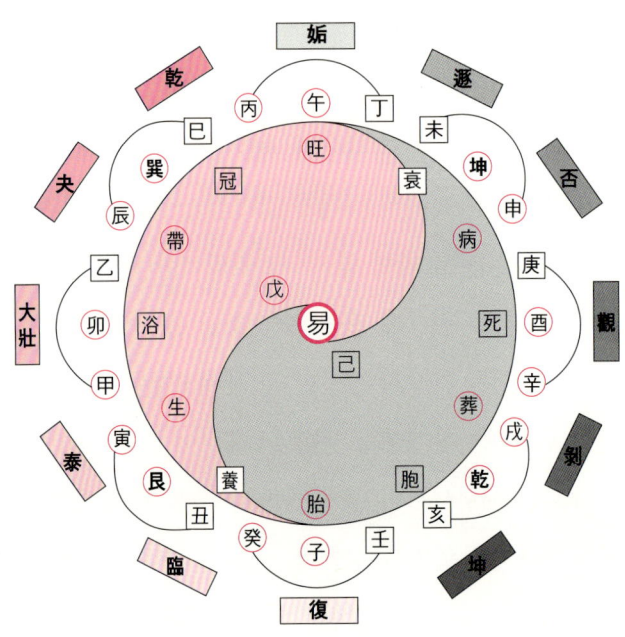

12운괘(運卦) 및 월령, 간지, 방위

갑과 인은 3에서, 을과 묘는 8에서 비롯되며(甲寅三兮乙卯八)
정과 사는 2에서, 병과 오는 7에서 비롯되며(丁巳二兮丙午七)
무와 진술은 5에서, 축과 미는 10에서 비롯되며(戊辰戌五丑未十)
신과 유는 4에서, 경과 신은 9에서 비롯되며(辛酉四兮庚申九)
임과 자는 1에서, 계와 해는 6에서 비롯되며(壬子一兮癸亥六)
기는 홀로 100가지 수의 마침이다(己獨百之數之終).

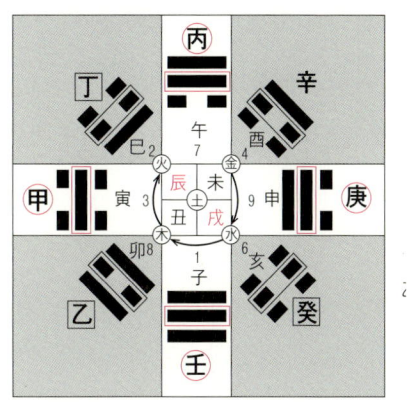

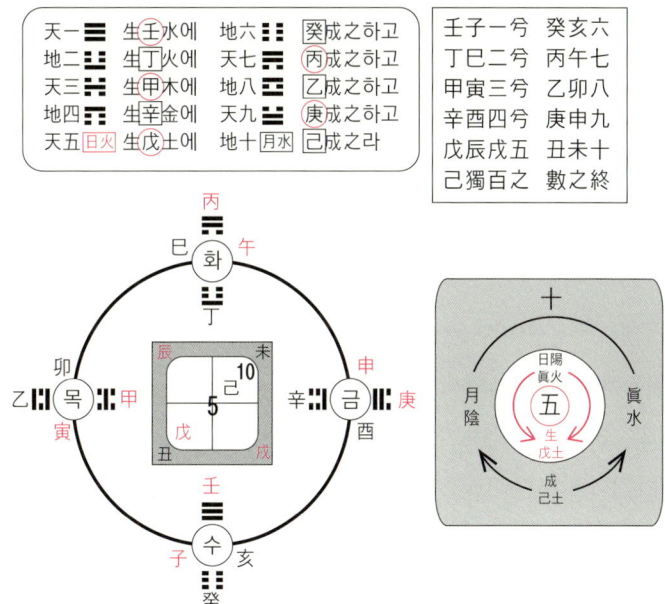

도서팔괘의 천간지지 생성(필자견해)

천간(天干, 10干)의 파자해(破字解)

① 甲(첫째천간 갑, 갑옷 갑): 田部

밭에서 뿌리가 내리는 모양으로 하늘이 밝은 양의 종자를 땅에 내려줌을 뜻한다. 하늘은 봄의 덕인 元(으뜸 원)을 머리로 하며, 생명이 싹트기 전에는 단단한 껍질이 있으므로 껍질과 갑옷이란 뜻도 된다[8].

② 乙(둘째천간 을, 싹 을, 새 을): 乙部

싹이 움트는 모양으로 갑(甲)으로 뿌리내린 싹이 어렵게 비틀어 나옴을 뜻하며 목이 굽은 새를 가리킨다[9].

③ 丙(셋째천간 병, 남녘 병): 一部

하늘 빛(一)이 멀리(冂: 멀 경) 비쳐서 만물(人)을 길러줌을 뜻한다. 싹이 자라서 마침내 활짝 꽃피는 것에 비견된다[10].

④ 丁(넷째천간 정, 씩씩할 정): 一部

양기(一)가 충만하여 줄기를 튼튼히 뻗는 모양으로 기운이 씩씩함을 뜻하며 꽃이 핀 뒤에 줄기를 뻗는 것에 비견된다. 힘센 것에서 '장정 정'으로도 쓰인다.

⑤ 戊(다섯째천간 무): 戈部

'삐칠 별(丿)'과 '창 과(戈)'로 즉 날카로운 창과 같이 줄기에서 무성히 가지를 치고 잎사귀가 매달림을 뜻한다[11]. 丁火가 戊土를 '화생토(火生土)'하여 成己(丁⇒戊⇒己)가 된다.

⑥ 己(여섯째천간 기, 몸 기): 己部

뱃속에 웅크린 만삭의 아기처럼 충실해진 몸을 가리킨다. 가지와 잎사귀가 무성해진 뒤에는 열매가 익기 마련이다[12].

---

8. 홀수 번째이므로 오행으로는 양목(陽木=3목)에 해당하고 동방에 속한다. 갑(甲)을 따갠 상태가 '문 문(門)', 문을 연 상태가 '다섯째지지 묘(卯)'이다.
9. 짝수 번째이므로 오행으로는 음목(陰木=8목)에 해당하고 갑(甲)과 더불어 동방에 속한다. 屯(어려울 둔, 진칠 둔) 也(이끼 야)와 관련된다.
10. 홀수 번째이므로 오행으로는 양화(陽火=7화)에 해당하고 남방에 속한다. 炳(빛날 병)의 뜻과 통하며, 글자의 형태가 밝은 하늘을 뜻하는 天과 유사하다.
11. 홀수 번째이므로 오행으로는 양토(陽土=5토)에 해당하고 중앙에 속한다. 茂(성할 무)와 통하며, 丁과 합치면 成(이룰 성)이 된다. 丁 음화가 중앙에 속한 양토를 화생토하여 본체를 이루는 것이다. 丿을 방패, 戈를 방패로 볼 수도 있다.
12. 짝수 번째이므로 오행으로는 음토(陰土=10토)에 해당하며, 戊와 더불어 중앙에 속한다. 10은 100을 낳는 근본이 되므로(十十之百) '己獨百之數之終(기는 홀로 백가지 수의 마침)'이라는 말이 전한다. 만사의 근본이 한 몸(己)에서 비롯되고 마치기에, 大學(대학)에서는 修身爲本(몸을 닦음이 근본이 됨)이라고 하였다.

⑦ 庚(일곱째천간 경, 고칠 경): 广部

곳집에서 절구로 곡식을 찧는 모습이다. 곡식을 수확하여 절구질하는 것은 껍질인 겨가 떨어지고 알곡만 남으므로 '고칠 경, 바꿀 경'이라고도 한다. 庚은 곧 '다시 갱(更)'과 통한다[13].

⑧ 辛(여덟째천간 신, 매울 신)

본래는 죄인이 형벌을 당함을 나타낸다. 다 자란 초목의 가지를 쳐내는 뜻으로 곡식을 거두어 껍질(겨)을 벗기듯 새롭게 고쳐 바꾸는 '새 신(新)'과 통한다. 庚辛은 갱신(更新)이다[14].

⑨ 壬(아홉째천간 임, 짊어질 임): 士(선비 사)部

본래는 등에 짐을 짊어진 모양으로 막중한 책임을 맡은 종자(볍씨)를 가리키며 '맡을 임(任)' 또는 '아이 밸 임(姙)'과 통한다[15].

⑩ 癸(열째천간 계, 헤아릴 계): 癶(등질 발, 걸을 발)部

두 발을 벌림(癶)과 하늘(天)을 나타내므로 바야흐로 한 과정을 마치고 다시 하늘의 문이 열릴 기미가 보이는 때, 즉 땅 속에 감춰진 생명이 다시 문을 열려고 준비하는 상태로 '쏠 발, 필 발(發)'과 통한다[16].

---

13. 홀수 번째이므로 오행으로는 양금(陽金=9금)에 해당하며, 서방에 속한다. 일곱째천간인 庚은 열매를 거두고 그 씨를 얻는 때이므로 부활(復活)하는 의미가 있다. 양이 다시 회복하는 周易(주역)의 복(復)괘에서는 '七日來復(이레 만에 회복함)'을 말하고 있다. 콩을 심으면 콩을 거두고 팥을 심으면 팥을 거두기 마련이므로 선천의 甲(씨뿌림)과 후천의 庚(열매맺음)은 같은 것이다. 그러므로 나이가 같은 同甲을 同庚으로 일컫기도 한다.

14. 짝수 번째이므로 오행으로는 음금(陰金=4금)에 해당하며, 庚과 더불어 서방에 속한다.

15. 홀수 번째이므로 오행으로는 양수(陽水=1수)에 해당하며, 북방에 속한다. 하도의 열 가지 수 가운데서 으뜸인 1에 해당하는 것이 이 壬이다. 壬은 士部에 속해있고 그 위에 새 싹을 상징하는 ノ(삐칠 별)을 하였는데, 士(선비 사)는 하나로부터 열에 이르는 과정을 예로써 밟아 점진적으로 대성하는 이를 말하고 ノ은 마침내 새 싹을 틔울 수 있는 종자(씨)로서 1을 의미한다. 이러한 사람이야말로 능히 책임을 맡을 수 있고 씨 역할을 할 수 있는 것이다. 사람의 씨를 잉태함을 임신(姙娠)이라고 한다.

16. 짝수 번째이므로 오행으로는 음수(陰水=6水)에 해당하며, 壬과 더불어 북방에 속한다. 壬癸가 하도의 一六에 속하는 것과 一六이 합쳐져 天(一+六)을 이루는 것이 은연중 통한다. 하늘은 만물을 생성하는 시초인데, 1은 생수의 머리이고 6은 성수의 머리에 해당하기 때문이다. 천지가 교통하는 泰(클 태, 열릴 태)와 연관된다고 하겠다.

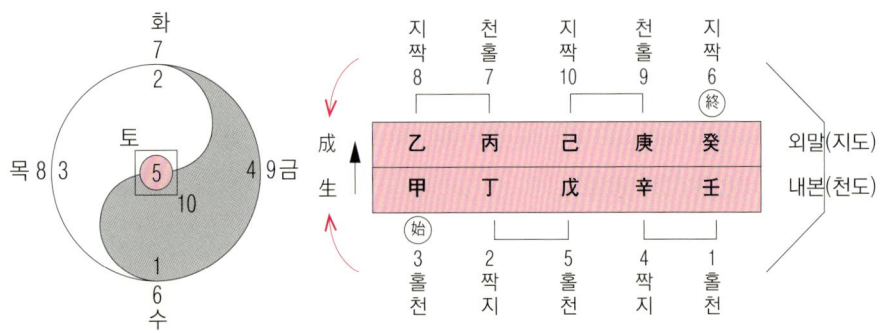

하도 10수와 천간의 음양오행

지지(地支, 12地支)의 파자해(破字解)

① 子(첫째지지 자, 아들 자): 子部

태중에 든 미숙한 갓난애의 머리와 팔다리를 본뜬 모양. 과정이 끝난(了: 마칠 료) 뒤에 다시 새로운 밝은 생명 하나(一)가 생기는 때이며 한겨울을 뜻한다. 음이 모체가 되어 양을 낳으므로 양이 시생(始生)하는 子에서 지지가 시작된다[17].

② 丑(둘째지지 축): 一部

나무줄기 또는 막대기(ㅣ)를 손으로 움켜쥔(彐) 모양 또는 丑은 소의 고삐를 잡아매듯이 굳게 제 자리를 지키는 것으로 '맬 뉴(紐)'와 통한다. 생명이 잉태하는 子를 지나 생명을 낳기 직전 산고(産苦)를 겪는 때로 늦겨울을 뜻하고 아직 밖에 나갈 시기는 아니지만 때가 임박(臨迫)함을 이른다[18].

③ 寅(셋째지지 인): 宀(집 면, 갓머리)部

宀은 집, 음양(八)의 싹이 나오지만(由: 말미암을 유) 아직 어리므로 밖에 나

---

17. 홀수 번째이므로 오행으로는 양수(陽水=1수)에 해당하며, 북방에 속한다. 12시괘(時卦)로 볼 때는 밝음을 회복한다는 복(復), 하루로는 자정전후(밤 11시~새벽 1시), 달로는 1양이 생하는 동짓달(11월), 절기로는 대설(大雪)과 동지(冬至)이다. 了는 여섯 효가 모두 음으로서 허료(虛了)한 상인 곤(坤)을 뜻하고 一은 땅 속의 밝은 생명이 회복함을 뜻한다.
18. 짝수 번째이므로 오행으로는 평평한 음토(陰土=10토)에 해당하며, 동북에 가깝다[丑艮寅]. 12시괘(時卦)로 볼 때는 때가 임박하는 림(臨), 하루로는 새벽 1시에서 3시 사이, 달로는 2양이 자라는 섣달(12월), 절기로는 소한(小寒)과 대한(大寒)이다.

가지 못하도록 출입을 금하는(一) 때로 초봄을 뜻한다[19].

④ 卯(넷째지지 묘): 卩(마디 절, 병부 절)部

'문 문(門)'을 양쪽으로 활짝 열어놓은 형태. 집안에 머물러 있다가 대문을 열고 밖으로 나가는 때로 한봄을 뜻한다[20].

⑤ 辰(다섯째지지 진, 때 신, 별 진·신): 辰部

언덕(厂)에 아지랑이가 올라와(二→上) 초목의 싹(氏: 각시 씨→뿌리형상)이 나오는 춘삼월 늦봄을 뜻한다. 일설에는 하늘에 있는 전갈자리(房星, 동방 7宿의 한가운데인 넷째 별자리)를 본뜬 글자라고 하는데, 춘삼월 저녁하늘에 그 모습을 보인다. 춘삼월이 가장 중요한 농번기인데다 농사철의 때를 알려주는 별자리라는 점에서 '때'를 대표한다.

대개 '별 성(星)'은 반짝이는 하늘의 별을 말하고 '때 신(辰)'은 일월이 만나 교차하는 12時(子丑寅卯辰巳午未申酉戌亥) 전체를 가리킨다. 문 밖으로 나온 생명이 힘차게 약동하는 때이므로 '떨칠 진(振), 농사 농(農)'과 통한다[21].

늦봄 辰과 상대되는 늦가을의 戌(一+戊)에 다 厂(언덕 엄)이 있는 것은 토왕지절(土旺之節)인 辰戌이 언덕과 산을 뜻하는 양토에 속하기 때문이다. 천간의 양토에 해당하는 戈부수의 戊에도 厂가 있다.

⑥ 巳(여섯째지지 사, 뱀 사): 己(몸 기)部

먹이를 삼켜 목 부위가 불룩해진 뱀의 모습이다. 꽉 찬 보름날을 이망(已望)이라고 하듯이, '이미 이(已)'도 이미 더 이상 채울 수 없음을 뜻하며 같은 己

---

19. 홀수 번째이므로 오행으로는 양목(陽木=3목)에 해당하며, 표과 더불어 동북에 속한다. 12시괘(時卦)로 볼 때는 천지의 기운이 통하여 만물이 나오는 태(泰), 하루로는 새벽 3시에서 5시 사이, 달로는 3양이 자라는 정월(1월), 절기로는 입춘(立春)과 우수(雨水)이다. 대개 천개어자(天開於子) 지벽어축(地闢於丑) 인생어인(人生於寅)이라고 하여, 子와 丑에 각기 하늘과 땅이 열리고 寅에 이르러 만물이 생동함을 나타낸다.
20. 짝수 번째이므로 오행으로는 음목(陰木=8목)에 해당하며, 정동에 속한다. 12시괘(時卦)로 볼 때는 씩씩하고 강건하게 움직여 나아가는 대장(大壯), 하루로는 오전 5시에서 7시 사이, 달로는 4양이 자란 2월, 절기로는 경칩(驚蟄)과 춘분(春分)이다.
21. 홀수 번째이므로 오행으로는 양토(陽土=5토)에 해당하며, 동남에 가깝다[辰巽巳]. 12시괘(時卦)로 볼 때는 아직 남아있는 문제를 척결하는 쾌(夬), 하루로는 아침인 오전 7시에서 9시 사이, 달로는 5양이 자란 3월, 절기로는 청명(淸明)과 곡우(穀雨)이다.

部에 속한다.

　무더운 초여름으로서 양이 극도로 팽창함을 나타내는데, 마지막 남은 음마저 척결하고 모두 양을 이루었으므로 '몸 기(己), 이미 이(已)'와 통한다[22].

　⑦ 午(일곱째지지 오, 낮 오): 十(열 십)部　＊ 杵(공이 저)

　본래 절구(확) 공이의 모양. 공이를 세워 그림자가 없는 때를 한낮으로 보았기 때문에 한낮 정오 또는 절기상으로 해 그림자가 가장 짧은 한여름인 하지를 뜻한다. 양이 극성한 다음엔 반드시 극즉반(極則反)하여 다시 음이 자라기 시작하는데, 양의 입장에서 보면 밝은 법도를 거스르므로 '거스를 오(忤)'와 통한다[23]. 午와 정반대에 처한 子에는 一이 들어있고 午에는 十이 들어있다. 一은 수의 시작, 十은 수의 극함을 상징한다.

　⑧ 未(여덟째지지 미, 아닐 미): 木(나무 목)部

　나무(木)에 작은 열매(一)가 달린 모양이다. 열매가 맺기 시작하는 늦여름 때이며, 아직은 시큼한 맛(味: 맛 미)만 있을 뿐 미숙하여 먹을 시기가 아니라는 뜻에서 '아닐 미'로 쓰인다[24]. 未와 정반대에 처한 丑은 아직 생명을 낳을 때가 아니므로 움직이지 못하도록 잡아매는 것이고 未는 아직 수확할 때가 아니므로 열매를 따지 말고 시기를 기다리는 것이다. 둘 다 때가 아직 아닌 것은 같다.

　⑨ 申(아홉째지지 신, 거듭 신, 납 신): 田(밭 전)部

　밭에 뿌리내린 씨가 마침내 완전히 자라서 줄기를 쭉 뻗은 모양이다. 완숙한

---

22. 짝수 번째이므로 오행으로는 음화(陰火=2화)에 해당하며, 辰과 더불어 동남에 속한다. 12시괘(時卦)로 볼 때는 전부가 밝은 양으로 이루어지고 굳건한 건(乾), 하루로는 새를 먹는 때인 오전 9시에서 11시 사이, 달로는 6양으로 꽉 찬 4월, 절기로는 입하(立夏)와 소만(小滿)이다. 뱀의 뜻과 관련된 글자로는 巳(뱀 파)가 있다.

23. 홀수 번째이므로 오행으로는 양화(陽火=7화)에 해당하며, 정남에 속한다. 12시괘(時卦)로 볼 때는 부드러운 음이 양을 다시 만나는 구(姤), 하루로는 정오전후인 오전 11시에서 오후 1시 사이, 달로는 1음이 다시 자라는 5월, 절기로는 망종(芒種)과 하지(夏至)이다.

24. 짝수 번째이므로 음토(陰土=10토)에 해당하며, 서남에 가깝다. 12시괘(時卦)로 볼 때는 음이 성해지므로 양인 군자가 은둔하는 돈(遯), 하루로는 오후 1시에서 오후 3시 사이, 달로는 2음으로 늘어나는 6월, 절기로는 소서(小暑)와 대서(大暑)이다.

열매를 맺어 초가을 때이므로 '펼 신(伸), 귀신 신(神)'과 통한다. 臼(확 구, 절구 구)과 ㅣ(절구 공이) 즉 햇곡식을 거두어 절구질할 때라는 뜻으로도 본다[25]. 申과 정반대에 처한 寅은 어린 생명을 집안에서 기르는 것이고 申은 밖으로 줄기를 완전히 뻗는 것이다.

⑩ 酉(열째지지 유, 술병 유, 닭 유): 酉部

병에다 햇곡식을 넣어 술을 빚는 술병의 모양이다. 햇곡식으로 술을 빚는 한가을 때이므로 '술 주(酒), 서녘 서(西)'와 통한다[26]. 酉와 정반대에 처한 卯는 문을 활짝 열고 나오는 것이고 酉는 정서에 속하므로 西와 통한다. 새가 둥우리를 찾듯이(西) 집에 들어가는 것이다.

⑪ 戌(열한째지지 술, 개 술): 戈(창 과)部

다섯째천간인 戊 안에 一을 넣은 형태이다. 戊는 무성하다는 茂와 통하는데, 무성한 가지와 잎사귀가 시들고 마침내 씨 하나(一)만 달려있는 늦가을 때이므로 '멸할 멸(滅)'과 통한다[27]. 戌과 정반대에 처한 辰은 양기를 크게 떨쳐서 마지막 남은 음 하나를 척결하는 것이고 戌은 음기가 크게 성하여 마지막 남은 양 마저 깎는 것이다. 천간의 戊와 지지의 辰戌은 모두 양토에 속한다. 전부 언덕(양토)을 뜻하는 厂(굴 엄, 민엄호)이 들어있다.

정오(正午)에 기준하여 3분하면 인시(寅時)는 문이 열려 개물(開物), 술시(戌時)는 문이 닫혀 폐물(閉物)하는 때이다. 한해 절기로는 寅月半(중기)인 우수(雨水)에서 개물, 戌月半(중기)인 상강(霜降)에서 폐물, 상강과 우수 사

---

[25]. 홀수 번째이므로 양금(陽金=9금)에 해당하며, 未와 더불어 서남에 속한다. 12시괘(時卦)로 볼 때는 음이 더욱 강해져 천지가 통하지 못하는 비(否), 하루로는 오후 3시에서 오후 5시 사이, 달로는 3음으로 늘어나는 7월, 절기로는 입추(立秋)와 처서(處暑)이다.

[26]. 짝수 번째이므로 음금(陰金=4금)에 해당하며, 정서에 속한다. 12時卦로 볼 때는 바람이 땅위에 부는 상으로 높은 곳에서 아래를 살피는 관(觀), 하루로는 오후 5시에서 오후 7시 사이, 달로는 4음으로 음기가 강해지는 8월, 절기로는 백로(白露)와 추분(秋分)이다.

[27]. 홀수 번째이므로 양토(陽土=5토)에 해당하며, 서북에 가깝다[戌乾亥]. 12시괘(時卦)로 볼 때는 양 하나만 홀로 높이 있는 상으로 아래의 음들에 의해 양이 깎여 떨어지는 박(剝), 하루로는 저녁 7시에서 9시 사이, 달로는 5음으로 음기가 매우 강해지는 9월, 절기로는 한로(寒露)와 상강(霜降)이다.

이는 휴지(休止)로 본다. 인사적인 관점에서는 戌에서 만물의 생명활동이 멈춘다. 한해 농사도 끝나는 시기이다. → 세(歲, 戌止)

⑫ 亥(열두째지지 해, 돼지 해): 亠(머리 두)部

하늘의 검은 빛을 뜻하는 '검을 현(玄)'과 人을 더한 형태이다. 하늘의 양기를 받아들일 성숙한 음이 되어 바야흐로 생명을 낳을 준비가 되었음을 나타낸다. '계집 녀(女)'와 人을 더한 형태로 보면 여자가 아이를 낳을 준비가 되었음을 뜻한다. 亥는 순음인 상태로서 전부 음이므로 어둡고(玄), 음을 대표하는 땅은 태반이 성숙한 여인을 뜻하기 때문이다 亥는 씨가 떨어지고 완전히 음만 있는 초겨울로서 '씨 핵(核), 어린아이 해(孩)'와 통한다[28].

亥와 정반대에 처한 巳는 양이 꽉 찬 상태로서 팽창하여 부풀어 오른 것이고 亥는 음만 남아있는 상태로서 텅 비어서 양을 받아들일 준비가 된 것이다.

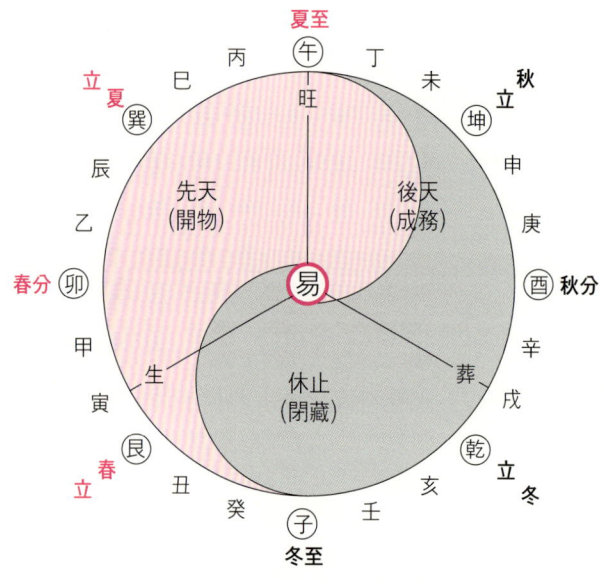

천도변화와 만물의 개폐(開閉)

---

28. 짝수 번째이므로 음수(陰水)=6수)에 해당하며, 戌과 더불어 서북에 속한다. 12시괘(時卦)로 볼 때는 순음인 곤(坤), 하루로는 밤 9시에서 11시 사이, 달로는 6음으로 음기가 극성한 10월, 절기로는 입동(立冬)과 소설(小雪)이다.

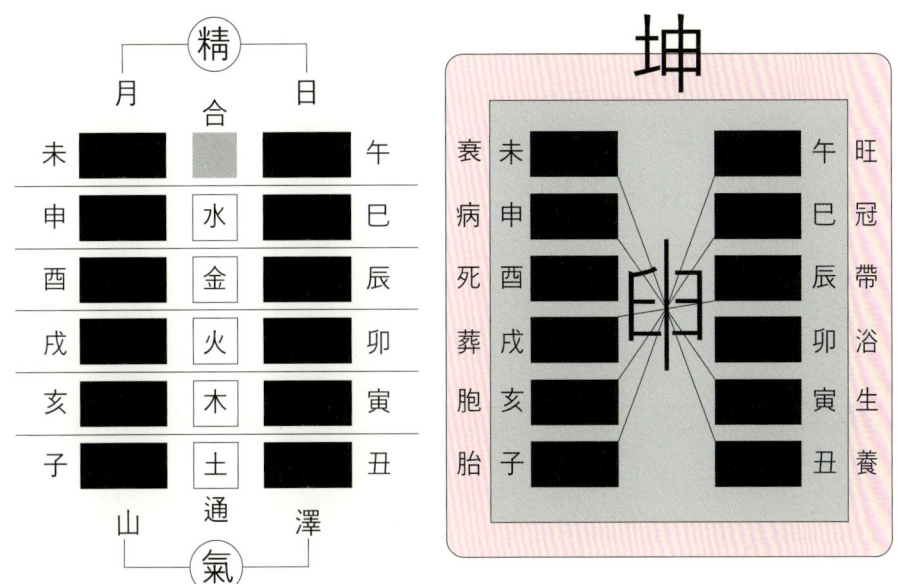

〈坤支의 6合7沖〉

곤괘(坤卦)의 12획과 12지지의 배열

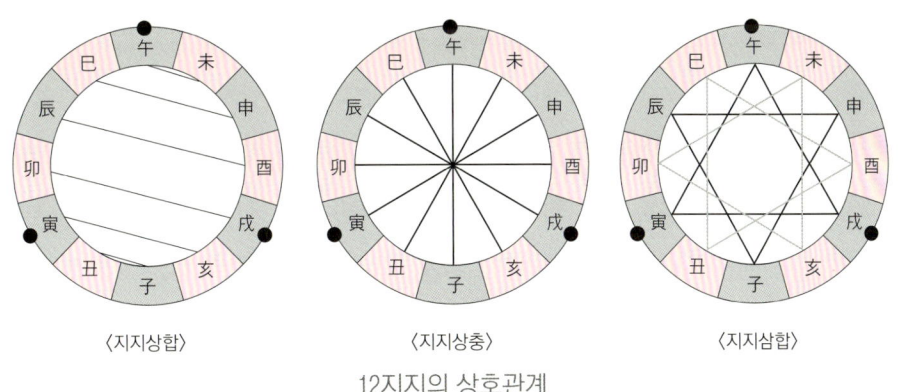

〈지지상합〉　　〈지지상충〉　　〈지지삼합〉

12지지의 상호관계

고대동양의 윤법(閏法)을 찾아서

재윤(再閏)과 삼윤(三閏)

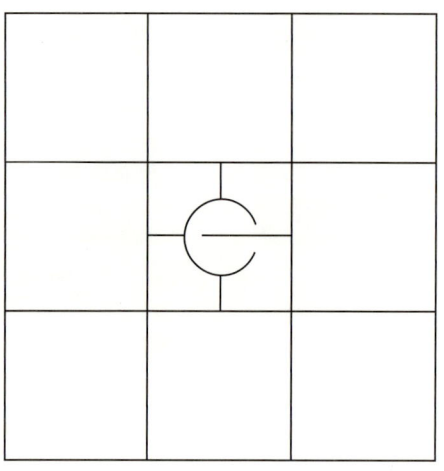

정전도(井田圖)

매년 6일씩의 기영(+)과 삭허(-)가 쌓여 총 12일이 발생함을 가정한 것이 5년을 주기로 2개월의 윤달을 가산하는 재윤(再閏)의 법도이다. 이를 '오세재윤(五歲再閏)'이라고 한다. 오행의 운행주기와 통하는 가장 기초적인 쉬운 역법이지만 실제 역수(曆數) 진행과는 많은 차이가 난다.

필자의 생각으론 고대의 가장 중요한 역법은 8년을 주기로 총 87일(기영 42일과 삭허 45일)의 기삭을 삼윤(三閏)으로 가정하여 가산하는 법도이다. 이를 '팔세삼윤(八歲三閏)'이라고 한다.

32삭망월을 기본주기로 기영 14일이 출(出, ☶)하고 삭허 15일이 입(入, ☷)하는 '기삭성윤(氣朔成閏)'이 자연스럽게 일어나므로, '오세재윤(五歲再閏)'의 법도로는 8년의 96평월을 주기로 기영48일과 삭허48일이 발생하지만, 실제의 기영은 6일이 사라진 42일이고 삭허는 3일이 줄어든 45일이다. 3개월의 윤을 가산하는 8년의 역수(曆數)는 3변하여 8괘를 펼치는 태극(太極)의 법도와 수리적으로 자연스레 응한다. 필자는 달력운행의 기본바탕이 삼팔목도(三八木道)로 표상되는 태극의 도라고 본다. 이 팔세삼윤(八歲三閏)을 기초바탕으로 하여 이른바 태극의 '오십대연(五十大衍)'이 펼쳐진다. 이에 대해서는 후술한다.

32개월 당 1개월의 윤, 64개월 당 2개월의 윤, 96개월 당 3개월의 윤이 생성되는 8세 3윤법의 삼팔목도(三八木道)는 大學(대학) 경전체계의 기본바탕이 되는데, 2개월의 윤달생성에 대하여는 아래 그림에서 설명한다.

오세재윤법(五歲再閏法) → 팔세삼윤법(八歲三閏法)

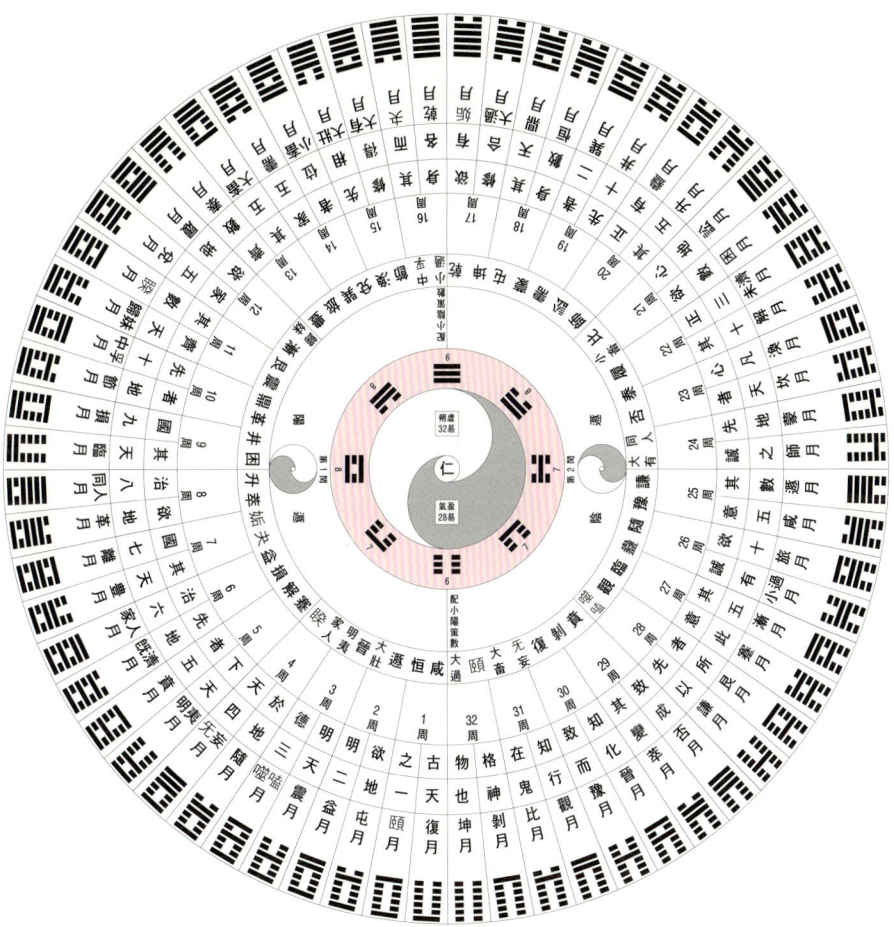

달력에 나타난 8세(歲) 3윤(閏)과 태극의 삼팔목도

하늘의 양은 그득 차 실(實)하고 땅의 음은 텅 비어서 허(虛)하다. 8년의 상수 48주(2,880역)를 주기로 삭허 48일 중 삭망윤일(朔望閏日) 3일이 발생하여 평달 역수(曆數)로 빠지는 반면에 기영 48일 중 6일이 사라져 없어진다.

天一(一)과 地二(--)가 세 차례 거듭된 3실(實, ☰)과 6허(虛, ☷)의 역상(曆象)이 빚는 조화로 보이는데, 기영 42일과 삭허 45일을 펼치는 달력수리가 현묘하고 신비롭기만 하다.

한편 삭망윤일은 평상적인 달인 32삭망월의 중심씨앗(子)이다. 삭허 48일에서 제외되는 3실(實)의 삭망윤일은 전체 8년의 역수를 거느리는 왕(王)의 역할을 한다. 윤(閏)이란 글자 안에도 '임금 왕(王)'이 들어있다.

달밭인 '월전月田'은 샘밭 즉 정전(井田)이다. 마음의 밭(思, 心田)에서 태어난 결정체(結晶體)인 삭망윤일 3일(晶)은 '진실한 마음씨가 싹틈(心)'과 같다. 大學(대학)과 中庸(중용)의 경문에서 다 같이 강조한 신독(愼獨)의 '삼갈 신(愼)'에도 이러한 뜻이 담겨있다. 中庸(중용)을 전한 자사(子思)의 마음이 새삼 깊이 느껴진다.

정괘(井卦, 48)는 고대 토지제도인 정전법(井田法)의 기본바탕이기도 하다.

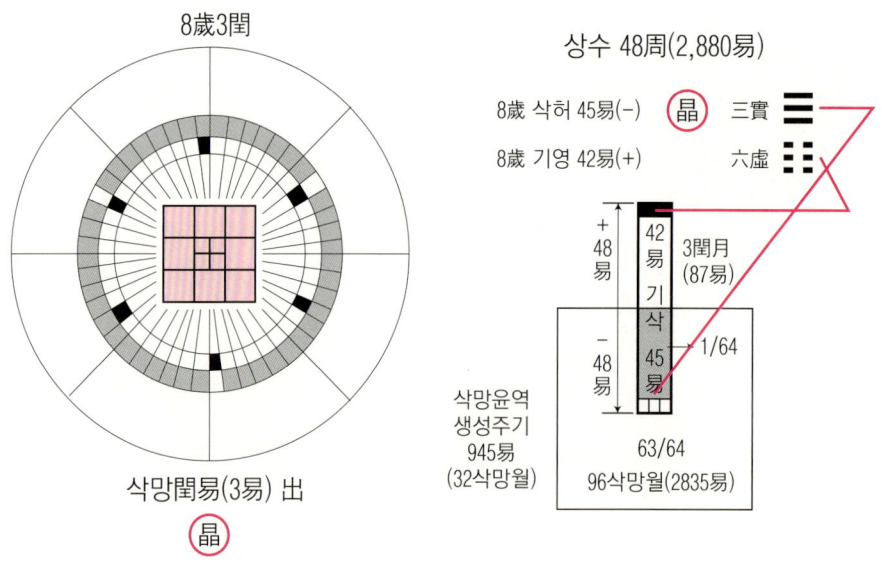

8세(8년) 3윤의 기삭대비

팔괘의 남녀교역에 의한 구궁낙서(九宮洛書)와 함께 書經(서경) 홍범구주(洪範九疇)의 근본토대가 되는 중요한 괘이다.

3윤법에 의한 달의 진공삭허(眞空朔虛) →주천상수의 $\frac{1}{64}$

고대 동양달력은 19년 주기의 장법(章法)에 앞서 8년을 기본주기로 3개월의 윤달을 가산하는 방법을 썼다. 일월운행을 펼치는 태극의 원리작용을 이해함에 있어서 지극히 중요한 달력법도가 바로 '3윤법'이다.

3윤법의 8년 주기는 동방의 '3·8목도'와 수리적으로 직결된다. 32평월에 1개월의 윤달을 가산한 33삭망월의 3배수가 곧 96삭망월에 3개월의 윤달을 가산한 8년의 99삭망월이다. 이를 용수(用數)로 삼아 도서(圖書)의 '하락총백(河洛總百)' 수리와 관계된 '일백 백(百)'이란 글자도 만들어졌다.

달의 운행은 대월(30일)과 소월(29일)로 돌아가는데 삭망윤일 1일이 추가된 945일로 일심동체(一心同體)를 이룬다. 15일은 1기(氣)이다. 16주(周) 960일 상수(常數)의 $\frac{63}{64}$인 63氣(945일)가 달의 실수(實數)에 해당하는 평달 32삭망월의 역수(曆數)인데 반해, $\frac{1}{64}$인 1氣(15일)가 달의 허수(虛數)에 상응하는 삭허의 역수(曆數)이다. 복희 64괘의 방위도에서 가장 아래에 있는 중지곤(重地坤)의 순음(純陰)이 이 삭허의 진공(眞空)을 표상한다.

주역경전의 마지막에 놓인 완결된 기제(旣濟, 63)와 미완의 미제(未濟, 64)도 이러한 달력의 역수이치를 담고 있다.

8년 주기의 전체 기삭일수 87은 29×3=87이므로 대략 3윤으로 간주된다. 42일(+)과 45일(-)의 기삭에 의한 3개월의 윤달은 모체자궁에서 만삭(滿朔)이 된 태아의 육신(肉身)이 마침내 세상에 출현함을 의미한다. 이미 설명하였지만 8년의 삭허45일은 8년의 주천상수(2880일)의 $\frac{1}{64}$로, 모태의 진공(眞空)을 상징한다. 대자연의 공성(空性)을 이해하는 핵심단서가 된다고도 생각된다.

달력의 운행법도에서 늘 상용(常用)되는 것은 불역(不易)의 항구한 평월이다. 주천상수의 $\frac{1}{64}$(삭허, 空)이 이른바 근본자체는 쓰지 않는다는 '체불용(體

不用)'임을 특별히 주목할 필요가 있다. 태음태양력인 달력법도와 2진법의 수리가 서로 만나는 부분이기 때문이다.

칠윤(七閏)의 장법(章法)

앞에서 고대 윤법에 대해서 설명을 하였지만, 5년 주기의 재윤(再閏) 법도는 60간지를 바탕으로 하여 오행의 운행주기를 중시한 역법이고, 8년 주기의 3윤의 법도는 삭망윤일의 생성주기를 바탕으로 하여 팔괘의 운행주기를 중시한 역법이다.

19년을 주기로 7윤을 가산하는 장법(章法)이 실제운행에 있어서 더욱 가까운 정밀한 역법(曆法)이다. 천체와 일월오성(日月五星)이 모두 시계방향으로 회전한다. 고대동양에서는 지구를 부동의 중심축으로 간주하여, 태양이 천체 별자리를 따라 1주천(周天)하여 매일 1도씩 나아가는 것으로 계산하였다. 태양이 본래 별자리와 다시 만나기까지 대략 소요되는 $365\frac{1}{4}$일은 1년의 '주천도수(周天度數)'이다. 과불급이 없는 1년의 '주천상수(周天常數)'인 360일과는 구분을 하여야 한다.

천체를 따라 매일 1주천(周天)하는 태양의 역수(曆數)는 천도에 비해 늘 1도가 부족하다. 반면에 달은 하루에 천도에 비해서는 $13\frac{7}{19}$도, 해의 운행(日行)에 비해서는 $12\frac{7}{19}$도가 미치지 못한다. 이를 바탕으로 일월회합(會合)의 순환주기인 달의 삭망주기를 구하면 다음과 같다.

$$12\frac{7}{19} \times y = 365\frac{1}{4} \quad [y= 辰 즉 삭망주기]$$
$$\frac{235}{19} \times y = \frac{1461}{4}$$
$$따라서 \; y = \frac{1461}{4} \times \frac{19}{235} = \frac{27759}{940} = 29\frac{499}{940}$$

달의 삭망주기는 29일이다. 달력의 940분법은 4장(章) 즉 76년의 총 삭망월수가 940(912평월+28윤월)임을 의미한다.

손입(巽入)과 건책(乾策)

3윤 법도보다 정밀한 장법(章法)은 19년을 주기로 7개월의 윤달을 생성한다. 57년인 3장(章) 주기로 생성되는 21개월의 윤달이 3윤법으로는 56년 주기로 나타난다. 3윤과 7윤의 어긋남을 없애려면 제 57년을 순태음년(12삭망월)으로 간주하는 방편을 써야한다. 기삭의 교합이 없는 '무기삭(無氣朔)'인 해로 삼는 것인데 편의상 필자가 이를 '손입법(巽入法)'이라 칭하였다[1].

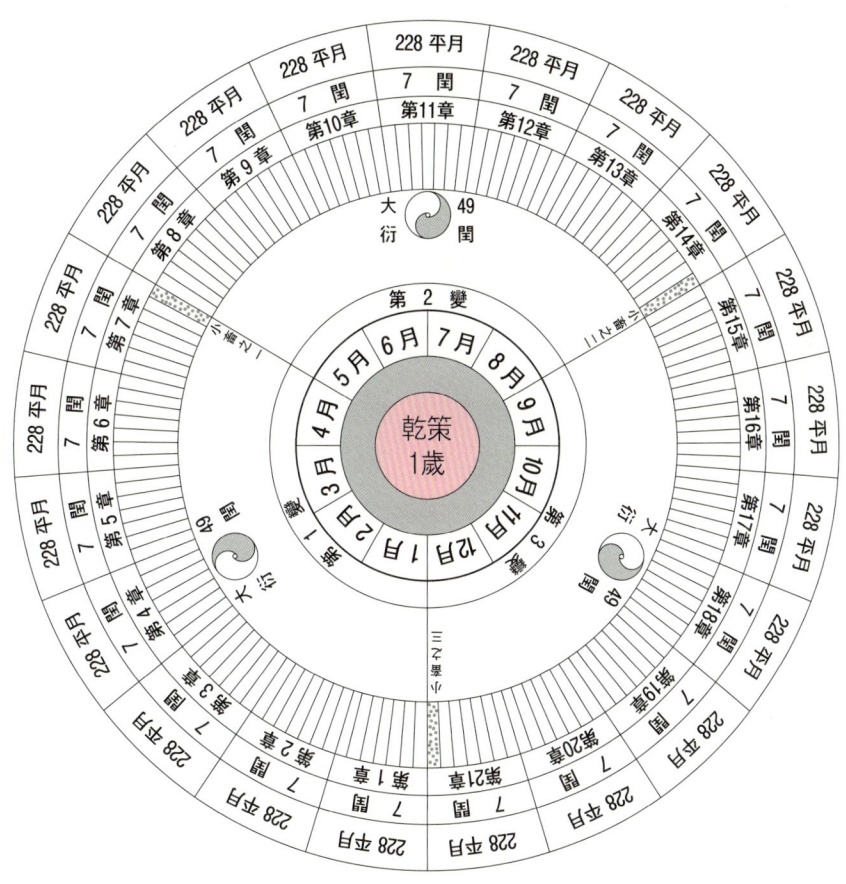

건책(乾策) 1세(歲)가 통어하는 21장(章. 399歲)

1. 주인이 아닌 나그네로 떠돌다 보면 용납할 곳이 없다. 자연히 본래의 처소로 돌아가기 마련이므로, 화산려(火山旅, 56)에 이어 바람으로 대표되는 중풍손(重風巽, 57)이 온다. 바람은 중심으로 공순히 파고들며 눈에 보이지 않기에, 은복손입(隱伏巽入)의 무기삭(無氣朔)과 통한다. 괘의 순서도 역수의 도정(搗精. 절구질)을 상징하는 57번째의 간지인 경신(庚申)에 합치한다.

주역 57번째의 중풍손(重風巽)은 바람이 안으로 거듭 파고들어 은복(隱伏)함을 나타낸다. 상하 모두 음목(陰木)이므로 숲이 우거진 밀림(密林) 형상이다. 시신을 화장하여 한줌의 재로 사라짐을 나타내지만 본래 '없을 무(無)'는 아무도 출입함이 없는 무아무인(無我無人)의 무성한 태고 신비림(숲)을 가리킨다. '같이 공(共)' 두 글자를 하나(一)로 이어 사람 사이에 벌어진 틈새가 없다는 뜻으로도 손(巽)을 풀이할 수 있는데, 그 속에 57이 은복되어 있다. 무기삭(無氣朔)은 역수(曆數)의 과불급(틈새)인 기영삭허(기삭)의 음양교합이 없음을 의미한다.

五十大衍用策圖(乾1策21章)

400년 주기의 건책(乾策) 1년 → 무기삭(無氣朔)의 순태음 8년(건책 1년 + 손입 7년)

한편 장법도 세월이 오래 흐르면 오차가 발생한다. 그 해결책으로 손입(巽入)을 7회 거듭한 21장(章) 즉 399년(21x19)을 주기로 다시 건책(乾策) 1년을 세워 400년을 거느리는 역수방편으로 삼는다. 편의상 필자가 이를 '건책법(乾策法)'이라 칭하였다.

이 400년 가운데 하늘의 중심역수인 건책(乾策) 1년과 손입(巽入) 7년을 합한 8년은 50대연에 있어서 대중지정(大中至正)한 황극본체 1책에 해당한다. 밖으로 황극 49용책(用策)을 펼치는 이른바 '황극불어수(皇極不語數)'이다. 지공무사(至公無私)한 중심으로서 일월의 기삭교합이 없이 돌아가는 순태음년으로 간주된다.

다시 말하면 400년을 주기로 392년(400x$\frac{49}{50}$)은 3윤법이 적용되지만 나머지 8년(400x$\frac{1}{50}$)은 황극본체 1책에 해당하여 3윤법이 적용되지 않는다. 오늘날 천체물리학에선 지구와 달의 거리를 1이라 하였을 때, 지구와 해의 거리가 400으로 정확히 대비됨을 과학적으로 입증하였다. 이는 건책 1년이 21장(章)의 399년을 통어(統御)함을 의미하기도 한다.

간배(艮背) → 황건유극(皇建有極)

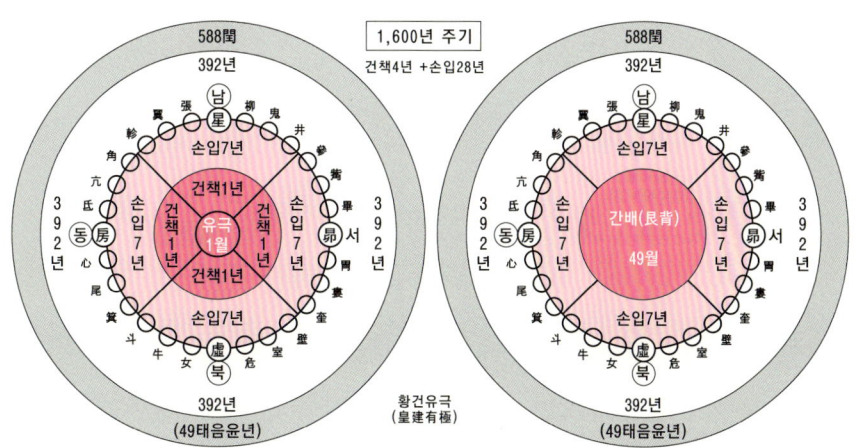

50대연(大衍)의 역법원리 : 손입(巽入) → 건책(乾策) → 간배(艮背)

필자의 견해이지만 북극성을 중심으로 28 별자리가 돌아가는 윷판(말밭. 玄田)은 기본적으로 '4장(章) 28윤(閏)'의 76년(4×19=76)의 역수(曆數)를 상징한다. 상고시대의 옛 선인들은 28수(宿)의 성좌와 28월(月)의 윤달로써 세월을 건너가는 중간 징검돌을 삼았다. 달력과 천체의 조화합일을 꾀하고자 하늘의 별자리를 28수로 정한 것이다. '같이 공(共)'이란 글자도 이를 표상한다.

　건책 1년이 이끄는 400년의 4배수인 1,600년의 주기에서는 '황극불어수(皇極不語數)'가 건책 4년에 손입(巽入) 28년을 다 합친 순태음 32년(384월)이다. 1,600년은 19,200평월과 589월(순태음 49윤년과 유극 1월)을 더한 총 19,789 삭망월이다. 달력운행의 극치는 건책(乾策) 4년이 통어(統御)하는 1,600년을 주기로 하여 추가적으로 생성되는 한 달의 윤(閏)이다. 이를 윤달의 최상위인 '유극(有極, 仁)'으로 간주하여 월인(月印)의 중심씨눈을 삼는데, 기자(箕子)가 書經(서경) 홍범(洪範)에서 말씀한 '황건유극(皇建有極)'의 실체적 근거가 된다.

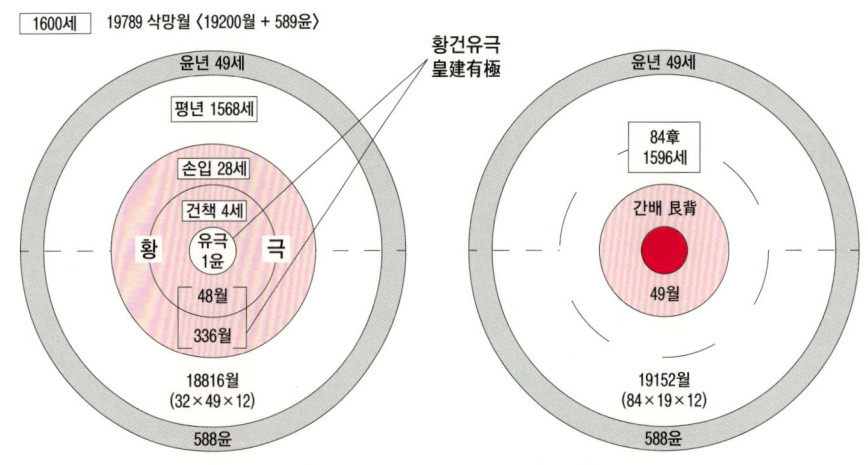

황건유극과 역수의 간배(艮背)

　건책 4년을 54회 거듭한 도수 즉 유극(有極)의 생성주기가 9×6=54회 거듭된 도수가 이른바 1元 129,600년 가운데 하늘의 건책(乾策) 216년이 베푸는 개물기(開物期) 86,400년이다. 태극음양을 대표하는 태양수 9와 태음수 6이 상호 펼치는 54는 천지의 용수(用數)로서 하도의 '천지지수(天地之數)' 55에서 정중앙(5)의 핵심 1을 뺀 수이다.

　유극(有極)의 생성주기인 1,600년을 54회 거듭한 86,400년을 역수기틀로 하여 하늘이 베푸는 기영도수가 21甲(주천상수 1,260년)이다. 문왕은 이를 바탕으로 하여 천도 하늘의 명칭을 건(乾→ 21甲의 氣盈)으로 세우고 천도의 운행변화를 원형이정(元亨利貞)으로 부연하여 정의하였다.

　괘사를 지은 문왕(文王)에 뒤이어 주공(周公)이 지은 효사에서 건괘(乾卦) 초구(初九)에서 상구(上九)에 이르기까지 전체문장의 글자가 마침 九六 54자이다.

　86,400년 동안 54회 유극이 생성되는 주기와 참으로 신묘하게 합치한다. 공자는 周易(주역) 건(乾)괘 해설에서 '육위시성(六位時成)'과 '시승육룡(時乘六龍)'으로 통어(統御)하는 하늘의 운행법칙을 밝혔다.

　　初九는 潛龍이니 勿用이니라. (6자)
　　九二는 見龍在田이니 利見大人이니라. (10자)
　　九三은 君子 終日乾乾하야 夕惕若하면 厲하나 无咎리라. (14자)
　　九四는 或躍在淵하면 无咎리라. (8자)
　　九五는 飛龍在天이니 利見大人이니라. (10자)
　　上九는 亢龍이니 有悔리라. (6자)
　　→ 건괘(乾卦) 효사 총 54자(9×6)
　　→ 건책 4년이 통어(統御)하는 1,600년(유극 생성주기)×54 = 86,400년
　　→ 건책 216년이 통어(統御)하는 86,400년의 개물기(開物期)
　　　* 기영(氣盈) 21갑(甲) 주천상수로 1,260년의 기영도수 발생(開物)
　　→ 대중지정(大中至正)한 황극(皇極)의 50대연(大衍)

　의상(義湘) 조사의 화엄(華嚴)을 표상한 법성도(法性圖)가 마침 54각(角)으로 돌아간다. 법성게(法性偈)의 전체 30문구(210글자) 속에 수를 말한 문자의

전체 수합도 55이다. 우주자연의 본체법수인 하도의 10수 즉 천지지수(天地之數)인 55가 법성계에 내장(內藏)되어 있는 진의를 푸는 단서가 될 듯하다.

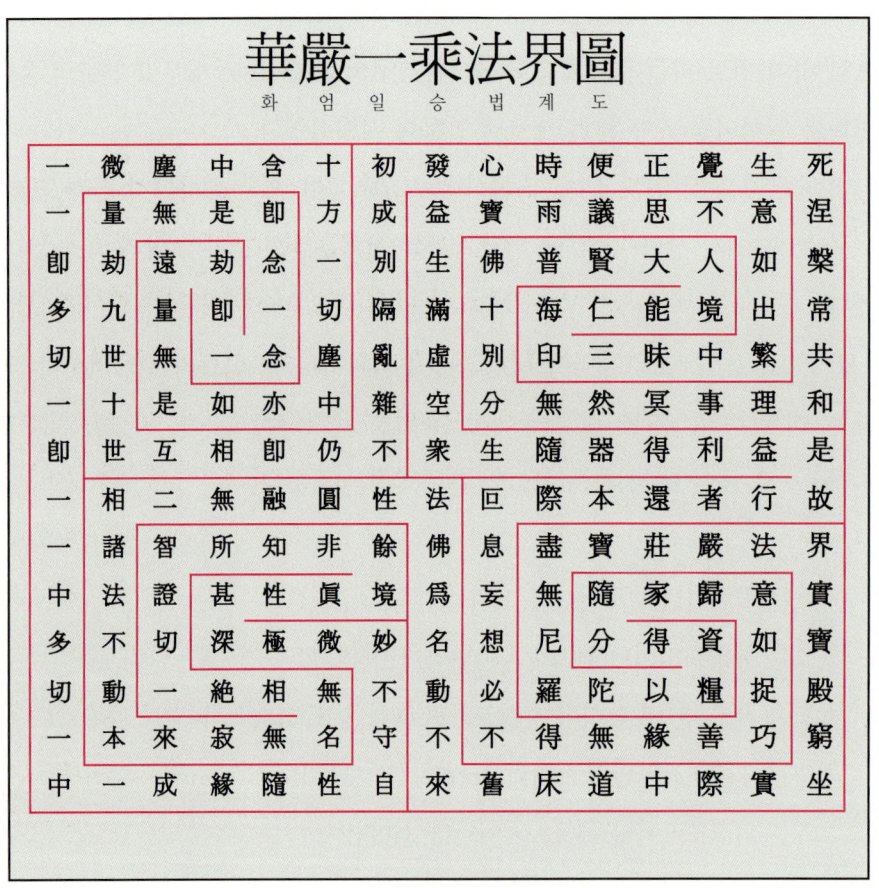

법성게(法性偈) 화엄일승법계도(華嚴一乘法界圖)

1,600년의 주기에서 건책 4년(48월)과 유극 1월을 합친 49월은 밑뿌리가 되는 역수(曆數)이다. 장법(章法)에서 배제된 역수로서 윤달을 생성하는 근본바탕이 되므로, 간(艮, 52)괘에 나오는 등에 그친다는 '간배(艮背)'로써 명명(命名)하여 보았다. '배후(背後)의 역수'를 가리키는 간배 49삭망월은 1,596년인 84장(章)의 588윤(순태음 49윤년)을 낳는 근원(根源)이다. 간배 1월이 밖으로 12개월의 윤달을 생성하는 배후의 역수(曆數)라는 뜻이다.

유극 1월의 출현으로 인해 1,600년이 정확히 7분(分)된다. 간배 7월이 12장

주기로 생성되는 순태음 7윤년의 밑뿌리[根] 역할을 하는 것이다. 書經(서경) 익직(益稷)편에 천자가 입는 의복을 12장(章)으로 꾸몄다는 기록과도 연계된다는 생각이다[2].

대연역법 육위시성도

정리하자면 재윤(再閏)과 삼윤(三閏), 칠윤(七閏), 손입(巽入), 건책(乾策), 간배(艮背)의 여섯 단계로 정밀한 역수법도를 지극하게 펼치는 원리가 고대역법의 극치인 '50대연(大衍)'이다. 필자 견해이지만 이 간배(艮背)의 법도에서 현재는 실전된 상고시대 하나라의 연산(連山)이라는 역(易)이 펼쳐졌다고 본다. 연산의 수괘(首卦)가 다름 아닌 중산간(重山艮)이었다고 전해오기 때문이다.

위 그림 〈대연역법 육위시성도〉는 周易(주역) 건괘(乾卦)의 육위(六位)에 배정하여, 수천여년 비장(秘藏)된 고대역법 전체를 쉽게 파악할 수 있도록 필자가 대비해본 것이다.

육위시성(六位時成)의 여섯 단계로써 재윤법(1)과 삼윤법(2), 칠윤법(3), 손입법(4), 건책법(5), 간배법(6)으로 진행되는 흐름이기도 하다.

---

2. 書經(서경) 익직(益稷)편: 帝曰 臣作朕股肱耳目 予欲左右有民 汝翼 予欲宣力四方 汝爲 予欲觀古人之象 日月星辰山龍華蟲 作會 宗彝藻火粉米黼黻 絺繡 以五采 彰施于五色 作服 汝明 予欲聞六律 五聲 八音 在治忽 以出納五言 汝聽.

重山艮

周易(주역)의 52번째 괘인 간(艮)은 문(門)이 거듭 중첩된 형상이므로 선천후천을 여닫는 문인 천문(天門)을 표상한다. 문왕(文王)은 괘사에서 그 등에 그친다는 '간기배(艮其背)'와 그 사람을 보지 못한다는 '불견기인(不見其人)', 그 뜰을 거닐어도 사람을 보지 못한다는 '행기정(行其庭) 불견기인(不見其人)'으로 설명하였는데, 일월역수의 배후(背後)로서 밖으로 드러나지 않는 근본뿌리가 되기 때문에 무아(無我)와 무인(無人)으로 표현한 것이라 생각한다.

공자는 周易(주역) 설괘전(說卦傳)에서 만물의 종시(終始)가 동북의 간방(艮方)보다 성한 곳이 없으며, 하늘의 뜻이 간방에서 이루어진다는 '성언호간(成言乎艮)'을 강조하였다[3].

다음의 도표들은 역수(曆數)의 간배(艮背)에 대한 설명이다.

---

3. 周易(주역) 설괘전(說卦傳): 終萬物始萬物者 莫盛乎艮, 艮 東北之卦也 萬物之所成終而所成始也 故 成言乎艮.

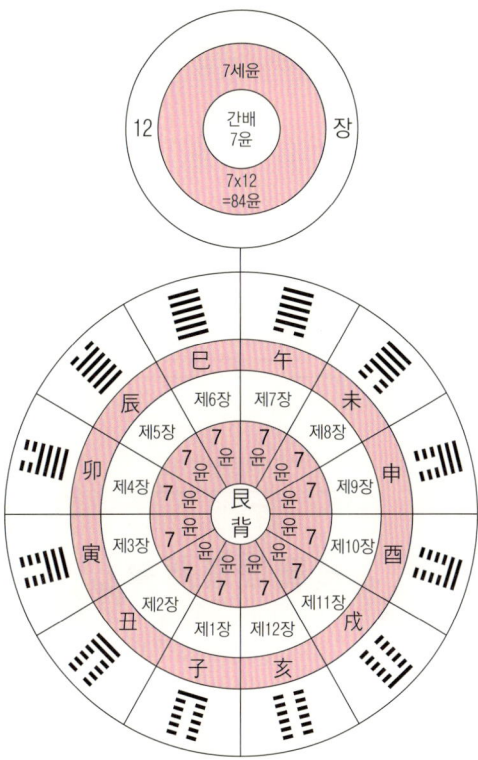

12章(228년. 12x7= 84윤)과 간배 7월

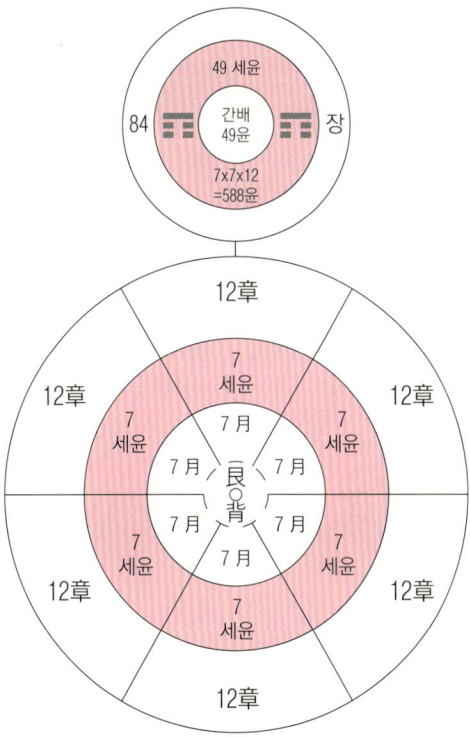

84장(588윤)과 간배 49월 = 1,600년

달과 중용(中庸) 387

50대연(大衍)의 역수법도

만물의 책수인 11,520(360x32)

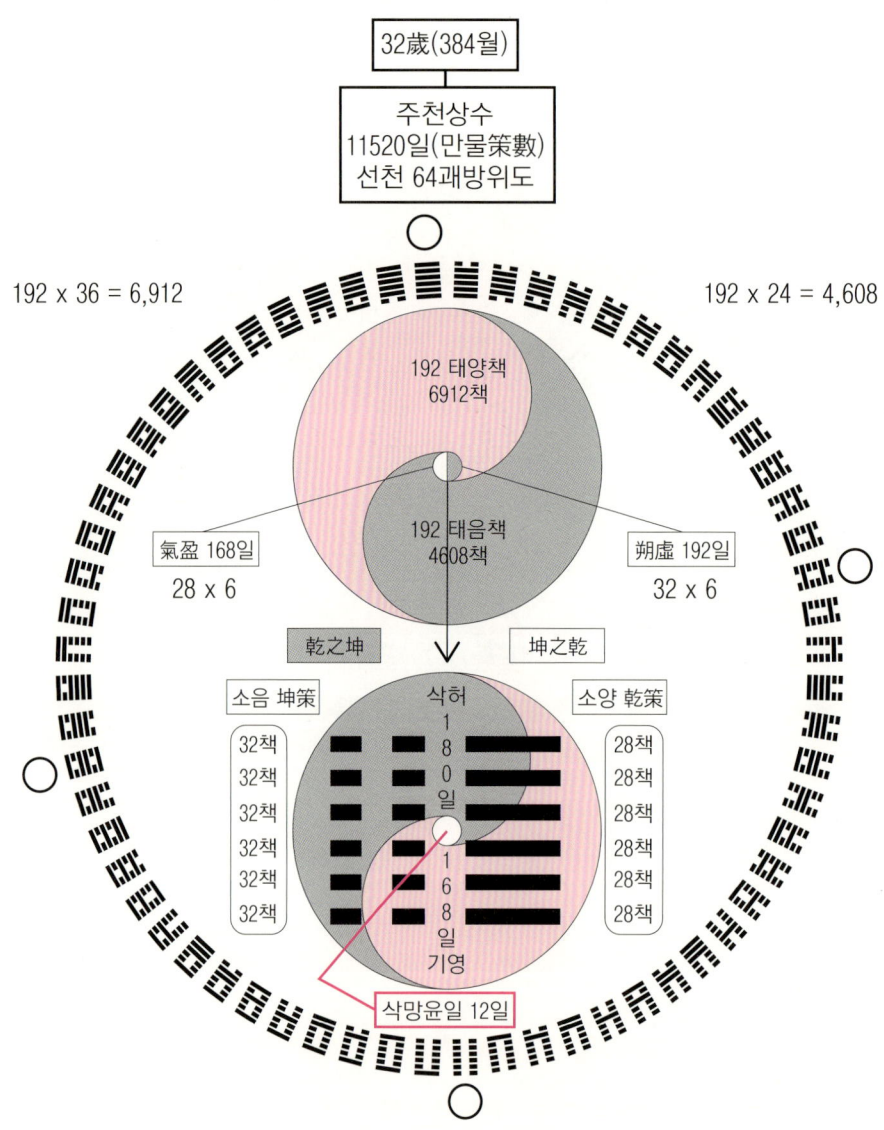

32년(세)의 기삭생성과 만물책수 11,520

1년의 주천상수 360일은 천지건곤의 음양배합에 의하여 펼쳐진다. 하늘의 건책(乾策)이 216이고 땅의 곤책(坤策)이 144로 합쳐진 360책이 주천상수 360일이다. 주천상수는 중정(中正)하므로 과불급(過不及)이 없는 부증불감(不增不減)의 중용(中庸)에 해당하는 도수이다.

周易(주역) 계사전(繫辭傳)에서 공자는 32년의 주천상수 11,520(32×360)일을 만물의 책수(策數)로 정의하면서 태극의 50대연을 설명하였다[1]. 필자는 삭망윤일 하루를 내포한 32삭망월 945일은 천수(天數)인 1, 3, 5, 7, 9를 전부 곱한 수이고, 이 32삭망월을 12회 거듭한 역수(曆數)인 32년 384평월은 지수(地數)인 2, 4, 6, 8을 전부 곱한 수라는 사실을 우연한 기회에 찾아내었다. 이는 천수와 지수가 펼치는 태극음양의 현묘한 조화가 일월의 운행주기에 스스로 간직되어 있음을 보여준다.

주천상수 32년을 중심으로 기영 168일과 삭허 192일이 상대적으로 생성된다. 삭허 192일에서 빠지는 12일의 삭망윤일로 인해, 실제 32년의 기삭도수는 348일에 불과하다. 12개월의 윤달(대략 354.367일)과의 격차를 해결하는 구체적인 방편법도가 고대역법의 정화(精華)인 50대연(大衍)이다.

공자는 周易(주역) 계사전(繫辭傳)에서 시초 50개비를 헤아려 괘효를 뽑는 방법인 '설시법(揲蓍法)'을 해설하였다[2]. 64괘 384효에 상응하는 32년(384월)을 기본단위로 50대연(大衍)이 전개됨을 가르친 공자의 참 뜻도 여기에서 확연히 조명된다.

1600년을 주기로 한 황건유극(皇建有極)

8년(96월)에서 32년(384월)으로 주기를 확장하면 32년을 50회 거듭한 1,600

---

[1]. 周易(주역) 계사전(繫辭傳): 乾之策 二百一十有六 坤之策 百四十有四 凡三百有六十 當朞之日 二篇之策 萬有一千五百二十 當萬物之數也.
[2]. 周易(주역) 계사전(繫辭傳): 大衍之數 五十 其用 四十有九 分而爲二 以象兩 掛一 以象三 揲之以四 以象四時 歸奇於扐 以象閏 五歲 再閏 故 再扐而後 掛(49자).

년마다 윤달의 중심인 유극(有極) 1월이 세워진다. 3윤법에 따르면 황극 49용책(用策)인 1,568년(=32×49)에 순태음 49윤년(588윤)이, 중심본체에 해당하는 황극1책 순태음 32년(384월)에는 1개월의 윤달만 추가되어 385삭망월이 생성된다.

64괘사와 384효사, 십익(十翼)은 태극의 건곤(乾坤) 조화에 의한 개물(開物)의 지극한 운행법도를 초석(礎石)으로 한다. 그 도학의 명맥을 황극경세도(皇極經世圖)와 경세연표 등을 통하여 후세에 전한 송대(宋代)의 대유학자가 다름 아닌 소자(邵子)이다. 희문주공(羲文周孔)으로 이어지는 周易(주역)의 도를 역수 측면에선 소자가 분명히 계승하였다고 볼 수 있다.

소자(邵子)가 밝힌 바에 의하면 1세(歲)의 12월(月) 360일(日) 4,320신(辰)의 전개이치를 밖으로 대연(大衍)한 역수(曆數)가 1원(元)의 12회(會) 360운(運) 4,320세(世)이다.

천도운행의 대주기인 1원(元)은 360년을 제곱한 129,600년이다. 이 중에 인회(寅會) 중반에서 술회(戌會) 중반에 이르기까지가 만물이 생성되고 변화하는 개물기(開物期) 86,400년이고, 술회 중반에서 다시 인회 중반에 돌아오기까지가 만물이 휴식하고 잠드는 폐장기(閉藏期) 43,200년이다. 인사(人事)적인 관점에서 보면 인회 중반에서 오회 중반까지가 선천 43,200년이고 오회중반에서 술회 중반까지가 후천 43,200년이다.

가로세로 10×10의 기단을 밑바탕으로 9×9, 8×8 식으로 쌓아 정상에 1×1을 올려 세운 10층탑이 385삭망월이다. 지공무사한 황극의 도에 의해 유극 1월이 세워지는데, 書經(서경)의 홍범구주에 나오는 '황건유극(皇建有極)'이 이를 표명한 것으로 생각된다.

기삭이 교합하는 윤달의 생성이 없으므로, 순태음년은 지공무사(至公無私)와 무사무위(無思無爲)로 상징된다. 달력운행에서 나타나는 진공묘유(眞空妙有)의 극치는 32년(384월)이 50회 거듭한 1,600년 주기로 생성되어 나오는 '윤달의 극(極)' 곧 유극(有極)의 출현이다. 공자가 말씀한 '제출호진(帝出乎

震)'에 해당하는 역수법도(曆數法度)이다.

64괘 384효에서 으뜸인 건구오(乾九五)는 50대연의 중심인 본체황극이다. 천지만물을 통어(統御)하여 주재(主宰)하므로, 천하의 대본(大本)인 중(中)을 잡아 천하의 달도(達道)인 화(和)를 펼친다.

水地比 건구오(乾九五)가 땅으로 임한 비(比)괘의 구오(九五)인 현비(顯比)도 표준 법도를 세우는 황극을 표상한다. 성인이 황극의 도를 받들어 세움을 書經(서경) 홍범(洪範)에서는 '건용황극(建用皇極)'이라 표현하였다.

1600년 주기
皇建有極(乾之大有)

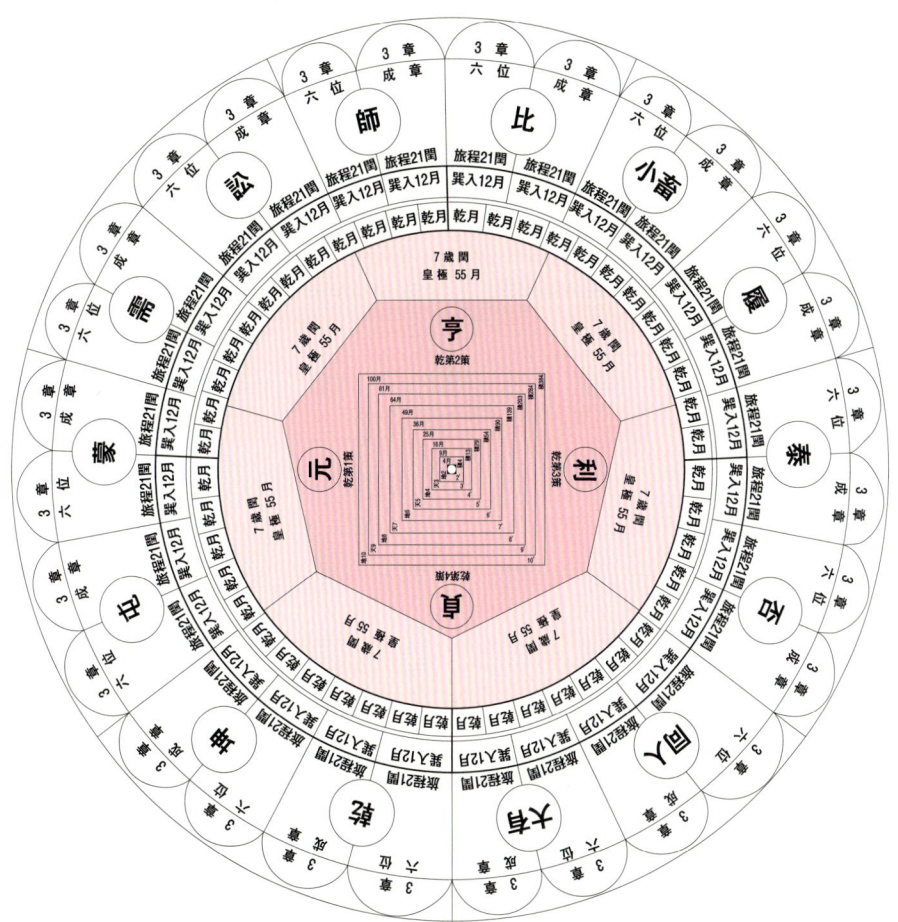

1,600년을 주기로 생성되는 유극(有極)

☰☰ 火天大有   황극이 세우는 유극(有極)은 건구오가 변한 대유(大有)괘의 육오(六五)에 상응하며, 이를 인(仁)으로도 일컫는다. 書經(서경) 홍범구주(洪範九疇)에 나오는 '황건유극(皇建有極)과 회귀유극(會歸有極)'의 가르침을 바탕으로 하여, 공자는 '극기복례(克己復禮)와 천하귀인(天下歸仁)'을 말씀하였다.

이를 1원(元) 129,600년 중에 내포된 개물기(開物期) 전체 86,400년(2880세)으로 대연(大衍)하면, 42세(世)의 기영과 45세(世)의 삭허를 합친 87세(世)의 기삭성윤(氣朔成閏)으로 설명된다. 주역경전에서 이르는 천도변화의 근본기틀이다.[3]

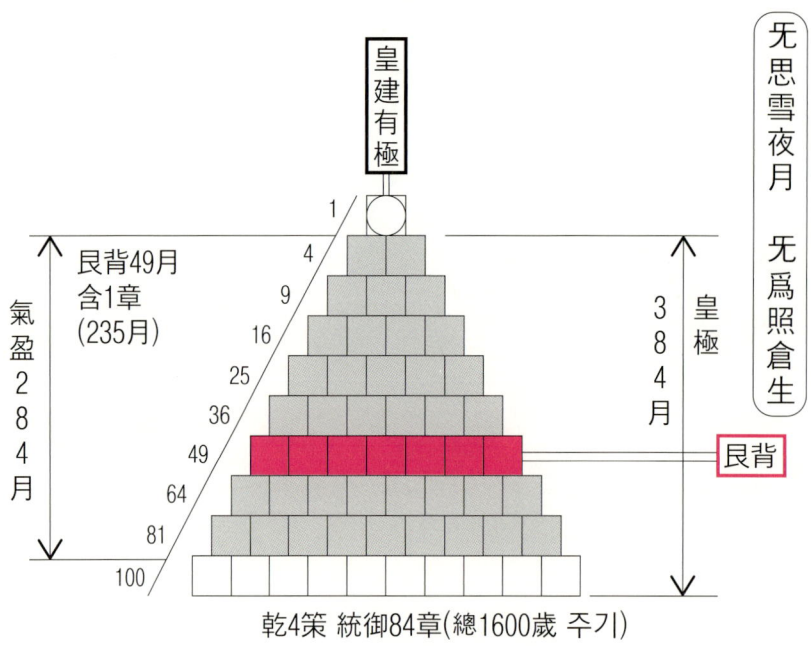

황건유극(皇建有極) → 10층탑(385월)

3. 3개월의 윤달을 포함한 8년 전체의 총 99삭망월을 주재(主宰)하고 통어(統御)하는 존재를 주역경전에서는 용(龍)으로 표상한다. 하늘을 날며 비를 내리고 풍운조화를 부리는 용(龍)을 상형문자로 보지만, 글자를 자세히 살피면 3·8의 동방목도를 펼치는 태극(太極)의 달력조화를 담고 있다. 용은 동방의 신수(神獸)이다. 인류문명을 연 복희(伏羲) 성인을 용덕을 갖춘 인류의 스승이라는 뜻에서 용사(龍師)로 칭한다. 동방 목덕으로 세상을 다스린 복희성인이 8괘를 창시할 당시, 하늘에서 용마(龍馬)가 황하(黃河)로 내려와 전한 하도(河圖)를 바탕으로 삼았다고 전한다. 은하선회(銀河旋回)의 태극수리를 표상한 그림이 하도(河圖)이다.

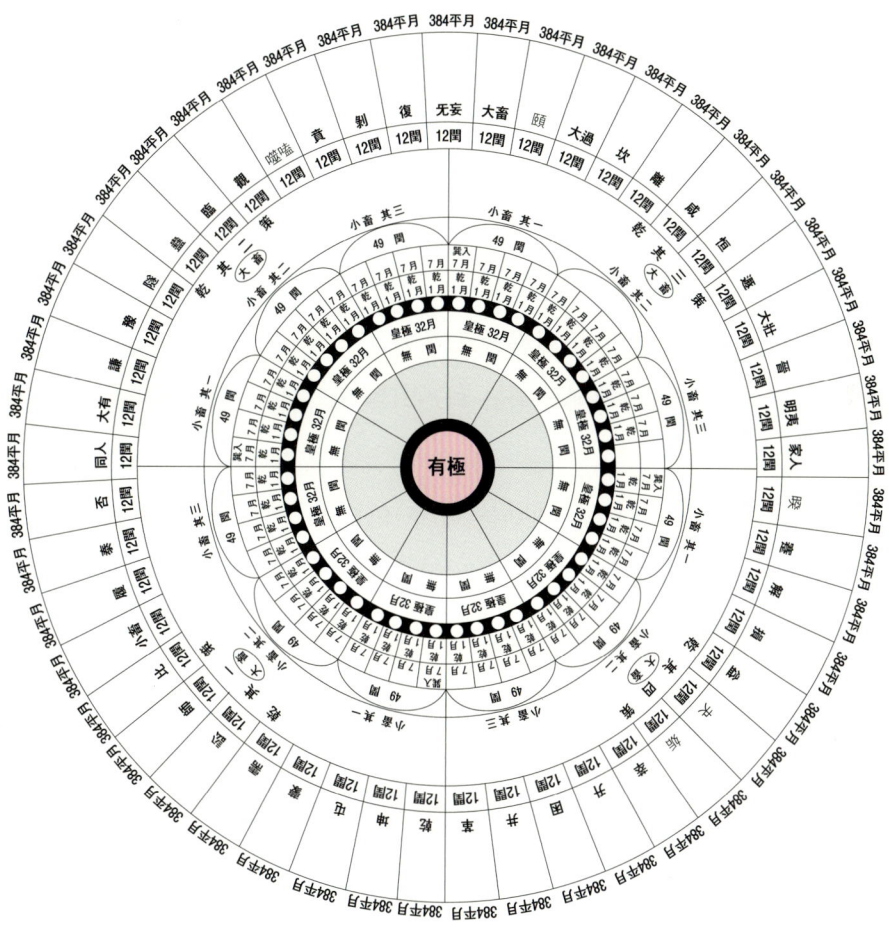

황건유극도(皇建有極圖) → 황극 384월이 세우는 유극 1월
소축대축(小畜大畜)과 손입건책(巽入乾策)

황상원길(黃裳元吉)과 황중통리(黃中通理)

건괘(乾卦) 九五에 대비되는 곤괘(坤卦) 六五효사에는 누런 치마로 아랫도리를 가리듯이 후중한 미덕을 갖추면 크게 길하다는 '황상원길(黃裳元吉)'이 나온다. 공자는 아름다운 문채(文)를 속으로 함축하고 있기 때문이라고 이를 풀이하는 한편 곤문언전(坤文言傳)에서 '누를 황(黃)' 속에서 이치를 통한다는 '황중통리(黃中通理)'를 말씀하였다.[4] 땅의 중심으로서 존귀한 지위에 자리한 六五는 자신을 낮추며, 아름답고 후중한 덕으로써 백성들을 화육(化育)한다. 이에 따라 하늘 아래에서 땅을 다스리는 천자의 복색(服色)을 누른빛으로 정하였다.

선천 여름에서 후천 가을로 바뀌는 혁(革)의 과정엔 화극금(火克金)이 일어나는 '간난신고(艱難辛苦)'를 겪는다. 이 시기에 약방(藥方)의 감초(甘草)처럼 화생토(火生土)와 토생금(土生金)이 되도록 조절하고 매개하는 중천교역의 수레역할을 중앙의 토(土)가 주도한다. 본래 하늘의 현기(玄氣)를 머금은 땅은 흙빛(흑색)이어야 함에도 굳이 황색으로 표현한 까닭은 오곡백과가 무르익는 초가을의 황금벌판을 상징하고자 함이다.

곤괘(坤卦)는 오행이치를 담은 후천팔괘의 서남 미곤신(未坤申) 방위에 처한다. 곤(坤)은 미토(未土)에서 신금(申金)으로의, 토생금(土生金)이 일어나는 이치를 담은 주역문자이다. 미발(未發)의 상태에서 '발이개중절(發而皆中節)'을 통한 중화(中和)의 대본달도를 펼치는 모체역할을 수행한다는 뜻이다.

땅은 8회(會) 동안 생성되는 하늘의 기영도수 21갑(甲)을 실어준다. 황상(黃裳)의 황(黃)은 인회(寅會)중반에서 술회(戌會)중반까지 즉 8會(八)의 기간 동안 생성되는 '개물(開物) 21갑(甲)의 혁(革)'을 모체인 땅이 머금어 실어줌을 나타낸 주역문자이다. 황(黃)이란 글자도 위는 廿一(甘)이고 아래는 八이

---

[4]. 周易(주역) 곤(坤)괘: 六五 黃裳 元吉 象曰 黃裳元吉 文在中也./ 君子 黃中通理 正位居體 美在其中而暢於四支 發於事業 美之至也.

며 중간은 甲을 뒤집어 놓은 由이다. 由는 후천씨앗이 땅밖으로 발아하여 나옴을 이른다. → 뇌지예(雷地豫, 16) 九四효사의 由豫

한편 항상 입는 '상의(常衣)'로서 아래치마를 나타내는 상(裳)은 중정(中正)한 상수(常數)를 뜻한다. 땅이 '주천상수 21갑(甲)의 만물(萬物)=기영'을 두터이 실어주어 후천을 건너가게 하므로, '황상원길(黃裳元吉)'과 '황중통리(黃中通理)'를 말하였다. 돈괘(遯卦, 33)와 혁괘(革卦, 49) 효사에 나오는 '황우지혁(黃牛之革)'도 이와 관련된다.

현황(玄黃)은 천지의 음양배합으로서 周易(주역) 곤괘(坤卦)의 효사에 나온다. '누를 황(黃)'과 배합이 되는 '검을 현(玄)'은 가물가물하여 끝없이 아득한 하늘의 현기(玄氣)를 나타내는 색이다. 中庸(중용) 제 33장의 마지막에 나오는 무성무취(無聲無臭)도 현묘(玄妙)한 하늘의 지극한 작용을 표현한 것이다.

'체불용(體不用: 체는 쓰지 않음)'이라고 하였듯이, 달력의 모든 평월을 주재하는 숨은 본체는 바로 하늘이다. 현무(玄武) 거북이를 북방의 영물(靈物)로 대표하듯이, 달의 운행이치로는 내장(內藏)되어 밖으로 드러나지 않는 주천상수의 즉 삭허(朔虛) 도수가 무극한 하늘본체에 연계된다. 書經(서경) 요전(堯典)편에 북방을 삭허(朔虛)와 관계된 삭방(朔方)으로 일컬었다.

역수의 함장(含章)

주천상수 1,600년은 1,577년(=19x83)에 해당하는 달력의 83장(章) 역수(曆數)에 합치하며, 건책(乾策) 4년 즉 간배 49월과 더불어 19년에 해당하는 1장(章)의 역수(曆數)는 과도한 기영도수로 산정된다.

周易(주역)의 곤괘(坤卦, 2) 육삼(六三)효사와 구괘(姤卦, 44) 구오(九五)효사에 언급된 '함장(含章)' 그리고 풍괘(豐卦, 55) 육오(六五)효사의 '래장(來章)' 등도 모두 이에 관련된 문장들이라 여겨진다.

1,600년을 주기로 한 기영도수를 땅이 품고 저장하는 면에선 은나라의 역(易)인 귀장(歸藏)과도 관련된 듯하다. 1,600년을 54회 거듭한 전체 개물기인

86,400년으로 보면 유극(有極) 54개월을 포함한 건책(乾策) 216년과 54장(章)이 과도한 기영도수로 산정(算定)된다. 그 가운데 후천의 문을 여는 중심열쇠인 경금(庚金) 36년(432개월의 윤)이 들어있다.[5]

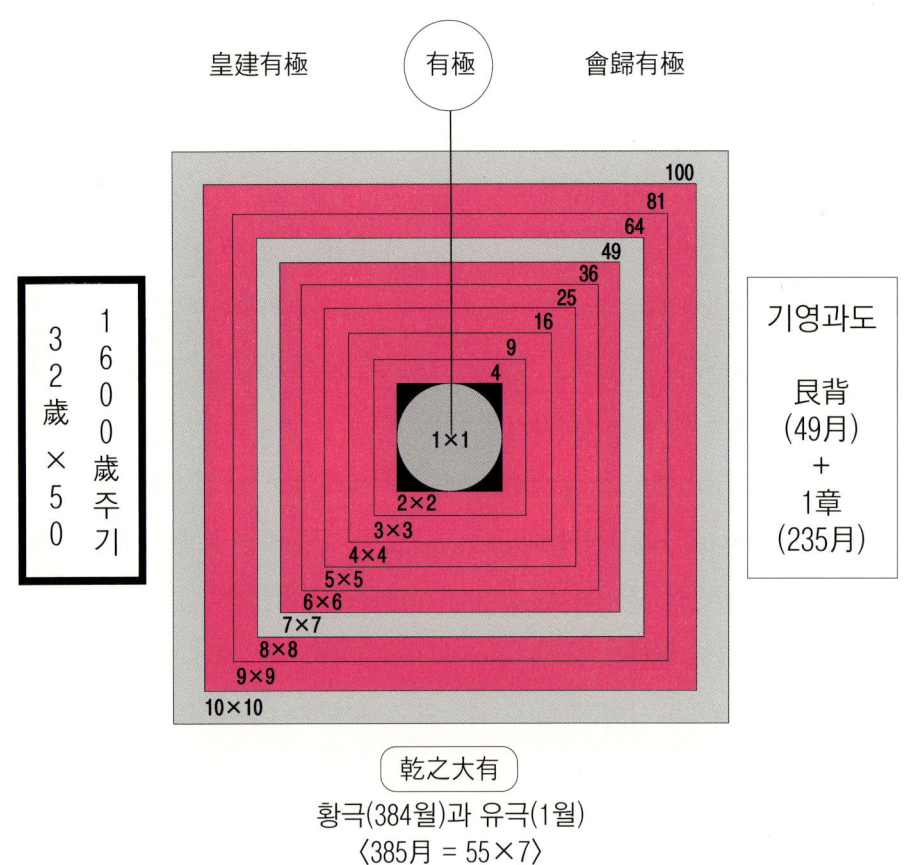

황건유극(皇建有極)과 함장가정(含章可貞)

---

5. 허도수(虛度數) 36년의 발생에 따른 경갑변도(庚甲變度) 이치를 문왕은 周易(주역) 고괘(蠱卦, 18) 괘사에서 '선갑삼일(先甲三日)'의 신(辛)과 '후갑삼일(後甲三日)'의 정(丁)으로, 주공은 손괘(巽卦, 57) 九五 효사에서 '선경삼일(先庚三日)'의 정(丁)과 '후경삼일(後庚三日)'의 계(癸)'로 각기 말씀하였다.
천간이 일곱 걸음 나아가 선천의 辛이 후천엔 丁으로, 선천의 丁은 후천엔 癸로 바뀐다는 내용으로 이를 '칠일래복(七日來復, 이레만에 회복함)' 또는 '경갑변도(庚甲變度, 갑을 경으로 고침)'라고 한다. 모두 선과 후의 한가운데 中을 잡아 도수를 변경하는 내용인데, 57번째 괘인 巽은 경원력을 창제한 사작경신(四作庚申, 57)을 암시한다. 공자는 손괘(巽卦) 대상(大象)에서 '신명행사(申命行事)'로써 문왕과 주공의 가르침을 더욱 구체화하였다. 모두 혁괘(革卦)의 '치역명시(治歷明時)'와 관계된다.

천도의 중정한 주역상수를 벗어난 과도한 역수를 해결하여 후천으로 건너가는 달력의 방편을 周易(주역)에서는 '이섭대천(利涉大川)'이라고 한다. 필자 주장이지만 혁괘에서 '치역명시(治歷明時)'를 강조한 공자의 진의(眞意)도 여기에서 그 실마리가 구체적으로 풀린다. 서방정토(西方淨土)를 강조하는 불가(佛家)의 화엄(華嚴) 사상과도 상통하지 않는가 생각한다.

서법(筮法)에 근거한 일월역수의 기삭성윤(氣朔成閏) 및 일중교역(日中交易)의 방편은 서합(噬嗑, 21)의 괘사와 효사에 특별히 비장(秘藏)되어 있다. 제 2부 중용역해 4장(4-3)에 관련된 내용이 있다.

치역명시(治歷明時)에 의한 섭천대과(涉川大過)

공자께서 "나에게 몇 해 더 여유가 주어져 50(대연)으로써 역(易)을 궁리할 수 있다면 큰 허물(대과)이 없을 터인데[6]."라고 탄식한 대목이 論語(논어)에 전한다. 대연(大衍) 50은 선후천이 교역하는 대과(大過)시기에 개물기(開物期) 86,400년의 전체를 기틀로 한 개력(改曆)의 중심원리이다.

공자는 황극(皇極) 50책 중 49용책(用策)에 해당하는 혁괘(革卦, 49)에서 '치역명시(治歷明時)'를 말씀하였다. 황극의 중심으로 본체를 대표하는 1책은 혁괘(革卦, 49) 다음의 정괘(鼎卦, 50)에 해당한다.

솥발과 솥귀 등을 표상한 '솥 정(鼎)'은 태극이 펼치는 동방목도(爿+片)의 씨눈(目)인 유극이 완성됨을 암시하는 문자이다. '일신우혁(日新又革)'의 노력으로 마침내 솥 그릇이 완성되었으므로 혁괘 다음에 정괘가 오는 것이다.

공자는 "물건을 혁신함이 솥이 으뜸이므로 혁괘 다음 정괘가 온다(革物者 莫若鼎 故 受之以鼎)."고 하였다. 또 정괘(鼎卦)에선 위치를 바로 하여 하늘의 명에 응하는 '정위응명(正位凝命)'을 강조하는 한편, 혁정(革鼎)을 두고 오래 묵은 일들은 떠나보내고 새로움을 취하는 '거고취신(去故取新)'을 말씀

---

6. 論語(논어) 위정(爲政)편: 子曰 加我數年 五十以學易 可以無大過矣.

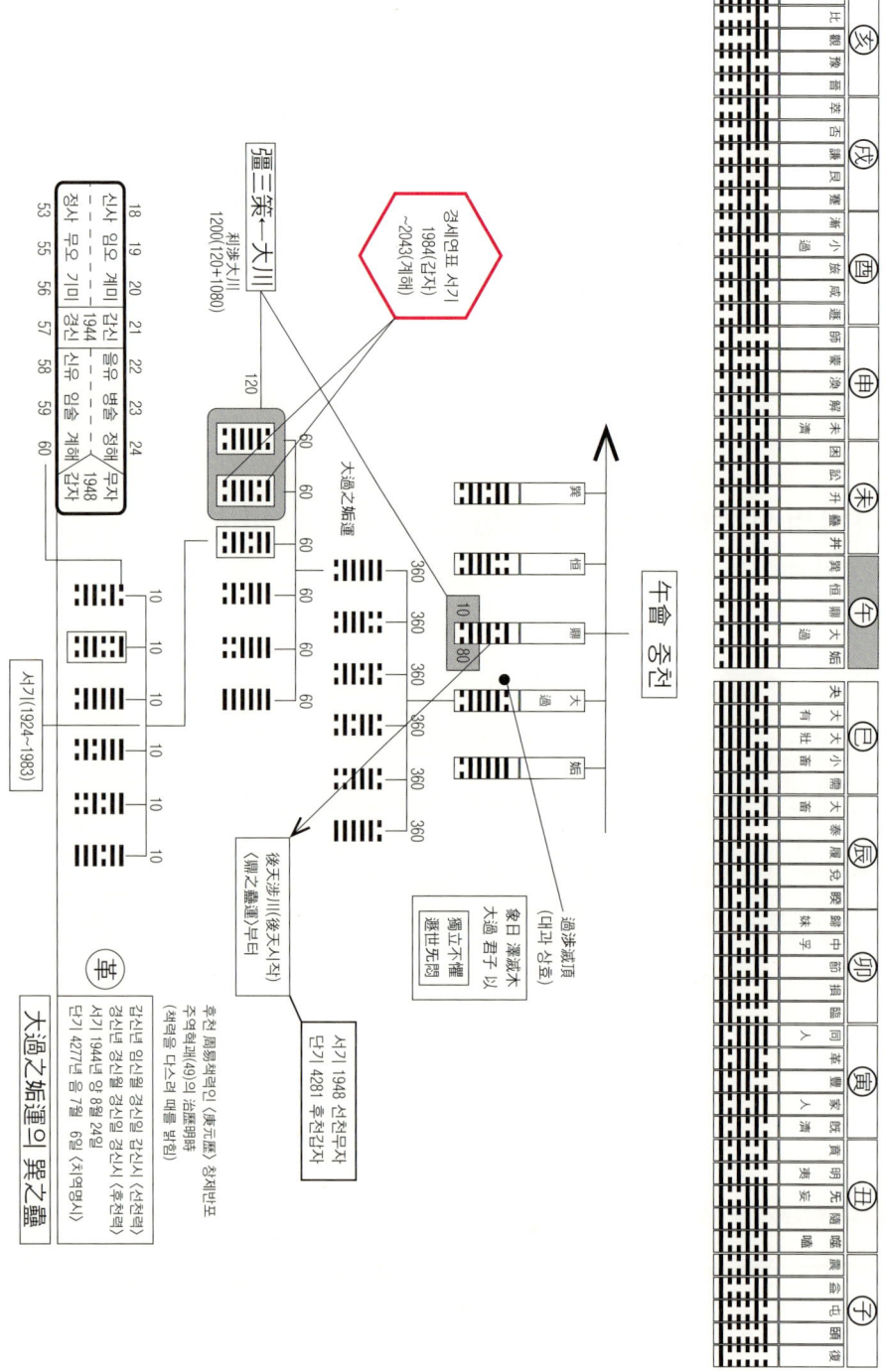

경원력(庚元歷) 창제 사작경신(四作庚申: 경신년 경신월 경신일 경신시)

하였다. 선한 도리를 잘 계승하여 본래의 성품을 완성하는 '계선성성(繼善成性)'과 잘 합치하는 가르침이다.

50대연(大衍)의 심오(深奧)한 서법(筮法)원리는 일월의 역산(曆算)과 중천교역을 해설한 서합(噬嗑, 21)괘 뿐만이 아니라 주역경문의 괘사 효사에 두루 비장(秘藏)되어 전한다. 야산선생은 이러한 주역원리를 근원바탕으로 주역책력인 '경원력(庚元歷)'을 창제하여 후천시대의 푯대를 세웠다. 中庸(중용)의 치중화(致中和)를 일월역수로 구현한 것이라 여겨지는데 앞의 그림은 소자(邵子)의 경세도(經世圖)와 경세연표(經世年表)를 기틀로 한 경원력 창제시기를 관찰한 것이다.

현비(顯比)의 왕용삼구(王用三驅)

周易(주역)의 8번째 괘인 비(比)의 구오(九五) 효사에 '현비(顯比)와 왕용삼구(王用三驅)'라는 문구가 나온다[7]. 삼구(三驅)란 고대 봉건사회에서 임금이 수렵사냥을 나갈 때 짐승이 도망칠 수 있도록 앞쪽은 열어두고 세 군데로 말을 모는 방법이다.

우뚝 선 푯대를 상징하는 현비(顯比)는 세상을 지선중정으로 이끄는 황극(皇極)으로서 대인과 성군, 천자의 역할을 한다. 땅(☷) 위에 물(☵)이 흐르는 형상이므로 어두운 밤중을 비추는 보름달처럼 무사무위(无思无爲)와 청정무구(淸靜無咎)의 참된 실체로서 진리를 주재하는 중심이 된다.

본래 '나타날 현(顯)'은 '누에고치 현(㬎)'과 '머리 혈(頁)'의 합성자로, 머리에 장식으로 꾸민 명주실이 햇빛(日)에 유난히 반짝거리며 뚜렷이 빛남을 뜻한다. '견줄 비(比)'는 '비수 비(匕)' 둘을 나란히 견주어 비교(比較)한다는 뜻이지만 七七 49로 분리하여 나눈다는 뜻도 함축하고 있다. 이는 대연의 49용책(用策)을 암시한다.

---

[7]. 周易(주역) 비(比)괘: 九五 顯比 王用三驅 失前禽 邑人不誡 吉

현비(顯比)의 중정척도와 왕용삼구(王用三驅)의 정치법도는 윤(閏)의 생성이치에 직결된다. 32개월을 달력주기로 1개월의 윤이 생성되는 법도를 삼구(三驅)로써 3배로 확대한 주기가 8년이다. 비괘(比卦)의 순서도 8번째이다. 동방의 태극목도(木道)를 법한 大學(대학)의 3강령과 8조목과도 통하는 내용이다[8].

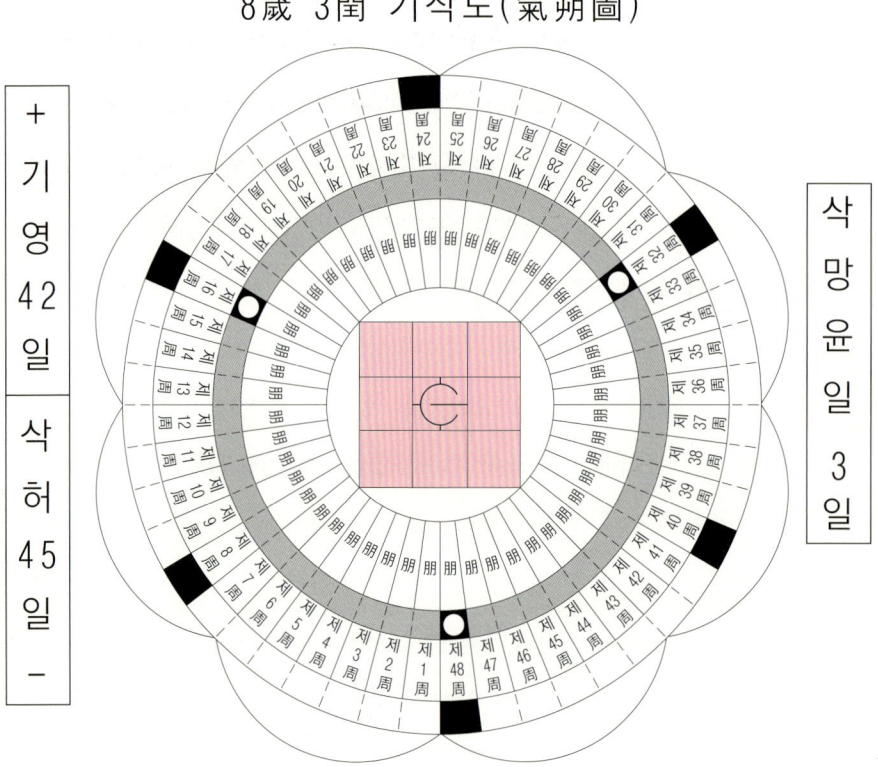

8歲 3閏 기삭도(氣朔圖)

주천상수(48周 2880易)

현비(顯比)와 왕용삼구(王用三驅) → 3윤법

---

[8]. 대성 64괘(384효)에 상응하는 대학의 전문 10장이 총 64절목이다. 先과 後를 바탕으로 문장을 설명한 팔조목 2절은 64삭망월 당 기영(선)과 삭허(후)로 생성되는 2개월의 윤달에 비견된다. 이를 미루어보면 고본 예기(禮記)에 있는 대학과 중용의 경전편제가 달력의 운행법도에 기본바탕을 두었음이 나타난다.

비괘(比卦)의 괘사에서는 '원서(原筮)'가 나온다[9]. 댓가지 50개비로써 괘효(卦爻)를 뽑는 대연(大衍)의 서법(筮法) 원리에 근원하여 세상을 다스리는 푯대를 세우라는 가르침이다. 태극의 도는 50대연(大衍)을 본체로 하여 8세 3윤을 전개하는데, 50책(策)에서 중심에 해당하는 황극(皇極) 1책(策)은 여기에서 제외된다.

황극 1책에 속한 역수(曆數)를 8세3윤의 법도가 적용되지 않는 무기삭(無氣朔) 즉 기삭의 윤달생성이 없는 것으로 간주하는 까닭이다[10].

128년 주기의 윤일공제

신비로운 달의 극치조화는 128년을 주기로 순태음 역수와 순태양 역수가 생성하는 윤일(閏日)의 대비에서 나타난다. 일월운행의 역수주기를 엄밀히 계산하면 128 태양년에 4년을 주기로 하루씩 넣어주는 태양윤일을 공제하여야 한다. 반면 순태음 128년(8년×16)에 32삭망월 주기로 넣어주는 태음윤일(삭망윤일) 하루를 공제하여야 하는데, 공제된 하루는 다시 삭허의 일수로 복귀 가산된다.

역수날짜에서의 이른바 극점(極點)의 변동이 일어나는 주기라 할 수 있다. 128은 64의 배수로 2의 7승(七乘)에 해당한다. 이를 675회 거듭한 역수(曆數)가 개물기인 86,400년이다.

29.530588일(삭망주기)×96(월)= 2,834.936448일

---

9. 周易(주역) 비(比)괘: 比 吉 原筮 元永貞 无咎.
10. 3윤법의 가장 중요한 점은 50대연의 기초역수가 된다는 사실이다. 8년의 50배인 400년 당 3윤법으로는 본래 150윤(閏)이 생성되지만 대연50책 중에서 1책은 '황극(皇極)' 본체로 제외하여, 147윤(閏)만 두는 것이다. 정밀한 장법(章法. 19년 7윤법)으로는 21장(399년) 주기로 147윤(=21×7)이 생성되고 3윤법으로는 400년 주기로 150윤이 생성된다. 따라서 1/50인 3윤을 뺀 147윤을 두어 역수오차의 해결을 구하여야 한다. 50대연의 기본바탕은 400년을 주기로 하여, 49/50인 392년간은 3윤법을 적용하되 1/50인 8년간은 일월기삭의 음양교합이 없는 무기삭(無氣朔)인 해 즉 순태음년으로 간주하는 역수방편이다.

= 2,835일(945×3)-0.063552일

8 순태음년 당 오차 0.063552일= 1시간 31분 30.8928초

-0.063552×16(회)= -1.016832일(삭망윤일 하루를 공제)

128 순태음년 당 나머지 오차 0.016832일= 24분 14.2848초

945일의 월행주기(32삭망월)가 48회를 거듭한(순태음 8년×16회=순태음 128년) 1,536삭망월(=128×12)은 순태음력의 장주기(長週期)이다. 삭망윤일(태음윤일) 48일에서 빠지는 하루는 본래의 삭허일수로 가산(포함)된다.

128년의 삭허 총합은 720일(=45×16)에서 하루가 늘어난 721일, 기영 총합은 672일(=42×16)에서 하루가 줄어든 671일이다. 전체 기삭이 1,392일(=87×16)이므로, 3윤법에서 생성되는 8년 주기의 기삭 87일은 변동이 없이 진행된다. 천지일월의 운행조화가 참으로 신묘하기 그지없다.

극미한 나머지 우수리를 계산하면, 순태음 86,400년의 1/12인 7,200년(86,400월)을 주기로 대략 하루 오차가 발생하는데, 무시하여도 좋을 성싶다.

중정한 周易(주역)을 역수(曆數)의 관문으로 하여 상대적으로 발생하는 기영과 삭허의 날짜(易)가 쉽게 대비 조명되도록 만든 것이 다음의 표다.

주천상수 (周天常數)	평달 (순태음)	삭허(朔虛) -	기영(氣盈) +	기삭(氣朔) 총일수	삭망 윤일	참조
주천상수 (周天常數)	2월	1易	1易	2易	無	5歲 (再閏法)
주천상수 (周天常數)	12월 (1歲)	6易	6易	12易		
주천상수 (周天常數)	60월 (5歲)	30易	30易	60易(2윤)		
60干支의 節用 - 筮法의 기초원리							
8周 (480易)	16월	8易 ⇨ 實7.5	7易	소음수8(삭허) 소양수7(기영)		32 삭망월 (945易)
16周 (960易)	32월	16易 ⇨ 實15	14易	29易 (1윤)	1易	96 삭망월 (2,835易) 8歲 (三閏法)
24周 (1,440易)	48월 (4歲)	24易 ⇨ 實22.5	21易			
32周 (1,920易)	64월	32易 ⇨ 實30	28易	소음책32/소양책28 58易(2윤)	2易	
48周 (2,880易)	96월 (8歲)	48易 ⇨ 實45	42易	87易 29易 × 3윤	3易	
50大衍(其用49)의 기본바탕							
64周 (3,840易)	128월 (63주)	64易 ⇨ 實60 (삭허1주)	56易	116易	4易	주천상수 $\frac{1}{64}$ 삭허도수
192周 (11,520易)	384월 (32歲)	192易 ⇨ 實180	168易	소음곤책192〈소과〉 소양건책168〈대과〉 348易 29易 × 12윤	12易	32歲 만물책수 易계사전
64괘 384효 ⇨ 192효 음양배합 (32괘 음양배합)							
768周 (69,120易)	1536월 (128歲)	768易 ⇨ 實(720+1) 삭허일수 하루증가	672易 ⇨ 實(672-1) 기영일수 하루공제	1,392易 實(721+671) 29易 × 48윤 총기삭 一定	48易 ⇨ 實 47易	128歲 ⇨ 태양윤일 하루공제
86,400歲 = 128歲×675 = 384歲×225〈45×5〉= 400歲×216〈36×6〉							
2,400周 (144,000易)	4,800월 (400歲)	2,400易 ⇨ 實 (2,250+3)	2,100易 ⇨ 實(2,100-3) 現用양력同	4,350易 實(2,253+2,097) 87易(3閏) × 50 實(3閏 × 49)	150易 ⇨ 實 147易	19세 7윤 〈21章〉 399歲 147閏

달력주기 周易 조견표 – 400년 주기(乾策1歲의 21章 통어)

정전(井田)의 교역원리와 후천변혁

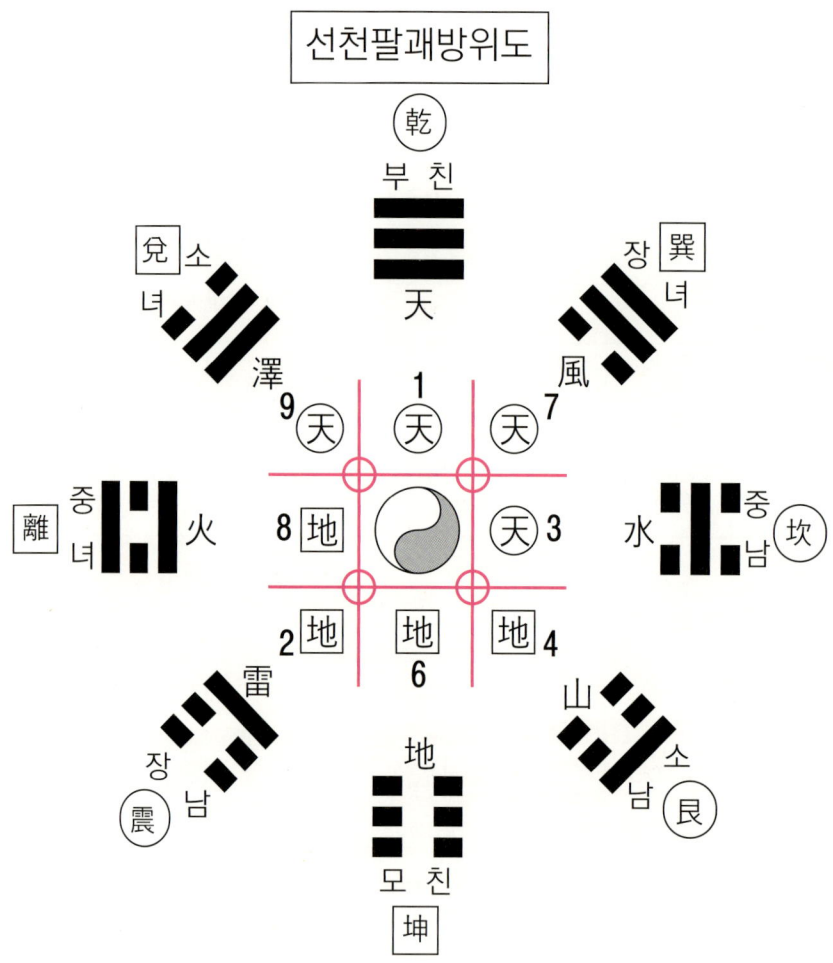

선천팔괘방위도

팔괘방위도의 기틀인 정(井)

선천팔괘 방위도는 '우물 정(井)' 하나로 압축 표상된다. 팔방에 배정된 팔괘의 사상위수(四象位數)가 사방 40의 정(井)을 이루는 까닭이다. 선천은 사상 위수(位數)가 분리되지 않아 후천의 오행이 생성되지 않은 상태이다. 오행은 사상위수가 분리되어 교역함으로써 생성된다. 남녀가 부부배합을 이룸과

도 같다.

일건천(一乾天) 이태택(二兌澤)은 태양위수인 1(☰, 태양1)과 9(☱, 태강9)이고, 삼리화(三離火) 사진뢰(四震雷)는 소음위수인 8(☲, 소유8)과 2(☳, 소음2)이며, 오손풍(五巽風) 육감수(六坎水)는 소양위수인 7(☴, 소강7)과 3(☵, 소양3)이고, 칠간산(七艮山) 팔곤지(八坤地)는 태음위수인 4(☶, 태음4)와 6(☷, 태유6)이다. 사상위수를 합친 수는 각기 '열 십(十)'이다. 정중앙의 5황극은 천태극(天太極)이고 10무극은 지태극(地太極)이다. 황극(皇極)은 대중지정(大中至正)한 태극의 본체 주인공에 해당한다.

태양(1체 9용)과 소음(2체 8용), 소양(3체 7용)과 태음(4체 6용)이 체용의 합일을 이룬 선천팔괘로부터, 사상위수가 분열하여 남녀가 부부로 배합하는 구궁낙서를 통해서 수(천지), 화(뇌풍), 목(수화), 금(산택), 토(일월) 오행이 생성된다. 이를 바탕으로 오행이 상생하는 흐름인 후천팔괘방위도가 펼쳐진다.

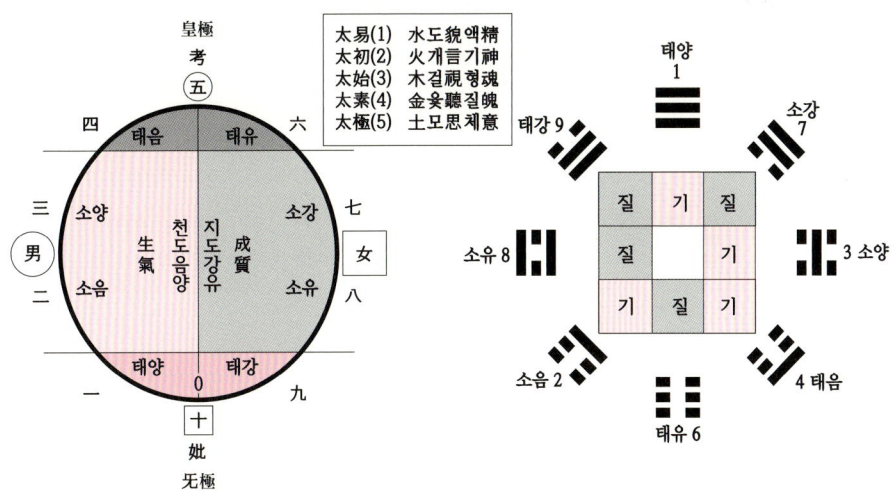

하도의 10수와 사상오행

〈선천팔괘방위도〉의 사상오행

* 수화목금토(液氣形質體)

천지건곤 16합수〈유액무기〉 ⇨ 건삼련☰ 곤삼절☷ 〈음양동정의 본체〉

태양(기)+태유(질)

뇌풍진손 27합화〈유기무형〉 ⇨ 진하련☷ 손하절☴ 〈음양동정의 시초〉

소음(기)+소강(질)

수화감리 38합목〈유형무질〉 ⇨ 이허중☲ 감중련☵ 〈음양동정의 중심〉

소양(기)+소유(질)

산택간태 49합금〈유형유질〉 ⇨ 간상련☶ 태상절☱ 〈음양동정의 지극〉

태음(기)+태강(질)

일월태극 五十합토〈유질유체〉 ⇨ 대성건곤의 배합 〈음양동정의 완성〉

양극(황극)의 일양(화기) + 음극(무극)의 월음(수질)

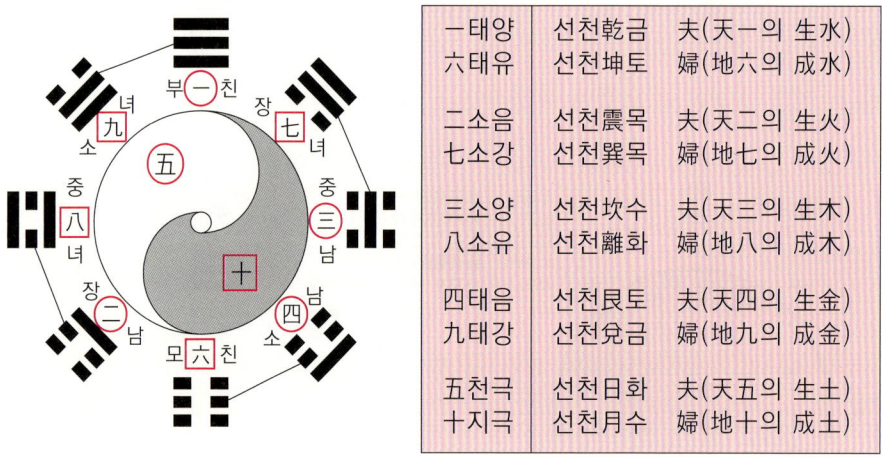

선천팔괘의 사상위수(四象位數)와 오행생성(五行生成)

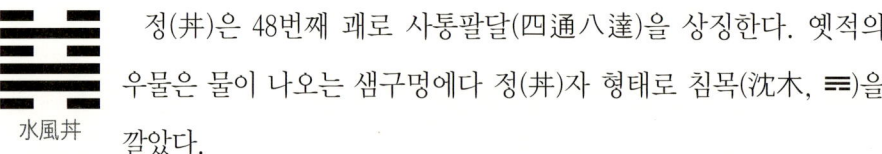 정(井)은 48번째 괘로 사통팔달(四通八達)을 상징한다. 옛적의 우물은 물이 나오는 샘구멍에다 정(井)자 형태로 침목(沈木, ☴)을 깔았다.

정괘는 두레박(☵)으로 샘물(☴)을 길어 올리는 형상인데 구궁낙서의 수리에 토대를 둔 고대의 토지제도인 정전법(井田法)과 직접적인 관련이 있다. 하우(夏禹)가 펼친 정치대법인 홍범(洪範)과도 뗄 수 없는 관계이다.

'칠칠맞다'라는 말처럼 49번째의 혁(革)은 '팔괘의 선후천 변화'를 상징하는 대표적인 괘이다. 활로 과녁(貫革)을 적중(的中)시키듯이 때에 맞추어 해묵은 선천의 병폐를 척결하고 후천의 새로움을 연다는 뜻이다.

혁(革)이란 글자 속에 우물 샘터(韓)에서 풀무질하여 선천 여름(☱)을 마치고 후천 가을(☰)을 여는 뜻이 담겨있다. 샘밭(달밭)인 정전(井田)에서 '피혁위(皮革韋)' 세 단계의 가공을 거친 '다룸가죽 위(韋)'를 합쳐 나온 글자가 배달의 한(韓)이다.

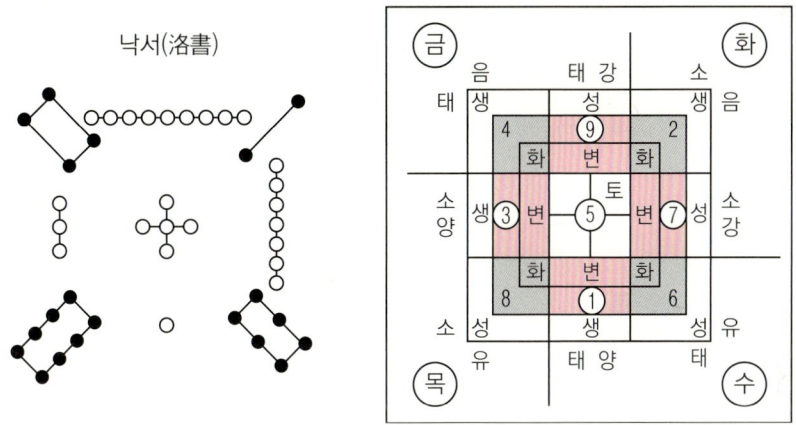

구궁낙서 및 사상오행의 생성변화

역(易)의 조종(祖宗)인 복희씨는 동이(東夷)의 가장 오래된 풍(風)씨 성을 사용하였다고 하며 배달민족 고유로 전래되는 풍류(風流)의 도를 펼친 성인으로 일컬어진다. 고운(孤雲) 최치원(崔致遠) 선생은 풍류의 도에서 유불선 삼교가 발원되었다고 하였다[1].

물(☵)과 바람(☴)은 사통팔달하는 덕이 있으므로 자연히 풍류와 통한다. 고

---

[1] 정전도는 우리나라 고유의 철학인 풍류도(風流道)를 표상하는 도본이다. 풍류도는 삼국사기에 수록된 고운 최치원 선생의 난랑비서문에 "나라에 현묘한 도가 있으니 이를 풍류라고 한다(國有玄妙之道 曰風流)."는 말에서 유래되는데, 그 서문에 유불선 삼교가 실제 풍류도에 내포되어 있음을 지적하였다. 선교의 〈丹〉과 불교의 〈卍〉은 정전도에서 상을 취한 글자이다. 유교의 핵심인 대동중정(大同中正)도 이 정전도로 표상된다. 삼교가 일원(一源)임을 구궁낙서를 표상한 정전도에서 볼 수 있다.

대 풍수지리(風水地理)와 관계된 '장풍득수(藏風得水)'가 수풍정(水風井)을 기초로 하는 것이다. 복희씨가 창시한 선천팔괘방위도의 사상위수가 수풍의 정(井)을 기틀로 삼고 있음도 결코 우연이 아니다.

정전가(井田歌)

濟濟乎東西南北(제제호동서남북)　措國家於山斗(조국가어산두)
蹌蹌乎左右中央(창창호좌우중앙)　救民生於水火(구민생어수화)
敎化成禮義廉恥(교화성예의염치)　樹功德於千秋(수공덕어천추)
職業安士農工商(직업안사농공상)　基子孫於萬歲(기자손어만세)
井田井田井田地(정전정전정전지)

야산선생이 지은 정전(井田)의 노래

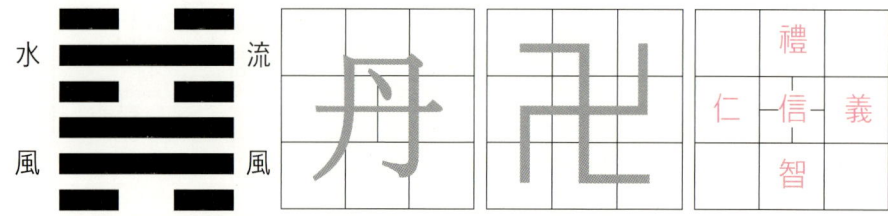

유불선(儒佛仙) 삼교의 근원, 풍류(風流)와 수풍정(水風井)

공동우물은 사람들이 왕래 교역하는 생활의 중심지였다. 우물에서 긷는 샘물은 먹고 마시는데 가장 필요한 생명수다. 공자는 우물을 중심으로 불가불(不可不) 혁(革)이 일어나므로 정(井) 다음 49번째에 혁(革)이 온다고 밝혔다[2].

구궁낙서의 사상교역에 의해 생성된 오행에서 남방에 처한 금(金)과 서방에 처한 화(火)는 필연적으로 도전(倒轉)되고 반복(反覆)되어 금화교역(金火交易)의 자리가 서로 바뀐다. 자리를 바꾸는 혁(革)으로 인해 오행상극이 오행상

---

2. 周易(주역) 서괘전(序卦傳): 井道 不可不革 故 受之以革---

생으로 전환되며 나아가 문왕팔괘(오행상생)의 후천적 조화를 신묘하게 일으킨다. → 160p 공자의 신묘문(神妙文) 해설참조 바람

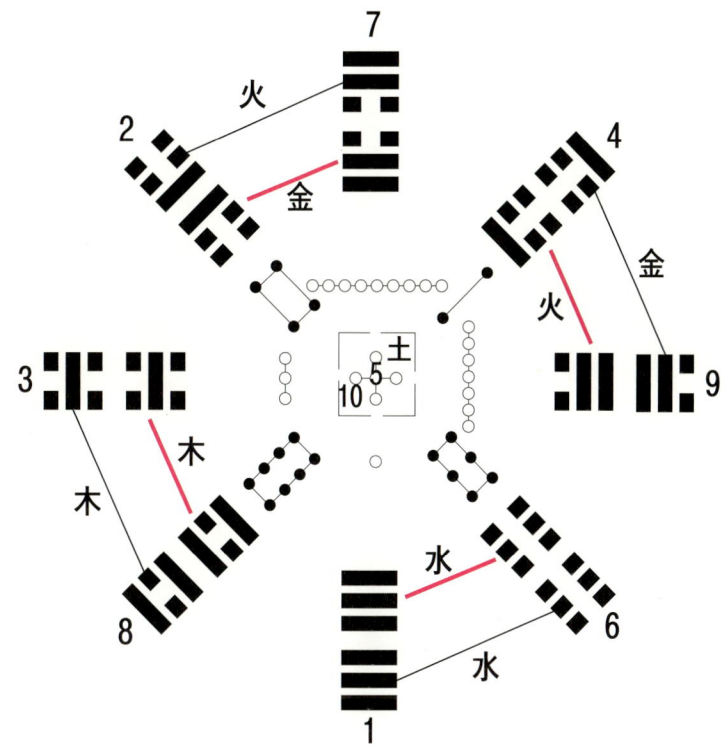

팔괘의 중천교역과 낙서의 금화교역
오행상극(체) → 오행상생(용)

고조선의 신지비사(神誌祕詞) → 정전도(井田圖)

우리나라 최고(最古)의 문헌은 고조선의 '神誌祕詞(신지비사)'[3]이다. 高麗史列傳(고려사열전)에 수록된 신지비사[4] 원문은 5자씩 10줄로 구성된 50자 시

---

[3]. 고려 때의 이명(李茗)이 쓴 진역유기(震域留記)에는 환웅천왕이 신지(神誌) 혁덕(赫德)에게 명하여 문자의 시초로서 부호형태인 서계(書契)를 짓게 하였다고 기록되어 있다. 신지(神誌)는 왕명의 출납과 문서기록을 맡은 관직의 명칭으로서, 국사(國師)와 같은 지위였다고 한다. 비사(祕詞)는 비밀히 전수되는 글로서 미래를 예언하는 비결 측면도 있다.
신지비사 원문 "如秤錘極器 秤幹扶疎樑 錘者五德地 極器百牙岡 朝降七十國 賴德護神精 首尾均平位 興邦定太平 若廢三諭地 王業有衰傾."이다.

[4]. 김위제(金謂磾): 당나라의 일연(一衍)으로부터 지리법을 수학하고 돌아온 도선(道詵)국사의 비

구로 하도의 중앙 5·10토와 周易(주역)의 50대연수(大衍數)를 상징한다.

상고 단군조선은 태극에 바탕을 둔 삼재철학을 기본사상으로 한다. 三國遺事(삼국유사)에 환웅(桓雄)이 거느린 세 신하인 풍백(風伯)과 우사(雨師), 운사(雲師), 삼천의 무리, 천명(天命)을 받은 권능의 상징물인 천부인(天符印) 세 개 등을 언급하였다. 삼한정립(三韓鼎立)이나 도읍지를 삼경(三京)으로 정함도 삼재의 법도를 취한 것이다.

神誌秘詞(원문)
如枰錘極器(여평추극기) 저울의 대와 추, 판과 같으니
枰幹扶疎樑(평간부소량) 저울대는 성긴 대들보를 떠받쳐주고
錘者五德地(추자오덕지) 저울추는 다섯 가지 덕(오덕)의 땅이며
極器百牙岡(극기백아강) 저울판은 백대(百代) 어금니의 멧부리일세.
朝降七十國(조항칠십국) 조선에 72제후국이 머리를 굽힘은
賴德護神精(뇌덕호신정) 오덕에 힘입어 신명과 정기를 수호하였음이라
首尾均平位(수미균평위) 머리와 꼬리가 고르고 평평한 위(位)이니
興邦報太平(흥방보태평) 나라를 일으키고 태평성대를 알리네.
若廢三諭地(약폐삼유지) 만일 세 가지 깨우친 땅(田)을 폐지한다면
王業有衰傾(왕업유쇠경) 왕의 사업(국가)이 쇠하고 기울어지리.
-우리나라 최고(最古)문헌 고려사 명신열전. 金謂磾 편-

신지비사는 왕도(王道)의 탕평정직(蕩平正直)을 저울의 저울대와 저울추, 저울판에 빗대어 삼재사상을 보다 구체적으로 표현한다. 무게를 정확히 저울

기(秘記)를 인용하여, 도읍지를 옮기는 것이 사직의 흥망성쇠와 직결된다고 주장하면서 천도(遷都)를 주청(奏請)하는 상소문을 올렸다. 그 글에 고조선 이래 내려오는 신지비사 50자의 원문을 처음으로 인용하여, 삼경인 松嶽(중경)과 木覓壤(남경), 平壤(서경)을 두고 11월~2월은 중경, 3월~6월은 남경, 7월~10월은 서경으로 순행하면서 도읍지를 삼아야 한다는 근거를 삼았다.

질하기 위해서는 저울대와 저울추, 저울판 셋이 삼위일체를 이루어 평형(平衡)을 유지하듯이 왕도를 천하에 펼치려면 저울이 삼위일체를 이루어 어느 한 쪽으로 기울거나 기대는 바가 없이 공평무사(公平無私)하게 나라를 다스려야 한다는 것이 글의 핵심요지이다.

정전도(井田圖)의 오용십작(五用十作) 즉 5를 중심으로 종횡십오(縱橫十五)를 이루는 구궁낙서 또한 수리적으로 삼위일체를 상징한다.

정전도를 사방으로 돌려서 보면 백아강(百牙岡)이라는 각각의 글자형상이 나온다. 정전도의 한복판 田이 극기(極器) 즉 저울판인 백아강(百牙岡)이다. 백대(천추만대)의 튼튼한 어금니의 역할을 하는 멧부리 요지로서 임금이 황극의 도를 펼치는 중심지를 가리킨다. 오덕지(五德地)는 수, 화, 목, 금, 토 오행을 생성하는 곳인 井과 十의 다섯 교차점으로 저울추에 해당한다. 외곽의 口는 제각기 중심 대들보(井)를 지탱하고 떠받치는 역할을 하는 부소량(扶疎樑) 즉 저울대이다.

저울대 역할의 부소량(扶疎梁)과 저울추 역할의 오덕지(五德地), 저울판 역할의 백아강(百牙崗)은 고조선의 도읍지인 삼경(三京)[5]의 명칭이라고도 한다. '세 가지 깨우친 땅' 즉 삼유지(三喩地)는 삼한(三韓)의 세 도읍지인 부소량과 백아강, 오덕지 세 곳으로서 가장 문명한 땅이라는 뜻이다. 삼유지(三諭地, 三喩地)는 중앙의 口가 田이 됨으로써 세 口가 늘어남을 말한다. 50대연의 역법기틀인 8세 3윤의 이치로는 99삭망월 가운데 내포된 3개월의 윤달에 상응한다.

---

[5]. 단군세기의 기록에는 단군왕조의 제 6세 임금인 달문(達門)이 구월산(九月山)에서 삼신(三神)께 제사를 지낼 당시에 신지(神誌) 발리(發理)로 하여금 서효사(誓効詞)를 짓게 하였다고 전한다. 여기에서는 고조선의 세 군데 도읍지가 마치 저울대와 저울추, 저울판처럼 삼위일체를 이룬다고 하였다. 신지비사와는 다르게 저울대를 소밀랑(蘇密浪⇒扶疎梁: 지금의 하얼빈), 저울추를 안덕향(安德鄉⇒五德地), 저울판을 백아강(百牙崗, 지금의 평양성)으로 기록하고 있다. 서효사 원문(단군세기)은 신지비사와 거의 유사한 문장이어서 관심을 끈다. 그 내용을 보면 "如秤錘極器 極器百牙岡 秤幹蘇密浪 錘者安德鄉 首尾均平位 賴德護神精 興邦保大平 朝降七十國 永保三韓義 王業有興隆."이다.

조항칠십국(朝降七十國)에서 고조선이 상고 동방문명의 중심지로서 72제후국을 거느리는 대국이었다고 추정하기도 한다. 야산선생은 1년 72후(侯)에 상응하는 72가 정전도에 표상된 10간과 12지, 50대연을 모두 합친 수로 보았다.

신지비사는 상고조선 개국 초기에 이미 태극의 오십대연(五十大衍)을 비롯한 음양오행과 삼재철학이 두루 정립되었음을 역사적으로 입증해준다.

정전(井田) 오덕지, 삼한(三韓)

홍범(洪範)의 밑바탕인 구궁오행의 수리는 상고 동방의 역(易)에서 연원한 것으로 보인다. 홍범의 글에는 천제(天帝)가 홍범구주를 우(禹)에게 내려준 사실이 언급되고 있는데[6], 고사(古史)의 기록에 의하면 치수방책을 찾고자 도산(塗山)에서 회의가 열렸을 당시 우리 단군이 태자 부루(夫婁)를 파견하여 순임금이 사자로 보낸 우(禹)에게 오행의 치수법도를 전하였다고 한다. 낙서 홍범의 구궁오행이 단군조선에서 중원으로 전수되었다는 것이다.

동북 간방(艮方)에 처한 단군조선이 역(易)의 발원지임을 보여주는 또 다른 사례는 현재 실전된 하나라 역이 간괘(艮卦)를 64괘의 수괘(首卦)로 한 연산(連山)이었다는 사실이다.

정전도(井田圖)[7]에는 하도와 낙서, 팔괘와 간지 등 상고시대 역(易)의 핵심적인 원리가 두루 함축 표상되어있다[8]. 예로부터 우리나라를 일컬은 '나라 한(韓)'은 정전도의 샘울(井圍→ 韓)에서 유래한다.

맑고 깊은 샘물처럼 순결무구하고 근원(根源)이 오래된 민족으로서 짜임새

---

6. 書經(서경) 홍범(洪範): 惟十有三祀 王 訪于箕子 王 乃言曰嗚呼 箕子 惟天 陰騭下民 相協厥居 我 不知其彛倫 攸叙 箕子乃言曰 我聞 在昔鯀 陻洪水 汨陳其五行 帝乃震怒 不畀洪範九疇 彛倫 攸斁 鯀則殛死 禹乃嗣興 天乃錫禹洪範九疇 彛倫 攸叙.
7. 정전도는 고조선 초기에 쓰였던 도본으로 수천 년 동안 실전되어 왔던 것을 야산(也山, 1889~1958)선생이 周易(주역) 택수곤(澤水困)괘와 수풍정(水風井)괘를 궁리하여 되살린 것이다.
8. 「대산주역강의」(한길사 간행) 제 2권 '수풍井괘(48)' 참조

있는 우물처럼 기틀이 정정(井井)하여, 수화목금토(인예의지신)의 오덕(五德)을 두루 갖춘 곳이 청구(靑丘)의 푸른 언덕 한반도이다. 周易(주역) 계사전(繫辭傳)에서 공자는 구덕괘(九德卦)를 설명하면서 "정(井)은 덕이 있는 땅이다(德之地也)."고 말씀하였다.[9]

정전도(井田圖)는 井 안에 田이 있고 井 밖에 囗가 에워싼 형태이다. 田은 물구멍에서 용출(湧出)하여 나오는 샘물이고 井은 맑은 샘물이 나오도록 물구멍에 대는 침목(枕木), 囗는 샘의 울타리 담장이다. 井 안에 十을 더한 것은 [10] 열 달이 차면 생명이 출산되고 열 길의 우물을 파면 맑은 샘물이 용출함을 표상한다.

목마른 사람이 열길 샘을 파듯이 정성으로 노력을 다하면 '지성이면 감천이라' 하였듯이 하늘도 감동하기 마련이므로, 예로부터 우물에 정화수(井華水)를 떠놓고 기원하는 풍습이 전해온다.

훈민정음(訓民正音)과 간지(干支)

정전도(井田圖)는 대본달도(大本達道)인 중화(中和)의 기틀로서, 샘물이 사통팔달(四通八達)함과 목소리가 사면팔방으로 울려 퍼짐을 나타낸다. 중심의 田은 샘물이 나오는 수원지(水源地)에, 그 밖의 井은 8방으로 흐르는 물길이다.

샘이 용출(湧出)하여 물길 따라 두루 흐르는 것은 목구멍에서 발성된 소리

---

9. 周易(주역) 계사(繫辭)하전 제 7장을 보면 64괘 가운데 덕에 관련된 '구덕괘(九德卦)'를 들어 설명하고 있다. 구궁낙서의 법도에 따라 8번째에 오는 것이 정(井)괘인데, 구궁수의 배열로 보면 8은 동북간방(艮方)에 처한다.

10. 정전도의 바탕이 되는 구궁낙서를 囲(둘레 위, 圍의 속자)로 나타내기도 하는데, 한 가운데의 중심 一口(5황극)에다 十을 넣어 田의 형태로 만든 것은 낙서에서 언급한 '오용십작(五用十作)'이다. 중앙의 5황극이 10의 무궁한 조화를 행함을 표현한 것이다. 정전도는 井의 四十에 중앙의 十을 더한 五十을 나타내기도 하는데, 50은 이른바 크게 펼친다는 '대연수(大衍數)'로서 역(易)의 모체가 되는 수이다. 하도의 10수 총합인 55와 낙서의 9수 총합인 45를 더한 100을 평분하면 50이 되므로 대연수 50이 하도와 낙서를 통괄하는 것이다. 점을 치고자 괘효(卦爻)를 뽑을 적에도 댓가지 50개비를 쓰는데, 이는 64괘 384효를 낳는 모체가 50임을 말한다.

가 두루 표출(表出)됨과 같다. 야산선생은 동문(東文)의 바탕인 정전도에서 기본 자모음을 취상(取象)하여 세종대왕이 훈민정음(訓民正音)을 창제한 것으로 보았다. 옆의 그림은 주역경전의 정괘(井卦, 48)와 곤괘(困卦, 47)의 괘상, 괘사, 효사 등에 근거하여 야산선생이 그린 작품이다.

田은 모태자궁의 형상이다. 田은 '십출(十出)'을 상징하므로 기본자음인 ㄱ과 ㄴ, ㅁ, ㅅ, ㅇ이 정전도 중앙의 田에서 출산하여 나온다. 물구멍(목구멍)의 둥근 모양을 본뜬 ㅇ은 十의 중심교차점인 ●(·)을 확대한 모양이다. 목구멍소리인 후음(喉音) ㅇ은 북방 수(水)에 해당하므로 물과 같이 어디로든 통한다. 그러므로 자음이 없는 모음을 '아, 야, 어, 여, 오, 요, 우, 유, 으, 이 (ㅏ, ㅑ, ㅓ, ㅕ, ㅗ, ㅛ, ㅜ, ㅠ, ㅡ, ㅣ)'라고 읽는다. 그 밖의 ㅋ· ㅂ, ㅍ· ㅈ, ㅊ· ㅎ은 기본자음(ㄱㄴㅁㅅㅇ)을 변형한 글자들이다.

田안의 十은 모음(母音)의 본체로서 삼재인 ㅡ(천), ㅣ(지), ·(인)의 바탕이다. ·(천), ㅡ(지), ㅣ(인) 으로도 달리 배정하기도 한다. 기본모음인 ㅏ, ㅓ, ㅗ, ㅜ는 정전도 중앙의 十에서, 그 변형인 ㅑ ㅕ ㅛ ㅠ는 十을 에워싼 井에서 각기 취상(取象)한 것이다.

정전도의 전체 획수는 10획을 이루고, 한 가운데 ㅁ를 田으로 고쳐 12ㅁ를 갖추고 있다. 훈민정음의 밑뿌리인 옛 동문(東文)의 모음체계 또한 10간과 12지에 상응한다. 훈민정음과 더불어 고대동양의 간지(干支)가 정전도(井田圖)의 수리법도와 연계된다는 사실은 매우 중요하다.

황제(黃帝)가 청구의 땅에 와서 자부(紫府) 선사(先師)에게서 삼황문(三皇文)을 전수받고 되돌아와 간지(干支)를 제정하고 창힐(蒼頡)로 하여금 문자를 제정하게 하였다고 옛 기록에 전한다[11]. 고조선으로 계승된 정전도가 그 기틀 바탕이라고 할 수 있다.

---

11. 옛 문헌인 포박자(抱朴子)에 "황제가 (단군조선 개국 이전의 옛 지명인) 동쪽의 청구 땅에 이르러 풍산을 지나던 중, 자부선생을 만나 뵙고 삼황내문을 받았다(黃帝東到靑丘過風山 見紫府先生 得受三皇內文)."는 기록이 있다.

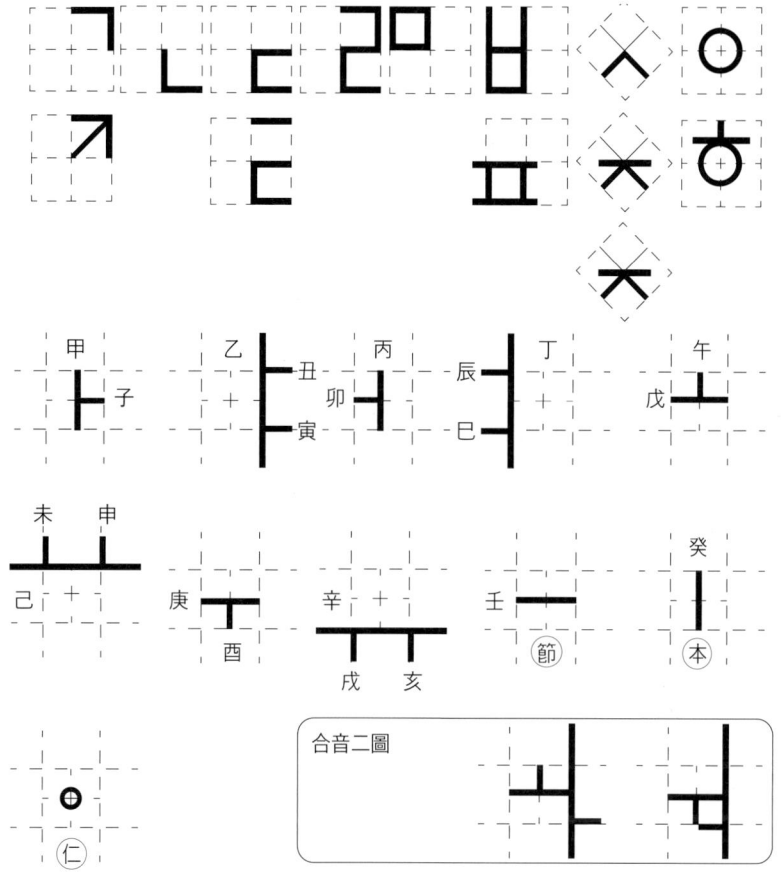

야산선생의 〈井田困義圖〉

　정전도의 근본이치는 다시 우(禹)로 전해져 홍수를 다스리는 오행치수(五行治水)의 방책으로 쓰였으며, 제왕이 천하를 다스리는 대법인 홍범구주(洪範九疇)의 기초가 되었다. 오행정치학인 홍범의 도는 은나라 말기 기자(箕子)로 전해졌는데, 은나라가 망한 후에는 주나라 무왕이 이를 전해 받는다. 하은주(夏殷周) 삼대에 걸친 홍범의 도는 정전도에 그 뿌리를 둔 것이라 여겨진다. 한자(漢字)의 근원바탕이 되는 중원의 화문(華文)도 정전도에서 직접 글자를 취상한 경우가 많다. 井, 田, 十, 王, 土, 出, 丹, 日, 月, 明, 朋, 福 등이 그 대표적인 예이다.

　문왕과 주공이 지은 역경에도 홍범의 정치사상과 오행학설은 지대한 영향을

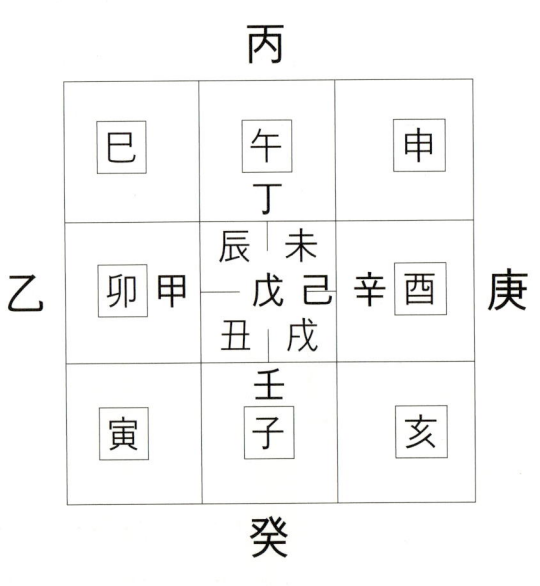

정전도의 간지배정 (필자견해)

미친다. 역경이 음양학설에 기초하지만 팔괘에 이미 홍범의 오행이치가 들어있는 것에서 이러한 사실이 분명히 입증된다. 역경의 정괘(井卦)는 주나라 때의 토지제도인 정전법(井田法)과 관계가 있다. 아마도 정전도를 참고하여 문왕의 괘사와 주공의 효사가 지어졌을 것으로 추정된다[12].

천도변화 → 선천(남녀) 중천(부부) 후천(자녀)

① 오행사상에 기본을 둔 홍범은 동양 정치학의 원조(元祖)로서, 음양학이자 자연철학인 周易(주역)과 체용합일을 이룬다. 필자는 그 수리적 바탕이 하도와 선천팔괘에 기인한 낙서의 구궁수(九宮數)라고 생각한다. 구궁수는 역경의 괘사를 지은 문왕 후천팔괘(오행팔괘)의 토대이기도 하다.

② 구궁낙서는 선천에서 후천으로 건너가는 중천(中天) 가교역할을 한다. 중(中)은 천하의 대본(大本)이다. 해묵은 선천의 인사(人事)를 잘 매듭짓고 새로이 후천을 열려면 선종후시(先終後始)를 통한 선후체용(先後體用)의 조화가 필수적이다. 선후 교통의 중간법도〈卍〉가 낙서의 법도이다[13].

③ 인사(人事)의 측면으론 남녀가 부부되기 이전이 선천이고 부부로 짝하여

---

12. 이에 관련된 상세한 내용은 「대산주역강의(한길사 간행)」 제 2권의 '수풍정괘'의 강의내용을 참조바람.
13. 卍〈낙서교역을 상징. 불가에서는 불상 가슴의 길상으로 표시〉

가정을 이룸이 중천이며, 부부의 사랑으로 자녀를 낳음이 후천이다. 천도(天道) 측면으론 지난 과거가 선천이고 닥칠 미래가 후천이며, 과거와 미래가 교차하는 현재가 중천이다.

④ 팔괘의 선후변화도 중천교역(中天交易)에 의한다. 선천팔괘로부터 후천팔괘로 변화하는 중간(중천)에 구궁낙서의 교역법도가 쓰인다.

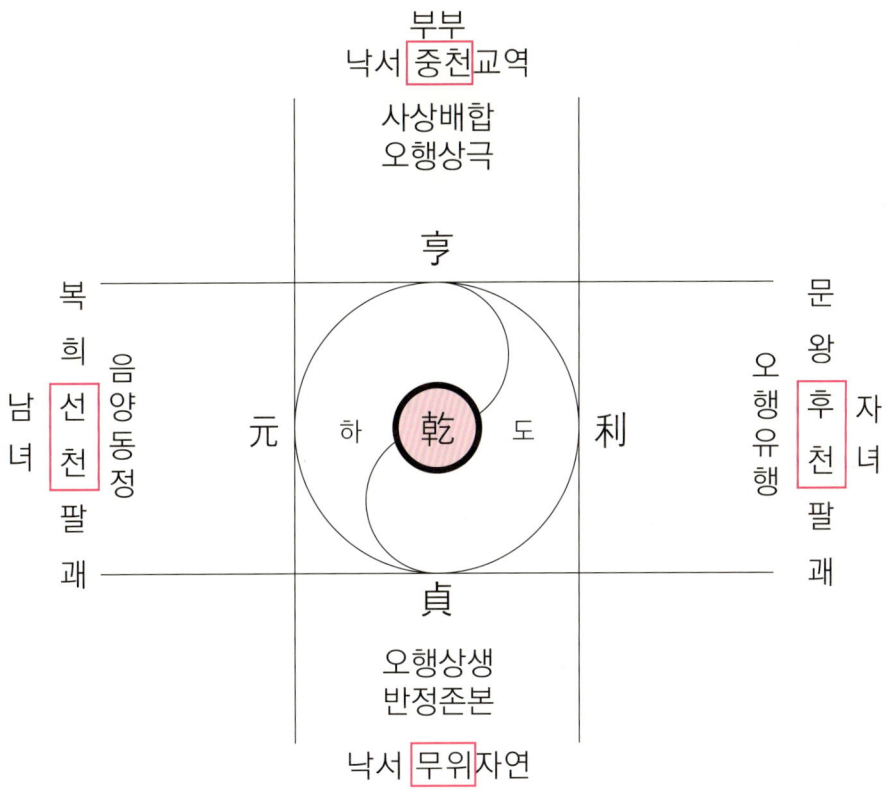

도서팔괘의 전체흐름 → 치중화(致中和)

필자가 그린 위의 그림은 건(乾)의 원형이정(元亨利貞) 4덕으로, 하도낙서와 선후팔괘의 전체흐름을 조명한 것이다. 고대 동양학의 핵심초석이 되는 중요한 내용이다. 中庸(중용) 수장(首章)에서의 '치중화(致中和)'가 무위이치(無爲而治)의 도로 귀결됨을 살필 수 있다.

오행의 상생(相生)과 상극(相克)

오행의 상생원리

① 수생목(水生木)

오행인 수, 화, 목, 금, 토가 정립된 뒤에는 스스로 맞물려 돌아가면서 시계방향으로 서로 생(生)하여 돕는 '상생(相生)'의 조화가 일어난다. 먼저 북방의 수(水)는 동방의 목(木)을 생한다. 한밤중(겨울)에 잠든 생명이 아침(봄)이 되면 밝게 눈(目)을 뜨는 이치이다.

② 목생화(木生火)

다음으로 동방의 목(木)은 남방의 화(火)를 생한다. 나무를 마찰시키고 장작을 지펴 불을 얻는 이치와 싹이 튼 초목에서 줄기가 나와 꽃이 피며 열매가 익는 이치이다.

③ 화생토(火生土)

토(土)는 중앙에서 사방의 수화목금을 관장하고 조절하며, 남방의 화(火)와 서방의 금(金) 사이를 중개한다. 여름의 뜨거운 불기운을 흙이 순히 머금는다. 타고남은 재가 땅을 비옥하게 만드는 이치이다.

④ 토생금(土生金)

흙속에서 단단하고 빛나는 금이 출토된다. 불기운이 금기운을 이기는 즉 화극금(火克金)하여 열매를 맺기 전에 자칫 불에 녹을 수 있으므로, 토가 화(여름)와 금(가을)의 중간에서 중개를 하는 것이다. 화전(火田)의 경작이 그 예이다.

⑤ 금생수(金生水)

가을의 쌀쌀한 날씨로 곡식과 열매가 단단해지고, 일과를 마친 저녁에 식구가 하나로 모이듯이 금(金)은 응집하며 차가운 성질을 지닌다. 서방의 금은 과실의 수액처럼 단단한 열매 속에 물을 저장한다. 금광과 탄광의 지하에는 물이 흐르기 마련이다.

오행의 생성순서는 수, 화, 목, 금, 토이고 상생의 작용 측면에서는 목, 화,

토, 금, 수가 된다. 오행의 움직임은 만물(사람)을 중심으로 하기 때문에, 동방 목(木)으로부터 목생화→화생토→토생금→금생수→수생목으로 진행된다. 실제 생명이 구실(口實) 노릇을 하는 것은 세상에 나와 눈을 떴을 때부터 시작하기 때문이다.

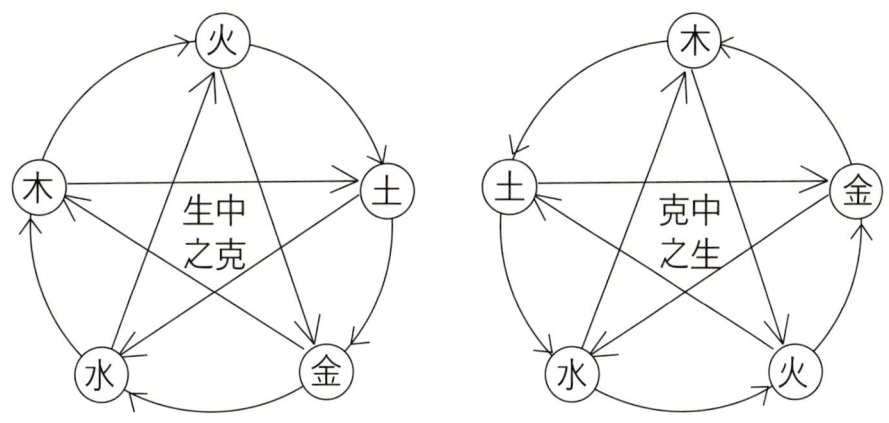

오행의 생극조화(生中之克 克中之生)

오행의 상극원리

음양의 상대적 원리에 따라 순역(順逆)과 진퇴(進退)가 주어지듯이 오행에서도 생극의 상반된 흐름이 있다. 상생은 상극을 낳고 상극은 상생을 낳는다.

상극의 '이길 극(克)'은 상대를 이겨 누르고 그 움직임을 제어(制御)하며 통제(統制)하는 작용을 말한다. 상생도 중요하지만 상극을 통해 오행이 각기 완성됨을 유의해야 한다.

〈수생목〉과 〈목생화〉 속에 〈수극화〉 --- 물은 불을 끈다
〈목생화〉와 〈화생토〉 속에 〈목극토〉 --- 나무는 흙에 뿌리 내린다
〈화생토〉와 〈토생금〉 속에 〈화극금〉 --- 불은 쇠를 녹인다
〈토생금〉과 〈금생수〉 속에 〈토극수〉 --- 흙은 물을 막고 담는다
〈금생수〉와 〈수생목〉 속에 〈금극목〉 --- 쇠는 나무를 끊어낸다

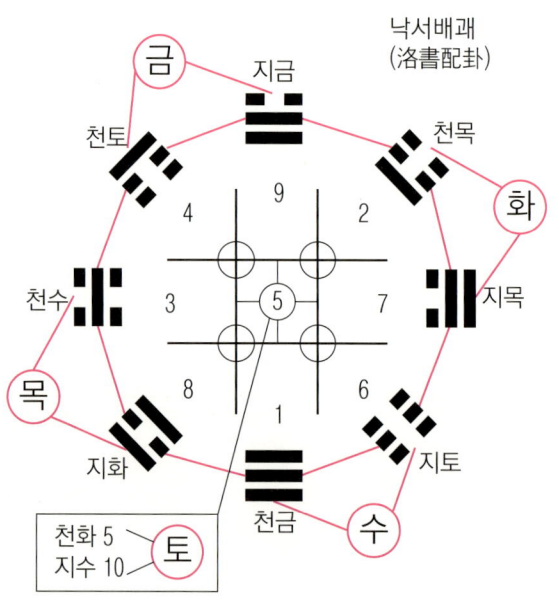

팔괘교역과 오행상극(우회)

건도성남(乾道成男)

천一태양 = 부친 건금(선천양금)
지二소음 = 장남 진목(선천양목)
천三소양 = 중남 감수(선천양수)
지四태음 = 소남 간토(선천양토)
천五황극 = 조부 일화(선천양화)

곤도성녀(坤道成女)

지六태유 = 모친 곤토(선천음토)
천七소강 = 장녀 손목(선천음목)
지八소유 = 중녀 이화(선천음화)
천九태강 = 소녀 태금(선천음금)
지十무극 = 조모 월수(선천음수)

천지 건곤 = 一六 합수
뇌풍 진손 = 二七 합화
수화 감리 = 三八 합목
산택 간태 = 四九 합금
일월 태극 = 五十 합토

동방 진목(후천양목)　제출호진(帝出乎震)
동남 손목(후천음목)　제호손(齊乎巽)
남방 이화(후천음화)　상견호리(相見乎離)
서남 곤토(후천음토)　치역호곤(致役乎坤)
서방 태금(후천음금)　열언호태(說言乎兌)
서북 건금(후천양금)　전호건(戰乎乾)
북방 감수(후천양수)　노호감(勞乎坎)
동북 간토(후천양토)　성언호간(成言乎艮)

음양의 선천팔괘(체)와 오행의 후천팔괘(용)

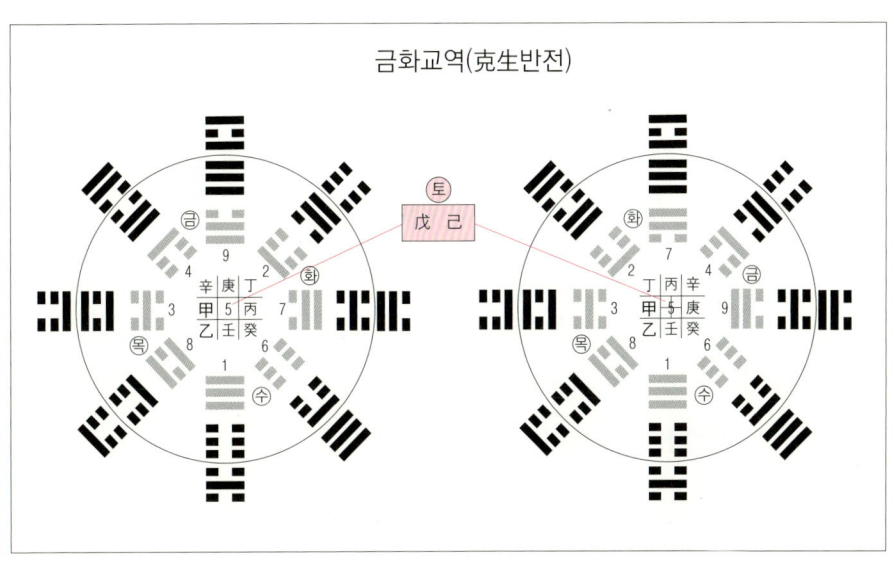

팔괘의 선후변화 및 금화교역(상극→상생)에 의한 무위이치(無爲而治)

건구오(乾九五)[1]

비룡재천(飛龍在天) 이견대인(利見大人)

周易(주역) 64괘의 머리는 건괘(乾卦)이다. 건괘 6효 가운데 홀로 중정(中正)을 얻은 구오(九五)는 전체 64괘(384효)를 다스리고 이끄는 머리에 해당한다. 그 효사에 "나는 용이 하늘에 있으니, 대인을 만남이 이롭다(飛龍在天 利見大人)."고 하였다.

천도운행변화를 주재하는 신물(神物)이 구오(九五)이고 그것이 비룡(飛龍)이라면 '용비어천(龍飛御天)'의 신비조화를 주도하는 성인(聖人)이 대인(大人)이다. 구오비룡에 상응하는 덕(德)과 위(位)를 얻은 대인은 선후천이 바뀌는 중천시기에 선천의 일을 마무리 짓고 후천의 도를 새로이 일으킨다. 선천과 후천, 음양과 오행이 두루 하나로 조화된 대동지선(大同至善)의 세상을 열어 인류미래를 밝히는 것이다.

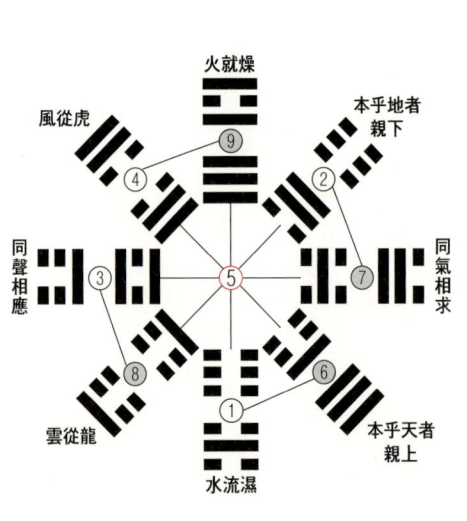 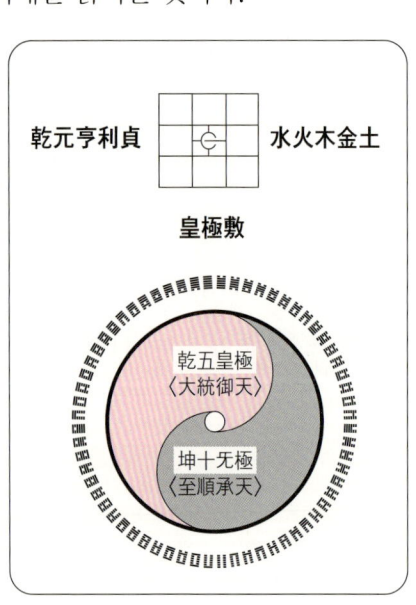

야산선생이 밝힌 건구오도(乾九五圖) 및 황극부(皇極敷)

1. 이응문 〈해와 달을 머금은 주역〉의 3-(3)에서 발췌 정리

건구오(乾九五)가 변한 화천대유(火天大有)는 이를 잘 표상한다.

書經(서경) 홍범구주에 기자(箕子)가 오황극(五皇極)을 해설한 문장이 있는데, 여기에 나오는 '황건유극(皇建有極)'은 하늘의 명으로 천하귀인(天下歸仁)의 인(仁)을 체득한 구오(九五) 대인(大人)을 세운다는 뜻이다.

하늘의 중정을 얻은 구오(九五)는 구궁낙서의 오중(五中)과 홍범구주의 오황극(五皇極)이며, 대인은 만유(萬有)의 표준 법도를 세우는 유극(有極)의 인(仁)에 해당한다. "대인을 만나야 이롭다."는 '이견대인(利見大人)'은 천명(天命)을 받아 하늘의 일을 대행하는 이를 만나야 이롭다는 뜻이다.

한낮 정오인 때 중천에 떠오른 해를 상징하는 일오중천(日午中天)은 천시(天時)와 인사(人事)가 합발(合發)하여 모든 변화의 기틀이 정립되는 시기이다. 공자는 乾文言傳(건문언전)에서 구오효사를 선천팔괘에서 후천팔괘로 교역 변화하는 이치로 풀이하였다.

야산선생의 건구오도설(乾九五圖說)

공자 이후 신비운무(神秘雲霧)에 감싸여 수천 년 비전(祕傳)되어온 이 문장을 야산(也山)선생이 아래와 같이 독창적으로 환히 밝혀 놓았다.

(九五曰 飛龍在天 利見大人은 何謂也오 子曰)
구오왈 비룡재천 이견대인 하위야 자왈
同聲相應하며 同氣相求하야 水流濕하며 火就燥하며
동성상응 동기상구 수류습 화취조
雲從龍하며 風從虎라 聖人이 作而萬物이 覩하나니
운종룡 풍종호 성인 작이만물 도
本乎天者는 親上하고 本乎地者는 親下하나니
본호천자 친상 본호지자 친하
則各從其類也니라.
즉각종기류야
본문 45자(9×5) → 配 洛書(45)

같은 소리는 서로 응하며 같은 기운은 서로 구해서 물은 습한 곳으로 흐르며

불은 마른 곳으로 흐르며 구름은 용을 쫓으며 바람은 범을 쫓음이라
성인이 일어남에(또는 일으킴) 만물이 우러러 보니
하늘에 근본한 것은 위를 친하고 땅에 근본을 한 것은 아래를 친하니
곧 제각기 그 부류를 쫓는다.

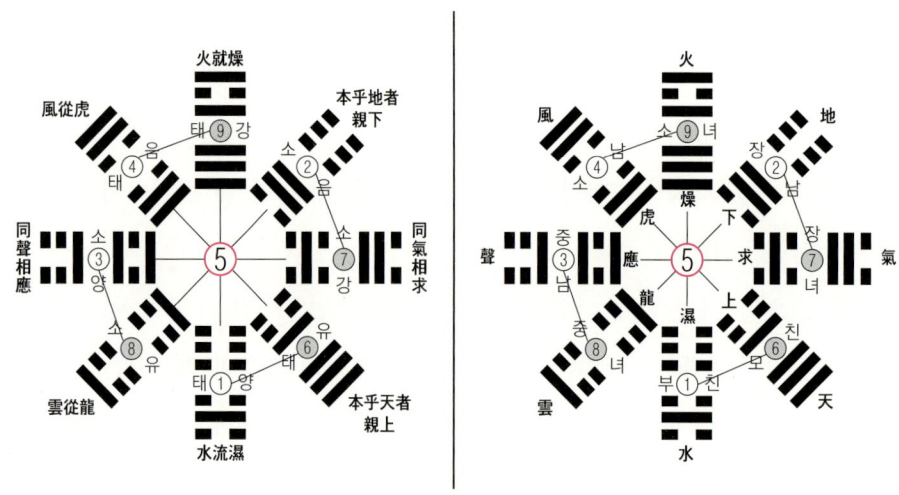

야산선생의 乾九五圖說과 선후천팔괘의 변화

① 동성상응(同聲相應)

소리를 같이하여 서로 응함, 번개 친 후 우레가 울림,
'소리 성(聲)'은 후천 3진(☳), '응할 응(應)'은 선천 3리화(☲), 정
동방에 후천장남(☳)이 선천중녀(☲) 자리로 와 합한다.
雷火豊

② 동기상구(同氣相求)

기운을 같이하여 서로 구함, 물이 흘러 연못에 고임, 물구멍을 팜,
'기운 기(氣)'는 후천 7태(☱), '구할 구(求)'는 선천 6감수(☵), 정서
방에 후천소녀(☱)가 선천중남(☵) 자리로 와 합한다.
澤水困

③ 수류습(水流濕)

물이 음습한 땅으로 흐름,
'물 수(水)'는 후천 1감(☵), '습할 습(濕)'은 선천 8곤지(☷), 정북
방에 후천중남(☵)이 선천모친(☷) 자리로 와 합한다.
水地比

④ 화취조(火就燥)

火天大有

불이 건조(乾燥)한 하늘로 타올라 나아감,
'불 화(火)'는 후천 9리(☲), '마를 조(燥)'는 선천 1건천(☰), 정남 방에 후천중녀(☲)가 선천부친(☰) 자리로 와 합한다.

⑤ 운종룡(雲從龍)

山雷頤

구름이 용을 좇음. 용이 날아오름에 구름이 일어남,
'구름 운(雲)'은 후천 8간(☶), '용 룡(龍)'은 선천 4진뢰(☳), 동북 방에 후천소남(☶)이 선천장남(☳) 자리로 와 합한다.

⑥ 풍종호(風從虎)

風澤中孚

바람이 범을 좇음, 범이 뜀에 바람이 일어남,
'바람 풍(風)'은 후천 4손(☴), '범 호(虎)'는 선천 2태택(☱), 동남 방에 후천장녀(☴)가 선천소녀(☱) 자리로 와 합한다.

⑦ 성인작(聖人作) 만물도(萬物覩) → 이견대인(利見大人)

하늘의 중심부로부터 마침내 성인이 나옴에 만물이 우러러봄. 조화권능을 행하는 성인에게 일체만유가 대동(大同)하여 따른다는 뜻이다.

천시(天時)를 얻고 천명(天命)을 받은 성인(有極. 仁)이 세상에 출현하여 5황극의 도를 중심에 세우고 10무극의 무위조화를 세상에 펼치는 것이다.

이를 '오용십작(五用十作)'이라고도 한다. 홍범 5황극에 나오는 황건유극(皇建有極)에 의한 회귀유극(會歸有極)을 상징. → 치중화(致中和)

⑧ 본호천자친상(本乎天者親上)

天山遯

하늘에 근본을 둔 것은 위를 친함.
'하늘 천(天)'은 후천 6건(☰), '위 상(上)'은 선천 7간산(☶, 艮上連). 서북방에 후천부친(父親, ☰)이 선천소남(☶) 자리로 와 합한다.

⑨ 본호지자친하(本乎地者親下)

땅에 근본을 둔 것은 아래를 친함.
'따 지(地)'는 후천 2곤(☷), '아래 하(下)'는 선천 5손풍(☴, 巽下絶). 서남

地風升

방에 후천모친(母親, ☷)이 선천장녀(☴) 자리로 와 합한다.

　　마지막의 각종기류(各從其類)는 동방과 북방에 남괘(男卦)가 찾아오고 서방과 남방에 여괘(女卦)가 찾아옴을 이른다. 문장의 전체적인 흐름이 양동음정과 남선여후이다.

　곤괘(坤卦) 괘사에는 서남득붕(西南得朋)과 동북상붕(東北喪朋)의 이치로 설명하였다.(필자의 〈해와 달을 머금은 주역〉의 p243〈득상붕도설〉을 참고바란다.)

정동(☳장남)과 정서(☱소녀), 정북(☵중남)과 정남(☲중녀),
동북(☶소남)과 동남(☴장녀), 서북(☰부친)과 서남(☷모친)

건구오도설과 더불어 공자께서 팔괘의 변화를 설명한 說卦傳(설괘전)의 신묘문(神妙文)을 같이 비교한 것이 아래 그림이다. → 160p 참고

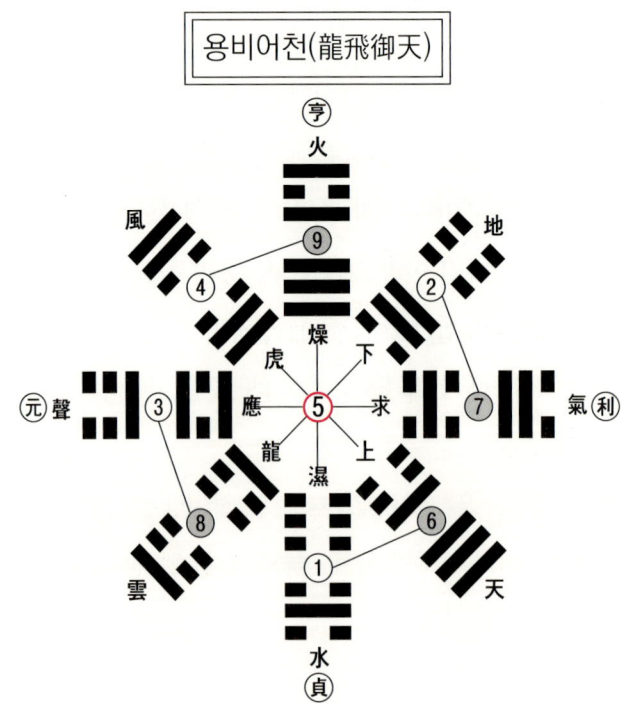

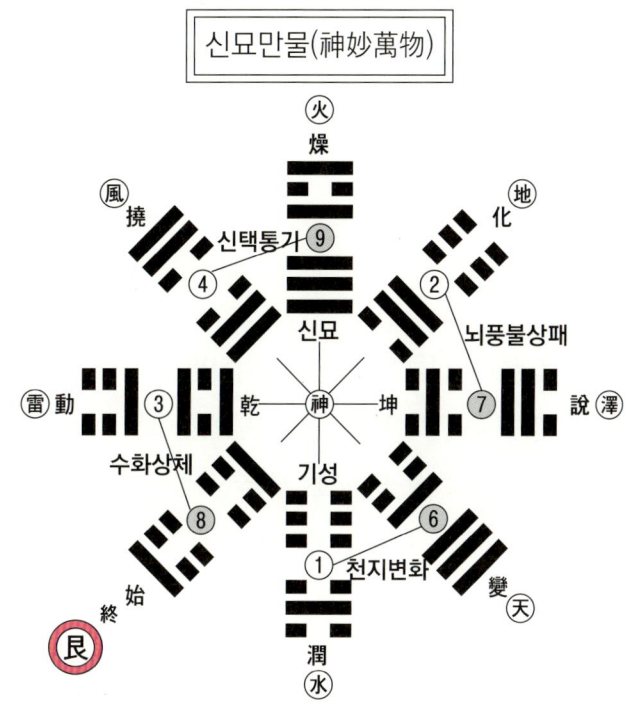

神也者는 妙萬物而爲言者也니
動萬物者 莫疾乎雷하고 撓萬物者 莫疾乎風하고
燥萬物者 莫熯乎火하고 說萬物者 莫說乎澤하고
潤萬物者 莫潤乎水하고 終萬物始萬物者 莫盛乎艮하니
故로 水火 相逮하며 雷風이 不相悖하며
山澤이 通氣然後에야 能變化하야 旣成萬物也하니라

동성문(同聲文) 45자와 합덕문(合德文) 55자

'동성문(同聲文)'으로 일컫는 동성상응(同聲相應)부터 각종기류야(各從其類也)까지 건구오(乾九五)에 상응하는 9×5=45자이다. 공자가 구궁낙서의 총합 45수에 문장격식을 맞춘 것은 중천교역을 통하여, 팔괘의 선후변화가 펼쳐지는 이치를 전하고자 함이다.

그 다음에 '합덕문(合德文)'으로 일컫는 부대인자(夫大人者)부터 황어귀신호(況於鬼神乎)까지의 글은 '천지일월사시귀신'의 '열 십(十)'의 무위조화를 펼치는 대인의 대동합일을 풀이한 내용이다. 하도의 천지지수(天地之數) 55자로 문장격식을 맞추었다.

夫大人者는
부대인자
與天地合其德하며 與日月合其明하며
여천지합기덕　　　여일월합기명
與四時合其序하며 與鬼神合其吉凶하야
여사시합기서　　　여귀신합기길흉
先天而天弗違하며 後天而奉天時하나니
선천이천불위　　　후천이봉천시
天且弗違온 而況於人乎며 況於鬼神乎여.
천차불위　이황어인호　황어귀신호
본문 55자 → 配 河圖(55)

무릇 대인은 천지로 더불어 그 덕을 합하며, 일월로 더불어 그 밝음을 합하며, 사시로 더불어 그 차례를 합하며, 귀신으로 더불어 그 길흉을 합한다. 하늘보다 앞섬에 하늘이 어긋나게 하지 않으며, 하늘을 뒤쫓아 천시를 받드니, (대인의 행함을) 하늘이 또한 어긋나게 하지 아니하는데, 하물며 사람이 어기며 하물며 귀신이 어기랴!

신구(神龜)의 구궁낙서 중심에서 일어나는 5용(用) 10작(作)의 결과로, 하도의 천지지수인 55가 갖추어지고 대동지선의 무위조화가 펼쳐진다는 가르침이다.

백(百)자로 구성된 동성합덕의 전체문장은 中庸(중용) 1장에 언급된 천하의 대본(大本)인 중(中)과 달도(達道)인 화(和)에 도달하는 '치중화(致中和)'와 일치된다. 〈달과 중용〉에 8세3윤의 역법을 설명하며 소개한 하락총백(河洛總百), 오십대연(五十大衍)과도 그 학문적인 맥락이 하나로 이어진다.

낙서의 중천교역에 의하여 오행이 생성되고, 생성된 오행이 상극운행을 하지만 이른바 금화(金火)가 도전하여 하도의 오행상생으로 반전되는 이치에 대해선 앞에서 해설하였다. 금과 화가 도전될 수 있도록 후천적인 계기를 만드는 것이 오행상생의 흐름으로 표상되는 후천팔괘이다[2]. 후천의 무위조화를 극기복례(克己復禮)와 천하귀인(天下歸仁)으로써 공자는 말씀하였다. 그 가르침도 '동성문과 합덕문' 두 문장에서 분명한 단서를 찾게 된다. 후세에 도를 전한 공자의 지극한 가르침에 다시금 고개가 숙여진다.

동성합덕문(同聲合德文)
- 하락총백(河洛總百) -

공자는 선천수인 55와 후천수인 45를 합친 '하락총백(河洛總百)'을 평분한 50을 '대연수(大衍數)'라고 정의하였는데, 대연 50에 의하여 괘효의 점(占) 곧 서법(筮法)이 펼쳐진다. 점은 선후인과(先後因果)의 흐름에 대한 문답(問答)이다.

야산선생은 "周易(주역)의 핵심요점이 구오(九五)이며 그 극치가 점(占)이

---

[2]. 이응문. 〈해와 달을 머금은 주역〉에 이를 상세히 해설하여 놓았다.

라."고 말씀하였다. 점을 자칫 길흉화복을 점치는 수단으로만 이해하면 성인의 근본가르침에 크게 위배되기 쉽다. 점(占)은 모든 점(點)과 통한다. 사물에 내재된 근본진리를 이해하는 초점(焦點)과 관점(觀點), 시점(視點)을 분명히 바로 세우는 것이다.

홍범의 오황극조문(五皇極條文) 100자와 10무(無)

無偏無陂하야 遵王之義하며 無有作好하야 遵王之道하며
無有作惡하야 遵王之路하라. 無偏無黨하면 王道蕩蕩하며
無黨無偏하면 王道平平하며 無反無側하면 王道正直하리니
會其有極하야 歸其有極하리라.
曰皇極之敷言이 是彛是訓이니 于帝其訓이시니라.
凡厥庶民이 極之敷言을 是訓是行하면 以近天子之光하야
曰天子ㅣ 作民父母하샤 以爲天下王이라 하리라. - 총 100字

기울거나 기댐이 없도록 하여 왕의 의리를 쫓으며, 좋아함이 없도록 하여 왕의 큰 길을 쫓으며, 싫어함이 없도록 하여 왕의 갈 길로 나아가라.
편도 없고 당도 없으면 왕도가 드넓어지며, 당도 없고 편도 없으면 왕도가 평탄해지며, 뒤집거나 기울음이 없으면 왕도가 정직해지리니, 그 지극한 중심(仁)에 모이게 되어 그 지극한 중심으로 돌아가리라.

→ 회귀유극(會歸有極) 즉 천하귀인(天下歸仁)

황극이 펼치는 말씀이야말로 떳떳한 법칙이며 가르침(교훈)이니, 상제(上帝)의 가르침이시니라. 무릇 그 서민들이 황극이 펼치는 말씀을 가르침으로 삼고 행동으로 옮기면 천자의 빛나는 덕에 가까워져서, "(우리) 천자께서 백성의 부모가 되셔서 천하를 이끄는 임금이 되심이로다." 하고 칭송하리라.

의미심장한 것은 홍범의 5황극을 해설한 蕩平章(탕평장)이 하락총백(河洛總百)에 부합하는 100자이고, 그 가운데 10무극을 상징하는 무(無)가 10번 나온다는 사실이다. 周易(주역)의 합덕문(合德文)에도 대인과 더불어 대동하는 십붕(十朋 → 천지 2+일월 2+사시 4+귀신 2)의 무극한 조화작용을 공자가 설명하였다.

洪範(홍범)에 5황극을 해설한 성인 기자(箕子)의 가르침은 周易(주역)에 구오대인을 해설한 공자말씀으로 이어진다. 심심상전(心心相傳)과 일심동체(一心同體)로 그 도를 전수한 성인들의 지극한 마음에 감동하지 않을 수 없다.

부록

독중용법(讀中庸法)[1]

朱子曰中庸一篇을 某妄以己意로 分其章句하니 是書ㅣ 豈可以
주자왈중용일편 모망이기의 분기장구 시서 기가이
章句로 求哉리오 然이나 學者之於經에 未有不得於辭而能通
장구 구재 연 학자지어경 미유부득어사이능통
其意者니라.
기 의 자

某: 아무 모 妄: 망령될 망 豈: 어찌 기 哉: 어조사 재

주자가 가로되, 중용 한 책을 내가 망령되이 자의(自意)로 그 장구를 나눠놓 았으니, 이 글이 어찌 가히 장구로써 구하겠는가. 그러나 배우는 자가 경문에 서 말을 얻지 못하고서 능히 그 뜻을 통달하는 이는 있을 수 없다.

又曰中庸은 初學者 未當理會니라.
우왈중용 초학자 미당리회

또한 중용은 처음 배우는 이가 이치의 회통함에 있어선 마땅하지 않다.

中庸之書는 難看이로다 中間에 說鬼說神은 都無理會하니 學者
중용지서 난간 중간 설귀설신 도무리회 학자
須是見得箇道理了하야 方可看此書將來印證이니라.
수시견득개도리료 방가간차서장래인증

理: 이치 리 會: 모을 회 看: 볼 간 都: 도읍 도 須: 모름지기 수 箇: 낱 개 了: 마칠 료
方: 바야흐로 방 將: 장차 장 印: 도장 인 證: 증거 증

---

1. 명나라 초기에 만든 大全本(대전본)에 나오는 中庸章句(중용장구)의 앞부분에 실린 글로서 주 자(朱子)의 설을 간추렸다. 주자의 전집에는 없다.

중용의 글은 보기가 어렵다. 중간에 귀를 설명하고 신을 설명한 곳은 도무지 이해할 수 없으니, 배우는 자가 모름지기 이러한 하나하나의 도리를 보고 얻어야 바야흐로 가히 이 책이 장차 인증됨을 볼 수 있다.

讀書之序는 須是且著力去看大學하고 又著力去看論語하고 又
독서지서　수시차착력거간대학　　　우착력거간논어　　　우
著力去看孟子하야 看得三書了면 這中庸은 半截都了니라 不用
착력거간맹자　　간득삼서료　　저중용　반절도료　　　불용
問人하고 只略略恁看過오 不可掉了易底하야 却先去攻那難底
문인　　　지략략임간과　불가도료이저　　　각선거공나난저
니라 中庸에 多說無形影하야 說下學處 少하고 說上達處 多하니
　　 중용　다설무형영　　　설하학처　소　　　설상달처　다
若且理會文義則可矣니라.
약차이회문의즉가의

序: 차례 서 且: 또 차 著: 붙을 착 這: 이 저, 낱낱 저 截: 끊을 절 都: 대부분 도 只: 다만 지 略: 다스릴 략, 둘러볼 략 恁: 생각할 임, 이같이 임 掉: 흔들 도 易: 쉬울 이 底: 어조사 저, 밑 저 却: 물리칠 각 攻: 다스릴 공 那: 어찌 나 影: 그림자 영

글을 읽는 순서는 모름지기 또한 힘을 붙여 대학을 보고 또 힘을 붙여 논어를 보고 또 힘을 붙여 맹자를 보아서, 이 세 책을 보고 얻음을 끝내면 이 중용은 반쯤은 꺾어서(절반은) 이해할 수 있다. 남에게 물음을 쓰지 말고 다만 대강대강 보아 지나가야 하고, 가히 함부로 이 쉬운 것을 버리고 도리어 먼저 가서 저 어려운 것을 다스려서는 안 된다. 중용에는 형체나 그림자가 없는 것을 많이 말하여, 아래에서의 배움을 설명한 것이 적고 위에 달함을 설명한 곳이 많으니, 만약 또 글 뜻을 이해하면 가능하다.

讀書는 先須看大綱하고 又看幾多間架니 如天命之謂性 率性
독서　　선수간대강　　　우간기다간가　여천명지위성　솔성
之謂道 脩道之謂敎는 此是大綱이오 夫婦所知所能과 與聖人
지위도 수도지위교　　자시대강　　　부부소지소능　　여성인

不知不能處는 此類 是間架니라 譬人看屋에 先看他大綱하고
부지불능처　차류시간가　　　비인간옥　선간타대강

次看幾多間하며 間內又有小間然後에아 方得貫通이니라.
차간기다간　　간내우유소간연후　　　방득관통

幾: 몇 기 架: 시렁 가 類: 무리 류 他: 다를 타 譬: 비유할 비 屋: 집 옥 貫: 꿸 관

　　글을 읽을 때에는 먼저 모름지기 대강을 보고 또 몇 가지 많은 간가(間架)를 보아야 하니, 예를 들면 "천명을 성이라 하고, 솔성을 도라 하고, 수도를 교라 한다."는 이것은 바로 대강이고, "부부의 아는 바와 능하는 바와 성인의 알지 못함과 능하지 못한 곳"과 같은 이러한 종류는 간가이다. 비유하면 사람이 집을 살펴보는데 먼저 대강만 보고, 다음에 몇 칸인가를 또 칸 안에 작은 칸이 있음을 본 다음에 바야흐로 꿰어 통함을 얻게 되는 것이다.

又曰中庸은 自首章以下로 多對說將來하니 直是整齊라 某ㅣ舊
우왈중용　자수장이하　　다대설장래　　　직시정제　　모　구

讀中庸할새 以爲子思做러니 又時復有箇子曰字하니 讀得熟後
독중용　　이위자사주　　우시부유개자왈자　　　독득숙후

에아 方見得是子思 叅夫子之說하사 著爲此書로라 自是로 沈潛
　　 방견득시자사　참부자지설　　　저위차서　　자시　　침잠

反覆하야 遂漸得其旨趣하고 定得今章句擺布得來하야 直恁麽
반복　　수점득기지취　　　정득금장구파포득래　　　직임마

細密이니라.
세밀

整: 가지런할 정 齊: 가지런할 제 做: 지을 주 熟: 익을 숙 參: 참여할 참 著: 지을 저 漸: 점점 점 定: 정할 정, 바로잡을 정 擺: 열릴 파 麽: 잘 마, 어조사 마

　　또 가로되 중용은 수장에서부터 아래로는 장차 올 내용을 상대적으로 설명함이 많으니, 올곧게 이를 정돈하여 다듬어 놓았다. 내가 옛적에 중용을 읽을 때에 자사가 지으신 것으로 여겼는데, 또 때로 더러는 '자왈'이라는 글자가 있으니, 읽기를 익숙하게 한 뒤에야 바야흐로 이 자사가 공자의 말씀을 참고로

해서 이 글 중용을 지었다는 것을 알게 되었다. 이로부터 침잠하고 반복하여 드디어 점차 그 자취를 얻어 이제 장구를 정해놓고 하나하나 펴나가서 얻음이 오게 되어 이처럼 세밀해졌다.

近看中庸이라가 於章句文義間에 窺見聖賢述作傳授之意ㅣ極
근간중용   어장구문의간   규견성현술작전수지의   극
有條理하야 如繩貫棊局之不可亂이로다.
유조리   여승관기국지불가란

近: 가까울 근 窺: 엿볼 규 繩: 먹줄 승 棊: 바둑 기 局: 판 국

요사이 중용을 보는데, 장구의 글 뜻 사이에서 성현이 기술하고 창작하고 전하고 내려준 뜻이 지극히 조리가 있어 마치 먹줄이 바둑판을 꿰뚫음과 같아 가히 어지럽지 않음을 엿보았다.

中庸은 當作六大節看이니 首章이 是一節이니 說中和오 自君子
중용 당작육대절간   수장   시일절   설중화 자군자
中庸以下十章이 是一節이니 說中庸이요 君子之道費而隱以下
중용이하십장   시일절   설중용   군자지도비이은이하
八章이 是一節이니 說費隱이오 哀公問政以下七章이 是一節이
팔장   시일절   설비은   애공문정이하칠장   시일절
니 說誠이오 大哉聖人之道以下六章이 是一節이니 說大德小德
  설성   대재성인지도이하육장   시일절   설대덕소덕
이오 末章이 是一節이니 復申首章之意니라.
    말장   시일절   부신수장지의

首: 머리 수 說: 말할 설 末: 끝 말

중용은 마땅히 6대절로 지은 것으로 보아야 한다. 서장이 제 1절이니 '중화'를 설명하였고, '군자중용'에서부터 아래 10장이 이 또한 1절이니 '중용'을 설명하였고, '군자지도비이은'으로부터 아래 8장이 또한 1절이니 '비은'을 설명하였고, '애공문정'에서부터 아래 7장이 또한 1절이니 '정성'을 설명하였고,

'대재성인지도'부터 아래 6장이 또 1절이니 대덕소덕을 설명하였고, 마지막 장이 또 1절이니 서장의 뜻을 다시 펼친 것이다.

問中庸大學之別이어늘 曰如讀中庸하야 求義理는 只是致知工
문 중 용 대 학 지 별　　　왈 여 독 중 용　　　구 의 리　　　지 시 치 지 공

夫오 如謹獨脩省은 亦只是誠意니라 問只是中庸에 直說到聖
부　　여 근 독 수 성　　역 지 시 성 의　　문 지 시 중 용　　직 설 도 성

而不可知處로소이다 曰如大學은 裏也니 有如前王不忘은 便是
이 불 가 지 처　　　왈 여 대 학　리 야　유 여 전 왕 불 망　　편 시

篤恭而天下平底事니라.
독 공 이 천 하 평 저 사

別: 구별할 별 如: 같을 여 只: 다만 지 謹: 삼갈 근 脩: 닦을 수 到: 이를 도 裏: 속 리

便: 편할 편, 곧 편

　　주자에게 중용과 대학의 분별을 묻거늘, 가로되, "만약 중용을 읽어서 의리를 구한다면 바로 대학의 치지(致知)공부가 되는 것이고, 중용에서 혼자 삼가며 닦고 살핌은 또한 바로 대학의 성의(誠意)에 해당한다." 또 묻기를 "이 중용에는 다만 성인에 이르는 것만 말하고 가히 그 곳을 알지 못하겠습니다."라고 하니, 가로되 "대학은 속과도 같으니 '전왕을 잊지 못한다'는 것은 바로 중용의 '돈독하고 공손히 해서 천하가 평해진다.'는 말과 같다"

주자의 중용장구서(中庸章句序)

中庸은 何爲而作也오 子思子憂道學之失其傳而作也시니라.
중용 하위이작야 자사자우도학지실기전이작야

何어찌 하, 무엇 하 作: 지을 작 憂: 근심 우

   中庸(중용)은 어찌하여 지어졌는가? 자사선생께서 도학이 그 전함을 잃을까 근심하여 지으셨다.

盖自上古로 聖神이 繼天立極而道統之傳이 有自來矣라.
개자상고 성신 계천입극이도통지전 유자래의

盖: 덮을 개, 대개 개 極: 극 극 統: 거느릴 통, 큰 줄기 통

   대개 상고로부터 성신(聖神)이 천명(天命)을 계승하여 극을 세워 도통이 전함이 자연스레 옴이 있었다.

其見於經則允執厥中者는 堯之所以授舜也ㅣ오 人心은 惟危하고 道心은 惟微하니 惟精惟一이라사 允執厥中者는 舜之所以授禹也ㅣ니 堯之一言이 至矣盡矣어시늘 而舜이 復益之以三言者는 則所以明夫堯之一言이 必如是而後에 可庶幾也ㅣ라.
기현어경즉윤집궐중자 요지소이수순야 인심 유위
도심 유미 유정유일 윤집궐중자 순지소이
수우야 요지일언 지의진의 이순 부익지이삼언
자 즉소이명부요지일언 필여시이후 가서기야

見: 나타날 현 允: 진실로 윤 厥: 그 궐 授: 줄 수 惟: 오직 유 危: 위태할 위 微: 작을 미
精: 정미 정 復: 다시 부 益: 더할 익 庶: 여러 서 幾: 거의 기

그 書經(서경)에 나타난 "미덥게 그 중을 잡으라."는 것은 요임금이 순임금에게 전수한 바고, "인심(人心)은 오직 위태롭고 도심(道心)은 오직 은미하니, 오직 정밀하고 오직 한결같아야 미덥게 그 중을 잡을 수 있다."는 것은 순임금이 우임금에게 전수하신 바니, 요임금의 한마디 말씀이 지극(至極)하고 극진(極盡)하였는데도 순임금이 다시 세 마디 말로써 더한 것은, 무릇 요임금의 한마디 말씀이 반드시 이와 같이 한 뒤에야 가히 거의 도달할 수 있음을 밝힌 것이다.

盖嘗論之컨대 心之虛靈知覺이 一而已矣로대 而以爲有人心
개상논지   심지허령지각   일이이의   이이위유인심

道心之異者는 則以其或生於形氣之私하며 或原於性命之正
도심지이자   즉이기혹생어형기지사   혹원어성명지정

하나 而所以爲知覺者ㅣ 不同하야 是以로 或危殆而不安하고
    이소이위지각자   부동   시이   혹위태이불안

或微妙而難見耳라.
혹미묘이난견이

嘗: 일찍이 상 論: 말할 논 虛: 빌 허 靈: 신령 령 覺: 깨우칠 각 已: 뿐 이 異: 다를 이
或: 혹은 혹 原: 근원 원 妙: 묘할 묘 耳: 뿐 이

대개 일찍이 논해본다면, 마음의 허령(虛靈)과 지각(知覺)이 하나일 뿐이로되, 인심(人心)·도심(道心)의 다름이 있게 되는 것은, 그것이 혹 형기(形氣)의 사사로운 데에서도 생기며, 혹 성명(性命)의 바름에 근원하나 지각하는 자가 같지 않은 까닭으로, 이로써 혹 위태해서 불안하기도 하고 혹 미묘해서 보기 어려울 따름이다.

然이나 人莫不有是形이라 故로 雖上智나 不能無人心이오 亦
연   인막불유시형   고   수상지   불능무인심   역

莫不有是性故로 雖下愚나 不能無道心하니 二者ㅣ 雜於方寸
막불유시성고   수하우   불능무도심   이자   잡어방촌

之間而不知所以治之면 則危者ㅣ 愈危하고 微者ㅣ 愈微하야
지간이부지소이치지 즉위자 유위 미자 유미

而天理之公이 卒無以勝夫人欲之私矣ㅣ라.
이천리지공 졸무이승부인욕지사의

莫: 말 막 智: 지혜 지 愚: 어리석을 우 雜: 섞일 잡 方: 모 방 寸: 마디 촌 愈: 더욱 유
公: 공변될 공 卒: 마침내 졸 勝: 이길 승

　그러나 사람이 이 형체를 두지 않음이 없다. 그러므로 비록 상지(上智)라 하더라도 능히 인심(人心)이 없지 않고, 또한 이 성품을 두지 않음이 없는 까닭으로 비록 어리석은 사람일지라도 능히 도심(道心)이 없지 않으니, 이 두 가지(인심과 도심)가 결국 한 치 사이에 섞여 있어 다스릴 바를 알지 못하면, 즉 위태로운 것이 더욱 위태로워지고 은미한 것이 더욱 은미해져서, 천리의 공변됨이 마침내 무릇 인욕의 사사로움을 이기지 못하게 된다.

精은 則察夫二者之間而不雜也ㅣ오 一은 則守其本心之正而
정 즉찰부이자지간이부잡야 일 즉수기본심지정이

不離也ㅣ니 從事於斯하야 無所間斷하야 必使道心으로 常爲一
불리야 종사어사 무소간단 필사도심 상위일

身之主而人心이 每聽命焉則危者ㅣ 安하고 微者ㅣ 著하야 而
신지주이인심 매청명언즉위자 안 미자 저 이

動靜云爲ㅣ 自無過不及之差矣리라.
동정운위 자무과불급지차의

察: 살필 찰 離: 떠날 리 斯: 이 사 聽: 들을 청 著: 분명할 저 云: 이를 운 差: 어긋날 차

　정(精)은 무릇 두 가지(인심·도심) 사이를 성찰하여 섞이지 않는 것이고, 일(一)은 그 본심의 바름을 지켜서 떠나지 않는 것이니, 일함을 이에 따라서 조금도 간단(間斷)하는 바가 없어서, 반드시 도심으로 하여금 항상 일신의 주장으로 삼고 인심(人心)이 매양 도심(道心)의 명을 들으면, 위태로운 것이 안정되고, 은미한 것이 드러나서 동정(動靜)과 운위(云爲)가 스스로 과불급(過不及)의 차이가 없을 것이다.

夫堯舜禹는 天下之大聖也ㅣ시고 以天下相傳은 天下之大事
부 요 순 우   천 하 지 대 성 야   이 천 하 상 전   천 하 지 대 사
也ㅣ니 以天下之大聖으로 行天下之大事하샤 而其授受之際에
야   이 천 하 지 대 성   행 천 하 지 대 사   이 기 수 수 지 제
丁寧告戒ㅣ 不過如此하시니 則天下之理ㅣ 豈有以加於此哉리오.
정 녕 고 계   불 과 여 차   즉 천 하 지 리   기 유 이 가 어 차 재

際: 사이 제, 丁: 씩씩할 정 寧: 편안할 녕 戒: 경계할 계 豈: 어찌 기 哉: 어조사 재

　　무릇 요(堯), 순(舜), 우(禹)는 천하의 대성(大聖)이시고 천하로써 서로 전함은 천하의 대사(大事)니, 천하의 대성(大聖)으로서 천하의 대사(大事)를 행하시어, 그 주고받을 즈음에, 정녕코 고지(告知)하고 경계시키심이 이와 같은 데에 지나지 않으시니, 그렇다면 천하의 이치가 어찌 이보다 더함이 있겠는가?

自是以來로 聖聖이 相承하시니 若成湯文武之爲君과 皐陶伊
자 시 이 래   성 성   상 승   약 성 탕 문 무 지 위 군   고 요 이
傅周召之爲臣이 旣皆以此而接夫道統之傳하시고 若吾夫子는
부 주 소 지 위 신   기 개 이 차 이 접 부 도 통 지 전   약 오 부 자
則雖不得其位하시나 而所以繼往聖開來學하시니 其功이 反有
즉 수 부 득 기 위   이 소 이 계 왕 성 개 래 학   기 공   반 유
賢於堯舜者라.
현 어 요 순 자

承: 계승할 승 若: 같을 약 湯: 넘어질 탕 皐: 언덕 고 陶: 즐거울 요 伊: 저 이 傅: 스승 부 召: 부를 소 旣: 이미 기 皆: 다 개 接: 접할 접 反: 되돌릴 반 賢: 어질 현

　　이로부터 이래(以來)로 성인과 성인이 서로 계승하시니, 성탕문무(成湯·文·武)와 같은 임금과 고요·이윤·부열·주공·소공(皐陶·伊尹·傅說·周公·召公)과 같은 신하가 이미 모두 이로써 무릇 도통의 전함을 접하시고, 우리 부자(孔子) 같은 이는 비록 그 지위는 얻지 못하셨으나, 지나간 성인을 계승(繼承)하고 오는 후학들에게 문호를 열어주시니, 그 공이 도리어 요순보

다 더 현명(賢明)함이 있다.

然이나 **當是時**하야 **見而知之者**는 **惟顏氏曾氏之傳**이 **得其宗**
연   당시시   견이지지자   유안씨증씨지전   득기종

하시고 **及曾氏之再傳**하야 **而復得夫子之孫子思**하니 **則去聖**이
     급증씨지재전   이부득부자지손자사   즉거성

遠而異端이 起矣ㅣ라.
원이이단   기의

當: 대할 당 顏: 얼굴 안 氏: 각시 씨 曾: 일찍 증 宗: 마루 종 及: 이를 급 再: 두 재 復: 다시 부 孫: 손자 손 去: 갈 거 異: 다를 이 端: 바를 단 起: 일어날 기

  그러나 이때를 맞이해서 (부자의 일동일정을 직접) 보고 아는 자는 오직 안자와 증자(顏回와 曾參)의 전함이 그 종통(宗統)을 얻으시고, 증자가 다시 전하여 다시 부자의 손자인 자사(子思)를 얻음에 미치니, 가신 성인이 멀어지고 (성인의 시대는 멀어지고) 이단(異端)이 일어나게 되었다.

子思ㅣ **懼夫愈久而愈失其眞也**하샤 **於是**에 **推本堯舜以來相傳**
자사   구부유구이유실기진야   어시   추본요순이래상전

之意하시고 **質以平日所聞父師之言**하야 **更互演繹**하야 **作爲此書**
지의   질이평일소문부사지언   갱호연역   작위차서

하샤 **以詔後之學者**하시니 **蓋其憂之也**ㅣ **深故**로 **其言之也**ㅣ **切**
   이조후지학자   개기우지야   심고   기언지야   절

하고 **其慮之也**ㅣ **遠故**로 **其說之也**ㅣ **詳**하니 **其曰天命率性**은
   기려지야   원고   기설지야   상   기왈천명솔성

則道心之謂也ㅣ오 **其曰擇善固執**은 **則精一之謂也**ㅣ오 **其曰君**
즉도심지위야   기왈택선고집   즉정일지위야   기왈군

子時中은 **則執中之謂也**ㅣ니 **世之相後**ㅣ **千有餘年**이로되 **而其**
자시중   즉집중지위야   세지상후   천유여년   이기

言之不異ㅣ **如合符節**이라 **歷選前聖之書**하야 **所以提挈綱維**하며
언지불이   여합부절   역선전성지서   소이제설강유

開示蘊奧ㅣ **未有若是之明且盡者也**ㅣ라.
개시온오   미유약시지명차진자야

懼: 두려워할 구 愈: 점점 유 眞: 참 진 推: 밀 추 質: 바탕 질 更: 다시 갱 互: 서로 호 演: 넓힐 연 繹: 풀어낼 역, 이을 역 詔: 알릴 조 切: 간절할 절 慮: 염려할 려 說: 말씀할 설 詳: 자세할 상 符: 부신 부 節: 마디 절 歷: 역력할 역 選: 가릴 선 提: 끌 제 挈: 이끌 설 綱: 벼리 강 維: 벼리 유 蘊: 쌓을 온 奧: 속 오, 깊을 오 且: 또 차

　자사께서 무릇 점점 오래되어 더욱 그 참을 잃을까 근심하시어, 이에 요순(堯舜)이래로 서로 전한 뜻을 미루어 근본하시고, 평소 들었던 아버지와 스승(伯魚와 曾子)의 말씀으로써 질정(質正)하시어, 다시 서로 연역(演繹)하여 이 글(중용)을 지으시어 후세의 학자에게 알려주시니, 대개 그 근심하심이 깊은 까닭으로 그 말씀이 간절하시고 그 염려(念慮)하심이 먼 까닭으로 그 설명하심이 상세하니, 거기(중용)에서 말한 "천명솔성(天命率性)"은 도심(道心)을 이르고, 거기(중용)에서 말한 "택선고집(擇善固執)"은 정일(精一)을 이르고, 거기(중용)에서 말한 "군자시중(君子時中)"은 집중(執中)을 이르니, 세상이 서로 뒤 함이 천여 년이 되었음에도 그 말씀의 다르지 않음이 부절(符節)을 합한 것 같음이라. 전대(前代) 성인의 글을 역력히 가려서 강유(綱維)를 끌어당기며, 온오(蘊奧)를 열어 보여줌이 이와 같이 명백(明白)하고 또 극진(極盡)한 것은 있지 아니하다.

自是而又再傳以得孟氏하야 **爲能推明是書**하야 **以承先聖之統**하시고 **及其沒而遂失其傳焉**하니 **則吾道之所寄 ㅣ 不越乎言語文字之間**하고 **而異端之說**이 **日新月盛**하야 **以至於老佛之徒 ㅣ 出則彌近理而大亂眞矣 ㅣ 라**.
자 시 이 우 재 전 이 득 맹 씨　위 능 추 명 시 서　이 승 선 성 지 통　급 기 몰 이 수 실 기 전 언　즉 오 도 지 소 기　불 월 호 언 어　문 자 지 간　이 이 단 지 설　일 신 월 성　이 지 어 노 불 지 도　출 즉 미 근 리 이 대 란 진 의

孟: 맏 맹 沒: 다할 몰 遂: 이를 수 寄: 붙일 기 越: 넘을 월 盛: 성할 성 老: 늙을 노 佛: 부처 불 徒: 무리 도 彌: 두루 미, 더할 미 近: 가까울 근 理: 이치 리

이로부터 또 맹자를 얻음으로 다시 전해져 능히 이 글을 미루어 밝힘으로써 선성(先聖)의 법통(法統)을 계승하시고, 그 몰(沒)함에 미쳐서는(돌아가신 다음에) 드디어 그 (도통의) 전함을 잃으니, 우리의 도가 붙어있는 바가 언어문자 사이를 넘지 못하고, 이단(異端)의 학설이 날로 새롭고 달로 성해져 노자·부처의 무리가 나옴에 이르러서는 더욱 이치에 가까워 크게 진리를 어지럽혔다.

然而尙幸此書之不泯故로 程夫子兄弟者ㅣ 出하샤 得有所考
연이상행차서지불민고　정부자형제자　출　득유소고
하야 以續夫千載不傳之緖하시고 得有所據하야 以斥夫二家似
　이속부천재부전지서　득유소거　이척부이가사
是之非하시니 盖子思之功이 於是爲大요 而微程夫子면 則亦
시지비　개자사지공　어시위대　이미정부자　즉역
莫能因其語而得其心也ㅣ리라.
막능인기어이득기심야

尙: 오히려 상 幸: 다행 행 泯: 망할 민, 없어질 민 程: 단위 정 考: 상고할 고 續: 이을 속 載: 해 재 緖: 실마리 서 據: 근거할 거 斥: 물리칠 척 似: 같을 사 是: 옳을 시 非: 그릇될 비 微: 아닐 미

그러나 오히려 다행히도 이 글이 없어지지 않은 까닭으로 정부자(程夫子) 형제가 나오셔서, 상고하는 바가 얻음이 있어서 무릇 천 년 동안 전하지 못한 실마리를 이으시고, 근거하는 바가 얻음이 있어서 무릇 두(老佛) 가(家)의 옳은 것 같으면서도 그른 것(似而非)을 물리치시니, 대개 자사의 공적이 이에 커지게 되었거니와, 정부자(程夫子)가 아니었다면 또한 능히 그 말로 인하여 그 심법을 얻지 못하였을 것이다.

惜乎ㅣ라 其所以爲說者ㅣ 不傳而凡石氏之所輯錄이 僅出於
석호　기소이위설자　부전이범석씨지소집록　근출어
其門人之所記하니 是以로 大義ㅣ 雖明而微言이 未析하고 至
기문인지소기　시이　대의　수명이미언　미석　지

其門人之所自爲說則雖頗詳盡而多所發明이나 然이나 倍其
기문인지소자위설즉수파상진이다소발명   연   패기

師說而淫於老佛者ㅣ 亦有之矣라.
사설이음어노불자   역유지의

惜: 애석할 석 凡: 무릇 범 石: 돌 석 輯: 모을 집 錄: 기록할 록 僅: 겨우 근 記: 기록할 기 義: 옳을 의 微: 숨을 미 析: 쪼갤 석 頗: 자못 파 詳: 자세할 상 盡: 다할 진 倍: 배반할 패(배) 淫: 빠질 음

애석(哀惜)하도다! 그 설명한 것이 전하지 못한 까닭은 무릇 석씨가 집록(輯錄)한 바가 겨우 그 문인의 기록한 바에서 나왔기 때문이니, 이로써 대의(大義)는 비록 밝혔으나 은미한 말씀이 해석되지 못하고, 그 문인들이 스스로 설명한 바에 이르러서는, 비록 자못 상세하고 극진해서 발명(發明)한 바가 많지만, 그 스승의 학설에 위배(違背)되고 노불(老佛)사상에 빠진 것이 또한 거기에 있었다.

熹(某)自蚤歲로 卽嘗受讀而竊疑之하야 沈潛反復이 盖亦有
희 모 자조세   즉상수독이절의지   침잠반복   개역유

年이니 一旦에 恍然하야 似有得其要領者라 然後에 乃敢會衆
년   일조 황연   사유득기요령자   연후   내감회중

說而折其衷하야 旣爲定著章句一篇하야 以俟後之君子하고
설이절기충   기위정저장구일편   이사후지군자

而一二同志로 復取石氏書하야 刪其繁亂하야 名以輯略하고
이일이동지 부취석씨서   산기번란   명이집략

且記所嘗論辨取舍之意하야 別爲或問하야 以附其後然後에 此
차기소상논변취사지의   별위혹문   이부기후연후   차

書之旨ㅣ 支分節解하고 脉絡貫通하야 詳略相因하고 巨細畢
서지지   지분절해   맥락관통   상략상인   거세필

擧而凡諸說之同異得失이 亦得以曲暢旁通而各極其趣하니
거이범제설지동이득실   역득이곡창방통이각극기취

雖於道統之傳에 不敢妄議나 然이나 初學之士ㅣ 或有取焉則
수어도통지전   불감망의   연   초학지사   혹유취언즉

亦庶乎行遠升高之一助云爾라
역 서 호 행 원 승 고 지 일 조 운 이

淳熙己酉春三月戊申에 新安朱熹(某)는 序하노라.
순 희 기 유 춘 삼 월 무 신   신 안 주 희 모   서

熹: 기뻐할 희 蚤: 일찍이 조 歲: 나이 세 嘗: 일찍이 상 讀: 읽을 독 竊: 도둑 절, 그윽할 절 疑: 의심할 의 沈: 가라앉을 침 潛: 잠길 잠 旦: 아침 조, 아침 단 恍: 황홀할 황 要: 잡을 요 領: 가장 요긴한 곳 乃: 이에 내 敢: 감히 감 折: 자를 절 衷: 가운데 충 俟: 기다릴 사 取: 취할 취 刪: 깎을 산 繁: 번거로울 번 輯: 모을 집 略: 다스릴 략 論: 말할 논 辨: 분별할 변 舍: 버릴 사(捨) 附: 붙을 부 旨: 맛있을지 支: 가지 지 脈: 맥 맥 絡: 이을 락 貫: 꿸 관 巨: 클 거 細: 작을 세 畢: 마칠 필 暢: 펼 창 旁: 두루 방 趣: 뜻 취 爾: 어조사 이 淳: 순박할 순 熙: 빛날 희 序: 차례 서

나 주희는 이른 나이 때부터 곧 일찍이 (이 글을) 받아 읽고, 그윽이 의심이 나서 침잠(沈潛)하고 반복(反復)함이 대개 또한 여러 해가 되었는데, 하루아침에 황홀(恍惚)히 그 요령을 터득(攄得)함이 있는 것 같았다. 그런 뒤에 이에 감히 여러 학설을 모으고 절충(折衷)해서, 이미 中庸章句(중용장구) 일편을 정하여 지어서 후세의 군자를 기다리고, 한 두 사람의 동지들과 다시 석씨의 글을 취해서, 그 번거롭고 혼란스러운 곳을 깎아내어 中庸輯略(중용집략)이라 이름하고, 또 일찍이 논변(論辨)하고 취사(取舍)한 뜻을 기록하여 별도로 中庸或問(중용혹문)을 만들어서, 그 뒤에다 첨부(添附)하니, 그러한 뒤에야 이 글의 요지(要旨)가 가지마다 분명(分明)하여 구절(句節)이 풀리고, 맥락이 관통하며, 상세하고 간략함이 서로 인연하고, 크고 세세한 것들이 마침내 들려져서, 무릇 모든 학설의 동이(同異)와 득실(得失)이 또한 곡진히 펼쳐지고 두루 통함으로써 제각기 기 그 취지(趣旨)를 극진히 하니, 비록 도통의 전함에 망령되이 의논할 수는 없으나, 그러나 처음 배우는 선비가 혹 취하는 바가 있으면, 먼 곳을 가고 높은 곳을 오르는 데에 거의 일조(一助)가 될 수 있을 것이다. 순희(淳熙) 기유년(己酉年) 춘삼월(春三月) 무신일(戊申日)에 신안(新安)의 주희(某)가 서하노라.

중용장구대전(中庸章句大全)

中者는 不偏不倚 無過不及之名이오 庸은 平常也ㅣ라
偏: 치우칠 편 倚: 기댈 의, 의지할 의 過: 지날 과 及: 미칠 급

  중(中)은 치우치지 않고 기울어지지 않으며, 지나치고 미치지 못함이 없음을 이르고, 용(庸)은 평상시(平常時)이다.

子程子曰 不偏之謂中이오 不易之謂庸이니 中者는 天下之正道오 庸者는 天下之定理라 此篇은 乃孔門傳授心法이니 子思 恐其久而差也라 故로 筆之於書하야 以授孟子하시니 其書 始言一理하야 中散爲萬事하며 末復合爲一理하야 放之則彌六合하고 卷之則退藏於密하야 其味 無窮하니 皆實學也라 善讀者 玩索而有得焉이면 則終身用之라도 有不能盡者矣리라
易: 바꿀 역 授: 줄 수 恐: 두려울 공 筆: 붓 필 散: 흩을 산 復: 다시 부 放: 놓을 방 彌: 두루 미 卷: 거둘 권 退: 물러날 퇴 藏: 감출 장 密: 빽빽할 밀 窮: 다할 궁 讀: 읽을 독 玩: 구경할 완 索: 찾을 색

  스승 정자께서 말씀하시길, "치우치지 않음을 중(中)이라 이르고, 바뀌지 않음을 용(庸)이라 이르니, 중(中)은 천하의 바른 도(道)이고, 용(庸)은 천하의 정한 이치(理致)이다. 이 책은 공문(孔門)에서 전수한 심법(心法)이니, 자사께서 그 오래됨에 다름이 있을까 두려워하셨다. 그러므로 책에 써서 맹자에게 주셨으니, 그 책이 처음에는 한 이치를 말하여 중(中)에는 흩어져 만 가지 일이 되며 끝에는 다시 합하여 한 이치가 된다. 이를 풀어놓으면 육합(六合)에 가득하고 이를 거둬들이면 물러나 은밀한데 감춰져 그 맛이 다함이 없으니 다

실학(實學)이다. 잘 읽는 자가 완미하여 찾아서 얻음이 있으면 종신토록 그것을 쓰더라도 능히 다하지 못함이 있을 것이다."

제 1장
天命之謂性이오 率性之謂道ㅣ오 修道之謂敎ㅣ니라.
천명지위성   솔성지위도   수도지위교

章句註解

命은 猶令也ㅣ오 性은 卽理也ㅣ라. 天以陰陽五行으로 化生萬物하야 氣以成形而理亦賦焉하니 猶命令也ㅣ라 於是에 人物之生이 因各得其所賦之理하야 以爲健順五常之德하니 所謂性也ㅣ라

率은 循也ㅣ오 道는 猶路也ㅣ라 人物이 各循其性之自然이면 則其日用事物之間에 莫不各有當行之路하니 是則所謂道也ㅣ라

脩는 品節之也ㅣ라 性道ㅣ 雖同이나 而氣稟이 或異라 故로 不能無過不及之差일새 聖人이 因人物之所當行者而品節之하야 以爲法於天下하시니 則謂之敎니 若禮樂刑政之屬이 是也ㅣ라

蓋人이 知己之有性하되 而不知其出於天하며 知事之有道하되 而不知其由於性하며 知聖人之有敎하되 而不知其因吾之所固有者ㅣ 裁之也ㅣ라 故로 子思ㅣ 於此에 首發明之하시니 而董子所謂道之大原이 出於天이 亦此意也ㅣ니라.

猶: 같을 유, 오히려 유 令: 영 령 卽: 곧 즉 理: 다스릴 리 賦: 부여할 부 循: 좇을 순 路: 길 로 品: 물건 품 稟: 줄 품 屬: 속할 속 蓋: 대개 개 裁: 마름질할 재 董: 동독할 동, 성 동

명(命)은 '명령할 령(令)'과 같고, 성(性)은 곧 '이치 리(理)'이다.

하느님이 음양오행으로 만물을 화생하여 기(氣)로써 형상(形象)을 이루고 이치(理致) 또한 부여(賦與)하니, 명령(命令)함과 같다. 이에 사람과 물건이

생겨남에 각기 천부(天賦)의 이치를 얻음으로 인하여 건순(健順) 오상(五常, 인의예지신)의 덕(德)을 삼으니, 이른바 성(性)이다.

솔(率)은 '따를 순(循)'이고, 도(道)는 '길 로(路)'와 같다. 사람과 물건이 각기 그 성품(性品)의 자연(自然)함을 따르면, 곧 날마다 쓰는 사물 사이에 각기 마땅히 나아가야 할 길이 있지 않음이 없으니, 이것이 이른바 '길(道)'이다.

수(修)는 품성(品性)에 알맞게 '조절(調節), 절제(節制)'시키는 것이다. 성(性)과 도(道)가 비록 같으나, 기질(氣質)과 품성(稟性)이 혹 다르기 때문에 과불급(過不及)의 차이가 없지 아니해서 성인이 사람과 물건의 마땅히 나아가야 할 바로 인하여 품절지(品節之)함으로써 천하에 법으로 삼으니, 이를 '가르칠 교(敎)'라 이른다. 예악(禮樂)과 형정(刑政) 등이 이와 같은 것이다.

대개 사람이 자기에게 성품이 있음을 알지만 그것이 하늘에서 나왔음을 알지 못하며, 일에는 길(道)이 있음을 알지만 그것이 성품으로 말미암았음을 알지 못하며, 성인의 가르침이 있음을 알지만 그것이 나의 고유(固有)한 바로 인해 그것을 제재(制裁)해야 함을 알지 못한다. 그러므로 자사께서 이에 머릿장에 발하여 밝히니, 동중서(董仲舒)[1]의 이른바 "도(道)의 큰 근원이 하늘에서 나왔다."고 하니 또한 이 뜻이다.

道也者는 不可須臾離也ㅣ니 可離면 非道也ㅣ라 是故로 君子는 戒愼乎其所不睹하며 恐懼乎其所不聞이니라.

도야자 불가수유리야 가리 비도야 시고 군자
계신호기소부도 공구호기소불문

章句註解

道者는 日用事物當行之理니 皆性之德而具於心하야 無物不

---

1. 중국 전한(前漢) 때 한학을 중흥시켰던 유학자. 무제(武帝)가 그의 건의를 받아들여 오경박사(五經博士)를 두었다.

有하고 無時不然하니 所以不可須臾離也ㅣ라 若其可離면 則豈率性之謂哉아 是以로 君子之心이 常存敬畏하야 雖不見聞이나 亦不敢忽하니 所以存天理之本然이오 而不使離於須臾之頃也ㅣ니라.

皆: 모두 개 具: 갖출 구 豈: 어찌 기 哉: 어조사 재 敬:공경할 경 畏: 두려워할 외 敢: 감히 감 忽: 소홀히 할 홀 使: 하여금 사 頃: 잠깐 경, 기울 경

　도는 날마다 쓰는 사물이 마땅히 행할 이치(理致)이다. 모두 성품의 덕으로써 마음에 갖추어져 물건마다 (길이) 있지 않음이 없고 때로 그렇지 않음이 없으니, 진실로 잠시 잠깐이라도 떠나서는 안 되는 까닭이다. 만약 가히 떠난다면 어찌 솔성(率性)한다 이를 수 있겠는가.

　이로써 군자는 항상 경외(敬畏)하는 마음을 두어서 비록 보이고 들리지 않는다 하더라도 또한 감히 소홀하지 못하니, (그러므로) 천리의 본연함을 보존함으로써 잠시 잠깐의 경각(頃刻)이라도 떠날 수 없도록 하는 것이다.

莫見乎隱이며 莫顯乎微니 故로 君子는 愼其獨也ㅣ니라.
막현호은　　막현호미　고　군자　신기독야

章句註解

隱은 暗處也ㅣ오 微는 細事也ㅣ라. 獨者는 人所不知而己所獨知之地也ㅣ라 言幽暗之中 細微之事는 跡雖未形이나 而幾則已動하야 人雖不知나 而己獨知之하니 則是天下之事ㅣ 無有著見明顯而過於此者라 是以로 君子ㅣ 旣常戒懼하고 而於此에 尤加謹焉하니 所以遏人欲於將萌하야 而不使其潛滋暗長於隱微之中하야 以至離道之遠也ㅣ니라.

暗: 어두울 암 細: 미미할 세 己: 몸 기 幽: 그윽할 유 跡: 자취 적 雖: 비록 수 幾: 기미 기 已: 이미 이 著: 분명할 저 過: 지날 과 尤: 더욱 우 加: 더할 가 謹: 삼갈 근 遏: 막을

알 欲: 하고자 할 욕 將: 장차 장 萌: 싹 맹 潛: 잠길 잠 滋: 불을 자

　은(隱)은 어두운 곳이고, 미(微)는 세세한 일이다. 독(獨)은 남이 알지 못하는 곳이고 자기만 홀로 아는 곳이다. 그윽하고 어두운 가운데 미세한 일은 자취가 비록 아직 드러나지 않았으나, 기미(幾微)는 이미 동하여 남은 비록 알지 못하나 자기는 홀로 알고 있으니, 이것은 천하의 일이 현저하게 드러나고 밝게 나타남이 이에 지나지 않음을 말한 것이다.

　이로써 군자가 이미 항상 계신(戒愼) 공구(恐懼)하고, 이에 더욱더 삼가니, 인욕이 장차 싹트고자 하는 것을 막아서, 은미(隱微)한 가운데 잠재(潛在)된 것이 불어나고 암암리(暗暗裡)에 자라서 이로써 도를 떠나 먼 데 이르지 않게 해야 하는 것이다.

喜怒哀樂之未發을 謂之中이오 發而皆中節을 謂之和ㅣ니 中
희노애락지미발　　　위지중　　　　발이개중절　　　위지화　　　중
也者는 天下之大本也ㅣ오 和也者는 天下之達道也ㅣ니라.
야자　　천하지대본야　　　화야자　　　천하지달도야

章句註解

喜怒哀樂은 情也ㅣ오 其未發則性也ㅣ니 無所偏倚故로 謂之中이오 發皆中節은 情之正也ㅣ니 無所乖戾故로 謂之和라 大本者는 天命之性이니 天下之理가 皆由此出하니 道之體也ㅣ오 達道者는 循性之謂니 天下古今之所共由니 道之用也ㅣ라 此ㅣ 言性情之德하야 以明道不可離之意니라.

乖: 어그러질 괴 戾: 어그러질 려 循: 좇을 순

　희노애락은 정(情)이고 그것이 아직 발동하지 않은 것은 성(性)이니, 편의(偏倚. 기울거나 의지함)가 없는 까닭에 중(中)이라 이르고, 발동하되 모두 절

도에 맞게 하는 것은 정(情)의 올바름이니 괴려(乖戾. 어긋나고 거슬림)하는 바가 없는 까닭에 화(和)라 이른다.

  대본(大本)은 하느님이 명한 성(性)이니, 천하의 이치가 모두 이로 말미암아 나오니 도의 체이고, 달도(達道)는 솔성(率性)을 이르니, 천하고금(天下古今)이 함께 말미암는 바이니 도의 용(用)이다. 이는 성정(性情)의 덕을 말함으로써 도(道)가 마땅히 떠날 수 없는 뜻을 밝힌 것이다.

致中和ㅣ면 天地ㅣ 位焉하며 萬物이 育焉이니라.
치 중 화　　천 지　위 언　　만 물　육 언

章句註解

致는 推而極之也ㅣ라 位者는 安其所也오 育者는 遂其生也ㅣ라 自戒懼而約之하야 以至於至靜之中히 無所偏倚而其守ㅣ不失이면 則極其中而天地ㅣ 位矣오 自謹獨而精之하야 以至於應物之處에 無所差謬而無適不然이니 則極其和而萬物이 育矣라 蓋天地萬物은 本吾一體니 吾之心正이면 則天地之心도 亦正矣오 吾之氣順이면 則天地之氣도 亦順矣라 故로 其效驗이 至於如此하니 此는 學問之極功이오 聖人之能事라 初非有待於外요 而脩道之敎ㅣ 亦在其中矣라 是其一體一用이 雖有動靜之殊나 然이나 必其體立而後에 用이 有以行하니 則其實은 亦非有兩事也ㅣ라 故로 於此에 合而言之하야 以結上文之意하시니라.

推: 밀 추 遂: 이를 수 約: 묶을 약 精; 정미 정 差: 어긋날 차 謬: 그릇될 류 適: 갈 적
效: 본받을 효 驗: 증험할 험 待: 기다릴 대 兩: 두 양 結: 맺을 결

  치(致)는 미루어 끝까지 나아감이다. 위(位)라는 것은 그 장소에서 편안함이고, 육(育)이라는 것은 그 삶을 완수(完遂)함이다. 스스로 계신(戒愼) 공구(恐懼)하고 집약(集約)해서 이로써 지극히 고요한 중(中)에 이르러 편의(偏倚)하

는 바가 없어 그 지킴을 잃지 아니하면 그 중을 지극히 하여 천지가 제자리를 잡게 되고, 스스로 홀로 있을 때를 삼가(謹獨)하고 정미롭게 해서 이로써 사물에 응하는 데 이르면 조금도 차이(差異)나 오류(誤謬)가 없게 된다. 가는 데마다 자연(自然)하지 않음이 없으면, 그 화(和)를 지극히 하여 만물이 길러진다.

   대개 천지만물은 본래 나와 한 몸이니 나의 마음이 올바르면 천지의 마음 또한 올바르고, 나의 기운이 순하면 천지의 기운 또한 순하다. 그러므로 그 효험이 이와 같은 데 이르니, 이는 학문의 지극한 공효(功效)이고 성인이라야 가능한 일이다. 처음부터 밖을 기다리지 않으나, 도를 닦는 가르침(敎) 또한 그 가운데 있다. 이는 일체(一體) 일용(一用)이 비록 동하고 정하는 다름이 있지만, 반드시 그 체가 선 뒤에 쓰임이 행해지니, 그 실상은 또한 두 가지 일이 있지 않다. 그러므로 이에 합해서 말하여 윗글(上文)의 뜻을 여기에 맺으신 것이다.

章句註解

右는 第一章이라.

子思ㅣ 述所傳之意以立言하사 首明道之本原이 出於天而不可易과 其實은 體備於己而不可離하시고 次言存養省察之要하시고 終言聖神功化之極하시니 蓋欲學者로 於此에 反求諸身而自得之하야 以去夫外誘之私而充其本然之善이니 楊氏所謂一篇之體要ㅣ 是也ㅣ라 其下十章은 蓋子思引夫子之言하사 以終此章之義하시니라.

述: 지을 술 傳: 전할 전 易: 바꿀 역 備: 갖출 비 次: 다음 차 省: 살필 성 察: 살필 찰 諸: 어조사 저 誘: 꾈 유 充: 찰 충 楊: 버들 양 引: 끌 인

   우(右)는 제 1장이다.

   자사께서 전한 바의 뜻을 지어 말씀을 세워서, 머리에는 도의 본원이 하늘에서 나와 가히 바뀔 수 없음과 그 실체가 자기에게 갖추어져 가히 떠날 수 없

음을 밝혀놓은 다음 존양(存養)과 성찰(省察)의 중요성을 말씀하였고, 끝으로 성신(聖神)의 공(功)과 조화(造化)의 지극(至極)함을 말씀하였으니, 대개 배우는 자가 이에 돌이켜 자신(自身)에게서 구하고 스스로 체득(體得)하여, 무릇 밖에서 유혹하는 사사로움을 버리고 그 본연의 선(善)을 채우게 하고자 하심이다.

　양씨(楊氏)²가 "한 편의 체요(體要)라" 이른 바가 이것이다. 이 아래 10장은 대개 자사께서 공부자(孔夫子)의 말씀을 인용하여 이 장(章)의 뜻을 마친 것이다.

제 2장

仲尼³ㅣ 曰 君子는 中庸이오 小人은 反中庸이니라.
　중 니　　왈 군 자　　중 용　　　소 인　　반 중 용

章句註解

中庸者는 不偏不倚無過不及而平常之理니 乃天命所當然精微之極致也ㅣ라 唯君子라야 爲能體之오 小人은 反是니라.

　중용은 치우치거나 기울어지지 않으며 과불급(過不及)이 없어서 평상(平常)의 이치(理致)이니, 이에 하느님이 명하신 당연한 바로서 정미로움의 극치이다. 오직 군자라야 능히 이를 체득할 수 있고 소인은 이에 반대가 된다.

2. 중국 북송말(北宋末)의 유학자. 이름은 시(時), 호는 귀산(龜山). 정부자(程夫子)의 도학을 전하였다.
3. 공자는 노(魯)나라 곡부(曲阜)의 니구산(尼丘山) 정기를 받은 성인으로 전한다. 공자의 어머니 안징재(顔徵在)가 니구산에 매일 올라가 지극정성으로 기도를 하여 공자를 회임(懷妊)하였을 뿐 아니라, 니구산 72봉우리의 기수(氣數)에 따라 만 72세의 수를 누리고 육예(六藝)에 통한 제자 72명을 양성하였기 때문이다. 본래의 성명인 '공구(孔丘)'도 니구산의 정상언덕이 속이 빈 구멍모양으로 생긴 것과 같이 머리 두상이 한가운데가 움푹 파여 있어 여기에서 연유한다. 또 이복형 맹피(孟皮)가 있었으므로, 맹중숙계(孟仲叔季)의 두 번째를 가리키는 '仲'에다 산의 명칭인 니구의 '尼'를 취하여, 그 자(字)를 '중니(仲尼)'로 정한 것이라고 한다.

君子之中庸也는 君子而時中이오 小人之(反)中庸也는 小人
군자지중용야　　군자이시중　　　소인지　반　중용야　　소인

而無忌憚也ㅣ니라.
이 무 기 탄 야

章句註解

王肅本⁴에 作小人之反中庸也어늘 程子ㅣ亦以爲然하시니 今從
之하노라.

君子之所以爲中庸者는 以其有君子之德하고 而又能隨時以
處中也ㅣ오 小人之所以反中庸者는 以其有小人之心하고 以又
無所忌憚也ㅣ니라 蓋中無定體하고 隨時而在하니 是乃平常之
理也ㅣ라 君子는 知其在我라 故로 能戒謹不睹하고 恐懼不聞하
야 而無時不中이오 小人은 不知有此하니 則肆欲妄行하야 而無
所忌憚矣니라.

隨: 따를 수　謹: 삼갈 근　睹: 볼 도　肆: 방자할 사　妄: 망령될 망

　　왕숙⁵의 본(本)에 "소인지반중용야(小人之反中庸也)."라 했는데, 정자 또
한 "그러하다"고 하시니 이제 그것을 따른다.

　　군자가 중용을 행하는 까닭은 군자의 덕이 있으면서 또한 능히 때에 따라 처
중(處中)을 하기 때문이고, 소인이 중용에 반하는 까닭은 소인의 마음이 있으
면서 또한 기탄(忌憚: 꺼림)하는 바가 없기 때문이다.

　　대개 중(中)은 정해진 체가 없어서 때에 따라 존재하니, 이것이 이에 평상적
인 이치이다. 군자는 그것이 자기에게 있음을 알기 때문에 능히 보이지 않는
바에 경계하고 삼가며 들리지 않는 바를 두려워하고 두려워하여 때마다 중용

---

4. 왕숙(王肅)이 주석(註釋)을 달은 禮記(예기) 속의 中庸(중용)
5. 중국 삼국시대 위(魏)나라 학자. 많은 경서에 주석(註釋)을 달았으며 정현(鄭玄)의 예학(禮學)에
반대하였다.

하지 않음이 없고, 소인은 이것이 있음을 알지 못하니 방자한 욕심을 망령되이 행하고 기탄할 바가 없는 것이다.

章句註解

右는 第二章이라.
此下十章은 皆論中庸하야 以釋首章之義하시니 文雖不屬이나 而意實相承也ㅣ라 變和言庸者는 游氏曰 以性情으로 言之면 則曰中和오 以德行으로 言之면 則曰中庸이라 하니 是也ㅣ라 然이나 中庸之中은 實兼中和之義하니라.

論: 말할 논 釋: 풀 석 屬: 이을 촉, 무리 속 承: 이을 승 游: 헤엄칠 유 兼: 겸할 겸

　　우는 제 2장이다.
　이 아래 10장은 모두 중용을 말해서 머릿장의 뜻을 해석하니, 글이 비록 연속(連屬)되지 않으나 뜻은 실상 서로 이어진다. 화(和)를 변경하여 용(庸)이라 말한 것은, 유씨(游氏: 游酢)[6]가 이르길 "성정(性情)으로써 말을 하면 곧 중화이고, 덕행(德行)으로써 말을 하면 곧 중용이다."고 하였으니, (그 말이) 옳다. 그러나 중용(中庸)의 중(中)은 실상 중화(中和)의 뜻을 겸한 것이다.

제 3장

子ㅣ曰 中庸은 其至矣乎ㄴ저 民鮮能이 久矣니라.
자 왈 중용 기지의호 민선능 구 의

章句註解

過則失中이오 不及則未至라 故로 惟中庸之德이 爲至나 然이나

---

6. 유작(游酢: 1053년 ~ 1123년) : 북송 건양(建陽) 사람. 호는 녹산선생(鷹山先生)이며 정부자(程夫子)를 사사했고 '정문사선생(程門四先生)'으로 불린다. 특히 周易(주역)을 중시했다.

亦人所同得하야 初無難事로되 但世敎ㅣ 衰하야 民不興行故로 鮮能之今已久矣라 論語엔 無能字하니라.

右는 第三章이라.

惟: 오직 유 難: 어려울 난 但: 다만 단 衰: 쇠할 쇠 興: 일어날 흥 己: 이미 이

　지나치면 중을 잃고, 미치지 못하면 아직 이르지 아니함이다. 그러므로 오직 중용의 덕이 지극하지만 그러나 사람마다 역시 똑같이 얻은 바이기에 처음에는 어려운 일이 아니었지만 다만 세상의 가르침이 쇠퇴해져 백성들이 흥기되어 행하지 못하므로 능한 이가 드문 지 이제 이미 오래된 것이다. 論語(논어) 雍也篇(옹야편)에는 능(能)자가 없다[7].

　우는 제 3장이다.

제 4장

子ㅣ曰 道之不行也를 我知之矣로라 知者는 過之하고 愚者는
자 왈 도지불행야 아지지의 지자 과지 우자
不及也ㅣ니라 道之不明也를 我知之矣로라 賢者는 過之하고
불급야 도지불명야 아지지의 현자 과지
不肖者는 不及也ㅣ니라.
불초자 불급야

章句註解

道者는 天理之當然이니 中而已矣라 知愚賢不肖之過不及은 則生禀之異而失其中也ㅣ라 知者는 知之過하야 旣以道로 爲不足行이오 愚者는 不及知하야 又不知所以行하니 此는 道之所以常不行也ㅣ오 賢者는 行之過하야 旣以道로 爲不足知오 不肖者

---

[7]. 論語(논어) 옹야편(雍也篇)에는 "子曰 中庸之爲德也 其至矣乎 民鮮 久矣"라고 하여 '민선능(民鮮能)'의 '능(能)'자가 빠져 있다. 원래 능(能)은 어떤 일을 충분히 이겨내고 감당 수용해낼 수 있는 역량을 이른다. 그러므로 '이길 극, 능할 극(克)'의 뜻으로 많이 쓰인다.

는 不及行하고 又不求所以知하니 此ㅣ 道之所以常不明也ㅣ라.
已: 따름 이 稟: 줄 품 異: 다를 이 旣: 이미 기

　도는 천리의 당연함이니, 중(中)일 따름이다. 지적이고 어리석으며, 어질고 어질지 못한 과불급(過不及)은 타고난 기품(氣稟)이 차이(差異)가 나서 그 중을 잃은 것이다. 지적(知的)인 자는 지(知)가 지나쳐 이미 (중용의) 도로써 족히 행할 것이 없다하고, 어리석은 자는 지(知)가 미치지 못하고 또한 행해야 할 바도 알지 못한다. 이는 도가 항상 행해지지 못하는 까닭이다.
　어진 자는 행(行)이 지나쳐 이미 (중용의) 도로써 족히 알 것이 없다하고, 어질지 못한 자는 행(行)함에 이르지 않고 또한 알아야 할 바도 구하지 않는다. 이는 도가 항상 밝아지지 못하는 까닭이다.

人莫不飮食也ㅣ언마는 鮮能知味也ㅣ니라.
　인 막 불 음 식 야　　　　　선 능 지 미 야

章句註解

道不可離어늘 人自不察하니 是以로 有過不及之弊라.
右는 第四章이라.
離: 떠날 리 察: 살필 찰 弊: 해질 폐, 낡을 폐, 나쁠 폐

　도는 가히 떠날 수 없는데 사람들이 스스로 성찰(省察)하지 못하니, 이로써 과불급(過不及)의 폐단(弊端)이 있다.
　우는 제 4장이다.

제 5장

子ㅣ曰 道其不行矣夫ㄴ져.
　자　왈　도 기 불 행 의 부

부록　459

> 章句註解

由不明故로 不行이라.

右는 第五章이라.

此章은 承上章而擧其不行之端하야 以起下章之意라.

由: 말미암을 유 承: 이을 승 擧: 들 거 端: 바를 단 起: 일어날 기

　밝지 못함으로 말미암아 행해지지 못한다.

　우는 제 5장이다.

　이 장은 위의 장을 이어 그 행해지지 못하는 단서를 들어서, 아래장의 뜻을 일으킨 것이다.

제 6장

子ㅣ曰 舜은 其大知也與ㅣ신저 舜이 好問而好察邇言하샤되 隱
자 왈 순 기대지야여 　　　순 호문이호찰이언 　　은

惡而揚善하시며 執其兩端하샤 用其中於民하시니 其斯以爲舜
악이양선 　　　집기양단 　　　용기중어민 　　　기사이위순

乎신져
호

> 章句註解

舜之所以爲大知者는 以其不自用而取諸人也ㅣ라 邇言者는 淺近之言이로되 猶必察焉하시니 其無遺善을 可知라 然이나 於其言之未善者엔 則隱而不宣하고 其善者엔 則播而不匿하야 其廣大光明이 又如此하시니 則人孰不樂告以善哉아 兩端은 謂衆論不同之極致라 蓋凡物이 皆有兩端하니 如小大厚薄之類라 於善之中에 又執其兩端而量度하야 以取中然後에 用之하시니 則其擇之審而行之至矣라 然이나 非在我之權度가 精切不差면

何以與此리오 此는 知之所以無過不及而道之所以行也ㅣ니라.
右는 第六章이라.

取: 취할 취 淺: 얕을 천 近: 가까울 근 猶: 오히려 유 察: 살필 찰 遺: 버릴 유 宣: 펼 선, 베풀 선 播: 퍼뜨릴 파 匿: 숨길 닉 廣: 넓을 광 孰: 누구 숙 告: 알릴 고 哉: 어조사 재 厚: 두터울 후 薄: 엷을 박 量: 헤아릴 양 度: 법도, 헤아릴 탁 擇: 가릴 택 審: 살필 심 權: 저울추 권 切: 끊을 절 與: 줄 여

순임금이 큰 지혜를 갖춘 분이 되신 까닭은 스스로를 쓰지 않고 남에게서 (지혜를) 취하셨기 때문이다. 이언(邇言)은 비천(鄙淺) 측근(側近)의 말인데도 오히려 반드시 살피셨으니, 그 버린 선이 없음을 가히 알 수 있다. 그러나 그 말이 선하지 아니한 것은 숨겨서 퍼지지 않게 하고, 그 선한 것은 널리 전파(傳播)하여 은닉(隱匿)되지 않게 해서 그 광대하고 광명함이 또한 이와 같게 하시니, 사람들이 누가 선함으로써 고하기를 즐거워하지 않겠는가?

양끝은 여러 사람의 논리가 같지 않는 극치이다. 대개 무릇 물건이 모두 양끝이 있으니, 작고 크며 두텁고 얇은 것과 같은 부류이다. 선(善)한 가운데에서 또 그 양끝을 잡아 재서 중(中)을 취한 연후에 쓰면, 그 택선(擇善)이 자세하고 행함이 지극하다. 그러나 나에게 있는 권도(저울과 자)가 정밀하고 적절하여 차이나지 않는 자가 아니면 어찌 이에 참여하겠는가. 이는 지(知)가 과불급(過不及)이 없어서 도가 행해지는 까닭이다.

우는 제 6장이다.

제 7장

子ㅣ曰 人皆曰予知로되 驅而納諸罟擭陷阱之中而莫之知辟
자 왈 인개왈여지 구이납저고확함정지중이막지지피
也하며 人皆曰予知로되 擇乎中庸而不能期月守也ㅣ니라.
야 인개왈여지 택호중용이불능기월수야

章句註解

罟는 網也오 擭은 機檻也오 陷阱은 坑坎也ㅣ니 皆所以掩取禽獸者也ㅣ라 擇乎中庸은 辨別衆理하야 以求所謂中庸이니 卽上章好問用中之事也ㅣ라 期月은 匝一月也ㅣ라 言知禍而不知辟은 以況能擇而不能守라 皆不得爲知也ㅣ니라.

右는 第七章이라.

承上章大知而言하고 又擧不明之端하야 以起下章也ㅣ라.

網: 그물 망 機: 베틀 기 檻: 우리 함 坑: 구덩이 갱 坎: 구덩이 감 掩: 가릴 엄 禽: 날짐승 금 獸: 짐승 수 辨: 분별할 변 別: 나눌 별 匝: 두루 잡 況: 하물며 황 守: 지킬 수

고(罟)는 '그물 망(網)'이고, 확(擭)은 짐승을 잡는 덫(機檻)이고, 함정(陷阱)은 구덩이(坑坎)니, 다 금수(禽獸)를 엄습(掩襲)해서 잡는 것이다. 택호중용(擇乎中庸)은 뭇 이치를 변별(辨別)함으로써 이른바 중용을 구하는 것이니, 바로 윗장의 "(순임금이) 묻기를 좋아하고 (백성들에게) 중을 쓴다."는 일이다. 기월(期月)은 '한 달이 됨'이다. 화(禍)를 알면서 피할 줄은 알지 못하는데 하물며 (선을) 택함은 능하되 (중용을) 지킴이 능치 못하니, 모두 지(知)를 체득(體得)하지 못함을 말한다.

우는 제 7장이다.

윗장 (순임금의) 대지(大知)를 이어서 말하고, 밝지 못한 단서(端緖)를 들어 아랫장을 일으킨 것이다.

제 8장

子ㅣ曰 回之爲人也ㅣ擇乎中庸하야 得一善則拳拳服膺而弗失之矣니라.
자 왈 회지위인야 택호중용 득일선즉권권복응이불실지의

章句註解

回[8]는 孔子弟子顔淵의 名이라 拳拳은 奉持之貌라 服은 猶著也ㅣ오 膺은 胸也ㅣ니 奉持而著之心胸之間은 言能守也ㅣ라 顔子蓋眞知之라 故로 能擇能守ㅣ 如此하니 此는 行之所以無過不及而道之所以明也니라.

右는 第八章이라.

弟: 아우 제 顔: 얼굴 안 淵: 못 연 奉: 받들 봉 持: 지킬 지 貌: 얼굴 모 猶: 같을 유 著: 붙을 착, 분명할 저 膺: 가슴 응 胸: 가슴 흉 眞: 참 진

회(回)는 공자의 제자 안연(顔淵)의 이름이다. 권권(拳拳)은 참된 마음으로 정성스럽게 지키는(奉持) 모양이다. 복(服)은 '붙을 착(著)'과 같고, 응(膺)은 '가슴 흉(胸)'이니, 봉지(奉持)해서 마음과 가슴사이에 붙여둠은 능히 지킴(能守)을 말한다. 안자는 대개 참으로 알고 있었다. 그러므로 능히 택하고 능히 지킴이 이와 같으니, 이는 (도를) 행하는 데 과불급(過不及)이 없어서 도가 밝아지게 된 이유(所以)이다.

우는 제 8장이다.

제 9장

子ㅣ曰 天下國家도 可均也ㅣ며 爵祿도 可辭也ㅣ며 白刃도 可蹈也ㅣ로되 中庸은 不可能也ㅣ니라.
자 왈 천하국가 가균야 작록 가사야 백인 가
도 야 중용 불가능야

章句註解

均은 平治也ㅣ라 三者는 亦知仁勇之事니 天下之至難也ㅣ라 然이나 皆倚於一偏이라 故로 資之近而力能勉者ㅣ 皆足以能之어

---

8. 안회(顔回, BC. 521 ~ BC. 481): 춘추(春秋) 시대 말엽, 공자(孔子)의 심법을 얻은 제자로 가장 총애하였으나, 불행히도 단명하여 일찍 요절했다. 공문십철(孔門十哲) 가운데 한 사람이다. 자(字)는 연(淵)이고 안자(顔子) 또는 복성(複聖), 아성(亞聖)으로 불리기도 한다.

니와 至於中庸하야는 雖若易能이나 然이나 非義精仁熟而無一毫
人欲之私者면 不能及也ㅣ라 三者는 難而易하고 中庸은 易而難
하니 此는 民之所以鮮能也ㅣ니라.

右는 第九章이라.

亦承上章하야 以起下章이라.

仁: 어질 인 勇: 날쌜 용 難: 어려울 난 偏: 치우칠 편 資: 바탕 자 勉: 힘쓸 면 熟: 익을
숙 欲: 하고자할 욕 私: 사사 사 毫: 가는 털 호

　균(均)은 고르게 다스린다는 '평치(平治)'이다. 세 가시는 역시 지인용(知仁勇)의 일이니, 천하에 지극히 어려운 일이다. 그러나 모두 한쪽으로 치우쳐 기울어졌다. 그러므로 자질(資質)이 가깝고 힘써 능히 근면(勤勉)한 자는 모두 족(足)히 이렇게 함으로써 능(能)하지만, 중용(中庸)에 이르러서는 비록 쉽게 능할 것 같으나, 의리가 정밀(精密)하고 어짊이 무르익어 한 터럭만한 인욕(人慾)의 사사로움도 없는 자가 아니면, 능히 (중용지도에) 이르지 못한다. 세 가지(知仁勇)는 어려운 듯해도 쉽고, 중용은 쉬운 듯해도 어려우니, 이것이 백성들이 능한 이가 드문 까닭(所以)이다.

　우는 제 9장이다.

　또한 위의 문장을 이어 아래의 문장을 일으킨 것이다.

제 10장

子路ㅣ 問强혼대
자로　　문 강

章句註解

子路는 孔子弟子仲由也라 子路ㅣ 好勇이라 故로 問强이라.

자로(子路)[9]는 공자의 제자 중유(仲由)이다. 자로가 용맹을 좋아했으므로 강함을 물은 것이다.

子ㅣ曰 南方之强與아 北方之强與아 抑而强與아.
자 왈 남방지강여 북방지강여 억이강여

章句註解

抑은 語辭오 而는 汝也ㅣ라.
汝: 너 여

억(抑)은 어조사고, 이(而)는 '너 여(汝)'이다.

寬柔以敎ㅣ오 不報無道는 南方之强也ㅣ니 君子ㅣ 居之니라.
관유이교 불보무도 남방지강야 군자 거지

章句註解

寬柔以敎는 謂含容巽順하야 以誨人之不及也ㅣ오 不報無道는 謂橫逆之來에 直受之而不報也ㅣ라 南方은 風氣柔弱이라 故로 以含忍之力으로 勝人爲强하니 君子之道也ㅣ라.
含: 품을 함 容: 담을 용 巽: 공손할 손 誨: 가르칠 회 橫: 가로 횡 逆: 거스를 역 忍: 참을 인 勝: 이길 승

'관유이교(寬柔以敎)'는 머금고 포용하며 공손하고 유순함으로써 남의 불급함을 가르쳐줌을 이르고, '불보무도(不報無道)'라는 것은 가로지르고 거슬러옴에 곧바로 받아서 보복하지 않음을 이른다. 남방은 풍기(風氣)가 유약하

---

9. 자로(BC. 542 ~ BC. 480): 춘추 말기 노(魯)나라 사람. 자는 중유(仲由) 이름은 계(季). 정치가이며 공문십철 가운데 한 사람. 위(衛)나라 대부(大夫) 공리(孔悝)를 도와 재상이 되었으나, 정변 때 휘말려 공자보다 1년 먼저 죽었다.

다. 그러므로 포용과 인내하는 힘으로써 남을 이기는 것을 강함으로 여기니 군자의 도이다.

袵金革하야 死而不厭은 北方之强也ㅣ니 而强者ㅣ 居之니라.
임 금 혁   사 이 불 염   북 방 지 강 야   이 강 자   거 지

章句註解

袵은 席也ㅣ라 金은 戈兵之屬이오 革은 甲冑之屬이라 北方은 風氣剛勁이라 故로 以果敢之力으로 勝人爲强이니 强者之事也ㅣ라

席: 자리 석, 깔 석 戈: 창 과 兵: 병기 병 屬: 속할 속 革: 가죽 혁 甲: 갑옷 갑 冑: 투구 주 勁: 굳셀 경 果: 굳셀 과

임(袵)은 '자리 석, 깔 석(席)'이고, 금(金)은 창과 병기(兵器) 부류이고, 혁(革)은 갑옷·투구 부류이다. 북방(北方)은 풍기가 강경(剛勁)하다. 그러므로 과감한 힘으로써 남을 이기는 것을 강함으로 여기니, 강한 자의 일이다.

故로 君子는 和而不流하나니 强哉矯여 中立而不倚하나니 强哉
고   군 자   화 이 불 류   강 재 교   중 립 이 불 의   강 재
矯여 國有道에 不變塞焉하나니 强哉矯여 國無道에 至死不變하
교   국 유 도   불 변 색 언   강 재 교   국 무 도   지 사 불 변
나니 强哉矯여.
         강 재 교

章句註解

此四者는 汝之所當强也ㅣ라 矯는 强貌니 詩曰 矯矯虎臣이 是也ㅣ라 倚는 偏著也ㅣ오 塞은 未達也ㅣ라 國有道에 不變未達之所守하고 國無道에 不變平生之所守也ㅣ라 此則所謂中庸之不可能者니 非有以自勝其人欲之私면 不能擇而守也ㅣ라 君子

之强이 孰大於是리오 夫子ㅣ 以是로 告子路者는 所以抑其氣血之强하고 而進之以德義之勇也시니라.

貌: 모양 모 孰: 누구 숙 告: 알릴 고 抑: 누를 억

이 네 가지는 네(자로)가 마땅히 강해야 할 바이다. 교(矯)는 강한 모양이니 詩經(시경)에서 이르길 "굳세고 굳센 범 같은 신하(矯矯虎臣)"라고 한 것이다[10]. 의(倚)는 한쪽으로 치우쳐 붙음이고, 색(塞)은 통하지 못함이다. 나라에 도가 있을 적에는 통하지 못했을 때 지켰던 바를 변치 않는다. 나라에 도가 없을 적에는 평생 지켰던 바를 변치 않는다. 이는 이른바 중용에 가능(可能)할 수 없는 자이니, 스스로 인욕의 사사로움을 이기지 못하면 능히 택해서 지킬 수 없다.

군자의 강함이 무엇이 이보다 크겠는가. 부자께서 이로써 자로에게 고지(告知)한 것은 그 기혈(氣血)의 강함을 억제하여 덕(德)과 의리(義理)의 용맹으로써 나아가게 하신 것이다.

章句註解

右는 第十章이라.
  우는 제 10장이다.

此章言勇之事라.
  이 장은 용맹의 일을 말하였다.

---

[10]. 詩經(시경) 魯頌(노송) 반수편(泮水篇): 明明魯侯 克明其德 旣作泮宮 淮夷攸服 矯矯虎臣 在泮獻馘 淑問如皐陶 在泮獻囚.

제 11장

子ㅣ曰 素(索)隱行怪를 後世에 有述焉하나니 吾弗爲之矣로라.
자 왈 (색)은행괴 후세 유술언 오불위지의

章句註解

素는 按漢書에 當作索이니 蓋字之誤也ㅣ라 索隱行怪는 言深求隱僻之理而過爲詭異之行也ㅣ라 然이나 以其足以欺世而盜名이라 故로 後世에 或有稱述之者하니 此는 知之過而不擇乎善이오 行之過而不用其中이니 不當强而强者也ㅣ라 聖人이 豈爲之哉시리오.

按: 누를 안 誤: 그릇할 오 深: 깊을 심 僻: 후미질 벽 詭: 속일 궤 欺: 속일 기 盜: 훔칠 도 稱: 일컬을 칭 豈: 어찌 기 哉: 어조사 재

　소(素)는 漢書(한서) 藝文志(예문지)[11]를 살펴보면, 색(索)으로 되어야 마땅하니 대개 글자가 오기(誤記)된 것이다. 색은행괴(索隱行怪)는 은벽(隱僻)한 이치를 깊이 탐구(探究)해서 지나치게 괴이함을 행함을 말한다. 그러나 그것은 족히 세상을 속이고 이름을 도용(盜用)하는 것이다. 그러므로 후세에 혹 칭술(稱述)하는 자가 있으니, 이는 앎이 지나쳐 선(善)을 가리지 못하고, 행(行)이 지나쳐 그 중을 쓰지 않는 것이다. 마땅히 강하지 않아야 하는데 강한 자이다. 성인이 어찌 이를(색은행괴) 행하시겠는가.

君子ㅣ遵道而行하다가 半途而廢하나니 吾弗能已矣로라.
군자 준도이행 반도이폐 오불능이의

章句註解

遵道而行은 則能擇乎善矣오 半塗而廢는 則力之不足也ㅣ니

---

11. 한나라 시대 서적이름을 수록한 책. 한(漢)나라 반고(班固)의 저작에서 시작된다.

此는 其知ㅣ 雖足以及之나 而行有不逮니 當强而不强者也ㅣ라 已는 止也ㅣ라 聖人이 於此에 非勉焉而不敢廢요 蓋至誠無息하야 自有所不能止也시니라.

逮: 미칠 체 勉: 힘쓸 면 息: 쉴 식

　준도이행(遵道而行)은 즉 능히 선을 택함이고, 반도이폐(半途而廢)는 힘이 부족함이다. 이는 그 지(知)가 비록 족히 미칠 수 있으나 행(行)이 미치지 못함이니, 마땅히 강해야 하는데 강하지 못한 사람이다. 이(已)는 '그칠 지(止)'이다. 성인이 이에 힘쓰지 아니하나 감히 그만두지 않음은, 지극한 정성은 쉼이 없어 스스로 능히 그만두지 아니하신 것이다.

君子는 依乎中庸하야 遯世不見知而不悔하나니 唯聖者ㅣ아 能之니라.
군자　의호중용　　　돈세불견지이불회　　　유성자
　　　　　　　　　　　　　　　　　　　　　　　능지

章句註解

不爲索隱行怪하니 則倚乎中庸而已오 不能半塗而廢하니 是以로 遯世不見知而不悔也ㅣ라 此는 中庸之成德이니 知之盡하고 仁之至하야 不賴勇而裕如者니 正吾夫子之事로대 而猶不自居也시니라 故로 曰唯聖者라야 能之而已라 하시니라.

賴: 힘입을 뢰 裕: 넉넉할 유 猶: 오히려 유

　색은행괴(索隱行怪)를 하지 않으니 중용에 의지할 뿐이고, 능히 반도이폐(半途而廢)하지 않으니 이로써 세상을 은둔해서 알아주지 않더라도 후회하지 않는 것이다. 이는 중용의 성덕(成德)이니 지(知)가 극진하고 인(仁)이 지극해서 용맹에 힘을 입지 않아도 넉넉한 자이니, 바로 우리 부자(夫子)의 일이되 오히려 자처(自處)하지 않으셨다. 그러므로 이르되 "오직 성자라야 이에 능할 따름이라."고 하셨다.

右는 第十一章이라.
　우는 제 11장이다.

章句註解
子思所引夫子之言하야 以明首章之義者ㅣ 止此하니 蓋此篇大旨는 以知仁勇三達德으로 爲入道之門이라 故로 於篇首에 卽以大舜顔淵子路之事로 明之라 舜은 知也오 顔淵은 仁也오 子路는 勇也니 三者에 廢其一이면 則無以造道而成德矣라 餘見第二十章하니라.

　자사께서 부자의 말씀을 인용(引用)해서 머릿장의 뜻을 밝힌 것이 여기에서 그친다. 대개 이 책(제 11장)의 큰 요지(要旨)는 지인용(知仁勇)의 세 가지 달덕으로 도에 들어가는 문을 삼은 것이다. 그러므로 이 편 머리에 대순(大舜)과 안연(顔淵), 자로(子路)의 일로써 이를 밝히셨다. 순임금은 지(知)이고 안연은 인(仁)이고 자로는 용맹(勇猛)이니, 세 가지에 그 하나라도 폐지하면 도에 나아가 덕을 이루지 못한다. 나머지는 제 20장에 나타난다.

제 12장
君子之道는 費而隱이니라.
　군 자 지 도　　비 이 은

章句註解
費는 用之廣也오 隱은 體之微也라.
　廣: 넓을 광 微: 작을 미

비(費)는 쓰임이 넓고, 은(隱)은 체가 미미함이다.

夫婦之愚로도 可以與知焉이로되 及其至也하야는 雖聖人이라도 亦有所不知焉하며 夫婦之不肖로도 可以能行焉이로되 及其至也하야는 雖聖人이라도 亦有所不能焉하며 天地之大也에도 人猶有所憾이니 故로 君子ㅣ 語大ㄴ댄 天下ㅣ 莫能載焉이오 語小ㄴ댄 天下ㅣ 莫能破焉이니라.

章句註解

君子之道는 近自夫婦居室之間으로 遠而至於聖人天地之所不能盡하야 其大無外하고 其小無內하니 可謂費矣라 然이나 其理之所以然은 則隱而莫之見也ㅣ라 蓋可知可能者는 道中之一事오 及其至而聖人도 不知不能은 則擧全體而言이니 聖人도 固有所不能盡也ㅣ니라 侯氏曰 聖人所不知는 如孔子問禮問官之類오 所不能은 如孔子ㅣ 不得位와 堯舜이 病博施之類라 愚ㅣ謂人所憾於天地는 如覆載生成之偏과 及寒署災祥之不得其正者라.

莫: 없을 막 見: 나타날 현 擧: 들 거 病: 병 병 博: 넓을 박 施: 베풀 시 愚: 어리석을 우
覆: 덮을 부 載: 실을 재 災: 재앙 재 祥: 상서로울 상

군자의 도는 가까이는 부부가 집에 거처하는 사이로부터 멀리는 성인 천지가 능치 못하는 바에 이르기까지 그 큼이 밖이 없고 그 작음이 안이 없으니 가히 비(費)하다고 이를 만하다. 그러나 그 이치의 소이연(所以然)은 은미해서 보이지 않는다.

대개 가히 알 수 있고 가능(可能)할 수 있는 것은 도 가운데 한 가지 일이고, 그 지극함에 미쳐서는 성인도 알지 못하고 가능하지 못하다는 것은 전체를 들어 말한 것이니, 성인도 진실로 능히 다하지 못하는 바가 있는 것이다. 후씨(侯氏: 侯仲良)[12]가 말하길, "성인이 알지 못하는 바는 공자께서 예(禮)를 묻고 관제(官制)를 물었다는 종류와 같고, 능치 못한 바는 공자께서 위를 얻지 못하고 요순께서 널리 베풂에 부족하게 여기신 종류와 같다."

어리석은 내가 생각건대, 사람들이 천지에 한하는 바는 덮고 실어주며 생하고 이루는데 편벽과, 춥고 더우며 재앙과 상서로운 곳이 그 바름을 얻지 못한 것과 같음을 이른다.

詩云 鳶飛戾天이어늘 魚躍于淵이라 하니 言其上下察也ㅣ니라.
시 운 연 비 려 천   어 약 우 연   언 기 상 하 찰 야

章句註解

詩는 大雅旱麓之篇이라 鳶은 鴟類라 戾는 至也ㅣ라 察은 著也ㅣ라 子思ㅣ 引此詩하야 以明化育流行하야 上下昭著가 莫非此理之用이니 所謂費也ㅣ라 然이나 其所以然者ㅣ 則非見聞所及이니 所謂隱也ㅣ라 故로 程子ㅣ 曰此一節은 子思ㅣ 喫緊爲人處니 活潑潑地라 하시니 讀者ㅣ 其致思焉이니라.

雅: 바를 아 旱: 가물 한 麓: 산기슭 록 鴟: 솔개 치 著: 드러날 저 昭: 밝을 소 喫: 마실 끽 緊: 긴할 긴 潑: 물이 솟을 발 讀: 읽을 독 致: 보낼 치

시(詩)는 大雅(대아) 한록편[13]이다. 연(鳶)은 솔개 종류다. 려(戾)는 '이를 지(至)'이고, 찰(察)은 '드러날 저(著)'이다. 자사(子思)가 이 시를 인용하여 화육

---

12. 북송(北宋) 사람. 자(字)는 사성(師聖), 정자(程子) 문하에서 수학했다.
13. 詩經(시경) 大雅(대아) 한록편: 鳶飛戾天 魚躍于淵 豈弟君子 遐不作人.

(化育)유행(流行)해서 상하에 밝게 드러남이 이 이치의 용(用) 아님이 없음을 밝히셨으니 이른바 비(費)이다. 그러나 소이연(所以然)은 견문(見聞)에 미칠 바가 아니니 이른바 은(隱)이다. 그러므로 정자가 이르길 "이 1절은 자사께서 사람에게 만끽할 수 있고 요긴한 곳으로 살아 샘솟는 곳이라." 하였으니 독자가 그 극진히 생각하여야 할 곳이다.

君子之道는 造端乎夫婦ㅣ니 及其至也하야는 察乎天地니라.
군자지도　　조단호부부　　　급기지야　　　　찰호천지

章句註解

結上文이라.
　윗글을 맺은 것이다.

右는 第十二章이라.
　우는 제 12장이다.

子思之言이니 蓋以申明首章道不可離之意也ㅣ라 其下八章은 雜引孔子之言하야 以明之니라.
結: 맺을 결　申: 거듭 신　雜: 섞일 잡

　자사의 말씀이니, 대개 머릿장에 "도는 가히 떠날 수 없다."는 뜻을 거듭 밝혔다. 이 아래 8장은 공자의 말씀을 섞어 인용해서 밝혔다.

제 13장

子ㅣ曰 道不遠人하니 人之爲道而遠人이면 不可以爲道ㅣ니라.
자　왈 도불원인　　　인지위도이원인　　　　불가이위도

부록　473

章句註解

道者는 率性而已니 固衆人之所能知能行者也ㅣ라 故로 常不遠於人하나니 若爲道者ㅣ 厭其卑近하야 以爲不足爲라 하고 而反務爲高遠難行之事면 則非所以爲道矣라.

固: 진실로 고 厭: 싫을 염 卑: 낮을 비 反: 도리어 반 務: 힘쓸 무

　도(道)는 솔성(率性)일 뿐이니, 진실로 여러 사람들이 능히 알고 능히 행할 수 있는 바다. 그러므로 항상 사람에게서 멀지 않으니 만약 도를 행하는 자가 그 비근(卑近)함을 싫어해서 족히 할 것이 못 된다하고, 반대로 고원(高遠) 난행(難行)의 일에 힘쓴다면 도를 행하는 바가 아니다.

詩云 伐柯伐柯ㅣ여 其則不遠이라 하니 執柯以伐柯호되 睨而視之하고 猶以爲遠하나니 故로 君子는 以人治人하다가 改而止니라.

章句註解

詩는 豳風伐柯之篇이라 柯는 斧柄이라 則은 法也ㅣ라 睨는 邪視也ㅣ라 言人이 執柯伐木에 以爲柯者ㅣ 彼柯長短之法이 在此柯耳나 然이나 猶有彼此之別이니 故로 伐者ㅣ 視之를 猶以爲遠也ㅣ라 若以人治人은 則所以爲人之道ㅣ 各在當人之身하야 初無彼此之別이니 故로 君子之治人也에 卽以其人之道로 還治其人之身하다가 其人能改어든 卽止不治하나니 蓋責之以其所能知能行이오 非欲其遠人以爲道也ㅣ라 張子所謂以衆人望人則易從이 是也ㅣ라

豳: 나라이름 빈 斧: 도끼 부 柄: 자루 병 邪: 어긋날 邪: 간사할 사 執: 잡을 집 彼: 저 피 此: 이 차 長: 길 장 短: 짧을 단 耳: 뿐 이 別: 나눌 별 還: 돌아올 환 改: 고칠 개 責:

꾸짖을 책 望: 바랄 망 易: 쉬울 이

　시(詩)는 豳風(빈풍) 벌가편(伐柯篇)이다. 가(柯)는 도끼자루이다. 칙(則)은 법이다. 예(睨)는 사특(邪慝)하게 보는 것이다. 사람이 도끼자루를 잡아 나무를 베서 도끼자루를 만드는 것은 저 도끼자루의 장단(長短)의 법이 이 도끼자루에 있을 뿐인데도 오히려 저것이것의 구별(區別)이 있다. 그러므로 베는 자가 보는 것을 오히려 멀다고 말한다.

　만약 사람의 도로써 사람을 다스리는 것은 사람의 도리를 행하는 것이 제각기 마땅히 자신에게 있어서 당초 저것이것의 구별(區別)이 없다. 그러므로 군자가 사람을 다스림에 곧 사람의 도로써 그 사람의 몸을 다스리다가 그 사람이 능히 고치면 곧 그쳐서 다스리지 않는다. 대개 그 능지능행(能知能行)으로써 꾸짖음이고, 그 사람을 멀리하여 도를 행하고자 함이 아니다. 장자(張子: 張載)가 "여러 사람이 사람을 우러러보게 하면 쉽게 쫓는다."고 이른 바가 바로 이것이다.

忠恕ㅣ 違道不遠하니 施諸己而不願을 亦勿施於人이니라.
충서　위도불원　　시저기이불원　　역물시어인

章句註解

盡己之心이 爲忠이오 推己及人이 爲恕라 違는 去也ㅣ니 如春秋傳에 齊師ㅣ 違穀七里之違니 言自此至彼에 相去不遠이오 非背而去之之謂也ㅣ라 道는 卽其不遠人者ㅣ 是也ㅣ라 施諸己而不願을 亦勿施於人은 忠恕之事也ㅣ라 以己之心으로 度人之心에 未嘗不同하니 則道之不遠於人者를 可見이라 故로 己之所不欲을 則勿以施於人이니 亦不遠人以爲道之事라 張子所謂以愛己之心으로 愛人則盡仁이 是也ㅣ니라.

推: 밀 추 去: 갈 거 齊: 제나라 제 穀: 곡식 곡 背: 등 배 度: 헤아릴 탁, 법도 도 嘗: 일찍

이 상 愛: 사랑 애

　자기의 마음을 다함이 충(忠)이고, 자기를 미루어서 남에게 미침이 서(恕)이다. 위(違)는 거리이다. 春秋傳(춘추전)에 "제나라 군사가 곡(穀)이라는 땅에서 7리(里)의 거리에 있다."는 위(違)와 같으니 여기로부터 저쪽에 이르기까지 서로의 거리가 멀지않음을 말하고 등져 떠나감을 말함이 아니다. 도가 곧 사람에게서 멀지 않다는 것이 바로 이것이다.

　자기에게 베풀어보아 원치 않으면 또한 남에게 베풀지 말라는 것은 충서(忠恕)의 일이다. 자기의 마음으로 남의 마음을 헤아리면 일찍이 같지 않음이 없으니 도가 사람에게서 멀지 않음을 가히 볼 수 있다. 그러므로 자기가 하고자 하지 않는 바를 남에게 베풀지 말아야 하니, 또한 사람을 멀리하지 않고 도를 행하는 일이다. 장자(張子)가 이른바 "자기를 사랑하는 마음으로 남을 사랑하면 인(仁)을 다한다."는 것이다.

君子之道ㅣ 四에 丘未能一焉이로니 所求乎子로 以事父를
　군자지도　 사　구(모)미능일언　　 소구호자　　이사부
未能也하며 所求乎臣으로 以事君을 未能也하며 所求乎弟로
　미능야　　소구호신　　 이사군　 미능야　　 소구호제
以事兄을 未能也하며 所求乎朋友로 先施之를 未能也ㅣ로니
　이사형　 미능야　　 소구호붕우　 선시지　 미능야
庸德之行하며 庸言之謹하야 有所不足이어든 不敢不勉하며
　용덕지행　　용언지근　　 유소부족　　　 불감불면
有餘ㅣ어든 不敢盡하야 言顧行하며 行顧言이니 君子ㅣ 胡不慥
　유여　　 불감진　　 언고행　　 행고언　　 군자　 호부조
慥爾리오.
　조 이

章句註解

求는 猶責也ㅣ라 道不遠人이니 凡己之所以責人者는 皆道之所當然也ㅣ라 故로 反之以自責而自修焉이라 庸은 平常也ㅣ라 行

者는 踐其實이오 謹者는 擇其可라 德不足而勉이면 則行益力이오 言有餘而訒이면 則謹益至니 謹之至則言顧行矣오 行之力則行顧言矣라 慥慥는 篤實貌라 言君子之言行이 如此하니 豈不慥慥乎아 하시니 贊美之也ㅣ라 凡此는 皆不遠人以爲道之事니 張子所謂以責人之心으로 責己則盡道ㅣ是也ㅣ니라.

責: 꾸짖을 책 修: 닦을 수 踐: 밟을 천 訒: 알 인, 인식할 인 豈: 어찌 기 贊: 도울 찬

　　구(求)는 질책(叱責)과 같다. 도가 사람에게서 멀지 않으니, 무릇 자기로써 남을 책하는 것이 모두 도의 당연함이다. 그러므로 돌이켜 자기를 책함으로써 스스로 닦아야 한다. 용(庸)은 평상(平常)이다. 행(行)은 실천(實踐)이고 근(謹)은 옳음을 택함이다. 덕이 부족하더라도 부지런하다면 행실이 더욱 힘 세지고 말이 남음이 있더라도 참는다면 삼감이 더욱 지극해진다. 삼감이 지극하면 말이 행실을 돌아보는 것이고 행실에 힘쓰면 행실이 말을 돌아보는 것이다.

　　조조(慥慥)는 독실(篤實)한 모양이다. "군자의 언행이 이와 같으니 어찌 독실하고 독실하지 않겠는가?" 말씀하였으니 이를 찬미하신 것이다. 무릇 이는 모두 사람을 멀리하지 않고 도를 행하는 일이니 장자가 이른바 "남을 꾸짖는 마음으로 자신을 꾸짖으면 도를 다한다." 함이 이것이다.

右는 第十三章이라.
　우는 제 13장이다.

章句註解

道不遠人者는 夫婦所能이오 丘未能一者는 聖人所不能이니 皆費也로되 而其所以然者는 則至隱이 存焉이라 下章放此니라.

放: 놓을 방

도불원인(道不遠人)은 부부의 능한 바이고, 공자께서 나는 한 가지도 능치 못하다는 것은 성인도 능치 못한 바이다. 모두가 비(費)이되, 그러한 까닭은 지극한 은미함이 존재(存在)하기 때문이다. 아랫장도 이와 비슷하다.

제 14장
君子는 素其位而行이오 不願乎其外니라.
군자 소기위이행   불원호기외

章句註解

素는 猶見在也ㅣ라 言君子ㅣ 但因見在所居之位하야 而爲其所當爲오 無慕乎其外之心也ㅣ라

見: 나타날 현 但: 다만 단 因: 인할 인 慕: 사모할 모, 원할 모

소(素)는 현재와 같다. 군자는 다만 현재 처한 바의 위치에 따라 그 마땅히 할 바를 하고 그 밖을 원하는 마음이 없음을 말한다.

素富貴하얀 行乎富貴하며 素貧賤하얀 行乎貧賤하며 素夷狄하얀
소부귀   행호부귀   소빈천   행호빈천   소이적
行乎夷狄하며 素患難하얀 行乎患難이니 君子는 無入而不自
행호이적   소환난   행호환난   군자   무입이부자
得焉이니라.
득언

章句註解

此는 言素其位而行也ㅣ라

이는 현재의 위치대로 이행함을 말한 것이다.

在上位하야 不陵下하며 在下位하야 不援上이오 正己而不求於
재상위   불릉하   재하위   불원상   정기이불구어

人이면 則無怨이니 上不怨天하며 下不尤人이니라.
인   즉무원   상불원천   하불우인

章句註解

此는 言不願其外也ㅣ라

　이것은 그 밖의 것을(분수 밖의 것을) 원치 않음을 말한 것이다.

故로 君子는 居易以俟命하고 小人은 行險以徼幸이니라.
고   군자   거이이사명   소인   행험이요행

章句註解

易는 平地也ㅣ라 居易는 素位而行也ㅣ오 俟命은 不願乎外也ㅣ라 徼는 求也ㅣ라 幸은 謂所不當得而得者라.

　이(易)는 평지(平地)다. 거이(居易)는 현재의 위치대로 이행함이고, 사명(俟命)은 그 외의 밖을 원치 않음이다. 요(徼)는 '구할 구(求)'이고, 행(幸)은 마땅히 얻어서는 안 될 바를 얻음을 말한다.

子ㅣ曰 射ㅣ有似乎君子하니 失諸正鵠이오 反求諸其身이니라.
자 왈 사 유사호군자   실저정곡   반구저기신

章句註解

畫布曰正이오 棲皮曰鵠이니 皆侯之中 射之的也ㅣ라 子思ㅣ引此孔子之言하야 以結上文之意하시니라.
畫: 그림 화 布: 베 포 棲: 살 서, 깃들 서 皮: 가죽 피 皆: 모두 개 侯: 과녁 후 的: 과녁 적

　베에 그려놓은 것을 정(正)이라하고 가죽을 붙인 것을 곡(鵠)이라하니, 모두 과녁의 중(中)이고 활을 쏘는 표적(標的)이다. 자사가 이 공자의 말씀을 인용

하여 윗글의 뜻을 맺은 것이다.

右는 第十四章이라.
　　우는 제 14장이다.

章句註解
子思之言也니 凡章首에 無子曰字者는 放此하니라.

　　자사의 말이니, 장머리에 '子曰'의 글자가 없는 것은 이와 같기 때문이다.

제 15장
君子之道는 辟如行遠必自邇하며 辟如登高必自卑니라.
군자지도　　비여행원필자이　　　비여등고필자비

章句註解
辟는 譬同이라.

　　비(辟)자는 '비유(譬喩)할 비(譬)'와 같다.

詩曰 妻子好合이 如鼓瑟琴하며 兄弟旣翕하야 和樂且耽이라
시왈 처자호합　 여고슬금　　　형제기흡　　　화 락 차 탐
宜爾室家하며 樂爾妻帑 l 라 하야늘
의 이 실 가　　　락 이 처 노

章句註解
詩는 小雅常棣之篇이라 鼓瑟琴은 和也 l 라 翕은 亦合也 l 라 耽은 亦樂也 l 라 帑는 子孫也 l 라.
雅: 맑을 아　棣: 산앵두나무 체　孫: 손자 손

시(詩)는 小雅(소아) 상체(常棣)편이다. 고슬금(鼓瑟琴)은 '화할 화(和)'이다. 흡(翕)은 또한 '합할 합(合)'이다. 탐(眈)은 또한 '즐거울 락(樂)'이다. 노(帑)는 자손(子孫)이다.

子ㅣ曰 父母는 其順矣乎ㅣ신저.
자 왈 부모 기 순 의 호

章句註解

夫子ㅣ 誦此詩而贊之 曰人能和於妻子하고 宜於兄弟ㅣ 如此면 則父母는 其安樂之矣신저 하시니 子思ㅣ 引詩及此語하야 以明行遠自邇登高自卑之意하시니라.

誦: 욀 송 贊: 도울 찬 及: 미칠 급 詩: 시 시 語: 말씀 어

부자께서 이 시를 외우고 찬미하며 말씀하길 "사람이 능히 처자를 화합시키고 형제를 마땅하게 함이 이와 같다면 그 부모는 참으로 편안하고 즐거우시리라."라 하시니, 자사가 시와 이 말씀을 인용해서, 먼 길을 가려면 가까운 데로부터 하고, 높은 곳을 오르려면 낮은 데서부터 해야 한다는 뜻을 밝힌 것이다.

右는 第十五章이라.
  우는 제 15장이다.

제 16장

子ㅣ曰 鬼神之爲德이 其盛矣乎ㅣ저.
자 왈 귀신지위덕 기 성 의 호

章句註解

程子曰 鬼神은 天地之功用이오 而造化之迹也ㅣ라 張子曰 鬼神者는 二氣之良能也ㅣ라 愚ㅣ 謂以二氣로 言則鬼者는 陰之

靈也ㅣ오 神者는 陽之靈也ㅣ며 以一氣로 言則至而伸者爲神이
오 反而歸者爲鬼니 其實은 一物而已니라 爲德은 猶言性情功效
니라.

功: 공 공 迹: 자취 적 張: 베풀 장 良: 좋을 량 靈: 신령 령(영) 伸: 펼 신 反: 되돌릴 반
歸: 돌아갈 귀 效: 본받을 효

   정자(程子)가 말하길 "귀신은 천지의 공효(功效)이고 조화의 자취다." 장자(張子)가 말하길 "귀신은 두 기운이 진실로 능한 것이다." 나(주자)는 두 기운으로 말한다면 귀(鬼)는 음의 신령이고 신(神)은 양의 신령이며, 한 기운으로 말한다면 이르러 펴는 것은 신(神)이 되고, 반대로 되돌아가는 것은 귀(鬼)가 되니, 그 실제는 한 물건일 뿐이다. 위덕(爲德)은 성정(性情)과 공효(功效)라는 말과 같다.

視之而弗見하며 聽之而弗聞이로되 體物而不可遺ㅣ니라.
시 지 이 불 견　　　청 지 이 불 문　　　체 물 이 불 가 유

章句註解

鬼神은 無形與聲이라 然이나 物之終始ㅣ莫非陰陽合散之所爲
니 是其爲物之體오 而物之所不能遺也ㅣ라 其言體物은 猶易
所謂幹事ㅣ니라

形: 모양 형 聲: 소리 성 與: 더불 여 散: 흩을 산 猶: 같을 유 幹: 주장할 간

   귀신은 형체와 소리가 없다. 그러나 물(物)의 종시가 음양이 합산(合散)하는 소위(所爲)가 아님이 없으니, 이는 그 물(物)의 체가 되고 물이 능히 떠날 수 없는 바다. '체물(體物)'이라 말한 것은 周易(주역)에 이른바 "일을 주장한다(幹事)."는 것과 같다.

使天下之人으로 齊明盛服하야 以承祭祀하고 洋洋乎如在其上하며 如在其左右ㅣ니라.

章句註解

齊之爲言은 齊也라 所以齊不齊而致其齊也ㅣ라 明은 猶潔也ㅣ라 洋洋은 流動充滿之意라 能使人으로 畏敬奉承而發見昭著ㅣ 如此하니 乃其體物而不可遺之驗也ㅣ라 孔子 曰其氣ㅣ 發揚于上하야 爲昭明焄蒿悽愴하니 此는 百物之精也ㅣ오 神之著也ㅣ라 하시니 正謂此爾니라.

齊: 제계할 제(=齋) 致: 이를 치 潔: 깨끗할 결 畏: 두려워할 외 敬: 공경할 경 奉: 받들 봉 見: 나타날 현 昭: 밝을 소 著: 드러날 저 驗: 증험할 험 揚: 오를 양 焄: 연기에 그을릴 훈 蒿: 쑥 호 悽: 슬퍼할 처 愴: 슬퍼할 창 爾: 어조사 이

　제(齊)라는 말은 가지런히 함이니, 가지런하지 못함을 가지런히 해서 그 재계(齋戒)를 이루도록 하는 것이다. 명(明)은 '깨끗할 결(潔)'과 같다. 양양(洋洋)은 유동하여 충만한 뜻이다. 능히 사람들로 하여금 두려워하고 공경하며 받들고 잇게 하여, 발하여 보임과 밝게 드러남이 이와 같다. 이에 물건마다 체가 되어 마땅히 떠나지 않는 증험이 된다. 공자께서 말씀하시길 "그 기운이 위에 발양하여 밝고 밝아서 쑥 향내가 나고 (사람의 마음을) 두렵고 신비하게 만드니, 이는 모든 물(物)의 정기(精氣)이고, 신의 나타남이라."고 하시니, 바로 이것을 이를 뿐이다.

詩曰 神之格思를 不可度思ㅣ온 矧可射思아.

章句註解

詩는 大雅抑之篇이라 格은 來也오 矧은 況也ㅣ라 射은 厭也ㅣ니 言厭怠而不敬也ㅣ라 思는 語辭라.

抑: 누를 억 況: 하물며 황 厭: 싫어할 염 怠: 게으를 태

    시는 詩經(시경) 大雅抑篇(대아억편)이다. 격(格)은 '올 래(來)', 신(矧)은 '하물며 황(況)'의 뜻이다. 역(射)은 '싫을 염(厭)'이니, (제사 지냄을) 싫어하고 게을리 해서 공경하지 않음을 말한다. 사(思)는 어조사이다.

夫微之顯이니 誠之不可揜이 如此夫ㄴ저.
부미지현　　성지불가엄　　여차부

章句註解

誠者는 眞實無妄之謂라 陰陽合散이 無非實者라 故로 其發見之不可揜이 如此라.

    정성은 진실하여 망령됨이 없음을 이름이다. 음양의 합산(合散)이 실상 아닌 것이 없다. 그러므로 그 발현됨을 마땅히(진실로) 가릴 수 없음이 이와 같다.

右는 第十六章이라.
    우는 제 16장이다.

章句註解

不見不聞은 隱也ㅣ오 體物如在는 則亦費矣라 此前三章은 以其費之小者而言이오 此後三章은 以其費之大者而言이오 此一章은 兼費隱包大小而言이니라.

兼: 겸할 겸 包: 쌀 포

보이지 않고 들리지 않음은 '숨을 은(隱)'이고, 물건마다 체가 되어 존재함과 같음은 곧 또한 비(費)이다. 이 앞의 세 장(章)은 비(費)의 작은 것으로써 말씀하였고, 이 뒤의 세 장은 비(費)의 큰 것으로써 말씀하였고, 이 한 장은 비(費)와 은(隱)을 겸하고 대소(大小)를 포함하여 말씀한 것이다.

제 17장

子ㅣ曰 舜은 其大孝也與ㅣ신저 德爲聖人이시고 尊爲天子ㅣ시고
자 왈 순 기대효야여   덕위성인   존위천자

富有四海之內하샤 宗廟饗之하시며 子孫保之하시니라.
부유사해지내   종묘향지   자손보지

章句註解

子孫은 謂虞思陳胡公之屬이라.
虞: 헤아릴 우 陳:늘어놓을 진 胡: 이적 호 公: 공변될 공 屬: 속할 속

　자손은 우사와 진호공의 등속을 말한다.

故로 大德은 必得其位하며 必得其祿하며 必得其名하며 必得其
고   대덕   필득기위   필득기록   필득기명   필득기
壽ㅣ니라.
수

章句註解

舜은 年百有十歲라
　순임금은 나이가 백십 세였다.(수명을 누림)

故로 天之生物이 必因其材而篤焉하나니 故로 栽者를 培之하고
고   천지생물   필인기재이독언   고   재자   배지

부록 485

傾者를 覆之니라.
경자 복지

章句註解

材는 質也ㅣ오 篤은 厚也ㅣ라 栽는 植也ㅣ라 氣至而滋息이 爲培오 氣反而游散則覆이라.

質: 바탕 질 厚: 두터울 후 植: 심을 식 滋: 불을 자 息: 숨 쉴 식 游: 놀 유

재(材)는 '바탕 질(質)'이고 독(篤)은 '두터울 후(厚)'이고 재(栽)는 '심을 식(植)'이다. 기운이 이르러 자양(滋養) 번식(蕃息)함이 배(培)이고, 기운이 뒤집혀 놀고 흩어지면 복(覆)이다.

詩曰 嘉樂君子의 憲憲(顯顯)令德이 宜民宜人이라 受祿于天
시왈 가락군자 헌헌 현현 영덕 의민의인 수록우천
이어늘 保佑命之하시고 自天申之라 하니라.
보우명지 자천신지

章句註解

詩는 大雅假樂之篇이라 假는 當依此作嘉오 憲은 當依詩作顯이라 申은 重也라.

假: 빌 가 顯: 나타날 현 依: 의지할 의 重: 거듭 중

시(詩)는 大雅(대아) 가락(假樂)편이다. 가(假)는 마땅히 이(중용)에 의거해 가(嘉)자로 지어야 하고, 헌(憲)은 마땅히 詩經(시경)에 의거해 현(顯)으로 지어야 한다. 신(申)은 '거듭 중(重)'이다.

故로 大德者는 必受命이니라.
고 대덕자 필수명

章句註解

受命者는 受天命爲天子也ㅣ라.

　수명(受命)은 천명(天命)을 받아 천자(天子)가 되는 것이다.

右는 第十七章이라.
　우는 제 17장이다.

章句註解

此는 由庸行之常으로 推之하야 以極其至하니 見道之用이 廣也ㅣ니 而其所以然者는 則爲體ㅣ微矣라 後二章도 亦此意니라.

推: 밀 추 極: 다할 극 廣: 넓을 광

　이는 용행(庸行)의 항상(恒常)함으로 말미암아 미루어 그 지극함을 다하니, 도의 쓰임이 광대(廣大)함을 나타낸다. 그렇게 되는 바(까닭)는 곧 체가 은미하기 때문이다. 뒤의 두 장 또한 이 뜻이다.

제 18장

子ㅣ曰 無憂者는 其惟文王乎ㅣ신저 以王季爲父하시고 以武王爲子하시니 父ㅣ作之어시늘 子ㅣ述之하시니라.
자 왈 무우자 기유문왕호　　이왕계위부　　　이무왕위자　　부 작지　　　자 술지

章句註解

此는 言文王之事라 書에 言王季ㅣ其勤王家라[14] 하니 蓋其所作

14. 書經(서경) 주서 무성편: 王若曰 嗚呼群后 惟先王 建邦啓土 公劉克篤前烈 至于大王 肇其

부록　487

이 亦積功累仁之事也ㅣ라.

勤: 부지런할 근 積: 쌓을 적 累: 여러 루, 묶을 루

　이는 문왕(文王)의 일을 말함이다. 書經(서경)에 "(문왕의 아버지인) 왕계가 그 왕가(王家)를 근면하게 했다."하니, 대개 그 일으킨 바가 또한 공로(功勞)을 쌓고 인(仁)을 누적(累積)한 일이다.

武王이 纘大王王季文王之緒하샤 壹戎衣而有天下하샤되 身不失天下之顯名하샤 尊爲天子ㅣ시고 富有四海之內하샤 宗廟饗之하시며 子孫保之하시니라.

章句註解

此는 言武王之事라 纘은 繼也ㅣ라 大王은 王季之父也ㅣ라 書에 云大王이 肇基王迹이라 하고 詩에 云至于大王하야 實始翦商이라 하니라 緒는 業也ㅣ라 戎衣는 甲冑之屬이라 壹戎衣는 武成文에 言壹著戎衣以伐紂也ㅣ라.

繼: 이을 계 肇: 시작할 조 基: 터 기 迹: 자취 적 翦: 자를 전 商: 나라 상 伐: 칠 벌 業: 업 업 甲: 갑옷 갑 冑: 투구 주 屬: 무리 속 著: 붙을 착 伐: 칠 벌 紂: 사나울 주

　이는 무왕의 일을 말함이다. 찬(纘)은 '이을 계(繼)'이다. 태왕은 왕계의 아버지(고공단보 古公亶父)이다. 書經(서경)에 이르길 "태왕이 비로소 왕업(王業)의 자취를 터 닦았다."고 하였고, 詩經(시경)에 이르길 "태왕에 이르러서

王迹 王季其勤王家 我文考文王 克成厥勳 誕膺天命 以撫方夏 大邦 畏其力 小邦 懷其德 惟九年 大統 未集 予小子其承厥志.

실제 처음으로 상나라를 쳤다."고 하였다. 서(緖)는 왕업(王業)이다. 융의(戎衣)는 갑옷과 투구의 등속(等屬)이다. 일융의(壹戎衣)는 書經(서경) 무성(武成)의 글에 한 번 융의를 입고 폭군 주(紂)를 징벌한 것을 말한다.

武王이 **末受命**이어시늘 **周公**이 **成文武之德**하샤 **追王大王王季**하시고 **上祀先公以天子之禮**하시니 **斯禮也ㅣ 達乎諸侯大夫及士庶人**하니 **父爲大夫ㅣ오 子爲士ㅣ어든 葬以大夫ㅣ오 祭以士**하며 **父爲士ㅣ오 子爲大夫ㅣ어든 葬以士ㅣ오 祭以大夫**하며 **期之喪**은 **達乎大夫**하고 **三年之喪**은 **達乎天子**하니 **父母之喪**은 **無貴賤一也ㅣ니라**.

章句註解

此는 言周公之事라 末은 猶老也ㅣ라 追王은 盖推文武之意하야 以及乎王迹之所起也ㅣ라 先公은 組紺以上至后稷也ㅣ라 上祀先公以天子之禮는 又推大王王季之意하야 以及於無窮也ㅣ라 制爲禮法하야 以及天下하야 使葬用死者之爵하며 祭用生者之祿하고 喪服은 自期以下는 諸侯ㅣ 絶하고 大夫ㅣ 降하며 而父母之喪은 上下同之하니 推己以及人也ㅣ라.

盖: 대개 개 起: 일어날 기 組: 짤 조 紺: 감색 감 后: 임금 후, 토지의 신 후 稷: 기장 직 窮: 다할 궁 制: 마를 제 葬: 장사지낼 장 爵: 잔 작, 벼슬 작 服: 옷 복 絶: 끊을 절 降: 내릴 강

이는 주공의 일을 말함이다. 말(末)은 노(老)와 같다. 추왕(追王)은 대개 문왕과 무왕의 뜻을 미루어, 왕업의 자취가 일어난 데에 이른 것이다. 선공(先

公)은 조감(組紺) 이상 후직(后稷)에 이르기까지다. '상사선공이천자지례(上祀先公以天子之禮)'는 또한 태왕과 왕계의 뜻을 미루어서 무궁한 데 이른 것이다. 예법을 제정(制定)하여 천하에 미치게 해서, 장례(葬禮)는 죽은 자의 벼슬을 적용하며, 제례(祭禮)는 산 자의 녹(祿)을 적용하고, 상복(喪服)은 일 년 이하는 제후는 끊고(입지 아니하고) 대부는 (기간을) 내렸으며, 부모의 상(喪)은 상하가 같게 하였으니, 자기를 미루어 남에게 미치는 것이다.

右는 第十八章이라.
　우는 제 18장이다.

제 19장

子ㅣ曰 武王周公은 其達孝矣乎ㅣ신저.
자 왈 무왕주공　 기 달 효 의 호

章句註解

達은 通也라 承上章而言 武王周公之孝는 乃天下之人이 通謂之孝하니 猶孟子之言達尊也ㅣ라.

通: 통할 통, 두루 미칠 통

　달(達)은 '통할 통(通)'이다. 윗장을 이어서 무왕·주공의 효는 이에 천하 사람들이 공통으로 일컫는 효라고 말씀하였으니, 맹자의 말씀인 '달존(達尊)'과 같다.

夫孝者는 善繼人之志하며 善述人之事者也ㅣ니라.
부 효 자　 선 계 인 지 지　　 선 술 인 지 사 자 야

章句註解

上章엔 言武王이 纘大王王季文王之緒하사 以有天下하시고 而

周公이 成文武之德하사 以追崇其先祖하시니 此는 繼志述事之大者也ㅣ라 下文엔 又以其所制祭祀之禮ㅣ 通又上下者로 言之니라.

崇: 높을 숭

　위 장(제 18장)에서는 무왕이 태왕과 왕계, 문왕의 왕업을 이어서 천하를 소유하시고, 주공이 문왕과 무왕의 덕을 이루어서 그 선조를 추존(追尊)하셨음을 말하였다. 이는 유지(有志)를 계승하고 사업(유업)을 전술하는 일의 큰 것이다. 아래 글에는 또 제정한 바로써 제사의 예가 위아래에 통용하는 것으로 말씀하였다.

春秋에 脩其祖廟하며 陳其宗器하며 設其裳衣하며 薦其時食이니라.
춘추　　수기조묘　　진기종기　　설기상의　　천기시식

章句註解

祖廟는 天子 七이오 諸侯 五오 大夫 三이오 適士 二오 官師 一이라 宗器는 先世所藏之重器니 若周之赤刀大訓天球河圖之屬也ㅣ라 裳衣는 先祖之遺衣服이니 祭則設之하야 以授尸也ㅣ라 時食은 四時之食이 各有其物하니 如春行羔豚膳膏香之類가 是也ㅣ라

藏: 감출 장 訓: 가르칠 훈 球: 공 구 遺: 남길 유 尸: 주검 시, 시동 시 羔: 새끼 양 고
豚: 돼지 돈 膳: 반찬 선 膏: 살찔 고, 기름 고 香: 향기 향 行: 행할 행

　선조의 사당은 천자는 7묘, 제후는 5묘, 대부는 3묘, 적사(元士)는 2묘, 관사는 1묘이다. 종기(宗器)는 선대에서 소장해온 귀중한 기물(器物)이니, 주나라의 적도(赤刀)와 대훈(大訓), 천구(天球), 하도(河圖)와 같은 등속이다. 상의(裳衣)는 선조가 남긴 의복이니, 제사 때 펼쳐놓아 시동(尸童)에게 주었다. 시

식(時食)은 사철에 먹는 것이 각기 그 음식물이 있으니, 봄철에 양과 돼지고기를 기름과 향으로 요리하는 것과 같은 종류가 이것이다.

宗廟之禮는 所以序昭穆也ㅣ오 序爵은 所以辨貴賤也ㅣ오 序事는 所以辨賢也ㅣ오 旅酬에 下ㅣ爲上은 所以逮賤也ㅣ요 燕毛는 所以序齒也ㅣ니라.
종묘지례 소이서소목야 서작 소이변귀천야 서사 소이변현야 려수 하 위상 소이체천야 연모 소이서치야

章句註解

宗廟之次는 左爲昭오 右爲穆而子孫이 亦以爲序하니 有事於太廟 則子姓兄弟와 羣昭羣穆이 咸在而不失其倫焉이라 爵은 公侯卿大夫也ㅣ오 事는 宗祝有司之職事也ㅣ라 旅는 衆也ㅣ오 酬는 導飮也ㅣ니 旅酬之禮에 賓弟子兄弟之子ㅣ 各擧觶於其長而衆相酬하니 蓋宗廟之中에 以有事爲榮이라 故로 逮及賤者하야 使亦得以申其敬也ㅣ라 燕毛는 祭畢而燕이면 則以毛髮之色으로 別長幼하야 爲坐次也ㅣ라 齒는 年數也ㅣ라.

羣: 무리 군 咸: 다 함 倫: 인륜 륜 職: 벼슬 직 導: 이끌 도 賓: 손님 빈 觶: 잔 치 逮: 미칠 체 申: 거듭 신 畢: 마칠 필 髮: 터럭 발

    종묘에서 차례는 왼쪽은 소(昭)가 되고 오른쪽은 목(穆)이 되어, 자손이 또한 이를 차례로 삼으니, 태묘에서 제사를 지낼 때, 자손형제와 여러 소(昭) 여러 목(穆)이 함께 있어, 그 순서를 잃지 않는다. 작(爵)은 공(公)과 후(侯), 경(卿), 대부(大夫)이고 사(事)는 종축(宗祝)과 유사(有事)의 직무에 관계된 일(職事)이다. 여(旅)는 '무리 중(衆)'이고, 수(酬)는 인도하여 음복(飮福)함이니, 여럿이 술을 권하는 예에 빈객(賓客)과 아우, 자식, 형제의 자식들이 각각 그 어른에게 술잔을 들어 여럿이 서로 서로 술을 권하니, 대개 종묘에서 (제사

지내는) 중(中)에는 일을 맡는 것을 영광(榮光)으로 여긴다. 그러므로 천한 이에게까지 미쳐서 (천한 이) 역시 (그 일을) 얻게 해서 그 공경을 펴게 하는 것이다. 연모(年毛)는 제사가 끝나고 잔치를 베풀 때, 모발의 색으로 어른과 어린이(長幼)를 구별해서 앉는 차례를 정한다. 치(齒)는 나이 숫자다.

踐其位하야 **行其禮**하며 **奏其樂**하며 **敬其所尊**하며 **愛其所親**하며
천기위　　行기례　　奏기악　　敬기소존　　애기소친
事死如事生하며 **事亡如事存**이 **孝之至也**ㅣ니라.
사사여사생　　사망여사존　　효지지야

章句註解

踐은 猶履也ㅣ오 其는 指先王也ㅣ라 所尊所親은 先王之祖考子孫 臣庶也ㅣ라 始死를 謂之死오 旣葬則曰反而亡焉이라 하니 皆指先王也ㅣ라 此는 結上文兩節이니 皆繼志述事之意也ㅣ라.

指: 가리킬 지　考: 죽은 아비 고

　천(踐)은 '밟을 리(履)'와 같다. 기(其)는 선왕(先王)을 가리킨다. 존경(尊敬)했던 바, 친애(親愛)했던 바는 선왕의 부모조상(祖考)과 자손(子孫), 신하(臣下), 백성들이다. 처음 죽음을 사(死)라 이르고, 이미 장사(葬事)지내면 (땅으로) 돌아가 없어진 것이니, 모두 선왕을 지칭(指稱)한다. 이는 윗글의 두 절을 맺음이니, 모두 유지(有志)를 계승(繼承)하고 사업(遺業)을 전술(傳述)한다는 뜻이다.

郊社之禮는 **所以事上帝也**ㅣ오 **宗廟之禮**는 **所以祀乎其先也**ㅣ니
교사지례　　소이사상제야　　종묘지례　　소이사호기선야
明乎郊社之禮와 **禘嘗之義**면 **治國**은 **其如示諸掌乎**ㄴ저.
명호교사지례　　체상지의　　치국　　기여시저장호

章句註解

郊는 祭天이오 社는 祭地니 不言后土者는 省文也ㅣ라 禘는 天子宗廟之大祭니 追祭太祖之所自出於太廟하고 而太祖로 配之也ㅣ라 嘗은 秋祭也ㅣ니 四時皆祭로되 擧其一耳라 禮必有義하니 對擧之는 互文也ㅣ라 示는 與視로 同하니 視諸掌은 言易見也ㅣ라 此는 與論語文意로 大同小異하니 記有詳略耳라

后: 임금 후, 토지의 신 후 追: 쫓을 추 配: 짝 배, 배향할 배 耳: 뿐 이 易: 쉬울 이 詳: 자세할 상 略: 다스릴 략, 간략할 략

    교(郊)는 천신(天神)에 제사지냄이고 사(社)는 지신(地神)에 제사지냄이니, 후토(后土)를 말하지 않음은 글을 생략(省略)한 것이다. 체(禘)는 천자가 종묘에서 지내는 큰 제사이니 태조가 말미암아 출생하게 한 시조(始祖)를 태묘에 추제(追祭)하고 태조로서 배향(配享)한다. 상(嘗)은 가을제사이니 사계절에 다 제사를 지내는데 그 하나만 들었을 뿐이다. 예에는 반드시 뜻이 있으니 상대(相對)하여 예(例)를 든 것은 상호(相互) 보완하는 글이다. 시(示)는 '보일 시(視)'와 같다. 손바닥에서 보여주는(視諸掌) 것은 '보기 쉽다(易見)'는 말이다. 이는 논어에 나오는 글 뜻과 대동소이(大同小異)하니, 기록함이 상세하고 간략함이 있을 뿐이다.

右는 第十九章이라.
    우는 제 19장이다.

제 20장
哀公이 問政한대
애 공   문 정

章句註解

哀公[15]은 魯君이니 名은 蔣이라.
魯: 노둔할 노, 노나라 노 蔣: 줄 장

애공은 노나라 임금이니, 이름은 장(蔣)이다.

子ㅣ曰 文武之政이 布在方策하니 其人이 存則其政이 擧하고
자 왈 문무지정 포재방책   기인   존즉기정   거
其人이 亡則其政이 息이니이다.
기인   망즉기정   식

章句註解

方은 版也ㅣ오 策은 簡也ㅣ라 息은 猶滅也ㅣ라 有是君有是臣이면 則有是政矣라.
版: 널빤지 판 簡: 대쪽 간, 책 간 滅: 멸망할 멸, 없어질 멸 是: 옳을 시, 바를 시

방(方)은 '널빤지 판(版)'이고 책(策)은 '책 간(簡)'이다. 식(息)은 '멸할 멸(滅)'과 같다. 올바른 임금이 있고 올바른 신하가 있으면, 올바른 정사가 있는 것이다.

人道는 敏政하고 地道는 敏樹하니 夫政也者는 蒲盧也ㅣ니이다.
인도   민정   지도   민수   부정야자   포로야

章句註解

敏은 速也ㅣ라 蒲盧는 沈括以爲蒲葦라 하니 是也ㅣ라 以人立政

15. 성은 희(姬). 이름은 장(將). 정공(定公)의 아들. 春秋(춘추)는 춘추시대(春秋時代) 노(魯)의 은공(隱公) 원년(元年, BC. 722년)에서 애공(哀公) 14년(BC. 481년)까지 242년간의 역사(歷史)를 공자가 기록하여 지었다.

부록 495

이 猶以地種樹하야 其成이 速矣요 而蒲葦는 又易生之物이니 其成이 尤速也ㅣ라 言人存政擧ㅣ 其易如此라.

速: 빠를 속 沈: 가라앉을 침 括: 묶을 괄 葦: 갈대 위 種: 씨 종, 심을 종 尤: 더욱 우 易: 쉬울 이

　　민(敏)은 '빠를 속(速)'이다. 포로(蒲盧)는 침괄(沈括)[16]이 부들과 갈대라 하니 이것이다. 사람으로서 정사를 세우는 것이 땅에 나무를 심는 것과 같아서 그 성립(成立)이 신속(迅速)하고, 부들과 갈대는 또한 쉽게 자라는 식물(植物)이니 그 성장(成長)이 더욱 빠르다. 사람이 있어서 정사가 일어나는 것이 그 쉬움이 이와 같음을 말씀한 것이다.

故로 爲政이 在人하니 取人以身이오 脩身以道ㅣ오 脩道以仁이니이다.
　　　고　위정　　재인　　취인이신　　　수신이도　　　　수도이인

章句註解

此는 承上文人道敏政而言也ㅣ라 爲政在人은 家語에 作爲政이 在於得人하니 語意尤備라 人은 謂賢臣이오 身은 指君身이라 道者는 天下之達道요 仁者는 天地生物之心而人得以生者니 所謂元者는 善之長也라 言人君爲政이 在於得人이요 而取人之則은 又在脩身하니 能仁其身이면 則有君有臣而政無不擧矣라.

尤: 더욱 우 備: 갖출 비 賢: 어질 현 指: 가리킬 지 元: 으뜸 원 擧: 들 거

　　이는 윗글의 "人道는 敏政하고"라는 말을 이어 말씀한 것이다. "爲政이 在人하니"는 孔子家語(공자가어)에 "정사를 함이 사람을 얻음에 달려있다(作

---

16. 북송(北宋) 사람. '잠겨 모여있는 것이(沈括) 부들과 갈대니'라고 풀이해도 된다.

爲政이 在於得人)"고 했으니, 말의 뜻이 더욱 갖추어졌다. '人'은 '어진 신하(賢臣)'를 이르고, '身'은 '인군의 몸(君身)'을 가리킨다. '道'는 '천하의 달도(達道)'이고, '仁'은 천지가 만물을 생성하는 마음이니 사람이 얻어서 출생한 것이니, 이른바 "원(元)은 착함의 어른"이다. 인군이 정사를 행함이 사람을 얻는데 달려있고, 사람을 취하는 법 또한 수신(脩身)에 있으니, 능히 그 몸을 어질게 닦으면 곧 인군이 있고 신하가 있어서 정사가 일어나지 않음이 없음을 말씀하신 것이다.

仁者는 人也 ㅣ니 親親이 爲大하고 義者는 宜也 ㅣ니 尊賢이 爲大하니 親親之殺와 尊賢之等이 禮所生也 ㅣ니이다.
인자 인야   친친 위대   의자 의야   존현 위대
친친지쇄 존현지등   예소생야

章句註解

人은 指人身而言이라 具此生理하야 自然便有惻怛慈愛之意하니 深體味之면 可見이라 宜者는 分別事理하야 各有所宜也 ㅣ라 禮則節文斯二者而已라.

具: 갖출 구 便: 문득 변 惻: 슬퍼할 측 怛: 슬플 달 慈: 사랑할 자 深: 깊을 심 節: 마디 절 斯: 이 사 已: 뿐 이

　인(人)은 사람 몸을 가리켜 말한 것이다. 이 생생(生生)의 이치를 갖추어서 자연히 문득 슬퍼하고(惻怛) 자애(慈愛)하는 뜻이 있으니, 깊이 체득해서 맛을 음미하면 가히 볼 수 있다. 의(宜)는 사리를 분별하여 제각기 마땅한 바가 있는 것이다. 예(禮)는 이 두 가지(仁義)를 절문(節文)할 따름이다.

(在下位하야 不獲乎上이면 民不可得而治矣리라.)
재하위   불획호상   민불가득이치의

章句註解

鄭氏曰 此句在下하니 誤重在此라.

정씨(鄭玄)가 말하길, "이 구절은 아래에도 있으니, 잘못 오기(誤記)하여 거듭 여기에 있다."고 하였다.

故로 君子ㅣ 不可以不脩身이니 思脩身인댄 不可以不事親이오
  고 군자   불가이불수신   사수신   불가이불사친
思事親인댄 不可以不知人이오 思知人인댄 不可以不知天이니
  사사친   불가이부지인   사지인   불가이부지천
이다.

章句註解

爲政在人하고 取人以身이라 故로 不可以不脩身이오 修身以道하고 修道以仁이라 故로 思修身인댄 不可以不事親이오 欲盡親親之仁인댄 必由尊賢之義라 故로 又當知人이오 親親之殺와 尊賢之等이 皆天理也ㅣ라 故로 又當知天이라.

盡: 다할 진 又: 또 우 殺: 덜 쇄

위정(爲政)은 사람에게 달려있고, 취인(取人)은 몸으로써 한다. 그러므로 가히 수신(脩身)하지 않을 수 없고, 수신은 도(道)로써 하고 수도(修道)는 인(仁)으로써 한다. 그러므로 수신(修身)을 생각한다면 가히 어버이를 섬기지 않을 수 없고, 어버이를 친애하는(親親) 하는 인(仁)을 다하고자 한다면 반드시 어진 이를 높이는(尊賢) 의리로 말미암아야 한다. 그러므로 또한 마땅히 사람을 알아야 하고(知人), 친친(親親)의 감쇄(減殺)와 존현(尊賢)의 차등(差等)이 모두 하늘의 이치(天理)다. 그러므로 또한 마땅히 하늘의 이치를 알아야 한다.

天下之達道ㅣ 五에 所以行之者는 三이니 曰君臣也父子也夫
婦也昆弟也朋友之交也五者는 天下之達道也ㅣ오 知仁勇三
者는 天下之達德也ㅣ니 所以行之者는 一也ㅣ니이다.

章句註解

達道者는 天下古今所共由之路ㅣ니 卽書所謂五典이오 孟子所
謂父子有親 君臣有義 夫婦有別 長幼有序 朋友有信이 是也
ㅣ라 知는 所以知此也ㅣ오 仁은 所以體此也ㅣ오 勇은 所以強此
也ㅣ니 謂之達德者는 天下古今所同得之理也ㅣ라 一은 則誠而
已矣라 達道는 雖人所共由나 然이나 無是三德이면 則無以行之
오 達德은 雖人所同得이나 然이나 一有不誠이면 則人欲이 間之
하야 而德非其德矣라 程子ㅣ 曰所謂誠者는 止是誠實此三者
니 三者之外에 更別無誠이니라.

今: 이제 금 共: 함께 공 由: 말미암을 유 路: 길 로 卽: 곧 즉 典: 법 전 別: 나눌 별 幼:
어릴 유 序: 차례 서 強: 굳셀 강 得: 얻을 득 已: 뿐 이 雖: 비록 수 更: 다시 갱

달도(達道)는 천하 사람들이 예나 지금이나 공통적으로 말미암은 바의 길이니, 곧 書經(서경)에서 이른 '오전(五典)'이고, 孟子(맹자)에서 이른 "부자유친(父子有親)과 군신유의(君臣有義), 부부유별(夫婦有別), 장유유서(長幼有序), 붕우유신(朋友有信)"이 이것이다. 지(知)는 이것을 아는 것이고, 인(仁)은 이것을 체득하는 것이고, 용(勇)은 이것에 굳센 것이니 이를 달덕(達德)이라 이르는 것은 천하 사람들이 예나 지금이나 한가지로 체득할 바의 이치이다. 일(一)은 '정성 성(誠)'일 뿐이다. 달도(達道)는 비록 사람들이 공통적으로 말미암는 바이나, 이 삼덕(三德)이 없으면 이것을 행할 수 없고, 달덕(達德)은 비록 사람들이 한가지로 체득하는 바이나, 하나라도 정성스럽지 못하

면, 사람의 욕심이 (그 틈) 사이에 들어가 (체득해야할) 덕이 그 덕이 아닐 것이다. 정자께서 말씀하시길 "이른바 성(誠)은 이에 그쳐서 이 세 가지를 성실케 하니, 이 세 가지밖에 다시 별도(別途)의 성(誠)이 없다."고 하셨다.

或生而知之하며 或學而知之하며 或困而知之하나니 及其知之
혹생이지지　　　혹학이지지　　　혹곤이지지　　　급기지지

하야는 一也ㅣ니이다 或安而行之하며 或利而行之하며 或勉强而
일야　　　　　혹안이행지　　　혹리이행지　　　혹면강이

行之하나니 及其成功하야는 一也ㅣ니이다.
행지　　　급기성공　　　일야

章句註解

知之者之所知와 行之者之所行은 謂達道也ㅣ라 以其分而言하면 則所以知者는 知也오 所以行者는 仁也오 所以至於知之成功而一者는 勇也ㅣ며 以其等而言하면 則生知安行者는 知也오 學知利行者는 仁也오 困知勉行者는 勇也ㅣ라 蓋人性이 雖無不善이나 而氣稟이 有不同者라 故로 聞道에 有蚤莫하며 行道에 有難易나 然이나 能自强不息이면 則其至는 一也ㅣ니라 呂氏曰 所入之塗雖異나 而所至之域則同하니 此는 所以爲中庸이어니와 若乃企生知安行之資하야 爲不可幾及이라 하고 輕困知勉行하야 謂不能有成이라 하면 此는 道之所以不明不行也ㅣ니라.

等: 등급 등　稟: 줄 품　聞: 들을 문　蚤: 일찍 조　莫: 저물 모(=暮)　塗: 길 도　域: 지경 역
企: 기대할 기　資: 바탕 자, 재물 자　幾: 거의 기　輕: 가벼울 경

　　지(知)자의 알 바와 행(行)자의 행할 바는 달도(達道)라 이른다. 그것을 구분(區分)해서 말하면, 알게 하는 바는 지(知)고, 행하게 하는 바는 인(仁)이고, 알아서 성공해서 하나에 이르게 하는 것은 용(勇)이며, 그 등급으로써 말하면, '생지안행(生知安行)'은 지(知)고, '학지이행(學知利行)'은 인(仁)이고, '곤지

면행(困知勉行)'은 용(勇)이다. 대개 사람의 성품이 비록 착하지 않음이 없으나 기품(氣稟)이 같지 않음이 있다. 그러므로 도(道)를 들음에 이르고 늦음(蚤莫)이 있으며, 도(道)를 행함에 난이(難易)가 있다. 그러나 능히 스스로를 굳세게 해서 쉬지 않으면 그 (경지에) 이름은 한가지일 것이다. 여씨(呂氏)[17]가 말하길 "들어가는 바의 길은 비록 다르나 이르는 바의 영역은 같으니, 이것은 중용(中庸)을 행하는 바이지만, 만약 생지(生知)와 안행(安行)의 자질(資質)을 기대해서 거의 미치는 것이 불가(不可)하다 여기고, 곤지(困知)와 면행(勉行)을 경시(輕視)해서 능히 성공하지 못한다고 생각하면, 이는 도가 밝아지지 못하고 행해지지 못하는 이유다."고 하였다.

(子ㅣ曰) 好學은 近乎知하고 力行은 近乎仁하고 知恥는 近乎勇이니라.
자 왈 호학 근호지 역행 근호인 지치 근호용

章句註解

子曰 二字는 衍文이라.

衍: 넘칠 연

자왈(子曰) 두 글자는 연문(衍文)이다.

章句註解

此는 言未及乎達德而求以入德之事니라 通上文三知爲知와 三行爲仁하면 則此三近者는 勇之次也ㅣ라 呂氏曰愚者는 自是

---

17. 여대림(呂大臨): 중국 북송의 학자. 처음에는 장횡거(張橫渠)에게 나중에는 정부자(程夫子)에게 수학하였으나, 장횡거의 이론에서 벗어나지 않았다.

而不求하고 自私者는 徇人欲而忘返하고 懦者는 甘爲人下而不辭라 故로 好學이 非知나 然이나 足以破愚요 力行이 非仁이나 然이나 足以忘私요 知恥가 非勇이나 然이나 足以起懦니라.

求: 필요한 것을 찾을 구 近: 가까울 근 次: 다음 차 愚: 어리석을 우 是: 옳을 시 私: 사사 사 徇: 드러내 보일 순 忘: 잊을 망 返: 돌아올 반 懦: 나약할 나 甘: 달 감 辭: 사양할 사 破: 깨뜨릴 파 恥: 부끄러울 치 起: 일어날 기

　이는 달덕(達德)에 미치지 못해서 덕에 들어가는 일로써 구함을 말씀한 것이다. 윗글의 삼지(三知)는 지(知)가 되고, 삼행(三行)은 인(仁)이 됨을 통하면 이 삼근(三近)은 용(勇)의 순차이다. 여씨(呂氏)가 말하길 "어리석은 자는 스스로 옳다고 여겨 구하지 않고, 스스로 사사로운 자는 인욕을 좇아 되돌아옴을 망각(忘却)하고, 나약(懦弱)한 자는 남의 아래가 되기를 달갑게 여기고 사양하지 않는다. 그러므로 호학(好學)은 지(知)가 아니나 족히 어리석음을 타파(打破)할 수 있고, 역행(力行)은 인(仁)이 아니나 족히 사욕(私慾)을 잊을 수가 있고, 지치(知恥)는 용(勇)이 아니나 족히 나약함에서 일어날 수 있는 것이다."고 말씀하였다.

知斯三者則知所以脩身이오 知所以脩身則知所以治人이오
지 사 삼 자 즉 지 소 이 수 신　　　　지 소 이 수 신 즉 지 소 이 치 인
知所以治人則知所以治天下國家矣리라.
지 소 이 치 인 즉 지 소 이 치 천 하 국 가 의

章句註解

斯三者는 指三近而言이라 人者는 對己之稱이라 天下國家는 則盡乎人矣라 言此하야 以結上文脩身之意하고 起下文九經之端也라.

斯: 이 사 指: 가리킬 지 對: 대할 대 稱: 일컬을 칭 盡: 다될 진 脩: 닦을 수

이 세 가지는 삼근(三近)을 가리킨 말씀이다. 인(人)은 자기(自己)와는 상대되는 칭호(稱號)이다. 천하국가는 남에게 다함이다. 이것을 말씀하여 윗글 수신의 뜻을 결론(結論)짓고, 아래 글 구경(九經)의 단서를 흥기(興起)시킴이라.

凡爲天下國家ㅣ 有九經하니 曰 脩身也와 尊賢也와 親親也와
범위천하국가　유구경　　왈 수신야　존현야　친친야
敬大臣也와 體羣臣也와 子庶民也와 來百工也와 柔遠人也와
경대신야　체군신야　　자서민야　래백공야　유원인야
懷諸侯也ㅣ니라.
회제후야

章句註解

經은 常也ㅣ라 體는 謂設以身處其地而察其心也ㅣ라 子는 如父母之愛其子也ㅣ라 柔遠人은 所謂無忘賓旅者也ㅣ라 此는 列九經之目也ㅣ니라 呂氏曰天下國家之本이 在身이라 故로 脩身이 爲九經之本이라 然이나 必親師取友然後에 脩身之道ㅣ 進이라 故로 尊賢이 次之하고 道之所進이 莫先其家라 故로 親親이 次之하고 由家以及朝廷이라 故로 敬大臣體羣臣이 次之하고 由朝廷以及其國이라 故로 子庶民來百工이 次之하고 由其國以及天下라 故로 柔遠人懷諸侯가 次之하니 此는 九經之序也ㅣ라 視羣臣을 猶吾四體하고 視百姓을 猶吾子하니 此는 視臣視民之別也ㅣ니라.

設: 베풀 설　察: 살필 찰　處: 거처할 처　察: 살필 찰　賓: 손 빈　旅: 나그네 려　列: 벌일 열
取: 골라 뽑을 취, 취할 취　次: 버금 차, 뒤를 이을 차　莫: 없을 막　猶: 오히려 유　朝: 조정 조　廷: 조정 정

경(經)은 '떳떳할 상(常)'이다. 체(體)은 자기 몸으로써 베풀어 그 지위(地位)에 처하여 그 마음을 살핌을 이른다. 자(子)는 부모가 그 자식을 사랑하듯

이 함이다. 유원인(柔遠人)은 이른바 "외국에서 온 여행객(賓旅)을 잊지 말라"는 것이다. 이는 '구경의 조목(條目)'을 열거한 것이다.

여씨(呂氏)가 말하길 "천하국가의 근본은 몸에 있다. 그러므로 수신(脩身)이 구경의 근본(根本)이다. 그러나 반드시 스승을 친히 하고 벗을 고른 연후에야 수신의 도가 나아간다. 그러므로 존현(尊賢)이 뒤를 잇고, 도(道)의 나아가는 바가 그 집안보다 먼저 하는 것은 없다. 그러므로 친친(親親)이 뒤를 잇고, 집안으로 말미암아 조정에 미친다. 그러므로 경대신(敬大臣)과 체군신(體羣臣)이 뒤를 잇고, 조정으로 말미암아 국가(國家)에 미친다. 그러므로 자서민(子庶民)과 래백공(來百工)이 뒤를 잇고, 국가로 말미암아 천하(天下)에 미친다. 그러므로 유원인(柔遠人)과 회제후(懷諸侯)가 뒤를 이으니, 이는 구경의 차례이다.

여러 신하 보기를 나의 사지(四體)와 같이 생각하고 모든 백성 보기를 나의 자식과 같이 생각하니, 이는 신하보기와 백성보기의 분별(分別)이다."고 하였다.

脩身則道立하고 **尊賢則不惑**하고 **親親則諸父昆弟ㅣ不怨**하고
수신즉도립　　　존현즉불혹　　　친친즉제부곤제　　불원

敬大臣則不眩하고 **體羣臣則士之報禮ㅣ重**하고 **子庶民則百姓**
경대신즉불현　　　체군신즉사지보례　　중　　　자서민즉백성

이 勸하고 **來百工則財用이 足**하고 **柔遠人則四方이 歸之**하고
　　권　　　래백공즉재용　　족　　　유원인즉사방　　귀지

懷諸侯則天下ㅣ 畏之니라.
회제후즉천하　　외지

章句註解

此는 九經之效也ㅣ라 道立은 謂道成於己而可爲民表니 所謂 皇建其有極이 是也ㅣ라 不惑은 謂不疑於理오 不眩은 謂不迷於事라 敬大臣이면 則信任專而小臣이 不得以間之라 故로 臨事而不眩也오 來百工이면 則通功易事하고 農末이 相資라 故로 財用이 足하고 柔遠人이면 則天下之旅ㅣ 皆悅而願出於其塗라 故

로 四方이 歸하고 懷諸侯면 則德之所施者ㅣ博而威之所制者ㅣ
廣矣라 故로 曰天下ㅣ畏之라 하니라.

表: 법 표 疑: 의심할 의 迷: 미혹할 미 專: 오로지 전 易: 바꿀 역 資: 힘입을 자, 바탕 자
悅: 기쁠 열 塗: 길 도

이는 구경(九經)의 공효(功效)이다. 도립(道立)은 도가 자기 몸에 이루어져 가히 백성의 사표(師表)가 됨을 이르니, 이른바 "황극(皇極)이 그 유극(有極)을 세운다[18]."고 함이 이것이다. 불혹(不惑)은 이치에 의혹이 없음을 이르고, 불현(不眩)은 일에 혼미가 없음을 이른다. 대신을 공경하면 신임(信任)이 전일(專一)하여 소신(小臣)들이 간연(間然)할 수 없다. 그러므로 일에 임하여 혼미가 없고, 백공(百工)을 오게 하면 기술을 교통하여 일을 쉽게 하고 농업(農業)과 말업[19](末業: 상업)이 서로 힘입게 된다. 그러므로 재정이 충족되고, 먼데서 온 사람들을 부드럽게 대하면 천하의 여행객이 모두 기뻐하여 그 여행길로 나서기를 원한다. 그러므로 사방에서 (귀향하듯) 귀화(歸化)하고, 제후들은 회유하면 덕이 베풀어지는 바가 넓고 위엄으로 제어(制御)하는 바가 넓어진다. 그러므로 이르길 "천하가 두려워한다(天下 畏之)."고 하는 것이다.

齊明盛服하야 非禮不動은 所以修身也ㅣ오 去讒遠色하며 賤貨
재명성복   비례부동   소이수신야   거참원색   천화
而貴德은 所以勸賢也ㅣ오 尊其位하며 重其祿하며 同其好惡는
이귀덕   소이권현야   존기위   중기록   동기호오
所以勸親親也ㅣ오 官盛任使는 所以勸大臣也ㅣ오 忠信重祿은
소이권친친야   관성임사   소이권대신야   충신중록
所以勸士也ㅣ오 時使薄斂은 所以勸百姓也ㅣ오 日省月試하야
소이권사야   시사박렴   소이권백성야   일성월시

18. 書經(서경) 홍범(洪範)편: 次五 曰建用皇極, 오황극조(五皇極條)에서는 皇建其有極
19. 사농공상(士農工商) 가운데 맨 끝의 업인 상업.

旣(餼)稟稱事는 所以勸百工也ㅣ오 送往迎來하며 嘉善而矜不
  (희)름칭사   소이권백공야   송왕영래   가선이긍불
能은 所以柔遠人也ㅣ오 繼絶世하며 擧廢國하며 治亂持危하며
능   소이유원인야   계절세   거폐국   치란지위
朝聘以時하며 厚往而薄來는 所以懷諸侯也ㅣ니라.
조빙이시   후왕이박래   소이회제후야

章句註解

此는 言九經之事也ㅣ라 官盛任使는 謂官屬衆盛하야 足任使令
也ㅣ니 蓋大臣이 不當親細事라 故로 所以優之者ㅣ 如此라 忠
信重祿은 謂待之誠而養之厚니 蓋以身體之하야 而知其所賴
乎上者ㅣ 如此也ㅣ라 旣는 讀曰餼니 餼稟은 稍食也ㅣ라 稱事는
如周禮 稟人職에 曰考其弓弩하야 以上下其食이 是也ㅣ라 往
則爲之授節以送之하고 來則豊其委積以迎之라 朝는 謂諸侯ㅣ
見於天子오 聘은 謂諸侯使大夫로 來獻이라 王制에 比年에 一少
聘이오 三年에 一大聘이오 五年에 一朝라 厚往薄來는 謂燕賜厚
而納貢薄이라.

屬: 무리 속 優: 우대할 우 待: 갖출 대 賴: 힘입을 뢰 稍: 벼 줄기 끝 초 稟: 볏짚 고 職:
벼슬 직 考: 상고할 고 弓: 활 궁 弩: 쇠뇌 노 節: 마디 절 豊: 풍성할 풍 委: 맡길 위 積:
저축할 자 獻: 바칠 헌 燕: 잔치 연 賜: 하사할 사 納: 바칠 납 貢: 바칠 공, 공물 공

이는 구경(九經)의 일을 말씀한 것이다. '관성임사(官盛任使)'는 관속(官
屬)을 많고 성하게 하여 사령(使令) 맡김을 충족하게 함을 이른다. 대개 대
신은 마땅히 세세한 일을 친히 하지 못하므로 그를 우대해 주려는 바가 이와
같다.

충신중록(忠信重祿)은 정성으로 대하고 후하게 함양(涵養)함을 이르니, 대
개 몸소 체득하여, 그 윗사람에게 힘입는 바를 알게 함이 이와 같다. 기(旣)는
희(餼)로 읽으니, 희름(餼稟)은 초식(稍食: 祿俸)이다. 칭사(稱事)는 周禮(주

례) 고인직(槀人職)에 이르길 "그 궁노(弓弩)를 상고하여 그 먹는 것을 올리고 내린다."고 함이 이것이다. 갈 때는 부절(符節)을 주어 보내고, 올 때는 그 위자(委積: 생필품)를 풍족히 하여 맞이한다. 조(朝)는 제후가 천자에게 알현(謁見)함을 이르고, 빙(聘)은 제후가 대부를 시켜서 천자에게 와서 예물을 헌납(獻納)함을 이른다. 王制(왕제)에 "해마다(比年) 한 번 작게 빙례를 올리고, 3년에 한 번 크게 빙례를 올리고, 5년에 한 번 조회(朝會)한다"고 하였다. 후왕박래(厚往薄來)는 잔치와 하사(下賜)를 후하게 하고, 공물 받는 것을 적게 함을 이른다.

凡爲天下國家ㅣ 有九經하니 所以行之者는 一也ㅣ니라.
범위천하국가   유구경   소이행지자   일야

章句註解

一者는 誠也ㅣ니 一有不誠이면 則是九經이 皆爲虛文矣라 此는 九經之實也ㅣ라.

한 가지라는 것은 '정성 성(誠)'이니, 하나라도 불성(不誠)함이 있으면, 이 구경(九經)은 모두 헛된 글이 된다. 이는 구경의 실상(실체)이다.

凡事ㅣ 豫則立하고 不豫則廢하나니 言前定則不跲하고 事前定則不困하고 行前定則不疚하고 道前定則不窮이니라.
범사   예즉립   불예즉폐   언전정즉불겁   사전정
즉불곤   행전정즉불구   도전정즉불궁

章句註解

凡事는 指達道達德九經之屬이라 豫는 素定也ㅣ라 跲은 躓也ㅣ라 疚는 病也ㅣ라 此는 承上文하야 言凡事ㅣ 皆欲先立乎誠이니 如下文所推ㅣ 是也ㅣ라.

素: 평소 소 蹟: 넘어질 질 推: 밀 추

　범사(凡事)는 달도(達道) 달덕(達德)이니 구경(九經)의 등속이다. 예(豫)는 평소(平素)에 정함이다. 겁(跲)은 차질(蹉蹟)이다. 구(疚)는 병폐(病弊)이다. 이는 윗글을 이어서 모든 일은 다 정성을 먼저 세우고자 함을 말한 것이니, 아래 글에 미룬 바와 같은 것이 이것이다.

在下位하야 **不獲乎上**이면 **民不可得而治矣**리라 **獲乎上**이 **有道**하니 **不信乎朋友**ㅣ면 **不獲乎上矣**리라 **信乎朋友**ㅣ **有道**하니 **不順乎親**이면 **不信乎朋友矣**리라 **順乎親**이 **有道**하니 **反諸身不誠**이면 **不順乎親矣**리라 **誠身**이 **有道**하니 **不明乎善**이면 **不誠乎身矣**리라.

章句註解

此는 又以在下位者로 推言素定之意라 反諸身不誠은 謂反求諸身하야 而所存所發이 未能眞實而無妄也ㅣ라 不明乎善은 謂不能察於人心天命之本然하야 而眞知至善之所在也ㅣ라

妄: 망령될 망 察: 살필 찰

　이는 또 아래 지위(地位)에 있는 자로서 평소에 예정(豫定)해야 한다는 뜻을 미루어 말씀한 것이다. '반저신불성(反諸身不誠)'은 (원인을) 제 몸에 돌이켜 구해서 보존하는 바이나 발하는 바가 능히 진실무망하지 못했음을 이른다.
　'불명호선(不明乎善)'은, 능히 인심과 천명의 본연함을 성찰(省察)하여 진실로 지선(至善)의 소재(所在)를 알지 못함을 이른다.

誠者는 天之道也ㅣ오 誠之者는 人之道也ㅣ니 誠者는 不勉而中하며 不思而得하야 從容中道하나니 聖人也ㅣ오 誠之者는 擇善而固執之者也ㅣ니라.

章句註解

此는 承上文誠身而言이라 誠者는 眞實無妄之謂니 天理之本然也ㅣ오 誠之者는 未能眞實無妄而欲其眞實無妄之謂니 人事之當然也ㅣ라 聖人之德은 渾然天理하야 眞實無妄하야 不待思勉而從容中道하니 則亦天之道也ㅣ라 未至於聖이면 則不能無人欲之私하야 而其爲德이 不能皆實이라 故로 未能不思而得하야 則必擇善然後에 可以明善이오 未能不勉而中하야 則必固執而後에 可以誠身이니 此則所謂人之道也ㅣ라 不思而得은 生知也ㅣ오 不勉而中은 安行也ㅣ오 擇善은 學知以下之事오 固執은 利行以下之事也ㅣ니라.

渾: 물소리 혼, 흐릴 혼 待: 기다릴 대

　이는 윗글에서 (誠身 有道 不明乎善 不誠乎身矣) 성신(誠身)을 이어 말씀한 것이다. 성(誠)이란 진실 무망함을 이르니 천리의 본래 그러함이고, 성지(誠之)란 능히 진실무망하지 아니해서 진실 무망하고자 함을 이르니, 인사(人事)의 당연함이다. 성인의 덕은 혼연한 천리(天理)여서 진실무망하고 생각하고 힘씀을 기다리지 않고도 종용히 도에 맞으니, 또한 하늘의 도이다. 성인(의 경지)에 이르지 못하면 능히 인욕의 사사로움이 없지 않아서 그 덕 됨이 능히 모두 진실하지 못하다. 그러므로 능히 생각하지 않고 체득할 수 없으니 반드시 선을 선택한 연후에야 진실로 선을 밝힐 수 있고, 능히 힘쓰지 않고 (도에) 들어맞을 수 없으니 반드시 굳게 잡은 후에야 진실로 몸을 정성케 할 수 있다.

이는 이른바 사람의 도이다. '불사이득(不思而得)'은 태어나면서 아는 '생지(生知)'이고, '불면이중(不勉而中)'은 편안히 행하는 '안행(安行)'이다. '택선(擇善)'은 배워서 아는 '학지(學知)' 이하의 일이고, '고집(固執)'은 이롭게 행하는 '이행(利行)' 이하의 일이다.

博學之하며 審問之하며 愼思之하며 明辨之하며 篤行之니라.
박학지   심문지   신사지   명변지   독행지

章句註解

此는 誠之之目也ㅣ라 學問思辨은 所以擇善而爲知니 學而知也오 篤行은 所以固執而爲仁이니 利而行也ㅣ라 程子ㅣ 曰五者에 廢其一이라도 非學也ㅣ니라.

廢: 폐할 폐

이는 정성을 기울어 나아가는 조목(條目)이다. 배우고 물으며 생각하고 분별함은 선을 가려서 지(知)가 되는 바이니 배워서 아는 '학이지지(學而知之)'이고, 돈독하게 행함은 굳게 잡아서 인(仁)이 되는 바이니 이롭게 행하는 '이이행지(利而行之)'이다. 정자(程子)가 말씀하길 "다섯 가지에 그 하나라도 폐하면 학(學)이 아니다."고 하였다.

有弗學이언정 學之ㄴ댄 弗能을 弗措也하며 有弗問이언정 問之
유불학   학지   불능 부조야   유불문   문지
ㄴ댄 弗知를 弗措也하며 有弗思ㅣ언정 思之ㄴ댄 弗得을 弗措也
     부지 부조야   유불사   사지   부득 부조야
하며 有弗辨이언정 辨之ㄴ댄 弗明을 弗措也하며 有弗行이언정
     유불변   변지   불명 부조야   유불행
行之ㄴ댄 弗篤을 弗措也하야 人一能之어든 己百之하며 人十能
행지   부독 부조야   인일능지   기백지   인십능
之어든 己千之니라.
지   기천지

章句註解

君子之學은 不爲則已어니와 爲則必要其成이라 故로 常百倍其功하니 此는 困而知勉而行者也ㅣ니 勇之事也ㅣ라.

已: 그칠 이 倍: 곱 배

   군자의 학문(學問)은 하지 않으면 그만이지만, 하면 반드시 그 완성(完成)을 요한다. 그러므로 항상 그 공력(功力)을 백배(百倍)로 하니 이는 '곤이지지(困而知之)'이고 '면강이행지(勉强而行之)'니, 용(勇)의 일이다.

果能此道矣면 雖愚ㅣ나 必明하며 雖柔ㅣ나 必强이니라.
  과 능 차 도 의   수 우   필 명   수 유   필 강

章句註解

明者는 擇善之功이오 强者는 固執之效라 呂氏 曰君子所以學者는 爲能變化氣質而已니 德勝氣質이면 則愚者ㅣ 加進於明이오 柔者ㅣ 可進於强이오 不能勝之면 則雖有志於學이나 亦愚不能明하며 柔不能立而已矣라 蓋均善而無惡者는 性也ㅣ니 人所同也오 昏明强弱之稟이 不齊者는 才也ㅣ니 人所異也라 誠之者는 所以反其同而變其異也ㅣ라 夫以不美之質로 求變而美라도 非百倍其功이면 不足以致之어늘 今以鹵莽滅裂之學으로 或作或輟하야 以變其不美之質이라가 及不能變하야는 則曰天質ㅣ 不美하니 非學所能變이라 하니 是는 果於自棄니 其爲不仁이 甚矣로다.

已: 뿐 이 齊: 가지런할 제 鹵: 소금 로, 거칠 로 莽: 잡풀 우거질 무(망) 裂: 찢을 렬 輟: 그칠 철 棄: 버릴 기 甚: 심할 심

   명(明)은 택선(擇善)의 공효이고, 강(强)은 고집(固執)의 효험이다.

여씨(呂氏)가 말하길 "군자가 학문을 하는 까닭(所以)은 능히 기질(氣質)을 변화시키고자 할 따름이니, 덕(德)이 기질을 이기면 어리석은 자가 가히 밝은 데로 나아가고 유약한 자가 가히 강한 데로 나아갈 수 있다. 하지만 능히 이기지 못하면, 비록 학문에 뜻을 두더라도 역시(亦是)나 어리석은 자는 능히 밝아지지 못하고, 유약한 자는 능히 설 수 없을 뿐이다. 대개 두루 선하고 악이 없는 것은 성품(性品)이니 사람마다 같은 바이고, 어둡고 밝으며 강하고 약한 기품(氣稟)이 같지 아니한 것은 재질(才質)이니 사람마다 다른 바이다. '성지자(誠之者)'는 그 동일(同一)함을 돌이키고 그 차이(差異)를 변화시키는 바이니 무릇 아름답지 못한 자질(資質)로써 변화시켜 아름답기를 추구(追求)하려면, 그 공력(功力)을 백배로 하지 않으면 족히 그것을 이루지 못한다. 이제 노망(鹵莽=魯莽: 어리석고 미련함)하고 지리멸렬(支離滅裂)한 학문으로서 혹 진작(振作)하기도 하고 혹 중단하기도 하여 아름답지 못한 자질을 변화시키다가 능히 변치 못한 데에 이르러서는 '타고난 자질(天質)이 아름답지 못하니 배운다고 능히 변화할 바가 아니다'고 말하니, 이는 자포자기(自暴自棄)에 과감함이니, 그 불인(不仁)함이 심하다."고 하였다

右는 第二十章이라.
  우는 제 20장이다.

章句註解

此는 引孔子之言하야 以繼大舜文武周公之緖하야 明其所傳之一致하니 擧而措之라도 亦猶是爾라 蓋包費隱兼小大하야 以終十二章之意라 章內에 語誠이 始詳하니 而所謂誠者는 實此篇之樞紐也ㅣ라 又按孔子家語에 亦載此章而其文이 尤詳하니 成功一也之下에 有公曰子之言이 美矣至矣로되 寡人 實固不足以成之也ㅣ라 故로 其下에 復以子曰로 起答辭어늘 今無此問辭而

猶有子曰二字하니 蓋子思ㅣ 刪其繁文하야 以附于篇而所刪이 有不盡者ㅣ니 今當爲衍文也ㅣ라 博學之以下는 家語에 無之하니 意彼有闕文이어나 抑此或子思所補也歟인저.

引: 끌 인 緒: 일 서 措: 둘 조 爾: 너 이, 뿐 이 語: 말씀 어 詳: 자세할 상 篇: 책 편 樞: 지도리 추 紐: 맬 뉴 按: 생각할 안, 살필 안 載: 실을 재 寡: 적을 과 復: 다시 부 尤: 더욱 우 答: 대답할 답 辭: 말씀 사 刪: 깎을 산 繁: 번거로울 번 附: 붙을 부 衍: 넘칠 연 闕: 뺄 궐 抑: 누를 억, 문득 억 補: 기울 보 歟: 어조사 여

　이는 공자의 말씀을 인용(引用)하여 대순(大舜)과 문왕(文王), 무왕(武王)과 주공(周公)의 실마리가 이어져서 그 전한 바가 일치(一致)함을 밝힌 것이다. 이를 들어다가 두더라도 역시 이와 같을 따름이다. 대개 '비이은(費而隱)'을 포함하고 소대(小大)를 겸해서 제 12장의 뜻을 마쳤다. 이 장(章) 안에 성(誠)을 말함이 비로소 상세(詳細)하니 이른바 성(誠)은 진실로 이 책의 중추(中樞)적인 매듭(紐)이다. 또 생각건대 孔子家語(공자가어)에 역시 이 장(章)이 실려 있으며 그 글이 더욱 상세하다. '及其成功 一也'의 아래에 "애공(哀公)이 말하길 '선생의 말씀이 아름답고 지극하지만, 과인(寡人)이 사실은 고루(固陋)해서 족히 이루지 못하겠습니다.'"는 내용이 있다. 그러므로 그 아래에 다시 '子曰'로써 대답한 말씀을 일으킨 것인데, 지금 이곳에는 묻는 말씀이 없는데도 오히려 '子曰'이라는 두 글자가 있다. 대개 자사가 번거로운 문장을 삭제하여 편말(篇末)에 붙이면서 삭제한 바가 부진(不盡)함이 있으니, 이제 마땅히 연문(衍文)이 되어야 한다. '박학지(博學之)' 이하는 孔子家語(공자가어)에 없으니, 생각건대 저쪽에 빠진 글(闕文)이 있거나, 아니면 이쪽에다 혹 자사가 보충하신 것이 아닌가 한다.

제 21장

自誠明을 謂之性이오 自明誠을 謂之敎ㅣ니 誠則明矣오 明則
자성명   위지성   자명성   위지교   성즉명의   명즉

誠矣니라.
성 의

章句註解

自는 由也ㅣ라 德無不實而明無不照者는 聖人之德이 所性而有者也ㅣ니 天道也ㅣ오 先明乎善而後에 能實其善者는 賢人之學이 由敎而入者也ㅣ니 人道也ㅣ라 誠則無不明矣오 明則可以至於誠矣니라.

   자(自)는 '말미암을 유(由)'이다. 덕이 성실하지 않음이 없고 밝음이 비추지 않음이 없음은 성인의 덕이 성품 그대로 있는 바이니 천도(天道)이고, 먼저 선(善)을 밝힌 뒤에 능히 그 선을 성실히 행함은 현인의 배움이 가르침으로 말미암아 들어간 것이니 인도(人道)이다. 정성하면 밝지 않음이 없고, 밝히면 진실로 이로써 정성에 이를 수 있다.

右는 第二十一章이라.
  우는 제 21장이다.

章句註解

子思ㅣ 承上章夫子天道人道之意而立言也ㅣ라 自此以下十二章은 皆子思之言이니 以反覆推明此章之意니라.
承: 이을 승 覆: 뒤집힐 복 推: 밀 추

   자사께서 윗장(제 20장)에 있는 부자(夫子)의 천도와 인도의 뜻을 이어서 말

씀을 세운 것이다. 이로부터 이하 12장은(제 22~제 33장) 모두 자사의 말씀이니 이로써 반복(反覆)하여 이 장(章)의 뜻을 미루어 밝히신 것이다.

제 22장

唯天下至誠이아 爲能盡其性이니 能盡其性則能盡人之性이오
유천하지성   위능진기성   능진기성즉능진인지성
能盡人之性則能盡物之性이오 能盡物之性則可以贊天地之
능진인지성즉능진물지성   능진물지성즉가이찬천지지
化育이오 可以贊天地之化育則可以與天地參矣니라.
화육   가이찬천지지화육즉가이여천지삼의

章句註解

天下至誠은 謂聖人之德之實이 天下에 莫能加也ㅣ라 盡其性者는 德無不實이라 故로 無人欲之私하야 而天命之在我者를 察之由之하야 巨細精粗가 無毫髮之不盡也ㅣ라 人物之性은 亦我之性이로되 但以所賦形氣ㅣ不同而有異耳라 能盡之者는 謂知之無不明而處之無不當也ㅣ라 贊은 猶助也ㅣ라 與天地參은 謂與天地並立而爲三也ㅣ라 此는 自誠而明者之事也ㅣ라

莫: 없을 막 加: 더할 가 察: 살필 찰 巨: 클 거 細: 가늘 세 精: 면밀할 정 粗: 거칠 조 毫: 가는 털 호 髮: 터럭 발 亦: 또 역 但: 다만 단 賦: 받을 부 耳: 뿐 이 猶: 같을 유 並: 아우를 병

'천하지성(天下至誠)'은 성인의 덕의 성실함이 천하에 능히 덧붙일 수 없음을 이른다. '진기성(盡其性)'은 덕이 성실하지 않음이 없다. 그러므로 인욕의 사사로움이 없어서 천명(=性)이 나에게 있음을 성찰하고 연유해서, 거대(巨大)하고 세소(細小)하고 정밀(精密)하고 조잡(粗雜)한 것이 털끝만큼도 다하지 않음이 없다. 인(人)과 물(物)의 성(性) 또한 나의 성(性)이지만, 다만 부여(賦與)받은 바의 형기(形氣)가 같지 않아 다름이 있을 따름이다. 능히 이것을

다하는 이는 앎이 밝지 않음이 없고, 대처함이 마땅하지 않음이 없음을 이른
다. 찬(贊)은 '도울 조(助)'와 같。. '여천지삼(與天地參)'은 천지와 더불어 나
란히 서서 셋이 됨을 이른다. 이는 정성으로 말미암아 밝아진 이의 일이다.

右는 第二十二章이라.
  우는 제 22장이다.

言天道也ㅣ라.
  천도를 말씀하였다.

제 23장

其次는 致曲이니 曲能有誠이니 誠則形하고 形則著하고 著則明
기 차   치 곡   곡 능 유 성   성 즉 형   형 즉 저   저 즉 명
하고 明則動하고 動則變하고 變則化ㅣ니 唯天下至誠이아 爲能
    명 즉 동   동 즉 변   변 즉 화   유 천 하 지 성   위 능
化ㅣ니라.
화

章句註解

其次는 通大賢以下凡誠有未至者而言也ㅣ라 致는 推致也ㅣ오
曲은 一偏也ㅣ라 形者는 積中而發外오 著則又加顯矣오 明則
又有光輝發越之盛也ㅣ오 動者는 誠能動物이오 變者는 物從而
變이오 化則有不知其所以然者라 蓋人之性이 無不同이나 而氣
則有異라 故로 惟聖人이아 能擧其性之全體而盡之오 其次則
必自其善端發見之偏而悉推致之하야 以各造其極也ㅣ라 曲無
不致면 則德無不實하야 而形著動變之功이 自不能已니 積而
至於能化하면 則其至誠之妙ㅣ 亦不異於聖人矣라라.

賢: 어질 현 凡: 무릇 범 推: 밀 추 偏: 치우칠 편 積: 쌓을 적 顯: 나타날 현 輝: 빛날 휘

越: 넘을 월 從: 좇을 종 見: 나타날 현 悉: 다 실 造: 나아갈 조 妙: 묘할 묘

'기차(其次)'는 대현(大賢) 이하 무릇 정성(천도)에 아직 이르지 못한 이를 통틀어 말씀한 것이다. 치(致)는 추진(推進)하여 이룸이고, 곡(曲)은 한쪽으로 치우침이다. 형(形)은 속에 쌓여서 밖으로 발현됨이고, 저(著)는 또 더욱더 드러남이고, 명(明)은 또 광휘(光輝)가 발현하여 넘침이 성대함이고, 동(動)은 정성함이 능히 사물을 움직이게 함이고, 변(變)은 사물이 따라 변함이고, 화(化)는 그 소이연(所以然: 까닭)을 알지 못함이 있는 것이다. 대개 사람의 성품(性品)은 같지 않음이 없으나, 기질(氣質)은 다름이 있다. 그러므로 오직 성인이라야 능히 그 성품의 전체를 들어서 극진히 하고, 그 다음은 반드시 그 선(善)함의 실마리가 발현되는 한쪽에서부터 모두 미루어 이루어서 제각기 그 지극한 데로 나아가게 된다. 곡진하게 이루지 않음이 없으면 덕이 성실하지 않음이 없어서, 형(形)과 저(著), 동(動), 변(變)의 공효(功效)가 스스로 능히 그만두지 못하고, 쌓여서 능히 화함(의 경지)에 이르면 지성(至誠)의 신묘(神妙)함이 또한 성인에 있어서와 다르지 않게 된다.

右는 第二十三章이라.
  우는 제 23장이다.

言人道也ㅣ라.
  사람의 도를 말씀하였다.

제 24장

至誠之道는 可以前知니 國家將興에 必有禎祥하며 國家將亡
지성지도   가이전지   국가장흥   필유정상   국가장망

에 必有妖孼하야 見乎蓍龜하며 動乎四體라 禍福將至에 善을
  필유요얼   현호시귀   동호사체   화복장지   선

必先知之하며 不善을 必先知之니 故로 至誠은 如神이니라.
필선지지　　　불선　필선지지　고　지성　여신

章句註解

禎祥者는 福之兆오 妖孼者는 禍之萌이라 蓍는 所以筮오 龜는 所以卜이라 四體는 謂動作威儀之間이니 如執玉高卑에 其容俯仰之類라 凡此는 皆理之先見者也ㅣ라 然이나 唯誠之至極而無一毫私僞ㅣ留於心目之間者라야 乃能有以察其幾焉이라 神은 謂鬼神이라.

兆: 조짐 조 萌: 싹 맹 筮: 점대 서 卜: 점 복 威: 위엄 위 儀: 거동 의 執: 잡을 집 玉: 옥 옥 容: 모습 용 俯: 구부릴 부 仰: 우러를 앙 類: 무리 류 幾: 기미 기 僞: 거짓 위 留: 머무를 유 目: 눈 목 幾: 기미 기

　정상(禎祥)은 복(福)의 조짐(兆朕)이고, 요얼(妖孼)은 화(禍)의 싹이다. 시(蓍)는 시초점인 '점대 서(筮)'이고, 귀(龜)는 거북점인 '점 복(卜)'이다. 사체(四體)는 동작하는 위의(威儀) 사이에, 옥을 잡아서 높게·낮게 올릴 때 그 얼굴을 숙이고 쳐드는 것과 같은 종류이다. 무릇 이런 것이 모두 이치보다 먼저 나타난다. 그러나 오직 정성이 지극해서 한 터럭이라도 사사로움과 거짓이 마음과 눈의 사이에 잔류(殘留)함이 없는 자라야 이에 능히 그 기미를 살필 수 있다. 신(神)은 귀신(鬼神)을 이른다.

右는 第二十四章이라.
　우는 제 24장이다.

言天道也ㅣ라.
　천도를 말씀하였다.

제 25장

誠者는 自成也ㅣ오 而道는 自道也ㅣ니라.
성자 자성야   이도 자도야

章句註解

言誠者는 物之所以自成이오 而道者는 人之所當自行也ㅣ라 誠은 以心으로 言이니 本也ㅣ오 道는 以理로 言이니 用也ㅣ라.

   성(誠)은 물건이 스스로 이루어지는 까닭(所以)이고, 도(道)는 사람이 마땅히 스스로 행해야 하는 바를 말한다. 성(誠)은 마음으로써 말함이니 근본이고, 도(道)는 이치로써 말함이니 용(用)이다.

誠者는 物之終始니 不誠이면 無物이니 是故로 君子는 誠之爲貴니라.
성자 물지종시 불성   무물   시고 군자   성지위귀

章句註解

天下之物이 皆實理之所爲라 故로 心得是理然後에 有是物이니 所得之理ㅣ旣盡이면 則是物이 亦盡而無有矣라 故로 人之心이 一有不實이면 則雖有所爲라도 亦如無有일새 而君子ㅣ必以誠爲貴也ㅣ라 蓋人之心이 能無不實이라야 乃爲有以自成이오 而道之在我者ㅣ亦無不行矣라.

皆: 다 개 是: 옳을 시, 이 시 盡: 다할 진 亦: 또 역 貴: 귀할 귀

   천하의 사물이 모두 실제적인 이치의 행하는 바이다. 그러므로 마음이 이 이치를 체득한 연후에야 이 사물이 있게 되니, 체득한 바의 이치가 이미 다하면 이 사물 또한 다해서 있음이 없다. 그러므로 사람들의 마음속에 하나라도 불

성실(不誠實)함이 있으면, 비록 행하는 바가 있더라도 또한 있음이 없음과 같으니, 군자는 반드시 성(誠)으로써 귀함을 삼는다. 대개 사람들의 마음이 능히 불성실(不誠實)함이 없으면 이에 행하는 바가 이로써 자연히 이루어지고, 현재(現在) 내가 가야할 길(道) 또한 행해지지 않음이 없게 된다.

誠者는 非自成己而已也ㅣ라 所以成物也ㅣ니 成己는 仁也ㅣ오 成物은 知也ㅣ니 性之德也ㅣ라 合內外之道也ㅣ니 故로 時措之宜也ㅣ니라.

章句註解

誠은 雖所以成己나 然이나 旣有以自成이면 則自然及物하야 而道亦行於彼矣라 仁者는 體之存이오 知者는 用之發이라 是皆吾性之固有하야 而無內外之殊하니 旣得於己면 則見於事者ㅣ以時措之而皆得其宜也ㅣ라.

旣: 이미 기 及: 미칠 급 彼: 저 피 固: 오로지 고 殊: 다를 수 見: 나타날 현 宜: 마땅할 의

성(誠)은 비록 자기 몸을 이루는 까닭(所以)이나, 이미 이로써 자성(自成)이 있으면 자연히 만물에 미쳐서 도(道)가 또한 저쪽에서 행하여진다. 인(仁)은 체(體)의 존재이고, 지(知)는 용(用)의 발현(發現)이다. 이는 모두 내 성품(性品)의 고유(固有)한 것이어서 내외(內外)의 다름이 없으니 이미 자기 몸에 체득되면 일에 발현됨이 때마다 조처(措處)해서 모두 그 마땅함을 얻게 된다.

右는 第二十五章이라.
우는 제 25장이다.

言人道也ㅣ라.

인도를 말씀하였다.

제 26장

故로 至誠은 無息이니
고   지성   무식

章句註解

旣無虛假하니 自無間斷이라.

虛: 빌 허 假: 거짓 가 間: 사이 간 斷: 끊을 단

이미 헛됨과 거짓이 없으니, 스스로 간단(間斷)함이 없다.

不息則久하고 久則徵하고
불식즉구   구즉징

章句註解

久는 常於中也오 徵은 驗於外也라.

常: 항상 상 驗: 증험할 험

구(久)는 중(中)에 항상(恒常)하고, 징(徵)은 밖에 증험(證驗)함이라.

徵則悠遠하고 悠遠則博厚하고 博厚則高明이니라.
징즉유원   유원즉박후   박후즉고명

章句註解

此는 皆以其驗於外者로 言之니 鄭氏所謂至誠之德이 著於四方者ㅣ是也ㅣ라 存諸中者ㅣ旣久면 則驗於外者ㅣ益悠遠而無

窮矣라 悠遠故로 其積也ㅣ廣博而深厚하고 博厚故로 其發也ㅣ高大而光明이라.

이는 모두 그 밖에서 징험(徵驗)되는 것으로써 말씀하였으니, 정씨(鄭玄)가 이른바 "지성(至誠)의 덕이 사방에 현저(顯著)해진다."고 함이 이것이다. 저 속에 존재(存在)한 것이 이미 오래되면, 밖에 나타난 징험(徵驗)이 더욱 유원해져서 무궁(無窮)해진다. 유원한 까닭에 그 축적(蓄積)이 광박(廣博)하고 심후(深厚)하며, 박후(博厚)한 까닭에 그 발현(發顯)됨이 고대(高大)하고 광명(光明)하다.

博厚는 所以載物也ㅣ오 高明은 所以覆物也ㅣ오 悠久는 所以成物也ㅣ니라.
박후 소이재물야   고명 소이부물야   유구 소이성물야

章句註解

悠久는 卽悠遠이니 兼內外而言之也ㅣ라 本以悠遠으로 致高厚하고 而高厚ㅣ又悠久也ㅣ니 此는 言聖人이 與天地同用이라.

卽: 곧 즉 兼: 겸할 겸 致: 이를 치

유구(悠久)는 곧 유원(悠遠)이니, 내외를 겸(兼)하여 말한 것이다. 본래 유원으로써 고명(高明)과 박후(博厚)를 이루고, 고명하고 박후하면 또한 유구해지니, 이는 성인이 천지와 더불어 용(用)이 같음을 말한 것이다.

博厚는 配地하고 高明은 配天하고 悠久는 無疆이니라.
박후 배지   고명 배천   유구 무강

章句註解

此는 言聖人이 與天地同體라.

이는 성인이 천지와 더불어 체(體)가 같음을 말한 것이다.

如此者는 不見而章하며 不動而變하며 無爲而成이니라.
여차자 불현이장 부동이변 무위이성

章句註解

見은 猶示也ㅣ라 不見而章은 以配地而言也ㅣ오 不動而變은 以配天而言也ㅣ오 無爲而成은 以無疆而言也ㅣ라.

현(見)은 '보일 시(示)'와 같다. '불현이장(不見而章)'은 땅과 배합(配合)함으로써 말한 것이고, '부동이변(不動而變)'은 하늘과 배합함으로써 말한 것이고, '무위이성(無爲而成)'은 무강(無疆)으로써 말한 것이다.

天地之道는 可一言而盡也ㅣ니 其爲物이 不貳라 則其生物이 不測이니라.
천지지도 가일언이진야 기위물 불이 즉기생물 불측

章句註解

此以下는 復以天地로 明至誠無息之功用이라 天地之道ㅣ可一言而盡은 不過曰誠而已라 不貳는 所以誠也ㅣ라 誠故로 不息而生物之多ㅣ有莫知其所以然者라.

復: 다시 부 過: 지날 과 已: 뿐 이 莫: 없을 막

이 이하(以下)는 다시 천지로써 지성무식(至誠無息)의 공효(功用)를 밝힌 것이다. 천지의 도를 가히(진실로) 한마디 말로 다할 수 있음은 지나치지 않게

부록 523

말한다면 '정성 성(誠)'일 뿐이다. 불이(不貳)는 '정성 성(誠)'으로써 하는 바이다. 정성인 까닭으로 쉬지 아니해서 만물을 생생해 냄이 많으니 그 소이연(所以然: 까닭)을 알지 못함이 있는 것이다.

天地之道는 博也厚也高也明也悠也久也ㅣ니라.
천지지도 박야후야고야명야유야구야

章句註解

言天地之道는 誠一不貳라 故로 能各極其盛하야 而有下文生物之功이라.

　천지의 도가 '정성 성(誠)' 하나이지 둘이 아니다. 그러므로 능히 제각기 그 성대(盛大)함을 지극히 해서, 아래 글의 물건을 낳는 공효(功效)가 있음을 말씀한 것이다.

今夫天이 斯昭昭之多ㅣ니 及其無窮也하야는 日月星辰이 繫焉
금부천 사소소지다 급기무궁야 일월성신 계언
하며 萬物이 覆焉이니라 今夫地ㅣ 一撮土之多ㅣ니 及其廣厚하야는
만물 부언 금부지 일촬토지다 급기광후
載華嶽而不重하며 振河海而不洩하며 萬物이 載焉이니라 今夫山
재화악이부중 진하해이불설 만물 재언 금부산
이 一卷石之多ㅣ니 及其廣大하야는 草木이 生之하며 禽獸ㅣ
일권석지다 급기광대 초목 생지 금수
居之하며 寶藏이 興焉이니라 今夫水ㅣ 一勺之多ㅣ니 及其不測
거지 보장 흥언 금부수 일작지다 급기불측
하야는 黿鼉蛟龍魚鱉이 生焉하며 貨財ㅣ 殖焉이니라.
원타교룡어별 생언 화재 식언

章句註解

昭昭는 猶耿耿이니 小明也ㅣ니 此는 指其一處而言之라 及其無窮은 猶十二章及其至也之意니 蓋擧全體而言也ㅣ라 振은 收

也ㅣ오 卷은 區也ㅣ라 此四條는 皆以發明由其不貳不息하야 以致盛大而能生物之意라 然이나 天地山川은 實非由積累而後大니 讀者ㅣ不以辭害意ㅣ可也ㅣ라.

耿: 빛날 경 蓋: 대개 개 收: 거둘 수 區: 나눌 구 條: 조목 조 積: 쌓을 적 累: 포갤 루 讀: 읽을 독 辭: 말씀 사 害: 해칠 해

　소소(昭昭)는 '빛나고 빛나다'는 경경(耿耿)과 같으니 조금 밝은 것이다. 이는 그 한 곳을 가리켜 한 말이다. '及其無窮'은 제 12장의 '及其至也'의 뜻과 같으니 대개 전체를 들어 말한 것이다. 진(振)은 '거둘 수(收)', 권(卷)은 '나눌 구(區)'이다. 이 네 조항은 모두 둘이 아니고 쉬지 않음으로 말미암아 성대함을 이루어서 능히 만물을 생생해내는 뜻을 발하여 밝힌 것이다. 그러나 천지산천(天地山川)이 실제로 누적(累積)으로 말미암은 뒤에 커진 것은 아니니, 독자(讀者)가 말로써 뜻을 해하지 않음이 옳다.

詩云 維天之命이 於穆不已라 하니 蓋曰天之所以爲天也ㅣ오
　　시운 유천지명　　오목불이　　　　개왈천지소이위천야

於乎不顯가 文王之德之純이여 하니 蓋曰文王之所以爲文也
오호불현　　문왕지덕지순　　　　　개왈문왕지소이위문야

ㅣ니 純亦不已니라.
　　순역불이

章句註解

詩는 周頌維天之命篇이라 於는 歎辭라 穆은 深遠也ㅣ라 不顯은 猶言豈不顯也ㅣ라 純은 純一不雜也ㅣ라 引此하야 以明至誠無息之意라 程子ㅣ曰天道ㅣ不已하니 文王이 純於天道ㅣ亦不已라 純則無二無雜이오 不已則無間斷先後라.

頌: 기릴 송 歎: 탄식할 탄 豈: 어찌 기 雜: 섞일 잡

시는 詩經(시경)의 주송(周頌) 유천지명편(維天之命篇)이다. 오(於)는 감탄하는 말이다. 목(穆)은 심원(深遠)함이다. 불현(不顯)은 '어찌 드러나지 않겠는가.'의 '기불현(豈不顯)'이란 말과 같다. 순(純)은 순일(純一)해서 섞이지 아니함이다. 이를 인용해서 "지극한 정성은 쉬지 않는다(至誠無息)."는 뜻을 밝혔다.

정자가 말씀하길 "하늘의 도가 그치지 않으니, 문왕이 천도(天道)에 순일(純一)해서 또한 그치지 않으셨다. 순일(純一)하면 둘도 없고 섞임도 없으며, 그치지 않으면 간단(間斷)과 선후(先後)도 없을 것이다."고 하였다.

右는 第二十六章이라.
우는 제 26장이다.

言天道也ㅣ라.
천도를 말씀하였다.

제 27장
大哉라 聖人之道여!
대재 성인지도

章句註解
包下文兩節而言이라.
包: 쌀 포 兩: 두 량

아래의 글 두 절을 포함하여 말씀한 것이다.

洋洋乎發育萬物하야 峻極于天이로다.
양양호발육만물 준극우천

章句註解

峻은 高大也라 此는 言道之極於至大而無外라.

    준(峻)은 높고 큰 고대(高大)함이다. 이는 도가 지대(至大)함에 극진해서 밖이 없음을 말한 것이다.

優優大哉라 禮儀三百과 威儀三千이로다.
우우대재　예의삼백　　위의삼천

章句註解

優優는 充足有餘之意라 禮儀는 經禮也ㅣ오 威儀는 曲禮也ㅣ라 此는 言道之入於至小而無間也ㅣ라.

餘: 남을 여　經: 벼리 경　曲: 곡진할 곡

    우우(優優)는 충족하여 여유롭다는 뜻이다. 예의(禮儀)는 경례(經禮)이고, 위의(威儀)는 곡례(曲禮)이다. 이는 도가 지극히 작은 데에 들어가 사이가 없음을 말한 것이다.

待其人而後에 行이니라.
대기인이후　　행

章句註解

總結上兩節이라.

總: 묶을 총　結: 맺을 결

    위의 두 절을 총괄(總括)하여 맺은 것이다.

故로 曰 苟不至德이면 至道ㅣ 不凝焉이라하니라.
고 왈 구부지덕   지도 불응언

章句註解

至德은 謂其人이오 至道는 指上兩節而言이라 凝은 聚也ㅣ며 成也ㅣ라.

指: 가리킬지 聚: 모일 취

   지덕(至德)은 그 사람을 이르고, 지도(至道)는 위 두 절을 가리켜 말함이다. 응(凝)은 응취(凝聚)이며 완성(完成)이다.

故로 君子는 尊德性而道問學이니 致廣大而盡精微하며 極高明而道中庸하며 溫故而知新하며 敦厚以崇禮니라.
고 군자 존덕성이도문학   치광대이진정미   극고명이도중용   온고이지신   돈후이숭례

章句註解

尊者는 恭敬奉持之意라 德性者는 吾所受於天之正理라 道는 由也ㅣ라 溫은 猶燖溫之溫이니 謂故學之矣오 復時習之也ㅣ라 敦은 加厚也ㅣ라 尊德性은 所以存心而極乎道體之大也ㅣ오 道問學은 所以致知而盡乎道體之細也ㅣ니 二者는 脩德凝道之大端也ㅣ라 不以一毫私意로 自蔽하고 不以一毫私欲으로 自累하며 涵泳乎其所已知하고 敦篤乎其所已能하니 此는 皆存心之屬也ㅣ오 析理則不使有毫釐之差하고 處事則不使有過不及之謬하며 理義則日知其所未知하고 節文則日謹其所未謹하니 此는 皆致知之屬也ㅣ라 蓋非存心이면 無以致知오 而存心者ㅣ 又不可以不致知라 故로 此五句는 大小相資하고 首尾相應하야 聖賢所示入德之方이 莫詳於此하니 學者ㅣ 宜盡心焉이니라.

恭: 공손할 공 奉: 받들 봉 持: 유지할 지 燖: 데칠 심, 따뜻하게 할 심 故: 옛 고 復: 다시 부 毫: 가는 털 호 蔽: 가릴 폐 累: 동여맬 루 涵: 적실 함 泳: 헤엄칠 영 已: 이미 이 析: 쪼갤 석 釐: 다스릴 리 謬: 어긋날 류 謹: 삼갈 근 資: 바탕 자, 밑천 자 首: 머리 수 尾: 꼬리 미 詳: 자세할 상 宜: 마땅할 의

    존(尊)은 공경하고 받들어 유지(維持)하는 뜻이다. 덕성(德性)은 내가 하늘에서 받은 바의 바른 이치이다. 도는 '말미암을 유(由)'이다. 온(溫)은 (음식을 데치듯) '배운 것을 되풀이해서 익히다(燖溫)'는 온(溫)과 같으니, 예전에 배웠던 것을 다시 때때로 익힘을 일컫는다. 돈(敦)은 더욱 두텁게 함이다. 존덕성(尊德性)은 (마음에 보존(保存)한 바를) 마음에 두어서 도체의 큼을 극진히 하는 까닭(所以)이고, 도문학(道問學)은 앎을 이루어서 도체의 세세함을 극진히 하는 까닭(所以)이니, 이 두 가지는 덕(德)을 닦고 도(道)가 엉기게 되는 큰 단서이다. 한 터럭의 사의(私意)로써 스스로를 가려서는 아니 되고, 한 터럭의 사욕(私欲)으로써 스스로를 동여매서는 아니 되며, 그 이미 아는 바를 물속에 잠기듯이 하고 그 이미 능한 바를 돈독히 하니, 이 모두가 존심(存心)에 속한다. 이치를 분석함에 털끝만한 오차(誤差)가 있지 않게 하고, 일을 처리함에 과불급(過不及)의 오류(誤謬)가 있지 않게 하며, 의리(義理)를 다스림에 날마다 그 아직 알지 못한 바를 알아가고, 문덕을 절제함에 날마다 그 삼가지 못한 바를 삼가니, 이 모두가 치지(致知)에 속한다.

    대개 존심(存心)하지 아니하면 치지(致知)할 수 없고, 존심(存心)자는 또한 가히 치지(致知)하지 않을 수 없다. 그러므로 이 다섯 구절은 대소(大小)가 서로 바탕이 되고, 수미(首尾)가 서로 응하여, 성현이 덕에 들어가는 방법을 제시(提示)한 바가 이보다 자세함이 없으니, 학자(學者)가 마땅히 마음을 다해야 할 것이다.

是故로 居上不驕하며 爲下不倍라 國有道에 其言이 足以興이오
시고 거상불교 위하불패 국유도 기언 족이흥
國無道에 其默이 足以容이니 詩曰 旣明且哲하야 以保其身이라
국무도 기묵 족이용 시왈 기명차철 이보기신
하니 其此之謂與ㄴ저.
기차지위여

章句註解

興은 謂興起在位也ㅣ라 詩는 大雅烝民之篇이라.

烝: 많을 증, 찔 증

흥(興)은 지위(地位)에 있는 사람을 흥기(興起)시킴을 이른다. 시(詩)는 大雅(대아) 증민(蒸民)편이다.

右는 第二十七章이라.
우는 제 27장이다.

言人道也ㅣ라.
인도를 말씀하였다.

제 28장

子ㅣ曰 愚而好自用하며 賤而好自專이오 生乎今之世하야 反古
자 왈 우이호자용 천이호자전 생호금지세 반고
之道ㅣ면 如此者는 烖及其身者也ㅣ니라.
지도 여차자 재급기신자야

章句註解

以上은 孔子之言이니 子思ㅣ引之라 反은 復也ㅣ라.

이상은 공자의 말씀이니 자사가 인용하였다. 반(反)은 '뒤집을 복(復)'이다.

非天子ㅣ면 不議禮하며 不制度하며 不考文이니라.
비천자 불의례 부제도 불고문

章句註解

此以下는 子思之言이라 禮는 親疎貴賤이 相接之禮也ㅣ라 度는 品制오 文은 書名이라.

親: 친할 친 疎: 친하지 않을 소 接: 사귈 접 品: 물건 품 制: 마름질할 제

  이 이하(以下)는 자사의 말씀이다. 예(禮)는 친하거나 소원(疎遠)한 이, 귀하거나 천한 이들이 서로 접촉(接觸)할 때의 예이다. 도(度)는 물건을 마름질함이고 문(文)은 서명(書名)이다.

今天下ㅣ 車同軌하며 書同文하며 行同倫이니라.
금천하 거동궤 서동문 행동륜

章句註解

今은 子思ㅣ 自謂當時也라 軌는 轍迹之度오 倫은 次序之體라 三者皆同은 言天下一統也ㅣ라.

轍: 바퀴자국 철, 행적 철 迹: 자취 적 度: 법도 도 統: 큰 줄기 통

  금(今)은 자사가 스스로 당시(當時)를 이른 것이다. 궤(軌)는 수레바퀴 자국의 도수(度數)이고, 윤(倫)은 차서(次序)의 예이다. 세 가지가 다 동(同)함은 천하가 하나로 통일되었음을 말한다. - 철적(轍迹): 지나간 흔적

雖有其位나 苟無其德이면 不敢作禮樂焉이며 雖有其德이나
수유기위 구무기덕 불감작례악언 수유기덕

苟無其位면 **亦不敢作禮樂焉**이니라.
구 무 기 위   역 불 감 작 례 악 언

章句註解

鄭氏曰 言作禮樂者는 必聖人이 在天子之位라.

 정(鄭)씨가 말하길 "예악을 짓는 이는 반드시 성인이 천자의 지위(地位)에 있어야 함을 말씀한 것이다."고 하였다.

子ㅣ曰 吾說夏禮나 杞不足徵也ㅣ오 吾學殷禮호니 有宋이 存焉
자 왈 오 설 하 례   기 부 족 징 야   오 학 은 례   유 송 존 언
이어니와 吾學周禮호니 今用之라 吾從周호리라.
          오 학 주 례   금 용 지   오 종 주

章句註解

此는 又引孔子之言이라 杞는 夏之後라 徵은 證也ㅣ라 宋은 殷之後라 三代之禮를 孔子ㅣ皆嘗學之而能言其意하시되 但夏禮는 旣不可考證이오 殷禮는 雖存이나 又非當世之法이오 惟周禮는 乃時王之制오 今日所用이니 孔子ㅣ旣不得位시면 則從周而已시니라.

引: 인용할 인 證: 증거 증 嘗: 일찍이 상 已: 뿐 이 但: 다만 단 惟: 오직 유

 이는 다시 공자의 말씀을 인용한 것이다. 기(杞)는 하(夏)나라의 후손이다. 징(徵)은 '증명할 증(證)'이다. 송(宋)은 은(殷)나라의 후손이다. 삼대의 예를 공자께서 모두 일찍이 배우셔서 능히 그 뜻을 말씀할 수 있으나, 다만 하나라 예법은 이미 고증(考證)하기가 불가(不可)하고, 은나라 예법은 비록 존재(存在)하나 또한 당세의 법이 아니고, 오직 주나라 예법이 이때에 왕이 제정한 것이고 오늘날 이용하니, 공자께서 이미 지위를 얻지 못했으면 주나라 예법을

쫓을 뿐이다.

右는 第二十八章이라.
　우는 제 28장이다.

承上章爲下不倍而言이니 亦人道也ㅣ라.
　윗장의 '爲下不倍'를 이어서 말씀하였으니, 또한 인도(人道)이다.

제 29장
王天下ㅣ 有三重焉이니 其寡過矣乎ㄴ저.
왕천하　유삼중언　　　기과과의호

章句註解
呂氏 曰三重는 謂議禮制度考文이니 惟天子라야 得以行之니 則國不異政하고 家不殊俗하야 而人得寡過矣라라.
異: 다를 이 殊: 다를 수

　여씨(呂大臨)가 말하길 "삼중(三重)은 의례(議禮)와 제도(制度), 고문(考文)을 이름이니, 오직 천자라야 체득해서 행할 수 있다. 그렇게 하면 나라에 정사가 다르지 않고 (백성의) 집안에 풍속이 다르지 않아서 사람들이 허물을 적게 얻으리라."

上焉者는 雖善이나 無徵이니 無徵이라 不信이오 不信이라 民弗從
상언자　수선　　무징　　무징　　불신　　　불신　　민부종
이니라 下焉者는 雖善이나 不尊이니 不尊이라 不信이오 不信이라
　　　　하언자　수선　　부존　　부존　　불신　　　불신
民弗從이니라.
민　부　종

章句註解

上焉者는 謂時王以前이니 如夏商之禮ㅣ 雖善이나 而皆不可考오 下焉者는 謂聖人在下하니 如孔子ㅣ 雖善於禮나 而不在尊位也ㅣ라.

　상언자(上焉者)는 당시의 왕 이전(以前)을 이르니, 하(夏)나라와 상(商)나라의 예가 비록 잘 되어 있으나 모두 고증(考證)하기가 불가(不可)하다. 하언자(下焉者)는 성인이 아래 지위에 계심을 이르니, 공자께서 비록 예에 대해 잘 알고 있으나 높은 지위에 계시지 못함과 같다.

故로 君子之道는 本諸身하야 徵諸庶民하며 考諸三王而不謬하며
고　군자지도　본저신　　징저서민　　　고저삼왕이불류
建諸天地而不悖하며 質諸鬼神而無疑하며 百世以俟聖人而不惑
건저천지이불패　　질저귀신이무의　　　백세이사성인이불혹
이니라.

章句註解

此君子는 指王天下者而言이라 其道는 卽議禮制度考文之事也ㅣ라 本諸身은 有其德也ㅣ오 徵諸庶民은 驗其所信從也ㅣ라 建은 立也ㅣ니 立於此而參於彼也ㅣ라 天地者는 道也ㅣ오 鬼神者는 造化之迹也ㅣ라 百世以俟聖人而不惑은 所謂聖人復起사도 不易吾言者也ㅣ라.

驗: 증험할 험　參: 참여할 참　易: 바꿀 역　迹: 자취 적

　이런 군자는 왕천하자(王天下者)를 가리켜 말함이다. 그 도(道)는 의례(議禮)와 제도(制度)와 고문(考文)하는 일이다. 본저신(本諸身)은 그 덕을 가짐이고, 징저서민(徵諸庶民)은 그 믿고 따르는 바를 징험(徵驗)하는 것이다. 건

(建)은 '세울 립(立)'이니, 여기에서 세워 저기에서 참여하는 것이다. 천지(天地)는 도(道)이고 귀신(鬼神)은 조화의 자취이다. '백세이사성인이불혹(百世以俟聖人而不惑)'은 이른바 "성인이 다시 나오셔도 내 말을 바꾸지 않으실 것이다."이란 뜻이다.

質諸鬼神而無疑는 知天也 ㅣ오 百世以俟聖人而不惑은 知人也 ㅣ니라.
질저귀신이무의   지천야   백세이사성인이불혹   지인야

章句註解

知天知人은 知其理也 ㅣ라.

하늘을 알고 사람을 앎은(知天知人) 그 이치를 앎이다.

是故로 君子는 動而世爲天下道 ㅣ니 行而世爲天下法하며 言而世爲天下則이라 遠之則有望이오 近之則不厭이니라.
시고 군자 동이세위천하도   행이세위천하법   언이세위천하칙   원지즉유망   근지즉불염

章句註解

動은 兼言行而言이오 道는 兼法則而言이라 法은 法度也 ㅣ오 則은 準則也 ㅣ라.

兼: 아울러 겸 準: 법 준

동(動)은 언행(言行)을 아울러 말함이고, 도(道)는 법칙(法則)을 아울러 말함이다. 법(法)은 법도(法度)이고, 칙(則)은 준칙(準則)이다.

詩曰 在彼無惡하며 在此無射이라 庶幾夙夜하야 以永終譽ㅣ라
하니 君子ㅣ未有不如此而蚤有譽於天下者也ㅣ니라.

章句註解

詩는 周頌振鷺之篇이라 射는 厭也라 所謂此者는 指本諸身以下 六事而言이라.

頌: 기릴 송 振: 떨친 진 鷺: 해오라기 로 厭: 싫을 염

   시(詩)는 周頌(주송) 진로편(振鷺篇)이라. 역(射)은 '싫어할 염(厭)'이다. 이른바 차(此)는 '本諸身' 이하 육사(六事)를 가리켜 말함이다.

右는 第二十九章이라.
   우는 제 29장이다.

承上章居上不驕而言이니 亦人道也ㅣ라.
   윗장의 '居上不驕'를 이어서 말씀함이니, 이 역시(亦是) 인도(人道)이다.

제 30장

仲尼는 祖述堯舜하시고 憲章文武하시며 上律天時하시고 下襲水土하시니라.

章句註解

祖述者는 遠宗其道오 憲章者는 近守其法이오 律天時者는 法其 自然之運이오 襲水土者는 因其一定之理니 皆兼內外該本末 而言也ㅣ라

宗: 마루 종 守: 지킬 수 運: 돌 운 該: 갖출 해

    조술(祖述)은 멀리 그 도를 조종(祖宗)으로 삼고, 헌장(憲章)은 가까이 그 법을 지키고, 율천시(律天時)는 그 자연의 운행을 법(法)하고, 습수토(襲水土)는 그 일정한 이치로 인(因)하니, 모두 내외(內外)를 겸하고 본말(本末)을 갖추어서 말씀한 것이다.

辟如天地之無不持載하며 **無不覆幬**하며 **辟如四時之錯行**하며
비여천지지무부지재　　　　무불부도　　　　비여사시지착행
如日月之代明이니라.
여일월지대명

章句註解

錯은 猶迭也라 此는 言聖人之德이라.

迭: 갈마들 질, 지나칠 질

    착(錯)은 '지나칠 질(迭)'과 같다. 이는 '성인의 덕'을 말씀한 것이다.

萬物이 **並育而不相害**하며 **道ㅣ 並行而不相悖라 小德**은 **川流ㅣ오**
만물　병육이불상해　　　도　병행이불상패　소덕　　천류
大德은 **敦化ㅣ니 此ㅣ 天地之所以爲大也ㅣ니라**.
대덕　　돈화　　차　천지지소이위대야

章句註解

悖는 猶背也ㅣ라 天覆地載하야 萬物이 並育於其間而不相害하며 四時日月이 錯行代明而不相悖하니 所以不害不悖者는 小德之川流오 所以並育並行者는 大德之敦化라 小德者는 全體之分이오 大德者는 萬殊之本이오 川流者는 如川之流니 脉絡이

分明而往不息也ㅣ오 敦化者는 敦厚其化니 根本이 盛大而出無窮也ㅣ라 此는 言天地之道하야 以見上文取譬之意也ㅣ라

背: 등질 패 殊: 죽일 수, 다를 수 脉: 맥 맥(脈) 絡: 이을 락 見: 나타날 현

패(悖)는 '등질 패(背)'와 같다. 하늘이 덮어주고 땅이 실어주어 만물이 그 사이에 아울러서 길러지되 서로 해치지 않으며, 사시와 일월이 번갈아 운행하고 교대로 밝히되 서로 어긋나지 않으니, 불해불패(不害不悖)하는 까닭은 소덕의 천류이고, 병육병행(竝育竝行)하는 까닭은 대덕의 돈화이다.

소덕(小德)은 전체의 나뉨이고 대덕(大德)은 만 가지 다름의 근본이고 천류(川流)는 시냇물의 흐름과 같으니 맥락이 분명하여 (길을) 감이 쉬지 않고, 돈화(敦化)는 그 화함을 돈후(敦厚)히 하니, 근본이 성대해서 출(出)해 나옴이 무궁(無窮)하다. 이는 '천지의 도'를 말씀하여 윗글 비유(譬喩)를 취한 뜻을 나타낸 것이다.

右는 第三十章이라.

우는 제 30장이다.

言天道也라.

천도를 말씀하였다.

제 31장

唯天下至聖이아 爲能聰明睿知ㅣ 足以有臨也ㅣ니 寬裕溫柔ㅣ
유천하지성 위능총명예지 족이유림야 관유온유

足以有容也ㅣ며 發强剛毅ㅣ 足以有執也ㅣ며 齊莊中正이 足以
족이유용야 발강강의 족이유집야 제장중정 족이

有敬也ㅣ며 文理密察이 足以有別也ㅣ니라.
유경야 문리밀찰 족이유별야

章句註解

聰明睿知는 生知之質이라 臨은 謂居上而臨下也ㅣ라 其下四者는 乃仁義禮智之德이라 文은 文章也ㅣ오 理는 條理也ㅣ오 密은 詳細也ㅣ오 察은 明辨也ㅣ라.

質: 바탕 질 條: 가지 조 詳: 자세할 상 辨: 분별할 변

  총명예지(聰明睿智)는 생이지지(生而知之)의 자질이다. 임(臨)은 윗자리에 거해서 아래에 하림(下臨)함을 이른다. 그 아래 네 가지는 바로 인의예지(仁義禮智)의 덕이다. 문(文)은 문장(文章)이고, 이(理)는 조리(條理)이고 밀(密)은 상세(詳細)함이고 찰(察)은 밝게 분별함이다.

溥博淵泉하야 以時出之니라.
보 박 연 천　　　이 시 출 지

章句註解

溥博은 周徧而廣闊也ㅣ오 淵泉은 靜深而有本也ㅣ라 出은 發見也ㅣ니 言五者之德이 充積於中而以時發見於外也ㅣ라.

周: 두루 주 徧: 두루 편 廣: 넓을 광 闊: 트일 활, 넓을 활

  보박(溥博)은 두루 미쳐서 광활(廣闊)한 것이고 연천(淵泉)은 고요하고 심연(深淵)해서 근본이 있는 것이다. 출(出)은 발현함이니, 다섯 가지의 덕이 심중(心中)에 충적(充積)하여 때마다 밖에 발현됨을 말한다.

溥博은 如天하고 淵泉은 如淵이라 見而民莫不敬하며 言而民莫不信하며 行而民莫不說이니라.
보 박　여 천　　연 천　여 연　　현 이 민 막 불 경　　언 이 민 막 불 신　　행 이 민 막 불 열

章句註解

言其充積이 極其盛而發見이 當其可也ㅣ라.

   그 충적(充積)함이 그 성함을 극진히 해서 발현함이 그 옳음에 합당(合當)하다는 말씀이다.

是以로 **聲名**이 **洋溢乎中國**하야 **施及蠻貊**하야 **舟車所至**와 **人力所通**과 **天之所覆**와 **地之所載**와 **日月所照**와 **霜露所隊**에 **凡有血氣者**ㅣ **莫不尊親**하니 **故**로 **曰配天**이니라.

章句註解

舟車所至以下는 蓋極言之라 配天은 言其德之所及이 廣大如天也ㅣ라.

   '舟車所至' 이하는 대개 지극히 말씀한 것이다. '配天'은 그 덕이 미치는 곳이 광대(廣大)해서 하늘과 같음을 말한다.

右는 第三十一章이라.
   우는 제 31장이다.

承上章而言小德之川流하니 亦天道也ㅣ라.
   윗장을 이어 '소덕(小德)의 천류(川流)'를 말하였으니, 또한 천도이다.

제 32장

唯天下至誠이아 爲能經綸天下之大經하며 立天下之大本하며
유천하지성　　위능경륜천하지대경　　　입천하지대본

知天地之化育이니 夫焉有所倚리오.
지천지지화육　　　부언유소의

章句註解

經綸은 皆治絲之事니 經者는 理其緖而分之오 綸者는 比其類而合之也ㅣ라 經은 常也ㅣ라 大經者는 五品之人倫이오 大本者는 所性之全體也ㅣ라 惟聖人之德이 極誠無妄이라 故로 於人倫에 各盡其當然之實하야 而皆可以爲天下後世法하니 所謂經綸之也ㅣ라 其於所性之全體에 無一毫人欲之僞以雜之하야 而天下之道千變萬化가 皆由此出하니 所謂立之也ㅣ라 其於天地之化育에 則亦其極誠無妄者ㅣ 有默契焉하니 非但聞見之知而已라 此皆至誠無妄自然之功用이니 夫豈有所倚著於物而後能哉리오.

絲: 실 사 緖: 실마리 서 比: 견줄 비 妄: 망령될 망 毫: 가는 털 호 僞: 거짓 위, 속일 위
雜: 섞일 잡 默: 조용할 묵 契: 맺을 계 聞: 들을 문 著: 붙을 착

　경륜(經綸)은 모두 실을 다스리는 일이니, 경(經)은 그 실마리를 다스려 나누어 주는 것이고, 륜(綸)은 그 부류(部類)를 비교(比較)하여 합하는 것이다. 경(經)은 '떳떳할 상(常)'이다. 대경(大經)은 다섯 가지 품성(品性)의 인륜이고, 대본(大本)은 성품의 전체이다. 오직 성인의 덕이 지극한 정성이어서 망령됨이 없다. 그러므로 인륜에 있어, 제각기 그 당연한 성실(誠實)함을 다해서, 모두 가히 이로써 천하후세의 법이 되니, 이른바 경륜한다고 이른다. 그 천부지성(天賦之性)인 바 전체에 한 터럭만한 인욕의 거짓이 써 섞임이 없어서, 천하의 도가 천변만화(千變萬化)함이 모두 이(性)로 말미암아 나오니, 이른바 이를 '세운다(立)'고 하는 것이다. 그 '천지지화육(天地之化育)'에는 역시 그

지극한 정성이어서 망령됨이 없음이 묵계(默契: 말없는 가운데 뜻이 서로 맞음)함이 있으니, 단지 듣고 본다 해서 아는 것이 아닐 따름이다. 이는 모두 지성무식(至誠無息)의 자연스런 공효(功用)이니, 무릇 어찌 사물에 의지(依支)하고 집착(執着)한 바가 있은 뒤에 능하겠는가(능히 알 수가 있겠는가).

肫肫其仁이며 淵淵其淵이며 浩浩其天이니라.
준준기인   연연기연   호호기천

章句註解
肫肫은 懇至貌니 以經綸而言也ㅣ오 淵淵은 靜深貌니 以立本而言也ㅣ오 浩浩는 廣大貌니 以知化而言也ㅣ라 其淵其天이면 則非特如之而已라.

懇: 정성 간, 간절할 간 貌: 모양 모 靜: 고요할 정 深: 깊을 심 特: 다만 특

준준(肫肫)은 간곡(懇曲)하고도 지극(至極)한 모양이니 '경륜천하지대경(經綸天下之大經)'으로써 말함이고, '연연(淵淵)'은 고요하고도 깊은 모양이니 '입천하지대본(立天下之大本)'으로써 말함이고, '호호(浩浩)'는 광대(廣大)한 모양이니 '지천지지화육(知天地之化育)'으로써 말함이다. '기연기천(其淵其天)'이면 다만 이 같을 뿐만이 아님이다.

苟不固聰明聖知達天德者ㅣ면 其孰能知之리오.
구불고총명성지달천덕자   기숙능지지

章句註解
固는 猶實也ㅣ라 鄭氏曰 唯聖人이아 能知聖人也ㅣ라.

고(固)는 실제(實際), 실상(實相)과 같다. 정씨(鄭玄)가 말하길 "오직 성인이라야 능히 성인을 안다."고 하였다.

右는 第三十二章이라.

우는 제 32장이다.

章句註解

承上章而言大德之敦化하니 亦天道也ㅣ라 前章엔 言至聖之德하고 此章엔 言至誠之道라 然이나 至誠之道는 非至聖이면 不能知오 至聖之德은 非至誠이면 不能爲니 則亦非二物矣라 此篇에 言聖人天道之極致ㅣ 至此而無以加矣라.

윗 장을 이어 '대덕(大德)의 돈화(敦化)'를 말씀하였으니, 또한 천도(天道)이다. 앞장에서는 '지성지덕(至聖之德)'을 말씀하였고, 이 장에서는 '지성지도(至誠之道)'를 말씀하였다. 그러나 '지성지도(至誠之道)'는 '지성(至聖)'이 아니면 능히 알지 못하고, '지성지덕(至聖之德)'은 '지성(至誠)'이 아니면 능히 행하지 못하니, 곧 역시 두 가지 물건이 아니다. 이 편에 성인(聖人)과 천도(天道)의 극치(極致)에 대해 말씀하였으니, 이에 이르러서는 더(말)할 것이 없다.

제 33장

詩曰衣錦尚絅이라 하니 惡其文之著也ㅣ라 故로 君子之道는 闇然
시왈의금상경　　　　　　오기문지저야　　　고　군자지도　암연
而日章하고 小人之道는 的然而日亡하나니 君子之道는 淡而不厭
이일장　　소인지도　　적연이일망　　　군자지도　담이불염
하며 簡而文하며 溫而理니 知遠之近하며 知風之自하며 知微之顯
　　간이문　　온이리　지원지근　　　지풍지자　　　지미지현
이면 可與入德矣리라.
　　　가여입덕의

章句註解

前章엔 言聖人之德이 極其盛矣오 此는 復自下學立心之始로

言之하고 而下文에 又推之하야 以至其極也ㅣ라 詩는 國風 衛碩人 鄭之丰에 皆作衣錦褧衣하니 褧은 絅으로 同이니 禪衣也ㅣ라 尙은 加也ㅣ라 古之學者는 爲己라 故로 其立心이 如此라 尙絅故로 闇然하고 衣錦故로 有日章之實이라 淡簡溫은 絅之襲於外也ㅣ라 不厭而文且理焉은 錦之美ㅣ 在中也ㅣ라 小人 反是하야 則暴於外而無實以繼之니 是以로 的然而日亡也ㅣ라 遠之近은 見於彼者ㅣ 由於此也ㅣ오 風之自는 著乎外者ㅣ 本乎內也ㅣ오 微之顯은 有諸內者ㅣ 形諸外也ㅣ라 有爲己之心하고 而又知此三者면 則知所謹而可入德矣라 故로 下文에 引詩하야 言謹獨之事하시니라.

復: 다시 부 推: 밀 추 衛: 지킬 위 碩: 클 석 鄭: 나라이름 정 丰: 예쁠 봉 褧: 홑옷 경: 禪: 홑옷 단 襲: 껴입을 습 暴: 나타날 폭 繼: 이을 계 著: 나타날 저 諸: 어조사 저 謹: 삼갈 근

앞 장에서는 성인의 덕이 그 성대함을 극진히 함을 말씀하였고, 여기는 다시 하학(下學)이 입심(立心)의 시초로 말미암음을 말씀하였으며, 아래 글에 또 이를 미루어서 그 지극함을 다하였다. 시는 國風(국풍)의 위풍 석인편(衛風 碩人篇)과 정풍 봉편(鄭風 丰篇)에 모두 "衣錦褧衣"라고 하였으니, 경(褧)은 '홑옷 경(絅)'으로 같으니 홑옷(禪衣)이다. 상(尙)은 '더할 가(加)'이다. 옛날의 학자들은 '위기지학(爲己之學)'을 하였다. 그러므로 그 마음을 세움(立心)이 이와 같았다. 홑옷을 덧입었기 때문에 어두운 듯하고, 비단옷을 입었기 때문에 날로 빛나는 실상이 있다. 담박(淡泊)과 간략(簡略), 온화(溫和)함은 홑옷을 밖에 덧입은 것이다. 싫지 않고 문채 나며 또 조리가 있음은 비단의 아름다움이 심중(心中)에 있는 것이다. 소인은 이와 반대로 밖에 드러내서 실상 없음으로 이어지니, 이로써 분명한 듯해도 날로 없어진다. 원지근(遠之近)은 저기에(멀리) 나타나는 것이 여기에서(가까운데서) 말미암음이고, 풍지

자(風之自)는 밖에 드러난 것이 안에서 근본함이고, 미지현(微之顯)은 안에 있는 것이 밖에서 형용함이다. 자기를 위하는 마음이 있고 또 이 세 가지를 알면, 삼갈 바를 알아서 가히 덕에 들어갈 수 있다. 그러므로 아랫글에 시(詩)를 인용해서 홀로를 삼가는 '근독(謹獨)의 일'을 말씀하였다.

詩云潛雖伏矣나 亦孔之昭ㅣ라 하니 **故로 君子는 內省不疚하야**
시 운 잠 수 복 의   역 공 지 소   고   군 자   내 성 불 구
無惡於志니 君子之所不可及者는 其唯人之所不見乎ㄴ저.
무 오 어 지   군 자 지 소 불 가 급 자   기 유 인 지 소 불 견 호

章句註解

詩는 小雅正月之篇이라 承上文하야 言莫見乎隱莫顯乎微也ㅣ라 疚는 病也ㅣ라 無惡於志는 猶言無愧於心이니 此는 君子謹獨之事也ㅣ라.

愧: 부끄러워할 괴 謹: 삼갈 근 獨: 홀로 독

시(詩)는 小雅正月篇(소아정월편)[20]이다. 위 문장을 이어서 (제 1장)의 '막현호은 막현호미(莫見乎隱 莫顯乎微)'을 말씀하였다. 구(疚)는 병(病)이다. '무오어지(無惡於志)'는 '마음에 부끄러움이 없다(無愧於心)'는 말과 같으니, 이는 군자가 홀로를 삼가는 일이다.

詩云相在爾室혼대 尙不愧于屋漏라 하니 **故로 君子는 不動而敬**
시 운 상 재 이 실   상 불 괴 우 옥 루   고   군 자   부 동 이 경
하며 不言而信이니라.
      불 언 이 신

20. 詩經(시경) 小雅正月篇(소아정월편): 魚在于沼하니 亦匪克樂이로다 潛雖伏矣나 亦孔之炤이로다.

章句註解

詩는 大雅抑之篇이라 相은 視也ㅣ라 屋漏는 室西北隅也ㅣ라 承上文하야 又言君子之戒謹恐懼가 無時不然하야 不待言動而後에 敬信하니 則其爲己之功이 益加密矣라 故로 下文에 引詩하야 幷言其效하시니라.

抑: 누를 억 視: 볼 시 隅: 모퉁이 우 待: 기다릴 대 益: 더할 익 密: 빽빽할 밀 幷: 어우를 병 效: 본받을 효

　시(詩)는 大雅(대아) 억편(抑篇)이다. 상(相)은 '볼 시(視)'이다. 옥루(屋漏)는 방의 서북쪽 모퉁이다. 위 문장을 이어서, 또 군자의 계신공구(戒愼恐懼)가 때마다 그렇지 않음이 없어서 언행을 한 후를 기다리지 않고도 공경하고 믿으니 그 위기지학(爲己之學)의 공효(功效)가 더욱더 정밀(精密)해짐을 말씀한 것이다. 그러므로 아래 문장에 시(詩)를 인용하여 그 효험을 아울러 말씀하였다.

詩曰 奏假無言하야 時靡有爭이라 하니 是故로 君子는 不賞而民勸하며 不怒而民威於鈇鉞이니라.
시왈 주격무언　시미유쟁　　시고　군자　불상이민권　　불노이민위어부월

章句註解

詩는 商頌烈祖之篇이라 奏는 進也ㅣ라 承上文而遂及其效하야 言進而感格於神明之際에 極其誠敬하야 無有言說而人自化之也ㅣ라 威는 畏也ㅣ라 鈇는 莝斫刀也ㅣ오 鉞은 斧也ㅣ라.

烈: 세찰 열, 매울 열 遂: 이를 수, 드디어 수 格: 이를 격 際: 사이 제, 즈음 제 畏: 두려워할 외 莝: 여물 좌 斫: 벨 작 刀: 칼 도 斧: 도끼 부

　시(詩)는 商頌(상송) 열조편(烈祖篇)이다. 주(奏)는 '나아갈 진(進)'이다. 위

문장을 이어 드디어 그 공효에 미쳐, (신 앞에) 나아가 신명(神明)에 감격할 즈음에 그 정성과 공경을 지극히 하여 말씀이 없어도 사람들이 스스로 교화됨을 말씀하였다. 위(威)는 '두려워할 외(畏)'이다. 부(鈇)는 소여물을 베는 작도(斫刀)고, 월(鉞)은 '도끼 부(斧)'다.

詩曰不顯惟德을 百辟其刑之라 하니 是故로 君子는 篤恭而天下ㅣ 平이니라.
시왈불현유덕 백벽기형지   시고   군자   독공이천하 평

章句註解

詩는 周頌烈文之篇이라 不顯은 說見二十六章하니 此는 借引以爲幽深玄遠之意라 承上文하야 言天子ㅣ 有不顯之德하야 而諸侯ㅣ 法之하니 則其德이 愈深而效愈遠矣라 篤은 厚也ㅣ니 篤恭은 言不顯其敬也ㅣ라 篤恭而天下平은 乃聖人至德이 淵微하야 自然之應이니 中庸之極功也ㅣ라.

說: 말씀 설 見: 보일 현 借: 빌 차 幽: 그윽할 유 玄: 그윽할 현 愈: 나을 유, 더욱 유 淵: 깊을 연, 못 연

　시(詩)는 周頌(주송) 열문편(烈文篇)이다. 불현(不顯)은 설명이 제 26장에 보이니, 이는 (시를) 빌려 인용해서 그윽하고 깊으며 아득하고 먼 뜻으로 삼은 것이다. 위 문장을 이어서, 천자가 드러나지 않은 덕이 있어 제후들이 그것을 법하니 그 덕이 더욱 깊고 공효가 더욱 멀리까지 감을 말씀하였다. 독(篤)은 '두터울 후(厚)'이니, 독공(篤恭)은 그 공경함을 드러내지 않음을 말한다. 독공이천하평(篤恭而天下平)은 이에 성인의 지극한 덕이 깊고 은미해서 자연스레 응하니, 중용(中庸)의 지극한 공효이다.

詩云予懷明德을 不大聲以色이라 하야늘 子ㅣ曰聲色之於以化民
시운여회명덕   부대성이색   자 왈성색지어이화민
에 末也ㅣ라 하시니라 詩云德輶如毛ㅣ라 하니 毛猶有倫이어니와
   말야   시운덕유여모   모유유륜
上天之載ㅣ 無聲無臭아 至矣니라.
상천지재   무성무취   지의

章句註解

詩는 大雅皇矣之篇이니 引之하야 以明上文所謂不顯之德者ㅣ
正以其不大聲與色也ㅣ라 又引孔子之言하야 以爲聲色은 乃化
民之末務어늘 今但言不大之而已면 則猶有聲色者ㅣ 存하니 是
未足以形容不顯之妙라 不若烝民之詩所言德輶如毛하니 則
庶乎可以形容矣로되 而又自以爲謂之毛면 則猶有可比者하니
是亦未盡其妙라 不若文王之詩所言上天之載無聲無臭니 然
後에 乃爲不顯之至耳라 蓋聲臭는 有氣無形하야 在物에 最爲微
妙어늘 而猶曰無之라 故로 惟此에 可以形容不顯篤恭之妙오 非
此德之外에 又別有是三等然後爲至也ㅣ니라.

烝: 뭇 증, 김 오를 증 比: 견줄 비

시(詩)는 大雅(대아) 황의편(皇矣篇)이니, 이를 인용하여 위 문장의 이른바 불현지덕(不顯之德)은 바로 그 소리와 색을 대단하게 여기지 않음을 밝혔다. 또 공자의 말씀을 인용해서 이르길, "소리와 색은 백성을 교화하는 데는 말단적인 일이거늘, 이제 다만 대단하게 여기지 않는다고 말했을 뿐이니, 그렇다면 오히려 소리와 색은 존재(存在)하니, 이것이 드러나지 않는 신묘함을 형용하기에는 아직 족(足)하지 않다. 증민시(烝民詩)에서 '덕의 가벼움이 터럭과 같다'고 말함만 같지 못하다. 그렇다면 거의 이로써 형용했다"고 할 수 있으되, 또 스스로 터럭으로써 (이를) 이른다면 터럭은 오히려 견줘볼 수 있지만 이 또한 아직 그 신묘함을 다하지는 못한다. 문왕시(文王詩)에서 '상천의 일은 소리도 없고 냄새도 없다'고 말함만 같지

못하니, 이런 뒤에야 불현지덕(不顯之德)의 지극함이 된다."고 하였다.

　무릇 성색(聲色)은 기운만 있고 형체가 없어서, 물건에 있어 가장 미묘한 것인데도 오히려 없다(無之)고 말하였다. 그러므로 오직 이 말로써 불현지덕(不顯之德)과 독공(篤恭)의 신묘함을 형용함이 가능하다. 이 덕 외에 또 별도로 이 세 가지 등급이 있은 연후에야 지극하게 된다고 말씀함은 아니다.

右는 第三十三章이라.
　우는 제 33장이다.

章句註解

子思ㅣ 因前章極致之言하야 反求其本하사 復自下學爲己謹獨之事로 推而言之하야 以馴致乎篤恭而天下平之盛하시고 又贊其妙하야 至於無聲無臭而後에 已焉하시니 蓋擧一篇之要而約言之라 其反復丁寧하야 示人之意가 至深切矣시니 學者ㅣ 其可不盡心乎아.
復: 다시 부 馴: 길들 순 贊: 도울 찬 切: 간절할 절

　자사께서 앞 장에서 극치(極致)의 말씀을 함으로 인하여 '반구기본(反求其本, 그 근본으로 돌아가 구함)'하여 다시 하학(下學)이 위기지학(爲己之學)과 근독지사(謹獨之事)로부터 (비롯됨을) 미루어 말씀하셨다. 이로써 독공이천하평(篤恭而天下平)하는 성대함에 이르고(馴致) 또한 그 신묘함을 찬미하여 무성무취(無聲無臭)의 경지에 이른 다음에야 (중용의 글을) 마치셨으니, 대개 한 책의 요지(要旨)를 들어서 간략하게 말씀하신 것이다. 그 반복함이 간곡(丁寧)해서 사람들에게 보이신 뜻이 지극히 깊고 간절하시니, 배우는 이가 가히(마땅히) 마음을 다하지 않을 수 있겠는가.

색인

ㅇ
3변(三變)	42	
5경(五經)	25	

가
간배(艮背)	381, 382, 384, 385, 386, 387
간지(干支)	50, 76, 347, 355, 358, 360, 413, 414
개물(開物)	85, 99, 292, 349, 371, 383, 390, 394
건구오(乾九五)	39, 46, 245, 391, 422, 423, 427
건구오도설(乾九五圖說)	30, 423, 424
건용황극(建用皇極)	104, 391
건책법(乾策法)	17, 381
경성(經星)	337
경원력(庚元歷)	14, 15, 21, 30, 84, 398, 399
고증학(考證學)	28
공자(孔子)	24, 35, 90, 142, 442, 463, 464, 471, 473, 479, 483, 512, 530, 532, 534, 548
관기생(觀其生)	132
관아생(觀我生)	132, 297
구궁수(九宮數)	39, 416
구덕(九德)	219
구덕괘(九德卦)	112, 220, 413
군자(君子)	32, 33, 34, 65, 73, 91, 92, 95, 108, 121, 125, 134, 137, 142, 146, 150, 163, 166, 172, 200, 201, 217, 225, 229, 235, 240, 250, 251, 255, 258, 259, 272, 276, 279, 284, 292, 296, 297, 299, 307, 316, 317, 319, 320, 321, 322, 323, 324, 325, 326, 383, 394, 398, 437, 443, 446, 450, 451, 455, 456, 465, 466, 471, 472, 474, 476, 477, 478, 479, 486, 498, 511, 519, 534, 535, 545, 546, 547
궁이통(窮而通)	149, 210, 222
기영(氣盈)	15, 68, 99, 133, 340, 348, 349, 352, 353, 383, 388, 392, 403
기영도수(氣盈度數)	68, 351
기영삭허(氣盈朔虛)	352
기질지성(氣質之性)	55, 56

나
낙서(洛書)	38, 39, 194, 245, 273, 359, 407, 423
論語(논어)	25, 26, 79, 92, 93, 109, 113, 131, 135, 138, 167, 181, 182, 187, 188, 193, 199, 203, 217, 279, 289,

		290, 291, 294, 317, 355, 397, 435, 458, 494			329, 342, 350, 366, 375, 376, 400, 435, 438
				동성문(同聲文)	427
다	달도(達道)	74, 76, 78, 86, 100, 197, 199, 205, 207, 391, 428, 452, 453, 496, 497, 499, 500, 507, 508	**마**	孟子(맹자)	25, 26, 47, 143, 183, 203, 205, 230, 297, 435, 448, 490, 499
				무(武)	24, 46, 301, 442
	달력	14, 15, 50, 67, 68, 69, 72, 83, 87, 99, 194, 292, 336, 337, 338, 339, 340, 342, 344, 346, 347, 348, 352, 353, 354, 359, 374, 375, 376, 377, 378, 382, 390, 392, 395, 397, 400, 403		무기삭(無氣朔)	379, 380, 401
				무중치윤(無中置閏)	347
				문(文)	24, 27, 46, 270, 271, 301, 318, 326, 442, 531, 539
				문사철(文史哲)	26
				문왕팔괘	45, 409
	大雅(대아) 문왕시(文王詩)	331			
	大雅(대아) 억편(抑篇)의 시(詩)	323			
	대인(大人)	32, 108, 244, 261, 302, 422, 423	**바**	법성게(法性偈)	383, 384
				복(福)	38, 58, 194, 249, 251, 252, 415, 518
	대지(大知)	106, 165, 460, 462		복희팔괘	43, 45
	大學(대학)	25, 26, 30, 31, 36, 54, 64, 65, 73, 82, 101, 102, 107, 137, 138, 139, 146, 159, 166, 168, 172, 173, 191, 203, 212, 213, 226, 240, 247, 254, 256, 281, 282, 286, 297, 299, 309, 316, 317, 321, 322, 325,		본말(本末)	45, 536, 537
				본연지성(本然之性)	55
				비룡(飛龍)	32, 422
				비룡재천(飛龍在天)	65, 383, 422
			사	사구게(四句偈)	332
				사단(四端)	55, 75, 143, 200

사상(四象)	42, 44, 168	書經(서경)	17, 24, 25, 26, 30, 39, 104, 139, 140, 159, 160, 169, 171, 179, 193, 205, 219, 223, 243, 286, 307, 337, 377, 382, 385, 390, 391, 392, 395, 412, 423, 440, 487, 488, 489, 499, 505
사색(四色)	60		
사서삼경(四書三經)	25		
사신도(四神圖)	60, 61		
삭망윤일	83, 84, 88, 89, 132, 133, 341, 344, 345, 346, 347, 376, 377, 378, 385, 388, 389, 402		
삭허(朔虛)	15, 99, 133, 340, 346, 348, 349, 352, 353, 388, 395, 403	선천팔괘	17, 19, 20, 43, 44, 45, 46, 59, 60, 102, 104, 117, 161, 195, 356, 405, 406, 416, 417, 420, 423
삭허도수(朔虛度數)	15, 68, 69, 83, 346, 403		
삼강령(三綱領)	31, 54, 206, 223	섭천대과(涉川大過)	397
삼달덕(三達德)	63, 115, 117, 118, 206, 209, 279, 336, 470	성(性)	54, 55, 75, 91, 95, 205, 236, 239, 240, 242, 243, 245, 257, 303, 307, 312, 313, 329, 449, 450, 452, 453, 515
삼무강(三無疆)	262		
삼위(三謂)	63, 65, 68		
삼윤(三閏)	374, 385		
삼재(三在)	65	성(誠)	26, 32, 33, 34, 35, 38, 206, 224, 229, 237, 240, 242, 245, 248, 254, 255, 256, 257, 265, 268, 274, 278, 303, 312, 315, 499, 500, 507, 509, 513, 519, 520, 524
삼재(三才)	19, 40, 42, 48, 50, 54, 57, 58, 62, 64, 216, 268, 273, 292, 295, 339, 351		
삼천양지(參天兩地)	83, 168, 353, 354		
삼팔목도(三八木道)	17, 69, 89, 263, 358, 374, 375	성리학(性理學)	42, 47
		성인(聖人)	42, 64, 80, 107, 131, 229, 230, 242, 243, 244, 246, 271,
상극(相克)	195, 418		
상생(相生)	418		

	274, 275, 277, 297, 298, 300, 303, 306, 307, 308, 313, 315, 422, 449, 453, 468, 469, 471, 477, 485, 509, 514, 515, 516, 522, 523, 526, 532, 534, 535, 537, 541, 542, 543, 547		283, 284, 299, 300, 316, 322, 323, 324, 325, 327, 328, 329, 330, 331, 467, 472, 484, 486, 488, 526, 545
시중(時中)			37, 38, 39, 90, 91, 123, 257, 285, 291, 443, 456
소식영허(消息盈虛)	68, 340	신독(愼獨)	33, 71, 73, 79, 88, 319, 321, 323, 332, 376
소양(少陽)	19, 42, 44, 48, 60, 61, 104, 196, 220, 353, 388, 403, 405, 406	신묘문(神妙文)	160, 161, 409, 426
		신지비사(神誌祕詞)	409
소왕(素王)	25	심(心)	55, 74, 75, 138, 169
소음(小陰)	19, 42, 44, 48, 60, 61, 104, 196, 220, 353, 388, 403, 405, 406	심통성정(心統性情)	55, 74
		십간(十干)	351, 357, 360
소인(小人)	34, 73, 91, 92, 98, 253, 299, 318, 322, 455, 456, 543, 544	**아** 樂記(악기)	24, 154
		야산(也山)	14, 30, 40, 62, 342, 412, 423
손입법(巽入法)	17, 379	양명학(陽明學)	47
수(手)	50, 360	양선음후(陽先陰後)	43, 348
수(數)	49, 50, 360	易經(역경)	24, 25, 26, 27, 29, 311, 344
수(首)	50, 58		
수신제가(修身齊家)	36, 70, 211, 213, 254, 263	역수(曆數)	14, 15, 16, 67, 194, 338, 347, 353, 359, 374, 376, 377, 378, 380, 382, 384, 386, 389, 390, 395, 401, 402
순(舜)	24, 46, 72, 165, 223, 249, 301, 442		
詩經(시경)	24, 25, 26, 131, 136, 153, 155, 159, 170, 172, 176, 177,		

역유태극(易有太極)	19, 40, 41, 197, 228, 336		135, 195, 298, 361, 390, 416, 423, 509
연대월(連大月)	345, 346	인의(仁義)	64, 202, 203, 204, 408, 497
열문편(烈文篇)의 시(詩)	327		
열조편(烈祖篇)의 시(詩)	324, 325	일생이법(一生二法)	43, 58
禮記(예기)	25, 269, 456	일체유심조(一切唯心造)	75
오달도(五達道)	63, 78, 143, 144, 206, 279, 336		
오상(五常)	60, 61, 78, 143, 228, 248, 449, 450	자강불식(自彊不息)	67, 69, 70, 87, 89, 100, 242, 262, 263
오세재윤(五歲再閏)	338, 374, 375, 389	자사(子思)	28, 29, 46, 154, 205, 301, 376, 436,
오중(五中)	38, 39, 423		443, 445, 448, 449,
오행(五行)	42, 56, 143, 159, 193, 194, 196, 243, 307, 412, 449		454, 470, 472, 473, 479, 480, 481, 513, 514, 530, 531, 549
왕용삼구(王用三驅)	89, 139, 140, 399, 400	자소명덕(自昭明德)	319, 320
요(堯)	24, 72, 301, 442	장법(章法)	17, 338, 340, 377, 378, 379, 384, 401
용회이명(用晦而明)	319, 320		
우(禹)	24, 46, 72, 192, 193, 219, 223, 290, 301, 412, 415, 442	재윤(再閏)	99, 338, 374, 378, 385, 389, 403
		절차탁마(切磋琢磨)	62, 80
위성(緯星)	337	정심수신(正心修身)	36, 73, 107
유극도(有極圖)	40, 393	정자(程子)	29, 36, 47, 232, 448, 456, 472, 481, 482, 499, 510, 525
유물유칙(有物有則)	55		
유학(儒學)	24, 46		
육욕칠정(六慾七情)	56	정전(井田)	376, 404, 407, 408, 412
음부경(陰符經)	51		
이간덕업(易簡德業)	80, 81	정전가(井田歌)	408
이견대인(利見大人)	31, 32, 422, 425	정전도(井田圖)	251, 273, 374, 411, 412, 413, 414
인사(人事)	46, 50, 59, 104,	정주학(程朱學)	47

제가치국(齊家治國)	36, 70, 137, 166, 213, 263		80, 85, 86, 87, 90, 100, 104, 165, 228, 394, 413, 457
주공(周公)	24, 46, 65, 67, 85, 98, 180, 183, 199, 237, 286, 301, 333, 383, 442, 489, 490, 491, 512, 513	증민시(烝民詩)	330, 548
		지수(地數)	356, 389
		지지(地支)	363
		진공삭허(眞空朔虛)	377
주역(周易)	15, 16, 103, 301, 348, 352, 355		
주자(朱子)	29, 36, 47, 75, 102, 434	**차**	
		책력(冊曆)	15, 100, 190, 291, 336, 337, 338, 339, 340
주천도수(周天度數)	15, 378		
주천상수(周天常數)	15, 355, 378, 403	책수(策數)	195, 355, 388, 389
		처중(處中)	37, 38, 39, 91, 257, 285, 291, 456
中庸(중용)	14, 16, 25, 26, 28, 31, 46, 49, 54, 63, 64, 66, 82, 93, 108, 142, 163, 195, 200, 201, 220, 223, 231, 238, 272, 274, 320, 326, 331, 332, 336, 337, 342, 350, 352, 376, 395, 399, 417, 428, 439, 456	천간(天干)	37, 258, 355, 358, 360, 365
		천도(天道)	46, 56, 99, 143, 249, 268, 298, 312, 320, 417, 514, 516, 518, 525, 526, 538, 540, 543
		천도변화(天道變化)	86, 350, 372, 392, 416
중용장구	14, 28, 29, 36, 47, 434, 439, 447, 448	천명(天命)	47, 54, 72, 74, 150, 162, 174, 177, 181, 201, 205, 245, 258, 272, 303, 307, 331, 410, 423, 425, 439, 487
중정(中正)	14, 68, 69, 76, 85, 86, 87, 99, 100, 141, 151, 273, 306, 308, 340, 348, 350, 353, 389, 395, 422		
		천수(天數)	346, 356, 357, 389
중화(中和)	14, 15, 16, 17, 34, 39, 69, 74, 76, 77,	천지지수(天地之數)	357, 382, 384, 428

체용(體用)	45, 128, 236		파자해(破字解)	37, 365, 368
春秋(춘추)	25, 26, 463, 495		팔괘(八卦)	17, 42, 46, 58, 295
충서(忠恕)	74, 138, 140, 141, 142, 476		팔세삼윤(八歲三閏)	374, 375
치역명시(治歷明時)	15, 69, 85, 86, 350, 396, 397		팔조목(八條目)	31, 33, 223, 226
			폐물(閉物)	83, 292, 371
치중화(致中和)	16, 79, 82, 85, 200, 313, 399, 417, 425, 428		폐장기(閉藏期)	390
치지(致知)	226, 280, 281, 282, 283, 438, 529	**하**	하도(河圖)	38, 39, 45, 46, 61, 82, 152, 197, 227, 228, 355, 359, 392, 491
칠규(七竅)	38		하도배괘(河圖配卦)	18, 102
칠서(七書)	26, 27		하락총백(河洛總百)	68, 377, 428, 429, 431
칠요(七曜)	27			
칠윤법(七閏法)	338, 340		학용(學庸)	30
			학이각(學而覺)	30, 209, 280
타 탕(湯)	24, 46, 290, 301		합덕문(合德文)	427, 428, 429, 431
태극(太極)	27, 29, 40, 42, 47, 58, 273, 361, 374, 392		행신문(行神文)	197, 355, 356, 357
			현룡(見龍)	32
태극도(太極圖)	21, 40, 41		현룡재전(見龍在田)	31, 65, 66
태양(太陽)	15, 19, 42, 44, 48, 57, 60, 61, 68, 70, 71, 99, 104, 141, 194, 196, 220, 353, 378, 405, 406		혈구지도(絜矩之道)	137, 138, 139, 140
			혹약재연(或躍在淵)	66, 133, 383
			홍범(洪範)	17, 140, 160, 169, 192, 193, 307, 382, 391, 406, 412, 505
태음(太陰)	19, 42, 44, 48, 60, 61, 104, 196, 220, 346, 353, 405, 406		홍범구주(洪範九疇)	39, 139, 179, 192, 223, 273, 377, 392, 412, 415
태음태양력	14, 336, 337, 338, 339, 378		홍역학(洪易學)	30
			화(禍)	38, 58, 111, 251,

	252, 462, 518
화엄일승법계도(華嚴一乘法界圖)	
	384
황건유극(皇建有極)	381, 382, 389, 390, 391, 392, 393, 396, 423, 425
황극(皇極)	17, 193, 197, 214, 223, 258, 273, 303, 383, 397, 401, 405, 505
황극부(皇極敷)	195, 197, 422
황극불어수(皇極不語數)	381, 382
황상원길(黃裳元吉)	394, 395
황의편(皇矣篇)의 시(詩)	329
회귀유극(會歸有極)	392, 396, 425, 430
효제자(孝弟慈)	137
후천팔괘	17, 20, 39, 45, 59, 60, 104, 105, 118, 173, 356, 394, 416, 420, 423, 429